Erhard Gorys

Heiliges Land

*Ein 10 000 Jahre altes Kulturland zwischen
Mittelmeer, Rotem Meer und Jordan*

DUMONT

Kunst-Reiseführer

In der vorderen Umschlagklappe:
Übersichtskarte Heiliges Land

In der hinteren Umschlagklappe:
Stadtplan Jerusalem

Die wichtigsten Orte auf einen Blick

keine Sterne
sehenswert

☆
Umweg lohnt

☆☆
keinesfalls versäumen

Inhalt

Land und Geschichte

Reisen im Heiligen Land

Praktische Reiseinformationen

Die im vorliegenden Buch gewählte Schreibweise der Orts- und Personennamen entspricht der heute in Israel verwendeten englischen Form bzw. dem »Ökumenischen Verzeichnis der biblischen Eigennamen nach den Loccumer Richtlinien« (1981). Die Bibelzitate wurden der Einheitsübersetzung (Stuttgart 1980) entnommen.

Jerusalem: ▷
Felsendom und
Kettendom (Photo-
graphie, um 1910)

Land und
Geschichte

Lebens- und Wirtschaftsraum Heiliges Land

Geographie und Klima

Das Heilige Land ist heute weitgehend identisch mit dem Gebiet des Staates Israel einschließlich der seit 1967 unter israelischer Besatzung stehenden Territorien. Im Norden grenzt Israel an den Libanon, im Osten an Syrien und Jordanien, im Süden an Ägypten. Die größte Länge beträgt 420 km, die Breite zwischen 14 und 116 km.

Landschaften

Kaum eine Region der Erde vereint auf derart engem Raum so unterschiedliche Landschaften wie das Heilige Land. Im Norden erhebt sich das in Südsyrien bis über 2800 m ansteigende und bis in den Sommer hinein schneebedeckte Hermongebirge, das im Süden in die Golanhöhen übergeht, ein Hochplateau mit erloschenen Vulkankegeln, das in nordsüdlicher Richtung von 1200 m auf 400 m abfällt. Zwischen dem Jordantal und dem Mittelmeer bildet das fruchtbare Bergland von Galiläa (HaGalil) den Nordteil Israels. Seine höchsten Erhebungen sind der Meron (1206 m) in Obergaliläa und der Tabor (588 m) in Untergaliläa. Die Jesreel-Ebene ('Emeq Yizreel) leitet zum Bergland von Shomron über, das im Ebal (Eval) 949 m und im Garizim 881 m erreicht und sich mit dem 546 m hohen Karmel (Har Karmel) in das Mittelmeer vorschiebt. Der Karmel trennt

Die Judäische Wüste

die Sebulon-Ebene im Norden von der Sharon-Ebene im Süden. An das Bergland von Shomron schließt sich südlich das Judäische Bergland (Har Yehuda) mit zahlreichen bis zu 1020 m hohen Kuppen an. Zum Toten Meer hin geht es in die Judäische Wüste (Midbar Yehuda) über, parallel zum Mittelmeer erstreckt sich die Shefela-Ebene. Den riesigen Südzipfel Israels bildet der Negev mit den Wüsten Zin (Midbar Zin) und Paran (Midbar Paran). Seine höchsten Erhebungen sind der Har Ramon (1035 m) und der Har Saggi (1006 m). Bei Elat geht der Negev in die Wüste Sinai über.

Die zum größten Teil wasserarmen Flüsse fließen in Ost-West-Richtung zum Mittelmeer ab, in West-Ost-Richtung zum Jordan, zum Toten Meer und zur Aravasenke. Nur der rund 260 km lange Jordan (hebräisch Ha Yarden), der größte Fluß des Heiligen Landes, fließt in Nord-Süd-Richtung. Er durchzieht das tiefstgelegene Tal unserer Erde, das sich vor etwa zwei Millionen Jahren durch Einbrechen der Erdkruste bildete. Im Huletal, das früher der flache, inzwischen weitgehend trockengelegte Hulesee bedeckte, vereinigen sich die drei Quellflüsse des Jordan, die alle im Gebiet des schneebedeckten Großen Hermon entspringen: Nahal Dan, Nahal Hermon und Nahal Snir. Die Stelle des Zusammenflusses liegt ungefähr 400 m über dem Mittelmeer. Bis zu seiner Mündung in das Tote Meer fällt der Fluß um 916 m, was ihm seinen Namen Yarden (›fällt [vom Dan] herab‹) gab. Der Jordan durchströmt den See Gennesaret, nimmt den Yarmuk, seinen größten Nebenfluß, auf und mäandert dann gemächlich dem Toten Meer zu. Im 105 km langen Jordantal, el-Ghor genannt, erreicht der Fluß eine Länge von fast 200 km.

Klima

Israel liegt im Übergangsbereich vom Mittelmeerklima zum Wüstenklima. In den Küstenebenen herrschen warme, trockene Sommer und milde, niederschlagsreiche Winter, im Bergland heiße, niederschlagsfreie Sommer und kühle, regnerische Winter mit gelegentlichem Schneefall; das untere Jordantal hat subtropisches Klima. Das Wüstenklima im Negev zeigt größere Schwankungen zwischen Tag- und Nachttemperatur als zwischen Sommer und Winter; hier regnet es nur zwei- oder dreimal im Februar/März. Die höchsten Temperaturen werden an der Südspitze des Toten Meeres und die niedrigsten am Hermon gemessen. Zwischen März und Oktober kann der gefürchtete Sharav (arabisch Hamsin), ein Wüstensturm, in weiten Teilen des Heiligen Landes die Temperaturen für vier bis fünf Tage auf weit über 40 °C treiben. Die Luftfeuchtigkeit liegt wegen der angrenzenden ausgedehnten Trockengebiete sehr niedrig, das Klima ist daher trotz der Hitze auch im Sommer gut verträglich. Die ideale Reisezeit sind die Monate September bis Mai, vor allem das zeitige Frühjahr. Baden kann man in Israel das ganze Jahr über (siehe Tabelle).

»Iß im Schatten und sitzt im Schatten.«
Babylonischer Talmud

Durchschnittliche Wassertemperaturen (in °C)					
	Januar	März	Mai	Juli/ August	Sept.	Nov.
Mittelmeer	18	17	21	28	28	23
See Gennesaret	17	16	24	28	29	24
Totes Meer	22	21	25	30	31	28
Golf von Elat	22	21	24	25	27	25

Durchschnittliche Lufttemperaturen (Maximum in °C)						
	Februar	April	Juni	August	Oktober	Dezember
Nahariyya	17,6	23,4	27,7	30,7	28,3	21,1
Huletal	16,8	25,2	32,8	33,6	32,2	20,5
See Gennesaret	18,3	26,1	34,6	36,1	31,4	20,7
Bet She'an	19,3	28,2	36,4	37,9	34,2	22,5
Tel Aviv	17,5	22,7	26,5	29,3	27,4	20,2
Jerusalem	12,0	20,3	27,7	28,9	26,4	16,1
Be'er Sheva	16,9	26,2	32,1	33,1	29,7	20,5
Elat	21,4	30,8	38,7	39,1	33,9	23,7

Durchschnittliche Niederschläge (Regentage)						
	Jahres- durch- schnitt	Februar	April	Juni– August	Okt.	Dez.
Nahariyya	52	13	1	0	1	7
Huletal	49	13	4	0	1	7
See Gennesaret	39	12	3	0	0	2
Bet She'an	31	10	3	0	1	3
Tel Aviv	33	8	2	0	0	4
Jerusalem	36	11	2	0	0	5
Be'er Sheva	17	6	1	0	0	0
Elat	3	0	1	0	0	0

Höhe über dem Meeresspiegel			
Betlehem	777 m	Masada	50 m
Hebron	927 m	Nablus	570 m
Herodeion	811 m	Nazaret	375 m
Jericho	–250 m	See Gennesaret	–212 m
Jerusalem	800 m	Tabor	588 m
Herzl-Berg	889 m	Tel Aviv	0 m
Ölberg	812 m	Tiberias	–209 m
Tempelplatz	744 m	Totes Meer	–394 m
Karmel	546 m	Zefat	850 m

Vegetation

Die landschaftlichen Besonderheiten und unterschiedlichen Klimazonen brachten eine Vielfalt an Pflanzen hervor, wie sie kaum anderswo in solcher Konzentration anzutreffen ist. Rund 2600 Arten, die 700 Gattungen der 120 Pflanzenfamilien angehören, verteilen sich auf drei große Vegetationszonen: die mediterrane, die irano-tauranische und die saharo-sindinische. Fast alle wildwachsenden Bäume und rund 70 Arten von Wildblumen stehen unter Naturschutz.

Bananenblüte

Die mediterrane Vegetationszone mit jährlichen Niederschlagsmengen von 350 mm und mehr umfaßt etwa die Gebiete von Galiläa, Samaria und Judäa.

Die irano-tauranische Vegetationszone mit jährlichen Niederschlagsmengen zwischen 150 und 300 mm umfaßt das untere Jordantal bis etwa 50 km südlich von Bet She'an, die Osthänge des Judäischen Berglandes und den nördlichen Teil des Negev um Be'er Sheva. Diese Zone dient hauptsächlich als Weideland, kann aber bei genügender Bewässerung auch mit Nutzpflanzen aller Art bebaut werden.

Die saharo-sindinische Vegetationszone, die das Gebiet um das Tote Meer, den südlichen Negev und die Aravasenke umfaßt, ist ein reines Wüstengebiet mit Jahresniederschlägen zwischen 20 und 50 mm. Der Boden besteht aus nacktem Fels, Sanddünen und Salzsümpfen. In den Wadis (Trockentälern), die nur im Frühjahr Wasser führen, entsteht dann eine geringe Vegetation, die als Weideland dient. In den großem Oasen von Jericho, En Gedi am Toten Meer und Yotvata in der Aravasenke herrscht ein subtropisches bis tropisches Klima.

Tierwelt

Ein Großteil der einst zahlreichen, in der Bibel erwähnten Tierarten ist inzwischen ausgestorben oder nur noch im Zoo oder in Naturreservaten anzutreffen. An Großsäugern kommen in freier Wildbahn wenige Gazellen- und Antilopenarten vor. Dagegen leben hier zumindest zeitweise über 400 Vogelarten, vom Weißen Pelikan mit einer Flügelspannweite von rund 2 m bis zum 5 cm großen Palästinensischen Honigsauger. 500 Fischarten leben in den Meeren Israels und im See Gennesaret, dessen bekanntester Fisch der Petrusfisch ist. Vom Unterwasser-Observatorium Elat aus kann man die farbenprächtige und formenreiche Fauna des Roten Meeres bewundern: Feuer-, Igel-, Koffer- und Korallenfische. Von den rund 100 Schlangenarten des Landes sind sieben giftig, darunter die Palästinensische Viper des Negev.

Dromedar im Negev

Unter den Haustieren dominieren Rinder, Schafe, Ziegen und Hühner. Kamele (Dromedare) findet man nur noch im Negev und in der Aravasenke.

13

Bevölkerung, Sprache und ländliche Siedlungsformen

Bevölkerung

Der Staat Israel (mit Ost-Jerusalem, aber ohne die besetzten Gebiete) zählte am 1. Januar 1996 rund 5,5 Millionen Einwohner, davon eine Million Nichtjuden, die sich wiederum zu 75,8 % aus Moslems, zu 15,3 % aus Christen und zu 8,9 % aus Drusen und anderen Gruppen zusammensetzten. Die durchschnittliche Bevölkerungsdichte Israels beträgt 249,3 Einwohner/km² (Deutschland 228). Das Westjordanland hat 1 123 000, der Gazastreifen 748 000 Einwohner. Im Heiligen Land leben derzeit also insgesamt rund 7,4 Millionen Menschen. Die Beduinen, die einst den Negev beherrschten, zählen heute keine 45 000 Menschen mehr.

82 % der Bevölkerung Israels (ohne besetzte Gebiete) sind Juden, die – unmittelbar oder in der zweiten bzw. dritten Generation – aus mehr als hundert Nationen mit achtzig verschiedenen Sprachen stammen. 54,6 % der jüdischen Bevölkerung wurden in Israel geboren, 6,6 % kommen aus Asien, 8,1 % aus Afrika, 30,7 % aus Europa und Amerika, besonders aus den Gebieten der ehemaligen UdSSR. 19 % der Bevölkerung sind Araber, von denen sich 781 000 zum Islam und 157 000 zum Christentum bekennen; etwa 90 000 gehören den Drusen oder anderen Glaubensrichtungen an.

Ihrer Herkunft nach bilden die Juden Israels zwei Gruppen: die Aschkenasim und die Sephardim. Letztere waren ursprünglich Einwanderer aus Spanien und Portugal, meist hochgebildete Geschäftsleute und Handwerker, Ärzte, Theologen und Philosophen. Heute

Vater und Sohn ins Gebet versunken

werden alle Einwanderer aus Nordafrika, dem Irak, Jemen, Iran usw. zu den Sephardim gezählt; es handelt sich dabei eher um religiöse Menschen bäuerlicher Herkunft, denen eine Integration in die moderne israelische Gesellschaft schwerfällt.

Die Aschkenasim sind mittel- und osteuropäische Juden, die vor allem seit der Mitte des 19. Jh. in das Land strömten, Sümpfe, Brachland und Wüste in Kulturland verwandelten, Fabriken gründeten und schließlich den westlich orientierten jüdischen Staat schufen. Noch heute bestimmen die Aschkenasim Wirtschaft und Politik. Mit Ausnahme der osteuropäischen Chassidim, die im Jerusalemer Stadtteil Mea Shearim ein Außenseiterdasein führen, und anderen ultraorthodoxen Gruppen, die in den besetzten Gebieten des Westjordanlandes und der Golanhöhen neue Siedlungen gründen, sind die Aschkenasim nicht übermäßig religiös und eher einem westlich geprägten Lebensstil zugewandt.

Sprache

Die Israeliten sprachen ursprünglich einen altaramäischen Dialekt. Bei der Landnahme eigneten sie sich die mit dem Phönikischen verwandte kanaanitische Mundart an, die sie zum Hebräischen weiterentwickelten. Vom 1. und 2. Jh. an verlor das Hebräische seine Bedeutung als Alltagssprache und diente schließlich nur noch als Sprache des Gottesdienstes und der Gelehrten. Ab 1881 formte der russische Immigrant Eliezer Ben Yehuda (1858–1922) das Hebräische zu einer modernen Umgangssprache, dem Iwrit. Dieses Neuhebräische ist heute die offizielle Sprache Israels. Daneben sprechen viele ältere Juden Deutsch oder auch Jiddisch, ein aus Mittelhochdeutsch und Althebräisch zusammengesetztes Idiom der mittel- und osteuropäischen Juden. Englisch versteht fast jeder Israeli. Die orientalischen Juden sprechen vielfach noch Arabisch, das mit dem Hebräischen eng verwandt ist.

A mentsch lernt sich redn sejer fri – schwajgn sejer schpet Jiddisches Sprichwort

Ländliche Siedlungsformen

Neben dem traditionellen Dorf haben die jüdischen Einwanderer zwei besondere Siedlungsformen entwickelt: den Kibbuz und den Moschaw.

Der Kibbuz: Als sich zu Beginn dieses Jahrhunderts die ersten jüdischen Einwanderer niederließen, um mit finanzieller Unterstützung des Jüdischen Nationalfonds Landwirtschaft zu betreiben, konnte das nur in Form von Gemeinschaftssiedlungen geschehen, weil die eigentlich dort ansässige arabische Bevölkerung diesem Ansinnen nicht nur freundlich gegenüberstand. Diese Kommunen sollten Großfamilien gleichen, deren Mitglieder kein Privateigentum besitzen, deren Entscheidungen ein gewählter Rat trifft und bei denen

Ämter jeweils kurzfristig (meist nur für ein Jahr) übertragen werden. Jeder Kibbuznik hilft beim Aufbau und Unterhalt der Siedlung nach seinen Fähigkeiten. Er benötigt kein Geld, weil ihm alles Lebensnotwendige unentgeltlich zur Verfügung gestellt wird. Den ersten Kibbuz gründeten zwölf Siedler im Jahre 1909 am Südende des See Gennesaret: Deganya Alef. Heute gibt es in Israel 269 Kibbuzim mit 125 000 Angehörigen. Viele dieser Siedlungen unterhalten Industrieanlagen, Gästehäuser usw. und sind zu großem Wohlstand gelangt. Während die ersten Kibbuzniks noch mit dem Gewehr auf dem Rükken die Äcker bestellten und in Zelten kampierten, leben die Familien heute in Einfamilienhäusern, verfügen über moderne Gemeinschaftseinrichtungen und verleben ihren Urlaub in den Gästehäusern anderer Kibbuzim. Ihre Söhne und Töchter besuchen die Universitäten und bleiben dann oft in den großen Städten. Die Attraktivität der Kibbuzim hat aber nachgelassen, so daß heute – entgegen dem ursprünglichen Ideal – Lohnarbeiter eingestellt werden müssen.

An das eigentliche Konzept des Kibbuz erinnern noch die seit 1967 in den besetzten arabischen Gebieten angelegten Neusiedlungen. Im Westjordanland vor allem, im Gazastreifen und auf den Golanhöhen legen sich ganze Ringe von modernen Kibbuzim um die arabischen Städte. (1996 lebten hier ca. 154 000 Juden). Sie liegen durchweg auf Anhöhen und sind stacheldrahtbewehrte, von Beobachtungstürmen gesicherte Festungen. Da sie meist auf Brachland entstehen, sind für die Wasserversorgung und für den Straßenbau hohe Investitionen erforderlich. Die israelische Siedlungspolitik ist sowohl im Lande selbst als auch international heftig umstritten.

Der Moschaw basiert im Gegensatz zum Kibbuz auf Privateigentum; die Moschawim, die es seit 1921 gibt, sind keine Gemeinschafts-, sondern Familiensiedlungen. Jede Familie besitzt eigenes Land, ein eigenes Haus, eigenes Vieh und eigenes Gerät, nur Einkauf und Verkauf sowie meist auch das Kreditgeschäft werden genossenschaftlich abgewickelt. Außerdem sind die Siedler im Falle der Not zu gegenseitiger Hilfe verpflichtet. Zahlenmäßig haben die 454 Moschawim mit ihren 174 000 Angehörigen die Kibbuzim inzwischen weit überflügelt.

Staat und Regierung

Israel ist eine parlamentarische Demokratie. Eine schriftlich fixierte Verfassung gibt es bisher nicht, nur eine Anzahl von Grundgesetzen regelt Gesetzgebung, Verwaltung und Rechtsprechung. Die oberste parlamentarische Institution ist die **Knesset** (›Versammlung‹). Ihre 120 Abgeordneten werden alle vier Jahre nach Parteilisten und den Grundsätzen des reinen Verhältniswahlrechts gewählt. Staatsoberhaupt ist der Staatspräsident, Regierungschef der Ministerpräsident. Die Parteienlandschaft ist sehr zersplittert und dadurch ein wenig kompliziert. Die wichtigsten Parteien sind die Arbeitspartei, der konservative Likudblock (zusammengesetzt aus Gachal [einem Verbund aus Cherut und Liberaler Partei], Freiem Zentrum, Staatspartei und Shlomzion), der linksgerichtete Merezblock (zusammengesetzt aus Bürgerrechtsbewegung, sozialistischer Mapam und liberaler Shinui), die rechte Zomet, die sich gern dem Likudblock anschließt, schließlich die ultraorthodoxe Schas, die Nationalreligiöse Partei, die Vereinigte Torah-Partei, die Einwandererpartei, der Dritte Weg, die Hadasch, die Moledet sowie die Arabische Demokratische Partei. Die Wahlen von 1996 brachten mit 62 von 120 Sitzen einen hauchdünnen Sieg des rechten Flügels, einer aus fünf Parteien bzw. Blöcken zusammengesetzten Koalition.

Militär

In keinem Land der Erde sieht man so viele Soldaten, männliche wie weibliche, oft mit umgehängter Maschinenpistole, durch die Straßen eilen oder im Café plaudern. Das Land befindet sich seit dem Tag seiner Gründung in einer Art permanentem Kriegszustand. Die Militärausgaben sind ungeheuer hoch, so daß der Verteidigungshaushalt mehr als ein Viertel des Bruttosozialprodukts beansprucht und die Israelis auch deswegen die höchsten Steuern der Welt zahlen müssen.

Junger Soldat

In Israel besteht für Juden allgemeine Wehrpflicht. Ausnahmen gibt es nur für verheiratete Frauen und für Frauen, die aus religiösen Gründen den Dienst mit der Waffe ablehnen. Männer, die sich religiösen Studien widmen, können vom Wehrdienst befreit werden. Angehörige der nichtjüdischen Bevölkerung, z. B. Moslems und Christen, sind von der Wehrpflicht befreit. Viele von ihnen gehen trotzdem freiwillig zum Militär, wie auch Drusen und Beduinen. Im Alter von 18 Jahren werden Männer für 3 Jahre, Frauen für 2 Jahre zur Armee eingezogen. In Marine und Luftwaffe verlängert sich die Mindestdienstzeit um ein weiteres Jahr. Außerdem haben Männer bis zum Alter von 50 Jahren pro Jahr an 35 Tagen Reservedienst zu absolvieren.

Wirtschaft

Das Bruttosozialprodukt betrug 1994 je Einwohner 14 530 US$. Die Inflationsrate lag 1995 bei 8,1 %. Die Auslandsverschuldung erreichte 1994 brutto 39 300 Mio US$.

Mit natürlichen Reichtümern ist Israel nicht gesegnet. Zwei Drittel des Landes bestehen aus Wüste und Bergen, Bodenschätze sind außer Magnesium, Brom und Phosphaten kaum vorhanden, Kohle und Erdöl fehlen. Der Wassermangel in vielen Teilen des Landes erfordert kostspielige Versorgungssysteme; Zugang zu Wasser und die Verfügungsgewalt darüber sind z. B. ein wesentlicher Faktor bei der

Verhandlung über die Rückgabe der Golanhöhen. Wo es möglich ist, wird die Landwirtschaft jedoch intensiv betrieben; sie gilt als eine der modernsten der Welt. Zitrusfrüchte, frisches Obst sowie Schnittblumen sind wichtige Exportartikel.

Die Industrie verarbeitet fast ausschließlich importierte Rohstoffe oder Halbfabrikate. Nur ein Fünftel der Produktion geht in den Export. Seit einigen Jahren gewinnt allerdings die Herstellung hochwertiger elektronischer Bauteile, medizinischer Geräte und Kunststoffartikel an Bedeutung. Rund 50 % des Exports geht in die Länder der EG, die Israel seit 1977 Zollfreiheit garantiert.

Eine besondere wirtschafts- und sozialpolitische Bedeutung ist der Histadrut, der israelischen Gewerkschaftsbewegung, beizumessen. Seit ihrer Gründung im Jahre 1920 hat sie sich zu einem wichtigen Machtinstrument entwickelt, dessen Aufgaben weit über die Vertretung der Arbeitnehmerinteressen hinausgehen. So gründete sie eigene Wirtschaftsunternehmen, hat erheblichen Einfluß auf den Arbeitsmarkt, entwickelte ein Krankenversicherungssystem, kontrolliert das gesamte Gesundheitswesen und schuf zahlreiche allgemeinbildende und fachlich orientierte Lehrstätten.

Die Histadrut zählt heute über eine Million Mitglieder und vertritt damit die Interessen von über 90 % der erwerbstätigen Bevölkerung. Mitglieder sind nicht nur Arbeiter, Angestellte und Beamte, sondern auch selbständige Ärzte, Anwälte und Künstler. Die Industrie- und Handelsunternehmen der Histadrut erwirtschaften fast 25 % des israelischen Bruttosozialprodukts und beschäftigen mehr Menschen als jeder andere Arbeitgeber des Landes.

Religionen im Heiligen Land

Die jüdische Religion

Die Religion der Juden geht auf Abraham, den Stammvater des Volkes, zurück. Von Jahwe, dem einen Gott, wurde das jüdische Volk auserwählt, Träger und Künder seiner Offenbarungen zu sein und dem Messias, dem Erlöser, den Weg zu bereiten. Den Namen Juden führten ursprünglich nur die Angehörigen des Stammes Juda; erst nach der Babylonischen Gefangenschaft ging er auf alle Mitglieder über.

Das Fundament des jüdischen Glaubens bildet der Talmud, eine Sammlung religiöser Lehren, Vorschriften und Überlieferungen, die sich auf die Thora, die fünf Bücher Mose (Pentateuch), gründen.

Die in der Synagoge benutzte Thora muß immer mit der Hand geschrieben sein.

Die Schriftrolle der Thora ist auf zwei Stäbe gewickelt und von dem meist hölzernen, aufklappbaren Thorabehälter (Tiq) umgeben, belegt mit kostbarem Tuch und/oder kunstvoll verarbeitetem (Edel-) Metall. Nach oben schließt die Thorakrone ab; sogenannte Rimonim dienen als Griffe zum Öffnen des Behälters. Die Thora wird in einem reich geschmückten Thoraschrein aufbewahrt, der immer an der Jerusalem zugewandten Seite der Synagoge steht.

In den beiden ersten nachchristlichen Jahrhunderten wurde die Thora durch die Mischna ergänzt, die zahlreiche religiöse Vorschriften, Legenden und praktische Erläuterungen enthält. In den folgenden Jahrhunderten kam die Gemara hinzu, eine Sammlung von Lebensweisheiten und Interpretationen der Mischna. Mischna und Gemara ergeben zusammen den Talmud, der in den Yeshivot (Talmudschulen, Singular Yeshiva) diskutiert und weiterentwickelt wird (in Israel gibt es rund 7000 Synagogen und 458 Yeshivot). Eine stark mystisch geprägte Sonderentwicklung in der jüdischen Religion stellt die Kabbala dar. Vor allem in Südfrankreich und in Nordspanien formierte sich im ausgehenden 13. Jh. eine mystische jüdische Weltsicht, Kabbala (›Überlieferung‹), die im Gegensatz zum damals vorherrschenden Rationalismus stand. Das Buch »Zohar« (›Glanz‹) wurde Grundlage dieser neuen Richtung. Mit der Vertreibung der Juden aus Spanien (1492) kam diese esoterische Lehre auch ins Heilige Land, besonders in Zefat bildete sich ein neues Zentrum.

Die Zeitrechnung beginnt mit der Erschaffung der Welt, die man auf das Jahr 3761 festlegte. Im Herbst 1996 beginnt also das Jahr 5757. Der Kalender richtet sich nach Mondjahren zu je 354 Tagen; um ihn an das längere Sonnenjahr anzugleichen, werden jeweils innerhalb von 19 Jahren sieben zusätzliche Monate zu je 30 Tagen eingeschaltet.

Der gewöhnliche Feiertag ist der Sabbat; er beginnt am Freitag bei Sonnenuntergang und endet am Samstag ebenfalls bei Sonnenuntergang. Am Sabbat bleiben die meisten jüdischen Geschäfte und Restaurants sowie fast alle Theater, Kinos und Museen geschlossen, in den Hotels werden oft nur kalte Speisen gereicht, in vielen Städten ruht der Busverkehr.

Jüdische Monatsnamen		
Tishrei	September/Oktober	29 Tage
Heshvan	Oktober/November	29/30 Tage
Kislev	November/Dezember	30 Tage
Tevet	Dezember/Januar	29 Tage
Shevat	Januar/Februar	30 Tage
Adar A	Februar/März	30 Tage im Schaltjahr
Adar B	Februar/März	29 Tage im Schaltjahr oder als Adar im normalen Jahr
Nissan	März/April	30 Tage
Iyar	April/Mai	29 Tage
Sivan	Mai/Juni	30 Tage
Tamuz	Juni/Juli	29 Tage
Av	Juli/August	30 Tage
Elul	August/September	29 Tage

Der Islam

Die zweitgrößte Bevölkerungsgruppe des Heiligen Landes gehört dem Islam an, den Mohammed (arabisch für ›der Gepriesene‹, um 570–632) um das Jahr 610 stiftete. Der Islam basiert auch auf Judentum und Christentum und sieht sich als Vollender dieser beiden Religionen. Die Gläubigen zählen die Erzväter und Jesus (Isa) zu den Propheten, als deren letzter und vollkommenster Mohammed gilt. Die Moslems glauben an Allah, den einen Gott, der das Schicksal des Menschen bestimmt; gute und schlechte Taten werden nach dem Jüngsten Gericht im Paradies oder in der Hölle vergolten.

Die Glaubens- und Rechtsquelle des Islam bildet der Koran, die göttliche Offenbarung, die Mohammed seinen Schreibern diktierte; ergänzt wird dieses heilige Buch durch die Sunna, eine umfangreiche Sammlung von Zitaten des Propheten und von Berichten über sein Leben, die erst seine Nachfolger zusammenstellten (nach ihr wird die Mehrzahl der Moslems als Sunniten bezeichnet). Die fünf Grundpflichten sind das Bekenntnis zum einen Gott und zur Prophetenschaft Mohammeds (Schahada), die täglichen Gebete (Salah), das Entrichten von Almosen und Abgaben (Zakat), das Fasten im Monat Ramadan (Sa'um) und die Wallfahrt nach Mekka (Hadsch). Darüber hinaus gibt es zahlreiche detaillierte Verhaltensregeln, die u. a. den Genuß von Alkohol und Schweinefleisch, das Glücksspiel und den Wucher verbieten.

Ruf des Muezzin: »Allah ist der Größte! Ich bezeuge, daß es keinen Gott außer Allah gibt, und ich bezeuge, daß Mohammed Gottes Gesandter ist.«

Fünfmal täglich ruft der Muezzin zum Gebet in Richtung Mekka; entsprechend sind auch die Moscheen ausgerichtet (Kiblawand mit dem Mihrab, der Gebetsnische). Vor dem Gebet wäscht man Hände, Gesicht und Füße; deshalb gehört zu jeder Moschee ein Reinigungsbrunnen.

Als Besucher ziehen Sie ebenfalls Ihre Schuhe aus und bedecken Ihren Kopf beim Betreten einer Moschee; freitags und an islamischen Feiertagen sollte man sie den Moslems überlassen.

Im Fastenmonat Ramadan bleiben die moslemischen Restaurants tagsüber geschlossen, denn von der Morgendämmerung bis zum Sonnenuntergang sind Essen, Trinken und Rauchen verboten.

Der Felsendom in Jerusalem ist das bedeutendste Heiligtum des Islam nach der Kaaba in Mekka und el-Haram mit Mohammeds Grab in Medina.

Die Zeitrechnung beginnt mit der Übersiedlung (Hidschra) Mohammeds von Mekka nach Medina am 16. Juli 622. Grundlage des Kalenders ist das kurze Mondjahr, das im Durchschnitt 354 Tage zählt, also 11 Tage weniger als das Sonnenjahr. Da ein Ausgleich durch Schaltjahre fehlt, schreitet die Zählung der Jahre schneller fort als bei der jüdischen und christlichen Zeitrechnung; die Termine der Feiertage und auch des Fastenmonats Ramadan rücken somit jährlich um etwa 11 Tage vor (s. S. 406).

Von der Mehrheit der Moslems, den Sunniten, spalteten sich bereits wenige Jahrzehnte nach Mohammeds Tod die Schiiten ab. Sie bestreiten die Rechtmäßigkeit der Kalifen als Stellvertreter und Nachfolger des Propheten, lehnen die Sunna ab, verehren ihre Führer (Imame) als direkte (leibliche) Nachkommen von Mohammeds Tochter Fatima wie Heilige und haben eine – dem eher nüchternen Islam ursprünglich fremde – ausgeprägte Mystik entwickelt.

Die Drusen gingen zu Anfang des 11. Jh. aus dem schiitischen Islam hervor. Ismail ed-Darasi erklärte den Fatimidenkalifen el-Hakim zur Inkarnation Gottes und mußte vor den empörten Moslems von Ägypten nach Syrien fliehen. Die nach ihm benannte drusische Glaubenslehre, der nur ein gebürtiger Druse anhängen kann, wird von den Eingeweihten (Ukkal) geheimgehalten; sie enthält besonders viele mystische Züge. Heute leben die Drusen vor allem im Südlibanon, in Südsyrien, in Galiläa, auf dem Karmel und dem Golan.

Druse

Das Christentum

In Israel sind 30 christliche Konfessionen vertreten, denen rund 300 Kirchen gehören. Die stärkste Gruppe bilden die Römisch-Katholischen, die hier meist ›Lateiner‹ genannt werden, weil sie sich bei der Feier der heiligen Messe und bei der Sakramentenspendung des römischen Ritus und vorwiegend der lateinischen Sprache bedienen. Der lateinische Patriarch hat seinen Sitz in Jerusalem; ihm unterstehen die Gebiete Palästina und Zypern mit rund 50 000 Gläubigen. Seit 1217 wirkt der Franziskanerorden im Heiligen Land. 1342 beauftragte Papst Klemens VI. ihn mit der Wahrnehmung der lateinischen Interessen an den heiligen Stätten. Die Franziskaner bauten Kirchen, Pilgerherbergen und Schulen, führten und führen Ausgrabungen durch und bemühen sich, die heiligen Stätten zu erhalten.

Im Heiligen Land sind Patres und Nonnen vieler christlicher Konfessionen zu finden

21

Im 19. und 20. Jh. traten weitere katholische Orden an ihre Seite: die Dominikaner, die Benediktiner, die Jesuiten, die Basilianer usw.

Neben den Lateinern haben sich zahlreiche Ostkirchen, die sich einst von Rom gelöst hatten, wieder angeschlossen. Sie behielten ihre herkömmlichen Riten und Kultsprachen bei und besitzen auch eigene Hierarchien mit Bischöfen und Patriarchen.

Zu diesen unierten Gemeinschaften gehören: ... die Melchiten. Sie haben die byzantinische Liturgie in arabisch-griechischer Sprache. Ihr Oberhaupt ist der melchitische Patriarch von Antiochien, Alexandrien und Jerusalem, der abwechselnd in Damaskus und Kairo residiert und in Jerusalem durch einen Patriarchalvikar vertreten wird; ... die Maroniten, die völlig mit Rom uniert sind. Ihr Patriarch residiert in Beirut. Die maronitische Liturgie wird in Syrisch-Arabisch durchgeführt; ... die katholischen Armenier. Sie zelebrieren ihre Liturgie, die stark der byzantinischen ähnelt, auf armenisch. Ihr Patriarch hat seinen Sitz in Beirut; ... die katholischen Syrer, die aus den Jakobiten hervorgingen und ihre Liturgie in altsyrischer Sprache feiern; ... ferner die katholischen Griechen, die katholischen Kopten und die Chaldäer.

Zu den von Rom getrennten Kirchen zählen: ... die Griechisch-Orthodoxen, zu denen auch die Arabisch- und Russisch-Orthodoxen gehören. Sie folgen dem byzantinischen Ritus und unterstehen dem griechisch-orthodoxen Patriarchen von Jerusalem; ... die überwiegende Mehrheit der Armenier; ... die Kopten, ägyptische Christen. Ihr Patriarch hat seinen Sitz in Alexandrien; in Jerusalem wird er durch einen Bischof vertreten; ... die Äthiopier oder Abessinier; ... die syrischen Jakobiten, die das Markuskloster in der Jerusalemer Altstadt als Bischofssitz haben; ... die Evangelische Kirche Deutschlands, die im Heiligen Land durch einen Propst vertreten wird; ... die Anglikanische Kirche, die durch einen Erzbischof mit Sitz in der Georgskathedrale repräsentiert wird.

Bahai

Die Glaubenslehre des Bahaismus wurde ursprünglich in Persien ins Leben gerufen, aber ihr Gründer Baha Allah (›Glanz Gottes‹) wurde schon 1853 des Landes verwiesen. Seit 1868, als er nach Akko verbannt wurde, liegt ihr Weltzentrum im Heiligen Land, in Haifa. Die Religion baut auf den Lehren der Bibel und des Koran auf, bekennt sich zur Einheit Gottes und zu seinen Propheten und »verkündet die Notwendigkeit der Vereinigung der Menschheit und daß es niemandem außer dem verwandelnden Geist Gottes gelingen wird, sie herbeizuführen. Sie verurteilt alle Arten des Vorurteils und Aberglaubens und erklärt, daß die Absicht der Religion die Förderung der Freundschaft und Eintracht ist.«

Schon seit 1955 werden Bahai-Anhänger in Persien verfolgt; das Zentrum der deutschen Gemeinde liegt im Taunus.

Bahai-Tempel in Haifa

Geschichtlicher Überblick

Vorgeschichte

Altpaläolithikum (Altsteinzeit)
Der frühe Mensch jagt im damals tropischen Mittelmeerklima mit Faustkeil und Steinaxt, später mit Dolch und Speer, die mit zugespitzten Feuersteinklingen versehen waren.

300 000-70 000 v. Chr.

Jungpaläolithikum (Spätere Altsteinzeit)
Das Klima wird zunehmend trockener und kälter, und das Großwild verschwindet. In den Höhlen des Karmel, bei Nazaret und bei Ubeidiya südlich des See Gennesaret fand man Spuren des *Palaeanthropus palaestinensis*, eines Verwandten unseres Neandertalers. Dieser Mensch zeigt erste kulturelle Bemühungen: Er beerdigt seine Toten, gibt ihnen Gegenstände des täglichen Gebrauchs, Waffen und Schmuck mit auf den Weg ins Jenseits und umschließt die Gräber mit Steinkreisen.

70 000-14 000 v. Chr.

Mesolithikum (Mittlere Steinzeit)
Der Mensch erfindet Bogen, Falle und Angel, gewinnt den Hund als Haus- und Jagdtier und formt erste kleine Menschen- und Tierfiguren. Er verläßt die Höhlen und baut sich auf Steinfundamenten Rundhäuser aus Ästen und Häuten. Im Wadi en-Natuf nordwestlich von Jerusalem fand man Mörser, Stößel und Sicheln aus Stein, was darauf hinweist, daß der Mensch seit etwa 10 000 v. Chr. neben Fleisch und Fisch auch wildwachsendes Getreide aß. Siedlungen dieser Natufien-Kultur wurden auch im Huletal, im Karmel und bei Jericho entdeckt. Der Natufien-Mensch schnitzt aus Tierknochen Harpunen, Nadeln und Schmuck.

14 000-8000 v. Chr.

Neolithikum (Jungsteinzeit)
Der Jäger und Sammler entwickelt sich zum Ackerbauern und Viehzüchter. Die Keramik wird erfunden, erste städtische Siedlungen entstehen (Jericho), der Handel weitet sich aus und überbrückt bereits größere Entfernungen. Mit dem Ackerbau entwickelt sich der Fruchtbarkeitskult; Stein- und Tonfiguren einer Muttergöttin sollen reichen Kindersegen und gute Ernten sichern.

8000-4000 v. Chr.

Chalkolithikum (Kupfersteinzeit)
Der Mensch beginnt, Stein durch Kupfer zu ersetzen. In Nahal Mishmar am Toten Meer fand man neben verzierten Tongefäßen, Mahlsteinen und Weidenkörben zahlreiche Gegenstände aus Kupfer, deren Bedeutung zum Teil noch unklar ist. Ein Webstuhl und Stoffreste wurden entdeckt, auch die Töpferscheibe kommt allmählich in Gebrauch. Die viereckigen, langgestreckten Häuser sind aus luftgetrockneten Lehmziegeln erbaut und oft verputzt und innen mit

4000-3100 v. Chr.

mehrfarbigen Fresken geschmückt (Tuleilat el-Ghassul bei Jericho). Knochen, Elfenbein, Schiefer, Perlmutt, Karneol und Türkis werden zu reizvollem Schmuck verarbeitet.

Die kanaanitische Zeit

Frühe Bronzezeit

3100-2100 v. Chr. Der Mensch lernt, Kupfer mit Zinn zu legieren. Das entstehende Metall ist härter als Kupfer und leichter zu verarbeiten, weil der Zinngehalt den Schmelzpunkt herabsetzt. Aber Zinn ist schon damals selten und daher kostbar; große Städte leben sogar vom Handel mit diesem Metall (z. B. Hazor). Die mächtigen Reiche am Nil, Euphrat und Tigris rücken durch die großen Karawanen näher aneinander – und zwischen ihnen liegt Kanaan. Bedrohungen und Übergriffe seitens der Nomaden und der Nachbarreiche führen zur Bildung von Stadtstaaten, die sich in Krisenzeiten zu militärischen Schutzbündnissen zusammenschließen. Trotzdem gelingt es den Ägyptern immer wieder, ihren Einfluß auf das wohlhabende Kanaan auszudehnen. Auf dem Tel Erani bei Lakhish fand man eine Tonscherbe mit der Kartusche eines Königs der 1. ägyptischen Dynastie (nach 3000 v. Chr.). Im Laufe der Zeit dringen die Ägypter bis Ashdod und schließlich (um 2300 v. Chr.) bis in die Höhe des Karmel vor. Im folgenden Jahrhundert, als Ägyptens Altes Reich zusammengebrochen war, ziehen die Akkader, die im Zweistromland ein Großreich gegründet hatten, bis nach Ägypten und zerstören auf ihrem Weg auch die Städte Kanaans. Von den frühbronzezeitlichen Städten wissen wir wenig. Megiddo, Ai, Bet Yerah, Jericho, Bet She'an, Lakhish, Arad, Hazor, Sichem, Gezer und viele andere – sie alle sind stark befestigt und besitzen einen großen Palast, Tempel und Vorratshäuser. Alle liegen sie an wasserreichen Quellen.

Mittlere Bronzezeit

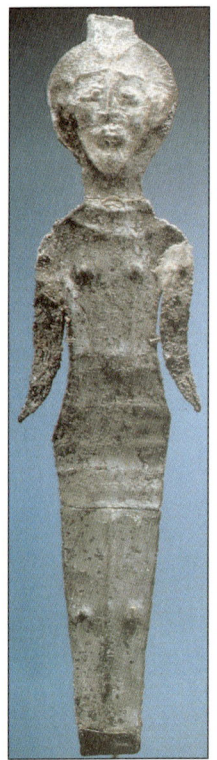

Gegen 2100 v. Chr. gehen die blühenden Stadtstaaten Kanaans aus noch unbekannten Gründen unter. In dieser Zeit dürfte von Norden und Osten her in immer neuen Wellen jenes Volk, das im Jahre 1955 v. Chr. mit der Zerstörung der Hauptstadt Ur auch das mächtige Reich der Sumerer zerschlägt, in das Land eingedrungen sein. Mit diesen Nomaden wandert möglicherweise auch Abraham aus dem Zweistromland ein. In der Zeit des Mittleren Reiches dehnen die ägyptischen Pharaonen ihren Herrschaftsbereich bis weit in das Land Kanaan aus. Damals entstehen die ersten ägyptischen ›Ächtungstexte‹, Tonscherben und Tonfigürchen mit Verwünschungen bestimmter Könige, Städte oder Völker. Die Texte erwähnen u. a. die Siedlungen Afeq, Akko, Ashqelon, Bet She'an, Hazor, Jerusalem und Lais (Dan). Als 1785 v. Chr. das ägyptische Mittlere Reich zusammenbricht, verstärkt sich der Zustrom asiatischer Nomaden. Die indoiranischen Hyksos mit ihren schnellen, pferdebespannten

Kanaanitische Gottheit

Streitwagen sind wohl über Mesopotamien nach Westen vorgestoßen; unter ihrer Herrschaft blühen die Städte Kanaans wieder auf. Um 1650 v. Chr. fallen die Hyksos in das geschwächte Ägypten ein, reißen die Macht an sich und ernennen eigene Pharaonen. Vielleicht sind auch Jakob und seine Söhne unter den ›Einwanderern‹. Jakobs Stamm läßt sich im fruchtbaren Wadi Tumilat nieder, dem biblischen Land Gosen im östlichen Nildelta, in der Nähe der Hyksos-Hauptstadt Auaris.

2100-1600 v. Chr.

Späte Bronzezeit

Bald nach 1600 v. Chr. beginnt der oberägyptische Fürst Kamose von Weset (Theben) aus den Kampf gegen die Hyksos. Sein Bruder und Nachfolger Ahmose (1552–1527) erobert Auaris und verfolgt die Feinde bis tief in den Negev hinein. Ahmose gründet das Neue Reich, mit dem für die israelitischen Stämme im Nildelta eine lange Zeit der Unterdrückung beginnt (die Bibel spricht von 430 Jahren [Ex 12,40]). In Kanaan erstarken inzwischen die Stadtstaaten, vermutlich unter der Führung der aus Ägypten vertriebenen Hyksos. Aber die Ägypter versuchen immer wieder, ihren Machtbereich zu vergrößern; 1468 v. Chr. gelingt es Pharao Thutmosis III., durch die Eroberung der Stadt Megiddo das kanaanitische Städtebündnis zu sprengen und sich so ein starkes Bollwerk gegen die großen Reiche des Nordens und Ostens (Mitanni, Babylonier, Kassiter, Assyrer, Hethiter) zu schaffen. In den wichtigsten Zentren stationiert der Pharao Garnisonen, im übrigen verläßt er sich auf die Treue der von ihm eingesetzten oder bestätigten Vasallenfürsten. Den Städten geht es in dieser Zeit recht gut.

1600-1200 v. Chr.

Als Echnaton (1364–1347) durch seine religiösen Neuerungen eine ernste Krise auslöst, kommt es in Kanaan zu heftigen Aufständen gegen die ägyptische Besatzungsmacht. Der Hethiterkönig Šuppiluliuma (1370–1335) erkennt seine Chance und schürt die Rebellion. In dieser Zeit dringen mehr und mehr Nomaden über den Jordan nach Kanaan vor. Viele Vasallenfürsten berichten dem Pharao in den sogenannten Amarnabriefen von den Streitigkeiten und Kämpfen der Städte gegeneinander, vor allem aber über einfallende Nomaden. Es handelt sich dabei um israelitische Stämme, die nicht wie Jakob nach Ägypten gezogen waren oder die sich bereits früher in Kanaan niedergelassen hatten. Wegen Unruhen im eigenen Land ziehen sich die Ägypter zurück, und die Städte Kanaans bleiben ihrem Schicksal überlassen.

Mit der Dynastie der Ramessiden erstarkt das ägyptische Reich noch einmal und versucht, seinen Herrschaftsbereich weit nach Norden über ganz Syrien auszudehnen. Dabei kommt es im Jahre 1285 v. Chr. bei Kadesch am Orontes zum lange erwarteten Zusammenstoß der beiden Großreiche der Ägypter und Hethiter. Die gewaltige Schlacht endete unentschieden, der Vorstoß der Ägypter aber war gestoppt. 1269 v. Chr. schließen Ramses II. und der Hethiterkönig Hattušili III. einen ›ewigen Frieden‹ und bestimmen den

Mit Schlangen verziertes israelitisches Weihrauchgefäß

Fluß el-Kelb nördlich von Beirut zur Grenze ihrer Interessensphären. Von Gaza bis Bet She'an kontrollieren ägyptische Gouverneure das Land, »in dem Milch und Honig fließen« (Ex 3,8). Den Ägyptern ist nicht daran gelegen, Kanaan in ihr Reich einzugliedern. Sie begnügen sich mit erträglichen Tributzahlungen und überlassen im übrigen die Regelung der inneren Angelegenheiten den Stadtfürsten. Die nunmehr überflüssigen Verteidigungsanlagen verfallen, in den Tempeln verehren die Kanaaniter ihre alten Gottheiten Baal, El und Aschera.

Das erste Reich Israel

Die Landnahme

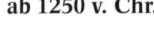
ab 1250 v. Chr.

Ramses II. war der größte Bauherr Ägyptens. Für den Ausbau seiner Residenz zwingt er die im Nildelta siedelnden Israeliten zu Frondiensten, worauf viele Ägypten wieder verlassen. Der biblische Exodus unter Mose ist wohl die literarische Zusammenfassung einer ganzen Reihe von Wanderungen, die sich ab 1250 v. Chr. vollziehen. Nach der Bibel entkommen die Israeliten unter Moses Führung auf geheimen Pfaden durch das Schilfmeer und weiter über den Sinai, entlang am Golf von Suez. Bei Refidim besiegen sie unter dem Feldherrn Josua die im Sinai und Negev herrschenden Amalekiter. Am Berg Horeb verkündet Mose das Gesetz der Israeliten, darunter die Zehn Gebote. Dann ziehen sie den Golf von Elat in den Negev hinauf, wo sie lange Zeit rasten. Vor den starken Festungen der Kanaaniter weichen die Israeliten nach Osten aus, durchziehen die Aravasenke und umgehen die Länder Edom und Moab, die ihnen den Durchzug verweigern. Schließlich kommen sie nach Jericho und erobern von hier aus unter Josuas Führung die Stadtstaaten Kanaans.

Die Hörner des Moses haben ihren Ursprung in einer Fehlübersetzung: Gemeint waren eigentlich Strahlen, die von seinem Haupt ausgingen.
(Michelangelo, 1512, S. Pietro in Vincoli in Rom)

Die sogenannte Landnahme ist ein langandauernder Vorgang, denn schon seit dem 14. Jh. v. Chr. waren israelitische Nomaden vom Osten her in Kanaan eingedrungen. Sie leben in den unbesiedelten Bergen und zogen im Spätsommer in die fruchtbaren Ebenen hinab, um ihre Herden auf den abgeernteten Feldern weiden zu lassen. Sie besuchten die Märkte der Städte und übernahmen Sprache und Kultur der Kanaaniter. Nach 1250 v. Chr. gesellen sich nun die israelitischen Stämme aus Ägypten zu ihnen. Kriege wird es anfangs kaum gegeben haben, da die Stämme der Streitwagenphalanx der Kanaaniter nichts Gleichwertiges entgegenzusetzen hatten. Erst als auch sie im Kulturland Fuß fassen, können sie daran denken, die stark befestigten Städte zu erobern. Die Schlacht an den Wassern von Merom im Norden Kanaans und die Einnahme der größten Stadt des Landes, Hazor, gegen 1230 v. Chr. sind vorläufige Höhepunkte. Die Eroberung weiterer Kanaaniterstädte zieht sich noch über 2oo Jahre hin, Jerusalem fällt sogar erst gegen 1000 v. Chr.

Die zwölf Stämme Israels (Simeon, Juda, Benjamin, Efraim, Gad, Manasse, Machir, Issachar, Sebulon, Naftali, Ascher, Dan; die Namen ändern sich z. T. später) werden von Ältestenräten geführt. Schon früh sind sie in einem sakralen Bund vereint, der den Gott Jahwe verehrt und sein Heiligtum in Schillo hat. Dieser Stämmebund nennt sich Israel – der Name erscheint erstmals um 1220 v. Chr. auf einer Stele des Pharao Merenptah und bedeutet sinngemäß ›gegen [den Gott] El‹. Die Heere der vereinigten Stämme befehligt ein Richter (1200–1025 v. Chr.), der ein Vorläufer der späteren Könige ist. Aus der Bibel sind uns die großen Richter Ehud, Barak (mit Debora), Gideon, Jiftach und Simson bekannt.

Politische Veränderungen im Mittelmeerraum zwingen die Ägypter, sich aus Kanaan zurückzuziehen. Die Libyer, vermutlich indogermanische Berberstämme, drängen in das Land am Nil und können nur mit großer Mühe bezwungen werden. Dann kommen, vermutlich aus dem Schwarzmeerraum, Seevölker, die den Balkan und die Ägäis überqueren, um 1200 v. Chr. das Hethiterreich zerschlagen (zur selben Zeit fällt auch Troja) und über das Meer nach Ägypten vordringen. 1177 v. Chr. gelingt es Ramses III., sie, obwohl sie mit Waffen aus Eisen kämpfen, die den Bronzewaffen der Ägypter überlegen sind, abzuwehren. In der südkanaanitischen Küstenebene läßt sich nun das Seefahrervolk der Philister nieder und gründet dort einen Fünfstädtebund mit den Städten Gaza, Ashdod, Ashqelon, Gat und Ekron. Weil sie die besseren Waffen besitzen, können sie ihren Machtbereich rasch ausdehnen – die Selbständigkeit der Stämme Israels ist gefährdet.

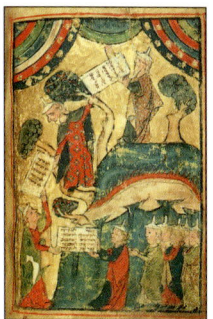

Moses erhält die Gesetzestafeln (Regensburger Pentateuch, Buchmalerei, um 1300)

Etwa um das Jahr 1050 v. Chr. kommt es bei Afeq zu einem ersten großen Zusammenstoß zwischen den Philistern und den Israeliten. In einer zweiten Schlacht bei Eben-Ezer werden die inzwischen erstmals vereinigten israelitischen Stämme so vernichtend geschlagen, daß sogar die Bundeslade Beute der Sieger wird. Die Stämme geraten nun unter die Herrschaft der Philister, das Bundesheiligtum in Schillo wird in Schutt und Asche gelegt; an allen strategisch wichtigen Punkten richten die Sieger Garnisonen ein. Die Israeliten werden entwaffnet, ihnen wird sogar das Ausüben des Schmiedehandwerks untersagt.

In dieser Zeit ernennt der Prophet Samuel den benjaminitischen Hirten Saul zum Oberhaupt, er sammelt die kriegsfähigen Männer aller Stämme und schlägt die in das Ostjordanland eindringenden Ammoniter zurück. In dem alten Heiligtum von Gilgal bei Jericho, das an die Stelle des Bundesheiligtums von Schillo tritt, wird Saul zum König ausgerufen. Aus dem lockeren Verband der Stämme ist eine Einheit geworden – die Zeit der Könige (etwa 1020–587) beginnt. Saul überfällt die völlig überraschten Philister im westjordanischen Gebirge und baut seine Position aus; dann aber entzieht Samuel ihm die Königswürde, weil er neben der profanen die sakrale Position des Herrschers zu stark betont. Als Saul im nächsten Jahr (um 1007 v. Chr.) in der Jesreel-Ebene zur Schlacht gegen die Philister antritt, folgt ihm nur ein Teil der Stämme. Schon beim ersten Ansturm werden seine Truppen versprengt und niedergemetzelt. Saul

Merkwürdig ist, daß keines der vielen Nachbarländer von dem neuem Reich Kenntnis genommen hat und daß Israel in keinem zeitgenössischen Bericht erwähnt wird. Ohne die Bibel wüßten wir nicht einmal von der Existenz David und Salomos.

begeht Selbstmord – die Erhebung gegen die Philister ist vollkommen mißlungen.

Waffenträger Sauls war der Judäer David aus Betlehem. Er zählt zu den engsten Vertrauten des Königs und genießt bald solche Achtung, daß er sich das Mißtrauen seines Herrn zuzieht. Rechtzeitig flieht er in die westjordanischen Berge und sammelt eine Schar Abenteurer um sich, die von Beutezügen lebt. Dann tritt David als Söldnerführer in die Dienste der Philister, um sich den Nachstellungen Sauls zu entziehen. Diese überlassen ihm im südlichen Teil der Küstenebene Ländereien als Lehen, von wo aus er seine Raubzüge fortsetzt. Von der Schlacht gegen Saul schließt man ihn, Verrat befürchtend, aus; David muß nicht gegen sein eigenes Volk kämpfen. Gleich nach dem Tode Sauls zieht David nach Hebron, wo ihn die sechs Südstämme, die er mit Reichtümern aus den Beutezügen auf seine Seite gezogen hatte, zum ›König über das Haus Juda‹, das dem

König Salomo liest die Thora (Nordfranzösische Buchmalerei, 13 Jh.)

Sechsstämmeverband entsprach, salben. Sein Königtum ist rein weltlicher Art.

Die Philister begrüßen diese Entscheidung, weil dies eine Teilung der Israeliten bedeutet. In Mahanajim, dem Hauptort des efraimitischen Siedlungsgebietes im Ostjordanland, wird nämlich Sauls einziger noch lebender Sohn Eschbaal zum Herrscher der Nordstämme mit dem Titel ›König von Israel‹ ernannt. Bald darauf wird er ermordet. David, der inzwischen mit Sauls Tochter Michal verheiratet ist, wird nun König von ganz Israel (1004 v. Chr.).

Diese Vereinigung können die Philister nicht dulden. Noch im selben Jahr stoßen sie mit einer starken Heeresmacht in die Refaim-Ebene vor und verhindern damit ein Zusammengehen der israelitischen Truppen. David stürzt sich von Süden her auf die überraschten Feinde und schlägt sie in die Flucht. Als die Philister daraufhin mit ihren gesamten Truppen in der Refaim-Ebene erscheinen, greift David sie diesmal, ebenso überraschend, von Norden her an. Der Sieg ist vollkommen, und der Fünfstädtebund hat fortan keine Bedeutung mehr. Ein wesentlicher Grund für die Erfolge Davids liegt in der Schwäche der benachbarten Großmächte: In Ägypten regieren zwei Priesterkönige, das Hethiterreich ist in zahlreiche Kleinfürstentümer zerrissen, die Assyrer kämpfen verzweifelt gegen die aus Arabien einbrechenden Aramäer. So kann sich erstmals im syrisch-palästinensischen Raum ein Großreich entwickeln, das sich von Hamath am Orontes bis zum Roten Meer erstreckt.

Noch während der Herrschaftszeit Davids kommt es zu heftigen Streitigkeiten um das Thronerbe, mehr als einmal muß er seine bewährte Söldnertruppe einsetzen. Schließlich bestimmt er auf Anraten des Hofpropheten Natan seinen Sohn Salomo zum Nachfolger. Dessen Mutter war die legendär schöne Bathseba; David hatte ihren ersten Ehemann, den Hethiter Uria, ermorden lassen. Noch vor Davids Tod (um 968 v. Chr.) wird Salomo König, er gilt als weiser Herrscher, dem der Krieg verhaßt ist. Sein Verdienst liegt vor allem in der umfangreichen Bautätigkeit, die er überall im Lande entfaltet. In Jerusalem läßt er nördlich der Davidstadt einen neuen Stadtteil mit umfangreichen Palastbauten und einem großen Tempel errichten, in dessen Allerheiligstem die Bundeslade aufgestellt wird. Er baut Hazor, Megiddo, Gezer und viele andere ehemals kanaanitische Städte wieder auf. Das Material (Zedern- und Zypressenholz) bezieht er im Austausch gegen Weizen, Öl und Kupfer aus dem phönikischen Tyros. Durch die Provinz Edom hat Salomo Zugang zum Roten Meer. Eine mit Hilfe des Königs Hiram von Tyros geschaffene Handelsflotte holt aus dem Lande Ofir (im Bereich des Roten Meeres) Gold, Edelhölzer und exotische Kostbarkeiten. Als Hafen für seine Flotte gründet Salomo die Stadt Ezjon-Geber, wo auch das Kupfererz aus den nahen Bergwerken von Timna verhüttet wird. Ein gut organisiertes Steuersystem (Naturalien) und der Handel mit den Nachbarländern verschaffen Salomo den Reichtum, der ihm weithin Bewunderung und Achtung einträgt.

Bathseba am Springbrunnen, den Brief Davids erhaltend (Peter Paul Rubens, um 1635)

Nach seinem Tod (ca. 930 v. Chr.) versammeln sich die Ältesten in Sichem, um den ältesten Sohn Rehabeam zum König zu erheben. Die Nordstämme knüpfen aber an dessen Wahl Bedingungen: Minderung der Naturalabgaben und Wegfall der Frondienstpflicht für die Kanaaniter, die inzwischen an Einfluß gewonnen haben. Der Judäer Rehabeam lehnt ab, woraufhin die Nordstämme Jerobeam, den früheren Aufseher über die königlichen Güter, zum König des Nordstaates Israel wählen. Damit ist das Reich geteilt; Jerusalem ist fortan nur noch Hauptstadt von Juda, bleibt aber als Aufbewahrungsort der Bundeslade kultisches Zentrum.

Das geteilte Reich: Israel und Juda

Der Nordstaat Israel

930 v. Chr.

Jerobeam I. (um 930–908) war in Sichem zum König von Israel ausgerufen worden, und Sichem wird seine erste Hauptstadt.

Aus einer Phase, in der die Herrscher häufig, schnell und oft auch durch Gewalt wechseln, geht schließlich der Heerführer Omri als König (881–871) hervor. Er war kein Israelit, sondern vermutlich ein Aramäer, der sich als Söldner emporgedient hat. Im Jahre 876 v. Chr. gründet Omri 10 km nordwestlich von Sichem auf einer Bergkuppe die neue Königsstadt Samaria, die bis zum Untergang des Nordreiches Residenz bleibt. Omri beendet die alten Grenzstreitigkeiten mit Juda und wendet sich verstärkt gegen seine landhungrigen Nachbarn im Nordosten, die Aramäer. Um die Beziehungen Israels zu den phönikischen Küstenstädten zu verbessern, verheiratet er seinen Sohn Ahab mit Isebel, der Tochter des Königs von Tyros.

Isebel bringt den phönikischen Baalkult nach Samaria, was die Kanaaniter sehr erfreut, die Israeliten aber empört. König Ahab (871–852) hat jedoch andere Sorgen. Inzwischen sind nämlich die Assyrer bis ans Mittelmeer vorgestoßen und bedrohen auch Israel. Ahab läßt die Befestigungen seiner Städte verstärken, Vorratshäuser, Pferdeställe und riesige Wasserversorgungsanlagen errichten. 868 schließt er mit Juda Frieden und verheiratet seine Schwester Atalja als Zeichen der Aussöhnung mit dem judäischen Kronprinzen Joram. 853 v. Chr. versucht der Assyrer Šalmanassar III., das gesamte syrisch-palästinensische Gebiet zu unterwerfen. Die bedrohten Königreiche verbünden sich unter der Führung des Herrschers von Damaskus und besiegen die Assyrer in der Schlacht bei Qarqar im Tal des Orontes.

Nach dem Tode Ahabs folgen nacheinander seine Söhne Ahasja (852–851) und Joram (851–845) auf dem Thron. 845 v. Chr. stürzt der Prophet Elischa die Omridendynastie und salbt Jehu zum neuen König von Israel. Dieser (845–818) läßt das Heiligtum des Baal in Samaria vernichten, und als 841 v. Chr. Šalmanassar III. zum vierten Mal in Syrien einmarschiert, unterwirft sich Jehu den Assyrern und leistet den geforderten Tribut.

Als Hosea 722 die Zahlungen einstellt, macht der Assyrerkönig Šalmanassar V. das Gebiet zu einer Provinz seines Landes und verschleppt 30 000 Israeliten nach Mesopotamien. Babylonier und Syrer siedeln sich an, die Bewohner Israels nennt man jetzt – nach der Provinz Samaria – Samariter.

Der Südstaat Juda

König des kleineren Juda ist jetzt Salomos Sohn Rehabeam (um 930–910). Gegen 926 v. Chr. dringen die Ägypter in Juda ein. Rehabeam erkauft jedoch die Schonung der judäischen Städte und verhindert die weitere Invasion mit einem großen Teil des Jerusalemer Tempel- und Palastschatzes. Rehabeams Sohn und Nachfolger Abija (910–908) fordert von Israel das Stammesgebiet von Benjamin als Vorfeld für seine unmittelbar an der Grenze gelegene Hauptstadt Jerusalem. Als dies nicht glückt, besticht sein Sohn den Aramäerkönig Benhadad I., Israel anzugreifen. Der Plan gelingt: Der israelitische König Baësa wirft seine Truppen nach Norden gegen die Aramäer, die Judäer rücken nach, nehmen die Stadt Rama und bauen die Städte Geba und Mizpa (ca. je 10 km von Jerusalem) als Grenzfestungen aus.

930 v. Chr.

Nach dem Friedensvertrag 868 v. Chr. verheiratet der judäische König Joschafat (867–847) seinen Sohn Joram mit Atalja, der Schwester des israelitischen Herrschers Ahab – Juda und Israel sind Bundesgenossen. Als später Atalja – sie stammt aus der Dynastie Omris – die Regierungsgeschäfte übernimmt, läßt sie alle Angehörigen von Davids Geschlecht töten; nur ihr Enkel Joasch entgeht der Ermordung. Atalja fördert den Baalkult und fällt deshalb einer Verschwörung des Hohenpriesters Jojada zum Opfer. Dieser läßt den siebenjährigen Joasch (839–801) zum König ausrufen und führt bis zu dessen Volljährigkeit die Regierungsgeschäfte. In der Herrschaftszeit Joaschs greifen die Aramäer Juda an, Joasch gelingt es jedoch, sie kurz vor der Eroberung Jerusalems mit einer Tributzahlung zum Abzug zu bewegen. König Amazja (800–786), Sohn des Joasch, greift das Nordreich an, aber das führt nur zu einer Niederlage und zur Plünderung der Schatzkammern des Jerusalemer Palastes und des Tempels. Die Judäer erheben daraufhin Amazjas Sohn Ussia (786–736) zu ihrem König. Dieser bringt seinem Reich eine lange Periode des Friedens und des Wohlstandes, auch wenn in seine Zeit das furchtbare Erdbeben des Jahres 763 v. Chr. fällt. Seit 756 ist Ussia leprakrank und wird von seinem Sohn Jotam vertreten, der als fleißiger Bauherr Erwähnung verdient. 742 übernimmt sein Enkel Ahas die Regierungsgeschäfte.

734 v. Chr. stößt Tiglatpileser III. bis Gaza vor. Israel und Aram beschließen, den Assyrern gemeinsam entgegenzutreten. Da Ahas (742–726) einen Beitritt zu dem Bündnis ablehnt, belagern Israeliten und Aramäer 733 v. Chr. Jerusalem. In höchster Not bietet Ahas den Assyrern seine Unterwerfung an und fragt gleichzeitig um Hilfe gegen seine Feinde. Tiglatpileser schlägt die Truppen der Koalition und

gliedert Israel und Aram in das assyrische Weltreich ein. Juda bleibt als tributzahlender Vasallenstaat bestehen.

Das judäische Reich beteiligt sich auch nicht an den Aufständen, die in den folgenden Jahren von Samaria und einigen Philisterstädten ausgehen. Erst nach dem Tode des Assyrerkönigs Sargon II. im Jahre 705 v. Chr. ändert sich das: König Hiskia von Juda (725–697) sichert sich die Waffenhilfe der Ägypter und nimmt Beziehungen zu Babylon auf, das sich ebenfalls aus dem assyrischen Großreich zu lösen versucht. Doch der neue Assyrerkönig Sanherib handelt schnell: Er unterwirft Babylon und marschiert im Jahre 701 v. Chr. gegen Palästina. Die rebellierenden phönikischen und philistäischen Städte hat er bald bezwungen, eine unbedeutende ägyptische Streitmacht rasch besiegt, schließlich besetzt er 46 judäische Städte und belagert Jerusalem. König Hiskia muß sich unterwerfen, aber Sanherib läßt sein Reich gegen Bezahlung hoher Tribute bestehen.

Als sich das assyrische Großreich nach dem Tode Assurbanipals im Jahre 626 v. Chr. aufzulösen beginnt, stellt der Herrscher Joschija die immer noch geleisteten Tributzahlungen ein und entfernt die Statuen und Bilder kanaanitischer und assyrischer Gottheiten aus dem Tempel von Jerusalem. Seitdem gilt er als Inbegriff des frommen Königs. Nach und nach besetzt er die assyrisch verwalteten Provinzen des einstigen Staates Israel.

Im Jahre 609 v. Chr. zieht Pharao Necho durch Palästina, um den Vormarsch der Babylonier, die das Weltreich der Assyrer zerschlagen hatten, zu stoppen und zu verhindern, daß sie die bislang assyrischen Gebiete von Syrien und Palästina übernehmen. Bei Megiddo lockt er Joschija in einen tödlichen Hinterhalt. Der Pharao setzt dessen Sohn Jojakim (608–597) als Marionettenkönig über das alte Juda ein.

Im Jahre 605 v. Chr. werden die Ägypter bei Karkemisch von den Truppen des neubabylonischen Kronprinzen, des späteren Königs Nebukadnezar II., vernichtend geschlagen. Ägypten verliert Syrien, Palästina und Phönikien, Jojakim entrichtet seinen jährlichen Tribut nun an Babylon. Nebukadnezar ernennt einen jüngeren Sohn Joschijas, Mattanja, unter dem Namen Zedekia zum König. Zedekia (597–587) ist ein unentschlossener Herrscher. Anfangs folgt er dem Rat des Propheten Jeremia, dem König von Babylon zu dienen, um den Bestand des Staates nicht zu gefährden. Schließlich aber gibt er dem Drängen der babylonfeindlichen Partei nach und erklärt die Unabhängigkeit Judas. Daraufhin besetzen die Babylonier Juda und auch Jerusalem (587 v. Chr.). König Zedekia wird auf der Flucht gefaßt und nach Babylon gebracht, wo er bald stirbt. Jerusalem wird geplündert, der Palast vernichtet, der Tempel und die Bundeslade zerstört. Die Stadtmauer wird geschleift, ein großer Teil der Bevölkerung niedergemetzelt und der Rest nach Babylon verschleppt. Jerusalem ist so verwüstet, daß man den Verwaltungssitz nach Mizpa verlegen muß. Später wird das kleine Restjuda zur Provinz Samaria geschlagen.

Die persische Herrschaft

Nach dem Tode Nebukadnezars im Jahre 562 v. Chr. verfällt das neubabylonische Reich. Der Perserfürst Kyros zieht – als Befreier umjubelt – im alten Babel ein (539 v. Chr.). Die Übernahme durch die Perser vollzieht sich ohne Auseinandersetzungen. Kyros, Großkönig und Begründer des Weltreiches der Achämeniden, teilt sein Reich in sogenannte Satrapien auf, denen jeweils ein Perser als Satrap vorsteht. Den Völkern innerhalb des Reiches läßt er nicht nur ihre eigene Kultur, sondern er ordnet sogar den Wiederaufbau aller von den Neubabyloniern zerstörten Heiligtümer auf Staatskosten an. Von den nach Babylon Verschleppten kehren vorerst nur wenige nach Jerusalem zurück.

539 v. Chr.

Nach Kyros' Tod unterwirft sein Sohn Kambyses im Jahre 525 v. Chr. auch Ägypten. Die Propheten Haggai und Sacharja drängen die Judäer, endlich den zerstörten Jerusalemer Tempel wiederaufzubauen. Den leitenden Priester des Tempels ernennt man zum Hohenpriester, zum religiösen Oberhaupt ganz Israels. Um 452 v. Chr. kommt es in Persien zu Ausschreitungen gegen die Juden, und so kehren viele Nachkommen der vor rund hundert Jahren Deportierten nach Jerusalem zurück. Sie beginnen mit dem Wiederaufbau der Stadt und erneuern auch die Befestigungen. Sanballat, persischer Statthalter in Samaria, ordnet die Einstellung der Bauarbeiten an, weil er die Konkurrenz eines großen und starken Jerusalem fürchtet. Die zurückgekehrten Judäer aber nutzen ihre alten Beziehungen zum Hofe. Nehemia, Judäer und Mundschenk des Großkönigs im Palast von Susa, erhält die Genehmigung zum Weiterbau und erreicht darüber hinaus die Trennung Judas von Samaria. 445 v. Chr. wird er Statthalter in Jerusalem. Um den Aufbau voranzutreiben, siedelt Nehemia ein Zehntel der Bevölkerung Judas nach Jerusalem um.

Die hellenistische Zeit

Im Jahre 333 v. Chr. siegt Alexander der Große bei Issus über Dareios III. Kodomannos und zieht daraufhin an der phönikisch-philistäischen Küste entlang nach Ägypten. Seine Heerführer Parmenion und Perdikkas besetzen das Binnenland, wo lediglich die Stadt Samaria gewaltsam bezwungen werden muß. 331 v. Chr. marschiert Alexander von Ägypten aus quer durch Palästina und wendet sich dem Zweistromland zu, um Persien einzunehmen. Nach Alexanders Tod (323 v. Chr.) teilen seine Feldherren, die Diadochen, das gewaltige Reich unter sich auf. Ptolemaios erhält Ägypten, eignet sich sofort das benachbarte Palästina und Phönikien an und schlägt alle Rivalen zurück. Erst der Seleukide Antiochos III. kann 217 v. Chr. in Palästina einmarschieren; und nach weiteren Auseinandersetzungen sind dann Palästina und Phönikien im Besitz der Seleukiden.

333 v. Chr.

Im Jahre 190 v. Chr. wird Antiochos III. im westlichen Kleinasien von den Römern vernichtend geschlagen und zum Frieden von Apamea gezwungen. Der Verfall des Reiches wird durch Streitigkeiten nach seinem Tod beschleunigt. Als sich schließlich Antiochos IV. Epiphanes (175-164) durchsetzen kann, lodert der alte Streit mit den Ptolemäern wieder auf.

Der Hasmonäerstaat

166 v. Chr.

Das anfangs ungetrübte Verhältnis der Judäer zu den Seleukiden währt nicht lange; im Untergrund formiert sich Widerstand gegen die hellenistischen Machthaber. Als 166 v. Chr. in Modiim (Modeïn) ein seleukidischer Kommissar nichtjüdische Opfer verlangt, tötet der Priester Mattatias den Beamten. Mattatias flieht mit seiner Familie in die judäische Wüste, wo sich zahlreiche Widerständler um ihn scharen. Sie führen einen erbitterten Kleinkrieg gegen den Hellenismus, sie zerstören dessen Kultstätten, überfallen Verwaltungsstellen und töten abtrünnige Judäer. Als Mattatias 166 v. Chr. stirbt, übernimmt sein Sohn Judas, genannt Makkabäus (›Hammer‹), die Führung. Nach ihrem Vorfahren Hasmon nennen sie sich jetzt Hasmonäer. Man beschränkt sich jetzt nicht mehr auf kleinere Überfälle, sondern greift seleukidische Truppeneinheiten an. Es gelingt, die überlegenen Machthaber zu schlagen und 165 v. Chr. erobert Judas Makkabäus den Tempel von Jerusalem zurück, 163 v. Chr. unternimmt er Kriegszüge nach Galiläa und in das Ostjordanland, nach Hebron und Ashdod. Aber alle Erfolge scheinen vergeblich, als noch im selben Jahr der Seleukidenfeldherr Lysias mit einer größeren Streitmacht die Aufständischen angreift. Lysias erobert einen Stützpunkt nach dem anderen und hätte schließlich auch Jerusalem eingenommen, wenn ihn nicht innenpolitische Gründe zur Rückkehr nach Antiochia gezwungen hätten. So bietet er Judas Makkabäus den Frieden an und sichert den Judäern sogar freie Ausübung ihrer Religion zu.

Damit hatte man das Hauptziel erreicht, aber Judas will mehr: die politische Unabhängigkeit der Judäer. Wieder kommt es zum Krieg, in dem er zunächst siegreich bleibt. 161 v. Chr. entsendet Demetrios I. Soter eine Streitmacht, die den Aufstand endlich niederwerfen soll. In der Entscheidungsschlacht bei Elasa im Norden von Jerusalem fällt Judas, seine Anhänger ziehen sich zurück. Unter der Führung von Judas' Bruder Jonatan überfallen sie gelegentlich kleinere Truppeneinheiten, ohne sich aber auf eine offene Feldschlacht einzulassen. Innere Schwierigkeiten im Seleukidenreich führen zu Verhandlungen, die den Kampf endlich beenden. Jonatan läßt sich in Michmas (12 km nordöstlich von Jerusalem) nieder und übt von hier aus eine provisorische Regierung über Juda aus.

153 v. Chr. erhebt sich ein gewisser Alexander Balas, der sich für einen Sohn Antiochos' IV. Epiphanes ausgibt, um an die Macht zu kommen. Demetrios verleiht daraufhin Jonatan das inzwischen ver-

waiste Amt des Hohenpriesters in Jerusalem, ja er verschafft ihm sogar die weltliche Stellung eines Unterkönigs. Trotz aller Zugeständnisse stellt sich Jonatan aber auf die Seite Alexanders. Demetrios fällt im Kampf gegen Alexander (150 v. Chr.), und dieser avanciert zum König der Seleukiden. Als Dank für seine Unterstützung ernennt er Jonatan zum Feldherrn und Teilherrscher im Reich. Als Demetrios II. im Jahre 145 v. Chr. Alexander Balas vom Thron vertreibt, gewinnt Jonatan durch reiche Geschenke die Gunst auch dieses Königs. Doch dann macht er einen entscheidenden Fehler: Er verbündet sich mit Diodotos Tryphon, der sich gerade anschickt, für Alexander Balas' unmündigen Sohn den Seleukidenthron zu erobern. In dessen Auftrag unterwirft Jonatan ganz Palästina bis zur ägyptischen Grenze. Als jedoch Diodotos Tryphon erkennt, daß Jonatan immer stärker wird, lockt er ihn nach Ptolemais (Akko) und läßt ihn 143 v. Chr. hinrichten.

Jonatans Nachfolge tritt sein Bruder Simon an, der sich sofort mit Demetrios II. verbündet, weitgehende Zugeständnisse erhält und für Juda eine gewisse Souveränität erlangt. Sein Staatsgebiet kann er bis an die Mittelmeerküste ausdehnen. Simons Schwiegersohn Ptolemaios ermordet den Herrscher, doch dessen Sohn Johannes reißt die Macht an sich und übernimmt als Johannes Hyrkan I. (135–104) alle Ämter und Würden des Vaters. Schon in seinem ersten Herrschaftsjahr gerät er in schwere Bedrängnis, als der Seleukide Antiochos VII. Sidetes Juda die Selbständigkeit nehmen will und Jerusalem belagert. Gleichzeitig erheben sich allerdings wieder einmal die Parther, so daß Antiochos bereit war, den Status von Juda gegen eine erhebliche Zahlung zu bestätigen. Nach Antiochos' Tod (129 v. Chr.) vergrößert Johannes Hyrkan sein Reich durch zahlreiche Feldzüge in das Ostjordanland, den Negev und nach Samarien. 107 v. Chr. erobert er nach einjähriger Belagerung die Stadt Samaria und vernichtet sie. Das Reich Juda ist größer als je zuvor, doch er zieht sich den Haß seines Volkes zu, als er das Grab Davids plündert, um seine Söldnerheere finanzieren zu können.

Die Nachfolge Hyrkans soll seine Gemahlin antreten, aber durch familiäre Intrigen kommt es nicht dazu. Schließlich wird Hyrkans Sohn Alexander Jannaios (103–76) der Nachfolger auf dem Thron. Mit wechselndem Erfolg führt er zahlreiche Kriege, bis er ganz Palästina in seinem Reich vereinigt hat. Sogar das mächtige Gaza kann er durch Verrat in seinen Besitz bringen. Besonders zu schaffen machen ihm die Auseinandersetzungen zwischen den beiden Parteien der Schriftgelehrten, den Sadduzäern und den Pharisäern. Als die Pharisäer die Seleukiden um Hilfe bitten, kommt es zum Aufstand, den Alexander nach langem Kampf mit Mühe niederschlagen kann.

Als er 76 v. Chr. stirbt, regiert seine Witwe Salome Alexandra (76–67), die ihrem Sohn Hyrkan das Amt des Hohenpriesters verleiht. Mit ihrem Tod endet eine neunjährige Periode des Friedens. Ihre Nachfolge tritt Hyrkan an, gegen den jedoch sein jüngerer Bruder Aristobul opponiert. Dieser besiegt mit seinen Anhängern die Streitkräfte des Königs und zwingt Hyrkan II., die Königswürde an ihn abzutreten. Aber da ergreift Antipater, ein hoher Beamter in Idumäa, die Partei des Verlierers. Mit Hilfe der Nabatäer besiegt er die Truppen Aristobuls II. (67–63) und belagert den Usurpator in der Tempelfestung.

Seit 69 v. Chr. sind die Römer damit beschäftigt, das zusammenbrechende Seleukidenreich zu liquidieren. Pompejus entsendet seinen Legaten M. Aemilius Scaurus, der in Damaskus von dem Streit der beiden Brüder hört und sofort nach Jerusalem weiterreist. Sowohl Aristobul als auch Hyrkan versuchen, die Römer durch Bestechung auf ihre Seite zu ziehen. Scauros entscheidet sich für Aristobul und zwingt die Nabatäer zum Abzug.

Die Römerherrschaft

63 v. Chr.

63 v. Chr. kommt Pompejus mit seinen Legionen nach Juda und verlangt von Aristobul die Unterwerfung. Noch während der Verhandlung schickt Pompejus seinen Feldherrn Gabinius nach Jerusalem, um die Tempelfestung einzunehmen. Hyrkan II. (63–40) wird als Hoherpriester bestätigt, Aristobul dagegen gefangengenommen und nach Rom gebracht. Syrien und Palästina faßt man zur römischen Provinz Syria zusammen. Die hellenistischen Stadtgründungen im nördlichen Ostjordanland bilden den Zehnstädtebund, Samarien und die Küstenstädte unterstehen der Provinzregierung unmittelbar. Dem Hohenpriester bleibt noch jenes Herrschaftsgebiet, dessen Bewohner am Jerusalemer Kult teilnehmen; das ist Juda, Galiläa und Peräa (im südlichen Ostjordanland). Nachdem man Hyrkan alle weltliche Macht entzogen hat, wird sein Territorium unter dem Statthalter Gabinius in fünf selbständige Bezirke gegliedert: Jerusalem, Gazara, Jericho, Amathus (Peräa) und Sepphoris (Galiläa).

Aber Rom ist noch keine festgefügte Macht; Caesar, Crassus und Pompejus schließen sich zu einem ersten Triumvirat zusammen. Und schon beginnt in Palästina das Gerangel um die Herrschaft. Alexander, der ältere Sohn des Aristobul, zieht mit einer Truppe nach Jerusalem, um Hyrkan II. abzusetzen. Gabinius drängt ihn aber in die Burg Alexandreion ab und zwingt ihn zur Übergabe. Dann gelingt es Aristobul und seinem jüngeren Sohn Antigonos, aus Rom zu fliehen und mit einer Truppe nach Jerusalem zu marschieren, wo sie jedoch von Gabinius aufgegriffen und wieder nach Rom zurückgebracht werden. Als sich Gabinius auf einem Feldzug in Ägypten befindet, wiederholt Alexander seinen Marsch auf Jerusalem. Auch diesmal kommen ihm die Römer zuvor und vernichten seine Streitmacht am Tabor.

54 v. Chr. wird M. Licinius Crassus Statthalter der Provinz Syria. Er plündert das Gebiet, darunter auch die Schätze des Jerusalemer Tempels, kräftig aus, um seinen Krieg gegen die Parther, in dem er schließlich stirbt, zu finanzieren. 49 v. Chr. überschreitet Caesar den

Rubikon und vertreibt Pompejus aus Rom, der sich daraufhin in die östliche Hälfte des Reiches zurückzieht. Caesar entläßt Aristobul aus der Haft, damit dieser in Palästina, im Rücken des Rivalen, Unruhe stiften kann. Aber der Plan geht nicht auf, Aristobul wird noch in Rom vergiftet.

48 v. Chr. schlägt Caesar bei Pharsalos (Thessalien) die Truppen des Pompejus, der nach Ägypten flieht und dort ermordet wird. Hyrkan und der hinter ihm stehende Antipater suchen nun schnell die Gunst des siegreichen Caesar zu gewinnen. Als dieser nach Syria kommt, bestätigt er Hyrkan im erblichen Hohenpriesteramt und ernennt ihn zum Bundesgenossen Roms, Antipater erhält das römische Bürgerrecht und die Würde des Prokurators über Judäa. Jerusalem wird wieder befestigt, genießt weitgehende Steuerfreiheit. Das Territorium von Judäa erweitert Caesar um Jaffa und einige Gebiete in der Jesreel-Ebene. Antipater macht seinen älteren Sohn Phasael zum Präfekten von Judäa und Peräa, sein jüngerer Sohn Herodes erhält Galiläa. 44 v. Chr. wird Caesar von Brutus und Cassius ermordet. Cassius, nun Statthalter von Syria, beutet die Provinz rücksichtslos aus. Antipater ist ihm ein willfähriger Untertan und zieht sich daher die Feindschaft der Jerusalemer zu; 43 v. Chr. wird er vergiftet.

42 v. Chr. besiegen Marcus Antonius und sein Adoptivsohn Octavian in der Schlacht bei Philippi die Caesarmörder. Antonius erhält den Oberbefehl über das Ostreich und bestätigt Phasael und Herodes in ihren Ämtern. Im selben Jahr überfallen die Parther die römischen Ostprovinzen. Antigonos, Sohn des Aristobul, stellt sich sofort auf die Seite der Invasoren und dringt in Jerusalem ein. Unter dem Vorwand, den Streit schlichten zu wollen, locken die Parther Phasael und den Hohenpriester Hyrkan in ihr Hauptquartier nörd-

42 v. Chr.

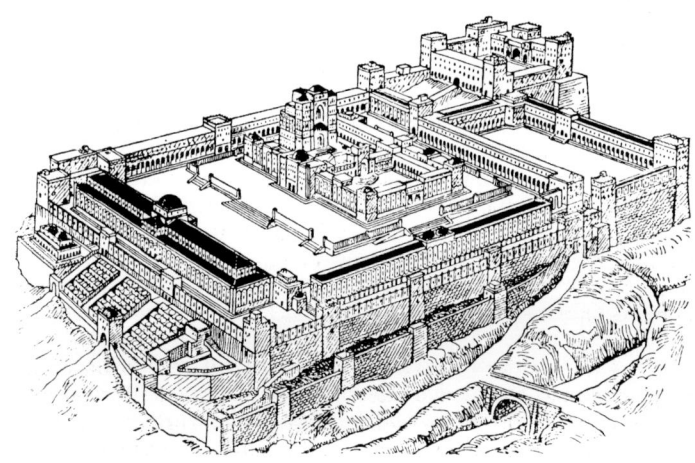

Rekonstruktion des herodianischen Tempels in Jerusalem, ganz hinten die Burg Antonia

lich von Akko und nehmen sie dort gefangen. Antigonos setzen sie in Jerusalem als König und Hohenpriester ein, dann liefern sie die beiden Gefangenen an ihn aus.

Herodes entkommt mit knapper Not aus Jerusalem und bringt seine Familie auf der Bergfestung Masada in Sicherheit. Er selbst reist auf abenteuerlichen Wegen nach Rom und überzeugt Antonius und Octavian durch reiche Geschenke, daß er der rechtmäßige Nachfolger des Antipater sei. Der Senat ernennt ihn daraufhin zum König von Judäa. Herodes landet in Ptolemaïs (Akko), um sich mit Billigung Roms sein Königreich zu erobern. Bis 38 v. Chr. bringt er ganz Galiläa und Judäa in seinen Besitz, im Jahre darauf nehmen römische Truppen für ihn auch Jerusalem ein. Antigonos wird in Antiochia enthauptet. Herodes ist nun unumstrittener Herrscher. Um seine Stellung zu festigen, läßt er 45 der 71 Mitglieder des Hohen Rates hinrichten und ersetzt sie durch ihm ergebene Ratsherren. Das Amt des Hohenpriesters ist nun nicht mehr erblich und auch nicht mehr lebenslänglich, ihm genehme Personen werden mit der Würde betraut.

31 v. Chr.

31 v. Chr. besiegt Octavians Feldherr Agrippa bei Actium (Westgriechenland) die Flotte des Antonius, der sich daraufhin nach Ägypten zurückzieht und – von Feinden bedrängt – dort das Leben nimmt. Da Herodes dem Antonius stets treu ergeben war und ihm auch die Königswürde verdankt, muß er nun die Rache Octavians fürchten. 30 v. Chr. läßt Herodes vorsorglich seinen potentiellen Nebenbuhler, den aus Babylon heimgekehrten Hyrkan, unter einem fadenscheinigen Vorwand hinrichten. Seine Frau Mariamme und deren Mutter Alexandra, eine Tochter Hyrkans, bringt er wegen ihrer Zugehörigkeit zur Familie der Hasmonäer auf die Festung Alexandreion und befiehlt dem Kommandanten, die beiden umzubringen, falls Octavian ihn aburteilen sollte. Dann begibt er sich zu Octavian, der gerade auf Rhodos weilt. Da Octavian in ihm einen verläßlichen Herrscher in dem kritischen Randgebiet seines Imperiums haben würde, bestätigt er ihn in der Königswürde. Außerdem überläßt er ihm die Küstenstädte, ganz Samarien und Gebiete im Ostjordanland mit Ausnahme der Dekapolis.

Als ›verbündeter König‹ untersteht Herodes fortan nicht mehr dem Statthalter von Syria, sondern unmittelbar Octavian, jetzt Kaiser Augustus, bzw. dem römischen Senat. Er braucht keine Abgaben zu leisten, hat dafür aber die Grenze des Imperiums gegen seine östlichen Nachbarn, die Nabatäer, zu verteidigen. Herodes ist ohne Zweifel der größte Baumeister seines Landes. Unter ihm kommt das zerstörte Samaria in hellenistischem Stil zu neuem Glanz; er nennt es nach Kaiser Augustus Sebaste (das griechische Wort für Augustus). An der Küste stampft er die Hafenstadt Caesarea aus dem Boden, er baut in Hebron und in Banyas, vor allem aber in Jerusalem, und läßt eine Reihe modernster Festungen, darunter das mächtige Herodeion, schaffen. Er gründet die Stadt Antipatris und stiftet auch außerhalb des Landes zahlreiche Gymnasien, Theater, Hippodrome,

»Wo ist der neugeborenen König der Juden? ... Herodes erschrak und ganz Jerusalem mit ihm.«
Mt 2,3

Thermen und Tempel. Herodes ermöglicht seinem Land eine lange Periode des Friedens, aber er herrscht mit brutaler Grausamkeit. Als Freund Roms und Förderer des Kaiserkults macht er sich bei seinen Untertanen verhaßt. Das Klima ist vergiftet, jeder vermutet in jedem einen Spitzel des Königs, dem Kaiser nicht treu ergebene Bürger werden umgebracht. Um diese Zeit müssen wohl die ›Weisen aus dem Morgenland‹ auf der Suche nach dem König der Juden gekommen sein.

Maria und Jesus (Ikone im Katharinen- kloster auf dem Sinai, um 1260)

Nach Herodes Tod (4 v. Chr.) erben seine Söhne das Reich: Archelaos erhält Judäa mit Idumäa und Samaria, Herodes Antipas bekommt Galiläa und Peräa, und Philippos werden die Gebiete Trachonitis, Batanaia und Auranitis zugewiesen. Die Tochter Salome übernimmt Ashdod und Jamnia sowie Phasaelis im Jordangebiet. Den Königstitel vergibt Augustus nicht. Archelaos erhält den Titel eines Ethnarchen, Antipas und Philippos den von Tetrarchen.

Der Tod des Königs löst Aufstände aus, die P. Quinctilius Varus, Statthalter der Provinz Syria, blutig unterdrückt. Archelaos vermag das Land nicht zur Ruhe zu bringen, und Augustus verbannt ihn im Jahre 6 nach Gallien. Das Gebiet des Archelaos wird einem römischen Prokurator unterstellt, der in Caesarea residiert und im ganzen Lande Truppen stationiert, auch in der Burg Antonia. 26–36 ist Pontius Pilatus Prokurator von Judäa.

39 n. Chr.

Herodes Antipas regiert bis zum Jahre 39. Hauptstadt seines Herrschaftsgebietes ist seit dem Jahre 20 das von ihm gegründete und prachtvoll ausgestattete Tiberias am See Gennesaret. Seine zweite Frau, seine Stiefschwester Herodias, bringt aus ihrer früheren Ehe eine Tochter namens Salome mit – jene Salome, die nach Mt 14,8 das Haupt Johannes des Täufers verlangt. Historisch erwiesen ist nur, daß Antipas den unbequemen Bußprediger Johannes verhaften und schließlich auch hinrichten läßt.

Der dritte Sohn Philippos hat sich seine Residenz am Südwestfuß des Hermon geschaffen und ihr den Namen Caesarea Philippi gegeben. Als er kinderlos stirbt, fällt sein Gebiet an die römische Provinz Syria. Kaiser Caligula erhebt einen in Rom lebenden Enkel des Herodes, Herodes Agrippa, zum König und überträgt ihm das Gebiet des Philippos. Daraufhin überredet die ehrgeizige Herodias ihren Mann, vom römischen Kaiser ebenfalls den Königstitel zu erbitten. Caligula lehnt ab und verbannt Herodes Antipas 39, wie zuvor schon Archelaos, nach Gallien. Herodes Agrippa bekommt nun auch das Territorium des Antipas, also Galiläa und Peräa, zugewiesen.

Caligula läßt sich als Gott verehren und befiehlt, in allen Heiligtümern des Imperiums sein Bild aufzustellen. Die Juden weigern sich, den Jerusalemer Tempel auf diese Weise zu entweihen, woraufhin Petronius, der Statthalter von Syria, den kaiserlichen Willen durchsetzen soll. Seinen Truppen stellt sich jedoch eine riesige Menschenmenge entgegen. Petronius bittet den Kaiser daraufhin um Aufschub, was Caligula verweigert, woraufhin der Statthalter seine Soldaten auf eigene Verantwortung wieder zurückbeordert. Auch Agrippa bittet den Kaiser um Aufhebung des Befehls und zieht sich so dessen Zorn zu. Bevor Caligula jedoch Strafmaßnahmen durchführen kann, wird er von seiner Leibgarde ermordet. Claudius, der Anführer der Verschwörer, nimmt 41 den Purpur und dankt Agrippa, der an dem Komplott offensichtlich teilgenommen hat, durch Zuweisung von Judäa mit Idumäa und Samaria. Das Reich Herodes' des Großen ist somit bis auf die südlichen Küstenstädte wieder vereint. Agrippa fördert die Jerusalemer Gemeinde und veranstaltet in Caesarea prunkvolle Spiele römischen Stils; 44 stirbt er. Danach unterstellt Claudius das Land als Provinz Judäa römischen Prokuratoren, die in Caesarea residieren.

Schon bald, nachdem Archelaos abgesetzt worden ist und Prokuratoren das Land beherrschen, haben sich einige Juden zusammengeschlossen, um die Römer abzuschütteln. Diese Männer nennen sich Zeloten (aus dem Griechischen, ›Eiferer‹). Sie verüben zunächst nur kleinere Überfälle auf die römische Besatzungsmacht, wachsen aber schließlich zu einer großen Bewegung, als Nero (54–68) immer brutalere und korruptere Prokuratoren in Caesarea einsetzt. Im Mai 66 bricht in Jerusalem der Aufstand aus, der erste Jüdische Krieg gegen Rom. An seiner Spitze steht Eleasar, ein Sohn des Hohenpriesters. Die Zeloten haben bald ganz Jerusalem in der Hand, und auch in anderen Städten vertreiben sie die Besatzer.

Im Herbst 66 trifft der Statthalter C. Cestius Gallus mit einer Legion vor Jerusalem ein, um den Aufstand niederzuwerfen. Die Truppen besetzen die Stadt, können aber nicht den stark befestigten Tempelberg erstürmen. Auf dem Rückmarsch nach Antiochia gerät die Legion in einen Hinterhalt, dem sie nur unter größten Verlusten entkommen kann. Die Aufständischen jubeln. Nero beauftragt daraufhin seinen Feldherrn T. Flavius Vespasian mit der Niederwerfung der Revolte. Vespasian rückt von Antiochia aus vor, sein Sohn Titus von Ägypten. In Ptolemaïs (Akko) vereinigen sich die drei römischen Legionen und die zahlreichen Hilfstruppen, insgesamt etwa 60 000 Mann, und marschieren im Sommer 67 nach Galiläa, um zuerst die stärkste Festung dieses Landesteiles, Jotapata (heute Yodefat) einzunehmen. Die Verteidigung dieses Bollwerks leitet Josef ben Mattatias, ein dreißigjähriger Priester und Oberbefehlshaber der Aufständischen in Galiläa, der später als Flavius Josephus der größte jüdische Historiker seiner Zeit wird. 47 Tage brauchen die Römer, um Jotapata zu erobern. Sie töten alle Männer und verschleppen Frauen und Kinder in die Sklaverei. Vespasian läßt die Befestigungswerke schleifen und die Stadt in Schutt und Asche legen. Josephus versteckt sich in einer Höhle und ergibt sich schließlich den Römern, nachdem sie ihm sein Leben zugesichert hatten. Als er erfährt, daß man ihn zu Nero schicken will (was seinen sicheren Tod bedeutet hätte), prophezeit er Vespasian, daß dieser bald Kaiser werden wird. Der Feldherr glaubt daran und behält Josephus in seinem Gewahrsam.

Noch im selben Jahr erobert Vespasian die Stadt Tiberias, ganz Galiläa und die übrigen aufständischen Gebiete bis auf Jerusalem. Bei den Vorbereitungen zum Angriff auf die Stadt erreicht ihn die Nachricht, daß Nero abgesetzt worden ist und Selbstmord begangen hat; zunächst wartet er die weitere Entwicklung ab. Nach einigen glücklosen anderen Kandidaten rufen die syrischen Legionen schließlich Vespasian zum Kaiser aus und marschieren nach Rom. Vespasian gründet das flavische Kaiserhaus – die Prophezeiung des Josephus hat sich erfüllt. Er bekommt das römische Bürgerrecht und lebt im kaiserlichen Palast in Rom. Hier entstehen die berühmten Werke ›Der Jüdische Krieg‹ und ›Jüdische Altertümer‹.

Im Frühjahr 70 eröffnet Vespasians Sohn Titus den Angriff auf Jerusalem. Im Herbst geht der Tempel in Flammen auf, Jerusalem gleicht einem Trümmerhaufen. Auch die Zeloten in den Festungen können sich nicht retten. Das Herodeion fällt zuerst, dann ergibt sich die Besatzung von Machaerus östlich des Toten Meeres. Masada aber können die Römer erst im Jahre 73 bezwingen. Vespasian

66 n. Chr.

Die Menora des herodianischen Tempels als Kriegsbeute (Titusbogen in Rom)

41

Festung Masada

macht Judäa zur kaiserlichen Provinz. Sein Statthalter, zugleich Kommandeur der X. Legion, residiert in Caesarea. Mit der Zerstörung des Jerusalemer Tempels haben die Juden ihr religiöses Zentrum verloren. So konstituiert sich in der Stadt Jamnia (heute Yavne, 20 km südlich von Tel Aviv) ein neuer oberster Rat, der sich aus 72 pharisäischen Schriftgelehrten zusammensetzt. Dieser hohe Rat legt das jüdische Gesetz aus und fällt gelegentlich auch Urteile. Jamnia entwickelt sich zum Zentrum jüdischer Gelehrsamkeit, zum geistigen Mittelpunkt der Juden in aller Welt.

Über die Jahrzehnte bis zur Regierung des Kaisers Hadrian (117–138) wissen wir nur wenig. 130 besucht Hadrian Judäa, möglicherweise auch Jerusalem. Er gibt jedenfalls Anweisung, die Stadt wieder aufzubauen und läßt an der Stelle des jüdischen Tempels ein Jupiter-Heiligtum errichten. Die Unterdrückung durch die Römer, die Entweihung des Tempelberges und das Verbot der Beschneidung, das einen Eingriff in alte jüdische Traditionen bedeutet, führen

132 n. Chr.

im Jahre 132 zum zweiten Jüdischen Krieg, dem Bar Kochba-Aufstand. Anführer war ein Mann namens Simeon mit dem Ehrennamen Bar Kochba (›Sternensohn‹). Die Aufständischen bemächtigen sich der Stadt Jerusalem und befreien von hier aus ganz Judäa, dem sie den Namen Israel geben. Sie prägen eigene Münzen mit hebräischer Aufschrift und führen eine neue Zeitrechnung ein. Die Römer werden der Situation im Lande nicht Herr, da Bar Kochba jeder offenen Schlacht ausweicht und sich auf eine Guerillataktik beschränkt. Hadrian beauftragt seinen Feldherrn Julius Severus mit der Niederwerfung des Aufstandes. Auch Severus vermeidet jede größere Auseinandersetzung und erobert die zahllosen Stützpunkte der Juden durch Einkesseln und Aushungern. 135 fällt der letzte Stützpunkt beim heutigen Ort Battir westlich von Betlehem. Simeon Bar Kochba kommt dabei ums Leben.

Israel ist wieder einmal verwüstet. Die gefangenen Aufständischen werden in Hebron, Gaza oder auf den Märkten Ägyptens als Sklaven verkauft. Judäa wird als Palaestina römische Provinz. Jerusalem wird zur Colonia Aelia Capitolina, die kein Jude betreten darf. Die rund 200 Jahre von 135–324 zählen seltsamerweise zu den friedlichsten in der Geschichte des Heiligen Landes. Überall wird gebaut: Städte mit römischen Tempeln, Theatern, Thermen und Hippodromen entstehen, gepflasterte Straßen verbinden die Landesteile, Brücken überspannen die Flüsse, kilometerlange Aquädukte leiten Trinkwasser in die Städte.

Unter Kaiser Antonius Pius (138–161) dürfen die Juden wieder ungestört ihre Religion ausüben und in den jüdischen Siedlungen die Verwaltung übernehmen und Recht sprechen. In dieser Zeit entstehen in vielen Orten, vor allem in Galiläa, Synagogen, Stätten der Andacht und des Studiums der jüdischen Lehre.

Die byzantinische Herrschaft

Ab 324 regiert Kaiser Konstantin der Große als Alleinherrscher über das Imperium Romanum. Nach dem Konzil von Nicaea - der Kaiser favorisiert das Christentum - lassen er und seine Mutter Helena die Wirkungsstätten Jesu mit herrlichen Kirchen versehen, Palästina wird zum Heiligen Land. Der nächste Förderer christlich-sakraler Baukunst ist Kaiser Justinian (527–565). Die wachsenden Pilgerströme schaffen eine Nachfrage nach vielerlei Waren, was den Bewohnern zu einem gewissen Wohlstand verhilft. Die Landwirtschaft wird intensiviert, christliche Orden bauen Klöster, Herbergen und Hospitäler. Auch die Juden, die nun die Minderheit im Heiligen Land bilden, profitieren von der langen Periode des Friedens und des Wohlstandes.

Im Jahre 529 erheben sich die Samariter gegen die Herrschaft des Justinian und zerstören zahlreiche Kirchen, zumeist solche der konstantinischen Epoche. Der Pestepidemie von 541/42, die sich von Ägypten über Palästina und Syrien bis Konstantinopel ausbreitet, fällt ein großer Teil der Bevölkerung zum Opfer.

614 dringen die Perser in Palästina ein und besetzen mit jüdischer Hilfe Jerusalem, wo sämtliche Kirchen in Flammen aufgehen. Nach ihrem Abzug im Jahre 627 bleiben für den Wiederaufbau der Kirchen und Klöster nur noch wenige Jahre: Jerusalem fällt 638 nach einjähriger Belagerung, und ein Jahr später haben die moslemischen Araber ganz Palästina besetzt.

Konstantin und Helena mit dem Kreuz (Cima de Conegliano, 1502)

Die arabische Zeit

634 n. Chr. Der Kalif Omar I. (634–644) erobert die ganze Arabische Halbinsel, Syrien, das Zweistromland, große Teile Persiens und Ägyptens. Als Gründer des islamischen Weltreiches und tolerant wie auch die meisten seiner Nachfolger, gewährt Omar jedem Christen und Juden, der seine Herrschaft anerkennt und die Kopfsteuer zahlt, die Sicherheit seines Eigentums und Religionsfreiheit. Die meisten Christen sind über den Siegeszug des Islam nicht unglücklich, hat er doch die inneren Glaubenskämpfe beendet und die Abgaben verringert. Der Handel blüht, die Kirchen bleiben unangetastet.

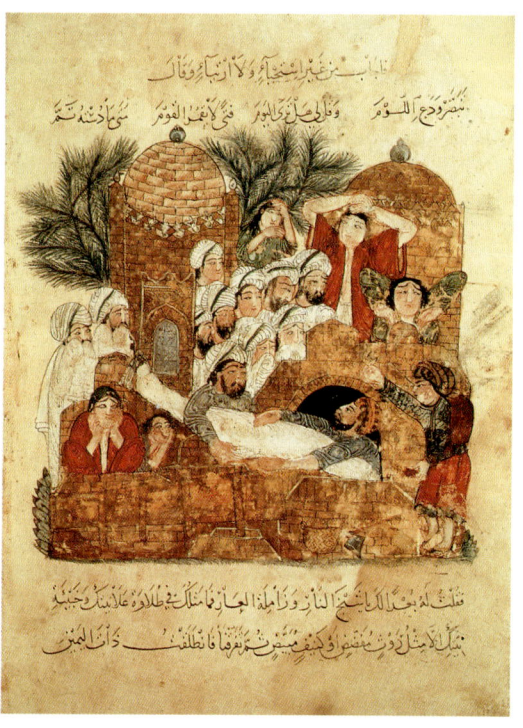

Die Bestattung (Arabische Buchmalerei, 1237)

Nach der Ermordung Omars (644) beginnt das Reich unter seinen schwächeren Nachfolgern zu zerfallen, religiöse Differenzen spalten den Islam in drei Richtungen (Sunniten, Schiiten und Charidschiten). Zur Ruhe kommt Palästina erst wieder, als Kalif Muawija I., Widersacher des Schiitenführers Ali, 660 die Dynastie der Omajjaden gründet. Von Damaskus aus herrscht er mit fester Hand über sein gewaltiges Reich. Er belagert Konstantinopel, bis sich die byzantinische Hauptstadt 678 gezwungen sieht, Tribut zu zahlen. Bis zum Jahre 700 bringt der Kalif Abd el-Malik, der Erbauer des Felsendomes, das ganze ehemals römische Nordafrika in seinen Besitz. Den Höhepunkt ihrer Machtentfaltung erreicht die Omajjaden-Dynastie unter Walid I. (705–715), der Spanien unterwirft und im Osten bis zum Indus vorstößt. 712 gründet der Statthalter Suleiman südöstlich des heutigen Tel Aviv die Stadt Ramla als Verwaltungshauptstadt der Provinz. In Palästina treten Walid I. und der später regierende Hischam (724–743) mit ihren märchenhaften ›Winterpalästen‹ in Erscheinung.

750 lösen die Abbasiden die Dynastie der Omajjaden ab. Sie residieren in Bagdad und lassen Paläste und Ländereien in Palästina verkommen. Das Herrscherhaus kann sich nicht lange halten, es zerfällt in lokale Dynastien, die allerdings die Oberhoheit der Kalifen vorerst noch formell anerkennen.

905 setzen sich in Ägypten die schiitischen Fatimiden, die zu einer ernsten Bedrohung der Abbasiden werden, als sie ihre Herrschaft auf Palästina und Syrien ausdehnen können, durch. Die Byzantiner gehen nun erstmals wieder in die Offensive. 969 dringt der Feldherr und spätere Kaiser Nikephoros Phokas bis Syrien vor und nimmt das christliche Antiochia ein. Nach seiner Ermordung setzt sein Vetter Johannes, inzwischen Kaiser in Konstantinopel, die Angriffe fort und marschiert 975 in Palästina ein, erobert Galiläa und fast alle Küstenstädte, bricht den Feldzug aber ab, ohne Jerusalem für das byzantinische Reich eingenommen zu haben. Bald darauf stirbt der Kaiser. Sein Nachfolger Basilios II. schließt im Jahre 1001 einen Waffenstillstand mit den Fatimiden. Deren Kalif Hakim (996-1021) beschlagnahmt kirchliches Eigentum, läßt Kirchen niederbrennen, um darüber Moscheen zu errichten, und zwingt die Christen, zum Islam überzutreten. Als Hakim durch seinen persischen Vertrauten Darazi verbreiten läßt, er sei göttlichen Ursprungs, greifen ihn seine Glaubensbrüder öffentlich an. Daraufhin verbietet er das Ramadanfasten und die Pilgerfahrt nach Mekka. 1017 gewährt er den Christen wieder volle Religionsfreiheit und gibt ihnen den beschlagnahmten Grundbesitz zurück. Darazi verläßt nun den Kalifen und gründet im Libanon die Glaubensgemeinschaft der Drusen. Hakim wird 1021 ermordet.

Um die Mitte des 11. Jh. hat sich die Lage der Christen erheblich gebessert, ja, sie ist günstiger als je zuvor. Der Handel mit Konstantinopel und den italienischen Städten blüht, das Mittelmeer wird wieder von christlichen Schiffen beherrscht, der Pilgerstrom, vor allem aus Frankreich, schwillt gewaltig an. In Süditalien verdrängen inzwischen die Normannen die Byzantiner aus ihren letzten Bastionen, auf Sizilien lösen sie die islamischen Herrscher ab. Im Osten fallen Turkvölker nach Persien ein, schaffen ein starkes Reich und bedrängen die Byzantiner. Der Ost-West-Handel, der zuvor über Konstantinopel gelaufen war, verlagert sich dadurch nach Süden; die Waren aus Asien gelangen nun durch das Rote Meer und über Alexandria nach Italien. Nach dem Tod der byzantinischen Kaiserin Theodora im Jahre 1056 kommt es zu erheblichen inneren Wirren, die zum

905 n. Chr.

schnellen Zerfall des Reiches von Konstantinopel führen. Die Türken erobern Armenien und treiben damit einen gefährlichen Keil in die byzantinischen Besitzungen. Die Byzantiner, von einer langen Periode des Friedens und Reichtums verwöhnt, stellen mühsam ein Heer auf, das 1071 in der Schlacht von Mantzikert vernichtend geschlagen wird.

Im selben Jahr nehmen türkische Seldschuken unter Atsiz ibn Abaq Jerusalem kampflos ein und besetzen ganz Palästina. 1079 läßt der Seldschukenfürst Tutusch ihn ermorden und übernimmt ein Gebiet, das sich von Aleppo bis an die Grenzen Ägyptens erstreckt. Mit seinem Tod (1095) beginnt das Reich zu zerfallen: Jeder bekämpft jeden, fast jede Stadt hat ihren eigenen Herrscher, und aus Ägypten drängen die Fatimiden heran. Christliche Pilger werden überfallen und ermordet – Wallfahrten sind kaum noch möglich.

Die Zeit der Kreuzzüge

Der Erste Kreuzzug

1096 n. Chr.

Am 27. November des Jahres 1095 hält Papst Urban II. auf dem Konzil zu Clermont jene denkwürdige Rede, die die Christen zur Befreiung des Heiligen Landes aufruft. Der byzantinische Kaiser Alexios Komnenos begrüßt diese Idee, sieht er in ihr doch die einzige Möglichkeit, das reiche Antiochia und die Wege dorthin wieder unter seine Kontrolle zu bringen. Entsprechend läßt er entlang der voraussichtlichen Marschroute der Kreuzfahrerheere riesige Vorratslager anlegen, vorsichtshalber aber auch mächtige Militäraufgebote postieren.

Die erste Kolonne von rund 20 000 Männern, Frauen und Kindern bricht schon im Frühjahr 1096 auf. Auf dem Marsch durch den byzantinischen Balkan kommt es trotz aller Vorkehrungen zu erheblichen Plünderungen und Verwüstungen. Alexios ist froh, als der Zug endlich über den Bosporus setzt. Bei Nicaea gerät er in einen Hinterhalt und wird vollständig vernichtet. Weitere ungeordnete Heerhaufen folgen. Als auch sie im Balkan zu plündern und zu morden beginnen, greift der Kaiser die Kreuzfahrer an und treibt sie zurück. Dann kommen die ersten großen und gut ausgerüsteten Heere: Gottfried von Bouillon, Herzog von Niederlothringen, und sein Bruder Balduin mit lothringischen und wallonischen Truppen, Bohemund von Tarent und sein Neffe Tankred mit ihren gefürchteten Normannen, Raimund IV. von Toulouse mit provenzalischen Rittern und Fußtruppen. Mit viel diplomatischem Geschick bringt Alexios sie dazu, ihm den Treueid zu leisten und ihn als obersten Herrscher über alle Länder anzuerkennen, die sie erobern würden. Zuletzt trifft der vierte große Kreuzfahrertrupp aus Flandern in Konstantinopel ein. Alle vier Heere mögen zusammen etwa 80 000 Mann stark gewesen sein. Nach langem, ergebnislosem Streit über die Führung ziehen sie durch Kleinasien weiter.

Gottfried von Bouillon mit seinem Heer auf dem Ersten Kreuzzug ins Heilige Land (Nach einem zeitgenössischen Holzschnitt)

Als erstes wird das christlich-armenische Edessa am Euphrat erobert. Damit verschafft Balduin sich ein eigenes Fürstentum, das zugleich ein Bollwerk gegen Angriffe auf das Heilige Land darstellt. Bohemund gewinnt im Juni 1098 durch Verrat die alte hellenistische Metropole Antiochia, die er – ungeachtet seines Lehenseides – seiner Herrschaft unterstellt. Im Januar 1099 setzen die übrigen Heere, schon stark geschwächt, ihren Zug nach Jerusalem fort. Die Kreuzfahrer ziehen die Küste entlang: Am 14. Juli erstürmen sie die von fatimidischen Truppen verteidigte Heilige Stadt, das Ziel des Kreuzzuges ist erreicht. Die Fürsten beschließen, Gottfried von Bouillon zum König von Jerusalem zu krönen, aber Gottfried will nicht in der Stadt König sein, in der Christus gelitten hat – er begnügt sich mit dem Titel ›Beschützer des Heiligen Grabes‹. Im Sommer kommt es in der Ebene von Ashdod zum lange erwarteten Zusammenstoß zwischen den Kreuzfahrern und den ägyptischen Fatimiden: Die Christen können die völlig überraschten Truppen des Wesirs el-Afdal überrumpeln und in die Flucht schlagen.

Noch im selben Monat nimmt Tankred Galiläa in Besitz und vertreibt die dort lebenden Moslems. Gottfried ist nun mit seinem kleinen Restheer von 300 Rittern und 2000 Mann Fußvolk auf sich allein gestellt. Die stark befestigten Küstenstädte befinden sich weiterhin in der Hand der Fatimiden. Lediglich Jaffa haben sie den Kreuzfahrern kampflos überlassen, die starke feindliche Flotte macht den Ort allerdings für die Christen praktisch wertlos. Um Nachschub an Truppen und Material zu erhalten, muß sich Gottfried also den Häfen zuwenden. Da sein Heer zu schwach ist, sie zu belagern, verwüstet er ihr Hinterland und blockiert jede Landverbindung. Gleichzeitig durchbrechen Schiffe aus Italien die fatimidische Blockade. Im Juli 1100 stirbt Gottfried von Bouillon. Sein Bruder Balduin aus Edessa soll die Nachfolge antreten. Von der Jerusalemer Bevölkerung wird er mit Jubel begrüßt und am Weihnachtstag des Jahres 1100 in der Geburtskirche zu Betlehem feierlich zum König von Jerusalem gekrönt.

Das Königreich Jerusalem

Nachdem die Kunde von der ›Befreiung‹ Jerusalems in Westeuropa eingetroffen ist, brechen weitere Heere gen Osten auf. Alle drei Züge des Jahres 1101 werden jedoch bereits in Kleinasien aufgerieben: Der einzige Weg nach Jerusalem führt übers Meer, was die italienischen Städte zu ihrem Vorteil nutzen. Im Frühjahr 1101 trifft vor Jaffa eine große genuesische Flotte ein, mit der sich König Balduin zusammentut, um endlich die islamischen Küstenstädte zu erobern. Obwohl er zahlenmäßig unterlegen ist, gelingt ihm dies. Im folgenden Jahr verläßt ihn allerdings das Kriegsglück und die Christen werden vernichtend geschlagen. Balduin, der dem Gemetzel mit Mühe und Not entkommt, organisiert in Jaffa den weiteren Widerstand, für einen Gegenangriff sind seine Truppen jedoch zu schwach. Durch eine zufällig eintreffende Flotte von 200 englischen Schiffen mit Pilgern und

1101 n. Chr.

Soldaten aus England, Frankreich und Deutschland kann er nun den Angriff wagen und überrumpelt die Fatimiden, die sich in heilloser Flucht nach Askalon retten. 1104 erobert Balduin mit Unterstützung der genuesischen Flotte die Hafenstadt Akko, den wetterunabhängigsten Hafen Palästinas, der nun zum Hauptumschlagsplatz für den Warenverkehr zwischen Damaskus und dem Westen avanciert. Auch ein weiterer Angriff der Fatimiden im folgenden Jahr kann abgewehrt werden.

1118 stirbt Balduin und wird in der Grabeskirche von Jerusalem an der Seite seines Bruders Gottfried beigesetzt. Zum Nachfolger bestimmt man seinen Vetter Balduin von Le Bourg, Balduin II. Zur gleichen Zeit bilden sich die ersten Ritterorden. Aus einem Hospiz zur Betreuung armer Pilger, das Bürger der italienischen Stadt Amalfi im Jahre 1070 in Jerusalem gegründet haben, entsteht der Orden der Hospitaliter. Seine Ritter legen die klösterlichen Gelübde ab und machen es sich zur Aufgabe, die Pilgerstraßen und Handelswege offenzuhalten. Ein anderer Orden hat seinen Sitz in der Aqsa-Moschee auf dem Jerusalemer Tempelberg und erhält daher den Namen Templerorden. Diese beiden religiös-militärischen Orden sind unmittelbar dem Papst unterstellt und erhalten vom König und seinen Vasallen reiche Zuwendungen.

1131 stirbt Balduin II., bis 1143 regiert sein Schwiegersohn, Graf Foulques V. von Anjou, danach dessen Witwe Melisende und ihr minderjähriger Sohn Balduin III.

Der Zweite Kreuzzug

1147 n. Chr.

1144 fällt Edessa. Diese Nachricht und ein Bittschreiben der Königin Melisende an den Papst führen zum Zweiten Kreuzzug. Der Zisterzienserabt und Kirchenlehrer Bernhard von Clairvaux (1091–1153) begeistert das Volk durch mitreißende Predigten für die Kreuzzugsidee und gewinnt auch den französischen Herrscher Ludwig VII. und den deutschen König Konrad III. 1147 bricht Konrad auf, und nach einem geglückten Beginn werden die Kreuzfahrer von den Seldschuken gezwungen, in Nicaea auf französische Verstärkung zu warten. Die deutschen Kreuzfahrer ziehen mit Ludwig VII. durch Kleinasien und erreichen im Frühjahr 1148 Palästina. In Akko entschließen sich Konrad, Ludwig, Melisende und ihr Sohn Balduin III., zunächst Damaskus zu erobern. Während der Belagerung nähert sich jedoch ein großes türkisches Heer, vor dem die Kreuzfahrer – nun völlig aufgelöst – in Panik nach Galiläa fliehen. Der Zweite Kreuzzug ist ein völliger Fehlschlag, er hat dem militärischen Ruf der Franken unendlich geschadet und den Zusammenschluß der Moslems herbeigeführt.

1153 gelingt es Balduin III. endlich, das mächtige Askalon, den Ausgangspunkt für alle fatimidischen Feldzüge nach Palästina, zu erobern. Inzwischen hat Nur ed-Din, der Emir von Aleppo, das gesamte Gebiet von Edessa im Norden bis zum Ostjordanland im Süden unter seiner Herrschaft vereint, 1154 bringt er auch Damaskus in sei-

nen Besitz. Mit den Franken handelt Nur ed-Din einen Waffenstillstand aus, der ihm freie Hand für weitere Kriegszüge gegen seine
moslemischen Nachbarn läßt. 1162 stirbt Balduin III. in Beirut; die
Nachfolge tritt sein Bruder Amalrich an.

Der Aufstieg Saladins

1169 reißt der kurdische Feldherr Nur ed-Dins, Schirkuh, die Herrschaft über Ägypten an sich und erhält den Titel eines Wesirs. Wenige Wochen danach stirbt er und überläßt die Würde seinem Neffen
Saladin. Mit ihm wächst im Süden eine neue Macht heran. Nach
dem Tod des Kalifen el-Adid gründet er die nach seinem Vater benannte Dynastie der Ajjubiden. Als Nur ed-Din in Damaskus stirbt,
reißt Saladin die Macht an sich und herrscht fortan als Sultan über
Ägypten und Syrien. Es folgen einige ruhige Jahre, in denen er seine
Stellung festigt, aber dann erobert er, bis auf das Königreich Jerusalem, auch Palästina. Sein Territorium erstreckt sich vom Tigris bis
zur Cyrenaica, seine Hauptstadt ist Damaskus.

    1185 stirbt Balduin IV., der Sohn Amalrichs. Eine Mißernte
zwingt die Franken, mit Saladin einen vierjährigen Waffenstillstand
zu vereinbaren. Saladin kommt dieses Abkommen sehr gelegen, hat
er doch wieder Streitigkeiten mit seinen Nachbarn auszufechten.
Balduin V., des verstorbenen Königs achtjähriger Neffe, stirbt bereits
ein Jahr nach seiner Krönung. Daraufhin werden Sybille, Amalrichs
Tochter, und ihr Gemahl Guido von Lusignan gekrönt. Die meisten
Barone stellen sich allerdings gegen diese Wahl, und so ist das
Königreich zerrissen. 1186 überfällt Rainald von Châtillon, Herr
über das Ostjordanland, eine riesige Karawane, die schwer beladen

1169 n. Chr.

*Eroberung von Jerusa-
lem durch Saladin im
Jahre 1187
(Französische Buch-
malerei, um 1400)*

durch sein Gebiet zieht. Saladin fordert Schadenersatz und die Freilassung der Gefangenen. Rainald lehnt ab. Daraufhin stellt Saladin ein Heer auf, das größer ist als alle, die er bisher befehligt hatte. An der Südspitze des See Gennesaret überschreitet er am 1. Juli 1187 den Jordan und nimmt nach nur einstündigem Kampf die Stadt Tiberias. Bei den Hörnern von Hattin kommt es am 4. Juli 1187 zu jener Schlacht, die den Untergang des christlichen Königreiches Jerusalem zur Folge hat. Guido und die Barone werden gefangengenommen. Saladin erobert innerhalb weniger Monate alle Burgen und Städte, am 2. Oktober 1187 schließlich auch Jerusalem. Er gewährt den christlichen Einwohnern freien Abzug und schont die Kirchen; schon wenige Tage nach der Einnahme der Stadt dürfen Pilger die Grabeskirche wieder besuchen.

Der Dritte Kreuzzug

1189 n. Chr.
Als die Nachricht von Saladins Siegen nach Westeuropa gelangt, beschließen Kaiser Friedrich I. Barbarossa und die Könige Philipp Augustus von Frankreich und Richard Löwenherz von England, einen neuen, den Dritten Kreuzzug zu beginnen. Der fast 70jährige Friedrich Barbarossa bricht im Frühjahr 1189 mit dem größten Kreuzfahrerheer, das jemals durch den Balkan gezogen war, auf. Der Zug durchquert rasch Kleinasien und befindet sich unmittelbar vor Seleukia, als der Kaiser beim Überqueren des Flusses Kalykadnos ertrinkt. Mit seinem Tod zerfällt das Heer.

Philipp und Richard haben sich 1190 mit ihren Heeren eingeschifft, Philipp in Genua und Richard in Marseille. Nach einem Intermezzo auf Sizilien setzen die beiden Könige im Frühjahr 1191 ihren Kreuzzug fort. Philipp landet in Tyros und zieht nach Akko, das der inzwischen freigelassene König Guido belagert. Richards Flotte wird in einem schweren Sturm nach Zypern, das mit Saladin verbündet ist, verschlagen. Er erobert die Insel, und im Juni trifft er auch in Akko ein.

Am 12. Juli 1191 ergibt sich Akko, und König Philipp kehrt sofort nach Frankreich heim, während Richard versucht, Jerusalem zu erobern. Er zieht über Haifa und Caesarea bis Arsuf, wo ihn Saladins Heer erwartet. Die Schlacht endet mit einem Sieg der Christen, aber Saladin gelingt es, seine Truppen schnell wieder zu ordnen. Das Kreuzfahrerheer marschiert weiter nach Jaffa und befestigt es, im Winter wird Askalon wieder aufgebaut. Nach langem Streit, wer König von Jerusalem werden solle (obwohl es noch gar nicht erobert ist), sammelt man sich für den Sturm auf die Heilige Stadt. Saladin stößt seinerseits zur Küste vor und nimmt Jaffa. Richard gelingt es zwar, die Stadt zurückzuerobern, aber die Chancen für einen erfolgreichen Zug ins Landesinnere werden damit immer geringer. Als sich Saladin bereit erklärt, den Christen die Küstenstädte mit Ausnahme des strategisch wichtigen Askalon zu überlassen und ihnen freien Zugang zu den heiligen Stätten zu gewähren, unterzeichnet Richard Löwenherz am 2. September 1192 den Friedensvertrag. Damit ist der

Dritte Kreuzzug beendet. Im folgenden Jahre stirbt Saladin. Zu dieser Zeit richten Kaufleute aus Bremen und Lübeck in Akko ein Hospiz für Pilger ein. Nach Ende des Unternehmens beschließen deutsche Ritter, diesem Hospiz zu dienen und gründen einen Ritterorden, der 1198 vom König und vom Papst anerkannt wird, der Deutschritterorden.

Die Expedition Friedrichs II.

Das palästinensische Königreich der Franken lebt in den folgenden Jahrzehnten im Frieden, denn Sultan el-Adil hat Mühe, das riesige Territorium seines Vaters Saladin zusammenzuhalten. 1210 werden der Ritter Johann von Brienne und seine Gemahlin Maria von Montferrat in Tyros gekrönt. Johann regiert nach besten Kräften und hält sich an den Waffenstillstand mit den Moslems, zumal der rege Handelsverkehr mit ihnen seine Haupteinnahmequelle darstellt. 1225 verheiratet er seine Tochter Jolande mit Kaiser Friedrich II., der in Rom weilt. In Tyros wird die vierzehnjährige Kaiserin daraufhin zur Königin von Jerusalem gekrönt.

1210 n. Chr.

Friedrich II. hat 1220 auf Drängen des Papstes Honorius gelobt, einen Kreuzzug in das Heilige Land zu führen, aber er findet immer neue Gründe, das Unternehmen zu verschieben. 1227 schifft er sich endlich mit einem großen Heer in Brindisi ein, verläßt aber nach einer Erkrankung die Flotte wieder. Der neue Papst Gregor IX. verhängt daraufhin den Kirchenbann über ihn. 1228 stirbt Jolande, und Friedrich segelt nach Osten; im Herbst trifft er in Akko ein, wo es die Barone, die Tempelritter und die Hospitaliter ablehnen, mit einem Exkommunizierten zusammenzuarbeiten. Nur sein Freund Hermann von Salza, Großmeister des Deutschritterordens, steht auf seiner Seite. Friedrich muß sich also auf sein diplomatisches Geschick verlassen. Die Moslems sind untereinander zerstritten, und so gelingt es dem Kaiser im Jahre 1229 nach langen Verhandlungen mit dem Sultan el-Malik el-Kamil, einen zehnjährigen Friedensvertrag, durch den Jerusalem und Betlehem mit einem Korridor nach Jaffa, Nazaret und das westliche Galiläa einschließlich Montfort und Toron sowie Sidon zum Königreich kamen, abzuschließen. Friedrich II. hat damit Jerusalem und die heiligen Stätten kampflos zurückerobert. Doch die Kirche und die Barone werfen dem Kaiser vor, nicht das ganze Palästina gewonnen zu haben, und Gregor IX. erhält seinen Bann aufrecht. Am 17. März 1229 zieht Friedrich II. mit seinen italienischen Truppen und mit den deutschen Ordensrittern in Jerusalem ein. In der Grabeskirche setzt er sich selbst die Krone des Königs von Jerusalem aufs Haupt. Als er erfährt, daß inzwischen sein Schwiegervater Johann von Brienne an der Spitze eines päpstlichen Heeres in seine italienischen Territorien eingefallen ist, macht er sich auf den Heimweg. Er hinterläßt ein Königreich ohne sichere Grenzen und ohne feste Verwaltung. Die Straße von Jerusalem nach Jaffa ist ständigen Überfällen ausgesetzt, Jerusalem eine offene Stadt, Galiläa von Nablus, Zefat und Banyas aus bedroht.

1291 n. Chr.

Das Ende des Kreuzfahrerreiches

1243 gelingt es den Tempelrittern, durch geschickte Verhandlungen mit den entzweiten moslemischen Fürsten Ismail von Damaskus und Ajjub von Ägypten den Tempelberg zurückzuerhalten. Auf Drängen der Tempelritter schließen sich die fränkischen Barone Ismail an, der ihnen für den Fall des Sieges einen Teil Ägyptens verspricht. Aber Ajjub findet in den aus Zentralasien in Nordsyrien eindringenden Türken starke Verbündete. Im Sommer 1244 fallen an die 10 000 choresmische Reiter in Galiläa ein, erobern Tiberias und verwüsten Jerusalem. Vor Gaza vereinigen sie sich mit dem ägyptischen Heer. Indessen marschieren die christlichen Truppen gemeinsam mit Ismails Streitmacht von Akko nach Gaza. Wenige Meilen vor der Stadt kommt es zur Schlacht. Innerhalb weniger Stunden vernichtet der ägyptische Befehlshaber Baibars, ein junger mameluckischer Emir, das zahlenmäßig überlegene christlich-arabische Heer. Ajjub erobert später Damaskus und macht sich zum Herrn über Syrien, 1247 nimmt er Tiberias, die Burg Belvoir und Askalon.

Im Jahre 1260 ermordet Baibars den ägyptischen Sultan Qutuz und läßt sich selbst zum Sultan ausrufen. Um sein Reich zu festigen, zieht er von Kairo nach Damaskus, wobei er keinerlei Skrupel hat, Widersacher und Konkurrenten zu beseitigen. 1265 greift Baibars die Christen erneut an: Caesarea, Haifa und Arsuf werden erobert. Im nächsten Jahr erscheint er vor Akko, belagert vergeblich Montfort und hungert die riesige Burg Zefat aus. Während Baibars 1267 Akko belagert, bekämpfen sich vor dem Hafen venezianische und genuesische Galeeren. 1268 zieht der Sultan nach Jaffa, dessen Besatzung einem Waffenstillstandsabkommen vertraut und von Baibars überrumpelt wird. Am 18. Mai erstürmen die Mamelucken Antiochia, das 171 Jahre alte Fürstentum geht unter; die einstige Weltstadt erholt sich nie wieder.

1271 kommt Kronprinz Edward von England mit einem Heer von etwa 1000 Mann nach Akko, um mit Unterstützung der Mongolen das Heilige Land zurückzuerobern. Er ist entsetzt, als er feststellen muß, daß die Venezianer Baibars mit Kriegsmaterial versorgen und die Genueser den ägyptischen Sklavenhandel beherrschen. Die Mongolen greifen wie versprochen an, aber ihre 10 000 Berittenen sind den Mamelucken nicht gewachsen und kehren daher wieder nach Norden zurück. Edward, der mit seinem winzigen Heer nur einige unbedeutende Vorstöße über den Berg Karmel wagt, ist deshalb froh, als er 1272 mit Baibars einen Friedensvertrag abschließen kann. Die Franken besitzen jetzt nur noch einen schmalen Küstenstreifen von Akko bis Sidon und das Recht, die Pilgerstraße nach Nazaret zu benutzen. 1277 stirbt Baibars.

1289 erobern die Mamelucken unter Sultan Qalawun die große Hafenstadt Tripolis. Der Bischof flieht nach Rom, um Hilfe zu holen, aber nur eine kleine Schar schlecht ausgerüsteter Männer folgt ihm. 1290 trifft dieser Trupp in Akko ein und beginnt sofort, die moslemischen Kaufleute der Stadt niederzumetzeln. Qalawun verlangt die

Auslieferung der Schuldigen, und als die Christen ablehnen, greift er zu den Waffen. Sein plötzlicher Tod unterbricht zwar den Feldzug, im folgenden Frühjahr aber zieht sein Sohn el-Ashraf Khalil mit zwei Heeren und modernsten Belagerungsmaschinen nach Akko: Die Stadt erliegt dem gewaltigen Angriff, die Einwohner werden getötet oder versklavt, el-Ashraf läßt die Stadt planmäßig zerstören. Bald nach dem Fall Akkos ergibt sich Tyros, auch Sidon wird nach kurzer Verteidigung aufgegeben, dann folgen Beirut und Haifa. Im August fallen schließlich die Tempelritterburgen Tortosa und Atlit. Das Heilige Land ist verloren.

Die Herrschaft der Osmanen

Die Mamelucken verbessern die Straßenverbindungen zwischen Kairo und Damaskus, errichten Brücken und Karawansereien. In Gaza und Zefat residieren Vizekönige, während Jerusalem fortan als Verbannungsort reicher, aber in Ungnade gefallener Emire dient, die die Stadt mit herrlichen Palästen, Mausoleen, Moscheen, Medresen und Hospizen schmücken.

1517 n. Chr.

Die Altstadtmauer Süleymans II.; im Vordergrund archäologische Ausgrabungen

Im Jahre 1516 besiegt der türkische Sultan Selim I. (1512–1520) bei Aleppo das Heer der Mamelucken, 1517 erobert er Jerusalem und Kairo. Damit beginnt die Ära der Osmanen, die bis 1917 währt. Selim und sein Sohn Süleyman II. ›der Prächtige‹ (1520–1566) führen in Palästina ein straffes Verwaltungssystem ein und geben der Altstadt von Jerusalem ihr heutiges Aussehen. Süleyman ermuntert 1563 den aus Portugal stammenden Kaufmann Josef haNasi alias Don João Miguez und dessen Tante Dona Gracia dazu, Tiberias und Umgebung mit Juden, die der spanischen Inquisition entflohen sind, zu besiedeln. Nach Süleyman folgen schwache Sultane, denen die Kontrolle über ihre Provinzen entgleitet. Um 1660 baut der Drusenemir Fakhr ed-Din Akko wieder auf und macht die Stadt zur Residenz seiner autonomen Besitzungen. Zwischen 1730 und 1775 beherrscht der Beduinenscheich Dahir el-Omer von Akko aus Galiläa und später ganz Palästina. In Tiberias erneuert er die Stadtmauern und errichtet eine Festung. Sein Nachfolger, der Bosnier Ahmed Jezzar, vereitelt 1799 Napoleons Versuch, Akko einzunehmen und Palästina/Syrien zu unterwerfen. 1833 entreißt Ibrahim Pascha, Vizekönig von Ägypten, den Osmanen Palästina und Syrien. Unter dem Druck der Großmächte Großbritannien, Rußland, Preußen und Österreich muß er jedoch 1840 die Gebiete wieder an die Türkei abtreten. Die Europäer verstärken nun ihren Einfluß; immer mehr Missionare und Kaufleute kommen ins Land. Aber die Zeit ist von Rivalitäten geprägt: Die Russen unterstützen die griechisch-orthodoxe Religionsgemeinschaft, die Franzosen die Katholiken, Preußen und Großbritannien vertreten protestantische Interessen.

Eine allmähliche Übersiedlung von europäischen Juden ins Heilige Land beginnt Mitte des letzten Jahrhunderts: 1848 bilden jüdische Emigranten aus Mittel- und Osteuropa in Jerusalem eine jüdische Gemeinde, 1874 nimmt der britische Palestine Exploration Fund seine Arbeit auf. 1878 gründen ungarische Juden Petah Tiqwa als Landwirtschaftssiedlung, 1882 kommt die erste große Einwanderungswelle (›Alijah‹) aus Rußland und Polen. 1896 fordert der Wiener Journalist Theodor Herzl die Schaffung eines jüdischen Staates in Palästina. 1901 gründet Chaim Weizmann den Jüdischen Nationalfond, dessen Aufgabe es ist, in Palästina Grundbesitz zu erwerben. Der Bankier E. Rothschild gewährt den Siedlern finanzielle Hilfe.

Zwischen 1904 und 1914 folgt die zweite Alijah aus Osteuropa. 1909 gründen jüdische Immigranten die Stadt Tel Aviv, 1910/11 entstehen die ersten Kibbuzim. 1917/18 rücken britische Truppen in Palästina ein und stellen das Land unter Militärverwaltung. Am 2. November 1917 bestätigt der britische Außenminister Balfour den Beschluß seiner Regierung, in Palästina eine »nationale Heimstatt« für das jüdische Volk zu schaffen, wobei die Rechte nichtjüdischer Gemeinschaften nicht beeinträchtigt werden sollen (Balfour Declaration). 1919 vereinbaren der Emir Faisal und Chaim Weizmann, daß »das arabische und das hebräische Volk bei der Entwicklung eines arabischen Staates und Palästinas« möglichst eng zusammenarbeiten sollen. Nach Kriegsende leben ca. 60 000 Juden in Palästina.

Das britische Mandat

25. 4. 1920

Am 25. April 1920 erhält Großbritannien auf der Friedenskonferenz von San Remo vom Völkerbund das Mandat über Palästina, eine Zivilverwaltung unter einem Hochkommissar wird geschaffen. In den zwanziger Jahre folgt die dritte Alijah aus Rußland nach Palästina.

Der von den Briten eingesetzte Großmufti von Jerusalem, Amin el-Husseini, ruft daraufhin zum ›Heiligen Krieg‹ gegen die Juden auf. Als Reaktion auf die Feindseligkeit gründen die Juden die militärische Organisation Haganah. Nach 1933 wandern rund 60 000 Juden aus Deutschland und Mitteleuropa in Palästina ein, was erneut zu Unruhen unter der arabischen Bevölkerung führt. 1936 schlagen britische Truppen einen arabischen Aufstand nieder. Den jüdischen Vorschlag, Palästina zwischen Juden und Arabern zu teilen (Peel Report), weisen die Araber entschieden zurück; sie verlangen Unabhängigkeit unter der Regierung der arabischen Mehrheit. Bei Beginn des Zweiten Weltkrieges – inzwischen lebt schon über eine halbe Million Juden in Palästina – erschweren die Briten die jüdische Einwanderung und weitere Landkäufe (White Paper). Die Haganah organisiert daraufhin die illegale Immigration und leistet passiven wie aktiven Widerstand gegen die Mandatsregierung. Nach Kriegsende setzen die USA eine Lockerung der Einwanderungsbestimmungen durch. 1947 beschließt die Vollversammlung der Vereinten Nationen die Teilung Palästinas in einen arabischen und einen jüdischen Staat bei wirtschaftlicher Einheit des Landes; Jerusalem soll unter internationale Verwaltung kommen. Die Araber lehnen diesen Beschluß ab

Der moderne Staat Israel

Am 14. Mai 1948, einen Tag, bevor Großbritannien die Mandatsverwaltung niederlegt, proklamiert David Ben Gurion in Tel Aviv den souveränen Staat Israel. Chaim Weizmann wird erster Staatspräsident, Ben Gurion erster Ministerpräsident. Jordanien, Ägypten, Irak, Syrien und Libanon erklären dem neuen Staat daraufhin den Krieg; Jordanien rückt in das Westjordanland ein, Israel stößt auf ägyptisches Territorium vor. Die Frontlinie bei Feuereinstellung Anfang 1949 wurde zur Demarkationslinie zwischen den verfeindeten Staaten. 80 % der Araber sind schon zu Beginn der Kämpfe aus den israelischen Gebieten geflohen bzw. vertrieben worden. Innerhalb weniger Jahre wächst die jüdische Bevölkerung auf über 2 Millionen Menschen, die aus über 100 Ländern der Erde kommen, an. **14. 5. 1948**

1956 verstaatlicht der ägyptische Präsident Nasser den Suezkanal. Die dadurch entstehende Krise veranlaßt israelische Truppen zum Vormarsch über die Sinaihalbinsel, während britisch-französische Luftlandetruppen den Kanal besetzen. Auf Intervention der UdSSR und der USA bei der UNO müssen sich die Angreifer jedoch wieder zurückziehen.

1964 gründen Palästinaflüchtlinge die PLO (Palestine Liberation Organization). Da Israel die Rückwanderung der Flüchtlinge nicht zuläßt, wird die Palästinenserfrage zu einem bis heute ungelösten Problem.

Am 5. Juni 1967 kommt Israel den Kriegsvorbereitungen der arabischen Staaten Ägypten, Syrien, Irak, Jordanien, Saudi-Arabien und Libanon zuvor und besetzt im Sechstagekrieg den Gazastreifen, die Sinaihalbinsel bis zum Suezkanal, Westjordanien einschließlich Ost-Jerusalem sowie die Golanhöhen. Nachdem seine Kriegsziele erreicht sind, befolgt Israel am 10. Juni die vom Sicherheitsrat angeordnete Feuereinstellung. Die UN-Resolution von 1967 erlaubt es den Arabern, die Anerkennung Israels als Staat sowohl von der Räumung der besetzten Gebiete als auch von der Verwirklichung der Rechte der Palästinenser abhängig zu machen.

Golda Meir

In der Folgezeit beginnen die Palästinenser, durch Anschläge in Israel und anderswo die Weltöffentlichkeit auf ihre Probleme aufmerksam zu machen. Israel antwortet mit Militäraktionen, darunter Luftangriffen auf Ägypten. Ägypten legt schließlich ein Angebot für Friedensverhandlungen vor, das Israel jedoch ablehnt. Am 6. Oktober 1973 stoßen daraufhin ägyptische Truppen auf die Sinaihalbinsel vor, und syrische Verbände nehmen die Golanhöhen. Israel holt zum Gegenschlag aus, kann die Ägypter aber nicht vom Sinai zurückdrängen. Am 25. Oktober erzwingen die USA und die UdSSR den Waffenstillstand und beenden damit den Yom Kippur-Krieg. 1974 verzichtet Jordanien auf seine Herrschaftsansprüche über das Westjordanland zugunsten der PLO. Im selben Jahr löst Yitzhak Rabin die Ministerpräsidentin Golda Meir ab (seit 1969 im Amt).

1975 schließen Israel und Ägypten ein Truppenentflechtungsabkommen, dem später auch Syrien beitritt. Es sieht eine Zurücknahme der Streitkräfte, die Überwachung der neutralen Pufferzone durch UN-Truppen und den Gefangenenaustausch vor. Am 26. März 1979 unterzeichnen der damalige Ministerpräsident Menachem Begin und der ägyptische Präsident Sadat in Washington einen Vertrag zwischen Israel und Ägypten, der den Rückzug Israels vom Sinai und die Übertragung von Autonomierechten an die Bevölkerung des Westjordanlandes und des Gazastreifens vorsieht (Camp David-Abkommen).

Am 30. Juli 1980 erklärt die Knesset Jerusalem zur ›ewigen Hauptstadt Israels‹, was der UN-Sicherheitsrat verurteilt. 1981 beschließt die Knesset die Annexion der Golanhöhen. 1982 zieht sich Israel auf die im Friedensvertrag mit Ägypten vereinbarten Grenzen zurück; die Halbinsel Sinai wird wieder ägyptischer Hoheit unterstellt. Am 6. Juni 1982 rücken israelische Truppen in den Südlibanon ein. 1983 wird Chaim Herzog Staatspräsident von Israel, Yitzhak Schamir Ministerpräsident. Die Parlamentswahlen vom Juli 1984 ergeben ein Patt zwischen Shamirs rechtskonservativem Likudblock und der sozialdemokratischen Maarach unter Peres. Beide Parteien entschließen sich zu einer Rotation nach zwei Jahren. In den ersten beiden Jahren hat Shimon Peres das Amt des Ministerpräsidenten inne, 1986 löst ihn Yitzhak Shamir, der nach den Wahlen vom November 1988 jedoch an der Regierung bleibt, ab.

Im Dezember 1987 haben die Palästinenser begonnen, sich mit Unterstützung der PLO im Westjordanland und im Gazastreifen gegen die israelische Besatzungsmacht zu wehren; die Intifada beginnt.

Am 15. November 1988 ruft der palästinensische Nationalrat in Algier einen unabhängigen Staat Palästina aus, dessen Präsident im April 1989 PLO-Chef Jassir Arafat wird. Die israelischen Parlamentswahlen im Juni 1992 gewinnt die Arbeitspartei; Yitzhak Rabin wird Ministerpräsident. Im Mai 1993 trifft Ezer Weizmann die Nachfolge von Chaim Herzog als Staatspräsident an.

Nach nahezu drei Jahrzehnten Krieg zwischen Israel und der PLO zeichnet sich im September 1993 überraschend die Bereitschaft zu gegenseitiger Anerkennung ab. Israel signalisiert, den Palästinensern in den besetzten Gebieten eine begrenzte Autonomie zugestehen zu wollen. Am 4. Mai 1994 unterzeichnen der israelische Ministerpräsident Yitzhak Rabin und PLO-Chef Jassir Arafat in Kairo ein Abkommen über die Teilautonomie für den Gazastreifen und die Stadt Jericho. Danach sind die Palästinenser in diesen Territorien künftig für Bildung, Steuern, Sozialfürsorge, Jugend und Sport sowie für die innere Sicherheit zuständig.

Ein weiteres Abkommen vom 29. August 1994 sieht die Ausweitung der Teilautonomie auf das gesamte Westjordanland vor. Am 26. Oktober 1994 beenden Israel und Jordanien den 46jährigen Kriegszustand. Am 4. November 1995 wird Yitzhak Rabin in Tel Aviv von einem jüdischen Extremisten erschossen. Die Knesset wählt Rabins Stellvertreter Shimon Peres als Nachfolger. Am 20. Januar 1996 finden in den von Israel besetzten Gebieten die Wahlen zum Palästinenserrat statt, die Arafat mit großer Mehrheit gewinnt; er wird Präsident (›Rais‹) dieses Rates.

Den von Peres und Arafat forcierten Friedensprozeß stören die Hamas-Bewegung mit Bombenattentaten und die Hisbollah-Milizen mit Raketenangriffen aus dem Libanon. Peres antwortet mit Luftangriffen auf Südlibanon und erstmals seit 1982 auch wieder auf die libanesische Hauptstadt Beirut. In den Parlamentswahlen am 29. Mai siegt nicht der Favorit Peres, sondern mit 50,5 % der Stimmen der konservative Benjamin Netanjahu.

In der Folgezeit ist der Friedensprozeß so gut wie gelähmt. Die im Autonomieabkommen vereinbarte Rückgabe palästinensischer Orte und Städte wird nicht zum Abschluß gebracht und außerdem wird im israelischen Parlament über neue jüdische Siedlungen in palästinensischen Gebieten diskutiert.

Erst im September 1996 nehmen Arafat und Netanjahu offizielle Gespräche auf; die Situation ist verhärtet.

Zeittafel

Periode	Zeitgeschehen
Paläolithikum **300 000–14 000**	Handaxtkultur; *Palaeanthropus palaestinensis*
Mesolithikum **14 000–8000** ab 10 000	Natufien-Kultur
Neolithikum **8000–4000**	Erste städtische Siedlungen
Chalkolithikum **4000–3100**	Ghassul-Kultur
Frühe Bronzezeit **3100–2150**	Protokanaanitische Periode; Bet Yerah-Kultur; äyptische/akkadische Einflüsse
Mittlere Bronzezeit **2150–1550** 2150–1800 19. Jh. 18.–17. Jh. 17. Jh.	Einwanderung der Kanaaniter Pharao Sesostris III. dringt bis Shekhem vor Ägyptische Ächtungstexte Hyksosherrschaft Israelitische Stämme ziehen nach Ägypten
Späte Bronzezeit **1550–1200** 1468 14. Jh. 1285 1269 seit 1250	Pharao Thutmosis III. erobert Megiddo und baut Kanaan als Bollwerk gegen die großen Reiche des Nordens und Ostens aus Pharao Echnaton; Amarnabriefe Zusammenstoß der Ägypter und Hethiter bei Kadesch am Orontes Ramses II. und Hattusili III. schließen ›ewigen Frieden‹; die kanaanitischen Stadtstaaten bleiben abhängig von Ägypten; Blütezeit Kanaans Auszug der Israeliten aus Ägypten
Zeit der Richter **1200–1020** 1177	Landnahme durch die Israeliten Ramses III. wehrt Ansturm der Seevölker ab; Philister lassen sich im südlichen Küstengebiet Kanaans nieder

Elfenbeinfiguren
(Kupfersteinzeit, Fund-
ort nahe Be'er Sheva)

Zeit der Könige
1020–587

um 1120	Saul erhebt sich vergeblich gegen die Philister
um 1004	David wird von den Stämmen zum König gesalbt und beendet die Philisterherrschaft
um 998	David erobert Jerusalem und macht es zur Hauptstadt des Reiches
um 968–930	Salomo baut den Tempel in Jerusalem und erneuert die ehemals kanaanitischen Städte, größte Ausdehnung des Reiches, legendäre Prachtentfaltung am Hof
um 930	Zweiteilung in ein Nordreich Israel und ein Südreich Juda
seit 9. Jh.	Israel und Juda sind den Assyrern tributpflichtig
732 (722)	Israel unter assyrischer Herrschaft
587	Nebukadnezar II. erobert Juda; babylonische Gefangenschaft

Persische Herrschaft
538–332

539	Die Perser übernehmen das neubabylonische Reich; Rückkehr der Juden aus dem Exil
515	Wiederaufbau des Tempels

Hellenistische Zeit
332–63

332	Alexander der Große besetzt Palästina
323	Hellenisierung unter den Ptolemäern und Seleukiden
166–143	Aufstände der Makkabäer
seit 143	Dynastie der Hasmonäer unter der Oberherrschaft der Seleukiden

Römerherrschaft
63 v. Chr.–324 n. Chr.

63	Pompejus unterstellt Palästina der römischen Provinz Syria
37–4	Herodes der Große herrscht
7–30	Jesus Christus
6 n. Chr.	Palästina wird zum größten Teil von römischen Prokuratoren verwaltet
66–70	Erster Jüdischer Krieg gegen Rom, Zelotenaufstand
70	Zerstörung Jerusalems durch Titus
132–135	Zweiter Jüdischer Krieg gegen Rom, Bar Kochba-Aufstand
136	Jerusalem wird zur Colonia Aelia Capitolina
2.–4. Jh.	Blühende jüdische Siedlungen in Galiläa

Byzantinische Herrschaft
324–638

306–337 Kaiser Konstantin der Große fördert das Christentum

527–565 Unter Kaiser Justinian Blütezeit des Heiligen Landes; christliche Orden errichten Klöster und Herbergen

614 Der Persereinfall führt zur Zerstörung fast aller christlichen Bauten

Früharabische Periode
638–1099

638/639 Kalif Omar I. besetzt das Heilige Land

1046 Fatimiden räumen den Christen größere Rechte ein

1071 Die türkischen Seldschuken erobern Palästina; der Pilgerstrom versiegt

Kreuzfahrerreich
1099–1291

1099 Kreuzfahrer erobern Jerusalem

1100 Balduin I. wird in Betlehem zum König gekrönt

1118–1120 Gründung des Hospitaliter- und des Templerordens

1171 Saladin gründet die Dynastie der Ajjubiden

1187 Schlacht bei Hattin: die Kreuzfahrer müssen fast ganz Palästina aufgeben

1190 Richard Löwenherz versucht, das Kreuzfahrerreich zurückzugewinnen, muß sich aber mit freiem Zugang zu christlichen Stätten begnügen

1228 Kaiser Friedrich II. erreicht durch Verhandlung die Rückgabe Westgaliläas sowie der Städte Jerusalem, Betlehem und Nazaret einschließlich eines Korridors nach Jaffa

Mamelucken
1265–1516

1265–1272 Der Mameluckensultan Baibars drängt die Kreuzfahrer auf einen schmalen Küstenstreifen zwischen Akko und Sidon zurück

1291 Mamelucken erobern Akko

Osmanen
1516–1917

1516 Palästina gerät unter türkische Herrschaft

1520–1566 Süleyman II. der Prächtige führt in Palästina ein straffes Verwaltungssystem ein und fördert den Zuzug von Juden

1730–1775	Der Beduinenscheich Dahir el-Omer beherrscht von Akko aus Galiläa und später ganz Palästina
ab 1840	Europäer verstärken ihren Einfluß
1882	Erste jüdische Einwanderungswelle (1. Alijah)
1904–1914	2. Alijah
1917/18	Britische Truppen besetzen Palästina

Britisches Mandat

| **1919–1948** | 3., 4., 5. und illegale Alijah |
| 1936 | Arabischer Aufstand gegen jüdische Einwanderer |

Staat Israel

14. 5. 1948	David Ben Gurion proklamiert den Staat Israel
1948–49	Unabhängigkeitskrieg
5.–10. 6. 1967	Sechstagekrieg
6.–25. 10. 1973	Yom Kippur-Krieg
30. 7. 1980	Die Knesset erklärt Jerusalem zur ›ewigen Haupt-stadt Israels‹
1987	Beginn der Intifada
4. 4. 1994	Ministerpräsident Yitzhak Rabin und PLO-Chef Jassir Arafat unterzeichnen ein Abkommen über die Teilautonomie von Gaza und Jericho
4. 11. 1995	Yitzhak Rabin von jüdischen Extremisten ermordet, Shimon Peres wird sein Nachfolger
20.1.1996	Jassir Arafat wird zum Präsident des Palästinenserrates gewählt
29. 5. 1996	In den Parlamentswahlen siegen die konservativen Parteien; Benjamin Netanjahu wird Ministerpräsident

Palästinensische Pfadfinderinnen auf dem Hirtenfeld bei Betlehem

Galerie berühmter Persönlichkeiten

Josef Samuel Agnon

Josef Samuel Agnon (1888–1970)
Eigentlich J. S. Czaczkes. Schriftsteller. Geboren als Sohn eines Rabbiners im galizischen Buczacz, gestorben in Jerusalem. Agnon wanderte 1907 nach Palästina aus, wo seine Erzählungen und Gedichte in jiddischer und hebräischer Sprache Aufmerksamkeit erregten. 1913–24 lebte er in Deutschland (Berlin, Wiesbaden und Bad Homburg), ging dann aber endgültig nach Jerusalem. In seinen Romanen und Novellen beschrieb Agnon das osteuropäische Judentum, aber auch das moderne Israel. Zu seinen bedeutendsten Werken zählen die Romane »Die Aussteuer« (1934), »Nur wie ein Gast zur Nacht« (1939) und »Gestern, Vorgestern« (1945). 1966 erhielt Agnon zusammen mit Nelly Sachs als erster Schriftsteller der hebräischen Sprache den Nobelpreis für Literatur.

Jassir Arafat (* 1929)
Palästinensischer Politiker, geboren in Jerusalem. Der Ingenieur Arafat gründete 1965 die Al Fatah, wurde 1969 Vorsitzender des Zentralkomitees der Palästinensischen Befreiungsorganisation (PLO) und versuchte seitdem, Autonomie für das Westjordanland und den Gazastreifen durch Verhandlungen zu erreichen. Seinen Bemühungen ist es zu verdanken, daß 1994 zwei Abkommen über eine Teilautonomie zustandekamen. Noch im selben Jahr erhielt Jassir Arafat gemeinsam mit dem israelischen Ministerpräsidenten Yitzhak Rabin und dem Außenminister Shimon Peres den Friedensnobelpreis.

Mordechai Ardon (1896–1992)
Maler. Geboren im polnischen Tuchów, gestorben in Jerusalem. Ardon studierte am Bauhaus in Weimar und an der Kunstakademie München, emigrierte 1933 nach Jerusalem.

Hanan Ashrawi (* 1946)
Politikerin und Professorin. Geboren in Nablus als Tochter eines Arztes. In Ramallah aufgewachsen, als Christin erzogen. Seit der Verhaftung ihres Vaters, der sich für ein unabhängiges Palästina einsetzte und bei der Gründung der PLO im Jahre 1964 mitwirkte, befaßte sie sich mit politischen Fragen. Hanan Ashrawi studierte an der Amerikanischen Universität von Beirut englische Literatur. Nach dem Sechs Tage-Krieg 1967 verwehrte ihr Israel die Rückkehr in die Heimat. Ein Stipendium ermöglichte ihr aber die Fortsetzung des Studiums in den USA. Dort wurde sie Sprecherin der General Union of Palestinian Students. Erst 1973 durfte die junge Philologin nach Ramallah zurückkehren, wo sie an der Bir Zeit-Universität einen Lehrstuhl für Anglistik übernahm und innerhalb der PLO für ein friedliches Zusammenleben von Palästinensern und Israelis wirkte. 1986 entkam Hanan Ashrawi nur knapp den Schüssen eines israeli-

Jassir Arafat

schen Attentats auf die Universität. Heute ist sie Generalbeauftragte der Unabhängigen Palästinensischen Kommission für Bürgerrechte in Jerusalem und lebt mit Ehemann und zwei Töchtern in Ramallah.

Menachem Begin (1913–92)

Politiker. Geboren im weißrussischen Brest-Litowsk, gestorben in Tel Aviv. 1942 wanderte der Rechtsanwalt nach Palästina aus. Hier leitete er ab 1943 die radikale jüdische Untergrundorganisation Irgun Zwai Leumi, die gegen die britische Mandatsregierung und die Araber einen Guerillakrieg führte und die illegale jüdische Einwanderung organisierte. 1948 übernahm Begin den Vorsitz der Herut, einer rechtsgerichteten Partei, die 1973 mit anderen Parteien den Likudblock bildete. 1977–83 war Begin Ministerpräsident. Für seine Friedensbemühungen erhielt er 1978 gemeinsam mit dem ägyptischen Staatschef Sadat den Friedensnobelpreis.

Schalom Ben-Chorin (* 1913)

Schriftsteller, Dichter und Religionswissenschaftler. Geboren in München, lebt seit 1935 in Jerusalem. Setzt sich in seinen Werken, die oft jüdisch-christliche Themen behandeln, für eine Annäherung zwischen israelischen Juden und Deutschen ein.

David Ben Gurion (1886–1973)

Eigentlich David Gruen. Politiker. Geboren im polnischen Płońsk, gestorben in Tel Aviv. 1906 ging Ben Gurion nach Palästina, wo er 1921 die jüdische Gewerkschaft Histadrut mitbegründete und ihr erster Generalsekretär wurde (bis 1933). 1930 rief er die mit der Histadrut eng verbundene Mapai (Israelische Arbeiterpartei), deren Vorsitzender er bis 1965 war, ins Leben. 1935 übernahm er die Leitung der Jewish Agency for Palestine, einer Vertretung der World Zionist Organization, die die britische Mandatsregierung und das jüdische Nationalkomitee beriet. Am 14. Mai 1948 rief Ben Gurion den Staat Israel aus, 1948–53 und 1955–63 war er Ministerpräsident und Verteidigungsminister.

»Gott schuf die Wüste, um dem Menschen zu ermöglichen, kreativ tätig zu sein.«
David Ben Gurion

Max Brod (1884–1968)

Schriftsteller. Geboren in Prag, gestorben in Tel Aviv. Er war mit Franz Kafka befreundet, dessen literarischen Nachlaß er verwaltete. 1939 emigrierte Brod nach Israel, wo er als Dramaturg am Habimah-Theater in Tel Aviv wirkte. Seine Hauptwerke sind »Tycho Brahes Weg zu Gott« (1916), »Reubeni, Fürst der Juden« (1925), »Galilei in Gefangenschaft« (1948) und »Streitbares Leben« (1960).

Moshe Dayan (1915–81)

Israelischer General und Politiker. Geboren in Deganya, gestorben in Tel Aviv. Als Generalstabschef (1953–58) leitete er die Operationen im Sinaikrieg (1956). 1959–64 wirkte er als Landwirtschaftsminister, 1967–74 als Verteidigungs- und 1977–79 als Außenminister.

Max Brod (links)

Nahum Goldmann (1894–1982)

Politiker und Schriftsteller. Geboren in Wischnewo bei Minsk, gestorben in Bad Reichenhall. Goldmann kam 1910 mit seinen Eltern nach Deutschland, das er 1933 verlassen mußte. 1935–40 war er Vertreter der Jewish Agency for Palestine beim Völkerbund, wurde 1951 Präsident des Jüdischen Weltkongresses und leitete 1956–68 die World Zionist Organization. Ab 1964 lebte er in Israel, wo er u. a. das Diasporamuseum in Tel Aviv gründete. Seine Autobiographie »Mein Leben als deutscher Jude« erschien 1980.

Theodor Herzl (1860–1904)

»Eine Nation, die von anderen als gleichberechtigt anerkannt werden will, kann es sich nicht leisten, die Gleichberechtigung der Frauen nicht anzuerkennen.«
Theodor Herzl, 1897

Schriftsteller. Geboren in Budapest, gestorben im niederösterreichischen Edlach. Unter dem Eindruck des Dreyfus-Prozesses setzte sich Herzl auf internationaler Ebene für die Gründung eines jüdischen Staates ein. 1896 erschien sein Buch »Der Judenstaat«, das die Entwicklung eines politischen Zionismus behandelte und 1897 zum Ersten Zionistischen Weltkongreß in Basel führte. 1898 gelang es Herzl, den deutschen Kaiser bei dessen Jerusalem-Besuch für seine Idee vom Judenstaat zu interessieren. 1902 zeichnete er in seiner Utopie »Altneuland« das Bild eines jüdischen Zukunftsstaates. Herzl ist auf dem nach ihn benannten Herzl-Berg in Jerusalem beerdigt.

Chaim Herzog (* 1918)

Politiker und General. Geboren in Belfast. 1935 kam er nach Palästina und trat als 18jähriger der Haganah, einer paramilitärischen Organisation, aus der 1948 die israelische Armee entstand, bei. 1962 nahm er als hoher Offizier Abschied und wirkte 1962–72 als Generaldirektor eines Londoner Industrieunternehmens. 1975–78 war er Chefdelegierter Israels bei der UN. 1981–83 gehörte er als Abgeordneter der Arbeitspartei der Knesset an. 1983–93 war Chaim Herzog Staatspräsident.

Ephraim Kishon (* 1924)

Schriftsteller. Geboren als Ferenc Hoffmann in Budapest, studierte Kunstgeschichte und wurde Lehrer. Mehrere Jahre Konzentrationslager unter ungarischer, deutscher und russischer Leitung überlebte er und emigrierte 1949 kurz nach Gründung des israelischen Staates nach Israel, wo er sich anfangs als Mechaniker durchschlug, bis er 1952 satirische Kurzprosa in Hebräisch zu schreiben begann. Er schrieb für die Presse, verfaßte Romane, Hörspiele, Theaterstücke und Drehbücher. Mit seinen meisterhaften Satiren über das heutige Israel wurde Kishon vor allem in Deutschland bekannt. Einige seiner wichtigsten Werke sind »Arche Noah, Touristenklasse« (1965), »Drehn Sie sich um, Frau Lot« (1965), »Der seekranke Walfisch« (1965), »Der Blaumilchkanal« (1972), »Kein Applaus für Podmanitzki« (1973) und »Total verkabelt« (1989).

Theodore (Teddy) Kollek (* 1911)
Politiker und langjähriger Bürgermeister von Jerusalem. Geboren in
Wien. 1934 mußte er nach Palästina auswandern. 1952–65 wirkte er
als Chef des Amtes des Ministerpräsidenten. 1965–93 war er Bürgermeister von Jerusalem, zunächst der israelischen Weststadt, ab des
Jahres 1967 des ganzen, wiedervereinigten Jerusalem. Meisterhaft
verstand er es, zwischen den Interessen jüdischer und arabischer
Bürger auszugleichen und von beiden Seiten akzeptierte Lösungen
zu finden. 1985 erhielt Teddy Kollek den Friedenspreis des deutschen Buchhandels, am 30. 6. 1996 den Toleranzpreis der Stadt
Münster.

Teddy Kollek

Else Lasker-Schüler (1869–1945)
Expressionistische Schriftstellerin (Lyrik, Dramen, Prosa). Geboren
in Wuppertal-Elberfeld, gestorben in Jerusalem. Ihre Hauptwerke
entstanden in Deutschland, darunter die Dramen »Die Wupper«
(1909) und »Ich und ich« (Nachlaß), die Romane »Die Nächte Tino
von Bagdads« (1907), »Mein Herz« (1912), »Der Prinz von Theben«
(1914) und »Der Malik« (1919) sowie ihre Lyrik »Styx« (1902), »Der
siebente Tag« (1905), »Hebräische Balladen« (1913) und »Theben«
(1923). 1933 emigrierte Else Lasker-Schüler nach Israel, wo der Roman »Das Hebräerland« (1937) und der Lyrikband »Mein blaues
Klavier« (1943) entstanden.

»Es ist ein Weinen in der Welt, als ob der liebe Gott gestorben wär.«
(Anfang des Gedichts »Weltende« von Else Lasker-Schüler)

Moses Maimonides (1135–1204)
Eigentlich Rabbi Mose ben Maimon, auch Rambam genannt. Philo-
soph und Arzt. Geboren in Córdoba, gestorben in Kairo, bestattet
vermutlich in Tiberias. Pogrome zwangen Maimonides' Familie, im
Jahre 1148 Spanien zu verlassen. Er kam nach Fez in Marokko, ging
1165 nach Ägypten, wo er in Kairo das geistliche Oberhaupt der
ägyptischen Juden und Leibarzt am Hofe Saladins wurde. Sein
Hauptwerk »More Nevuchim« (›Führer der Unschlüssigen‹), eine
Synthese aus aristotelischer Philosophie und jüdischer Gesetzesreli-
gion, blieb nicht ohne Einfluß auf die christliche Religionsphiloso-
phie von Albertus Magnus und Thomas von Aquin.

Golda Meir (1898–1978)
Eigentlich Golda Meyerson. Geboren in Kiew, gestorben in Jerusalem. 1906 kam sie mit ihren Eltern in die USA, ging 1921 nach Palästina und trat dort in die Mapai (Israelische Arbeiterpartei) und in
die Gewerkschaftsorganisation Histadrut ein. 1946–48 war sie Vor-
sitzende der politischen Abteilung der Jewish Agency for Palestine
und 1948 gehörte sie zu den Gründern des Staates Israel. 1948/49
wirkte sie als Botschafterin Israels in Moskau, 1949–56 leitete sie das
Ministerium für Arbeit und soziale Sicherheit, 1956–65 das Außenministerium, 1966–68 wirkte sie als Generalsekretärin der Israelischen Arbeiterpartei Mapai und schließlich, 1969–74, auch als Ministerpräsidentin von Israel.

Der Einsteinturm von Erich Mendelsohn in Potsdam

Erich Mendelsohn (1887–1953)

Architekt. Geboren im ostpreußischen Allenstein, gestorben in San Francisco. Er studierte am Weimarer Bauhaus, hinterließ in München und Berlin erste Spuren (expressionistischer Einsteinturm in Potsdam) und entwickelte den sogenannten ware house style. 1934 emigrierte er nach England, 1936 nach Palästina, wo er die Hebräische Universität und das Hadassah-Klinikum in Jerusalem sowie das Museum Ha'Aretz und das Diasporamuseum in Tel Aviv entwarf. Auch schon in den 30er Jahren wirkte Mendelsohn in den USA.

Josef haNasi alias Don João Miguez (um 1515–79)

Kaufmann und Politiker. Er stammte aus einer reichen portugiesischen Bankiersfamilie, die um die Mitte des 16. Jh. als zwangsgetaufte Christen über Antwerpen und Venedig nach Istanbul kam, wo sie offen zum Judentum zurückkehrte. Don João Miguez, von nun an nannte er sich Josef haNasi, betätigte sich erfolgreich als Kaufmann. Schon bald wurde Sultan Süleyman II. auf ihn aufmerksam und betraute ihn mit wichtigen Staatsgeschäften. 1561 belehnte er ihn mit Tiberias und sieben Nachbarorten. Josef haNasi wollte Tiberias zur Hauptstadt eines ersten neuzeitlichen Judenstaates machen, immerhin wurde es Zufluchtsstätte für viele vertriebene Juden. Unter Süleymans Nachfolger Selim II. (1566–74) leitete er bis zu dessen Tod die Außenpolitik des riesigen Osmanenreiches und stiftete in vielen Ländern, vor allem in Palästina, zahlreiche Synagogen und Talmudschulen.

Sir Moses Chaim Montefiore (1784–1885)

Bankier und Philanthrop. Geboren in Livorno, aufgewachsen in London, gewann durch Einheirat in die Rothschild-Familie an Einfluß, wirkte an der Londoner Stock Exchange und wurde 1837 zum Sheriff, zum obersten Verwaltungsbeamten der City von London gewählt, woraufhin ihn die Königin in den Ritterstand erhob. Als erster Jude wurde Sir Montefiore Mitglied der Royal Society, der englischen Akademie der Wissenschaften. In Palästina unterstützte er die durch ein Erdbeben in Not geratene Bevölkerung von Zefat und Tiberias und half den verfolgten jüdischen Gemeinden in Damaskus, Konstantinopel und Sankt Petersburg. 1854 überwachte er nach einer Hungersnot in Palästina die zweckmäßige Verwendung der britischen Hilfsgelder; mit eigenen Mitteln baute er Armenhäuser, stiftete Gewerbebetriebe und gründete 1857 Mischkenot Scha'anim, das erste jüdische Wohnviertel außerhalb der Jerusalemer Altstadt. Im hohen Alter von 101 Jahren starb Sir Montefiore im englischen Seebad Ramsgate.

Benjamin Netanjahu (* 1949)

Politiker und Staatsmann. Geboren in Jerusalem, aufgewachsen in New York als Sohn eines Historikers an der Cornell University in Ithaca/New York. 1967 ging der 17jährige Netanjahu nach Israel,

*Die Montefiore-Wind-
mühle in Jerusalem*

um am Sechstagekrieg teilzunehmen. Danach studierte er in den USA Architektur. Auch im Yom Kippur-Krieg 1973 kämpfte er wieder für Israel und studierte anschließend in den USA Betriebs-wirtschaft. 1976 ging er endgültig nach Israel. 1982 wurde er israeli-scher Vizebotschafter in Washington, 1984 Israels UNO-Botschafter, dann Staatssekretär im Außenministerium, schließlich Leiter der Staatskanzlei des Premier. 1993 übernahm er die Führung des Li-kudblocks, einer Parteienkoalition, die einen unabhängigen Staat Palästina, vor allem aber eine Teilung Jerusalems, ablehnt. Die Wah-len zum Regierungschef von 1996 gewann Netanjahu mit knappem Vorsprung vor Shimon Peres.

Amoz Oz (* 1939)
Schriftsteller. Geboren in Jerusalem. Oz ist Professor für hebräische Literatur an der Universität von Be'er Sheva und aktives Mitglied der Kibbuzbewegung. Seine Erzählungen und Romane setzen sich kri-tisch mit der Entwicklung Israels, mit dem Kibbuzleben und dem Verhältnis zu den Arabern auseinander. Seine Hauptwerke sind die Romane »Keiner bleibt allein« (1966), »Mein Michael« (1968), »Der perfekte Frieden« (1982) und »Black box« (1987). 1992 erhielt Amoz Oz den Friedenspreis des deutschen Buchhandels.

Amoz Oz

Shimon Peres

Shimon Peres (* 1923)

Politiker. Geboren als Schimon Persky in Polen. 1934 kam er mit seinen Eltern nach Palästina und trat schon früh der Mapai bei. 1959–65 war er stellvertretender Verteidigungsminister. Nach Gründung der Rafi wurde er ihr Generalsekretär, 1968 wechselte er zur Israelischen Arbeitspartei. 1969–77 wirkte er als Leiter verschiedener Ministerien, ab 1974 als Verteidigungsminister. 1984–86 war er Ministerpräsident, 1986–88 und 1992–95 Außenminister. 1994 erhielt er zusammen mit dem Ministerpräsidenten Itzhak Rabin und Jassir Arafat den Friedensnobelpreis. Mit der Ermordung Rabins wurde Peres bis zu den Wahlen im Mai 1996 Ministerpräsident.

Yitzhak Rabin

Yitzhak Rabin (1922–95)

Politiker und General. Geboren in Jerusalem. Rabin trat 1940 der Palmach, einer Guerillagruppe der jüdischen Selbstverteidigungsorganisation Haganah bei. Als Generalstabschef (1964–68) leitete er 1967 im Sechstagekrieg die militärischen Operationen Israels. 1968–73 war Rabin Botschafter in Washington, 1974–77 Ministerpräsident, 1984–90 Verteidigungsminister, ab 1992 wieder Ministerpräsident. 1994 schloß er mit den Palästinensern das Gaza-Jericho-Abkommen, das eine Teilautonomie für beide Gebiete vorsieht. 1994 erhielt Yitzhak Rabin zusammen mit seinem Außenminister Shimon Peres und Jassir Arafat den Friedensnobelpreis. Bei einer Friedensdemonstration am 4. 11. 1995 wurde er von einem jüdischen Extremisten erschossen.

Yitzhak Schamir (* 1915)

Politiker. Geboren im ostpolnischen Ruzinoy. 1977–80 war er als Mitglied der Herut, die sich 1973 mit anderen Parteien zum Likudblock zusammenschloß, Präsident der Knesset. 1980–83 und 1984–86 wirkte er als Außenminister; 1983/84 sowie 1986–92 war er Ministerpräsident.

Anna (Hannah) Ticho (1894–1980)

Malerin und Mäzenin. Geboren 1894 in Wien, gestorben 1980 in Jerusalem. Schon als Kind war Anna mit den Eltern nach Israel emigriert. 1912 heiratete sie ihren Cousin, den Augenarzt Dr. Albert Ticho, der nach Jerusalem gekommen war, um hier die Leitung einer Augenklinik zu übernehmen. Den Ersten Weltkrieg verbrachte das junge Paar in Damaskus. Später kehrten beide nach Jerusalem zurück und erwarben 1921 die schöne arabische Villa des Aga Rashid Nashashibi nahe der Jaffa Road. Im unteren Stockwerk richteten sie eine kleine Augenklinik ein, das obere diente als Wohntrakt und für Anna als Atelier. Dr. Ticho hatte sich schon bald im ganzen Mittleren Osten einen guten Ruf als Arzt erworben, Anna entwickelte sich zu einer bekannten Malerin und Mäzenin. Als ihr Mann eine große Spezialklinik übernahm, machte sie das Haus zum gesellschaftlichen Mittelpunkt der aus Deutschland und Österreich eingewanderten Juden. Neben Künstlern und Ärzten trafen sich hier Wissenschaftler, Schriftsteller und Politiker; auch Else Lasker-Schüler war häufig bei den Tichos zu Gast. 1960 starb Dr. Ticho; sie schmückte ihr Haus nun mit eigenen und erworbenen Bildern. Als sie 1980 ihrem Mann folgte, übernahm das Israel-Museum das prächtige »Ticho House« als Museum mit über 2000 Gemälden und Zeichnungen. Und ganz im Sinne der Stifterin finden hier seitdem gesellige Abende mit Kammermusik, Ausstellungen und Literaturlesungen statt.

Chaim Weizmann (1874–1952)
Wissenschaftler und Politiker. Geboren im weißrussischen Motyli bei Pinsk, gestorben in Rehovot (Israel). Weizmann wirkte als Professor für Biochemie in Manchester und leitete 1916–19 die Laboratorien der britischen Admiralität. Herzls Idee von der Gründung eines Judenstaates beeindruckte ihn so, daß er 1917 zusammen mit Nahum Sokolow der britischen Regierung die Balfour-Erklärung abtrotzte. Der britische Außenminister Arthur James Balfour sicherte mit diesem Papier den Juden das Recht auf eine »nationale Heimstatt« in Palästina zu. 1920–31 und 1935–46 war Weizmann Präsident der World Zionist Organization, 1929 wurde er Leiter der Jewish Agency for Palestine. 1948–52 war er erster Staatspräsident von Israel. Das nach ihm benannte Institute of Science in Rehovot ist eine private naturwissenschaftliche Hochschule (seit 1949).

Ezer Weizmann (* 1924)
Offizier und Politiker. Geboren in Tel Aviv. Neffe von Chaim Weizmann. 1966–69 war er stellvertretender Chef des israelischen Generalstabs, 1969/70 wirkte er als Transportminister und 1977–80 als Verteidigungsminister. 1993 trat er die Nachfolge von Chaim Herzog als Staatspräsident an. 1995 besuchte er als erstes israelisches Staatsoberhaupt die Bundesrepublik Deutschland.

Ezer Weizmann

Yigael Yadin (* 1917)
Politiker, General und Archäologe. Geboren in Jerusalem. Yadin studierte an der Jerusalemer Universität Archäologie und gehörte er als aktives Mitglied der Haganah an. 1949–52 war er Chef des Generalstabs der israelischen Armee; danach führt er sein Studium zu Ende und wurde schließlich 1959 Professor für Archäologie. 1955–58 leitete er die Ausgrabungen in Hazor, 1960/61 untersuchte er die Bar Kochba-Höhlen im Judäischen Bergland, 1963–65 legte er die Festung Masada frei und erforschte dann 1966/67 und 1971 den Tell Megiddo. 1977–81 war Yadin stellvertretender Ministerpräsident.

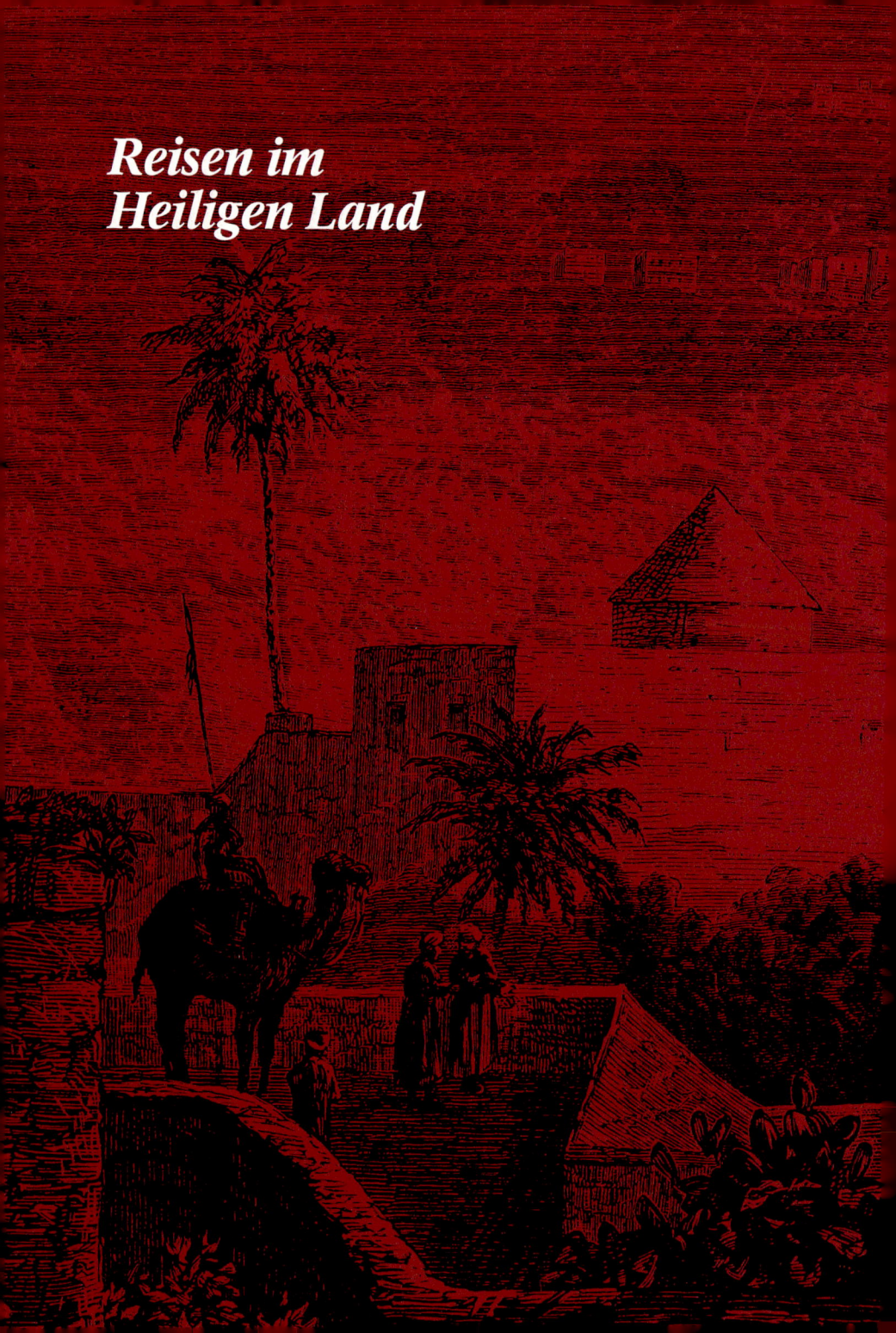

Reisen im
Heiligen Land

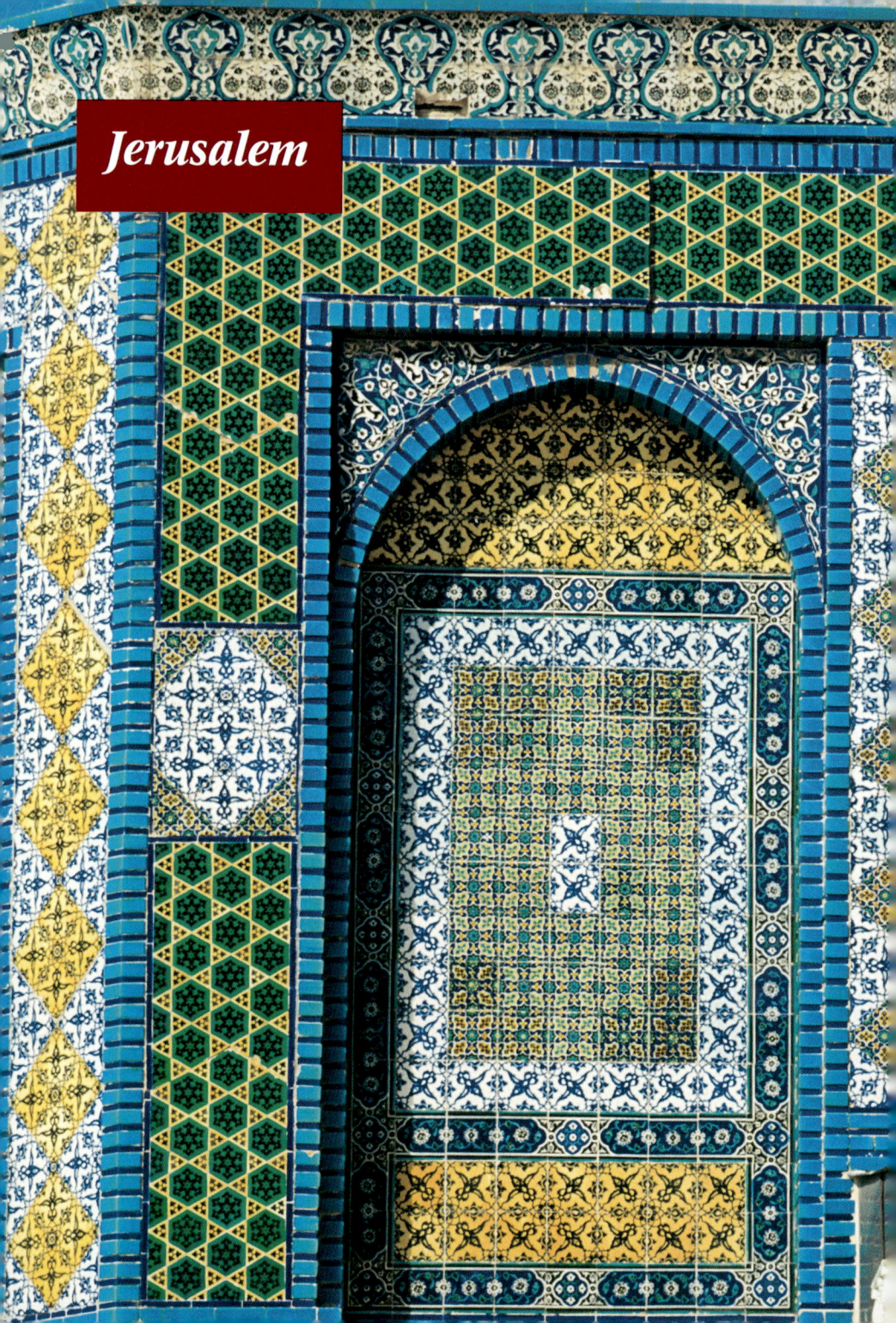

Jerusalem

Die Heilige Stadt

Jerusalem (hebräisch Yerushalayim, arabisch el-Quds) ist die Tempelstadt Davids und Salomos, die Stätte der Passion und Auferstehung Christi und der Ort, von dem aus Mohammed seine Himmelsreise antrat. Sie birgt die heiligen Stätten dreier Religionen: die Tempelmauer der Juden, die Grabeskirche der Christen und den Felsendom der Moslems. Heute präsentiert sich Jerusalem als eine moderne, großzügig geplante Stadt mit rund 584 000 Einwohnern (414 000 Juden, 152 000 Moslems, 18 000 Christen). Wohl kaum eine andere Stadt der Welt bietet so extreme Kontraste hinsichtlich des Städtebaus, des Flairs der einzelnen Viertel und der Menschen, die hier leben oder die Stadt besuchen. Relikte von der Bronzezeit bis zur Gegenwart faszinieren den Besucher, der mindestens eine Woche benötigt, um auch nur das Allerwichtigste zu sehen, und noch nach mehrjährigem Aufenthalt nicht alles kennt.

Stadtgeschichte

Die bisher frühesten Siedlungsspuren fand man auf dem Ofel südlich der heutigen Altstadt, zwischen dem Tyropöontal und dem Kidrontal. Hier hatte sich im 4. Jahrtausend v. Chr. eine semitische Bevölkerung niedergelassen, die in den Tälern Ackerbau betrieb und über eine reichlich fließende Quelle am Osthang des Ofel verfügte (Gihonquelle). In den Tontafelarchiven von Ebla (Nordsyrien, ca. 2400 v. Chr.) lasen die Archäologen 1975 erstmals den in sumerischer Keilschrift geschriebenen Namen der Stadt: Urusalim. *Uru* bedeutet ›Stadt‹, *salim* entspricht ›Heil‹, also ›Stadt des Heils‹. Im 20. oder 19. Jh. v. Chr. lösten Kanaaniter, die von dem Zweistromland her in Palästina eingedrungen waren, die Urbevölkerung von Jerusalem ab. Sie wehrten sich gegen den zunehmenden Einfluß Ägyptens; in ägyptischen Texten erscheint der Name Jerusalem in der Form ›Auschamem‹ bzw. ›Ruschalimum‹, was dem präkanaanitischen ›Urusalim‹ entspricht. Mit den Kanaanitern kam wahrscheinlich auch Abraham in das Land und einmal sogar nach Jerusalem, das die Bibel kurz ›Salem‹ nennt (Gen 14,18).

Bei der Landnahme der Israeliten im 12. Jh. v. Chr. lag Jerusalem genau zwischen den Stammesgebieten Juda und Benjamin (Jos 15,8); keiner der beiden Stämme konnte die Stadt erobern (Jos 15,63). Die Israeliten nannten die kanaanitische Stadt Jebus und ihre Bewohner Jebusiter (Ri 19,10). Nachdem es dem Judäer David um 1004 v. Chr. gelungen war, die Herrschaft der Philister abzuschütteln, und Eschbaal, der König des Nordreiches, ermordet worden war, ließ David sich zum König salben. Als Hauptstadt des wiedervereinigten Rei-

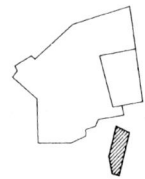

**Zur Zeit Davids
(1004-965 v. Chr.)**

**Zur Zeit Salomos
(965-926 v. Chr.)**

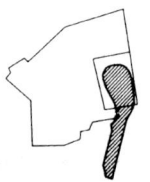

**Zur Zeit Nehemias
(um 433 v. Chr.)**

ches wählte er das kanaanitische (jebusitische) Jerusalem, das er aber erst gegen 998 v. Chr. erobern konnte. Er erklärte die Stadt, die er »Jeruschalajim« (ebenfalls ›Stadt des Heils‹) nannte, zu seinem persönlichen Besitz, ließ die zurückeroberte Bundeslade darin aufstellen und schuf damit das sakrale Zentrum des Zwölfstämmeverbandes. Die Stadt Davids lag am Osthang des Ofel. König Salomo (um 968–930) erweiterte sie nach Norden hin, wo er auf dem Berg Moria seinen Palast und den Tempel errichtete. Die ganze Stadt umgab er mit einer mächtigen Mauer. Die Pracht seines Hofes und die vielen Bauvorhaben im Lande erforderten hohe Steuern, was zu Rebellionen und nach seinem Tod zum Auseinanderbrechen des Reiches führte. Jerusalem war in der Folgezeit nur noch Hauptstadt des Südreiches Juda und in ständige Grenzkämpfe mit dem Nordreich Israel verwickelt. Königin Atalja (844–839) führte im Tempel den Baalkult ein, unter König Ahas (736–726) wurden auch assyrische Götter verehrt. Sein Sohn Hiskia (725–697) erneuerte den Jahweglauben und sicherte die Stadt durch neue Mauern und ein Wasserversorgungssystem. 587 v. Chr. eroberte der neubabylonische König Nebukadnezar II. Jerusalem, zerstörte Stadt und Tempel und verschleppte die Bewohner in das Zweistromland.

Nach dem Ende der Babylonischen Gefangenschaft bauten die Heimkehrer Jerusalem und den Tempel wieder auf. 445 v. Chr. errichtete Nehemia eine zweite Stadtmauer. 332 v. Chr. kam Jerusalem unter griechische Herrschaft und wurde unter den Ptolemäern hellenisiert. 198 v. Chr. begrüßte die Jerusalemer Bevölkerung die Seleukiden als Befreier, doch als deren kostspielige Kriege zu einer Erhöhung der Steuerlasten führten und Antiochos IV. sogar den Tempel entweihte, kam es 167 v. Chr. zum Aufstand. Antiochos' Heerführer Apollonios schlug die Revolte blutig nieder und zerstörte die Stadt. Dann baute er die Akra, einen stark befestigten Stadtteil für die hellenistische Bevölkerung Jerusalems. Antiochos verbot den jüdischen Kult und wandelte den Tempel in ein Zeusheiligtum um. Judas Makkabäus organisierte den Widerstand gegen die Seleukiden. 165 v. Chr. zog er in Jerusalem ein, belagerte die Akra und eroberte den Tempel zurück. In Erinnerung daran wird Chanukka, das ›Fest der Lichter‹ von Juden in aller Welt noch heute begangen.

69 v. Chr. übernahmen die Römer das zusammengebrochene Seleukidenreich. 63 v. Chr. öffneten die Jerusalemer den Truppen des Pompejus die Tore, den Tempelberg konnten die Römer jedoch erst nach dreimonatiger Belagerung bezwingen. 37 v. Chr. marschierte Herodes der Große mit Hilfe römischer Truppen in Jerusalem ein und ließ sich bald darauf zum König krönen. Er erweiterte den Tempelplatz, baute ein neues Heiligtum, den Zweiten Tempel, und errichtete sich am heutigen Jaffator eine prachtvolle Palastburg. Herodes Agrippa I. (41–44) erweiterte die Stadt nach Norden hin. Im Mai 66 brach in Jerusalem der erste jüdische Aufstand gegen Rom aus, woraufhin Titus im Frühjahr 70 mit vier Legionen angriff. Er benötigte fast ein halbes Jahr, bis er den Tempelberg erstürmt hatte und auch

die stark befestigte Palastburg gefallen war. Jerusalem wurde vollständig zerstört. Im Jahre 130 besuchte Kaiser Hadrian Jerusalem und ordnete den Wiederaufbau an. Den Platz des zerstörten Tempels nahm nun ein Jupiterheiligtum ein. 132 brach der zweite Aufstand gegen Rom aus, den die Römer bis 135 niederschlugen. Jerusalem wurde zur Colonia Aelia Capitolina, deren Betreten den Juden bei Todesstrafe verboten war.

Unter Konstantin dem Großen entwickelte sich Jerusalem zu einer christlichen Stadt. Seine Mutter Helena, die Kaiserin Eudokia und Kaiser Justinian (527–565) förderten den Bau von Kirchen. 614 erschienen die Perser vor den Toren Jerusalems, belagerten es 21 Tage lang und richteten dann gemeinsam mit den jüdischen Bewohnern unter der christlichen Bevölkerung ein entsetzliches Blutbad an; sämtliche Kirchen gingen in Flammen auf. Aber schon bald änderten die Perser ihre Politik: die Christen durften nach Jerusalem zurückkehren, die Juden wurden aus der Stadt gewiesen. 627 besiegte Kaiser Herakleios die Perser, Jerusalem stand wieder unter byzantinischem Einfluß.

Zur Zeit des Alexander Jannois (um 76 v. Chr.)

638 fiel die Stadt nach einjähriger Belagerung durch die Truppen des Kalifen Omar I. Die Moslems nannten sie el-Quds (›die Heilige‹). 660 ließ sich hier Muawija I. zum ersten Kalifen der Omajjaden ausrufen. Der Kalif Abd el-Malik (685–705) erbaute an der Stelle des Tempels die Qubbet es-Sakhra (Felsendom). 1009 befahl Kalif Hakim, die Grabeskirche zu zerstören, und beschlagnahmte das Eigentum der Christen. 1046 gestatteten die Fatimiden dem byzantinischen Kaiser Konstantin IX. jedoch, das Heiligtum wiederaufzubauen (im 11. Jh. lebten in Jerusalem übrigens mehr Christen als Moslems!). 1071 drangen seldschukische Türken bis Palästina vor und besetzten kampflos Jerusalem. Der Pilgerstrom der Christen versiegte. 1095 rief Papst Urban zum Kreuzzug auf. Am 14. Juli 1099 stürmte das christliche Heer unter Gottfried von Bouillon die Stadt; fast alle moslemischen und jüdischen Einwohner wurden ermordet. Der christliche Einfluß prägt bis heute zahlreiche Bauwerke Jerusalems. Nach der Schlacht bei Hattin ergab sich am 2. Oktober 1187 auch Jerusalem. Saladin schonte die Kirchen und gewährte schon wenige Tage nach der Einnahme der Stadt christlichen Pilgern den Besuch der Grabeskirche.

Zur Zeit des Herodes (um 4 v. Chr.)

1191 und 1192 versuchte Richard Löwenherz vergeblich, nach Jerusalem vorzustoßen. Schließlich mußte er sich damit zufrieden geben, daß Saladin ihm freien Zugang zu den heiligen Stätten anbot. 1229 schloß Kaiser Friedrich II. mit Sultan el-Kamil einen Vertrag, wonach Jerusalem und Betlehem mit einem Korridor nach Jaffa zum christlichen Königreich kamen. Am 17. März 1229 zog Friedrich in der Heiligen Stadt ein und setzte sich selbst in der Grabeskirche die Krone des Königs von Jerusalem aufs Haupt. Am 11. Juli 1244 durchbrachen 10 000 choresmische Türken die schwachen Verteidigungsanlagen der Stadt. Von nun an stand Jerusalem über 700 Jahre lang unter der Herrschaft der Moslems.

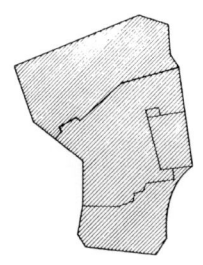

Vor der Zerstörung (70 n.Chr.)

*Ansicht der Grabeskir-
che (Konrad von Grü-
nenberg, Buchmalerei
von 1487)*

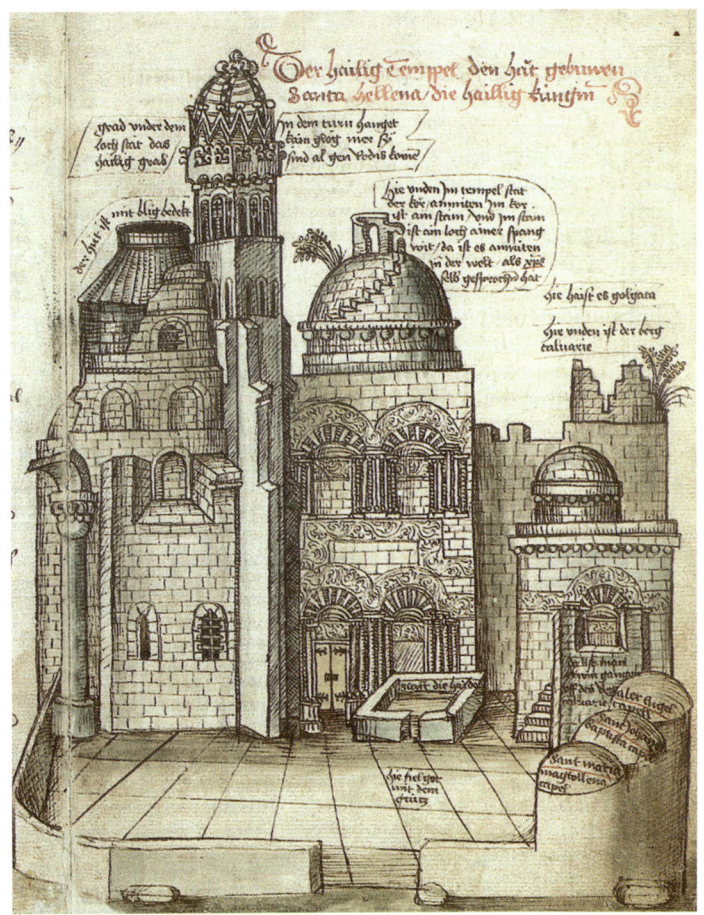

Unter den Mameluckenkalifen diente die Stadt als Verbannungsort für in Ungnade gefallene Emire, die die Stadt mit prächtigen Palästen, Mausoleen, Medresen und Hospizen schmückten. Vom 13.
Jh. an ließen sich immer mehr Juden in der Altstadt nieder. 1335
kehrten auch die Franziskaner nach Jerusalem zurück, wo sie auf
dem Berg Zion ein Kloster errichteten und in der Grabeskirche Gottesdienst halten durften. 1517 entriß der türkische Sultan Selim I.
den Mamelucken Jerusalem und ganz Palästina. Sein Sohn Süleyman II. erneuerte die Stadtmauer und stiftete zahlreiche Bauwerke
und Brunnen. 1847 stellte Papst Pius IX. das Lateinische Patriarchat
in Jerusalem wieder her, 1857 gründete Sir Montefiore die erste jüdische Siedlung außerhalb der Altstadtmauer, 1892 wurde die Bahnlinie nach Jaffa eröffnet. 1900 zählte die Stadt 60 000 Einwohner.

Am 11. Dezember 1917 rückten die Engländer unter General Allenby in Jerusalem ein; ab 1920 residierte hier der britische Hochkommissar für das Mandatsgebiet Palästina bis zum 14. Mai 1948. In den dann einsetzenden schweren Kämpfen zwischen Israelis und Jordaniern gelang es keiner der beiden Parteien, Jerusalem für sich zu gewinnen. Das Waffenstillstandsabkommen vom 15. Januar 1949 sah daher eine Teilung der Stadt vor: West-Jerusalem fiel an Israel, Ost-Jerusalem einschließlich der Altstadt an Jordanien; ein breiter Streifen Niemandsland war Demarkationslinie. Die einzige Verbindung zwischen West- und Ost-Jerusalem stellte das für Juden und Araber gesperrte, nur für christliche Pilger freigegebene Mandelbaumtor dar, das am heutigen Kikar Piqud HaMerkaz (Central Command Square) nordöstlich der Altstadt lag. Im Sechstagekrieg des Jahres 1967 besetzten die Israelis Ost-Jerusalem und erklärten 1980 das wiedervereinigte Jerusalem zur ›ewigen Hauptstadt Israels‹ (was die UNO bis heute nicht anerkennt). Seitdem entstehen auch in den östlichen Teilen der Stadt, in denen vorwiegend Moslems lebten, jüdische Viertel.

Die Altstadt

Als Altstadt werden die vier Stadtteile innerhalb der Mauer Süleymans II. ›des Prächtigen‹ bezeichnet. Bis zur Zerstörung Jerusalems durch Titus im Jahre 70 n. Chr. gehörten auch der südliche Teil des Berges Zion (Oberstadt), die Stadt Davids auf dem Ofel (Unterstadt) und die Viertel nördlich der heutigen Mauern dazu. Zumindest auf dem Stadtplan ist noch immer deutlich die Anlage der Aelia Capitolina, der Stadt des Kaisers Hadrian, zu erkennen: Der Suq Khan ez-Zeit, der dreifache Suq (Suq el-Lahhamin, Suq el-Altarin, Suq el-Khawayat) und die Habad Street folgen dem nordsüdlich verlaufenden Cardo maximus vom Damaskustor bis zum Zionstor, die David Street und die Tariq Bab es-Silsileh, die das Jaffator mit dem Tempelberg im Osten verbinden, entsprechen dem römischen Decumanus maximus. Die von diesem Straßenkreuz gebildeten vier Stadtteile werden nach ihren Bewohnern moslemisches, jüdisches, armenisches und christliches Viertel genannt.

»Zehn Maß Schönheit kamen in die Welt, Jerusalem nahm neun und der Rest der Welt eines.«
Babylonischer Talmud

Die Altstadtmauer

Die etwa 12 m hohe, noch hervorragend erhaltene Stadtmauer wurde 1532–39 von Süleyman II. erbaut, geht aber im wesentlichen auf die Stadtbefestigung der Colonia Hadrians zurück und ruht zum Teil auf byzantinischen Fundamenten. Ein Gang auf ihren Zinnen vom Jaffator zum Damaskustor und weiter bis zum Löwentor bzw. vom Jaffator bis zum Misttor bietet großartige Ausblicke. Beim **Jaffator (1)**, Sha'ar Yafo und von den Arabern Bab el-Khalil (›Hebrontor‹)

Jaffator

77

genannt, begannen die alte Pilger-, Handels- und Heeresstraße zur Küste und die ›königliche Straße‹, die über König Davids Geburtsort Betlehem zu seinem Salbungsort Hebron führt. Unterhalb des Jaffatores verkehren zahlreiche Buslinien, hier beginnen die meisten Exkursionen in die Altstadt. Als Wilhelm II. 1898 Jerusalem besuchte, schlug man zwischen Tor und Zitadelle eine Bresche in die Mauer, um dem Kaiser eine würdige Einfahrt zu ermöglichen, denn das schmale, winkelförmige Tor war für repräsentative Fahrzeuge nicht passierbar.

Unmittelbar am Jaffator erhebt sich die **Zitadelle (2),** eine Festung der Makkabäer, Palast Herodes' des Großen, römische Garnison, Kreuzfahrerburg und mameluckisch-osmanisches Bollwerk, heute Ausgrabungsstätte und Stadtmuseum. Der jetzige Bau el-Qal'a (›die Burg‹) stammt aus dem frühen 14. Jh. Die besonders verwundbare Nordwestecke der Stadt war schon in hellenistischer Zeit durch mächtige Wehranlagen gesichert. Bald nachdem Herodes König geworden war, begann er beim Jaffator mit dem Bau einer mächtigen und zugleich luxuriös ausgestatteten Stadtburg. 23 v. Chr. zog er aus der Burg Antonia am Nordrand des Tempelberges in die neue Festung um. Der römische Historiker Josephus hat sie genau beschrieben; viele der Einzelheiten konnten die Archäologen bei den Ausgrabungen der Jahre 1934–47 und 1968/69 bestätigen. Drei gewaltige Türme verstärkten im Norden und Westen die Festung. Der erste, der den Namen Hippikos trug, des im Krieg gefallenen Freundes Herodes' des Großen, maß 12,5 m × 12,5 m und war insgesamt fast

Zitadelle
1 *Portal mit Brücke*
2 *Offene Moschee*
3 *Toranlage*
4 *Mameluckenhalle*
5 *Davidsturm*
 (Phasaelturm)
6 *Ostturm*
7 *Südostturm*
8 *Mittelalterlicher*
 Bogen
9 *Hasmonäische*
 Stadtmauern mit
 zwei Türmen
10 *Fundamentmau-*
 ern des herodia-
 nischen Palastes
11 *Nordwestturm*
12 *Moschee (Kreuz-*
 fahrerhalle)
13 *Minarett*
14 *Jaffator*

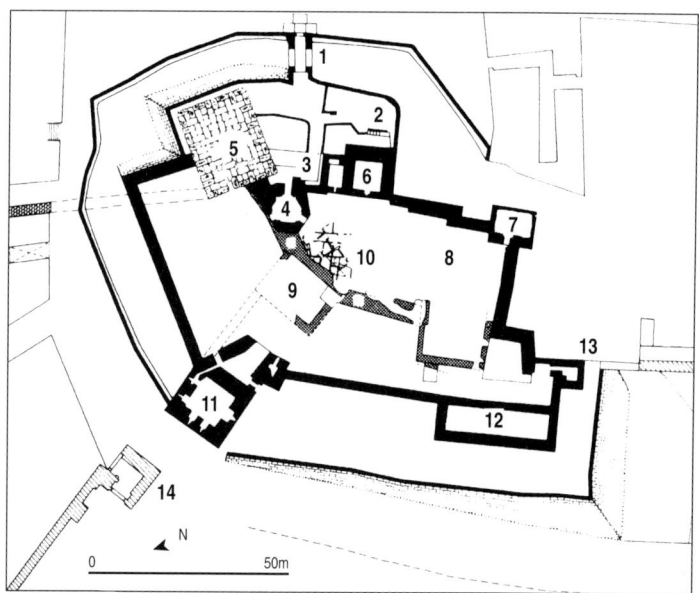

40 m hoch. Auf einen 15 m hohen massiven Sockel setzten die Architekten eine 10 m hohe Zisterne und darüber einen mit Doppeldach versehenen, mehrgeschossigen Wohntrakt von 12 m Höhe. Den zweiten, insgesamt 45 m hohen Turm benannte Herodes nach seinem Bruder Phasael (heute Davidsturm). Auf einem massiven Steinkubus von 13,7 m Seitenlänge erhob sich eine 5 m hohe Säulenhalle, in deren Mitte ein Wohnturm aufragte, der in prächtige Räume unterteilt war und sogar ein Bad enthielt. Der dritte Turm hieß nach Herodes' Lieblingsfrau Mariamme, die er sechs Jahre zuvor hatte hinrichten lassen. Die Türme bestanden aus 2,50 m langen und 1,25 m hohen, weißen Marmorblöcken, die so genau behauen waren, daß man keinen Mörtel benötigte. Hölzerne Außentreppen, die im Notfall schnell abgerissen werden konnten, verliehen den drei Wehrtürmen mehr Sicherheit als steinerne Innentreppen. Südlich der Türme lag, umgeben von einer 5 m hohen Mauer, der eigentliche Palast, der prunkvollste Bau, der je in diesem Lande erschaffen worden war. Das Baumaterial, vom härtesten Granit bis zum edelsten Marmor, kam aus aller Herren Länder. Die großen Empfangs- und Speisesäle waren mit kostbaren Gemälden und Skulpturen geschmückt, Säulenhallen umgaben gepflegte Parkanlagen mit Taubenschlägen, Teichen und bronzenen Wasserspeiern. Beim Sturm auf Jerusalem im Jahre 70 n. Chr. zerstörte Titus den Palast bis auf die Grundmauern; nur die drei Türme ließ er ›als Denkmäler seines Glückes‹ stehen. Die Stelle des einstigen Palastes nahm fortan ein römisches Lager für die X. Legion ein. In byzantinischer Zeit diente das Lager zeitweise als Kloster. Die Kreuzfahrer errichteten im 12. Jh. eine Burg mit fünf Türmen und einem breiten Wehrgraben. Im 14. Jh. erneuerten die Mamelucken sie und stockten den Phasaelturm auf. Süleyman II. bezog die Zitadelle mit in die Stadtmauer ein.

Rundgang durch die Zitadelle, das heutige Stadtmuseum: Durch das mameluckisch-osmanische Portal gelangt man über den einstigen fränkischen Wehrgraben in einen großen Vorhof. In der offenen Moschee Süleymans südlich davon steht noch der alte Mihrab. Die in den Innenhof führende Toranlage erinnert an die mächtige Kreuzfahrerburg, die sechseckige Halle an ihrem Ausgang stammt aus mameluckischer Zeit. Der Davidsturm ist das letzte größere Relikt der herodianischen Burg. In ihm ist ein kleines Museum aller in Jerusalem vertretenen Religionsgemeinschaften eingerichtet, die durch je eine originalgetreu gekleidete Puppe repräsentiert werden. Auf dem Hof erkennt man zwei Türme und die Mauer der vorherodianischen Festung. Hier stießen die Archäologen auf acht Mauerschichten – die unterste fast 2800 Jahre alt –, die bis 9 m unter das Hofniveau reichen. Die Kreuzfahrerhalle im Südwesten verwandelte Saladin in eine Moschee; das kraftvolle Minarett stammt aus dem 16. Jh. Die dem Hinnomtal nach Süden folgende Mauer läßt noch deutlich die einzelnen Bauperioden erkennen: unten die mächtigen, sorgfältig behauenen Quader Herodes' des Großen, darüber die mittelalterliche Befestigung und oben das Mauerwerk Süleymans.

Das **Zionstor (3)**, hebräisch Sha'ar Ziyyon, arabisch Bab en-Nebi Daud (›Davidstor‹, weil die Moslems durch dieses Tor auch das von ihnen verehrte Grab Davids erreichen), verbindet den südlichen Teil des Berges Zion mit dem nördlichen. Es öffnet sich auf das armenische und das jüdische Viertel. In römischer Zeit war es das südliche Haupttor. An mehreren Stellen der Mauer sind römische und fränkische Architekturteile eingefügt. In seiner jetzigen Gestalt geht es auf die Mamelucken zurück, unter den Osmanen wurde es erneuert.

Durch das **Misttor (4)**, hebräisch Sha'ar HaAshpot, arabisch Bab el-Muraribe, das tiefstgelegene Tor der Altstadtmauer, wurde früher der Müll hinausgebracht. Das heutige Tor entstand erst in den 50er Jahren dieses Jahrhunderts etwas östlich der alten Toranlage. Der große Parkplatz davor ist Ausgangspunkt für den Besuch des Tempelberges, des jüdischen Viertels und der Stätten des Berges Zion. Etwa 150 m östlich vom Misttor läuft die Mauer in scharfem Knick nach Norden und trifft in Höhe des Doppelten Tores auf die Tempelbergmauer, die auf dem weiteren Streckenabschnitt die Funktion der Stadtmauer übernimmt. Am Nordende des Tempelberges setzt sich die Stadtmauer Süleymans in nördlicher Richtung fort.

Das **Löwentor (5)**, hebräisch Sha'ar HaArayot, ist heute das einzige offene Osttor der Altstadt. Es führt zum Kidrontal, zum Ölberg und zur Straße nach Jericho. Der Legende nach waren Süleyman II. zwei Löwen erschienen, die ihm befahlen, die verfallene Mauer wieder aufzubauen. Zur Erinnerung an diesen Traum ließ der Sultan auf jeder Seite des Tores zwei mameluckische Steinlöwen einfügen, die wohl aus einem Bau des Sultans Baibars (1260–1277) stammten. Die Christen nennen das Tor Stephanstor, weil in seiner Nähe der Diakon Stephanus, der erste Märtyrer der Christenheit, gesteinigt wurde. Für die Araber ist es das Bab Sitti Marjam (›Marientor‹), weil sie

Stadtplan Altstadt Jerusalem
1 Jaffator 2 Zitadelle 3 Zionstor 4 Misttor 5 Löwentor (Stephanstor)
6 Herodestor 7 Damaskustor 8 Steinbrüche Salomos 9 Neues Tor
10 Aqabat et-Taqiyeh 11 Turbe es-Sitt Tunshuq 12 Medrese Resasiya
13 Ribat Ala ed-Din el-Basir 14 Ribat Mansuri 15 Khan es-Sultan
16 Turbe Turqan Khatun 17 Khalidiye-Bibliothek 18 Medrese Tanqaziya
19 Mawlawiye-Moschee 20 Ramban-Synagoge 21 Hurva-Synagoge
22 Cardo maximus 23 Sidna Omar-Moschee 24 Sephardisches Synagogen-
zentrum 25 Tif'eret Yisra'el-Synagoge 26 Yishuv-Museum 27 Herodiani-
sches Viertel 28 Markuskirche 29 Jakobuskirche 30 Museum für armeni-
sche Kunst und Geschichte 31 Salvatorkloster 32 Museum des griechisch-
orthodoxen Patriarchats 33 Teich des Hezekiah 34 Muristan 35 Kirche
Johannes des Täufers 36 Erlöserkirche 37 El-Khanqa 38 El-Omariye
39 Kloster St. Anna 40 Betesda-Teich 41 Omariye-Schule 42 Verurteilungs-
kapelle 43 Ecce Homo-Basilika 44 Österreichisches Pilgerhospiz
45 Grabeskirche 46 Klagemauer 47 Wilsonbogen 48 Archäologischer
Garten 49 Aqsa-Moschee 50 Islamisches Museum 51 Felsendom
52 Dormitiokirche 53 Abendmahlssaal 54 St. Peter in Gallicantu

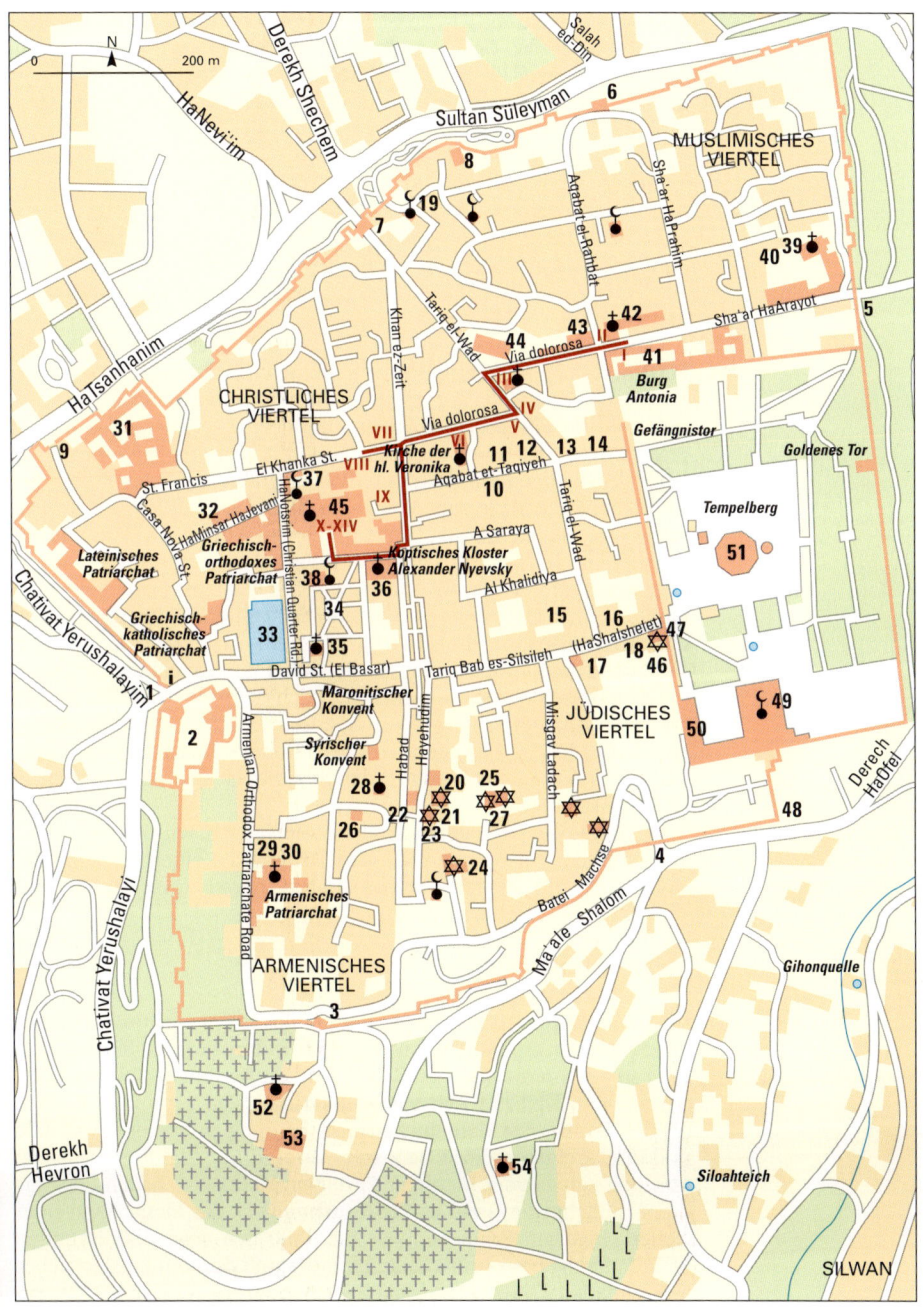

0   N   200 m

Derekh Shechem

HaNevi'im

Sultan Süleyman   6

Salah ed-Din

MUSLIMISCHES VIERTEL

8

19   7

Aqabet er-Rahbat

Sha'ar HaPerhim

40 39

42

43   44

Via dolorosa

HaTsanhanim

Tariq el-Wad

Khan ez-Zeit

CHRISTLICHES VIERTEL

Sha'ar HaArayot   5

41

Burg Antonia

Gefängnistor

Goldenes Tor

Via dolorosa

III   IV   V

VII   VI

Kirche der hl. Veronika

11   12   13   14

VIII   Aqabat et-Taqiyeh

IX   10

31

9

St. Francis

El Khanka St.

Casa Nova St.

HaMinsar HaJevani

Hanotsrim (Christian Quarter Rd)

37

32

45

X–XIV

A Saraya

Tariq el-Wad

Tempelberg

51

Koptisches Kloster
Alexander Nyevsky

Al Khalidiya

15

16

(HaShalshelet)

17   18   46   47

Griechisch-orthodoxes Patriarchat

Lateinisches Patriarchat

38

36

34

35

33

David St. (El Basar)

Tariq Bab es-Silsileh

Misgav Ladach

JÜDISCHES VIERTEL

49

50

48

Derech HaOfel

Griechisch-katholisches Patriarchat

i

1

2

Maronitischer Konvent

Syrischer Konvent

Habad

Hayehudim

28

26   22

20   25

21   27

23

4

Batei Machse

Ma'ate Shalom

Armenian Orthodox Patriarchate Road

Chativat Yerushalayi

29 30

24

Armenisches Patriarchat

3

ARMENISCHES VIERTEL

Gihonquelle

52

53

54

Derekh Hevron

Siloahteich

SILWAN

in der benachbarten Kirche St. Anna die Geburtsstätte Marias und im Kidrontal ihr Grab verehren. Viele Juden bezeichnen es als Joschafattor, weil es zum gleichnamigen Tal zwischen Ölberg und Tempelberg führt. Nahe der Nordostecke der Mauer findet an jedem Freitagmorgen ein Schafmarkt statt.

Am **Herodestor (6)**, hebräisch Sha'ar HaPerahim (›Blumentor‹), arabisch Bab es-Sahirah (›Tor, an dem man wach bleibt‹), einem schmucklosen türkischen Zweckbau, soll Jesus seinen Landesherrn Herodes Antipas, der 30 n. Chr. zum Paschafest nach Jerusalem gekommen war, getroffen haben (Lk 23,7). Der Name dürfte aber eher auf Herodes Agrippa (41–44 n. Chr.), den Schöpfer der Nordmauer, zurückgehen.

Das größte und schönste Tor der Jerusalemer Altstadt ist das **Damaskustor (7)**, hebräisch Sha'ar Shekhem (›Sichem‹- bzw. ›Nablustor‹), arabisch Bab el-'Amud (›Säulentor‹). In römischer Zeit befand sich hier das Haupttor Jerusalems, bei dem die säulengeschmückte Prachtstraße, der Cardo maximus, begann (der damalige Eingang lag unter der heutigen Stufenstraße). Bei Ausgrabungen kam ein Teil der römischen Toranlage zum Vorschein. Das zweifach gewinkelte Damaskustor ist mit Zinnen und zahlreichen Türmchen geschmückt. Eine arabische Inschrift über dem Eingang weist auf Süleyman den Prächtigen hin. Etwa 150 m östlich vom Damaskustor trifft man inmitten einer Grünanlage außerhalb der Mauer auf den Eingang zu den **Steinbrüchen Salomos (8)**, oft auch Zedekiahöhle (Me'arat Zidkiyahu) genannt. Das künstliche Höhlensystem geht auf einen alten Steinbruch zurück, der sich, vielfach verästelt, fast 200 m weit unter die Altstadt schiebt. Man sagt, daß Zedekia, der letzte König von Juda, 587 v. Chr. den Truppen Nebukadnezars durch diese Höhlen entkommen sei (im Jordantal geriet er aber bald danach in Gefangenschaft).

Das **Neue Tor (9)**, hebräisch Sha'ar HeHadash, wurde erst 1889 in die Stadtmauer gebrochen, um den Patriarchen einen direkten Zugang zu ihren Residenzen im christlichen Viertel zu verschaffen.

Moslemisches Viertel

Den betriebsamsten Teil der Altstadt bildet das moslemische Viertel, durch das der größte Abschnitt der Via dolorosa (s. S. 89) verläuft. Eine seiner interessantesten Straßen ist die **Aqabat et-Taqiyeh (10)**, die den Suq Khan ez-Zeit mit dem Tariq el-Wad verbindet. Typisch für den Baustil der Mamelucken sind die üppigen Stalaktitenportale und die architektonisch reizvolle Verbindung von rosafarbenem Marmor, schwarzem Basalt und weißem Kalkstein. Beachtung verdient zunächst die **Turbe es-Sitt Tunshuq (11)**, das Mausoleum einer tscherkessischen Prinzessin, die um 1400 den gegenüberliegenden kleinen Palast bewohnte (heute befindet sich dort ein moslemisches Waisenhaus). Die sich anschließende **Medrese Resasiya (12)**, ur-

Khalidiye-Bibliothek

sprünglich als Hospiz für moslemische Pilger gestiftet, stammt aus der Zeit um 1540 und weist bereits osmanische Elemente auf. Der Brunnen an der Einmündung der Aqabat et-Taqiyeh in den Tariq el-Wad geht auf Süleyman II. zurück. Der Tariq Ala Uddin bildet die Fortsetzung der Aqabat et-Taqiyeh bis zum Bab en-Nadhir. Das im 13. Jh. entstandene Hospiz **Ribat Ala ed-Din el-Basir (13)** war unter den Türken Stadtgefängnis. Der Mameluckensultan Qalawun (1279–1290) ließ das Pilgerhospiz **Ribat Mansuri (14)** erbauen; es diente in osmanischer Zeit als Kaserne und später als Gefängnis.

Vom Tariq Bab es-Silsileh führt eine kleine Gasse zum **Khan es-Sultan (15),** einer im Jahre 1386 von Sultan Barquq erbauten Karawanserei. In den einstigen Ställen des Erdgeschosses sind heute Werkstätten eingerichtet. Die **Turbe Turqan Khatun (16)** kurz vor der Tariq el-Wad erinnert an eine Mameluckenprinzessin, die im 14. Jh. auf der Pilgerreise nach Jerusalem starb. Sehenswert ist die arabeskengeschmückte Fassade des Grabmals. Weiter zum Bab es-Silsileh hin kommt man an der Turbe Baraqat Khan aus dem 13. Jh. vorbei, wo seit 1900 die berühmte **Khalidiye-Bibliothek (17)** mit 12 000 kostbaren Büchern und Handschriften untergebracht ist. Auf dem Wilsonbogen steht die **Medrese Tanqaziya (18),** gestiftet vom Emir von Damaskus (1328). Beachtung verdient das stalaktitengeschmückte Portal mit einer arabischen Inschrift und den Wappen der Mamelucken. Die **Mawlawiye-Moschee (19)** östlich vom Damaskustor ist vermutlich mit der fränkischen Agneskirche identisch.

Jüdisches Viertel

Das jüdische Viertel erhielt seinen Namen schon in frühislamischer Zeit, als die Juden sich hauptsächlich auf diesen Stadtteil konzentrierten. 1140 eröffneten die Kreuzfahrer hier ein deutsches Pilgerhospiz. Unter dem Mameluckensultan Baibars gründete der große sephardische Rabbi Moshe ben Nachman in dem Viertel eine jüdische Gemeinde. Im 15. Jh. kamen Sephardim aus Spanien, im 18. Jh. wanderten zahlreiche aschkenasische Juden aus Mittel- und Osteuropa ein. Als 1948 die Altstadt Jerusalems unter jordanische Herrschaft geriet, mußten die Juden weichen; das jüdische Viertel blieb bis 1967 nahezu unbewohnt und verfiel. Nach dem Sechstagekrieg begann man mit dem Wiederaufbau des alten Stadtteils. Neue Wohnhäuser, Talmudlehrstätten und Synagogen entstanden, wobei der bauliche Charakter des Viertels jedoch weitgehend erhalten blieb.

Die **Ramban-Synagoge (20)** gilt als ältestes jüdisches Bethaus in Jerusalem. Sie wurde um 1267 von Rabbi Moshe ben Nachman (Nachmanides) an der Stelle eines älteren, von den Kreuzfahrern zerstörten Versammlungshauses erbaut. Da das umliegende Straßenniveau durch den Trümmerschutt der Jahrhunderte um etliche Meter gestiegen ist, sind die Säulen und Mauern nur noch bis knapp zur Hälfte sichtbar. Gleich neben der Ramban-Synagoge erhebt sich die Ruine der 1948 zerstörten **Hurva-Synagoge (21)**. 1701 begann der aschkenasische Rabbi Yehuda Hassid mit dem Neubau auf den Fundamenten einer im 13. Jh. zerstörten Synagoge. Sein früher Tod beendete jedoch die Arbeiten an dem erst halbfertigen Gebäude, das fortan HaHurva – ›die Ruine‹ – genannt wurde, auch nach seiner Vollendung im Jahre 1856. 1949 fiel die Synagoge dem Krieg zum Opfer, nach 1967 wurde sie als Mahnmal erhalten. An der Jewish

Hurva-Synagoge

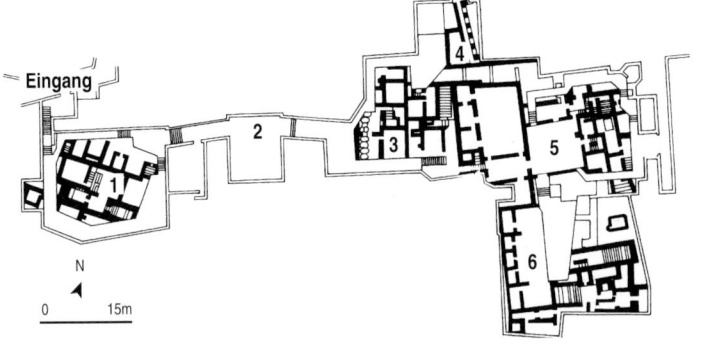

~ **Eingang**

N

0   15m

Herodianisches Viertel
1 Westhaus
2 Verbindungsgang
(Ausstellungen)
3 Mittelkomplex
4 Peristylhaus
5 Herrenhaus
6 Südhaus

Quarter Street stießen Archäologen auf den **Cardo maximus (22).**
Elegante Geschäfte flankieren die 8 m breite, von Kolonnaden einge-
faßte rekonstruierte Prachtstraße des römisch-byzantinischen Jerusalem. Die kleine **Sidna Omar-Moschee (23)** soll eine Jüdin, deren
Sohn zum Islam übergetreten war, im 15. Jh. errichtet haben. Südöstlich der Moschee liegt an der Bet El Street das **sephardische Synagogenzentrum (24).** Als die Osmanen im Jahre 1586 die Hauptsynagoge der Stadt, die Ramban-Synagoge, schlossen, bauten sich die
Sephardim an jener Stelle, an der der berühmte Talmudgelehrte Rabbi Jochanan ben Zakkai im 1. Jh. seine Schüler unterrichtete, ein
neues Bethaus; es wuchs bald zu einem Komplex von vier Synagogen heran. Die Elijahu Hanawi-Synagoge enthält einen reich geschnitzten Thoraschrein (Italien 16. Jh.), einen kostbaren Stuhl, den
einst der Prophet benutzt haben soll, und eine Chuppa, einen Trau-
baldachin aus Spanien. Die Istanbul-Synagoge war ursprünglich den
türkischen Gemeindemitgliedern vorbehalten, im 19. Jh. wurde sie
bevorzugte Betstätte für die Menschen der umliegenden Gassen. Beachtung verdienen hier der prächtige Thoraschrein (17. Jh.) und eine
Barockkanzel aus Pesaro. Die Emza'i-Synagoge schließlich ging aus
dem gemeinsamen Vorraum der drei Synagogen hervor. (So, Mo, Mi
und Do 9.30–16.00 Uhr, Di, Fr und vor Feiertagen 9.30–12.30 Uhr).
Zu erwähnen sind noch die Ruinen der **Tif'eret Yisra'el-Synagoge
(25),** der 1948 zerstörten Hauptsynagoge der chassidischen Juden.

Ganz im Westen des jüdischen Viertels befindet sich in einem wie-
deraufgebauten Wohnhaus (Rehov Or Hayim 6) das **Yishuv-Museum (26),** das einen Einblick in das jüdische Gemeindeleben vermittelt. Es enthält u. a. möblierte Wohnräume sephardischer und
aschkenasischer Familien (um 1900), das Geburtszimmer des Rabbi
Isaak Luria (1534) und die Or Hayim-Synagoge (1742). In der
HaKara'im Road lohnt der Besuch des Archäologischen Museums
Wohl, das oft auch **Herodianisches Viertel (27)** genannt wird.
1971–74 legte man hier sechs vornehme Wohnhäuser aus herodianischer Zeit mit Mosaiken und Ritualbädern frei, darunter ein Peristylhaus (So–Do 9–17 Uhr, Fr und vor Feiertagen 9–13 Uhr).

Armenisches Viertel

Das armenische Viertel erstreckt sich vom Jaffator bis zum Zionstor und bedeckt somit den nördlichen Teil des Berges Zion. Östlich der Zitadelle liegen ein Maronitenkloster, die anglikanische Christuskirche mit angeschlossenem Hospiz und das Markuskloster der syrischen Jakobiter mit der **Markuskirche (28),** die nach der Tradition auf den Fundamenten des Hauses der Maria steht. Maria, die Mutter des Evangelisten Markus, stellte ihr großes Haus der Jerusalemer Christengemeinde als Gebetsstätte zur Verfügung. Schon im 7. Jh. stand hier eine Kirche, und einer Inschrift zufolge soll an diesem Platz bereits im Jahre 143 eine Kapelle errichtet worden sein. Die Markuskirche ist ein Kreuzfahrerbau des 12. Jh. Beachtung verdienen das silberbelegte Taufbecken, eine Marienikone, die dem Evangelisten Lukas zugeschrieben wird und als eines der ältesten Marienbilder gilt, und der reich geschnitzte Patriarchenthron.

*Der Innenraum
der Markuskirche*

Den ganzen südlichen Teil des Viertels nimmt der ummauerte Komplex des armenischen Klosters ein, eine kleine Stadt für sich, mit zwei- und dreistöckigen Wohnhäusern für 3500 Armenier, mit Schulen, Werkstätten, einer öffentlichen Bibliothek mit vorwiegend armenischer Literatur, einem Priesterseminar und der Residenz des armenischen Patriarchats. Das Herz des Viertels ist die Jakobus dem Älteren geweihte Patriarchatskirche, deren erster Bau beim Persereinfall (614) zerstört wurde. Die heutige **Jakobuskirche (29)** stammt im wesentlichen aus dem 12. Jh.; sie zählt zu den schönsten Sakralbauten Jerusalems (Gottesdienst So 14.30 Uhr). Man betritt den dreischiffigen Kuppelbau durch eine Vorhalle aus dem 17./18. Jh. Eine großartige Ikonostase verdeckt die Apsis. Davor steht der ›Stuhl des hl. Jakobus‹, den schon Eusebius († 339) erwähnte. Die beiden Seitenaltäre sind der Gottesmutter (links) und Johannes dem Täufer (rechts) gewidmet. Links vom Portal führen Stufen zur Kapelle des hl. Makarios empor, der im 4. Jh. Bischof von Jerusalem war. Die kleinen Kapellen des hl. Jakobus und des hl. Menas, eines ägyptischen Märtyrers, gehen auf das 5. Jh. zurück; für ihren Besuch ist eine Sondergenehmigung erforderlich, weil hier wertvolle Handschriften aus dem 13. Jh. aufbewahrt werden. Die große Kapelle des hl. Stephan enthält die Sakristei und ein Baptisterium. Die Etschmiadsin-Kapelle bildete bis zum Bau der Vorhalle den Narthex der Jakobuskirche. Das **Museum für armenische Kunst und Geschichte (30)** gibt eindrucksvolles Zeugnis der Geschichte dieses Volkes.

Detail an einem Gebäude im armenischen Viertel

Christliches Viertel

Das christliche Viertel wird von den Zentren der christlichen Konfessionen und Organisationen beherrscht, deren jetzige Bauten fast alle erst im 19. und 20. Jh. entstanden. Schon 1342 hatte Papst Klemens VI. den Franziskanerorden mit der Wahrung der lateinischen Interessen an den heiligen Plätzen Palästinas beauftragt. 1559 übernahm der Orden von den Armeniern (Georgiern) das **Salvatorkloster (31),** wo sich heute die ›Kustodie des Heiligen Landes‹ befindet, der die Verwaltung und Betreuung der römisch-katholischen Stätten obliegt. Die zum Klosterkomplex gehörende Salvatorkirche mit ihrem 48 m hohen Glockenturm entstand 1882–85, das franziskanische Pilgerhospiz Casa Nova 1847 (1964 wurde es erweitert). Erwähnenswert sind ferner das lateinische, das griechisch-orthodoxe, das griechisch-katholische, das koptische und das äthiopische Patriarchat. In der Greek-Orthodox Patriarchate Road sollte man auf keinen Fall am **Museum des griechisch-orthodoxen Patriarchats (32)** vorübergehen (Di–Fr 9–13, 15–17 Uhr, Sa und vor Feiertagen 9–13 Uhr). Es enthält eine kleine, aber erlesene Sammlung von römischen und byzantinischen Vasen, kunstvoll gearbeiteten Reliquiaren, Ikonen und Miniaturen des Mittelalters. Eindrucksvollstes Exponat ist wohl ein Kapitell aus der Verkündigungskirche der Kreuzfahrer in

Salvatorkloster

Nazaret, das die Köpfe der Brüder Moses und Aaron zeigt (12. Jh.).Hinter einer Häuserzeile der Christian Quarter Road versteckt sich der etwa 40 m × 70 m große **Teich des Hezekiah (33),** die stattliche Zisterne ›Amygdalon‹ Herodes' des Großen, von den Kreuzfahrern Patriarchenteich genannt.

Östlich der Christian Quarter Road erstreckt sich der **Muristan (34),** ein etwa 130 m × 130 m großes Viertel, das aus dem Forum der hadrianischen Colonia Aelia Capitolina hervorging. Die King David Street war der Decumanus maximus; der Cardo maximus, der die Ostgrenze des Forums bildete, ist hier eine dreifache Basarstraße mit dem Suq el-Lahhamin (Fleischmarkt), dem Suq el-Attarin (Gewürzmarkt) und dem Suq el-Khawajat (Textilmarkt). Im 4. Jh. ließ Kaiser Konstantin die große Basilika der Anastasis (Grabeskirche) im Norden des Forums errichten. In frühislamischer Zeit war das einstige Forum das Handelszentrum Jerusalems. Um 1073 gründeten Kaufleute aus der italienischen Stadt Amalfi, die hier ein Kontor unterhielten, das Johanneshospiz, und noch vor der Ankunft der Kreuzfahrer im Jahre 1099 eröffneten die Benediktiner weitere Herbergen. Da den Hospizen meist Hospitäler angeschlossen waren, gaben persische Kaufleute dem Viertel den Namen Muristan (›Hospitalviertel‹). 1099 konstituierte sich im Johanneshospiz der geistliche Orden der Johanniter, auch Hospitaliter genannt. Im Laufe des 17. und 18. Jh. verfiel der Muristan allmählich. 1896 schenkte Sultan Abdulhamid II. die östliche Hälfte des Viertels dem Deutschen Reich und die westliche dem griechisch-orthodoxen Patriarchat.

Das Zentrum des Muristan bildet der Griechische Basar (Suq Aftimos), der um die Jahrhundertwende als geschlossenes Geschäftsviertel errichtet wurde. Vier von monumentalen Toren begrenzte Ladenstraßen treffen sich in der Mitte bei einem Brunnen. Im 12. Jh. stand hier ein Hospiz der Benediktinerinnen mit der Kirche St. Maria Magna. In der Südwestecke des Muristan erhebt sich, an ihrer silbern leuchtenden Kuppel weithin erkennbar, die griechisch-orthodoxe **Kirche Johannes des Täufers (35),** die im 11. Jh. von italienischen Kaufleuten über einer byzantinischen Kirche (5. Jh.) erbaut und im 12. Jh. von den Kreuzfahrern erneuert wurde. Die Unterkirche entstand im 5. Jh. und gilt als die älteste erhaltene Kirche Jerusalems. Sie ist ein Dreikonchenbau; der Haupteingang im Westen führt durch einen breiten Narthex; Nebeneingänge befanden sich in der Nord- und Südkonche. In der Ostkonche steht der Altar. In der mittelalterlichen Oberkirche setzte sich die seltene Dreikonchen-Bauweise fort; eine schöne Ikonostase schmückt den Innenraum.

Die deutsch-lutherische **Erlöserkirche (36)** steht an der Stelle der Santa Maria Latina Karls des Großen (im 9. Jh. hatte der Kalif Harun al-Raschid dem befreundeten Kaiser den Bau einer Kirche und eines Pilgerhospizes erlaubt). Die Erlöserkirche wurde 1898 in Gegenwart Wilhelm II. geweiht (Sultan Abdulhamid II. hatte das Grundstück 1868 dem Kronprinzen Friedrich Wilhelm von Preußen geschenkt). Die Erlöserkirche ist eine dreiapsidiale Basilika; das prachtvolle, mit Tierkreissymbolen geschmückte Nordtor sowie fränkische Säulen und Kapitelle wurden liebevoll integriert. Beachtenswert ist der restaurierte mittelalterliche Kreuzgang (11. und 13. Jh.) unter der lutherischen Propstei. Vom 50 m hohen Glockenturm bietet sich ein großartiger Rundblick über die Altstadt bis zum Ölberg, auf den Muristan und auf die Grabeskirche. Im Bereich des russisch-orthodoxen Alexanderhospizes (1896) fanden Ausgrabungen statt, die ein inzwischen rekonstruiertes Tor der hadrianischen Aelia Capitolina und Reste der Stadtmauer Herodes' des Großen zu Tage förderten.

Die Grabeskirche (s. S. 95) nördlich des Muristan wird von zwei arabischen Gotteshäusern flankiert. Beide entstanden unter Saladin, **el-Khanqa (37)** im Norden zwischen 1187 und 1189 (das Minarett stammt aus dem Jahre 1418) und **el-Omariye (38)** im Süden um 1193 (ihr Minarett erhielt sie in der zweiten Hälfte des 15. Jh.).

Der christliche Pilgerweg durch die Altstadt

Via dolorosa

Am Löwentor (Stephanstor) beginnt die Lion's Gate Road (Rehov Sha'ar HaArayot, Tariq Bab Sitti Marjam). Linker Hand lag einst der Birket Israel, eine 100 000 m³ fassende Zisterne aus herodianischer Zeit, die man vom 13. bis zum 19. Jh. für den Teich Betesda hielt.

Rechts zieht sich das Kloster St. Anna entlang. Eine unscheinbare Tür öffnet sich zur **St. Anna-Kirche (39)** und zum wirklichen **Betesda-Teich (40)**. Die Kirche ist der Geburt Marias geweiht. Hier soll nach christlicher und islamischer Tradition das Haus von Anna und Jojakim, der Eltern der Gottesmutter, gestanden haben. Der Bau zählt zu den besterhaltenen Kreuzfahrerkirchen im Heiligen Land, was seiner fast 700jährigen Verwendung als Moschee zu verdanken ist. Er gilt zugleich als typisches Beispiel sakraler Kreuzfahrerarchitektur – von romanischer Wucht und Strenge mit ersten frühgotischen Einflüssen. Die Annenkirche wurde vor 1150 von der Königin Alda, der Witwe Balduins I., die sich anschließend in das benachbarte Benediktinerinnenkloster zurückzog, erbaut. Nach der Einnahme Jerusalems im Jahre 1187 wandelte Saladin die Kirche in eine Moschee um; das Kloster wurde zur Koranschule. Als Dank für die von Frankreich geleistete Hilfe im Krimkrieg (1854–1856) schenkte Sultan Abdul Medschid I.diese Kirche Napoleon III. Nachdem der französische Architekt C. Mauss den Bau 1863–77 sorgfältig und stilgerecht restauriert hatte, kam er in die Obhut der Weißen Väter, einer katholischen Weltpriestergenossenschaft für die äußere Mission.

Die 34 m lange und 19,5 breite Kirche hat drei Schiffe, die in ein Querschiff mit drei Apsiden münden. Über der Vierung erhebt sich eine 18 m hohe Kuppel. Der bildhauerische Schmuck ist sparsam; er beschränkt sich auf Symbole an den Pfeilern, zu beiden Seiten der Hauptapsis und über den Apsisfenstern. Der in den 50er Jahren entstandene Hochaltar zeigt vorn die Verkündigung, die Kreuzabnahme und die Geburt Christi, an den Seiten Marias Darstellung im Tempel und ihre Erziehung durch ihre Mutter Anna. Im südlichen Seitenschiff führt eine Treppe zur Krypta hinab, die zum größten Teil aus dem Felsen gehauen wurde und als Geburtsstätte der Maria verehrt wird. Die Moslems hatten den Eingang zur Krypta zugemauert, später aber für die christlichen Pilger eine Öffnung herausgebrochen; rechts der Treppe ist sie noch zu sehen. Auf dem Altarbild stellen

Betesda-Teich
1 Nordteich
2 Südteich
3 Trennmauer
4 Byzantinische Kirche
5 Stützbogenpfeiler
6 Kreuzfahrerkirche über Zisterne I
7 Zisterne II
8 Martyrion
9 Asklepios-Heiligtum
10 St. Anna-Kirche
11 Unterirdischer Kanal zum Tempel

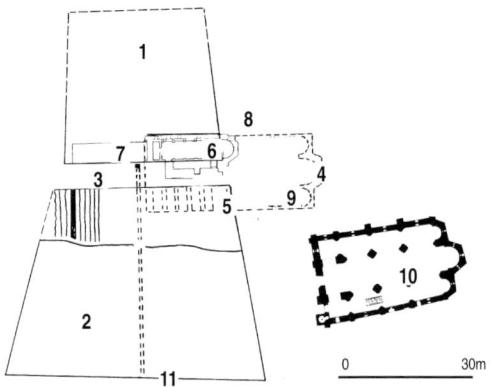

Anna und Jojakim ihr Kind Adam und Eva vor. Über dem Kirchenportal ließ Saladin eine Widmung anbringen. Der Glockenturm in
der rechten Fassadenecke ist bis in Giebelhöhe abgebrochen.

Der Teich Betesda war eine riesige, trapezförmige Doppelzisterne,
im 2. oder 3. Jh. v. Chr. 7–8 m tief in den Felsen gehauen, etwa 120 m
lang und bis zu 60 m breit, mit einer Oberfläche von insgesamt mehr
als 5000 m². Sie sammelte das Regenwasser des Bezetatales und der
umliegenden Abhänge. Man nannte die Zisterne auch Schafteich,
weil hier die Opfertiere zusammengetrieben wurden. Im Zusammen-
hang mit dem Neubau des Tempels ließ Herodes der Große (37–4
v. Chr.) auch die Doppelzisterne prunkvoll ausgestalten. Vier fast 8,5
m hohe Säulenhallen umgaben die Anlage, eine fünfte stand quer
über dem Teich auf der Trennmauer der beiden Zisternen. In der

Ein Detail der Annenkirche

Querhalle versammelten sich die Kranken, weil das Wasser als heilkräftig galt. Das hebräische *bet hesda* bedeutet ›Stätte der Barmherzigkeit‹. Ein raffiniert angelegtes Netz von Kanälen regulierte die Zu- und Ableitung des Wassers, stellte die Verbindung zwischen beiden Zisternen und zum Tempelplatz her und sorgte dafür, daß ein bestimmter Wasserstand nie überschritten wurde. Ein besonderer absperrbarer Kanal zum Kidrontal diente zur Reinigung der Becken. Östlich des Teiches erstreckt sich ein Höhlensystem, das schon in hellenistischer Zeit als Kult- und Heilstätte diente. Die Römer wandelten die Stätte im 2. Jh. n. Chr. in ein Serapis-Heiligtum um und fügten ein oberirdisches Dampfbad hinzu.

Zur Erinnerung an die Heilung des Gelähmten (Joh 5,1–18) bauten die Byzantiner in der ersten Hälfte des 5. Jh. über dem Teich eine 45 m lange und 19 m breite dreischiffige Basilika. Das Mittelschiff ruhte auf einer breiten Trennmauer zwischen den beiden Zisternen, die Seitenschiffe schwebten auf Stützbogenpfeilern über dem Wasser. Ein Pfeiler des südlichen Seitenschiffes ist vollständig erhalten, die anderen sechs wurden weitgehend rekonstruiert. Der östliche Teil der Kirche mit den drei Apsiden erhob sich über dem römischen Heiligtum. Einige byzantinische Säulenstümpfe auf kreuzgeschmückten Postamenten sind noch vorhanden. An die Nordmauer des nördlichen Seitenschiffes lehnte sich eine Reliquienkapelle; ihr Mosaikboden zeigt Kreuzornamente, die sich aus geometrischen Kreisfiguren zusammensetzen. Die Basilika fiel 614 den Persern zum Opfer, wurde aber vom Abt Modestus sofort wieder aufgebaut. Diese zweite Kirche, die neben dem Heilungswunder auch der Geburt Marias geweiht war, wurde von Sultan el-Hakim um 1009 bis auf die Grundmauern zerstört. Die Kreuzfahrer errichteten um die Mitte des 12. Jh. die Kirche St. Anna zum Andenken an die Geburt Marias und über dem Teich eine kleine einschiffige Kirche, den Moustier, zur Erinnerung an die Heilung des Gelähmten. Vom Moustier sind noch die Apsis und das untere Mauerwerk der unscheinbaren Westfassade erhalten. Von der Krypta führt eine Treppe in eine erste Zisterne, die schon die Byzantiner vom Nordteich abgetrennt hatten. Auf die Kreuzfahrer geht auch die sich westlich anschließende zweite Zisterne zurück. Bis auf diese beiden Reservoire wurde der riesige Doppelteich später mit Bauschutt gefüllt und nach und nach überbaut.

Die Lion's Gate Road führt nun durch das Gebiet der einstigen Burg Antonia. An dieser besonders gefährdeten Stelle der Stadt – fast alle Angriffe kamen von Norden – stand schon zur Zeit des ersten Tempels der sogenannte Hanaelturm. Als die Juden aus dem Babylonischen Exil heimkehrten (Ende 6. Jh. v. Chr.) und unter Nehemia Stadt und Tempel wiederaufbauten, wurde auch die Festung neu errichtet. 167 v. Chr. zerstörten die Seleukiden sie und setzten an ihre Stelle die Baris (›Burg‹), die wegen ihrer Lage auf einem Felsrücken auch den Tempel beherrschte. Herodes der Große baute Baris zu einem prächtigen Palast aus, in dem er bis 23 v. Chr. residierte. Er nannte den Bau seinem Gönner Marcus Antonius zu Ehren Antonia.

70 n. Chr. wurde sie von Titus vollständig zerstört. Die Antonia erhob sich auf einem 25 m hohen Felsplateau und bedeckte eine Fläche von etwa 150 m × 90 m. Vier wuchtige Türme verstärkten die Ecken, drei von ihnen waren 25 m hoch, der Südostturm erreichte sogar 35 m. Von diesem Turm aus ließ sich der ganze Tempelplatz überwachen, zwei Treppen führten zum Platz hinunter. Von außen glich die Antonia also einer Festung, innen war sie ein Palast mit Repräsentations- und Wohnräumen, mit Bädern, Kasernen und Arsenalen (Jüd. Krieg V., 5, 8). Die Festung wurde inzwischen ausgiebig archäologisch untersucht.

Auf dem Gelände der Antonia sieht die christliche Tradition seit byzantinischer Zeit die Verurteilung Christi zum Kreuzestod. Hier begann der Weg des Verurteilten.

Die Lion's Gate Road wird nun zur **Via dolorosa,** zum Kreuzweg Jesu. Von den 14 Stationen, deren heutige Standorte zum größten Teil erst um 1540 festgelegt wurden, nennen die Evangelien nur die I., II., V., VIII., X., XI., XII. und XIV., die übrigen kamen im Laufe der Jahrhunderte dazu. Die 14 Stationen sind durch Kapellen, Säulen und Mauerinschriften kenntlich gemacht. Jeden Freitag um 15 Uhr (in den Sommermonaten um 16 Uhr) folgen die Franziskaner mit zahlreichen Gläubigen dem Leidensweg Jesu.

Die **I. Station,** die Verurteilung Jesu (Mt 27,22–26), hat man aus praktischen Erwägungen auf den Hof der **Omariye-Schule (41)**, einer ehemaligen türkischen Kaserne, gelegt. Hier steht heute (nicht zugängliche) Dornenkrönungskapelle der Kreuzfahrer. Dem Schulhof gegenüber erstreckt sich nördlich der Straße das Kloster der Franziskaner mit der Geißelungs- und der Verurteilungskapelle, dem franziskanischen Bibelinstitut und einem beachtenswerten archäologischen Museum. Ein Schild an der Klostermauer weist auf die **II. Station** hin: Jesus nimmt das Kreuz auf (Joh 19,16b–17). Nach damaligem Brauch trug der Verurteilte nur das Querholz, der senkrechte Balken mit dem Sitzpflock war bereits an der Kreuzigungsstätte in den Boden gerammt. Die Geißelungskapelle, ein Kreuzfahrerbau, wurde aufgegeben und verfiel, bis 1838 Ibrahim Pascha den Franziskanern das Ruinengrundstück zurückgab. Herzog Maximilian von Bayern ermöglichte die Wiederherstellung der verfallenen Kapelle, die 1929 nach den Plänen von Antonio Barluzzi im Stil des 12. Jh. neu errichtet wurde. Die drei Fenster zeigen die Geißelung, Pilatus, der sich die Hände wäscht, und den Triumph des amnestierten Mörders Barabbas. Die **Verurteilungskapelle (42)** wurde 1903 auf den Mauern einer älteren Kapelle in der byzantinischen Ära erbaut.

Wenige Meter weiter überspannt der Ecce Homo-Bogen die Via dolorosa. Seinen Namen trägt er seit dem 16. Jh. nach dem Pilatuswort: »Ecce homo« (›Seht, welch ein Mensch!‹ Joh 19,5). Der ursprünglich dreifache Bogen gehörte zum Osttor der hadrianischen Aelia Capitolina (136 n. Chr.). Man sieht heute nur den Mittelbogen; der südliche liegt im heutigen Derwischkloster Ezbekiyeh und ist größtenteils zerstört, der nördliche, noch sehr gut erhaltene wurde in die Ecce Homo-Basilika einbezogen. Der Hauptdurchgang hatte eine lichte Weite von 5,2 m bei einer Höhe von 7,75 m über dem alten Straßenpflaster, das etwa 1,5 m unter dem heutigen Straßenniveau liegt; das gesamte Tor war fast 19 m breit. In den Pfeilernischen standen vermutlich Kaiserstatuen. Über dem Hauptbogen wurde in osmanischer Zeit ein Durchgang mit Fenstern aufgemauert.

Die **Ecce Homo-Basilika (43)** und das zugehörige Kloster Notre Dame de Sion gehen auf eine Gründung des französischen Paters Alfons Maria Ratisbonne zurück, eines 1814 in Straßburg geborenen Juden, der zum katholischen Glauben konvertierte, die Priesterweihe erhielt und den Orden der Schwestern von Sion gründete. 1857 kaufte er das Trümmergrundstück am Hadriansbogen und gab den Neubau in Auftrag. Der Nordbogen des römischen Tores beherrscht heute den Chorraum hinter dem Hochaltar; an der Nordwand sind zwei römische Wachstuben erhalten. Die Krypta zeigt den Lithostrotos, das alte Steinpflaster, das nach der christlichen Tradition dem Hof der Antonia zugeordnet wird: dort hatte Pilatus Jesus verurteilt. Heute weiß man, daß der Hof jüngeren Datums ist (2. Jh.). 1931–37 legte man die etwa 2 m langen, 1,5 m breiten und 0,5 m dicken Kalksteinplatten frei, auf denen noch deutlich die Radspuren der römischen Straße zu erkennen sind; die feinen Querrillen sollten das Ausrutschen der Pferde verhindern. Auf einigen Platten sind Spielfelder eingeritzt, an denen sich die römischen Wachposten der Aelia Capitolina die Zeit vertrieben. Von der Krypta führt eine Treppe zu dem 1870 entdeckten Struthionteich, einer 52 m langen, 14,5 m breiten und zwischen 8 und 13 m tiefen Zisterne aus hellenistischer Zeit. Beim Angriff auf Jerusalem im Jahre 70 n. Chr. ließ Titus durch den Teich einen Damm für die Belagerungsmaschinen aufschütten (Jüd. Krieg V, 11, 4). Unter Hadrian wurde der Teich mit einem Tonnengewölbe abgedeckt. Darüber lag ein Teilstück des berühmten Pflasters, auf dem die Ablaufrinnen für das Regenwasser noch zu sehen sind.

An der Einmündung der Via dolorosa in die Tariq el-Wad, die durch das aufgefüllte Tyropöontal führt, liegt das **Österreichische Pilgerhospiz (44)**, das zwischen 1856 und 1863 erbaut wurde und heute als städtisches Krankenhaus dient. Die Kapelle beim Eingang ist mit den Wappen der Pilger des Habsburgerhauses geschmückt. Das Altarbild von Leopold Kupelwieser zeigt die Heilige Familie auf dem Weg nach Jerusalem, auf dem großen Apsismosaik sind die Heiligen Österreich-Ungarns dargestellt.

Linker Hand steht die kleine Kapelle der **III. Station.** Sie wurde 1947 von der polnischen Gemeinde Jerusalems errichtet. Den unter der Last des Kreuzes zusammenbrechenden Jesus über dem Türsturz gestaltete T. Zieliensky. Bis 1947 befand sich hier der Eingang zum Hamman es-Sultan, einem türkischen Bad; damals markierten die beiden noch vorhandenen Säulen vor der Kapelle die Kreuzwegstation. An der **IV. Station,** wenige Schritte weiter, begegnete Jesus seiner Mutter. Dahinter liegt die armenisch-katholische Kirche der Schmerzen Mariä (1881). Das große Bodenmosaik in der Krypta, in der die Begegnung verehrt wird, stammt aus dem 4.–6. Jh.; vermutlich gehörte es zur byzantinischen Sophienkirche. Die Fußabdrücke im Boden werden Maria zugeschrieben.

Da, wo sich die Via dolorosa nach Westen fortsetzt, befindet sich die **V. Station.** Als das Exekutionskommando sah, daß Jesus nicht mehr imstande war, das Kreuz auf dem steil ansteigenden Treppenweg zu tragen, zwangen die Soldaten kurzerhand einen Passanten, Simon von Zyrene (Kyrene in Libyen), dieses zu übernehmen (Mk 15,21). Die kleine Kapelle errichteten die Franziskaner im Jahre 1881. Die Via dolorosa wird in diesem Abschnitt von mehreren Stützbogen überwölbt; zahlreiche Läden auf beiden Seiten der engen Gasse bieten Souvenirs und Devotionalien an. Schon von weitem kündigt eine zweistöckige Überbauung die **VI. Station** an. Hier trocknete eine mitleidige Frau mit ihrem Kopftuch das blutende und verschwitzte Gesicht Jesu, wobei sich das Antlitz in das Tuch prägte. Das ›Schweißtuch der hl. Veronika‹ kam 707 in den Petersdom nach Rom. Die anmutige Kapelle, die man durch eine schlichte, eisenbeschlagene Holztür betritt, wird von den Kleinen Schwestern Jesu betreut. Der Altar besteht aus zwei roh behauenen Kalksteinblöcken, die die Schrecken des Weges nach Golgota symbolisieren. An der rechten Seite der Kapelle sieht man auch die Reste eines tiefer liegenden Gebäudes, das vermutlich zu einem byzantinischen Kloster (6. Jh.) gehörte; es soll die Stelle des Hauses der Veronika eingenommen haben. An der Kreuzung der Via dolorosa mit der Basarstraße Suq Khan ez-Zeit stürzte Jesus zum zweiten Mal. Daran erinnert die kleine Franziskanerkapelle der **VII. Station,** erbaut im Jahre 1875.

Der Kreuzweg setzt sich in der Straße Aqabat el-Khanka fort. In die Mauer des griechischen Charalamboklosters gegenüber dem Johanniterhospiz ist ein runder Stein eingelassen, auf dem man das Kreuz auf dem Golgotafelsen mit den Schriftzeichen IC XC NIKA erkennen kann. Die Zeichen bedeuten ›Jesous Christos nika‹ (›Jesus Christus siegt‹). Diese **VIII. Station** lag bereits außerhalb der Stadtmauer, unmittelbar vor der Kreuzigungsstätte. Hier sprach Jesus zu den weinenden Frauen. Den Weg zur nahen IX. Station versperrt das griechische Kloster. Also kehrt man zur Basarstraße zurück, folgt ihr wenige Meter in südlicher Richtung bis zu einer Treppe, die rechts zum koptischen Kloster hinaufführt. Links vom Eingang bezeichnet eine Säule die **IX. Station.** Hier, am Fuß des Golgotahügels, stürzte Jesus zum dritten Mal. Die **Stationen X bis XIV** befinden sich in der **Grabeskirche (45).**

»Ihr Frauen von Jerusalem, weint nicht über mich; weint über euch und eure Kinder! Denn es kommen Tage, da … wird man zu den Bergen sagen: Fallt auf uns!, und zu den Hügeln: Deckt uns zu!«
Lk 23, 28–30

Grabeskirche

Die Grabeskirche, auch kurz Anastasis, griechisch für ›Auferstehung‹, genannt, stellt das Hauptheiligtum der Christen dar, das den Golgotafelsen, die Stätte der Kreuzigung, und das leere Grab des Auferstandenen umschließt. Sie ist in dem Häuser- und Gassenge-

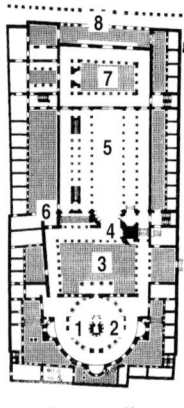

0   40m

Konstantinische
Grabeskirche
1 Heiliges Grab
2 Rotunde
3 Inneres Atrium
4 Golgota
5 Martyrion
6 Gefängnis Christi
7 Äußeres Atrium
8 Propyläen
9 Römischer
   Torbogen

»Im Jahre 326 gab
Konstantin den Befehl,
mit reicher und könig-
licher Pracht einen
Bau zu errichten, um
die hochheilige Stätte
des Todes und der
Auferstehung des
Erlösers dem Blick
und der Verehrung
aller darzubieten.«
Eusebius, † um 399

wirr der Jerusalemer Altstadt trotz ihrer Größe nicht leicht zu finden, und wenn man endlich vor ihr steht, wird man etwas enttäuscht sein, weil man wegen der vielen Anbauten keinen Gesamteindruck von ihrer Schönheit bekommen kann. Fast jede christliche Konfession drängt so nahe wie möglich an Golgota und das Grab, und so entstand im Laufe der Jahrhunderte außerhalb wie innerhalb eine verwirrende Ansammlung von Kapellen, Klöstern und Altären (täglich 5–20 Uhr, oft abweichende Öffnungszeiten!).

Schon in den ersten 100 Jahren nach Jesu Kreuzigung waren der Golgotafelsen und das etwa 40 m davon entfernte Grab Stätten der Verehrung für die wachsende Gemeinde der Judenchristen. Als Kaiser Hadrian bald nach der Niederschlagung des Bar Kochba-Aufstandes im Jahre 136 über dem zerstörten Jerusalem die Colonia Aelia Capitolina gründete, weihte er die neue Stadt seiner Lieblingsgöttin Aphrodite und errichtete für sie am Nordrand des Forums einen großen Tempel, den er bewußt auf die frühchristlichen Heiligtümer setzte, um die Erinnerung an Christus auszulöschen. Eine hohe Terrasse bedeckte das Grab und sogar den ganzen Golgotafelsen, auf der sich der viersäulige Bau der Göttin erhob; die Cella des Tempels dürfte genau über dem Grab gelegen haben. Dieser künstlichen Terrasse ist es zu verdanken, daß die beiden Stätten erhalten blieben. Knapp 200 Jahre später, im Jahre 313, ließ Konstantin der Große mit dem Toleranzedikt von Mailand das Christentum zu. Dieser Bau sollte nach den Plänen seines syrischen Architekten Zenobios genau an der Stelle des Aphroditetempels erstehen, da die Lage der beiden christlichen Heiligtümer offenbar noch immer bekannt war. Noch im selben Jahr begannen die Abbrucharbeiten; alles, was zum Tempel gehörte, wurde fortgeschafft. Dabei kamen der Golgotafelsen und das Grab wieder zum Vorschein. Der Monumentalbau Konstantins hatte insgesamt eine Länge von 150 m und eine Breite von 75 m; er bedeckte damit ziemlich genau die Fläche, die zuvor der Aphroditetempel eingenommen hatte. Die Grabeskirche bestand im wesentlichen aus drei Teilen: dem Martyrion, einer fünfschiffigen Basilika, dem inneren Atrium mit dem Golgotafelsen und schließlich der Rundkirche der Anastasis mit dem Grab Jesu. Die im Jahre 336 geweihte Grabeskirche, deren Baustil die Byzantiner von den Römern übernommen und vervollkommnet hatten, übte einen entscheidenden Einfluß auf die Entwicklung der christlichen Basilika und auch auf die frühen Bauten des Islam, z. B. den Felsendom, aus.

Bei der Eroberung Jerusalems durch die Perser im Jahre 614 ging die Grabeskirche in Flammen auf; der Abt Modestus begann wenig später mit dem Neuaufbau der ›Hagios Konstantinos‹, wobei allerdings die alte Pracht wegen fehlender Mittel nicht wiederhergestellt werden konnte. Zwischen Basilika und Grabrotunde lag der offene Heilige Garten mit Golgota und einem Steinmal, das den ›Nabel der Welt‹ bezeichnete. Als der Kalif Omar 638 Jerusalem besetzte, beließ er den Christen das Heiligtum. In den folgenden Jahrhunderten verfiel der Bau jedoch, und 969 steckten ihn moslemische Truppen in

Brand, wobei die Kuppel einstürzte. Bis 984 war die Rotunde notdürftig wiederhergestellt. 1009 ließ der Kalif el-Hakim die Kirche
zerstören; sogar das Felsengrab wurde fast vollständig abgebrochen.
Um 1048 erstand auf Veranlassung des Patriarchen Nikephoros eine
neue Grabrotunde; das Martyrion Konstantins des Großen blieb
jedoch eine Ruine.

Als die Kreuzfahrer 1099 Jerusalem eroberten, sahen sie an der
Stätte der Anastasis nur noch bescheidene Bauten. Sie errichteten
(1140–49) einen monumentalen Neubau, der den Golgotafelsen und
das Grab unter einem Dach vereinigte. Am 50. Jahrestag der Eroberung Jerusalems (15. Juli 1149) wurde die neue Grabeskirche geweiht
und der Obhut der Augustinermönche anvertraut. Saladin, der nach
der Schlacht bei Hattin (1187) ganz Palästina in Besitz genommen
hatte, schonte das Heiligtum. Er verrichtete sein Gebet außerhalb
der Stätte, damit keiner seiner Untertanen und Nachfolger auf den
Gedanken käme, sie in eine Moschee umzuwandeln. Für 40 000
Goldbyzantiner überließ er die Kirche schließlich den syrischen
Christen. 1228 gelang es Friedrich II., die wichtigsten christlichen
Stätten des Landes durch Vertrag zurückzugewinnen.

Die Kreuzfahrerkirche überstand die folgenden Jahrhunderte
ohne wesentliche Schäden, bis Anfang des 19. Jh. ein Feuer die

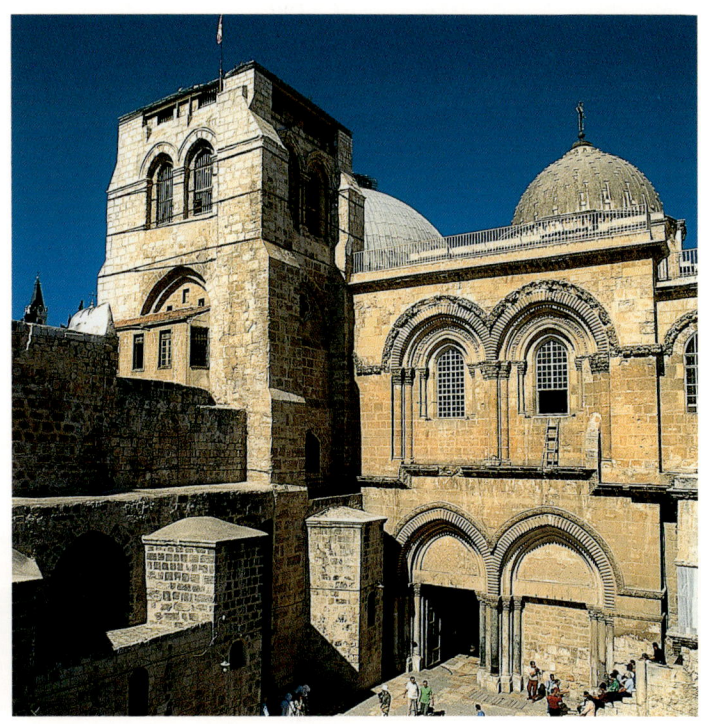

Vorhof und Eingang
zur Grabeskirche

97

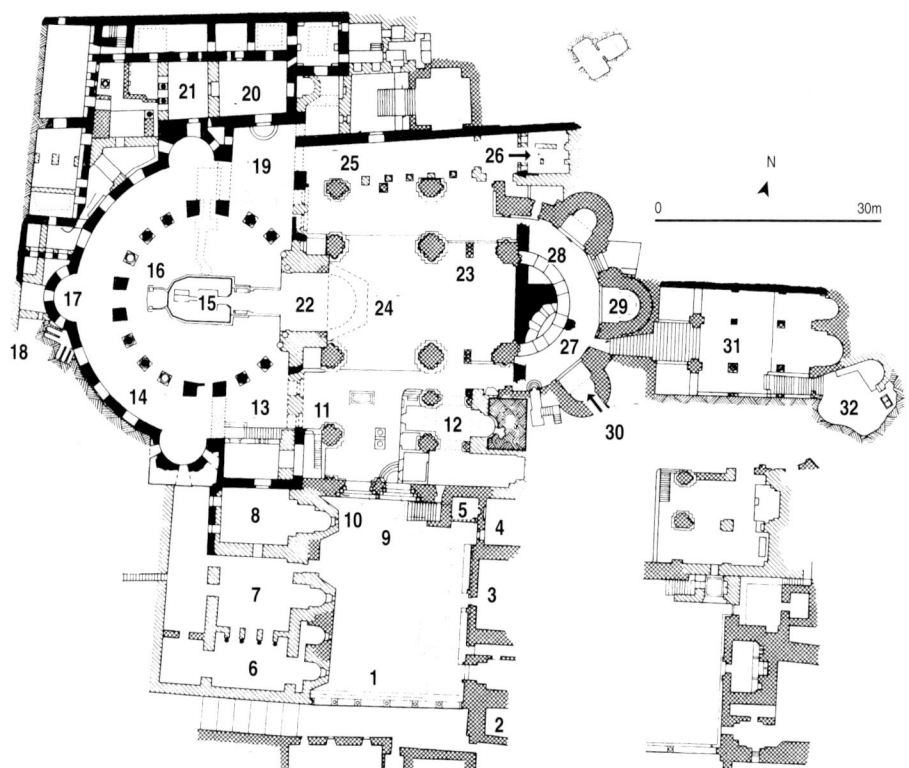

N

0   30m

Heutige Grabeskirche
1 *Vorhof*
2 *Abrahamskloster*
3 *Johanneskapelle*
4 *Michaelskapelle*
5 *Frankenkapelle*
   (Kapelle der
   Schmerzen);
   darunter Kapelle
   der Maria von
   Ägypten
6 *Jakobuskapelle*
7 *Johannes- und*
   Magdalenen-
   kapelle
8 *Kapelle der Vier-*
   zig Märtyrer; dar-
   über Glockenturm

Grabrotunde vernichtete. Zum fünften Mal wurde der konstantinische Rundbau auf den schweren, alten Mauern neu errichtet. Leider
gingen dabei die Schönheiten des spätromanischen Baus verloren;
die großartigen Ornamente der Kreuzfahrerarchitektur verschwan-
den hinter dickem Zement, eine üppige Vielfalt geschmackloser Zu-
taten entstellte das Kircheninnere.

Schon 1869 mußte die Kuppel durch eine Eisenkonstruktion ersetzt werden. Das Erdbeben des Jahres 1927 verursachte erneut erhebliche Schäden, und beinahe wäre auch die Eisenkuppel eingestürzt. Da sich die drei Haupteigentümer der Kirche, die Lateiner, die
Griechen und die Armenier nicht über die Art der notwendigen Aus-
besserungen einigen konnten, ließ die britische Mandatsverwaltung
1938 die gefährdetsten Teile des Bauwerks, darunter das Portal,
durch Eisen- und Holzgerüste sichern. 1959 kam es endlich zu einer
Verständigung, und seit 1961 wird die Grabeskirche gründlich restauriert, wobei allmählich wieder die strenge Schönheit des Kreuzfahrerbaus zutage tritt. Die Arbeiten werden noch mehrere Jahre an-
dauern.

Besitzverhältnisse in der Grabeskirche

Es ist durchaus verständlich, daß die vielen christlichen Konfessionen jeweils einen möglichst großen Anteil an dem wichtigsten Heiligtum der Christenheit haben möchten, um in der Nähe der Kreuzigungsstätte und des Grabes Jesu ihre Liturgie feiern zu können. In der Vergangenheit veränderten sich die Besitzverhältnisse immer wieder, wobei es häufig zu heftigen Streitigkeiten kam. Deshalb erließ die türkische Regierung im Jahre 1852 das Gesetz des Status quo, das die damals herrschenden Besitzverhältnisse festschrieb. Diese Regelung, die die Lateiner den Griechen gegenüber benachteiligt, hat auch der Staat Israel übernommen: Die Grabeskirche als Bauwerk ist gemeinsamer Besitz der Griechen, Armenier und Lateiner; den Kopten, Syrern und Äthiopiern gehören lediglich einzelne Kapellen bzw. Bereiche. Simultane Stätten der Griechen, Armenier und Lateiner sind die Rotunde mit der Grabkapelle und der Salbungsstein. Das Gesetz des Status quo betrifft auch die Liturgiefeiern, deren Beginn und Ende genau festgelegt wurden, um Störungen zu vermeiden. Neue Feierlichkeiten dürfen nicht mehr eingeführt werden. Zu den Griechisch-Orthodoxen zählen übrigens nur die Gruppen, die den vier alten orientalischen Patriarchaten Konstantinopel, Alexandrien, Antiochien und Jerusalem unterstehen, nicht dagegen z. B. die russischen und bulgarischen Orthodoxen.

Rundgang durch die Grabeskirche

Wer die Grabeskirche zum ersten Mal betritt, wird sich in dem Labyrinth von über- und aneinandergebauten Kirchen und Kapellen kaum zurechtfinden, wird entsetzt sein über das scheinbare Chaos von Altären, Ampeln und Ikonen. Erst allmählich offenbaren sich Schönheit und Reife des traditionsreichen Baus. Vor dem Hauptportal der Grabeskirche liegt ein gepflasterter Vorhof (12. Jh.); ein Bogengang, von dem noch einige Säulenstümpfe stehen, begrenzte ihn nach Süden. Die Westseite nehmen drei griechische Kapellen ein (die des Jakobus, die von Johannes und Magdalena und die der Vierzig Märtyrer), die Ostseite das griechische Abrahamskloster, die Johanneskapelle der Armenier und die koptische Michaelskapelle. Von der Michaelskapelle aus besteht eine Verbindung zum äthiopischen Kloster auf dem Dach der Helenakapelle. Die 19,5 m hohe Südfassade mit dem Hauptportal ist der architektonisch reizvollste äußere Teil der sonst nahezu schmucklosen Kirche. Sie gehört zum Kreuzfahrerbau, der im 12. Jh., also in der Übergangsphase von der Romanik zur Gotik, entstand. Das mit leichten Spitzbogen, Friesen und Gesimsen versehene Doppeltor wurde offensichtlich dem Goldenen Tor des Tempelberges nachempfunden. Schlanke Marmorsäulen mit Kapitellen im byzantinischen Stil flankieren die Tore in abgetreppter Stellung. Die vorgezogenen Stürze waren mit Reliefs geschmückt, die Szenen aus den letzten Wochen des Lebens Jesu zeigen und heute im Rockefeller-Museum aufbewahrt werden: Auferweckung des Lazarus, Vorbereitung des Pessahmahls, Einzug in

9   Epitaph des Philippe d'Aubigny
10 Hauptportal
11 Salbungsstein
12 Adamskapelle; darüber Golgotakapelle mit Altar der Kreuzannagelung, Stabat Mater-Altar und Kreuzigungsaltar
13 Platz der Drei Marien
14 Grabrotunde
15 Grabkapelle mit Engelskapelle und heiligem Grab
16 Kapelle der Kopten
17 Kapelle der Jakobiten
18 Grab des Josef von Arimatäa
19 Aula der Maria Magdalena
20 Erscheinungskapelle
21 Franziskanerkloster
22 Kaiserbogen
23 Katholikon
24 ›Nabel der Welt‹
25 Bogengang der hl. Jungfrau
26 ›Gefängnis Christi‹
27 Chorumgang
28 Kapelle des hl. Longinus
29 Kapelle der Kleiderverteilung
30 Verspottungskapelle
31 Helenakapelle
32 Grotte der Kreuzauffindung

99

*»Sie [Josef von Ari-
matäa und Nikode-
mus] nahmen den
Leichnam Jesu und
umwickelten ihn mit
Leinenbinden, zusam-
men mit den wohlrie-
chenden Salben, wie
es beim jüdischen
Begräbnis Sitte ist.«
Joh 19,40*

Jerusalem, Abendmahl. Die Mosaike in dem Halbrund über den Stürzen sind verschwunden. Das rechte Portal ließ Saladin zumauern, das linke ist seit 1244 zwei Jerusalemer Moslemfamilien anvertraut, die früher von jedem christlichen Pilger eine Eintrittsgebühr verlangten; einen gewissen Teil davon hatten sie an den Sultan abzuführen, der davon die notwendigsten Instandsetzungen finanzierte. Seit 1832 entrichten die drei Konfessionen pauschale Tagesgebühren an die beiden Familien, die noch heute das Schlüsselprivileg besitzen. Ein üppig ornamentiertes korinthisches Konsolengesims, das zu dem Vorgängerbau der Kreuzfahrerkirche gehört, trennt das Doppelportal von den beiden darüberliegenden Fenstern der Empore, die unter romanischen Rundbogen leichte Spitzbogen aufweisen. Um die Fassade höher als das dahinter liegende südliche Seitenschiff erscheinen zu lassen, haben die fränkischen Baumeister die Fassade durch einen Vorbau um 1,7 m erhöht.

Links von der Fassade erhebt sich über der Märtyrerkapelle der mächtige Glockenturm der Kreuzfahrerkirche, der ursprünglich drei Geschosse höher als heute war. 1545 brachte ein Erdbeben die beiden obersten Stockwerke mit der Turmkuppel zum Einsturz, 1620 wurde ein weiteres Stockwerk abgetragen. Einen Wiederaufbau hatte die türkische Regierung nicht gestattet. Erst 1719 erhielt er ein Ziegeldach, um ihn vor weiterem Verfall zu schützen. Rechts von der Fassade führt eine Treppe zur Frankenkapelle empor, die in der Kreuzfahrerzeit direkt vor der Kreuzigungsstätte lag. 1187 ließ Saladin den Zugang zumauern. Heute gehört die Frankenkapelle den Franziskanern; darunter liegt die aus dem Jahre 373 stammende griechisch-orthodoxe Kapelle der Maria von Ägypten.

Vom Hauptportal der Grabeskirche gelangt man durch das südliche Nebenschiff in das Querschiff, das den Golgotafelsen im Osten mit der Grabrotunde im Westen verbindet. Seit 1810 blickt der Besucher auf den Salbungsstein, eine rötliche Kalksteinplatte. Die Griechisch-Orthodoxen verehren hier die XIII. Station, bei der Jesu Leichnam in den Schoß der Mutter gelegt wurde. An der Wand hinter dem Salbungsstein sind zwei große Mosaike zu sehen: rechts die Kreuzabnahme, links die Grablegung. Rechts erhebt sich das zweistöckige Heiligtum von Golgota, dessen heutige bauliche Gestalt aus dem Jahre 1810 stammt.

Wie Ausgrabungen südlich und östlich der Grabeskirche bestätigen, lag Golgota außerhalb der Stadtmauern, denn nach damaligem Recht durfte niemand innerhalb der Stadt hingerichtet oder beigesetzt werden. Von dem Felsen, der schon im 4. Jh. stark behauen und mit einer Kapelle überbaut war, ist noch ein kleines Stück neben der Nordtreppe zu sehen. 15 Stufen führen hinauf zur 11,45 m langen und 9,25 m breiten Golgotakapelle, auch Kalvaria (lateinisch für ›Schädel‹) oder Kalvarienberg genannt, die, über den restlichen Felsen hinausragend, auf zwei Pfeilern ruht. Zwei Säulen teilen sie in zwei Bereiche, von denen der südliche den Lateinern, der nördliche den Griechen gehört. Auf Golgota gedenken die Gläubigen der X.

*Das aramäische Wort
golgota bedeutet
›Schädel‹ – allerdings
ein Hinweis auf die
Form des Felsens und
nicht im Sinne von
Hinrichtungsstätte*

Station (Jesus wird seiner Kleider beraubt), der XI. Station (Jesus wird an das Kreuz genagelt) und der XII. Station (Jesus stirbt am Kreuz), die Katholiken auch der XIII. Station (Jesu Leichnam wird in der Mutter Schoß gelegt).

Unter der Golgotakapelle liegt die griechisch-orthodoxe Adams-kapelle (7. Jh.). Hier soll nach einer jüdischen Überlieferung im Innern des Felsens Adam ruhen. Durch den Spalt, der in der Apsis unter einer Glasscheibe zu sehen ist, rann das Blut Jesu auf sein Haupt, um ihn von der Paradiessünde zu reinigen. ›Adam‹ kann aber auch die gesamte Menschheit bedeuten, die durch den Kreuzestod Jesu erlöst wurde, denn im Griechischen bilden die Anfangsbuchstaben der vier Weltgegenden (Anatole = Osten, Dysis = Westen, Arktos = Norden, Mesembria = Süden) das Wort ADAM. Die beiden Bänke vor dem Eingang der Kapelle erinnern an die Grabstätten der ersten christlichen Herrscher im Heiligen Land, Gottfried von Bouillon († 1100) und Balduin I. († 1118). Die Gebeine wurden schon im 13. Jh. entfernt.

Wendet man sich vom Salbungsstein nach Westen, so kommt man zum Platz der Drei Marien, wo die Armenier mit einem großen Kerzenständer über einem runden Stein der Frauen gedenken, die der Kreuzigung »von weitem« zusahen (Mk 15,40). Ein modernes Wandmosaik zeigt Maria und Johannes unter dem gekreuzigten Jesus. Hier steht man bereits in der mächtigen Grabrotunde, deren Unterbau bis zur Höhe von etwa 10 m der Kirche Konstantins zuzuordnen ist. Das darüberliegende Mauerwerk stammt aus dem 11. Jh. Bei der Rotunde handelt es sich um keinen echten Rundbau, sondern eher um eine riesige halbrunde Apsis mit einem Durchmesser von 33,7 m, in die drei kleinere Apsiden eingefügt sind. Die etwa 50 m hohe schwarze Kuppel mit dem vergoldeten Kreuz ruht auf einem Säulenkreis von etwa 19,6 m Durchmesser; sie hatte in konstantinischer Zeit wie das Pantheon in Rom ein ›offenes Auge‹. Das Regenwasser floß durch einen Gully in eine Zisterne ab. Die Kreuzfahrerrotunde war von einer Holzkuppel in der Form eines oben offenen Kegelstumpfes gekrönt; erst 1863 ersetzte man sie durch die heutige geschlossene Eisenkonstruktion.

In der Mitte der Rotunde steht die 8,3 m lange, 5,9 m breite und 5,9 m hohe Grabkapelle, die XIV. Station des Kreuzweges, die Stätte des Grabes und der Auferstehung Christi. Sie wurde 1810 im türkischen Rokokostil erbaut. Auf dem flachen, von Balustraden umgebenen Dach erhebt sich ein kleiner Phantasiepavillon. Wir erinnern uns: Josef aus Arimatäa, ein heimlicher Anhänger Jesu, erbat von Pilatus den Leichnam und bestattete ihn in dem neuen Grab, »das er für sich selbst in einen Felsen hatte hauen lassen« und das in dem Garten lag, in dem man Jesus gekreuzigt hatte (Mt 27,57–60; Joh 19,38–41). Dieses Felsengrab neben dem Steinbruch Golgota ist nur noch schwer vorstellbar: Ein offener Treppenzugang führte damals zum Eingang, der nach der Bestattung mit einem Rollstein verschlossen wurde. Hinter einem Vorraum mit Sitzbänken lag die eigentliche

Zahlreiche Ampeln schmücken die Grabeskirche

Grabkammer mit dem Bankgrab. Konstantins Architekt Zenobios ließ den Felsen rings um die Grabkammer, auch den Vorraum, abschlagen und bedeckte den stehengebliebenen Grabfelsen mit einem gold- und silberbelegten polygonalen Ziborium. Der Platz des Vorraumes war von Schranken umgeben, vor dem Eingang stand ein Altar. 1009 befahl der Kalif el-Hakim, den Grabfelsen wegzubrechen; dabei ging auch der größte Teil der Grabbank verloren. Beim Neubau der Grabrotunde im Jahre 1048 wurde das Grab durch dickes Mauerwerk ersetzt, das zugleich auch den zur Zeit Jesu üblichen Vorraum mit umschloß. Diese Mauerung bildet noch heute den Kern der Grabkapelle.

»Er ist nicht hier, sondern er ist auferstanden.«
Lk 24,6

Über dem Kapellenportal hängen in vier Reihen zahlreiche Ampeln. Das von schweren Leuchtern flankierte Portal bleibt immer geöffnet, ausgenommen in der Zeit von Karfreitagnachmittag bis zur Osternacht. Dieser Vorraum wird Engelskapelle genannt. In der Mitte der Kapelle steht ein Marmorschrein, der ein Stück jenes Rollsteines enthalten soll, der das Grab Jesu verschloß. Ein schmaler, niedriger Durchgang führt zur 2,07 m langen und 1,93 m breiten Grabkammer, der wohl kleinsten Kapelle der Christenheit. Rechts sieht man die mit Marmor verkleidete Grabbank, auf der der Leichnam Jesu bis zur Osternacht ruhte. Um 23.30 Uhr zelebrieren die orthodoxen Griechen in der Grabkapelle einen Gottesdienst, um 2.30 Uhr die Armenier und um 6.30 Uhr (sonntags um 5.30 Uhr) die Katholiken. An der Rückwand der Kapelle besitzen die Kopten seit dem 15. Jh. eine eigene bescheidene Andachtsstätte, von der aus sogar noch ein Stück des Grabfelsens zu sehen ist.

Die kleine Westapsis der Rotunde bildet eine Kapelle der Jakobiten, einer syrischen Glaubensgemeinschaft. Eine niedrige Tür führt zum sogenannten Grab des Josef von Arimatäa, einem jüdischen Familiengrab aus der Zeit Jesu, das beim Bau der Rotunde größtenteils zerstört wurde. Von den dreimal drei Schiebestollen (Kokim) sind nur noch zwei vollständig erhalten. Nördlich des Säulenkreises befindet sich die Aula der Maria Magdalena, der treuesten und fürsorglichsten Begleiterin Jesu auf allen seinen Reisen. Hier, in der Nähe des Grabes, sah sie als erste den Auferstandenen, den sie zunächst für einen Gärtner hielt (Joh 20,11–18). Das Altarbild eines kubanischen Malers (1855) beschreibt dieses Zusammentreffen. Der Altar gehört den Lateinern. Hinter der Aula liegt die Erscheinungskapelle, die Hauptkapelle der Franziskaner, die der Wiederbegegnung des Auferstandenen mit seiner Mutter geweiht ist und ursprünglich die Sakristei der konstantinischen Anastasis war. Das Barockrelief über dem Altar zeigt den auferstandenen Jesus; der Säulenstumpf aus Porphyr gilt seit Jahrhunderten als Geißelungssäule Christi. Die Erscheinungskapelle grenzt an das Franziskanerkloster, das sich im Norden und Westen an die Grabeskirche lehnt. Seit 1336 wirken sie hier als Wächter des Heiligen Grabes.

1810 teilten die orthodoxen Griechen das Katholikon, ihre Hauptkirche, durch hohe Wände von den Armen des Querschiffes und den

Die äthiopischen Christen haben auf dem Dach der Grabes-kirche ein kleines Kloster eingerichtet

Seitenschiffen ab. Man betritt es durch den Kaiserbogen. Eine riesi-ge Ikonostase steht vor dem Hauptaltar. Ein Marmorgefäß mitten unter der kuppelüberwölbten Vierung wird als Nabel der Welt be-zeichnet, eine Tradition, die bis in das Jahr 628 zurückreicht. Der Kuppeltambour zeigt innen 16 von Säulen flankierte Nischen, von denen acht mit Fenstern versehen sind. Nördlich des Katholikon kommt man am Bogengang der hl. Jungfrau vorbei. Er geht auf die Säulenhalle des konstantinischen Atriums zurück; einige Säulen stammen aus dem byzantinischen Bau, andere wurden beim Wieder-aufbau des Jahres 1048 aus alten Bauteilen zusammengefügt oder durch Pfeiler ersetzt; ein einzelnes herrliches Kapitell der Kreuzfah-rerzeit ist noch vorhanden. Am Ende des Ganges stößt man auf das sogenannte Gefängnis Christi aus byzantinischer Zeit. Südlich da-von erreicht man den tunnelartigen Chorumgang der Kreuzfahrer-kirche mit drei apsidenförmigen Kapellen.

Zwischen der Kapelle der Kleiderverteilung und der dritten, der griechischen Verspottungskapelle, führt eine Treppe in die unterirdi-sche Helenakapelle der Armenier hinab. Helena heiratete Constan-tius, und als dieser zum Kaiser avancierte, mußte er aus politischen Gründen Theodora, die Tochter des Kaisers Maximian, ehelichen. Konstantin, Sohn des Constantius und der Helena, erkämpfte sich den Purpur des Augustus (Kaisers) und erhob seine Mutter zur Kai-serin. Helena förderte den Bau von Kirchen und rief zu Pilgerfahrten ins Heilige Land auf. Nach der Legende soll sie im Jahre 326 das Kreuz Christi gefunden haben. Nach ihrem Tode um 330 wurde sie heilig gesprochen. Die rund 25 m lange und 13 m breite, 5 m tief aus dem Felsen gehauene Kapelle war die Krypta des konstantinischen Martyrions. Vier monolithische Säulen verschiedenen Umfangs und Materials tragen das mittelalterliche Gewölbe und die Kuppel des

*Der Heilige Rock, das
ungenähte Gewand,
das Christus auf dem
Weg zum Kreuz trug,
wird in mehreren
Städten verehrt, so in
Rom, Istanbul und Ar-
genteuil. Um das Jahr
1100 entstand die Le-
gende, daß die Kaise-
rin Helena das Ge-
wand zusammen mit
anderen Reliquien
dem Bischof Agritius
von Trier geschenkt
habe. 1512 zeigte der
Trierer Dom erstmals
den Heiligen Rock.
1844 sahen über eine
Million Wallfahrer das
Gewand, das mehrere
Wunder bewirkt haben
soll. 1891, 1959 und
1996 fanden weitere
Ausstellungen der
Reliquie statt. Heute
weiß man allerdings,
daß das Gewand erst
im 4. Jh. gewebt
wurde.*

Mittelfeldes, die im 13. Jh. errichtet wurde und auf einem vierfenste-
rigen Tambour ruht. Säulen und Kapitelle, 1048 hier aufgestellt,
stammen vermutlich aus dem byzantinischen Martyrion. Zwei starke
Pfeiler zu beiden Seiten der Treppe grenzen einen 4,5 m breiten Narthex ab. Der Hochaltar in der Hauptapsis ist der Kaiserin geweiht.

Im südlichen Seitenschiff der Helenakapelle führt eine Treppe in
die Grotte der Kreuzauffindung hinab, die von den Lateinern betreut
wird. Sie gehörte zu einem uralten Steinbruch, diente lange Zeit als
Zisterne und war seit dem 4. Jh. eine heilige Stätte, nachdem dort
Helena das Kreuz Christi gefunden haben soll. Möglich ist es schon,
daß die Kreuze, zumindest die Querbalken, bis zur nächsten Hinrichtung in einer wettergeschützten Höhle des Steinbruchs aufbewahrt wurden. Das inzwischen stark verrottete Holz zerlegten die
Byzantiner in mehrere Stücke, die nach Rom und Konstantinopel
kamen; Splitter davon gingen an Kirchen und Gläubige in aller Welt.
Im Jahre 614 erbeuteten die Perser das heilige Holz, wurden aber
von Kaiser Herakleios zur Herausgabe der kostbaren Reliquie, die
am 14. September 629 in die Grabeskirche zurückkehrte, gezwungen. In der Schlacht von Hattin führte der Bischof von Akko die
Kreuzreliquie mit sich; er fiel, und sie geriet in die Hände Saladins,
der sie einige Jahre später wieder an die Grabeskirche zurückgab.
Alljährlich am 7. Mai wird das Fest der Kreuzauffindung gefeiert.

Über der Helenakapelle befand sich das Chorherrenstift der Augu-
stiner, die 1149 als Hüter der Grabeskirche eingesetzt worden waren.
In den Ruinen dieses Stifts richteten die seit 386 in Jerusalem lebenden Äthiopier ihr Kloster Deir es-Sultan ein. Hier leben die Mönche
noch heute in ärmlichen Quartieren, hier haben sie eine Kapelle, deren farbige Wandbilder von der sagenhaften Begegnung der Königin
von Saba mit König Salomo berichten. 1970 entschied der Staat Israel, daß sie auf dem Dach der Helenakapelle bleiben dürfen. Eine
zweite Kapelle der Äthiopier gedenkt der Verteilung der Kleider Jesu
nach der Kreuzigung. Nach römischem Recht standen die Kleider
dem Hinrichtungskommando zu. Da die Soldaten das Gewand Jesu
aber nicht zerschneiden wollten, würfelten sie darum (Joh 19,
23–24).

Tempelberg

Der Tempelberg (arabisch Haram esh-Sharif, ›Erhabenes Heiligtum‹) ist eines der wichtigsten touristischen Ziele Jerusalems. Hier
befinden sich der einzigartige Felsendom – das goldgleißende Wahrzeichen der Heiligen Stadt über dem Altar Abrahams und Davids,
von dem aus Mohammed seine Himmelsreise antrat – und die ehrwürdige Aqsa-Moschee, hier stand rund tausend Jahre lang der Tempel der Juden, hier finden sich zahlreiche Spuren Jesu. Nirgendwo
sonst sind die drei Religionen auf so engem Raum miteinander verbunden.

Geschichte

Nach jüdischer und auch islamischer Überlieferung war es der Berg Morija, der heutige Tempelberg, auf dem Abraham seinen einzigen Sohn Isaak Gott als Opfer darbringen sollte. Gott aber lehnte das Opfer ab (Gen 22). Nachdem König David (um 1004–968) die Stämme Israels geeint und die Philister aus dem Land gejagt hatte, eroberte er das jebusitische Jerusalem, um es zum Mittelpunkt seines Reiches zu machen. Als dann eine Pestepidemie, die im Lande 70 000 Menschenleben forderte, Jerusalem verschonte, sagte der Prophet Gad zu David: »Geh hinauf und errichte dem Herrn auf der Tenne des Jebusiters Arauna einen Altar!« (2 Sam 24, 18). David kaufte dem Jebusiterkönig Arauna den Hügel Morija für 50 Silberschekel ab und errichtete auf der Tenne, dem Felsklotz unter dem heutigen Felsendom, wo sich vermutlich ein altes kanaanitisches Höhenheiligtum befand, einen Altar. Dann holte David die Bundeslade von Qirjat Jearim nach Jerusalem. Es handelte sich dabei um eine mit Tragstangen versehene Truhe aus Akazienholz, in der die beiden Gesetzestafeln des Berges Sinai, der Stab Aarons, des Bruders von Mose und ersten Hohepriesters Israels, und das Manna verwahrt wurden. Von diesem ›Himmelsbrot‹ ernährten sich die Israeliten auf ihrem Zug durch die Wüste Sinai (Ex 16). Als man bei Jericho den Jordan überschritt, stoppte die Bundeslade den Lauf des Wassers. Später stand sie in Gilgal, in Bet El und schließlich in Schillo. Um das Jahr 1050 v. Chr. geriet sie in der Schlacht bei Eben-Ezer in die Hände der Philister, die sie aber bald wieder zurückgaben, nachdem in jeder Stadt, in der sie die Lade aufstellten, eine Epidemie ausbrach.

Mit der Bundeslade wollte König David Jerusalem auch zum religiösen Zentrum Israels machen. In dem Zelt, das er »für sie aufgestellt hatte, setzte er sie an ihren Platz in der Mitte des Zeltes und brachte Brand- und Heilsopfer vor Gott dar« (1 Chr 16,1). Wie alle semitischen Nomaden führten auch die Israeliten auf ihren Zügen ein prächtiges Zelt als ›Wohnung‹ ihres Gottes mit sich. Exodus 26 enthält eine genaue Beschreibung dieser Stiftshütte, die an den jeweiligen Lagerstätten aufgebaut wurde und in der dann die Bundeslade ihren Platz fand. Die Hütte war etwa 15 m lang, 5 m breit und 5 m hoch und schon früh trennte man zwischen Heiligem und Allerheiligstem. Sicher baute König David die Stiftshütte vor dem Brandopferaltar auf der Tenne auf und stellte die Bundeslade hinein. Bei den Kanaanitern hatten die Israeliten steinerne Tempel gesehen, und nachdem auch sie seßhaft geworden waren und in Häusern lebten, lag es nahe, für Jahwe ebenfalls ein festes Haus zu errichten. So sagte David zu dem Propheten Natan: »Ich wohne in einem Haus aus Zedernholz, die Lade Gottes aber wohnt in einem Zelt« (2 Sam 7,2). David hatte jedoch so viel Blut vergossen, daß Gott erst von dessen Sohn Salomo den Tempel bauen ließ (1 Chr 28).

König Salomo (um 968–930) bezog den Hügel Morija in seine Stadt mit ein, umgab ihn mit einer Mauer und errichtete zunächst ei-

Manna (von hebräisch man ›Geschenk‹) ist die frucht- und traubenzuckerhaltige Absonderung einer bestimmten Schildlausart, die die im Sinai heimische Manna-Tamariske befällt. Es verhärtet beim Herabtropfen zu gelblich weißen Kügelchen, die die Beduinen von Ende Mai bis Juli frühmorgens einsammeln und als Honigersatz verwenden. In den Jerusalemer Suqs wird hier und da Manna angeboten – doch diese Süßigkeit wird meistens aus dem Saft der Mannaesche oder -flechte gewonnen.

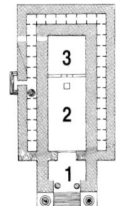

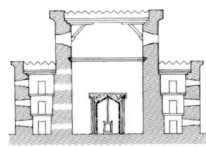

Tempel Salomos
1 Vorhalle
2 Heiligtum
3 Allerheiligstes

nen Palast mit angeschlossenem Wohntrakt für seine Frauen; davon hat man allerdings bis heute nichts gefunden.

Um 964 v. Chr. begann Salomo mit dem Tempelbau. Der phönikische König Hiram von Tyros lieferte Zedern- und Zypressenholz und sandte Baumeister und Künstler. Rund 160 000 Männer sollen sieben Jahre lang am Tempel gebaut haben; da die Moslems auf dem heutigen Tempelberg keine Ausgrabungen dulden, ist die Forschung auf biblische Texte und vergleichbare Bauten angewiesen. Der Langhausbau dürfte einen Grundriß von 31,5 m × 10,5 m gehabt haben; er erhob sich auf einem 3 m hohen Podium und gliederte sich, wie die phönikischen Heiligtümer, in Vorhalle, Heiliges und Allerheiligstes. Im fensterlosen Allerheiligsten mit seinen 2,5 m dicken Mauern stand die Bundeslade. Das Tempeldach bildete eine Terrasse, die von Zedernholzbalken getragen wurde. Fußböden und Innenwände waren mit Zedernholz getäfelt, Flachreliefs von Cherubim, Palmetten und Blumengirlanden schmückten die Wände. Das Ganze war mit Gold ausgelegt. Vor dem Haupteingang im Osten standen zwei etwa

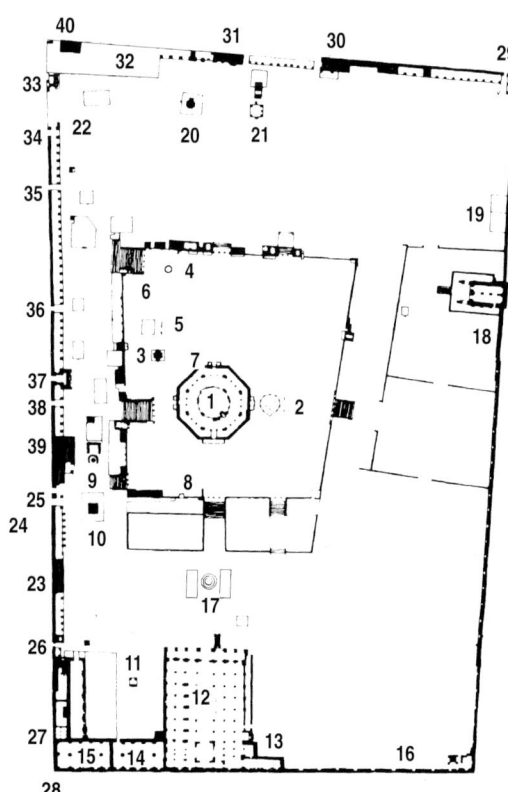

Heutiger Tempelplatz
1 *Felsendom (Qubbet es-Sakhra)*
2 *Kettendom (Qubbet es-Silsileh)*
3 *Himmelfahrtsdom (Qubbet el-Miraj)*
4 *Geisterdom (Qubbet el-Arwah)*
5 *Hebrondom (Qubbet el-Khalil)*
6 *Georgsdom (Qubbet el-Khadr)*
7 *Gebetsnische des Propheten (Mihrab en-Nebi)*
8 *Kanzel des Burhan ed-Din*
9 *Sebil Qait Bey*
10 *Mosesdom (Qubbet Musa)*
11 *Qubbet Jussef*
12 *Aqsa-Moschee*

9 m hohe Bronzesäulen mit einem Durchmesser von 1,9 m und 2,5 m hohen Kapitellen. Die rechte Säule wurde Jachin (›Festigkeit‹), die linke Boas (›Kraft‹) genannt. Später erhielt der Tempel einen dreistöckigen Umbau mit Schatzkammern, Magazinen und Priesterwohnungen. In einem ummauerten Vorhof befanden sich der Brandopferaltar, das ›Eherne Meer‹ und die zehn Kesselwagen. Bei dem ›Ehernen Meer‹ handelte es sich um ein 730 Hektoliter fassendes Wasserbecken (2,2 m hoch und 4,5 m im Durchmesser), das auf den Rücken von zwölf Stieren ruhte. Das Becken selbst glich einer soeben erblühten Lilie. Die Kesselwagen hatten vier Räder und trugen in dem quadratischen Aufbau je einen Bottich zum Abspülen des Opferfleisches. Die gesamte Anlage war aus Bronze. Um seine Tributzahlungen an die Assyrer leisten zu können, entfernte König Ahas im Jahre 734 v. Chr. die Stiere und Teile der Kesselwagen. 587 v. Chr. eroberte Nebukadnezar II. Jerusalem und brachte alles, was wertvoll war, nach Babylon, darunter auch die bronzenen Säulen und sämtliche Kultgeräte.

Fast 70 Jahre lag alles in Trümmern, bis ein aus dem Babylonischen Exil heimgekehrter Jude (ca. 518 v. Chr.) den Tempel nach alten Plänen und an alter Stelle, aber schmuckloser wiederaufbaute. Die Bronzesäulen am Eingang fehlten, ein Vorhang ersetzte die Zedernholzwand zwischen Heiligem und Allerheiligstem. Die Bundeslade, die der Prophet Jeremia vor der Zerstörung des Tempels in einer Höhle auf dem Berg Nebo im Ostjordanland versteckt hatte, blieb verschollen; eine neue wurde nicht aufgestellt. Nach wechselvoller Geschichte wurde das Bauwerk 63 v. Chr. fast völlig zerstört.

Der Tempel des Herodes wird allgemein der Zweite Tempel genannt, obwohl es sich genaugenommen um den dritten Tempel handelte. Herodes der Große befahl, die Anlage wiederaufzubauen. Es sollte ein Prachtbau entstehen, der schönste und größte Tempel, den je ein Herrscher für den Gott seiner Untertanen erbaut hatte. Aber die Juden waren mißtrauisch – wollte der König womöglich das alte Jahwe-Heiligtum abreißen, ohne einen neuen Tempel zu bauen? Deshalb verlangten sie, daß er erst alles Baumaterial bereitstelle und daß nur Priester den heiligen Bau erstellen dürften. Herodes ging auf die Bedingungen ein. Nabatäische Architekten planten den Bau, und im Jahre 19 v. Chr. begannen 1000 eilig zu Steinmetzen, Zimmerleuten und Dekorateuren ausgebildete Priester mit den Arbeiten. Die Maße des Salomonischen Tempels mußten beibehalten werden. Um genügend Platz für die prunkvollen Bauten außerhalb des Tempelbezirkes zu schaffen, ließ Herodes die Fläche des Tempelberges nahezu verdoppeln. Das höhere Gelände im Norden wurde abgetragen und im Süden aufgefüllt, wo zusätzlich gewaltige, bis 38 m hohe Substruktionen für den Ausgleich sorgten. Mächtige Mauern stützten die rund 140 000 m² große, trapezförmige Plattform. Schon im Sommer 18 v. Chr. konnte der Tempel in Anwesenheit des Königs, der für das erste Opfer 300 Rinder stiftete, eingeweiht werden. Für den Bau der Höfe, Hallen und Umfassungsmauern waren weitere

*Sebil Qait Bey
auf dem Tempelberg*

*»Denn über und über
war der Tempel mit
dicken Goldplatten
umhüllt. Und wenn die
Sonne aufging, dann
gab er einen Glanz wie
Feuer von sich, so daß
der Beschauer sein
Auge wie vor den
Strahlen der Sonne
abwenden mußte.«
Jüd. Krieg V, 5,6*

acht Jahre erforderlich, und fertiggestellt war der riesige Bezirk eigentlich erst 64 n. Chr.

Der wie eine Festung ummauerte Tempelberg hatte acht Tore: zwei im Süden, vier im Westen und je eines im Norden und Osten. An der Innenseite der ringsum laufenden, 1550 m langen Mauer führten prächtige, zweischiffige Säulenhallen entlang. Die Südhalle an der Stelle des einstigen Salomopalastes, die Königliche Halle, war besonders kostbar ausgestattet: 162 korinthische Säulen, jede 12,5 m hoch, trugen das herrlich geschnitzte und bemalte Zedernholzdach. Sie bildeten vier Reihen, von denen die hinterste zur Hälfte im Mauerwerk stand. Der Platz zwischen den Hallen und dem eigentlichen Tempelbezirk, der Vorhof der Heiden, hatte ein farbiges Mosaikpflaster. Den etwa 150 m × 120 m großen Tempelbezirk umgab eine Balustrade. Über jeweils 14 Stufen gelangte man zu den neun Toren in der 18 m hohen Temenosmauer. Das riesige Haupttor an der Südseite, das Schöne Tor, öffnete sich zum Vorhof der Frauen, an dessen Wänden die Opferstöcke angebracht waren. Von dort führten 15 halbkreisförmige Stufen durch das Nikanor-Tor in den Vorhof der Männer. Die beiden 25 m hohen und 10 m breiten Torflügel waren mit Gold und Silber belegt. Der Vorhof der Priester mit dem Brandopferaltar lag offen auf einer niedrigen Terrasse. Der Altar auf der Tenne war aus unbehauenen Steinen geschichtet, etwa 15 m × 18 m messend und 7 m hoch.

Zwölf Stufen führten zum Tempel, dessen Fassade 50 m breit und 50 m hoch war, hinauf. Der Eingang maß 35 m in der Höhe und 12 m in der Breite. Vergoldete Metallplatten schmückten die Wände. Die beiden Haupträume waren schmaler und niedriger als die imposante Vorhalle. Der erste Raum, das Heilige, maß 10 m × 20 m bei einer Höhe von 30 m; hier standen die 43,6 kg schwere, goldene Menora, der Räucheraltar und der Tisch für die zwölf Brote, die dort als Zeichen des ewigen Bundes mit den Stämmen Israels vor Gott lagen. Das Allerheiligste, ein quadratischer Raum von 10 m Seitenlänge, wurde durch einen großen, kunstvoll gewebten Vorhang vom Heiligen getrennt. Der Raum war völlig leer; nur ein kleiner Stein erinnerte an die Stelle, wo im Tempel Salomos die Bundeslade gestanden hatte. Der Hohepriester betrat das Allerheiligste einmal im Jahr am Versöhnungstag, um ein Rauchopfer darzubringen. Im Süden, Westen und Norden lehnten sich dreigeschossige Bauten mit zahlreichen Kammern an; heute ist von dem ganzen Bau außer der Tempelbergmauer, einigen Toren und den Gewölben kein Stein mehr zu sehen. Die detaillierten Angaben stammen aus Flavius Josephus, der als Priester Zutritt zu dem Heiligtum hatte (Jüd. Krieg V, 1–6).

70 n. Chr. ging der Tempel beim Sturm der Römer in Flammen auf; Titus versuchte vergeblich, das Heiligtum zu retten. Die kostbaren Kultgeräte kamen nach Rom. Im Jahre 130 ließ Kaiser Hadrian auf dem Tempelberg ein Jupiterheiligtum errichten. Der hadrianische Bau, den wir nur von Münzbildern kennen, enthielt Statuen der römischen Gottheiten Jupiter, Juno und Minerva; die Errichtung der Anlage war einer der Gründe für den zweiten Krieg der Juden gegen Rom (132–135). Nach der Niederschlagung des Aufstandes war den Juden jeglicher Aufenthalt in Jerusalem verboten. Konstantin der Große (306–337) ließ den hadrianischen Tempel niederreißen; die Ruinen dienten fortan als Steinbruch für das aufblühende Jerusalem. 324 erlaubte der Kaiser den Juden, jeweils am Jahrestag der Zerstörung die Stadt zu betreten. 363 ermunterte der Kaiser Julian Apostata die Juden, ihr Heiligtum wiederaufzubauen, und forderte sie zur Rückkehr nach Jerusalem auf. Tausende von Männern und auch Frauen begannen nun, die Tempelfläche vom Schutt zu befreien. Ein schweres Erdbeben und Brände in der ganzen Stadt ließen sie jedoch vorerst aufgeben. Bald darauf starb der Kaiser auf einem Feldzug gegen die Perser. In byzantinischer Zeit stand am Südrand des Tempelberges eine Kirche, die 618 wie alle anderen christlichen Gotteshäuser von Persern zerstört wurde.

638 eroberten die Araber Jerusalem. Ihr Kalif Omar I. ließ an der Südmauer des Tempelberges eine kleine Moschee errichten. Unter der Herrschaft des Omajjadenkalifen Abd el-Malik (685–705) trat in Medina ein Gegenkalif auf, der den Untertanen des rechtmäßigen Herrschers die Pilgerfahrt nach Mekka verweigerte. Die Imame Abd el-Maliks erinnerten sich des Abrahamfelsens in Jerusalem, von dem aus Mohammed seine Himmelsreise angetreten haben soll, und baten den Kalifen, über dem Felsen einen prächtigen Schrein zu errichten. Diese Qubbet es-Sakhra, der Felsendom, erhielt die gleichen Rechte wie die Kaaba in Mekka, genügte also der den Moslems vorgeschriebenen Pilgerfahrt (Hadsch). Nachdem Abd el-Malik den Gegenkalifen besiegt hatte, fiel der Primat wieder an Mekka, doch behielten die Moslems das Fest von Mohammeds Himmelsreise bei. Abd el-Maliks Sohn Walid I. baute 715 die riesige Aqsa-Moschee,

Große Tafeln in griechischer und lateinischer Sprache warnten: »Kein Fremder darf die um das Heiligtum gezogene Schranke und Umfriedung überschreiten. Wer darin ergriffen wird, ist selbst schuld, weil darauf der Tod folgt.« (Eine Tafel ist im Archäologischen Museum in Istanbul, eine zweite im Rockefeller-Museum).

die mehrmals durch Erdbeben zerstört, aber immer wieder aufgebaut wurde. Die Kreuzfahrer wandelten sie sofort nach der Eroberung Jerusalems (1099) als Templum Salomonis in die Residenz der christlichen Herrscher um, später diente sie als Sitz des Templerordens. Der Felsendom wurde zum Templum Domini (›Tempel des Herrn‹). 1187 stellte Sultan Saladin die Bauten auf dem Tempelplatz wieder dem islamischen Kult zur Verfügung. Die Mamelucken bereicherten den Platz durch zahlreiche Kleinbauten und gaben ihm damit im wesentlichen sein heutiges Aussehen.

Das riesige Plateau des Tempelberges gehört heute den Moslems. Andersgläubige erreichen den Berg nur durch das Bab el-Maghariben (›Maghrebinertor‹). In einem Kiosk erhalten sie die Eintrittskarten für Felsendom, Aqsa-Moschee und Islamisches Museum (wer die zum Teil sehr interessanten Tore genauer betrachten möchte, sollte das beim Verlassen des Haram tun). Taschen werden beim Eintritt kontrolliert, Rauchen ist auf dem Tempelberg untersagt. Beim Besuch der beiden Heiligtümer müssen Taschen, Kameras und Schuhe draußen bleiben.

Klagemauer und Tore des Tempelberges

Das bekannteste Teilstück der Mauer, mit der Herodes der Große das Plateau des Tempelberges einfaßte, ist die **Klagemauer (46,** Kotel haMa'aravi), als letztes Relikt des Tempels heute das größte Heiligtum der Juden. Die falsche Deutung ihrer oft laut vorgetragenen Gebete gab dem Bauwerk die Bezeichnung Klagemauer. Auf der Westmauer des einstigen Tempels, also unmittelbar am Allerheiligsten, ruht Gottes (Jahwes) Gegenwart auf Erden. Wie in der Synago-

An der Klagemauer

ge haben Männer und Frauen getrennte Bereiche. Mit bedecktem Kopf darf jeder an die Mauer treten – für männliche Besucher liegen Kippa bereit. Fast senkrecht aufragend, ist die Klagemauer etwa 18 m hoch. Die untersten 11 Steinlagen stammen aus herodianischer Zeit; sie setzen sich nach unten in das inzwischen zugeschüttete Tyropöontal fort. Gebaut sind sie aus 1,07 m hohen und unterschiedlich langen Bossenquadern, die so sorgfältig behauen wurden, daß man sie ohne Mörtel vermauern konnte. Ihre unterschiedliche Verwitterung ist auf die Verschiedenheit des Materials zurückzuführen. In die Ritzen steckt man heute Zettelchen mit Bitten und Wünschen an Gott. Der obere Mauerabschnitt mit kleineren und unregelmäßig bearbeiteten Steinen entstand in späterer Zeit, zum Teil erst unter Süleyman dem Prächtigen. Der große, freie Platz vor der Klagemauer war bis 1967 dicht bebaut; nach dem Einmarsch der israelischen Truppen wurden die Häuser abgerissen.

Links der Klagemauer sieht man den **Wilsonbogen (47),** den der englische Archäologe Charles Wilson in den Jahren 1867–70 freilegte. Mit eine Spannweite von 12,8 m wölbte sich der 15,5 m breite Bogen einst über das 23 m tiefer gelegene Tyropöontal. Er gehörte zu einem Viadukt, der schon zur Zeit der Makkabäer die Oberstadt mit dem Tempelberg verband. 63 v. Chr. brach man die Brücke ab, um Pompejus den Zugang dorthin zu erschweren. Herodes baute sie wieder auf. Das Tor hinter der Brücke heißt seit alter Zeit Schallechet (›Tor, durch das die Opferabfälle weggebracht wurden‹); die Araber nannten es später Bab es-Silsileh (›Kettentor‹). Die Mamelucken versahen es mit kleinen Stalaktitennischen. Unter dem Bogen befindet sich heute eine Synagoge. Die HaShalshelet (Bab es-Silsileh Road) führt über den Bogen zum Tempelplatz; der Zugang ist hier für Nichtmoslems gesperrt.

Rechts der Klagemauer weist eine Rampe zum Maghrebinertor (Bab el-Maghariba bedeutet ›Westtor‹). Unter dem Bab el-Maghariba entdeckte der Amerikaner Thomas Barclay ein großes, unterirdisches Tor mit einem aus einem einzigen Steinblock bestehenden Türsturz, das über Stufen zum Tempelberg hinaufführte. Etwa 50 m weiter südlich erkennt man in der Mauer einen 15,5 m breiten Bogenansatz und im Ausgrabungsgelände davor Gewölbekonstruktionen in derselben Breite. Hier führte eine mächtige Freitreppe vom Tyropöontal empor. Der Bogen, dessen Spannweite 12 m betrug, wird heute nach seinem Entdecker Robinsonbogen genannt.

Hinter dem Misttor der heutigen Altstadtmauer befindet sich der Eingang zum **Archäologischen Garten (48),** der Ausgrabungszone unterhalb der Südmauer, wo seit 1967 israelische Archäologen wirken. Man sieht die Südwestecke der herodianischen Mauer, die bis 19 m unter die heutige Oberfläche reicht; hier wurde der längste Stein der ganzen Tempelbergumwallung freigelegt: 11,82 m.

Die Stadtmauer Süleymans des Prächtigen endet vor einem byzantinischen Torbau aus der Zeit des Kaisers Justinian (527–565). Die Anlage verdeckt zum größten Teil das herodianische Doppelte Tor, das wie das 70 m weiter ostwärts gelegene, seit langem ebenfalls zugemauerte Dreifache Tor unterhalb der Königlichen Halle auf den Tempelberg führte. Genau über dem Doppeltor steht hoch oben auf dem Tempelplatz die Aqsa-Moschee mit ihrer Silberkuppel. Rechts vom Torbau wurde ein Teil des monumentalen Aufgangs freigelegt, dessen Stufen aus dem Fels gemeißelt oder auf Unterbauten gesetzt waren und mehr als die gesamte Breite von Tor zu Tor, vielleicht 140 m, einnahmen. Darunter fand man Felsstufen aus der Zeit Salomos (10. Jh. v. Chr.). Vor der Treppe versammelten sich an Festtagen die Pilger, um geschlossen zum Tempel hinaufzusteigen. Die beiden Tore wurden auch Huldatore (›Maulwurftore‹) genannt, weil die Aufgänge zum Tempelberg durch riesige unterirdische Gewölbe führten. 30 m vor der Südostecke der Mauer kam bei den Ausgrabungen noch ein kleines Nebentor zum Vorschein, das Einfache Tor, das wohl nur nach unten zu den sogenannten Ställen Salomos führte. An der Südostecke des Tempelberges fällt die Mauer 48 m tief zum Kidrontal hin ab. Hier endet der Archäologische Garten.

Die Ostmauer des Tempelberges besaß nur einen einzigen Zugang, das Goldene Tor, zu dem eine breite Treppe vom Tempelplatz hinabführt (kein Zutritt). Zur Zeit Jesu und davor hieß es Susator, weil viele der aus dem Exil heimkehrenden Juden aus Susa, der alten Residenzstadt der persischen Achämenidendynastie, kamen. Goldenes Tor nannte man den vom Kidrontal wie vom Tempelberg aus sichtbaren Eingang erst seit byzantinischer Zeit. Die heutige Anlage, 24,6 m lang und 17,3 m breit, stammt vermutlich aus dem 6. Jh. Zwei monolithische Säulen teilen die Torhalle in zwei Gänge; sechs Kuppeln krönten das flache Dach (zwei sind noch vorhanden). Hierdurch ritt Jesus am Sonntag vor seiner Kreuzigung, hier betrat im Jahre 628 Kaiser Herakleios mit dem Heiligen Kreuz, das die Perser vierzehn Jahre vorher aus Jerusalem verschleppt hatten, die Stadt. Omar I. ließ die beiden Eingänge zumauern. Die Kreuzfahrer brachen einen davon wieder auf, öffneten ihn aber nur für die Prozession am Palmsonntag (Sonntag vor Ostern) und am Fest der Kreuzerhöhung (14. September). Saladin mauerte das Goldene Tor endgültig zu. Die Moslems nennen den nördlichen Eingang Bab et-Toubeh (›Tor der Buße‹) und den südlichen Bab er-Rameh (›Tor der Barmherzigkeit‹), denn hier liegt das Joschafattal, der ›Ort des Weltgerichts‹. Auch die Juden bezeichnen das Goldene Tor als ›Tor der Barmherzigkeit‹ (Sha'ar HaRahamim).

Das einzige Tor im Norden war das Taditor, das genau in der Mitte der Nordmauer lag und nur von Priestern benutzt werden durfte. In einer Verbindung zur Burg Antonia gab es noch das Schaftor, durch das die Opfertiere getrieben wurden. Heute liegen am Nordrand das Bab el-Asbat, das Bab Hitta und das Bab el-Atim, durch die Nichtmoslems den Haram nur verlassen dürfen. Die Tore der Westmauer sind Bab el-Ghawanima, benannt nach einer im 15. Jh. aus Kairo verbannten Mameluckenfamilie, Bab es-Sarai (›Palasttor‹), Bab en-Nazir (›Gefängnistor‹), Bal el-Hadid (›Eisentor‹), Bab el-

Qattanin (›Baumwolltor‹) und Bab el-Matara (›Latrinentor‹). Etwa 10 m südlich vom Bab el-Matara entdeckte der englische Archäologe Captain Charles Warren ein ehemaliges Vorstadttor der herodianischen Zeit, das unterirdisch in das Tyropöontal führte.

Aqsa-Moschee und der südliche Teil des Tempelberges

Die berühmte **Aqsa-Moschee (49)** ist schon von weitem an dem matten Silberglanz ihrer Kuppel zu erkennen. Ihr Name bezieht sich auf die im Koran (Sure 17,1) erwähnte »el-mesdjid el-aqsa«, ›das [von Mekka] am weitesten entfernte Heiligtum‹, zu dem der Prophet Mohammed auf seinem Pferd Buraq entrückt wurde, um vom Heiligen Felsen aus seine Himmelsreise anzutreten. Die erste Moschee an dieser Stelle, einen kleinen, unansehnlichen Bau aus Balken, errichtete Kalif Omar I. gleich nach der Eroberung Jerusalems 638 n. Chr., und zwar wahrscheinlich auf den Ruinen einer beim Persereinfall 618 zerstörten byzantinischen Kirche. Gegen 715 ersetzte Kalif Walid I. die kleine Moschee durch einen riesigen, fünfzehnschiffigen Bau, der fast die ganze Mekka zugewandte Seite des Tempelplatzes einnahm. 746 wurde das Gotteshaus durch ein heftiges Erdbeben schwer beschädigt und gegen 780 von dem Kalifen el-Mahdi in alter Größe wiederaufgebaut. Die Aqsa-Moschee des 8. Jh. war ungefähr 95 m breit und 83 m lang. An das breite Mittelschiff mit dem Mihrab schlossen sich an beiden Seiten je sieben Nebenschiffe an; 140 Säulen trugen das fast 7900 m² große, flache Dach. Von dieser Moschee, die beim Erdbeben von 1033 zerstört wurde, stammt noch die imposante Südmauer des heutigen Gotteshauses. Der Nachfolgebau des Kalifen el-Zahir aus den Jahren 1034/35 besaß nur noch fünf

»Im Namen Allahs, des Erbarmers, des Barmherzigen! Preis dem, der seinen Diener des Nachts entführte von der heiligen Moschee zur fernsten Moschee, deren Umgebung wir gesegnet haben, um ihm unsere Zeichen zu zeigen. Siehe, er ist der Hörende, der Schauende.«
Sure 17,1

Schiffe. Auf das südliche Joch des Mittelschiffs ließ der Kalif eine Kuppel setzen. Die Kreuzfahrer verwendeten die Aqsa-Moschee zunächst als Königspalast, bis Balduin II. sie dem fränkischen Ritter Hugo de Payens zur Verfügung stellte, der 1119 zum Schutz der Jerusalempilger den Templerorden gegründet hatte. Von seinem Sitz erhielt der Orden den Namen. Templum Salomonis nannten die Tempelherren die Residenz ihres Großmeisters, die sie um zwei Seitenschiffe und mehrere Anbauten erweiterten. In einem Teil der Moschee richteten sie eine Kirche ein, die sie der Darstellung Jesu im Tempel weihten (Lk 2,22). Seit 1187 ruft wieder der Muezzin zum Gebet, und Koranverse durchziehen die weiten Hallen. 1927 erneuerte man das Kuppelmosaik Saladins und ersetzte die Glasfenster Süleymans des Prächtigen. 1938–42 wurden das Mittelschiff und die westlichen Seitenschiffe sorgfältig restauriert sowie die altersschwachen östlichen Seitenschiffe abgerissen und originalgetreu wiederaufgebaut. 1951 fiel der jordanische König Abdallah ibn Hussein beim Betreten der Moschee einem Attentat zum Opfer. Im Sechstagekrieg (1967) traf eine Granate die Gebetsstätte. 1969 wurden mehrere unersetzliche Einrichtungsstücke, darunter der geschnitzte Mimbar Saladins, durch Brandstiftung beschädigt. Die Schäden sind inzwischen wieder behoben.

Die heutige Aqsa-Moschee ist rund 90 m lang und 60 m breit. Die großartige Fassade, die man wegen ihres Stils und der Verwendung fränkischer Kapitelle und Gesimse häufig fälschlicherweise auf die Kreuzfahrer zurückführt, wurde im 13. Jh. von einem Neffen Saladins geschaffen. Durch das Haupttor tritt man in das 17 m hohe Mittelschiff, an das sich beiderseits je drei schmalere, etwa 12 m hohe Seitenschiffe anschließen. Die Säulen des Mittelschiffs nehmen nur etwa ein Drittel der Höhe ein, darüber erheben sich Arkaden in dreifacher Folge. Vor dem Kuppelraum überspannt ein mosaikgeschmückter Triumphbogen des 11. Jh. das Mittelschiff: Zwei monumentale, stilisierte Palmwedel neigen sich als Symbole des Paradieses einander zu. Die farbliche Zurückhaltung (Gelbgrün mit Silber) ist für die Mosaikkunst dieser Periode bestimmend. Die 17,7 m hohe, bleigedeckte Kuppel ruht auf acht Pfeilern. Das goldgrundige Kuppelmosaik entstand Ende des 12. Jh. Saladin stiftete den von schlanken Marmorsäulen eingefaßten Mihrab und den reichgeschnitzten Mimbar vor der Südwand, der Kiblawand des Mittelschiffs. Beachtenswert ist ferner der Sitz des Imam beim Freitagsgebet, ein Podium aus fränkischen Bauteilen. An der Ostwand befindet sich die Nische des Zacharias, ein Relikt der Templerkirche. Die kleine Kapelle, deren Portal ein eindrucksvolles Beispiel für die Kunst der Kreuzfahrer gibt, war Johannes dem Täufer geweiht.

Im Westen schließt sich an die Aqsa-Moschee die nicht zugängliche Weiße Moschee, ein Bau der Tempelritter, an. Die Südwestecke des Tempelplatzes nimmt das **Islamische Museum (50,** Haram Museum) ein, dessen Südtrakt auf die Kreuzfahrer zurückgeht. Zur Sammlung gehören Kunstgegenstände aus den verschiedenen isla-

Bei den frühen römischen Christen war die Palme bezeichnend für jemanden, der ins Heilige Land gepilgert war. Palmzweige waren Sinnbilder für Sieg über den Tod.

mischen Perioden, u. a. Koranmanuskripte (darunter eines aus dem 9. Jh. in kufischer Schrift), Dokumente aus mameluckischer Zeit, Metallarbeiten, Fayencen, Münzen, Kleidung, Waffen sowie Originalteile, die bei Restaurierungen des Felsendoms und der Aqsa-Moschee ausgewechselt wurden. In der Südostecke des Tempelplatzes befindet sich der Eingang zu den fälschlicherweise als Ställe Salomos bezeichneten Gebäuden – den gewaltigen, ca. 5000 m^2 großen Unterbauten unter der Königlichen Halle Herodes des Großen. Zuerst kommt man in eine unterirdische Kammer mit farbigem Glasfenster; breite Stufen führen hinab (wegen Einsturzgefahr derzeit geschlossen). 88 Pfeiler in zwölf Reihen tragen die 9–10 m hohen Tonnengewölbe. An manchen der Pfeiler, die sich jeweils aus vier bis fünf mächtigen Quadersteinen zusammensetzen, sieht man noch die Löcher zum Anbinden der Pferde der Tempelritter.

Den mit modernen Wasserhähnen und bequemen Steinsitzen versehenen Reinigungsbrunnen zwischen Aqsa-Moschee und Felsendom nennen die Araber el-Qaas (›der Kelch‹). Eine breite Treppe führt zu der Terrasse des Felsendoms empor; sie endet unter einer vierbogigen Säulenarkade aus mameluckischer Zeit. Über der Mittelsäule ist eine arabische Sonnenuhr eingelassen.

Felsendom

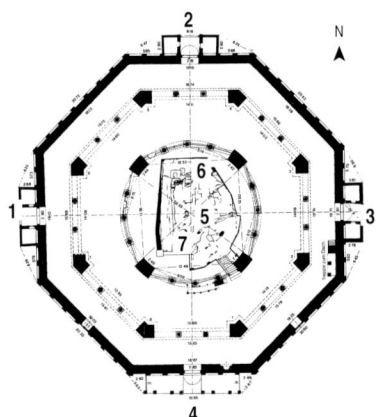

Der **Felsendom (51,** Qubbet es-Sakhra), das prächtigste Bauwerk Jerusalems und einer der schönsten Kuppelbauten der Welt, beherrscht den gesamten Tempelplatz. Der islamische Schrein wölbt sich auf dem Felsen Morija behütend über dem Altar Abrahams und Davids. Beim Felsendom handelt es sich um ein Heiligtum, in dem jedermann beten darf, in dem aber kein öffentlicher Gottesdienst stattfindet.

Felsendom
1 Westtor
2 Paradiestor
3 Kettentor
4 Südtor
5 Heiliger Felsen
6 Eingang zur Höhle
7 Reliquienschrein; Fußabdruck Mohammeds

Mohammed war nach dem Koran auf seinem Pferd Buraq von Medina nach Jerusalem geritten, um vom Felsen Morija aus seine nächtliche Himmelsreise anzutreten. Dieser Reise des Propheten weihte der Kalif Abd el-Malik den Schrein, den er 687–691 mit Hilfe byzantinischer Baumeister und arabischer Künstler über dem Heiligen Felsen errichten ließ. Im Jahre 1016 stürzte die Kuppel ein, 1022 wurde sie in alter Pracht wiederaufgebaut. Die Schäden des Erdbebens von 1033 beseitigte man noch im selben Jahr. Die Kreuzfahrer machten ihn zu einer Kirche,

verkleideten den Felsen mit Marmor und setzten einen Altar darauf. 1187 gab Saladin den Felsendom wieder dem Islam zurück; seither wurde hier ständig restauriert, um die ursprüngliche Schönheit zu erhalten.

Die Qubbet es-Sakhra ist ein insgesamt 54 m hoher Zentralbau, der aus einem achtseitigen Unterbau und einer Kuppel besteht. Der Durchmesser des Oktogons beträgt 54,8 m, die Seitenlänge durchschnittlich 20,5 m (außen) bzw. 19,2 m (innen). Die Kuppel durchmißt außen 23,7 m und innen 20,3 m, wobei es der Abstand zwischen der äußeren und der inneren Kuppelschale (0,6–1,5 m) Handwerkern erlaubt, bis zur Spitze emporzusteigen. Der bronzene Halbmondaufsatz ist 3,6 m hoch. Die Außenwände des Oktogons sind unten mit Platten aus farbigem Marmor und darüber sowie am Tambour mit Kacheln in den Hauptfarben Blau, Grün und Weiß geschmückt. Die Fayence-Verkleidung Süleymans des Prächtigen aus dem Jahre 1561 wurde 1963 durch neue Kacheln im Originaldekor ersetzt. Im selben Jahr traten vergoldete Aluminiumplatten an die Stelle des schwarzen Bleidachs der Kuppel.

Vier genau den Himmelsrichtungen entsprechende Portale führen in das Innere des Heiligtums; das Westtor (Bab el-Gharb), das Paradiestor im Norden (Bab ed-Djenneh), das Kettentor im Osten (Bab es-Silsileh) und das Südtor (Bab el-Qibleh), das Mekka zugewandt und mit einem achtsäuligen Portikus versehen ist. Hinter diesem Tor steht auch der Mihrab. Acht marmorverkleidete Pfeiler und 16 Säulen tragen die ringsum laufende Decke des doppelten Umgangs. Die Architravbalken über den Säulen sind mit getriebenem Bronzeblech, dessen goldenes Rankenwerk den dunkelblauen Untergrund überstrahlt, verkleidet. Die Arkaden über dem Architrav wurden mit goldgrundigen Mosaiken ausgelegt, wobei Krone und Blattwerk als Hauptmotive auftreten. Um den oberen Arkadenrand läuft ein arabisches Schriftband mit einem Vers aus der 17. Sure des Korans. Die großartig geschnitzte und mit Farben ausgelegte Holzverkleidung der Decke stammt aus dem Jahre 1776; die kostbaren Teppiche auf dem Fußboden stiftete König Mohammed V. von Marokko bei der Wiedereröffnung der restaurierten Qubbet es-Sakhra im August 1964. Die vier Pfeiler und zwölf Säulen des Kuppelrandes sind durch Arkaden, die Marmorintarsien aufweisen, verbunden. Darüber steigen goldfarbene Arabesken, ein byzantinisches Mosaikband mit Blumenornamenten, ein arabisches Spruchband sowie Goldmosaike mit gekrönten Flügelpaaren und Vasen, aus denen Akanthusranken quellen, auf. Die 16 farbigen Glasfenster des Tambours tauchen das Innere des Felsendoms in ein mystisch anmutendes Dämmerlicht. Die Kuppel ist mit vergoldeten Stuckarabesken auf rotem Grund geschmückt. Von der Spitze fällt eine goldene Kette auf das ›Zentrum der Welt‹. Alle Säulen und Kapitelle stammen aus Bauten des 2. bis 6. Jh., lediglich drei mußten 1958 durch Repliken ersetzt werden. Die Architektur ist byzantinisch, die Ausstattung stellt eine Synthese aus byzantinischen, persischen und arabischen Elementen dar.

◁ *Felsendom*

*Innenansicht des
Felsendomes*

Der Heilige Felsen selbst ist 17,94 m lang, 13,19 m breit und von einer schlichten Holzbalustrade umgeben. Das schmiedeeiserne Schmuckgitter der Kreuzfahrer wurde in den 60er Jahren entfernt und gehört heute zur Sammlung des Islamischen Museums. Der nackte Fels sieht vielleicht noch genauso aus wie damals, als König David hier vor 3000 Jahren sein erstes Opfer darbrachte. In der Südwestecke zeigen die Aufseher einen Fußabdruck Mohammeds und den Reliquienschrein mit einigen Barthaaren des Propheten. In der Mitte der östlichen Felskante sollen die Fingerabdrücke des Erzengels Gabriel, der den Felsen zurückhielt, als der Prophet aufstieg, zu erkennen sein. Zwei Steinplatten am abgeflachten Nordende des Felsens verdecken eine 90 cm tiefe Grube, die in einen Kanal mündet und zum Auffangen des Opferblutes gedient haben könnte. Die fast kreisrunde Öffnung von 80 cm Durchmesser und 1,7 m Tiefe im Südostteil gab dem Felsen schon in konstantinischer Zeit den Namen *lapis pertusus* (›durchlöcherter Stein‹). Das Loch ist mit der natürlichen Höhle verbunden, zu der eine Treppe hinabführt. Die Höhle mißt ungefähr 7 m × 7 m; ihre Höhe schwankt zwischen 1,46 m und 2,62 m. In der Mitte des Fußbodens ist eine runde, weiße Marmorplatte von 1,68 m Durchmesser eingelassen. Sie bedeckt den Zugang zum darunterliegenden Seelenbrunnen (arabisch Bir el-Arouah), wo sich nach islamischer Tradition die Seelen der Verstorbenen zweimal wöchentlich zum Gebet versammeln. In den vier Ekken der Höhle verehren die Moslems Elija (Elias), Abraham, David und Salomo.

Andere Bauten auf dem Tempelberg

Die Felsendomterrasse hat die Fläche von 24 500 m^2 und ist damit etwas größer als der Petersplatz in Rom. Acht breite Treppen führen ringsum empor, zwei im Süden, drei im Westen, zwei im Norden und eine im Osten. Mameluckische Arkaden, deren Säulen und Kapitelle zumeist aus byzantinischen oder fränkischen Bauten stammen, schmücken die Aufgänge. Die Moslems glauben, daß am Letzten Tag an diesen *mawazin* genannten Arkaden Waagschalen hängen werden, um die Seelen zu wiegen. Die Nähe zum Heiligen Felsen hat viele Herrscher veranlaßt, die riesige Terrasse mit kleineren Bauten zu schmücken – Bedeutung und Entstehungszeit sind nicht immer bekannt. Da steht zunächst östlich des Felsendoms der Kettendom (Qubbet es-Silsileh), von den Juden als Gerichtsplatz Davids (Mekhmet Daud) bezeichnet. Man könnte ihn fast für eine verkleinerte Kopie des Felsendoms halten. Nach islamischer Überlieferung wird hier am Tage des Jüngsten Gerichts eine eiserne Kette die Guten von den Bösen scheiden. Bei dem Gebäude handelt es sich um einen allseits offenen Pavillon, dessen 17 Säulen das Dach und die Kuppel tragen. Kalif Abd el-Malik (685–705) soll den Pavillon als Schatzkammer errichtet haben. Da der Pavillon keine Wände besitzt, verwahrte der Kalif seine Preziosen vermutlich im Kuppeltambour. Die Kreuzfahrer wandelten die Qubbet für die wenigen Jahrzehnte, die sie in Jerusalem herrschten, in eine Kapelle zu Ehren des hl. Jakobus des Jüngeren um (Jakobus war der erste Bischof von Jerusalem; im Jahre 62 stürzten ihn die Juden von der Mauer ins Kidrontal). Die Keramikverkleidung ließ Sultan Süleyman der Prächtige im Jahre 1561 anbringen. Nordwestlich des Felsendoms steht der achteckige Himmelfahrtsdom (Qubbet el-Miraj) aus dem 10. Jh. An dieser Stelle soll Mohammed gebetet haben, bevor er seine nächtliche Himmelsreise antrat. Die Kreuzfahrer restaurierten den kleinen Kuppelbau und verwendeten ihn als Baptisterium.

Weitere interessante Kleinbauten auf der Felsendomterrasse sind der Geisterdom (Qubbet el-Arwah) aus dem 15. Jh. – hier sollen sich nachts die Seelen der Heiligen treffen –, der Hebrondom (Qubbet el-Khalil) aus dem 19. Jh., der Georgsdom (Qubbet el-Khadr), die Gebetsnische des Propheten (Mihrab en-Nebi) und die Kanzel des Burhan ed-Din neben der breiten Südtreppe, wohl der Rest einer mameluckischen Mosalla (offene Moschee) aus dem 14. oder 15. Jh. Der reizvollste Kleinbau unterhalb der Felsendomterrasse ist der Sebil Qait Bey, ein Brunnen, den der Mamelukenherrscher el-Asraf Saif-ed-Din Qait Bey (1468–95) stiftete und der 1883 restauriert wurde. Schlanke, von Engeln gekrönte Säulen tragen die glockenförmige Kuppel, die Steinmetze mit herrlichen Arabesken geschmückt haben. Die Brunnen vor dem Bab es-Silsileh und dem Bab el-Atim sind Geschenke Süleymans des Prächtigen (1520–66). Im Westen und Norden umgeben ehemalige Medresen aus der Zeit der Mamelucken (14. Jh.) den Haram. In der Galerie zwischen dem Bab

Der Georgsdom

el-Qattanin und dem Bab el-Hadid befinden sich mehrere Grabstätten aus neuerer Zeit, darunter die Gräber des Königs Hussein ibn Ali, Emir von Mekka († 1931), und des Gründers und ersten Generalgouverneurs von Pakistan, Mohammed Ali Djinna († 1948). Vier Minarette markieren den heiligen Bezirk des Haram: das der Maghrebiner-Moschee im Islamischen Museum (1278 erbaut, 1622 restauriert), das über dem Bab es-Silsileh (1329), das Medineh es-Sarai in der Nordwestecke (das höchste der vier, um 1297) und der 1937 entstandene Turm im östlichen Teil der Nordmauer. Die ganze Ostseite des Tempelberges nahm zur Zeit Jesu die Halle Salomos ein; von ihr ist aber nichts mehr zu sehen.

Berg Zion

Zion nannten die Israeliten Jerusalem seit der Eroberung, zuerst die Stadt Davids auf dem Südosthügel, dann die Stadt Salomos, besonders den Morija, den Tempelberg. Von hier fand der Name Eingang in die Sprache der Psalmensänger und Propheten als Bezeichnung für das religiöse Zentrum der Juden. In byzantinischer Zeit ging der Name Zion auf den Südwesthügel, die ›Oberstadt‹, über, weil Juden und Christen dort die Stadt Davids vermuteten. Heute bezeichnet man meist nur den südlichen, außerhalb der Mauern gelegenen Teil des Hügels mit Zion (hebräisch Har Ziyyon). Die Bedeutung des Namens ist umstritten. Er könnte ›Fels‹ meinen oder besser noch ›Burg, Festung‹.

Inschrift in der Apsis der Dormitiokirche: »Seht, die Jungfrau wird ein Kind empfangen, sie wird einen Sohn gebären, und sie wird ihm den Namen Immanuel [hebräisch ›Gott mit uns‹] geben.« Jes 7,14

Das markanteste Bauwerk, gewissermaßen sein Wahrzeichen, ist der neoromanische Zentralbau der **Dormitiokirche (52)** mit dem schwarzen Kegeldach und dem daneben stehenden hohen Glockenturm. Die Kirche Dormitio Beatae Mariae Virginis folgt der Tradition, daß die Mutter Jesu aufdem Zionsberg gestorben sei. 1898 erhielt Kaiser Wilhelm II. das Grundstück vom türkischen Sultan Abdul Hamid als Geschenk. Der Kaiser übergab es dem erzbischöflichen Stuhl von Köln, der den deutschen Dombaumeister H. Renard mit dem Bau einer Marienkirche beauftragte. Dieser schuf eine Rundkirche nach dem Vorbild der Pfalzkapelle von Aachen, die Karl der Große Ende des 8. Jh. hatte errichten lassen. 1906 wurde die Dormitiokirche geweiht und den Benediktinern von Beuron, die auf dem Zion eine Abtei unterhalten, anvertraut. Das Kuppelhalbrund der Apsis beherrscht ein riesiges goldgrundiges Mosaik der Maria mit dem Kinde. Die Kapellen sind dem hl. Josef, dem hl. Johannes dem Täufer, dem hl. Bonifatius, den Heiligen Drei Königen, den Patronen Bayerns und dem hl. Benedikt geweiht. Den Fußboden schmückt ein großartiges Rundmosaik mit den Tierkreiszeichen, den Namen der zwölf Apostel, den Porträts der vier Propheten Daniel, Jesaja, Jeremia und Ezechiel und – in der Mitte – mit den drei verschlungenen Ringen, dem Symbol der Dreieinigkeit; den Außenrand bildet ein Wort aus dem Buch der Sprichwörter (8,22–25).

Die Stelle der heutigen Dormitiokirche nahm in byzantinischer Zeit eine riesige fünfschiffige Basilika, die Hagia Sion, ein. Sie wurde im 4. Jh. über einer kleinen Kirche erbaut, die den ersten und auch den zweiten jüdischen Aufstand unzerstört überdauert haben soll. Dieses Kirchlein erinnert an das ›Obergemach‹, in dem Jesus mit seinen Jüngern das Ostermahl des Neuen Bundes einnahm. An dieser Stätte wusch Jesus den Jüngern die Füße (Joh 13,1–10), sagte er die Verleugnung durch Petrus (Joh 13,38) und den Verrat des Judas (Joh 13,21–30) voraus, stiftete er die heilige Eucharistie (Lk 22,15–20). Nach der Himmelfahrt erlebten die Jünger hier die Herabkunft des Heiligen Geistes (Apg 1,12–14; 2,1–4). Wo dieses ›Obergemach‹ tatsächlich lag, wissen wir nicht, denn kein Evangelientext enthält einen genauen Hinweis. Aber die christliche Tradition sah die heilige Stätte schon sehr früh auf dem Zion. Das Haus an der Stelle der kleinen Kirche gehörte den Eltern des Evangelisten Markus und wurde bald zum Mittelpunkt der Jerusalemer Urgemeinde. Da Hadrian den Juden und Judenchristen verboten hatte, in Jerusalem zu leben, wurde es von Heidenchristen der römischen Militärkolonie weiterbenutzt. Von der etwa 54 m langen byzantinischen Kirche, die sich später an das Haus des Markus bzw. die frühchristliche

Synagogenkirche des 2. Jh. anlehnte, ist nichts mehr zu sehen. 614 fiel sie dem Persersturm zum Opfer, wurde aber bald darauf wieder aufgebaut. Nach der Eroberung Jerusalems erneuerten die Kreuzfahrer die Zionskirche als dreischiffige Basilika, die 1219 zerstört wurde. 1333 erhielten die Franziskaner von Sultan Malek en-Naser den Teil des Grundstücks, auf dem die frühchristliche Kirche stand. Die Königin von Neapel ließ darauf ein zweistöckiges Gebäude errichten, das eine Kapelle und den Abendmahlssaal umschloß. Bis 1352 erwarben die Franziskaner weitere Grundstücke auf dem Zion, bis Süleyman der Große den Orden 1552 vom Berg vertrieb.

Das Erdgeschoß des heutigen zweistöckigen Gebäudes, dessen Decke zwei schwere quadratische Pfeiler tragen, ist der Saal der Fußwaschung. Die beiden hinteren Räume, die man wohl erst im 16. Jh. abteilte, sind von Mauerwerk des 2. Jh. umgeben. Die nach Norden zum Kreuzigungshügel Golgota ausgerichtete Apsis beweist die Existenz einer Synagogenkirche. Vor der Apsis steht das Kenotaph Davids, das die Moslems im 16. Jh. hier aufstellten. Das Grabmal hat die Form eines römischen Sarkophages und ist in eine bestickte Decke gehüllt. Das Grab Davids wird hier erst seit dem 12. Jh. verehrt, zuerst von den Christen, im späten Mittelalter von den Moslems und seit 1948 auch von den Juden, die in einem Nebengebäude eine Talmudschule unterhalten. Es gilt heute als sicher, daß König David hier niemals bestattet war; vermutlich wird man sein Grab und die seiner Nachfolger irgendwann am Westhang des Tyropöontales entdecken, denn sie fanden ihre letzte Ruhestätte ja in der Davidstadt (1 Kön 2,10). Ab 1524 gehörte das Grab Davids zur Moschee Nabi Daud (›Prophet David‹). Im Vorraum, der heute als Synagoge dient, ist noch die alte Gebetsnische zu sehen. Den darüberliegenden **Abendmahlssaal (53,** Coenaculum) erreicht man von der Talmudschule aus über eine Außentreppe. Der eindrucksvolle Saal, das ›Obergemach‹ der Evangelien, das einen schönen Mihrab birgt, ist sehr gut erhalten. Zwei Säulen tragen das frühgotische Spitzbogengewölbe. Wenige Schritte vom Davidsgrab entfernt befindet sich der Holocaust Cellar (Martef HaShoa), eine unterirdische Gedenkstätte für die Opfer des Nationalsozialismus.

Am Osthang des Zionberges steht die moderne, 1931 geweihte Kirche **St. Peter in Gallicantu (54),** ›St. Peter zum Hahnenschrei‹. Man entdeckte 1888 an dieser Stelle neben Hausmauern, Silos, Zisternen und Wohnhöhlen die Reste einer etwa 21 m × 16 m großen byzantinischen Kirche aus dem 6. Jh., die die Kreuzfahrer erneuerten. Von den alten Bauten ist kaum noch etwas zu sehen. Eine Treppe führt zur heutigen Unterkirche hinab, von der aus man in eine 6 m tiefe Höhle blickt. In diesem Felsverlies soll Jesus die Nacht vor dem Prozeß verbracht haben. Das würde jedoch bedeuten, daß hier das Haus des Hohenpriesters Kaiphas gestanden haben muß, was nach den Quellen und archäologischen Befunden unwahrscheinlich ist. Die Kuppel der Rundkirche hat eine kreuzförmige Öffnung. Mosaiken zeigen Jesus vor dem Hohen Rat, den weinenden Petrus und

Abendmahlssaal

»… und Petrus erinnerte sich an das, was Jesus gesagt hatte: Ehe der Hahn kräht, wirst du mich dreimal verleugnen. Und er ging hinaus und weinte bitterlich.«
Mt 26,75

verschiedene Büßergestalten. Von der Terrasse der Kirche bietet sich ein herrlicher Blick auf die Davidstadt und das Kidrontal.

Das Haus des Kaiphas, wo Jesus dem Hohen Rat vorgeführt und schließlich zum Tode verurteilt wurde (Mk 14,53–64), vermutet man im Bereich des armenischen Klosters vor dem Zionstor.

Kidrontal

Der Kidron, der nur bis zum Frühsommer Wasser führt, hat keine Quelle. Der von den Arabern Wadi en-Nar (›Feuerfluß‹) genannte kleine Fluß sammelt das von den Hängen des Skopus, Ölberges und Tempelberges herabströmende Regenwasser, fließt durch das Dorf Silwan, wo er inzwischen unter die Straße verlegt wurde, und windet sich dann in tiefen Schluchten durch die Judäische Wüste und am Kloster Mar Saba vorbei, bis er südlich von Qumran das Tote Meer erreicht. 100 m südlich der Kirche der Nationen (Getsemanikirche) zweigt eine Straße ins Kidrontal, das zwischen Tempelberg und Ölberg auch Tal Joschafat genannt wird, ab. Das Tal Joschafat ist das Tal der Entscheidung, das Tal des Jüngsten Gerichts (Joël 4,1/2; 4,14). Da die Juden am Jüngsten Tag an diesem Ort sein wollen, entstanden am Westhang des Ölberges, der seit 4000 Jahren als Begräbnisstätte dient, große Friedhöfe. Unmittelbar links der Straße wurden im 2. und 1. Jh. v. Chr. die vier eindrucksvollsten Grabmonumente Jerusalems aus dem felsigen Hang gehauen.

Bei dem **Grab des Abschalom (1)** handelt es sich um einen monolithischen Kubus von über 6 m Seitenlänge und 6,5 m Höhe, auf den eine Attika und ein Zylinder aus mächtigen Quadersteinen gesetzt wurden. Den Bau krönt ein spitzer, aus Steinplatten gefügter Kegel,

Jüdische Gräberfelder auf dem Ölberg

der in einer steinernen Blüte endet. Die Gesamthöhe beträgt etwa 15 m. Das Monument entstand im 1. Jh. v. Chr. und weist eine Mischung verschiedener Stilrichtungen auf, wie das in hellenistisch-römischer Zeit durchaus üblich war. An den würfelförmigen Unterbau, dessen oberen Rand ein dorischer Fries schmückt, lehnen sich ionische Halb- und Viertelsäulen. Eine Öffnung oberhalb des Kranzgesimses führt in eine kleine Grabkammer hinab, die die Juden seit alters her Yad Abshalom nennen, weil sie hier den Gedenkstein vermuten, den Abschalom, Davids Sohn, für sich aufstellen ließ (2 Sam 18,18). 1925 stießen Archäologen auf das dahinterliegende **Grab des Joschafat (1),** eine große Anlage mit acht in den Felsen gehauenen Kammern, die ebenfalls aus dem 1. Jh. v. Chr. stammt und offensichtlich zum vorderen Monument gehört. Etwa 25 m weiter folgt das **Jakobusgrab (1),** das sich die Priesterfamilie Bene Hesir in der zweiten Hälfte des 2. Jh. v. Chr. erbaute. Hinter der loggiaartigen Fassade mit zwei Säulen und einem Architrav in rein dorischem Stil befinden sich mehrere in den Felsen getriebene Grabkammern. Nach der christlichen Tradition wurde hier Jakobus, der Bruder (Vetter) Jesu und erste Bischof von Jerusalem, nach seinem Märtyrertod bestattet. Das 9 m hohe **Grab des Zacharias (1)** mit seinem pyramidenförmigen Dach wurde im 1. Jh. v. Chr. vollständig aus dem Felsen gehauen. Den mächtigen Steinkubus (Seitenlänge 5,2 m) schmücken ionische Säulen.

Zu beiden Seiten des Kidrontales zieht sich das arabische Dorf **Silwan (2,** hebräisch Kefar HaShiloah), ein malerischer Ort mit gepflegten Gärten, die Hänge hinauf. Man sieht noch einen kleinen kubischen Bau aus dem 7. Jh. v. Chr., das ›Grab der Pharaonentochter‹. Silwan war auch Davids Stadt, die der Judäerkönig gegen 998 v. Chr. von den kanaanitischen Jebusitern erobert und zur Hauptstadt des Reiches Israel bestimmt hatte.

Zwischen dem Kidron- und dem Tyropöontal erstreckt sich der schmale, wie ein Schiffsbug aussehende, steil abfallende Felssporn des **Ofel (3,** ›Buckel‹), auf dem das Jerusalem der Jebusiter und die Davidstadt, die Zionsburg des Alten Testaments, lagen. Das Tyropöontal ist heute kaum mehr als solches zu erkennen, weil es im Laufe der Jahrtausende etwa 15 m hoch mit Bauschutt aufgefüllt wurde. Auch im Norden trennte einst eine flache Senke den zwischen 110 und 150 m breiten und etwa 400 m langen Felssporn vom Berg Morija, dem späteren Tempelberg. Der Davidsturm und die Kanaanitermauer wurden um die Mitte des 2. Jh. v. Chr. über Hausruinen aus dem 7. Jh. v. Chr. erbaut. Erst im letzten Jahrhundert entdeckte man ein jebusitisches Stadttor mit zwei flankierenden Türmen und oberhalb der Gihonquelle einen einzelnen, ebenfalls aus jebusitischer Zeit stammenden Turm. Vermutlich lag an dieser Stelle das Wassertor des alten Jerusalem, durch das der junge Salomo ritt, bevor er an der Gihonquelle vom Priester Zadok und dem Propheten Natan zum König gesalbt wurde (1 Kön 1,45). Das Ausgrabungsgelände »The Ophel Archaeological Garden« ist heute zugänglich.

Das eindrucksvollste Relikt aus kanaanitischer und israelitischer Zeit ist jedoch das Wasserversorgungssystem des alten Jerusalem, das von der **Gihonquelle (4),** »einer süßen, wasserreichen Quelle« (Jüd. Krieg V, 4,1), ausging. Gihon bedeutet ›Sprudler‹, weil das Quellwasser in bestimmten Abständen stoßartig aufsprudelt. Die Christen nennen die Quelle Marienquelle, die Araber 'Ain Umm el-Deradj (›Quelle der Mutter der Stufen‹) oder Ain Sitti Marjam (›Quelle der Jungfrau Maria‹). Heute führt eine moderne Treppe zur

125

Kidrontal und Ölberg

1 Gräber des Abschalom, Joschafat, Jakobus und Zacharias
2 Silwan
3 Ofel
4 Gihonquelle
5 Siloahteich
6 Ölberg
7 Stephanskirche
8 Mariengrab
9 Getsemanigrotte
10 Kirche der Nationen
11 Maria Magdalenen-Kirche
12 Dominus Flevit
13 Prophetengräber
14 Pater Noster-Kirche
15 Himmelfahrtsmoschee und -kapelle
16 Viri Galilaei
17 Auguste Victoria-Hospital
18 Skopus
19 Hebräische Universität
20 Betfage

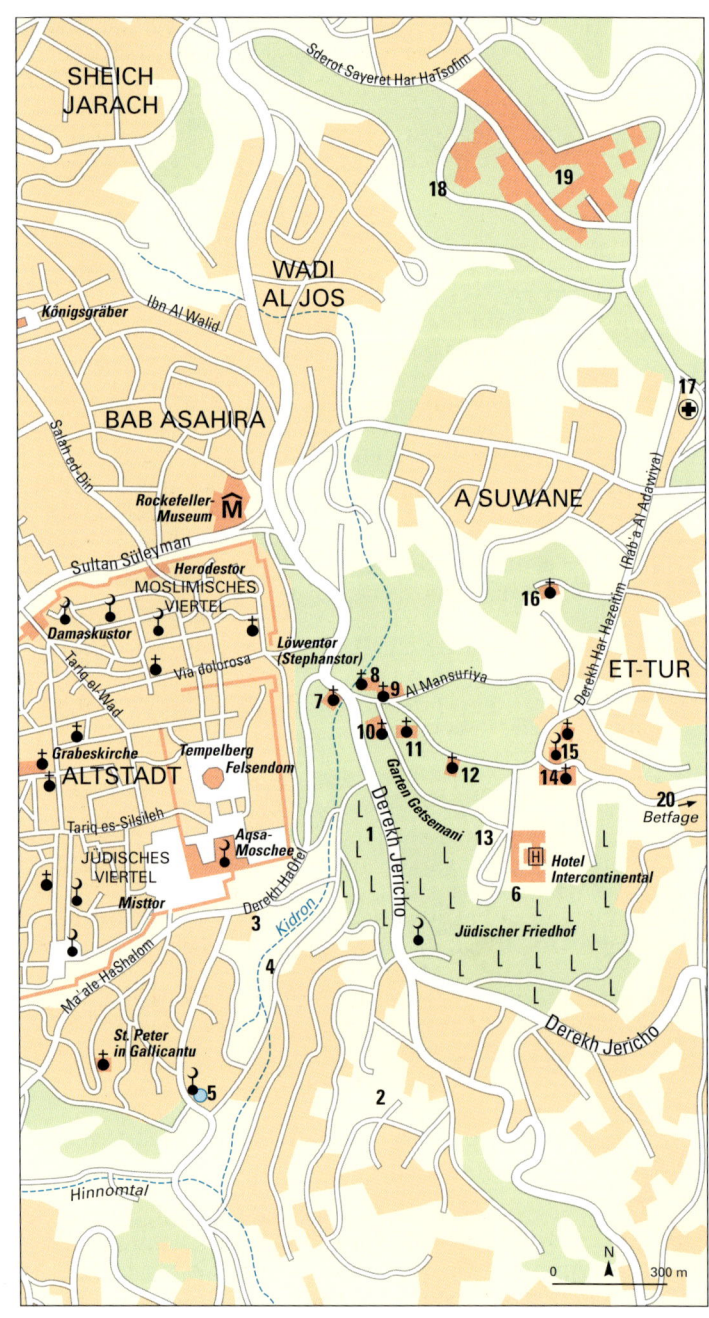

Quelle hinab, von der aus ein unterirdischer Kanal bis zum Siloah-teich verläuft. Die Quelle lag außerhalb der Jebusiterstadt und der Stadt Davids, denn es war aus strategischen Gründen nicht möglich, die Stadtmauer bis ins Kidrontal hinabzuziehen. Um auch im Vertei-digungsfall an das lebensnotwendige Wasser heranzukommen, trie-ben die Jebusiter von der Quelle aus einen Tunnel unter das Stadtge-biet und schlugen von oben einen 13 m tiefen, treppenlosen Schacht hinab, aus dem sie das Wasser mit an Seilen hängenden Eimern schöpfen konnten. Durch diesen Schacht drangen gegen 1000 v. Chr. Joab und seine Männer in die Jebusiterstadt ein und öffneten die Tore für Davids Truppen.

Im ausgehenden 8. Jh. v. Chr. baute König Hiskia angesichts der drohenden Assyrer einen rund 533 m langen, zwischen 0,58 und 0,65 m breiten und zwischen 1,60 und 5,10 m hohen unterirdischen Kanal, der im Siloahteich, einer riesigen Zisterne im Stadtgebiet, endete. Der Bau dieses vielfach gewundenen Kanals, dessen Verlauf sich nach der Härte des Gesteins richtete, stellte eine technische Meisterleistung dar. Da die Zeit drängte, wurde die Arbeit an beiden Seiten begonnen. Mit einer Abweichung von kaum 50 cm trafen sich die Bergleute. Man nimmt an, daß die Kanalbauer einer Wasserader folgten. Mehrere Blindstollen hinter der Gihonquelle zeugen von den Bemühungen, die richtige Ader aufzuspüren.

Im Jahre 701 v. Chr. erschien der assyrische Großkönig Sanherib und besetzte ganz Judäa und die Küstenstädte der Philister; nur Jeru-salem konnte er nicht bezwingen, weil eine schwere Epidemie seine Truppen dezimierte. König Hiskia, dem der Prophet Jesaja von einer Übergabe der Stadt abgeraten hatte, war froh, mit erträglichen Tri-butzahlungen davongekommen zu sein (2 Kön 18 und 19).

Der **Siloahteich (5)** sammelte das Wasser des Gihon. Siloah kommt von dem hebräischen *schalach* für ›senden, schicken‹, be-zeichnete ursprünglich also den Kanal, erst später den Teich. Hier wirkte Jesus eines seiner letzten Wunder: Mit dem Quellwasser heil-te er einen Blindgeborenen (Joh 9,6–7). Wie der Teich zur Zeit Jesu aussah, wissen wir nicht. Kaiser Hadrian (117–138) baute ihn zu einer quadratischen Brunnenanlage von 22,5 m Seitenlänge aus. Im 5. Jh. entstand am Teich eine Kirche. Sie wurde 614 beim Persereinfall zer-stört; geblieben sind nur einige Säulenstümpfe. Der heutige, restau-rierte Siloahteich ist 15,5 m lang und 5,5 m breit; der Bogen über dem Gihonaustritt stammt aus dem Jahre 1911. An Stelle der byzantini-schen Kirche steht heute eine kleine Moschee.

Nehmen Sie für die reizvolle Exkursion (etwa 15 Minuten) durch den Hiskiatun-nel einen Führer oder schließen Sie sich ein-fach einer der vielen Schulklassen an. Eine Taschenlampe ist wichtig! Krempeln Sie sich die Hosen hoch, denn Sie werden stel-lenweise knietief im frischen Quellwasser waten!

Ölberg

Der östlich des Tempelbergs ansteigende **Ölberg (6)**, arabisch et-Tur (›der Berg‹), hebräisch Har HaZetim, ist Teil einer nordsüdlich ver-laufenden Hügelkette, die im Norden mit dem Skopus (819 m) be-ginnt, sich in den Anhöhen el-Medbase (827 m) und Umm et-Tala

(815 m) fortsetzt, dann den 809 m hohen Ölberg mit der Himmelfahrtskuppe erreicht und schließlich im Süden mit dem Berg des Ärgernisses (744 m; arabisch Baten el-Hawa) ausschwingt. Die Himmelfahrtskuppe liegt etwa 120 m über dem Kidrontal und noch 65 m über dem Tempelberg. Der Ölberg hat seinen Namen von den uralten Olivenhainen, die zum Teil noch heute vorhanden sind. Er zählt zu den heiligsten Stätten der Christen und Juden. Im Garten Getsemani am Fuß des Ölberges hielt sich Jesus mit den Jüngern häufig auf, hier wurde er am Tag vor seinem Kreuzestod verhaftet. Die Juden haben am Westhang ihre älteste und größte Begräbnisstätte.

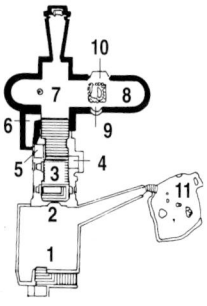

Der kürzeste Weg von der Altstadt zum Ölberg führt durch das Löwentor (Stephanstor). Vor der Brücke über den Kidron steht rechts die dem ersten christlichen Märtyrer Stephanus geweihte griechisch-orthodoxe **Stephanskirche (7)**. Jenseits der Brücke liegt linker Hand das **Mariengrab (8)**. Der schmucke Grabbaldachin neben der zum Grab hinabführenden Treppe erinnert an den berühmten islamischen Juristen Mudjir ed-Din el-Hanabi. Die Treppe endet auf einem ummauerten Vorplatz. Durch ein frühgotisches Portal aus der Kreuzfahrerzeit und über breite Marmorstufen steigt man in die Grabanlage hinunter. Nach der Tradition starb Maria auf dem Zionsberg und wurde in einer Felsenhöhle des Kidrontales, das hier Joschafattal heißt, beigesetzt. In späterer Zeit entstandene Überlieferungen, Marias Grab liege in Ephesus (Westtürkei), wohin sie mit dem Apostel Johannes geflohen sei, ließen sich bis heute nicht bestätigen. Schon im 4. Jh. erhob sich hier eine Kirche, die 614 von den Persern zerstört wurde. Die Kreuzfahrer fanden nur noch die Grabkrypta vor, die sie im Jahre 1112 restaurierten und erweiterten. Darüber errichteten sie eine Kirche, an die sich ein Kloster der Benediktiner von Cluny anschloß. 1187 ließ Sultan Saladin Kirche und Kloster niederreißen, verschonte aber die Krypta, weil auch die Moslems Maria als Mutter des Propheten Isa (Jesus) verehren. 1363 erwarben die Franziskaner das Grab; 1757 erzwangen die orthodoxen Griechen und Armenier die Übertragung der Stätte. Die Krypta hat die Form eines lateinischen Kreuzes. Im größeren Ostarm steht die kleine, aus dem Felsen gehauene Kapelle mit dem marmorverkleideten Bankgrab; rechts und links davon befinden sich eine islamische Gebetsnische und ein armenischer Altar. Auch der Altar im Westteil ist armenisch. An die Treppe lehnen sich zwei Kapellen, in denen die Königinnen des Kreuzfahrerreiches Maria, Konstanze und Batilda (im Westen) sowie Melisende (im Osten) beigesetzt sind.

Rechts vom Mariengrabportal führt ein langer, offener Gang zur **Getsemanigrotte (9).** Hier verbrachte Jesus mit den Jüngern die Nacht vom Donnerstag zum Freitag vor dem Pessahfest des Jahres 30 n. Chr. In jener Nacht verriet Judas den Aufenthaltsort Jesu, der daraufhin von der Tempelwache verhaftet wurde (Mk 14,41–45; Joh 18,4–12). Die Grotte ist etwa 19 m lang, 10 m breit und bis zu 3,5 m hoch. In frühbyzantinischer Zeit (4. Jh.) war der Fußboden mit Mosaiken ausgelegt, die später durch die Anlage von Gräbern fast voll-

Mariengrab und
Getsemanigrotte
1   Vorhof
2   Portal
3   Treppengewölbe
4   Kapelle mit den
     Gräbern Jojakims
     und Annas
5   Kapelle mit dem
     Grab des hl.
     Josef
6   Früherer Zugang
7   Grabkrypta
8   Grab der Maria
9   Islamische
     Gebetsnische
10 Armenischer
     Altar
11 Getsemanigrotte

◁ *Stadtansicht vom*
    Ölberg auf
    Jerusalem

*Getsemanikirche
(Kirche der Nation)*

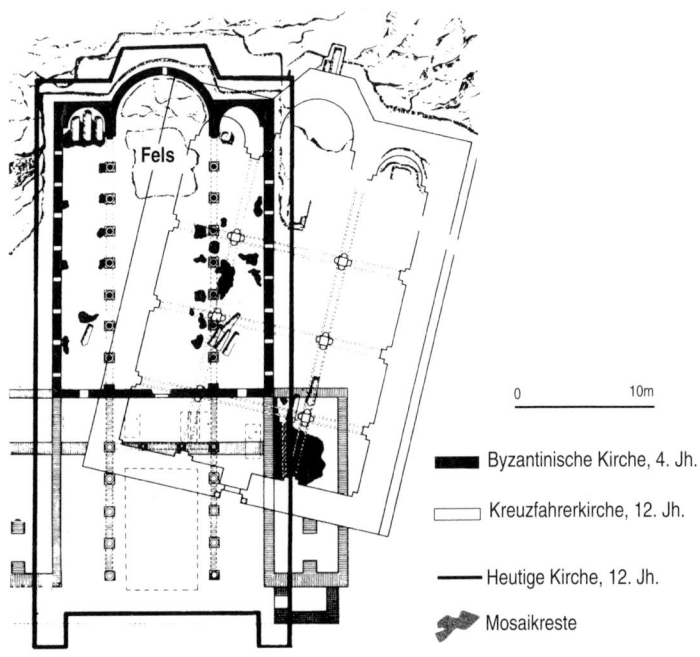

Fels

0   10m

■ Byzantinische Kirche, 4. Jh.

☐ Kreuzfahrerkirche, 12. Jh.

— Heutige Kirche, 12. Jh.

🐾 Mosaikreste

ständig zerstört wurden. Fresken, die die Kreuzfahrer im 12. Jh. erneuerten, schmückten die Wände. Die Getsemanigrotte gehört seit
1392 den Franziskanern.

Jenseits der Straße zum Ölberg liegt hinter einer hohen Mauer der
Garten Getsemani (hebräisch Gat Schemanim); der Name bedeutet
›Ölkelter‹. Hier befand sich zur Zeit Jesu ein Gehöft mit einer größe-
ren Olivenplantage, in der er sich häufig mit seinen Jüngern aufhielt.

In der letzten Nacht vor der Kreuzigung befiel Jesus im Garten
Getsemani Todesangst (Mt 26,36–44). Das Geheimnis dieser Angst
hütet die **Kirche der Nationen (10)**. 1920 entdeckte der italienische
Architekt Antonio Barluzzi beim Bau der heutigen Kirche die Fundamente einer byzantinischen Basilika. Schon 1909 waren die Franziskaner auf die Grundmauern einer Kreuzfahrerkirche des 12. Jh.
gestoßen. Die byzantinische Kirche war 25,05 m lang, 16,35 m breit
und endete in drei Apsiden (die dreiapsidiale Bauform begann sich
in Palästina andernorts erst nach 450 durchzusetzen). Teile ihres
wunderschönen Mosaikfußbodens (stilisierte Blumenmotive) sind
unter schützendem Glas noch zu sehen. Der Kirche war ein von Gebäuden flankiertes Atrium vorgesetzt, dessen Mitte eine große Zisterne einnahm. Das Südgebäude lehnte sich an einen römischen Öl-
kelterraum an. Beim Einfall der Perser im Jahre 614 wurde die erste

Kirche der Todesangst zerstört. Die Ost-West-Achse des nachfolgenden wuchtigen dreischiffigen Kreuzfahrerbaus mit einer Länge von 29,75 m und einer Breite von 17,70 m war gegenüber der byzantinischen Basilika um 13° nach Süden verschoben.

Die Kirche der Nationen, deren Bau mit Spenden vieler Länder finanziert wurde, entstand zwischen 1919 und 1924. Auf dem Giebelmosaik über dem Hauptportal erscheint Jesus als Mittler zwischen Gott und der Menschheit. Die Portalsäulen tragen Statuen der vier Evangelisten. Den Giebel krönt das Kreuz, zu dem zwei Hirsche aufblicken. Das Dach besteht aus zwölf kleinen, mit Bleiplatten gedeckten Kuppeln und nutzt damit die Formen der frühislamischen Baukunst. Die blaugrauen Alabasterfenster tauchen das Innere der Kirche in ein Dämmerlicht; zwölf Monolithsäulen aus rotbraunem Betlehem-Kalkstein symbolisieren die Ölbäume des Gartens. Der von einem Schmiedeeisengitter abgetrennte Hochaltar steht auf dem nackten Felsen.

»Wie der Hirsch lechzt nach frischem Wasser, so lechzt meine Seele, Gott, nach dir.«
Ps 42,2

Vom Garten Getsemani führen drei Wege zum Ölberg hinauf. Der nördliche, eine asphaltierte Straße durch ein Villen- und Gartengelände, verläuft jenseits der interessanten Stätten, der mittlere Treppenweg ist ziemlich anstrengend. Der weniger beschwerliche südliche Weg windet sich zwischen den christlichen Stätten und dem riesigen jüdischen Gräberfeld empor. Die hohen Mauern zu beiden Seiten stören kaum, denn von überall hat man einen herrlichen Blick auf den Tempelberg, die gepflegten Parkanlagen der Ölbergkirchen und die gleißende Steinwüste der Gräber.

Oberhalb der Kirche der Nationen erhebt sich die **Maria Magdalenen-Kirche (11),** die Zar Alexander III. 1885 zum Andenken an

Die russische Maria Magdalenen-Kirche auf dem Ölberg

Dominus Flevit

seine Mutter Alexandrowna erbauen ließ. Die im russischen Barock gehaltene Kirche wird von russisch-orthodoxen Nonnen betreut, die hier auch ein Pilgerhospiz unterhalten. Sieben vergoldete Zwiebeltürme mit je einem orthodoxen Kreuz auf der Spitze krönen den Bau. Das große Gemälde über der herrlichen Ikonostase, das der Russe Wassilij W. Wereschtschagin (1842–1904) schuf, zeigt Magdalena, die dem Kaiser Tiberius die Auferstehung Christi zu erklären versucht. Weitere Bilder berichten aus dem Leben der Heiligen. Die Krypta birgt das Grab der Großherzogin Elisabeth Feodorowna, der Schwester der letzten Zarin, die 1918 mit der Zarenfamilie ermordet wurde; 1921 kamen ihre sterblichen Überreste nach Jerusalem.

Etwa 300 m weiter aufwärts erreicht man das Gelände der Franziskanerkapelle **Dominus Flevit (12),** lateinisch für ›Der Herr weinte‹. Als Jesus am Palmsonntag, vom Volk umjubelt, den Ölberg hinunterritt, weinte er beim Anblick Jerusalems, weil er den Untergang der Stadt kommen sah (Lk 19,41–44). Auf die Fundamente einer kleinen byzantinischen Kirche des 6. Jh. setzte der italienische Architekt Antonio Barluzzi einen Neubau in der Gestalt einer Träne, der 1955 geweiht wurde. Hinter dem Altar öffnet sich ein großes Bogenfenster nach Westen mit Blick auf den Tempelberg. Im Fußboden sind noch Teile eines byzantinischen Mosaiks zu sehen. 1952 entdeckte man auf dem Areal eine große Grabanlage mit vielen Beigaben aus der späten Bronzezeit. Bei Untersuchungen der Relikte der alten Kirche stieß man auf zahlreiche römische und byzantinische Gräber (2. Jh. v. Chr.–4. Jh. n. Chr.), die noch Sarkophage und Ossuarien mit aramäischen, hebräischen und griechischen Inschriften sowie frühen christlichen Symbolen bargen. Auf dem Weg zur Kapelle sind zwei Grabkammern mit Ossuarien zu sehen.

Kurz bevor der Weg einen scharfen Knick nach Norden macht, finden sich die **Gräber (13),** in denen die **Propheten Haggai, Sacharja und Maleachi** (6.–5. Jh. v. Chr.) ruhen sollen. Die Anlage, die im 4. und 5. Jh. für die Bestattung christlicher Pilger geschaffen wurde, besteht aus einer in den Fels gehauenen Rotunde mit zwei halbrunden Galerien und 28 Schiebestollen. Oberhalb der Prophetengräber steht das Hotel Intercontinental. Von dem Aussichtspunkt an der Straße hat man einen großartigen Blick auf Jerusalem. Der Weg führt am Benediktinerinnenkloster vorbei zur **Pater Noster-Kirche (14).** An dieser Stelle soll Jesus seine Jünger das Vaterunser gelehrt haben (Lk 11,1–4; Mt 6,9–13). 1868 erwarb die französische Prinzessin Aurelie de la Tour d'Auvergne das Grundstück, das seit der Kreuzfahrerzeit als Stätte der Geburt des Vaterunsers gilt, und veranlaßte 1874 den Bau der heutigen Kirche, die von französischen Karmeliterinnen betreut wird.

1910 kamen bei Ausgrabungen nahe der Pater Noster-Kirche Mauerreste der Eleona zum Vorschein. Ihr Turm ist heute noch das Wahrzeichen des Ölbergs. Die Eleona (›auf dem Ölberg‹) war neben der Grabeskirche und der Geburtsbasilika eine der drei Hauptkirchen der konstantinischen Ära. Auch hier gab eine Höhle den Anlaß für den Bau eines Gotteshauses: die Grotte der Unterweisung, in der Jesus die Jünger in die Geheimnisse seiner Lehre einführte (Mt 24,3 ff.). In der ersten Hälfte des 4. Jh. ließ die Kaiserin Helena die etwa 70 m lange und 18,6 m breite Eleona errichten. Von Westen führten Treppen zu einem Portikus hinauf, an den sich ein 25 m langes umgebenes Atrium anschloß. Eine rechteckige Zisterne nahm die Mitte des Atriums ein. Drei Portale öffneten sich zu der 29,5 m langen dreischiffigen Basilika, deren Chor genau über der Grotte lag. Die Kirche wurde von den Persern zerstört (614). Die Kreuzfahrer stellten einen kleinen Andachtsraum auf die Ruinen. Sie sahen an diesem Ort die Stätte, an der das Vaterunser entstand.

Himmelfahrtskapelle

An der höchsten Stelle des Ölberges steht die **Himmelfahrtsmoschee (15).** Zwischen Minarett und Moscheehof erhebt sich innerhalb eines Mauerringes die **Himmelfahrtskapelle (15),** errichtet von den Kreuzfahrern um das Jahr 1152 über dem überlieferten Fußabdruck Jesu, der noch heute zu sehen ist. Im Jahre 383 stand an dieser Stelle eine oktogonale Portikusanlage von 41 m Durchmesser. Südlich davon stießen Franziskanerarchäologen auf ein Martyrion, das die Pilgerin Melania um 438 erbauen ließ. Mehrere Klöster schlossen sich nach Süden und Westen an. 614 fielen die Bauten auf dem Ölberggipfel dem Persereinfall zum Opfer. Um 670 wurde das Oktogon wieder aufgebaut, 1009 durch Sultan el-Hakim aber wieder zerstört. Im 12. Jh. war der Himmelfahrtsschrein von einem stark befestigten Augustinerkloster umgeben. 1187 ließ Saladin das Kloster abreißen, den Schrein wandelte er in ein Heiligtum um. Die ursprünglich offne fränkische Himmelfahrtskapelle hat einen Durchmesser von 6,6 m. Die Zwischenmauern und das schwere Kuppeldach stammen aus Saladins Zeit.

Viri Galilaei (16) am Nordende von Et-Tur ist der Sitz des griechisch-orthodoxen Patriarchen von Jerusalem. Hier trafen sich 1964 Papst Paul VI. und der Patriarch Athenagoras.

Viri Galilaei im Osten von Jerusalem

Der hl. Georg schmückt eine Portaleinfassung am Auguste Victoria-Hospital

Der Weg zum Berg Skopus über den Derekh Har HaZeitim (Mount of Olives Road) passiert das **Auguste Victoria-Hospital (17),** das Kaiser Wilhelm II. 1898 zu Ehren seiner Gemahlin stiftete. Zu diesem Krankenhaus gehört die 1907–10 errichtete evangelische Himmelfahrtskirche mit dem 45 m hohen Glockenturm, von dessen Höhe ein einzigartiger Rundblick über Jerusalem und die Judäische Wüste möglich ist (täglich außer So, Aufzug vorhanden). Die im Jugendstil gehaltene Kirche zeigt interessante Deckenmalereien, darunter eine Darstellung des Stifterpaares über der Orgelempore, reizvolle Mosaiken, detailreiche Steinmetzarbeiten, einen byzantinisch gemusterten Fußboden und – als größte Kostbarkeit – einen byzantinischen Taufstein. An dieser Marmorschale aus dem 6. Jh. sind vor allem die schmückenden Einritzungen interessant: der Anker als frühchristliches Zeichen der Hoffnung, das Kreuz mit den Anfangs- und Endbuchstaben des griechischen Alphabets als Sinnbild Christi und der neunarmige Leuchter, den die byzantinischen Christen von den Juden übernahmen und später zum Lebensbaum stilisierten. Auf dem 819 m hohen **Skopus** (**18,** vom hebräischen *zofim*, ›spähen‹) hatte Titus bei der Belagerung Jerusalems im Jahre 70 n. Chr. sein Hauptquartier eingerichtet. Heute befindet sich hier die 1925 eingeweihte **Hebräische Universität (19),** zu der auch das berühmte Hadassah-Klinikum gehört. Zwischen 1948 und 1967 war der Lehrbetrieb unterbrochen, weil der Skopus israelische Enklave auf jordanischem Territorium war. Im Westen Jerusalems entstand damals die neue Universität.

Von der Pater Noster-Kirche aus führt eine schmale Straße in östlicher Richtung zum einstigen Dorf **Betfage** (**20,** ›Haus der grünen Feigen‹), von wo aus Jesus am Palmsonntag auf einem Esel nach Jerusalem ritt (Mt 21,1–11). Zur Erinnerung daran bauten die Byzantiner im 4. Jh. eine Kapelle. Die Kreuzfahrer errichteten später zwei Wehrtürme, von denen einer als Kirche diente. Den Fels, von dem aus Jesus den Esel bestiegen haben soll, schnitten sie in Form eines Würfels aus dem Gestein und bemalten die Seitenwände. 1876 fand ein Bauer den mit mittelalterlichen Fresken bedeckten Felsblock. Die Franziskaner erwarben das Grundstück und bauten darauf 1883 eine Kirche; 1950 wurden die Fresken renoviert. Seit der Zeit des Kreuzfahrerreiches zogen alljährlich am Palmsonntag Christen von Betfage über den Ölberg zur Kirche St. Anna. 1563 untersagten die Türken die Prozession, und erst 1933 konnte der alte Brauch wiederaufgenommen werden.

Neustadt

s. hintere Klappenkarte

Das Stadtgebiet von Jerusalem hat sich seit 1948, besonders aber seit 1967 stark ausgeweitet. Im Westen entstanden und entstehen Wohn-

und Industrieviertel für über eine halbe Million Zuwanderer. Inmitten gepflegter Parkanlagen wuchs das Regierungsviertel mit dem Knessetbau, mehreren Ministerien und der Bank von Israel. Gleich nebenan ließ sich die Neue Hebräische Universität nieder. Alle neuen Gebäude Jerusalems sind gemäß Bauvorschrift mit Kalksteinplatten verkleidet und betonen so den Charakter der israelischen Kapitale am Rande der Judäischen Wüste. Zur Abwehr der Sonnenhitze haben die Wohnhäuser, vor allem in den vorgeschobenen Siedlungen, winzige, fast schießschartenförmige Fenster.

Die nördliche Neustadt

Das **Rockefeller-Museum** außerhalb der Nordostecke der Altstadtmauer zählt zu den bedeutendsten archäologischen Museen der Welt. Es wurde 1927 von dem amerikanischen Industriellen John D. Rockefeller als Palestine Archaeological Museum gestiftet und ist heute dem Israel-Museum (s. S. 142) angeschlossen. Im folgenden ein Überblick über die Sammlung in Stichworten: *Eingangshalle:* Archäologische Sonderausstellungen. *Südoktogon:* Funde aus Bet She'an, Stele Sethos' I. (um 1318 v. Chr.), hethitisches Basaltrelief (14. Jh. v. Chr.), Statue Ramses' III. (12. Jh. v. Chr.). *Südgalerie:* Kult- und Gebrauchsgegenstände, Schmuck und menschliche Skelette vom Paläolithikum bis zur Bronzezeit, darunter der Galiläa-Schädel, der Berg Karmel-Mensch und ein modellierter Schädel aus Jericho, ein chalkolithisches Ossuarium in Form eines Pfahlhauses, der Zaum eines Hyksospferdes, ein ägyptisches Spielbrett mit Fayencefiguren und Elfenbeinwürfeln, die Mikal-Stele aus Bet She'an, ein hethitisches Kriegsbeil. *Südsaal:* geschnitzte und bemalte Holzbalken und Täfelungen aus der Aqsa-Moschee (8. Jh.). *Zwischensaal:* antike Münzen. *Westgalerie:* Stuck- und Steinmetzarbeiten aus dem Omajjadenpalast in Khirbet el-Mafjir (8. Jh.). *Zwischensaal:* Schmuck (18.–8. Jh. v. Chr.). *Nordsaal:* Skulpturen aus der Kreuzfahrerzeit (12. und 13. Jh.), darunter die Friese vom Südportal der Grabeskirche. *Nordgalerie:* anthromorpher Terrakotta-Sarkophag (um 1100 v. Chr.), Elfenbeinschnitzereien aus Samaria (850 v. Chr.), zwei Lakhish-Briefe (6. Jh. v. Chr.). *Nordoktogon:* Menora-Darstellungen des 1.–6. Jh., Mosaik aus En Gedi (6. Jh.). *Innenhof:* Sarkophage, Architekturteile, Statuen, Mosaike.

Nur wenige hundert Meter weiter erreicht man an der Nablus Road das **Gartengrab**. 1882 entdeckte hier der englische General Gordon ein typisches Felsengrab des 1. Jh., das er für das wirkliche Grab Jesu hielt. In einem schädelähnlichen Felsen in der Nähe sah er die Kreuzigungsstätte Golgota. Das noch hervorragend erhaltene Grab zeigt, wie es einst ausgesehen haben könnte, auch wenn inzwischen erwiesen ist, daß es aus dem 4. Jh. stammt.

An der Nablus Road liegt auch das Dominikanerkloster mit der **Stephanskirche**. Im Jahre 415 entdeckte man in Jerusalem die Reliquien des hl. Stephanus, des ersten Märtyrers der Christenheit. Daraufhin ließ Eudokia, die Gemahlin des Kaisers Theodosius II., eine Basilika errichten, die sie im Jahre 460, kurz vor ihrem Tod, weihte. 614 wurde das Gotteshaus ein Raub der Flammen. Die Kreuzfahrer erneuerten den Bau, der aber schon 1187 bei der Eroberung Jerusalems durch Saladin wieder zerstört wurde. 1881 erwarben französische Dominikaner das Ruinengrundstück und führten 1883 umfangreiche Grabungen durch, wobei die dreischiffige byzantinische Basilika zum Vorschein kam. Über den Grundmauern bauten sie die jetzige Kirche, in der noch die schönen alten Bodenmosaike zu sehen sind. Im Klosterbereich entstand 1890 die berühmte ›École biblique‹, eine Akademie der Dominikaner für biblische und archäologische Studien im Heiligen Land.

Nahe der Einmündung der Salah ed-Din Road in die Nablus Road befinden sich die **Königsgräber** (arabisch Kubur el-Muluk), die größte Grabanlage Jerusalems. Hier vermutete man die letzten Ruhestätten der Könige von Juda, bis der französische Archäologe F. de Saulcy 1863 herausfand, daß die zum Judentum konvertierte Königin Helena von Adiabene diese monumentale Anlage im 1. Jh. n. Chr. für sich und ihre Familie geschaffen hatte. Vom Vorhof führt eine 9 m breite, 25stufige Treppe zur Grabanlage hinab. Rinnen in der Felswand leiten das Regenwasser in zwei Zisternen. Links öffnet sich ein Portal auf den 26,5 m × 26,5 m großen Haupthof. Die 12 m breite, loggiaähnliche Eingangshalle war von zwei Säulen gestützt. Ihren oberen Rand schmücken ein Architrav mit Blattornamenten und ein dorischer Fries mit Triglyphen, Akanthusblättern, Kränzen und Pinienzapfen. Die enge Öffnung zur unterirdischen Grabanlage war von einem Rollstein verschlossen, der noch vorhanden ist. Von der Hauptkammer zweigen mehrere Nebenkammern mit zahlreichen Nischengräbern ab. Die Sarkophage befinden sich heute im Louvre.

Kurz vor der Einmündung der Salah ed-Din Road in die Nablus Road taucht die **Georgskathedrale** auf, die Hauptkirche der Anglikanischen Kirchengemeinschaft in Jerusalem, erbaut 1895–1912 im Stil der englischen Windsorgotik des 14. und 15. Jh.

In der Louis Vincent Street/Nablus Road versteckt sich eine äußerlich unscheinbare, aber traumhaft schöne Herberge: das **American Colony Hotel**. Den palastartigen Kernbau mit seinen kostbar ausgestatteten Räumen ließ sich Rabbah Daoud Amin Effendi al-Husseini, ein reicher Grundbesitzer, 1860 als Stadtvilla errichten. 1896 erwarb die Amerikanerin Anna Spafford das inzwischen erweiterte Gebäude für die von ihr betreuten amerikanischen und auch schwedischen Bürger Jerusalems. Die Nobelpreisträgerin Selma Lagerlöf beschrieb die Geschichte der Spaffords und der amerikanischen Kolonie in ihrem Roman »Jerusalem«. 1902 übernahm Baron Ustinov, der Großvater des Schauspielers Peter Ustinov, das Anwesen und verwandelte es in ein orientalisches Gästehaus, in dem sich seither Ingrid Bergman, T. E. Lawrence, Graham Greene, Sir Alec Guiness, Marc Chagall, Peter O'Toole, Hans-Dietrich Genscher, natürlich auch Peter Ustinov und viele andere Berühmtheiten, wohlfühlten. Wenn Sie schon nicht im American Colony wohnen, so schauen Sie doch hinein und trinken Sie eine Tasse Tee.

Ganz in der Nähe, in der Abu Ubayda Ibn El-Jarah Street, finden Sie das **Orienthaus**, Sitz der Palestine Liberation Organization, der Palästinensischen Befreiungsorganisation, kurz PLO. 1897 ließ sich der arabische Emir Isma'il al-Husseini diese prächtige Villa in typisch islamischem Baustil errichten. Besondere Beachtung verdient der aus farbigem Glas gestaltete Portalgiebel am oberen Ende der repräsentativen Treppe.

Im nördlichen Stadtteil Sanhedria, nahe der Rehov Shmuel Ha-Navi, liegen am Nordrand eines Parks die **Sanhedringräber**. Man betritt zunächst den 9,9 m × 9,3 m großen, offenen Hof, der an drei Seiten von steinernen Sitzbänken umgeben ist. Sowohl die Ostwand als auch der Eingang zu den Gräbern sind mit schönen Portaleinfassungen versehen. Akanthusblätter, Granatäpfel und andere Früchte füllen die beiden Giebelfelder. In der ersten Kammer sieht man links zwei Reihen von Nischengräbern. Geradeaus und rechts zweigen mehrere kleinere Kammern auf verschiedenen Ebenen mit Schiebestollengräbern ab. Vermutlich wurden in dieser Katakombe bis zum Jahre 70 n. Chr. die Mitglieder des Hohen Rates beigesetzt.

Der Rückweg zur Altstadt könnte über den Kikar Pikud HaMerkaz (Central Command Square) führen, einen verkehrsreichen Platz, in den mehrere Straßen münden. Auf diesem Platz befand sich von 1948 bis 1967 das berühmte Mandelbaumtor, die einzige Verbindung zwischen dem israelischen und dem jordanischen Jerusalem, ein Grenzübergang, den nur Pilger und Touristen benutzen durften.

Ein Erlebnis besonderer Art ist der Besuch von Mea Shearim, dem malerischen Wohnbezirk der ultraorthodoxen Juden, die sich hier ab 1870 mit ihren Familien niederließen, um in besonders strenger Weise nach den mosaischen Gesetzen zu leben. **Mea Shearim** (›Hundert Tore‹) wurde nach Yemin Moshe (s. u.) das zweite jüdische Viertel außerhalb der Altstadtmauern. Die Neubürger errichteten schmale, mehrstöckige Häuser, die, eng aneinandergeschmiegt, kleinen Festungen gleichen. Eisentore oder schwere Gitter schützen die Eingänge; Fenster und Dachgärten gehen nach innen auf die engen Höfe. Die Bewohner dieses Viertels stammen vorwiegend aus Osteuropa und sprechen auch heute noch jiddisch, weil ihnen die hebräische Sprache für den Alltagsgebrauch zu heilig ist. Die Männer tragen knöchellange, schwarze Mäntel, darunter den gestreiften Kaftan, ferner schwarze Strümpfe und Schuhe sowie einen schwarzen, breitkrempigen Hut, oft auch den Streimel, die typische Pelzmütze aus Fuchsfell. Schläfenlocken (Peies) fallen bis auf die Schultern herab. Wenn sie zur Synagoge gehen – das tun sie mehrmals täglich –, haben sie den Talit, den weißen Gebetsschal mit Fransen, um den Hals gelegt. An Festtagen kleiden sie sich mit einem weißen Gewand und weißen Strümpfen. Die Frauen sind oft kahl geschoren; sie tragen auf der Straße eine Perücke und darüber meist noch ein Kopftuch.

Pessah im Stadtteil Mea Shearim

Jaffa Street

Die Einwohner von Mea Shearim sind arm; sie leben von winzigen Läden oder von Zuwendungen jüdischer Gemeinden der Diaspora und richten ihr Leben vollständig nach den religiösen Gesetzen. Nirgendwo sonst gibt es auf so engem Raum so viele winzige, von außen kaum erkennbare Synagogen und Yeshivot (Talmudlehrstätten). Viele besonders strenggläubige Bewohner erkennen den Staat nicht an, denn das wahre Israel wird nach ihrer Meinung erst mit dem Messias kommen. Sie verweigern den Wehrdienst, lehnen die offizielle

Währung ab und tragen ihre Streitigkeiten vor eigenen Gerichten aus. Die nicht so strenggläubigen Juden belächeln die Einwohner von Mea Shearim und lassen sie gewähren. Große Hinweistafeln in hebräischer und englischer Sprache machen den Besucher von Mea Shearim darauf aufmerksam, daß dieses Viertel kein touristisches Ziel ist, daß man sich hier anständig benehmen sollte, also nur in vollständiger Kleidung (Schultern, Ellenbogen und Knie bedeckt) sowie mit Kopfbedeckung eintritt. Das Fotografieren von Einwohnern ist nur mit deren Genehmigung erlaubt. Am Sabbat und an jüdischen Feiertagen sollte man Mea Shearim meiden.

Von Mea Shearim aus erreicht man in wenigen Minuten die belebte **Jaffa Street** (Derekh Yafo), deren südliche Abzweigung **Ben Yehuda Street** eine autofreie Einkaufsstraße und Bummelmeile ist. Nur von Freitag abend bis Samstag abend (Sabbat) sind Geschäfte und Lokale, Straßencafés und Restaurants geschlossen. Doch in den Seitenstraßen bekommt man trotzdem etwas zu essen.

Einige hundert Meter vor der Stadtmauer fällt am Rande der Jaffa Street, schräg gegenüber der Hauptpost hinter schlanken Palmen der nüchterne, aber repräsentative Komplex des neuen **Rathauses** auf (1972–76). Nördlich davon beherrscht die russisch-orthodoxe **Dreifaltigkeitskathedrale** den russischen Kloster- und Diözesekomplex. 1860–64 erbaute der bedeutende russische Architekt Martin Iwanowitsch Eppinger die Kathedrale, die er der Moskauer Mariä Himmelfahrts-Kathedrale aus dem 15. Jh. nachempfand.

Der auffällige Gebäudekomplex gegenüber der Altstadtmauer in Höhe des Neuen Tores stellt das Notre Dame Centre dar, die erste französische Gründung in Jerusalem außerhalb der Altstadt. Zu diesem Centre gehören das St. Louis-Hospital (1879–96) und das Notre Dame de France Hospice, die mit 410 Zimmern größte Pilgerherberge Jerusalems (1879–96).

Die westliche Neustadt

Der Weg beginnt am Jaffator und führt ins Hinnomtal hinab. Nach Überquerung der verkehrsreichen Chativat Yerushalayim Street tritt man in eine gepflegte Parkanlage, den Mitchell Garden. Nach Süden zu schmiegt sich seit 1981 das Merrill Hassenfeld Amphitheater in das Tal, das früher an dieser Stelle der Sultansteich, eine stattliche Zisterne, bedeckte. Vor uns liegt **Yemin Moshe** - schöne Galerien und Kunstgewerbe finden Sie hier -, ein reiches Viertel am Westhang des Hinnomtals mit Blick auf die Stadtmauer und die Zitadelle.

Weiter aufwärts sprudelt im **Bloomfield Garden** (manchmal) der reizvolle Löwenbrunnen, ein Geschenk der deutschen Bundesregierung an die Stadt Jerusalem, gestaltet von dem Bildhauer Gernot Rumpf (1989). Ein Stück weiter erinnert eine holländische Windmühle an Sir Moshe Haim Montefiore (s. S. 66), der hier um die Mitte des 19. Jh. die erste jüdische Siedlung außerhalb der Altstadt gründete. Eine kleine Ausstellung in der Mühle, die ursprünglich die Selbstversorgung der Siedler sichern sollte, aber niemals ihre Flügel bewegte, berichtet über Montefiores Leben und Werk. Von der ursprünglichen Siedlung blieb nur eine Reihe niedriger Häuser, die heute die Künstlerkolonie Mischkenot Sha'ananim beherbergen. Jenseits der Hebron Road, die vom Jaffator südwärts nach Betlehem strebt, duckt sich die Cinémathèque ins Hinnomtal. Sie steht im Mittelpunkt der alljährlichen Jerusalemer Filmfestspiele. Wenn Sie wollen, können Sie dem Jerusalemer Bahnhof einen Besuch abstatten. Seit 1892 fahren von hier aus Züge nach Tel Aviv und weiter nach Haifa. Der Zug braucht bis zur Küste etwa zwei Stunden, der Bus nur 40 Minuten; so verkehrt die Bahn nur noch einmal täglich mit wenigen Passagieren und wird ihren Betrieb wohl bald einstellen. Unweit vom Bahnhof bildet die **Andreaskirche** eine weithin sichtbare Landmarke. An die Kirche aus dem späten 19. Jh. lehnt sich das britische Konsulat an. Jenseits der David Hamelekh wird der Bloomfield Garden zum **Liberty Bell Garden** mit schattenspendenden Pergolen und duftenden Blütenkaskaden. Ein Nachguß der amerikanischen Freiheitsglocke gab dem Garten seinen Namen.

Nördlich der Windmühle führt der Bloomfield Garden zum **Familiengrab Herodes' des Großen,** in dem – wie Archäologen vermuten – die von Herodes hingerichteten Familienangehörigen, seine Frau Mariamme, deren Mutter Alexandra und sein Sohn Antipater, bestattet waren. Durch einen schmalen, abfallenden Gang, der mit einem Rollstein verschlossen werden konnte (der Stein ist noch vorhanden), gelangt man in die Grabanlage aus dem 1. Jh. v. Chr., die aus drei quadratischen und einer rechteckigen Grabkammer besteht, verbunden durch einen etwa 5 m hohen Mittelraum. Alle Räume sind sorgfältig mit Kalksteinquadern ausgekleidet.

Über dem Bloomfield Garden, der sich bis zum französischen Konsulat hinzieht und mit Brunnen, Pergolen und einer unübersehbaren Skulptur des schweizerischen Bildhauers und Malers Max Bill (»Four Cubes cut into halves which make eight elements«, 1973–85) geschmückt ist, erhebt sich der mächtige Komplex des **King David Hotels,** der luxuriösesten Herberge Jerusalems, neben dem Dan-Hotel in Tel Aviv eines der beiden israelischen »Leading Hotels of the World«. Emile Vogt baute das 1931 eröffnete Haus, dessen Repräsentationsräume G. G. Hufschmid im »biblischen Stil« prachtvoll gestaltete, also in einer Mischung aus assyrischen, hethitischen und phönizischen Elementen. Im Zweiten Weltkrieg hatte die britische Armee einen Teil des Hotels zur Kommandozentrale bestimmt. 1946 sprengte die jüdische Untergrundorganisation Irgun Zwai Leumi unter ihrem Chef Menachem Begin einen ganzen Flügel des Hotels in die Luft, wobei zahlreiche Briten ums Leben kamen. Nach 1948 wurde das King David wieder ein Luxushotel.

Dem King David Hotel gegenüber ragt der fast 50 m hohe Turm des **YMCA** als eines der markantesten Wahrzeichen Jerusalems in den meist blaugrauen Himmel. Für den Weltbund der Young Men's

Christian Association errichtete der amerikanische Architekt Arthur Loomis Harmon, der Erbauer des damals höchsten Gebäudes der Welt (Empire State Building in New York, 331 m hoch, 1931), von 1928–33 den umfangreichen Gebäudekomplex, ein Hotel mit Kultur- und Sportzentrum (Konzertsaal, Kino, Bibliothek, Gebetsräume, archäologisches Museum, erste Schwimmhalle in Jerusalem) für junge Menschen aller Religionen. An den Außenwänden rufen Bibelzitate auf Hebräisch, Englisch und Arabisch nach Einheit und Frieden. In dem Haupt- und in den Nebengebäuden verarbeitete der Architekt romanische, orientalische und Jugendstilelemente. Ein 5 m hohes Relief an der Turmfassade zeigt den sechsflügeligen Seraphim, den der Prophet Jesaja in einer Vision erlebte (Jes 6,2–3). Den Fußboden der Eingangshalle schmückt eine Kopie der berühmten Mosaikkarte von Madaba (Jordanien), der ältesten erhaltenen Landkarte von Palästina (6. Jh.), wie wir sie schon im Cardo der Altstadt sehen konnten. Der Turm bietet einen großartigen Rundblick auf Jerusalem. Und auf der gut besuchten Hotelterrasse läßt es sich abends – auch an Sabbat und Sonntag – vorzüglich speisen.

Inschrift am YMCA:
»Here is a place whose atmosphere is peace where political and religious jealousies can be forgotten and international unity be fostered and developed.«
Lord Allenby, 1933

Am Sderot Ben Zvi steht in einer Senke unterhalb des Israel-Museums der festungsartige Bau des griechisch-orthodoxen **Kreuzklosters** (arabisch Deir el-Musalliba). Nach einer Legende, die bis ins 4. Jh. zurückreicht, soll sich Lot nach seiner Flucht aus Sodom hier niedergelassen und einen Baum gepflanzt haben, aus dessen Holz das Kreuz Jesu geschnitten wurde. Die früher einsam gelegene Senke nannten die Christen deshalb Tal des Kreuzes. Das Kloster wurde vermutlich von Helena gegründet und den georgischen Christen anvertraut. Die heutige Anlage geht auf einen Neubau zurück, den König Bagrat von Georgien im Jahre 1038 in Auftrag gab. Aus dieser Zeit stammt auch die Klosterkirche, ein dreischiffiger Kuppel-

Das Kreuzkloster im südwestlichen Jerusalem

bau. Im Mittelschiff haben sich Bodenmosaike einer byzantinischen Kirche des 5./6. Jh. erhalten. Der Chorraum ist mit Fresken, die zumeist georgische Könige und Heilige darstellen, geschmückt. Ein Silberring bezeichnet die Stelle, an der der ›Baum des Kreuzes‹ gestanden haben soll. Im 17. Jh. ging das Kloster dann in griechisch-orthodoxen Besitz über. Im 18. Jh. entstand der Glockenturm und wurden die mächtigen Klostermauern restauriert. Das Kreuzkloster dient heute als theologische Hochschule.

Das **Israel-Museum**, 1965 eröffnet, besteht aus vier Abteilungen: dem Schrein des Buches, dem Archäologischen Museum, dem Bezalel-Museum und dem Billy Rose-Skulpturengarten. Für eine Besichtigung sollte man mindestens drei Stunden einplanen. Der Schrein des Buches ist eine mit weißen Porzellanplatten belegte Kuppel, nachempfunden den Deckeln der Tonkrüge, in denen die berühmten Schriftrollen von Qumran gefunden wurden. Neben der weißen Kuppel erhebt sich eine mächtige schwarze Mauer. Weiß und Schwarz sollen den Kampf zwischen den Kindern des Lichtes und der Finsternis symbolisieren. In dem Schrein werden die Schriftrollen des Toten Meeres gezeigt (überwiegend als Kopie), darunter in der Mitte der Kuppel das Buch Jesaja, gekrönt von dem riesigen Griff einer Thorarolle. Im Untergeschoß und in den Gängen sind 15 Briefe des Bar Kochba, Familienurkunden aus dem 2. Jh., Handschriften aus Masada und En Gedi (1. Jh.) sowie Gebrauchs- und Kultgegenstände, Kleidung und Schmuck der Zeloten (1. Jh.) zu sehen. Zwei Silberplättchen, die 1979 in einer Grabanlage (7. Jh. v. Chr.) im Hinnomtal gefunden wurden, tragen den bisher ältesten Bibeltext, den aaronitischen Segen (Numeri [4 Mose] 6,24–26).

Schrein des Buches

Das Archäologische und Biblische Museum Samuel Bronfman, in mehreren miteinander verbundenen Pavillons untergebracht, zeigt Exponate vom Paläolithikum bis ins Mittelalter, darunter ein Stadttor von Hazor und das Allerheiligste des Tempels von Arad, die irdene Gußform der kanaanitischen Göttin Aschera aus Nahariyya, eine Philistergöttin aus Ashdod, den ›Guten Hirten‹ und den ›Stein des Pontius Pilatus‹ aus Caesarea, Architekturteile und Bodenmosaike früher Synagogen sowie marmorne Altarschranken aus byzantinischen Kirchen. Das Bezalel-Kunstmuseum geht auf eine Sammlung jüdischer Kultgegenstände zurück, die Boris Schatz im Jahre 1906 der Öffentlichkeit übergab. Bezalel, der Sohn Uris, war der biblische Schöpfer der Bundeslade (Ex 31,1 ff.). Herausragende Exponate dieser einzigartigen Sammlung sind die Bundeslade und die Holzreliefs von den Portalen der Maimonides-Synagoge in Kairo (11. Jh.). Eine Abteilung enthält Werke berühmter Maler und Graphiker vom 16. Jh. bis zur Gegenwart. Der Billy Rose-Kunstgarten ist eine Schöpfung des Japaners Isamu Noguchi. Die Sammlung des Amerikaners Billy Rose bildete den Grundstock für dieses Freiluftmuseum mit Skulpturen von Auguste Rodin bis Claes Oldenburg.

Nördlich des Israel-Museums beginnt das neue Regierungsviertel Qiryat Ben Gurion mit dem Gebäude des israelischen Parlaments, der **Knesset** (1966). Wandteppiche und Bodenmosaik der Eingangshalle entwarf Marc Chagall, die Wand des Sitzungssaales gestaltete Dani Karavan. (Für eine geführte Tour durch die Knesset wird der Reisepaß benötigt.) Gegenüber dem Haupteingang erhebt sich die 5 m hohe bronzene Menora, ein Geschenk der britischen Labour Party. 29 Reliefs auf den sieben Armen des Leuchters zeichnen die Geschichte des jüdischen Volkes (von links): Jesaja verkündet das Wort Jahwes, Yohanan ben Zakkai gründet nach der Zerstörung Jerusalems in Yavne ein neues religiöses Zentrum, die Juden in Spanien, das Babylonische Exil; Esra, Hiob, der Talmud, das Hohelied; Davids Kampf gegen die Philister, Landung jüdischer Flüchtlinge, Abrahams Opfer; Mose auf dem Berg Sinai, die Gesetzestafeln, Rut, Ezechiel (Hesekiel), der Warschauer Aufstand, die Worte ›Höre Israel‹ (Anfang des jüdischen Glaubensbekenntnisses), israelische Siedler; Bar Kochba, Messiashoffnung, Jakobs Kampf mit dem Engel; Rabbi Hillel, Rabbi Hanina, die Kabbala, die Halacha (jüdisches Religionsgesetz); Jeremia, Makkabäerkriege, Gottesverehrung, Nehemia. Hinter der Menora erstreckt sich der Wohl-Rosengarten bis

Yad Vashem:
Auf einer Stele sind
die Namen der zer-
störten jüdischen
Dörfer und Gemeinden
eingemeißelt

zum Obersten Gerichtshof hinauf, an den sich die Bank von Israel anschließt. Der Rosengarten umschließt auch die Ministerien für Finanzen und für Inneres sowie den Amtssitz des Ministerpräsidenten.

Die **neue Hebräische Universität** ist ein Stadtteil für sich, mit Verwaltungsgebäude (1958), Wise-Auditorium (1957), Nationalbibliothek (1961), Institut für Angewandte Physik (1958), Synagoge (1957), Williams-Planetarium, Rubin-Musikakademie, Studentenzentrum, Amphitheater, Stadion, Botanischem Garten usw.

Der Sderot Herzl führt zum Herzl-Berg mit dem Grab von Theodor Herzl (1860–1904). Auf dem höchsten Punkt Jerusalems (889 m) bedeckt der schlichte Block aus schwarzem Granit die Gruft mit seinen sterblichen Überresten; in den Stein ist nur sein Name eingemeißelt. In der Nähe ruhen seine Familie und die israelischen Ministerpräsidenten Levi Eshkol (1895–1969), Golda Meir (1898–1978) und Yitzhak Rabin (1922–95). Das kleine Museum neben dem Haupteingang zeigt Theodor Herzls Wiener Arbeitszimmer mit originaler Einrichtung.

Vom Kikar Holland am Eingang zum Herzl Berg-Friedhof führt eine Seitenstraße zum ›Berg der Erinnerung‹ mit **Yad Vashem,** der bedeutendsten Gedenkstätte des jüdischen Volkes, dem einzigartigen Mahnmal für die Millionen Opfer des Nationalsozialismus. Mittelpunkt des weiträumigen Komplexes ist die fensterlose Halle der Erinnerung, die in Beton und grobem Bruchstein ausgeführt ist. Im Schein einer ewigen Flamme leuchten im Steinboden die Namen der 22 größten Vernichtungsstätten auf. Eine Bronzeschale enthält Asche von Opfern aus jedem Lager. Auf dem Vorplatz ragt eine Säule hoch empor; an ihrer Spitze steht das Wort *zkhor,* ›Erinnere Dich‹. Eine weitere Halle ist den in den Lagern ermordeten Kindern gewidmet. Ein Mahnmal davor erinnert an den polnischen Kinderarzt und Pädagogen Janusz Korczak, der Kinder aus dem Warschauer Ghetto freiwillig in den Tod begleitete. In der Allee der Gerechten ist jeder Nichtjude, der unter Einsatz seines Lebens Juden gerettet hat, durch einen immergrünen Johannisbrotbaum verewigt. Ein Güterwaggon der Deutschen Reichsbahn am Ende eines Gleises hoch über dem Tal symbolisiert die Deportation der Juden in die Vernichtungslager. Seit 1992/93 gedenkt das Tal der zerstörten Gemeinden, ein beklemmendes Felsenlabyrinth, der Zerschlagung von 5000 jüdischen Gemeinden in Europa durch die Nationalsozialisten. Ein Holocaust- bzw. Schoah-Archiv, ein Dokumentations- und Forschungszentrum, eine Synagoge und ein Kunstmuseum mit Werken jüdischer Lagerinsassen ergänzen die Gedenkstätte Yad Vashem (So–Do 9–17 Uhr, Fr und vor Feiertagen 9–14 Uhr. Sa und an allen jüdischen Feiertagen geschlossen).

Yad Vashem bedeutet ›ein Denkmal und ein Name‹ und bezieht sich auf ein Wort des Propheten Jesaja: »Ihnen allen errichte ich in meinem Haus und in meinen Mauern ein Denkmal, ich gebe ihnen einen Namen, der mehr wert ist als Söhne und Töchter: Einen ewigen Namen gebe ich ihnen, der niemals ausgetilgt wird.«
Jes 56,5

En Kerem

En Kerem, ein Dorf in einer Talmulde am Westrand Jerusalems, gilt nach christlicher Tradition als Geburtsort Johannes' des Täufers. Heute ist es ein Teil der Großstadt Jerusalem, bedrängt von modernen Hochhäusern. Das hebräische En Kerem wie auch das arabische Ain Karim bedeuten ›Quelle des Weinberges‹. Der Ort besteht seit fast 4000 Jahren und war auch zur Zeit Jesu bewohnt. Als Geburtsort Johannes' des Täufers wird En Kerem seit byzantinischer Zeit verehrt; seit 638 wird er als Stätte der Verkündigung und der Geburt des Täufers im Georgischen Festkalender aufgeführt.

*Blick auf En Kerem
und die Kirche
der Heimsuchung*

In En Kerem erinnern zwei heilige Stätten an die Ereignisse des Evangeliums. Am südlichen Berghang erhebt sich inmitten hoher Zypressen die **Kirche der Heimsuchung.** Hier stand das Haus, in das sich Elisabet, die Frau des Tempelpriesters Zacharias, in den letzten Monaten ihrer Schwangerschaft zurückgezogen hatte, und in das ihre Kusine Maria aus Nazaret kam, um ihr in den Wochen vor und nach der Niederkunft beizustehen. 1679 kauften die Franziskaner das Grundstück. 1861 restaurierten sie die Reste der Kreuzfahrerkirche, 1938–46 begannen sie mit dem Bau der heutigen Kirche, die Antonio Barluzzi 1955 vollendete. Das bunte Mosaik der Eingangsfassade stellt Marias Reise nach En Kerem dar. In ihrem unteren Teil bewahrt die Kirche Fundamente und Mosaike einer byzantinischen Basilika sowie Reste von Wohnhäusern aus herodianischer Zeit, darunter einen alten Ziehbrunnen. Drei moderne Fresken zeigen die Erscheinung des Engels Gabriel, der Zacharias im Tempel von Jerusalem die Geburt eines Sohnes verkündet, die Begegnung von Maria und Elisabet sowie den Kindermord im benachbarten Betlehem. Die Oberkirche ist allein Maria gewidmet. Das Altarbild zeigt sie umjubelt von Himmel und Erde. Die fünf Fresken der Südwand erläutern die Bedeutung Marias als Gottesgebärerin, als Zuflucht der Bedrängten, als Gnadenvermittlerin, als Hilfe der Christen und als unbefleckte Empfangene. Teile der Apsis stammen von der Kreuzfahrerkirche (12. Jh.). Auf Majolikaplatten im Vorhof der Kirche ist das Magnifikat in vielen Sprachen niedergeschrieben: »Meine Seele preist die Größe des Herrn …« (Lk 1,46–55).

Jenseits des Tales steht auf einem Felsplateau über einer Grotte die **Johanneskirche,** umgeben von einer festungsartigen Klosteranlage der Franziskaner. Seit byzantinischer Zeit wird diese Stelle als Geburtsort des Täufers verehrt. 1621 erwarben die Franziskaner das Grundstück und errichteten zwischen 1675 und 1690 über den Fundamenten älterer Gotteshäuser die heutige Kirche. Vom linken Seitenschiff führen mehrere Stufen zur Geburtsgrotte hinab. Die Decke zeigt noch den nackten Fels, die Wände sind mit marmornen Flachreliefs geschmückt, die aus dem Leben des Täufers berichten. Unter dem Portikus der Kirche fand man im Jahre 1895 Fundamente und ornamentale Bodenmosaike einer dreischiffigen byzantinischen Kapelle. Nördlich schloß sich eine zweite mosaikgeschmückte Kapelle an, die der Franziskanerarchäologe S. J. Saller OFM 1941 freilegte. Den Chorboden dieser Kapelle bedeckt ein schönes Mosaik mit Pfauen, Rebhühnern und einer großen Raute, deren Mitte eine griechische Inschrift einnimmt: »Seid gegrüßt, ihr Märtyrer Gottes.« Ferner stieß Saller auf die Reste der byzantinischen Hauptkirche. Ziel vieler christlicher und auch moslemischer Pilger ist die Marien- oder Jungfrauenquelle, über der sich eine kleine Moschee erhebt. Baron von Rothschild ließ die Quelle zu Ehren seiner Großeltern einfassen. (Nach En Kerem verkehren die Buslinien 17 und 17a.)

Qiryat Hadassah oberhalb des alten Dorfes En Kerem ist das medizinische Zentrum der Neuen Hebräischen Universität mit dem größten Klinikum des Nahen Ostens. Besondere Beachtung verdient hier die moderne **Synagoge des Hadassah-Klinikums** (1962 geweiht), ein Werk des amerikanischen Architekten Joseph Neufeld. Der einfache Rechteckbau, zu dessen Innenraum man mehrere Stufen hinabsteigen muß, wird von einem rechteckigen Aufbau mit den weltberühmten Glasfenstern von Marc Chagall gekrönt. Die Fenster symbolisieren die zwölf Stämme Israels. Auf der Nordseite erscheinen die Stämme Naftali, Josef und Benjamin, im Osten Ruben, Simeon und Levi, auf der Südwand Juda, Sebulon und Issachar, im Westen Dan, Gad und Ascher. Die magischen Zahlen Drei und Vier ergeben die Summe Sieben (die Wochentage und die Arme der Menora), als Produkt Zwölf (die Stämme Israels, die Tierkreiszeichen und die Tore des alten Jerusalem).

Etwa 1,5 km vor dem Hadassah-Klinikum zweigt eine Straße zum Kennedy-Memorial ab. In der Nähe der Abzweigung schreckt der Golem, ein riesiges buntes Polyester-Monster der französischen Plastikerin Niki de Saint Phalle, seit 1971 die vorbeikommenden Autofahrer. Die Kinder von Qiryat Menahem lieben dieses friedliche Ungeheuer und rutschen auf der dreifach gespaltenen, knallroten Zunge in den weichen Sand. Die schmale Straße führt durch die Moschawim Ora und Amminadav und windet sich nach knapp 6 km empor zu einer Gedenkstätte für den ermordeten amerikanischen Präsidenten John F. Kennedy (1917–63).

Ramat Sharett

Auf dem Gelände des Holyland Hotel im Stadtteil Ramat Sharett (Buslinie 21) befindet sich ein **Modell des antiken Jerusalem.** Im Maßstab 1:50 ist die Arbeit in Stein, Holz und Metall ausgeführt. Das Modell zeigt die Stadt im 1. Jh. n. Chr. zur Zeit Jesu. Ein großer Teil der Modellbauten war nur mit Hilfe von schriftlichen Quellen und Analogieschlüssen zu erstellen. Die eindrucksvolle Anlage wird aufgrund neuester archäologischer Befunde laufend ergänzt bzw. verändert (tägl. 8–22 Uhr).

Modell des alten Jerusalem in Ramat Sharett (Zweiter Tempel)

Wenige hundert Meter südlich des Holyland Hotel entstand 1993 die Jerusalem Shopping Mall (Kenyon Yerushalayim), das größte Einkaufszentrum des Nahen Ostens mit Hunderten von Geschäften und Dutzenden von Cafés und Restaurants. Hier schufen die Architekten eine postmoderne Kombination aus neoklassizistischen Elementen und Jugendstilmotiven. Gleich nebenan wurde im Jahr zuvor, 1992, das Teddy-Stadion eröffnet, benannt nach dem langjährigen Jerusalemer Bürgermeister Teddy Kollek. In dieser Sportanlage vereinigen sich traditionelle Steinbauweise mit Stahl- und Glaskonstruktionen sowie einer Plastikbedachung in greller Farbgebung. Etwa 1 km westlich des Stadions findet der Besucher den Neuen Biblischen Zoo (1993), eine gelungene Synthese aus Zoologie, Botanik, Landschaftsbau, Archäologie und Architektur.

Nach Jericho

Vom judäischen Bergland ins Jordantal

Betanien/'Eizariya

4 km östlich von Jerusalem liegt an der Straße nach Jericho, am Osthang des Ölberges, 'Eizariya, das neutestamentarische Betanien, der Ort der Auferweckung des Lazarus durch Jesus. Die bedeutende Pilgerstätte umfaßt die neue, auf den Resten von zwei byzantinischen und einem mittelalterlichen Sakralbau errichtete Lazaruskirche mit dem Grab des Lazarus und eine beachtenswerte Felsgrotte. Das Dorf zählt heute 2200 Einwohner.

Der Name Betanien, der auf Bet Ananeja, das bedeutet ›Haus Ananeja‹ zurückgeht, ist mit dem Ananeja identisch, in dem sich im späten 6. Jh. v. Chr. aus dem Babylonischen Exil zurückgekehrte Juden vom Stamm Benjamin niedergelassen hatten (Neh 11,32). Ausgrabungen im Westen des heutigen Dorfes brachten in der Tat Mauerreste und Keramikscherben aus persischer Zeit zum Vorschein. Zur Zeit Jesu war Betanien ein wohlhabendes Dorf mit Olivenhainen, Feigenplantagen und Weingärten. Hier hatte Jesus Freunde, die er öfters besuchte: die Geschwister Lazarus, Maria und Marta. Sechs Tage vor dem Pessahfest kam er noch einmal nach Betanien, wo ihm Maria die Füße salbte, eine Ehrung, die sonst nur Toten zuteil wurde (Joh 12,1–8). Schon im 4. Jh. wurde der Ort Lazarion genannt, wie uns die Pilgerin Aetheria berichtete; daraus entwickelte sich der Name 'Eizariya.

Die heutige **Lazaruskirche** wurde 1952–54 nach den Plänen des Architekten Antonio Barluzzi erbaut, und zwar über den Fundamenten älterer Gotteshäuser, die bis in das 4. Jh. zurückreichen. Die erste Kirche war eine dreischiffige Basilika von 18 m Breite und etwa 35 m Länge. Die Mosaikfelder, die den Boden schmückten, sind außergewöhnlich gut erhalten. Sie zeigen in leuchtenden Farben florale und geometrische Ornamente. Nachdem ein schweres Erdbeben die Basilika einstürzen ließ, entstand zu Beginn des 6. Jh. ein zweiter Bau, ebenfalls dreischiffig und 18 m breit, aber 13 m weiter nach Osten verschoben.

Die moderne Kirche wirkt mit ihrer strengen Kreuzform und den grauen Wänden wie ein Mausoleum. Sie besitzt keine Fenster, aber von der Kuppel her flutet das Licht nach unten auf vier halbmondförmige Mosaikbilder. Links sieht man Jesus bei Marta und Maria, rechts steht er am Grab des Lazarus, die Eingangswand zeigt Jesus im Hause Simon des Aussätzigen, und über dem Hochaltar, der aus grünem jordanischen Marmor besteht, tröstet Jesus die beiden Schwestern mit den Worten: »Ich bin die Auferstehung und das Leben«. Zum Hof der Moschee, dem Atrium der ersten byzantinischen Kirche, führt eine schmale Treppe hinab. In der Südwand ist der Mihrab eingelassen. Das Minarett wurde 1954 erneuert.

Betanien/'Eizariya ☆
Besonders sehenswert
Kirche und Grab des Lazarus

In der Kuppel liest man das Wort Jesu: »Wer an mich glaubt, wird leben, auch wenn er stirbt, und jeder, der lebt und an mich glaubt, wird auf ewig nicht sterben.« Joh 11, 25/26

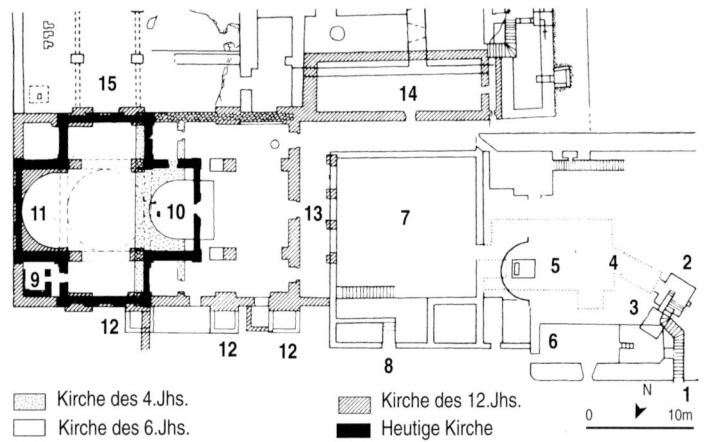

*Betanien: Kirche und
Grab des Lazarus*
1 Heutiger Eingang
2 Vorraum
3 Grabkammer
4 Früherer Eingang
5 Krypta-Moschee
*6 Griechische
Kapelle*
*7 Hof der Moschee
(früheres Atrium)*
*8 Eingang zur
Moschee*
*9 Turm der heutigen
Kirche*
*10 Apsis der Kirche
(4. Jh.)*
*11 Apsis der Kirche
(6. Jh.)*
*12 Strebepfeiler der
Kreuzfahrerkirche*
13 Portikus
*14 Byzantinische
Kapelle*
15 Franziskanerabtei

Kirche des 4.Jhs. Kirche des 12.Jhs.
Kirche des 6.Jhs. Heutige Kirche

Nachdem den christlichen Pilgern der Zugang zum **Lazarusgrab**
durch die Moschee verbaut war, erwirkten die Franziskaner im Jahre
1612 die Erlaubnis, einen neuen Eingang von der kleinen Gasse
aus in den Felsen zu brechen. Diese Pforte ist nur 1,21 m hoch und
0,72 m breit; eine stark ausgetretene Treppe führt zur Grabanlage
hinunter. Über drei Stufen und durch einen kurzen Gang gelangt
man zur eigentlichen Grabkammer (2,45 m × 2,30 m), die ursprünglich mit einer Steinplatte verschlossen war. Die Wände sind aus großen, behauenen Steinen gemauert und waren einst mit Marmorplatten verkleidet. Dahinter befinden sich mehrere Bankbogengräber. In
einem von ihnen lag Lazarus.

Nordwestlich steht ein neues Gotteshaus der melchitischen Kirche. Die fast 10 m hohen, turmartigen Ruinen im Süden der heiligen
Stätte gehören zur Abtei der Benediktinerinnen, die Königin Melisende im 12. Jh. stiftete. 400 m westlich vom Lazarusgrab wurde
1950 die Felsgrotte von Betanien, ursprünglich eine Zisterne, die
man später in ein Höhlenheiligtum umwandelte, entdeckt. Etwa
500 m östlich vom Lazarusgrab besitzen die Griechisch-Orthodoxen
ein Kloster, in dessen Kirche sie den Ort der Begegnung Jesu mit
Marta verehren (Joh 11,20–27). Das Gotteshaus wurde 1881 auf den
Fundamenten älterer Kirchen, die bis in die byzantinische Zeit zurückreichen, erbaut.

Ma'ale Adummim

Die 1963 fertiggestellte und inzwischen verbreiterte Schnellstraße
nach Jericho zieht hinter 'Eizariya in weiten Kurven durch die atemberaubende Bergwüste von Juda und fällt dabei auf einer Strecke von
28 km rund 1000 m in die Jordansenke ab. Neben der Straße tauchen
hier und da Beduinenniederlassungen auf. Blechhütten und geflick-

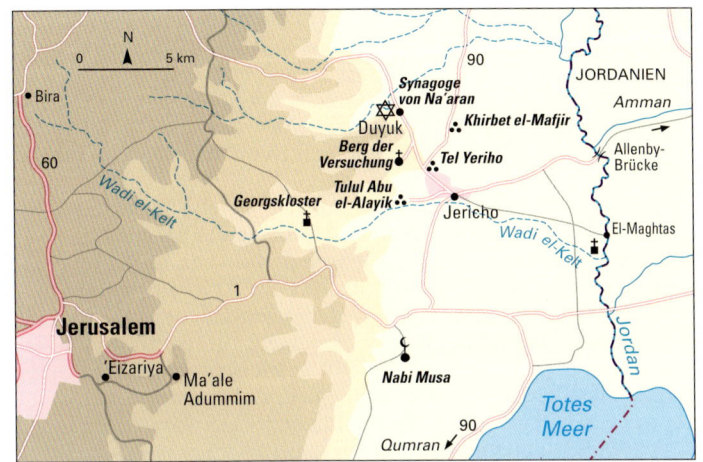

Vom judäischen Bergland ins Jordantal

te Zelte künden davon, daß die einst reichen Nomadenstämme ihr Weideland und damit ihr Vieh verloren. Heute stellen die Beduinen bezaubernden Schmuck her, Armreife und Halsketten in den traditionellen Designs, die sie für wenige Schekel an Touristen verkaufen.

Auf halber Strecke zieht die Straße an Ma'ale Adummim vorüber, einer jüdischen Siedlung, die inzwischen mehr als 30 000 Einwohner zählt und sich zu einer der schönsten Städte des Landes entwickelt hat. Breite Straßen, gesäumt von blühenden Sträuchern und schattigen Bäumen, queren Parks und modern konzipierte Wohnviertel. Hier soll einst Lot auf seiner Flucht aus Sodom gerastet und seine beiden Töchter geschwängert haben (Gen 19,30–38). Hier beginnt die alte Handels- und Pilgerstraße, die man ›Blutsteige‹ (hebräisch Ma'ale Adummim; arabisch Tal'at ed-Damm) nannte, »wegen des Blutes, das hier oft von den Räubern vergossen wird« (Hieronymus, um 347–420). Doch nicht Blut färbte den Kalkstein rot, sondern Eisenoxyd. Trotzdem führen israelische Wandergruppen, die sich auf der ›Blutsteige‹ ins Wadi el-Kelt begeben, immer Funkgerät und einige Schnellfeuerwaffen mit sich. Im späten 5. Jh. gründete Martyrios, Patriarch von Jerusalem, auf der höchsten Erhebung von Ma'ale Adummim ein Kloster, das der Archimandrit (Abt) Paulus bis 482 zum größten Kloster in der Judäischen Wüste ausbaute. Heute findet der Reisende inmitten eines modernen Wohnblocks die Mauerreste und Mosaike des im Persersturm (614) untergegangenen Klosters. Das nach seinem Gründer benannte **Martyrioskloster** entsprach dem Bautyp fast aller byzantinischen Klöster. Eine 4–5 m hohe Mauer umschloß die fast quadratische Anlage (65 bis 79 m Seitenlänge), deren Kirche, Kapellen, Stallungen, Refektorium, Badehaus, Kräutergarten usw. sich um einen großen Hof drängten; außerhalb der Mauern schloß sich im 6. Jh. ein Pilgerhospiz an. Fast alle Räumlichkeiten, selbst die Küche, waren mit erlesenen Mosaikbö-

den versehen, deren geometrische oder florale Zeichnungen mit reizvollen Tiermotiven wechselten. Da es in Ma'ale Adummim keine
Quellen gibt, sorgten sechs Zisternen mit einem Gesamtvolumen
von 30 000 m³ für die Wasserversorgung der Mönche und Pilger. In
frühislamischer Zeit dienten die baulichen Reste des Klosters als
Gutshof. (Nach Ma'ale Adummim verkehren vom Jaffator aus die
Busse 173, 174 und 175.)

Am Südrand der Schnellstraße Jerusalem–Jericho taucht das Mau-
erviereck Khan el-Hathrour auf, die **Herberge des barmherzigen Sa-
mariters**. Das jetzige Gebäude entstand zwar erst im Jahre 1903,
doch deuten antike Mauerreste im Hof des Anwesens darauf hin,
daß hier schon zu Jesu Zeiten eine Herberge gestanden haben könnte. Jesus, der diesen Weg kannte, berichtete von einem Mann, der
von Räubern überfallen und halbtot geschlagen worden war. Ein
vorbeiziehender Priester und auch ein Levit kümmerten sich nicht
um den Schwerverletzten, erst ein Reisender aus Samaria versorgte
dessen Wunden und brachte ihn auf seinem Reittier in die Herberge
(Lk 10,30–34; die Ortsangabe geht jedoch auf außerbiblische Überlieferung zurück). Qala'at ed-Damm, heute die Ruine einer Kreuzfahrerburg in der Nähe des Khan, bewachte die Handelsstraße.

Das Georgskloster im Wadi el-Kelt

Nach einer kurzen Strecke weisen Schilder auf eine Abzweigung
hin, die in alten Zeiten durch das wildromantische, cañonartige
Wadi el-Kelt nach Jericho führte. Am Rand der steilen Schlucht zogen schon kanaanitische Karawanen entlang, David floh durch sie
vor seinem aufsässigen Sohn Abschalom, hier hallte der Marsch-
schritt römischer Kohorten von den gegenüberliegenden Felswänden wider. Auch Jesus kam auf seinem Weg nach Jerusalem durch
das Wadi, das alle anderen Flußtäler westlich des Jordan an Großar-
tigkeit und herber Schönheit übertrifft. An manchen Stellen rücken
die Felswände so nahe zusammen, daß kein Sonnenstrahl den Fluß
erreicht. Spätestens hier spürt man, warum das Wadi auch Tal des
Todesschattens genannt wird. Der Fluß wird von mehreren Quellen
gespeist: Ain Farah, Ain Fawar, Ain Kelt. Herodes der Große leitete
das ganzjährig reichlich fließende Wasser über tiefe Rinnen an den
Felshängen entlang bis nach Jericho. Das Kanalsystem, das auf hohen Aquädukten wiederholt das Tal kreuzt, setzten die Engländer
während der Mandatsverwaltung wieder instand.

Nach kurzer Strecke erblickt man jenseits des Flusses, hoch über
dem Abgrund, das Georgskloster, auch Kozibakloster genannt (nach
dem hl. Georg von Koziba, der gegen Ende des 6. Jh. hier als Abt
wirkte). Eine kleine Brücke führt über den Fluß. Schon in frühbyzantinischer Zeit lebten hier in zahlreichen Höhlen Mönche. Das
Kloster selbst wurde um 480 zu Ehren der Jungfrau Maria gegründet,
und zwar an der Stelle, wo der Engel dem ob seiner Kinderlosigkeit

verzweifelten Hirten Jojakim die baldige Geburt einer Tochter verkündet haben soll. Nachdem im Jahre 614 die Perser Jerusalem erobert hatten, ermordeten fanatische Juden die Mönche, deren Gebeine – zu einem großen Haufen gestapelt – in einer Grotte zu sehen
sind. Von da an blieb das Kloster unbewohnt; erst 1878–1901 bauten
griechisch-orthodoxe Mönche es wieder auf. Heute untersteht das
Georgskloster dem griechisch-orthodoxen Patriarchat in Jerusalem.
Die Anlage umfaßt mehrere Höhlenkirchen mit Resten byzantinischer Mosaike. Heute leben hier nur noch wenige Mönche, die dem
Reisenden eine Erfrischung anbieten. Etwa 20 Minuten Fußmarsch
braucht man vom Parkplatz am Torbogen ganz oben bis zum Kloster
im Wadi (So–Fr 8–12 Uhr, 15–17 Uhr, Sa 8–12 Uhr).

Nabi Musa

»Man begrub ihn [Mose] im Tal, in Moab, gegenüber Bet Pegor. Bis heute kennt niemand sein Grab.«
Dtn 34

Kurz vor dem Verlassen der Berge führt eine breite Abzweigung Richtung Süden nach Nabi Musa, dem bedeutenden moslemischen Wallfahrtsort am Übergang der Judäischen Wüste in die Jordansenke. Nabi Musa heißt ›Prophet Mose‹, und nach islamischer Tradition hat Mose hier seine letzte Ruhestätte gefunden. Wie eine Fata Morgana steigt die heilige Stätte mit ihren zahlreichen Kuppeln und dem hohen Minarett aus der Wüstenlandschaft empor, umgeben von moslemischen Gräberfeldern.

Von Nabi Musa aus sieht man jenseits des Jordan, inmitten der Berge von Moab, den 808 m hohen Gipfel des Nebo, den Mose erstiegen hatte, um das versprochene Land zu schauen. Danach starb er. Sultan Saladin träumte, Allah habe die sterblichen Überreste des großen Propheten auf die westliche Jordanseite gebracht und stiftete ein Wali – sein Grab wurde ein Wallfahrtsort. Um 1265 errichtete Sultan Baibars über dem Mose-Kenotaph eine Moschee. Im 15. Jh. bauten die Mamelucken daneben eine große Herberge mit rund 450 Räumen. Noch heute kommen alljährlich zwischen Mitte und Ende April bis zu 60 000 Pilger, um ihres ersten Propheten zu gedenken. In einem Nebenraum der kleinen Moschee steht das Kenotaph des Mose, eingehüllt in eine schlichte, dunkelgrüne Decke.

Jericho

Nordpalast
1 Empfangshalle
2 Westhof
3 Nordeingang
4 kleiner Empfangsraum
5 Lagerraum
6–12 Thermen
6 Frigidarium
7 Tepidarium
8 Apoditerium
9 Tepidarium
10 Caldarium
11 Heizung
12 Holzlager
13 Großes Triclinium (Speisesaal)
14 Osthof
15 Kleines Triclinium (?)
16 Südeingang (zur Brücke)
17 Portikus

In der Jordansenke trifft die Schnellstraße von Jerusalem auf ein großes Straßendreieck. Geradeaus geht es zum Toten Meer, über die Abzweigung nach Norden erreicht man nach 8 km die wasserreichste Großoase des Vorderen Orients mit der ›Palmenstadt‹ Jericho (Gesamtstrecke ab Jerusalem 36 km). Jericho (hebräisch Yeriho, arabisch Eriha) ist die älteste bisher bekannte Stadt der Erde und nach biblischen Berichten der erste Ort, den die Israeliten in dem verheißenen Land eroberten. Es besteht aus drei Städten verschiedener Perioden, die jeweils ungefähr 2 km voneinander entfernt liegen: dem

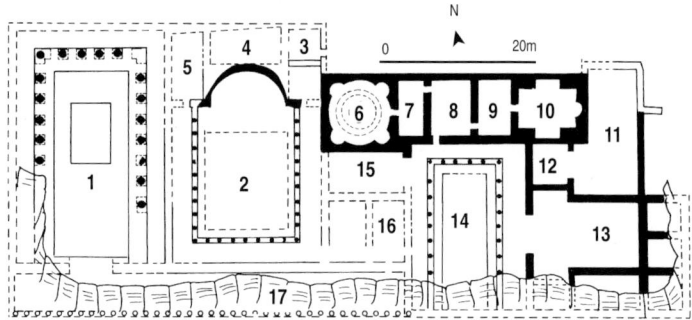

10 000jährigen Tel Yeriho (Tell es-Sultan), der hellenistisch-römischen Stadt Herodes' des Großen bei den Tulul Abu el-Alayik (arabisch *tell*, hebräisch *tel* bedeutet Hügel, arabisch Plural *tulul*) und der arabischen Neustadt Eriha inmitten ausgedehnter Orangen-, Bananen- und Dattelpalmpflanzungen. In der näheren Umgebung sind vor allem der märchenhafte Winterpalast der Omajjaden in Khirbet el-Mafjir, die Synagoge von Na'aran, der Berg der Versuchung und die zur Zeit nicht immer zugängliche Taufstelle Jesu am Jordan eine Besichtigung wert. Die Herkunft des Namens Jericho ist ungeklärt. Vielleicht bedeutet er nichts anderes als ›Weg‹, weil die Stadt an einer der wichtigsten Karawanenstraßen des Altertums lag, oder er kommt vom hebräischen *rih* (›Duft‹), wegen der vielen Balsamsträucher, die dort wuchsen. Vermutlich hängt der Name aber mit der altsemitischen Mondgottheit Jarach zusammen.

Jericho ☆☆
Besonders sehenswert
Tel Jericho
Herodespalast
Omajjadenpalast von
Khirbet el-Mafjir
Kloster Qarantana
Synagoge von Na'aran

Geschichte

Die frühesten Siedlungsspuren in Jericho gehen bis auf das 10. Jahrtausend v. Chr. zurück. Damals ließen sich Jäger und Sammler der Natufian-Kultur an der wasserreichen Quelle Ain es-Sultan (Elischaquelle) nieder, um Viehzucht zu betreiben und erste Ackerbauversuche zu wagen. Am Nordende des Tell es-Sultan entdeckten Archäologen ein 6,50 m × 3,50 m großes, rechteckiges Gebäude aus dieser Zeit, mit Bruchsteinmauern auf einem 30 cm starken Lehmfundament. Um 7000 v. Chr. – möglicherweise noch früher – war Jericho bereits eine Stadt mit Steinmauern, mindestens einem Turm und Verteidigungsgraben. Seine Bewohner hatten durch den Handel mit Salz, Schwefel und Asphalt, gewonnen aus den reichen Vorkommen am Toten Meer, aber auch durch den Verkauf landwirtschaftlicher Erzeugnisse beachtlichen Wohlstand erlangt. Die Stadt, in der bis zu 3000 Menschen gelebt haben mögen, beherrschte eine der wenigen Straßen, die von Osten nach Westen führten und den Jordan nördlich des Toten Meeres überquerten. Die Wohnhäuser dieser ältesten Stadt zeigen einen runden oder halbrunden Grundriß. Töpferei und Metallverarbeitung waren noch nicht bekannt.

Im späten 7. Jahrtausend ließ sich eine neue Bevölkerungsgruppe in Jericho nieder. Diese unbekannten Eroberer bauten rechteckige Lehmziegelhäuser, bei denen sich mehrere Räume um einen Hof gruppierten und deren Wände und Fußböden innen fein verputzt und rötlich oder gelblich bemalt waren. Hier gefundene Tonstatuetten weisen auf die Verehrung einer Fruchtbarkeitsgöttin hin. Unter dem gestampften Fußboden eines anderen Hauses kamen zehn menschliche Schädel zum Vorschein, die frühe Künstler mit Gips überzogen und lebensecht modelliert hatten. Um 5500 wurde die Stadt aus unbekannten Gründen von ihren Bewohnern verlassen.

Neue Siedler erschienen gegen 4500 v. Chr. Sie beherrschten bereits die Töpferei; ihre quadratischen Steinhäuser waren zur Hälfte

Jericho war – 4000 Jahre vor den ägyptischen Pyramiden – bereits »ein differenziertes Gemeinwesen mit einer gut funktionierenden kommunalen Organisation.«
K. M. Kenyon, Archäologin

Jericho ist die älteste Stadt der Welt. Hier gab es – jedenfalls nach heutigem Forschungsstand – die erste Stadtmauer.

in den Boden gebaut, ihre Feuersteingeräte grob gearbeitet. Spätere Eroberer bauten wieder Ziegelhäuser auf Steinfundamenten. Um 4000 v. Chr. wurde Jericho erneut aufgegeben. Nach 3100 v. Chr. ließen sich wiederum Siedler im Stadtgebiet nieder, vielleicht Amoriter. Um 2900 erhielt das frühbronzezeitliche Jericho eine mächtige Mauer aus Lehmziegeln und Holzbalken. Nach siebzehnmaligem Wiederaufbau in den folgenden 600 Jahren wurde sie um 2300 v. Chr. endgültig zerstört. Eine meterdicke Ascheschicht im südlichen Mauerabschnitt zeugt von einem erbitterten Kampf.

Um 1900 v. Chr. übernahmen Kanaaniter Jericho. In der Hyksoszeit wurde die inzwischen auf über 4 ha erweiterte Stadt von einem mächtigen Wall, den eine Ziegelmauer krönte, umgeben. Um 1550 v. Chr. wurde Jericho von dem ägyptischen Pharao Ahmose erobert, für fast zweihundert Jahre blieb es eine Trümmerstätte, bis nach 1400 v. Chr. eine neue Stadt erstand, die aber schon um 1325 v. Chr. wieder verlassen wurde.

Die im 13. vorchristlichen Jahrhundert einwandernden Israeliten unter ihrem Anführer Josua fanden eine unbedeutende Ortschaft mit verfallenen Wehranlagen vor. Weder Posauenklänge noch Feldgeschrei waren nötig, um die Mauern zum Einsturz zu bringen (Jos 6,20). Josua verfluchte das Stadtgebiet von Jericho, und tatsächlich blieb es lange Zeit unbewohnt. Jericho gehörte fortan zum Stammesgebiet der Benjaminiter.

587 v. Chr. eroberten Nebukadnezars Truppen Jerusalem; Zedekia, der letzte König von Juda, floh nach Jericho. Er wurde gefangengenommen und ins Babylonische Exil geschickt. Nachdem die Perser das neubabylonische Reich übernommen hatten, kehrten im Jahre 538 v. Chr. 345 Juden mit ihren Familien nach Jericho zurück (Esra 2,34).

161 v. Chr. befestigte Bakchides, Feldherr des Seleukidenkönigs Demetrios I., das neue Jericho (1 Makk 6,50). Einige Tage darauf eroberten die Makkabäer die Stadt. Der Römer Marcus Antonius schenkte das reiche Jericho samt Oase seiner Geliebten, der ägyptischen Königin Kleopatra, die die Stadt an Herodes den Großen

verpachtete. Nach Kleopatras Selbstmord 30 v. Chr. übereignete Octavian Jericho dem König ganz. Herodes baute die Stadt zu einem luxuriösen Kurzentrum mit riesigen Parkanlagen, Teichen, Amphitheater und Hippodrom aus. Zu beiden Seiten des Wadi el-Kelt entstand ein prächtiger Winterpalast, den er zu seinem Lieblingsaufenthalt erkor. Hier starb er im Jahre 4 v. Chr.

Nach der Beisetzung des Herodes im Herodeion bei Betlehem (s. S. 186) machte sich einer seiner Sklaven zum König von Jericho. Als Herodes' Sohn Archelaos daraufhin die Stadt angriff, setzte jener den Palast in Brand und kam in den Flammen um. Archelaos baute die Anlage wieder auf, erweiterte die Stadt nach Osten hin und schuf ein großzügiges Bewässerungssystem für die riesigen Pflanzungen. Der griechische Geograph Strabon (63 v. Chr.–20. n. Chr.) sah die Ebene am Wadi el-Kelt »angefüllt mit Wohnungen« und reich »an vielen Fruchtbäumen«. Er schwärmte von dem einzigartigen »Palmenwald« von Jericho, der eine Ausdehnung von 100 Stadien hatte, und von dem »Balsamgarten«, der das kostbare, als Arznei hochgeschätzte Balsamharz lieferte (Geographika XVI, 2,40). Auch Jesus hinterließ in Jericho seine Spuren. Hier bekehrte er den reichen Zollpächter Zachäus (Lk 19,2), hier heilte er den blinden Bartimäus (Mk 10,46). 70 n. Chr., gegen Ende des ersten Jüdischen Krieges, wurde Jericho von römischen Truppen verwüstet. Die überlebenden Bewohner schufen jedoch einen neuen Stadtteil, der sich allmählich flußabwärts in Richtung des heutigen Eriha ausdehnte. In byzantinischer Zeit war Jericho sogar Bischofssitz. Sechs Kirchen und eine Synagoge konnten bis jetzt lokalisiert werden.

Unter den Omajjaden war Jericho eine Bezirkshauptstadt, die hauptsächlich vom Handel mit Indigo und Zucker lebte. Auch die Kreuzfahrer betrieben hier später Zuckermühlen, bis Saladin 1187 die Stadt eroberte. Die Mamelucken und die Osmanen ließen Jericho verfallen.

Mit dem Bau der Verbindungsstraße nach Jerusalem in den 30er Jahren blühte Jericho wieder auf. Wohlhabende Araber errichteten in der klimatisch günstig gelegenen Oasenstadt Wohnsitze, in denen sie die Winter verbrachten. 1940 lebten hier etwa 4000 Menschen. Als Jericho 1948 zu Jordanien kam, siedelten sich zahlreiche moslemische Flüchtlinge aus dem neuen Staat Israel an. Heute leben in diesem palästinensischen Selbstverwaltungsgebiet (seit 1994) ca. 17 000 Menschen.

Tel Yeriho

Am Nordwestrand der heutigen Stadt, unter dem eiförmigen Tel Yeriho, ruhen die Überreste der ältesten Stadt der Erde. Der 21,5 m hohe Hügel mißt 307 m × 161 m und bedeckt eine Fläche von rund 4,6 ha. Schon 1869 gruben hier Archäologen, verfehlten aber den berühmten Turm um einen Meter. Erst in den 30er Jahren offenbarte sich die neolithische Vergangenheit Jerichos. 1952–57 stieß die Londoner Archäologin K. M. Kenyon auf die ältesten bisher bekannten Stadtbefestigungen und auf ein protoneolithisches Heiligtum.

Imposante Relikte aus alter Zeit wird der Tourist vergeblich suchen, doch seinen aufmerksamen Blicken werden sich an der senkrechten Wand des ostwestlichen Stichgrabens die Siedlungsschichten aus acht Jahrtausenden erschließen. Am eindrucksvollsten ist der älteste Turm der Menschheit, ein aus Steinblöcken geschichteter Rundturm, Teil der mächtigen Verteidigungsanlagen (7000 v. Chr.). Der 9 m hohe, hervorragend erhaltene Turm hat einen Durchmesser von 9,80 m (unten) bzw. 8,50 m (oben). In seinem Innern führt eine Steinplattenwendeltreppe zum Dach empor. Vor dem Turm verlief die 2 m dicke und 6 m hohe Steinmauer, die ursprünglich noch erheblich höher war. Das neolithische Jericho bedeckte nur eine Fläche von 225 m × 70 m, die mittelbronzezeitliche Stadt erreichte bereits eine Ausdehnung von 290 m × 160 m. Am östlichen Fuß des Tell, jenseits der heutigen Straße, liegt die Elischaquelle, deren Name auf den Prophet Elischa (Elisa, 9. Jh. v. Chr.) zurückgeht. Seit vielen Jahrtausenden sprudeln in jeder Stunde 27 000 Liter Wasser aus dieser größten Quelle des Oasengebietes hervor.

Tulul Abu el-Alayik, das herodianische Jericho

»Es wäre also durchaus in der Ordnung, diesen Landstrich im Hinblick auf die reiche Menge der dort vorkommenden seltensten und herrlichsten Pflanzen ein Geschenk Gottes zu nennen.«
Jüdischer Krieg IV, 8,3

Das Jericho der hellenistisch-römischen Zeit, von dem Josephus wegen seiner »paradiesischen Umgebung« und seiner »besonders schönen und üppig wuchernden Gärten« als »Geschenk Gottes« schwärmte (Jüd. Krieg IV, 8,3), erstreckte sich auf beiden Seiten des Wadi el-Kelt, das 2 km südwestlich des Tel Yeriho aus einer engen Schlucht des judäischen Wüstengebirges tritt. Man biegt nördlich der Brücke über das Wadi nach Westen ab (kein Hinweisschild), fährt an Gartengrundstücken vorbei und erreicht nach 2,5 km die Ausgrabungsstätte. (Die wichtigsten Grabungen fanden 1950/51 und 1973 statt.)

Der Hasmonäerpalast nördlich vom Wadi el-Kelt hatte eine Ausdehnung von etwa 50 m × 50 m. Seine Mauern (Höhe 6 m) zeigen innen Reste von Stuckarbeiten und Fresken. Mittelpunkt des Palastes war ein großer Hof. Westlich erhob sich neben einem 34 m × 20 m großen und 4 m tiefen Doppelteich ein Pavillon. Das Wasser für den Teich wurde von der Quelle Ain Duk über einen 6 km langen Aquädukt herangeführt. Bodenproben ergaben, daß die Badeanlage von Bäumen, Ziersträuchern und Blumenrabatten umgeben war. Hier genossen die Hasmonäerkönige vor mehr als 2000 Jahren das milde Winterklima, und auch Herodes wohnte anfangs in diesem Palast.

Etwa um 30 v. Chr. baute sich Herodes auf dem gegenüberliegenden Ufer des Wadi einen neuen, 86 m langen und 46 m breiten Palast. Empfangssaal, Wohnräume und Bäder umschlossen an drei Seiten einen großen, fast quadratischen Hof, der im Süden den Blick zur Jordanebene frei ließ. In späteren Jahren gab er einen noch prächtigeren Palast über dem Nordufer des Wadi in Auftrag. Das 85 m × 35 m große Gebäude enthielt ebenfalls einen großen, mit Marmor ausgelegten Empfangssaal, eine römische Badeanlage und zahlreiche kleine Wohnräume. Ein 5,6 m breiter Eingang führte in die offene Empfangshalle (29 m × 19 m), die an drei Seiten von Säulengängen umschlossen war. Das Mittelfeld der Halle schmückte ein kunstvolles Mosaik. Säulen, Marmorplatten und Mosaik sind leider verloren, doch kann man die entsprechenden Eindrücke im Mörtelfundament noch deutlich erkennen. An die Empfangshalle schloß sich ein Hof an, der an drei Seiten von korinthischen Säulen umgeben war. Die vierte Seite bildete eine Apsis.

Östlich davon lagen die Thermen mit Frigidarium (Kaltbad), Caldarium (Warmbad) und anderen Einrichtungen. Das runde Frigidarium hatte einen Durchmesser von 8 m; Statuen schmückten die vier halbrunden Nischen. Die Wände bestanden aus netzartig gefügtem Mauerwerk, einer zwar typisch römischen, im Orient jedoch einmaligen Bauweise.

Vom Palast führte ein schnurgerader Weg über eine Brücke, die das Wadi überquerte, und über eine 50 m lange, auf Pfeilern ruhende Treppe zu einer Villa empor, die einen quadratischen Grundriß mit einem kreisrunden Zwischenraum besaß. Westlich vom Verbindungsweg dehnte sich eine herrliche, 113 m lange Gartenanlage aus, die an beiden Schmalseiten von Säulengängen eingefaßt war. Eine in 50 rechteckige und halbkreisförmige Nischen gegliederte Mauer schloß den Garten nach Süden hin ab. In ihrer Mitte gab es eine große Exedra, eine halbkreisförmige Terrassenanlage mit Treppenaufgang, Sitzreihen und zahlreichen Blumenkübeln. Östlich vom Verbindungsweg lag ein 90 m × 42 m großer Teich. Wasser hierfür und zum Bewässern der riesigen Obstplantagen und üppigen Palmenwälder ließ man über fünf Aquädukte aus dem Gebirge heranführen.

Eriha, das neue Jericho

Das heutige Jericho ist eine kleine, reizvolle Oasenstadt mit schattigen Straßen, eleganten Villen, Cafés und zahlreichen Gartenrestaurants, in denen man vorzüglich speisen kann. Auf dem Markt erhält man fast das ganze Jahr über frische Datteln, Bananen, Apfelsinen und Mangos. Die wenigen Gebäudereste aus byzantinischer und mameluckischer Zeit lohnen nicht die Suche. Zu den Resten der alten Synagoge (5. oder 6. Jh.) gehört ein Mosaikboden mit der Darstellung eines Thoraschreines und eines siebenarmigen Leuchters mit Schofar (Horn) und Feststrauß. Die hebräische Inschrift darunter lautet: ›Friede für Israel‹. Am Ortseingang (von Jerusalem her) entstand die 1994 geweihte Usama Ben Zeed-Moschee. Das hohe, grazile Gebäude harrt allerdings noch der endgültigen künstlerischen Ausgestaltung.

El-Maghtas, die Taufstelle Jesu

»Damals strömten die Leute von Jerusalem und ganz Judäa und aus der ganzen Jordangegend zu Johannes hinaus; sie bekannten ihre Sünden und ließen sich im Jordan von ihm taufen.«
Mt 3,5/6

Vor seinem ersten Auftritt in Galiläa kam Jesus von Nazaret an den Jordan, um sich von Johannes dem Täufer taufen zu lassen (Mt 3,13). Die Tradition sieht den Ort des Geschehens beim griechisch-orthodoxen Johanneskloster, arabisch Deir Mar Hanna. Von Jericho gelangt man hierher auf einer ca. 8 km langen Nebenstraße, die in südöstlicher Richtung zum Jordan führt, zur Zeit allerdings militärisches Sperrgebiet ist. Schon in den ersten nachchristlichen Jahrhunderten zogen die Gläubigen an diese Stelle des Flusses, um sich taufen zu lassen. Im 4. Jh. siedelten sich dann vermutlich die ersten Mönche am Westufer des Jordan an, um den Pilgern Schutz und Unterkunft zu bieten. Der byzantinische Kaiser Anastasios (491–518) ließ den Mönchen eine Kirche bauen. Kaiser Justinian (527–565) stiftete eine Zisterne, die noch heute vor dem Klostereingang zu sehen ist.

Vom Kloster aus läuft ein kurzer Weg zum 30–60 m tiefen, von Buschwerk und Bäumen überwucherten Hochwasserstreifen. Stufen führen zum Fluß hinab. Seit 1985 findet hier nach 18jähriger Unterbrechung, jeweils am letzten Sonntag im Oktober durch die Franziskaner und am Vortag von Epiphanie nach dem Julianischen Kalender durch das Orthodoxe Patriarchat der traditionelle Gottesdienst bzw. die Große Wasserweihe an der Taufstelle Jesu statt. 1933 bauten die Franziskaner südlich vom Johanneskloster eine Kapelle. Es folgen eine Kirche der Syrer und eine Kapelle der Kopten.

Etwa 8 km flußaufwärts liegt die berühmte Roranije-Furt mit der Allenby-Brücke (Hussein-Brücke); sie ist heute wieder der wichtigste Grenzübergang zwischen Israel und Jordanien (s. S. 387).

Der Omajjadenpalast von Khirbet el-Mafjir

3 km nördlich von Jericho liegen jenseits des Wadi Nu'eima die eindrucksvollen Ruinen des Omajjadenpalastes von Mafjir, Khirbet el-Mafjir (arabisch *khirbet*, ›Ruine‹; s. Abb. Rückseite).

Nach seinem Erbauer, dem Kalifen Hischam Ibn Abd el-Malik (724–743) heißt er auch Hischampalast. Unter ihm, dem zwölften Kalifen aus der in Damaskus residierenden Dynastie der Omajjaden, entstanden zahlreiche palastartige Landsitze, die Mittelpunkt riesiger landwirtschaftlicher Güter waren und als Winteraufenthalt dienten. Die Umgebung von Jericho eignete sich für eine solche Anlage besonders, weil die Winter in der Talsenke des Toten Meeres außerordentlich mild und trocken sind. Die Bauarbeiten begannen vermutlich im Jahre 742 und waren noch nicht ganz vollendet, als 746 ein gewaltiges Erdbeben den Gebäudekomplex teilweise zerstörte. Im Jahre 750 wurden dann die Omajjaden von den Abbasiden abgelöst; Wüstensand deckte die Ruinen zu, und was dieser frei ließ, verwendeten die Bewohner von Jericho für den Bau ihrer Häuser. 1937 entdeckten Archäologen den Palast und rekonstruierten ihn.

Säulen und Kapitelle des Omajjadenpalastes

Khirbet el-Mafjir ist eines der großartigsten Beispiele frühislamischer Palastarchitektur, das deutlich die Entwicklung aus der Villa rustica, dem Landsitz römischer Aristokraten, zeigt. Eine 160 m × 130 m große, kastellartige Anlage mit runden und halbrunden Türmen umschließt einen großen Vorhof mit überdachtem Wasserbecken und den eigentlichen Palast, einer Moschee und dem prächtigen Bad. Die Mauern und Türme hatten kaum eine Verteidigungsfunktion, sie waren repräsentativer Art. Den Palast umgaben Gärten und Parks, die sich über eine Länge von fast 2 km erstreckten und von einer hohen Außenmauer eingefaßt waren. Das Wasser wurde über Kanäle und Aquädukte von Quellen am Fuß der Berge Duyuk und Na'aran herangeführt (das Teilstück eines Aquädukts bei der Synagoge von Na'aran ist noch zu sehen).

*Steinerne Rosette
am Hischampalast*

Man betritt die Ausgrabungsstätte durch den Haupteingang im Süden, der einst Teil einer zweistöckigen Toranlage war. Säulenhallen mit steinernen Sitzbänken umgaben den Vorhof. In seiner Mitte befindet sich ein quadratisches Wasserbecken, ursprünglich von einer achtseitigen Arkade gerahmt und von einer Kuppel bedeckt. Vom Vorhof geht es weiter in den fast quadratischen Innenhof des eigentlichen Palastes, den einst zweigeschossige Bogengänge einfaßten. In der Mitte des Hofes haben die Restauratoren ein Maßwerkfenster des Palastes aus Bruchstücken zusammengesetzt. Möglicherweise ist das Maßwerk, das in der Baukunst der Gotik eine große Rolle spielte, eine Schöpfung des Frühislam. Der West- und der Osttrakt bestanden aus je zwei Ruinen von Wohnräumen; im Keller darunter entdeckte man ein kleines Bad mit Steinbänken und Mosaiken. Die

161

Wohnräume der fürstlichen Familie lagen im Obergeschoß. Den Südtrakt bildeten fünf lange, schmale Räume; der mittlere diente als kleine Moschee, deren Mihrab in den mächtigen Außenturm ragte. Dieser quadratische Turm an der Kiblamauer könnte ein Minarett gewesen sein, das dann zu den frühesten Moscheetürmen überhaupt zählt. Nördlich vom Innenhof liegt der zweischiffige Repräsentationssaal mit einer halbrunden Nische. An den östlichen Wohntrakt schließt sich eine Moschee an, die außer dem Haupteingang im Norden einen schmalen Zugang von den Privatgemächern hatte.

Den nördlichen Abschnitt der Palastanlage nimmt das wohl schönste und prächtigste Bad der islamischen Frühzeit ein. Es besteht aus einer 40 m × 40 m großen, quadratischen Halle, in deren Südteil Stufen in das gemauerte Schwimmbecken führen. Die ganze Halle ist mit einem zum Teil noch recht gut erhaltenen, geometrisch gestalteten Mosaik ausgelegt. In der Nordwestecke führt eine Tür in einen intimen Ruheraum mit absidialem Abschluß, der wegen seiner Stuckarbeiten zum Prunkvollsten gehört, was die omajjadische Baukunst hervorgebracht hat. Der herrliche Mosaikboden zeigt einen Orangenbaum, von dem zwei Gazellen Blätter zupfen, während eine dritte von einem Löwen angefallen wird. Neben dem Ruheraum lag das Warmbad, dessen Hypokaustum (griechisch ›von unten geheizt‹) noch vorhanden ist.

Die Omajjaden, die das islamische Weltreich begründeten, setzten sich großzügig über das im Koran angedeutete, allerdings erst später verbindlich festgelegte Gebot der Bildlosigkeit hinweg. So schmückten fast lebensgroße Stuckfiguren den Repräsentationssaal und das Bad. Skulpturen, die üppige Frauen mit entblößtem Oberkörper darstellen, füllten im Wechsel mit Männerbildnissen die Nischen des Badehauses. Die kostbarsten der herrlichen Stuck- und Steinmetzarbeiten und die großartige Kuppel des Ruheraumes befinden sich heute im Rockefeller-Museum von Jerusalem.

Der Berg der Versuchung

»Dann trat der Versucher an ihn heran und sagte: Wenn du Gottes Sohn bist, so befiehl, daß aus diesen Steinen Brot wird. Jesus aber antwortete: In der Schrift heißt es: Der Mensch lebt nicht vom Brot allein, sondern von jedem Wort, das aus Gottes Mund kommt.«
Mt 4,1

Nordwestlich vom Tel Yeriho erhebt sich der 348 m hohe Djebel Qarantal, ein steil aus der Jordanebene aufragender, kahler Felskegel, der seit dem 12. Jh. als Berg der Versuchung gilt. Nachdem Johannes der Täufer Jesus im Jordan getauft hatte, zog sich dieser in eine der Höhlen des Djebel zurück und fastete 40 Tage. Im Jahre 340 errichtete der hl. Chariton vor der traditionellen Höhle in der Felswand eine Kapelle und auf dem Berggipfel das Kloster Douka. Noch im 14. Jh. lebten in den Höhlen des Djebel Mönche. Sie nannten den Berg Mons Quarantana (lateinisch: Berg der vierzig [Fastentage]), woraus der arabische Name Djebel Qarantal entstand. 1874 kauften die Griechisch-Orthodoxen den Berg von der türkischen Regierung und bauten zwischen 1895 und 1905 das Kloster Qarantana, das hoch oben an der Felswand zu kleben scheint.

Um zum Kloster zu gelangen, folgt man links vom Tel Yeriho der Straße nach Ramallah und biegt nach etwa 1 km ab. Am Fuß des Djebel Qarantal kann der Wagen auf einem kleinen Parkplatz stehen bleiben. Bis zum Kloster hat man etwa 15 Minuten aufzusteigen. Die Mönche zeigen dem Besucher die Höhle, in der Jesus 40 Tage gebetet und gefastet haben soll; sie ist heute von einer Kapelle umschlossen. Ein schmaler, offener Gang führt zu den Zellen unmittelbar am Steilhang.

Eine halbe Stunde braucht man, um vom Kloster aus über einen steilen Pfad den Gipfel zu erklimmen. Auf dem etwa 100 m × 40 m großen Gipfelplateau erhob sich einst die hellenistische Festung Dok (aramäisch ›Höhle‹). Reste von Säulentrommeln und ionischen Kapitellen sind noch zu erkennen. In der Festung, die der makkabäische Befehlshaber von Jericho als Residenz erbaut hatte, wurde im Jahre 135 v. Chr. der Hohepriester Simeon, der Begründer der Hasmonäerdynastie, mit seinen beiden Söhnen Judas und Mattatias von seinem Schwiegersohn Ptolemaios ermordet (1 Makk 16,11). Simeons Sohn Johannes, der sich in Gazara aufhielt, entging dem Anschlag und trat als Johannes Hyrkanos I. die Nachfolge seines Vaters an. Er zog mit Truppen nach Dok, wagte aber keinen Angriff, weil sich seine Mutter in der Hand der Mörder befand, und gab schließlich auf. Ptolemaios brachte sie trotzdem um und floh. Später bezog Herodes der Große Dok in sein Festungssystem ein. Die Byzantiner bauten an der Stelle der Festung die Kirche Laura von Duka, von der nur noch einige Bauteile zeugen, darunter zwei Chorschrankenpfeiler.

Wer die Mühe des Aufstiegs auf den Berg der Versuchung nicht scheut, wird mit einem einzigartigen Rundblick über die Gebirgswüste Juda bis zum Ölberg und über die üppigen Pflanzungen des Jordantals belohnt.

Die Synagoge von Na'aran

Nach kurzer Weiterfahrt auf der Straße Richtung Ramallah biegt man bei einem Schild ›Duyuk‹ links in eine Zypressenallee ein, die vor einem arabischen Gartenlokal endet. Der Wirt zeigt gern die am Rande des Wadi Duyuk liegenden Relikte einer großen Synagoge aus dem 6. Jh., die vermutlich im 7. Jh. zerstört wurde. Ihr waren ein vieleckiger Hof mit einem Altar und eine Eingangshalle vorgelagert; zwei Reihen zu je sechs Säulen mit quadratischen Basen teilten den 22 m × 15 m großen Innenraum in drei Schiffe. Der Boden war mit schlichten schwarzweißen Mosaiken ausgelegt, das Mittelschiff mit einem heute leider stark beschädigten, vielfarbigen Mosaik in der Größe 15 m × 5 m. Das erste Feld ist mit geometrischen Motiven und mit Medaillons geschmückt, die naive Tier- und Pflanzendarstellungen enthalten, das zweite zeigte die zwölf Tierkreiszeichen, den Sonnenwagen und die Symbole der Jahreszeiten. Das dritte Feld läßt die bisher älteste Darstellung eines biblischen Themas in der jüdischen Kunst vermuten; erhalten ist allerdings nur die hebräische Inschrift. Im vierten Feld sah man die Bundeslade, flankiert von zwei siebenarmigen Leuchtern, an denen gläserne Lampen hingen. (Die schönsten Teile des Mosaiks sind im Rockefeller-Museum in Jerusalem).

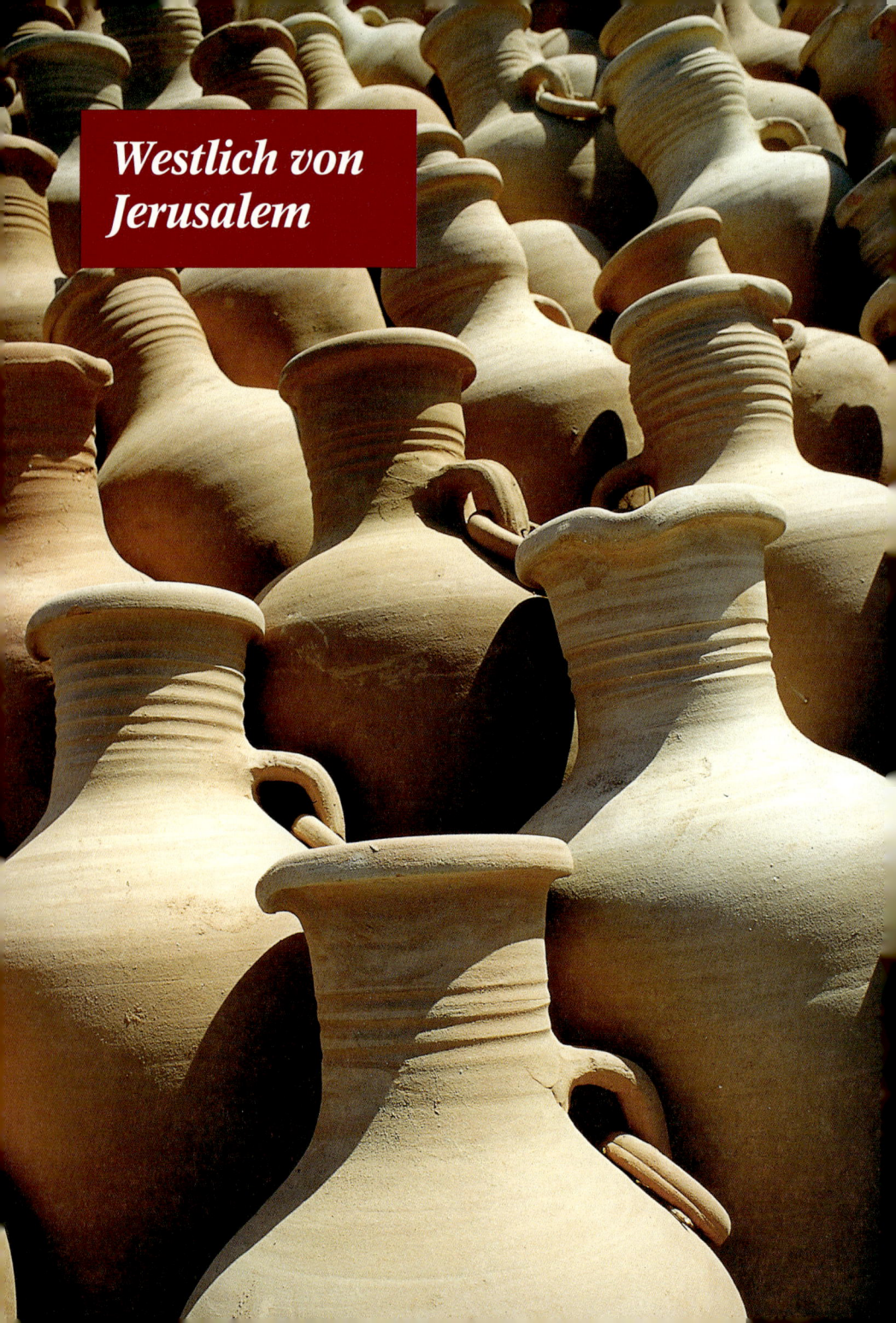

Westlich von
Jerusalem

stadt‹) umbenannt wurde. Julius Sextus' Freund, der griechische Theologe Origenes (185–253/54), sah im christlichen Nikopolis das biblische Emmaus.

Am Südrand der ehemaligen Ortschaft Amwas sind unterhalb des französischen Instituts für biblische Archäologie die sorgsam restaurierten Reste dreier Kirchen und einer römischen Villa zu sehen. Die Villa, von der nur geringe Fundamentspuren zeugen, stammt aus der Zeit um 200 n. Chr. Vielleicht ging sie aus dem Haus des Kleopas hervor, das im 1. und 2. Jh. als Versammlungsstätte der frühen Christen diente. Darüber entstand im 3. und 4. Jh. eine 46,5 m × 24,5 m große, dreischiffige Basilika, deren heute noch gut erhaltene drei Apsiden allerdings auf das späte 5. Jh. hinweisen; offenbar hatte man hier kurz vor der Zerstörung im Samariteraufstand des Jahres 529 umgebaut. Die Wände bestehen aus mächtigen, zum Teil über 2 m langen und 0,8 m hohen Steinblöcken.

Die wuchtige Hauptapsis läßt noch die Bank für die Kirchenältesten, den Bischofsthron und die Altarfläche erkennen. Der Boden war mit Mosaikfeldern geschmückt, die teilweise von der römischen Villa, vielleicht auch aus römischen Bädern stammten. Zur ersten Kirche gehörte ein separates Baptisterium. Das ursprünglich runde Taufbecken lag in der Apsis. Später erhielt es die Form eines Kreuzes und war über zwei Marmorstufen zu betreten. Das Wasser kam aus einer großen Zisterne. Vier Säulen stützten das Dach des Baptisteriums.

Justinian I. (527–565) beauftragte nach der Niederschlagung des Samariteraufstandes den Abt Sabas mit der Wiederherstellung der zerstörten Kirchen im Heiligen Land. Da das meiste Geld den wichtigeren Heiligtümern zugute kam, blieben Emmaus nur noch Mittel

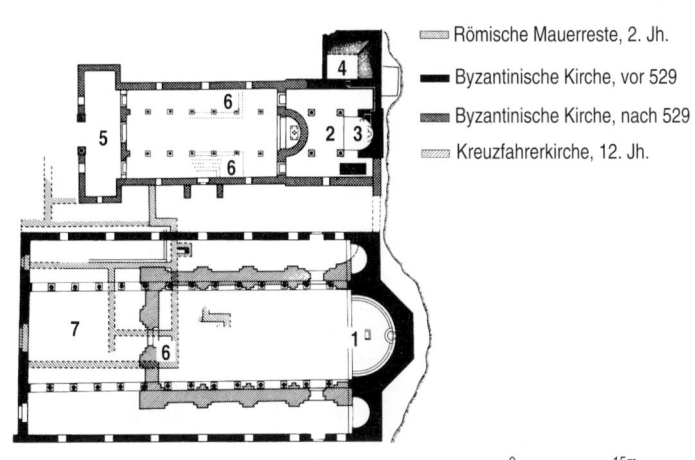

Römische Mauerreste, 2. Jh.

Byzantinische Kirche, vor 529

Byzantinische Kirche, nach 529

Kreuzfahrerkirche, 12. Jh.

Amwas/Emmaus
1 *Mittelapsis der*
   ältesten Kirche
2 *Baptisterium*
3 *Taufbecken*
4 *Zisterne*
5 *Narthex*
6 *Mosaikreste*
7 *Römische Villa*

0   15m

für einen kleinen Neubau, der parallel zur alten Kirche errichtet wurde. Diese 26 m lange und 14 m breite dreischiffige Kirche hatte nur eine Apsis, die in das unmittelbar anschließende alte Baptisterium hineingebaut wurde. Dem Eingang war ein 18 m breiter Narthex vorgesetzt. Von der justinianischen Kirche, die im 7. Jh. in eine Moschee umgewandelt wurde, sind nur noch bescheidene Reste – die Mauerfundamente und die Säulenbasen – zu sehen.

Im 12. Jh. setzten die Kreuzfahrer in das Mittelschiff der ersten Basilika einen kleinen Neubau, ohne die verbliebenen Ruinen zu entfernen; vermutlich kamen ihnen Zweifel an der Identität des Ortes mit dem Emmaus des Lukas-Evangeliums. Die nur 23 m lange einschiffige Kreuzfahrerkirche ist in den Seitenmauern noch deutlich zu erkennen. Die alte Hauptapsis diente auch den Franken als Altarraum. 1834 stürzten die Gewölbebogen der inzwischen verfallenen Kreuzfahrerkirche ein.

Tell Gezer

10 km südöstlich von Ramla beherrscht der große, eindrucksvolle Stadthügel von Gezer das weite Tal von Ajalon. Das »Geser« der Bibel kontrollierte die Küstenebene mit der alten Handels- und Heeresstraße von Ägypten nach Syrien. Gezer war eine der stärksten kanaanitischen Festungen und eine der sechs bedeutendsten Städte Kanaans. Auf dem Tell sind Stadtmauern von der Frühen Bronzezeit bis in die hellenistische Zeit, eine Toranlage Salomos, eine großartige Reihe von Masseben und das Wasserversorgungssystem der Kanaaniter und Israeliten zu sehen. Berühmt wurde Gezer durch den Fund eines Bauernkalenders aus der Zeit Salomos.

Die Besiedlung des Hügels von Gezer begann um 3100 v. Chr.; rund 1000 Jahre jünger ist eine Massebenreihe, die Gezer als religiöses Zentrum Kanaans bestätigen könnte. Erstmals erwähnt wurde die Stadt in der Liste der von Thutmosis III. (1490–1436) eroberten Siedlungen. Die Stadt wurde auch auf der Siegesstele des Pharaos Merenptah (1223–1203), dem ›Feßler von Gezer‹ als ›gepackt‹ gemeldet. Josua besiegte bei der Landnahme König Horam von Gezer (Jos 10,33; 12,12) und wies den Stadtstaat den Leviten zu (Jos 21,21). Später gehörte Gezer zum Gebiet des Stammes Efraim, wobei die Stadt selbst aber in den Händen der Kanaaniter blieb (Jos 16,10; Ri 1,29). Im 11. Jh. v. Chr. eroberten die Philister Gezer und bauten es zur Angriffsbasis gegen die Israeliten aus. Auch König David vermochte die Stadt nicht zu bezwingen. Auf einem Beutezug in das Land der Philister zerstörte Pharao Scheschonk I. (950–925) Gezer und gab, was von ihr übriggeblieben war, König Salomo als Brautgeschenk; er baute die Stadt wieder auf (1 Kön 9,15).

734 v. Chr. eroberte der Assyrerkönig Tiglatpileser III. auf seinem Kriegszug nach Gaza auch Gezer. Ein heute verschollenes Relief, das im Königspalast von Ninive gefunden wurde, zeigte die Belagerung

der Stadt durch assyrische Truppen. Zu einiger Bedeutung gelangte Gezer erst wieder in persischer Zeit, in der es zur Satrapie Judäa gehörte. 160 v. Chr. befestigte der Seleukidenfeldherr Bakchides die jetzt Gazara genannte Stadt. 142 v. Chr. baute Simon der Makkabäer sie zu einem seiner stärksten Stützpunkte aus. Simons Sohn Johannes residierte hier als Statthalter seines Vaters, als dieser in Jericho ermordet wurde. Von Gezer aus zog er als Johannes Hyrkanos I. in Jerusalem ein. Die Römer machten Gezer 57 v. Chr. zu einer Verwaltungshauptstadt, ein Rang, der schon nach wenigen Jahren an Amwas überging. In byzantinischer Zeit war Gezer Bischofssitz. Im Jahre 1177 errangen die Kreuzfahrer unter König Balduin IV. in der Nähe einen großen Sieg über Saladin. Der alte Name lebte bei den Arabern als Tell el-Djeser fort.

Seit 1902 haben die Archäologen 30 Siedlungsschichten freigelegt, die von etwa 3100 v. Chr. bis ins 8. Jh. v. reichen. Da die Wissenschaftler noch arbeiten, ist die Ausgrabungsstätte wenig erschlossen, aber nirgendwo anders lassen sich die Stadtmauern der verschiedenen Bauperioden so gut miteinander vergleichen wie hier. Im 10. Jh. v. Chr. ergänzte Salomo die Stadtbefestigungen durch einen neuen Torbau nach dem Sechskammer-System. Dieses sogenannte Zangentor hatte er von phönikischen Festungsarchitekten übernommen und auch in Hazor und Megiddo eingebaut. Der salomonische Torbau war 19 m lang, 16,20 m breit und von zwei Türmen im Abstand von 5,50 m flankiert. Die Lücken zwischen Torbau und der vorhandenen kanaanitischen Mauer verband Salomo durch eine 5,40 m breite Kasemattenmauer mit 1,60 m dicken Wänden; außerdem verstärkte er die alte Mauer durch Türme von rechteckigem Grundriß. Die Bastionen sind vermutlich den Makkabäern zuzuschreiben.

An der höchsten Stelle der Stadt erhebt sich eine Reihe von zehn gewaltigen Stelen. Die Masseben gehörten zu einer mittelbronzezeitlichen Begräbnisstätte (20.–17. Jh. v. Chr.) und waren bis zur israelitischen Zeit Mittelpunkt eines Heiligtums; etwas jünger sind die zahlreichen Wohnhäuser im Umkreis.

Wie Hazor, Megiddo und Jerusalem besaß auch Gezer ein eindrucksvolles Wasserversorgungssystem, das vermutlich die Kanaaniter in der Mitte des 2. Jahrtausends v. Chr. errichteten. Von einem etwa 8 m tiefen Schacht führt ein etwa 7 m hoher, 4 m breiter und 67 m langer Gang steil abwärts bis zur Höhlenquelle. Der Wasserspiegel in der ungefähr 30 m langen Höhle liegt 28,80 m unter der Erdoberfläche. Der Tunnel ist nicht restauriert und daher nicht zugänglich.

Im Gegensatz zu anderen Ausgrabungsstätten hat man hier zahlreiche Inschriften gefunden, darunter mehrere althebräische im Felsgestein rings um den Tell, die zur Identifizierung des Orts beigetragen haben: ›Grenze von Gezer‹. Weitere Schriftdokumente sind die Gezer-Scherbe mit protosinaitischer Schrift aus dem Anfang des 2. Jahrtausends v. Chr., Keilschrifttafeln aus der Amarnazeit und der neuassyrischen Periode sowie der berühmte Bauernkalender von Gezer. Bei diesem Kalender, einer 7,5 cm × 10 cm großen Kalksteinscherbe, handelt es sich um das einzige bekannte Dokument der althebräischen Schrift aus der Zeit König Salomos. Er zählt die landwirtschaftlichen Arbeiten auf, die im Jahreslauf zu besorgen sind. Der 1908 entdeckte Kalender, der wohl nur eine Schreibübung darstellte, befindet sich heute im Archäologischen Museum von Istanbul.

In Gezer wurde auch eine Tonscherbe mit drei Zeichen gefunden, die als eines der frühesten Beispiele für die Buchstabenschrift gilt. Eine geöffnete Hand (hebräisch *kaf*), eine Zunge (hebräisch *laschon*) und ein Haus (hebräisch *bet*) ergeben die drei Konsonanten K, L und B, was nach der semitischen Konsonantenschreibweise Kaleb bedeutet (Kaleb steht für die Kalebiter, einen israelitischen Volksstamm). Die seit 1965 ausgegrabenen Stücke, darunter ägyptische und ägäische Keramik, drei goldene Hyksosringe, ein spätbronzezeitlicher Dolch, sind im Rockefeller-Museum untergebracht.

Abu Ghosh

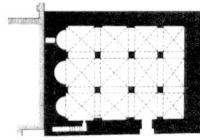

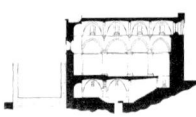

Grundriß und Aufriß der Kreuzfahrerkirche

12 km westlich von Jerusalem liegt an der Autobahn nach Tel Aviv das große arabische Dorf Abu Ghosh mit einer Kreuzfahrerkirche, die neben der Annenkirche (s. S. 90) von Jerusalem als schönstes Beispiel mittelalterlicher Sakralarchitektur im Heiligen Land gilt.

Die Quelle von Abu Ghosh war schon im 6. Jahrtausend v. Chr. Grund für eine neolithische Siedlung. In ihrer Nähe lag das biblische Kirjat-Jearim (Jos 9,17), eine Stadt der gibeonitischen Kanaaniter. Im dortigen Haus des Abinadab bewahrten die Israeliten die von den Philistern zurückgegebene Bundeslade auf (1 Sam 7,1). Nach der Zerstörung Jerusalems im Jahre 70 n. Chr. richteten die Römer bei der Quelle ein Veteranenlager der X. Legion ein (Jüd. Krieg VII, 6,6); sie legten einen großen Wasserspeicher an und bald darauf in einem Abstand von 35 m einen zweiten.

Die Byzantiner wandelten den Ortsnamen Kirjat-Jearim (›Dorf des Waldes‹) in Cariathiarim um und bauten auf der Anhöhe eine Kirche. In islamischer Zeit stand bei der Quelle eine große Karawanserei, die um das Jahr 800 ein drittes Wasserreservoir erhielt. 1099 sammelte sich in Abu Ghosh das Kreuzfahrerheer vor seinem Sturm auf Jerusalem. Man sah in dem Ort das Emmaus des Neuen Testaments (s. S. 166) und errichtete hier zur Sicherung der Straße nach Jaffa das Château Fontenoid. Über das zweite römische Wasserreservoir setzten sie das Refektorium, der Troßhof bedeckte die islamische Zisterne, und über der Quelle bauten sie um 1142 eine Kirche. Über dem Troßhof errichtendie Araber ein Moschee, in der sie ihren Propheten Useir (Esra) verehrten. Die übrige Anlage diente als Karawanserei. Um 1770 ließ sich hier der aus dem Hidjas (Mekka und Medina) eingewanderte Beduinenscheich Abu Ghosh nieder, der dem Dorf seinen Namen gab. Er erhielt von der türkischen Regierung den Auftrag, die Pilgerstraße zu sichern und durfte dafür Wegezoll erheben; seine Familie genoß dieses Privileg bis 1830.

1899 kaufte der französische Staat die Kirche und übergab sie den Benediktinern, die auf dem Grundstück ein kleines Kloster gründeten. Sie entdeckten dort Reste aus römischer, arabischer und fränkischer Zeit. Seit 1956 gehört die Kirche den Lazaristen. Abu Ghosh ist heute ein großes Dorf mit 2000 Einwohnern. Zwei neue israelische Siedlungen in der Nachbarschaft bewahren die alten Namen: das 1952 gegründete Dorf Qiryat Ye'arim (vom biblischen Kirjat-Jearim) und der seit 1920 bestehende Kibbuz Qiryat Anavim (vom arabischen Qarit el-Enab).

Die Kreuzfahrerkirche wurde um 1142 als dreischiffige Basilika im frühgotischen Stil erbaut. Dicke Mauern, in die zum Teil Steine aus römischer und früharabischer Zeit verarbeitet wurden, umschließen den 20 m × 16 m großen Kirchenraum. Die Nordwand ist 2,8 m stark, die Westwand sogar 3,7 m. Sechs schwere, quadratische Pfeiler und sechs an die Wand gesetzte Halbpfeiler tragen das nach oben spitz zulaufende Kreuzrippengewölbe. Die drei Schiffe laufen im Osten in Apsiden aus. Die Fresken sind kaum mehr zu erkennen. Neben dem Eingang im Norden wurde ein Stein in die Kirchenwand eingelassen, dessen Inschrift ›Vexillatio Leg(ionis) Fre(tensis)‹ auf das Veteranenlager der X. Legion hinweist. In der 14,2 m × 7,5 m großen Krypta entspringt die Quelle. Im Hof der Kirche steht der mächtige Steinsarkophag eines Johanniterritters. Östlich des Baus sind noch Reste der arabischen Karawanserei zu sehen.

Oberhalb des Dorfes erhebt sich weithin sichtbar das Standbild der Muttergottes mit dem Jesuskind. Die Statue gehört zur Kirche Notre Dame de l'Arche d'Alliance (›Unsere liebe Frau von der Bundeslade‹), was daran erinnert, daß im nahen Kirjat-Jearim die Bundeslade der Israeliten stand, bevor David sie nach Jerusalem überführte (1 Sam 7,1). Die weiße Kirche wurde 1924 von den französischen St. Joseph-Schwestern über einer byzantinischen Kirche des 5. Jh. erbaut. Reste des alten Mosaikbodens sind noch zu sehen.

Oberhalb von Abu Ghosh erhebt sich die Statue der Muttergottes mit dem Kind

En Hemed

Über die Abfahrt En Hemed der Autobahn Jerusalem – Tel Aviv erreicht man das idyllische Ausflugsziel Aqua Bella, von den Israelis En Hemed (›Quelle der Anmut‹) genannt, ein Picknickgelände (Eintritt) in einem Hain von Granatapfelbäumen und Terebinthen, inmitten von Wiesen und Bächen. Eine Quelle, deren kristallklares, wohlschmeckendes Wasser sich über zahlreiche Bäche und winzige Teiche verteilt, war wohl der Grund dafür, daß hier zu Beginn des 12. Jh. ein kleines Nonnenkloster entstand, das allerdings schon 1187, nach der Schlacht von Hattin, geräumt werden mußte. Geblieben ist eine fast quadratische Klosterruine, die von den Arabern seit Jahrhunderten Deir el-Benat (›Frauenkloster‹) genannt wird. Am Sabbat kommen zahlreiche Jerusalemer Familien nach En Hemed, um den Zauber dieses schönen Ortes zu genießen.

**Betlehem
und Hebron**

Der Geburtsort Jesu und die Gräber der Patriarchen

Rahels Grab

Am Ortseingang von Betlehem liegt rechts der Straße Qever Rahel, das Grab Rahels, eines der bedeutendsten jüdischen Heiligtümer. Es wird besucht von jüdischen, aber auch von moslemischen Frauen, die keine Kinder bekommen können oder eine schwere Geburt befürchten (Rahel war viele Jahre kinderlos geblieben und bei der Geburt ihres zweiten Sohnes Benjamin gestorben). Zwar gilt es als erwiesen, daß Rahel, Jakobs Ehefrau, auf dem Weg nach Betlehem unweit von Rama – also nördlich von Jerusalem – starb, doch verlegte die Überlieferung schon in alttestamentarischer Zeit das Grab an die alte Straße von Jerusalem nach Hebron (Gen 35,19).

Das Grab wird heute von einem kleinen, würfelförmigen, weiß getünchten Gebäude bedeckt, von dem wohl noch Teile aus dem 1. oder 2. Jh. n. Chr. stammen. 1622 setzten die Türken dem Bau eine Kuppel auf. 1841 entstanden die Arkaden, die den Eingang bilden, und ein Gebetsraum neben dem Grab.

Betlehem ☆☆
Besonders sehenswert
Geburtskirche
Katharinenkirche
Milchgrotte
Hirtenfeld

Betlehem

Kaum 10 km südlich von Jerusalem liegt inmitten einer hügeligen Gartenlandschaft mit Weinbergen und unzähligen uralten Olivenbäumen Betlehem (arabisch Beit Lahm), die Geburtsstadt Davids und Jesu, eine der bedeutendsten Pilger- und Touristenstätten des Heiligen Landes, seit 1996 Partnerstadt von Köln. Betlehem ist ein relativ ruhiges Städtchen, das nur zur Zeit der weihnachtlichen Pilgerströme zu erwachen scheint. Seine 50 000 christlichen und moslemischen Einwohner leben von Ackerbau, Schafzucht, Handwerk und Handel, vor allem aber vom Fremdenverkehr. Von der Straße nach Hebron biegt man kurz hinter Rahels Grab nach Betlehem ins Stadtzentrum ab.

Um 1360 v. Chr. schrieb der Fürst Abdihipa von Urusalimmu (Jerusalem) mehrere Briefe an den Pharao Echnaton, in denen er sich über die Verunsicherung des Landes durch semitische Nomaden beklagte – in einem der Briefe erwähnte er auch Betlehem. Hier wurde gegen Ende des 11. Jh. v. Chr. David geboren. Im 10. Jh. v. Chr. bezog Rehabeam, König von Juda (um 930–910), die Stadt in sein Festungssystem ein (2 Chr 11,6). Im 7. Jh. v. Chr. stand Betlehem in der Ortsliste des jüdischen Königs Joschija (639–609) (Jos 15,59). Danach blieb der Ort über Jahrhunderte unerwähnt. Seine weitere Geschichte ist eng mit der Geburtsgrotte Jesu und der darüber erbauten Kirche verknüpft.

Die Geburt Jesu fand vielleicht gar nicht im Jahre 0 statt, sondern nach dem heutigen Stand der Forschung im Jahre 7 v. Chr., nach römisch-katholischer Tradition in der Nacht zum 25. Dezember des Jahres 5 v. Chr., nach griechisch-orthodoxer am 6. und nach armenischer am 18. Januar des Jahres 4. v. Chr.

◁ *Moschee über Abrahams Grab in Hebron*

175

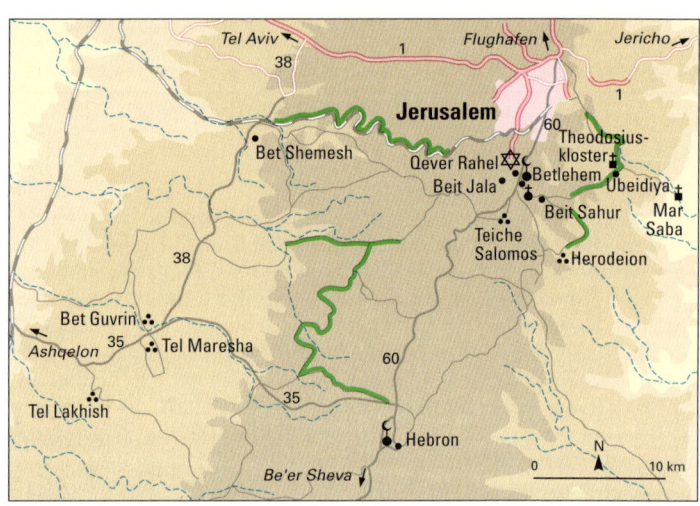

Im Jahre 7 v. Chr. ordnete Kaiser Augustus in Palästina einen Census an, um die Steuereintreibung zu erleichtern. Dazu mußte Josef, der in Nazaret lebte, in seinem Geburtsort Betlehem erscheinen. Maria, seine Verlobte, hatte ihn nach römischer Vorschrift zu begleiten (Lk 2,1). Da Josef weder in einer Herberge noch im vollbelegten Hause seiner Verwandten für sich und die hochschwangere Maria eine Bleibe finden konnte, zogen sich die beiden in die zum Hause gehörende Höhle zurück, in der üblicherweise das Vieh und die Vorräte untergebracht waren. Noch heute sind viele palästinensische Häuser vor eine Höhle gebaut, die oft sogar mit in den Wohnbereich einbezogen wird.

Die Höhle der Geburt wurde wohl schon im späten 1., sicher aber im 2. nachchristlichen Jahrhundert verehrt. Nachdem Kaiser Hadrian den zweiten jüdischen Aufstand (132–135 n. Chr.) niedergeworfen hatte, ließ er über allen jüdischen und auch christlichen Stätten römische Heiligtümer errichten. Mit der Geburtsgrotte verbanden die Römer fortan den Adoniskult, um mit der Verehrung des Geliebten der Venus jede Erinnerung an Christus auszulöschen. Doch die Stätte seiner Geburt wurde nicht vergessen: 326 n. Chr. begann Kaiser Konstantin der Große mit dem Bau einer fünfschiffigen Basilika über der Geburtsgrotte, und bald strömten unzählige christliche Pilger nach Betlehem. Im Samariteraufstand des Jahres 529 ging dieser Bau in Flammen auf. Kaiser Justinian I. schlug den Aufstand nieder, baute die Basilika im Jahre 540 wieder auf und gab ihr das heutige Aussehen. Als 614 die Perser in Palästina einfielen, zerstörten sie alle Kirchen und Klöster des Landes, nur die Geburtskirche in Betlehem ließen sie unbehelligt. Den Grund hierfür erfahren wir aus einem Brief der Jerusalemer Synode aus dem Jahre 836: »Als die Perser alle Städte … zerstört hatten und nach Betlehem kamen, sahen sie mit

Erstaunen die Bilder der Magier aus Persien ... Aus Hochachtung und liebender Ehrfurcht vor ihren Vorfahren verschonten sie die Kirche.« Gemeint waren die orientalisch gekleideten Heiligen Drei Könige auf einem Mosaik an der Kirchenfassade.

640 marschierten die Truppen des Kalifen Omar in Betlehem ein. Omar verrichtete in der Südapsis, die nach Mekka weist, sein Gebet, denn der Islam verehrt in Jesus den Propheten Isa. Dieser Teil der Kirche blieb fortan den Moslems vorbehalten, und so diente die Geburtskirche zwei Weltreligionen. Omar und seine Nachfolger waren tolerante Herrscher, so daß der Strom christlicher Pilger nach Betlehem von Jahr zu Jahr wuchs. Das änderte sich, als 1071 die Seldschuken, ein türkisches, zum Islam übergetretenes Reitervolk, die Herrschaft in Palästina übernahmen. Die Lage der Christen im Heiligen Land verschlechterte sich, die Pilgerreisen wurden immer gefährlicher, der Handel zwischen den westlichen Ländern und dem Orient kam zum Erliegen. Im ersten Kreuzzug kam die Stadt 1099 unter den Schutz der christlichen Ritter. In der Weihnachtsnacht des folgenden Jahres wurde hier Balduin I., ein Bruder des inzwischen verstorbenen Gottfried von Bouillon, zum ersten König von Jerusalem gekrönt. Nach seinem Tod 1118 übernahm Balduin II. ebenfalls in Betlehem die Königswürde seines Vaters. 1187, nach der Schlacht bei Hattin, kam mit dem größten Teil des Heiligen Landes auch Betlehem unter die Herrschaft des Sultans Saladin. Die Priester mußten die Geburtskirche räumen, durften jedoch bereits vier Jahre später wieder zurückkehren. 1229 gelang es Kaiser Friedrich II., durch einen Vertrag mit dem Sultan el-Malik el-Kamil Betlehem, Jerusalem, Nazaret und einige andere Städte zurückzugewinnen, aber schon 1244 übernahmen die Ajjubiden-Sultane die Geburtsstätte Jesu.

Unter den Mamelucken verfielen die christlichen Bauten Betlehems. 1479 drohte das Zedernholzdach der Geburtskirche einzustürzen und wurde notdürftig ausgebessert. Als im Jahre 1516 die Osmanen nach Betlehem kamen, zählte der Ort nur noch etwa 100 Einwohner. Niemand nahm daher Anstoß, als die Türken die Marmorplatten von den Wänden der Geburtskirche rissen, um sie für ihre Jerusalemer Bauten zu verwenden. Doch insgesamt verbesserte sich unter den Osmanen die Lage der Christen, und 1670 machten sich griechisch-orthodoxe Mönche an die Wiederherstellung der Kirche. Im 18. Jh. begann der Streit zwischen den Griechisch-Orthodoxen, den Katholiken und den Armeniern um den Besitz der Geburtskirche und der darunter gelegenen Grotte. Der Konflikt artete so aus, daß die osmanische Polizei das Heiligtum schützen mußte. 1757 gelang es der türkischen Regierung, den Streit vorübergehend zu schlichten, indem sie jeder Konfession den Teil zusprach, den diese faktisch in Besitz hatte. Doch wenige Jahrzehnte später brach der Streit um die Besitzverhältnisse erneut aus. 1842 trennten die Griechisch-Orthodoxen den Chor durch eine hohe Mauer vom Langhaus, um ihre Ansprüche gegenüber den Katholiken zu festigen – der britische General Allenby ließ die Mauer 1917 wieder abreißen.

In der Folgezeit gewannen die europäischen Staaten in Palästina allmählich stärkeren Einfluß. Die türkischen Behörden erlaubten es den christlichen Gemeinschaften, Kapellen, Kirchen und Klöster, Krankenhäuser und Schulen zu errichten. Die Zahl der Einwohner stieg von 3300 im Jahre 1845 auf 11 000 im Jahre 1912. 1963 zählte die seit 1948 jordanische Stadt rund 60 000 meist christliche Bewohner, 1967, als Betlehem von den Israelis besetzt wurde, schmolz die Zahl auf 14 000. Wenige Tage vor Weihnachten 1995 kam die Stadt unter palästinensische Verwaltung.

Die Geburtskirche

Das Herzstück Betlehems ist die ehrwürdige **Geburtskirche (1),** ein wuchtiger Bau, der die einstige Schönheit der spätrömischen Basilika Konstantins und der byzantinischen Kirche Justinians kaum mehr erahnen läßt. Auf drei Seiten drängen sich mächtige Klostergebäude heran: im Norden das der Franziskaner mit der **Katharinenkirche (2),** im Südosten das **griechisch-orthodoxe (3)** und im Südwesten das **armenische Kloster (4).** Der Vorplatz im Westen war das einstige Atrium, das Peristyl der konstantinischen Basilika, 26 m breit und vermutlich 73 m lang. Sein Mosaikboden lag 1,64 m unter dem heutigen Vorhof. Zwei Stufen führten zu einer 3,90 m breiten, ringsum laufenden Säulenhalle hinauf, von der man über zwei weitere Stufen zu den drei Eingängen gelangte. Die Architek-

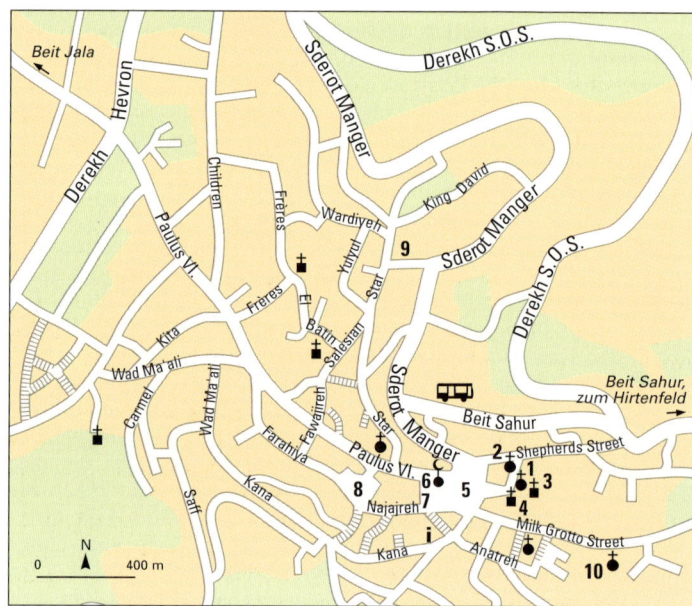

Betlehem
1 Geburtskirche
2 Katharinenkirche
3 Griechisch-
 orthodoxes Kloster
4 Armenisches
 Kloster
5 Manger Square
6 Omar-Moschee
7 Rathaus
8 Marktplatz
9 Davidsmauer
10 Milchgrotte

ten Justinians setzten vor den Kirchenraum einen Narthex und verzichteten auf das Atrium.

Von der großartigen justinianischen Fassade sind nur noch die Umrisse des Hauptportals zu erkennen. Ein mit zwei Voluten verzierter Türsturz krönte das Tor. Die Kreuzfahrer verkleinerten das nunmehr von einem Spitzbogen gerahmte Portal, um 1500 schrumpfte es auf eine Höhe von 1,20 m und eine Breite von 79 cm. Die Fremdenführer behaupten, daß man es vor dem Ansturm der Türken verkleinert habe, um diese daran zu hindern, hoch zu Roß in die Kirche zu reiten. Wahrscheinlicher aber ist, daß die Christen hofften, den festungsartigen Bau so besser verteidigen zu können, zumal sie auch die beiden Nebenportale links und rechts zumauerten. Eine schwere Stützmauer verdeckt die Fassade neben dem heute von drei mächtigen Steinquadern umfaßten Eingang. Das Mosaik, das die Kirche vor der Zerstörungswut der Perser bewahrt hatte, ist nicht mehr vorhanden. Am mittleren Durchgang vom Narthex zum Innenraum der Kirche sind noch Reste einer Holztür zu erkennen, die armenische Künstler im Jahre 1227 schnitzten.

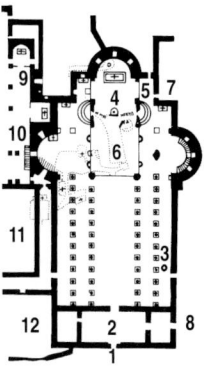

Geburtskirche
1 Portal
2 Narthex
3 Taufbecken
4 Hochaltar
5 Eingang zur
* Geburtsgrotte*
6 Geburtsgrotte
7 Griechisches
* Kloster*
8 Armenisches
* Kloster*
9 Katharinenkirche
10 Eingang zur
*   Hieronymus-Grotte*
11 Kreuzgang
12 Eingang zum Fran-
*   ziskanerkloster*

Nun stehen wir in der fünfschiffigen Basilika Konstantins. Nach archäologischen Untersuchungen maß der fünfschiffige, fast quadratische Hauptraum 27 m × 26,30 m. Justinian ließ ihn um 2,80 m verlängern. Vier Reihen zu je zehn Säulen teilten den Hauptraum der konstantinischen Basilika in ein breites Mittelschiff und doppelte Seitenschiffe. Justinians Architekten mußten wegen der Verlängerung eine Säule pro Reihe hinzufügen. Die Monolithsäulen aus rötlichem Kalkstein stammen aus einem Steinbruch bei Betlehem und tragen korinthische Kapitelle, die ursprünglich vergoldet waren. Die Gesamthöhe der Säulen beträgt 5,47 m. Die »golden flammenden Säulen« (Sophronios um 610) könnten noch auf die erste Basilika zurückgehen, wurden aber angehoben und leicht versetzt wieder aufgestellt. Im Jahre 1130 bemalte man sie mit Heiligenbildern, die inzwischen fast völlig verblaßt sind. Im äußeren rechten Seitenschiff steht ein steinernes Taufbecken aus dem 6. Jh., das sich einst in einem außerhalb der Basilika gelegenen Baptisterium befand.

Das überhöhte Mittelschiff wird durch Obergaden erhellt. Hier sind noch große Flächen mit unterschiedlich gut erhaltenen goldgrundigen Mosaiken zu sehen, die einst die beiden Fensterwände schmückten. Der byzantinische Kaiser Manuel Komnenos hatte im Jahre 1169 Basileios und Ephremos aus Konstantinopel mit der Ausgestaltung beauftragt. Zwischen den Fenstern schwebten hohe Engelsgestalten, den Blick zur Grotte gerichtet; unter den Fenstern zog sich ein Fries symbolhafter Darstellungen der ersten sieben ökumenischen Konzilien, der ersten vier Provinzialkonzilien und der beiden Synoden von Karthago und Laodicaea entlang. Die untere Reihe über dem Architrav zeigt die Vorfahren Jesu, auf der Südwand nach Matthäus, auf der Nordwand nach Lukas. Einigermaßen gut erhalten sind lediglich die Mosaikfelder der Konzilien von Nicaea (325), Konstantinopel (381), Chalkedon (451) und Ephesus (431)

Grotten unter der
Geburtskirche
 1 Eingang zur
    Geburtsgrotte
 2 Geburtsgrotte
 3 Geburtsaltar
 4 Krippengrotte
 5 Verbindungs-
    gang (zeitweise
    gesperrt)
 6 Altar des
    hl. Josef
 7 Große Grotte
 8 Grotte der
    Unschuldigen
    Kinder
 9 Grotte mit
    Arkosolgräbern
    und Altar der
    Unschuldigen
    Kinder
10 Grotte des
    Eusebius von
    Cremona und
    der Römerin-
    nen Paula und
    Eustochium
11 Hieronymus-
    Grotte mit
    Kenotaph
12 Vorkonstantini-
    scher Gewölbe-
    bogen und kon-
    stantinisches
    Fundament
14 Ausgang zur
    Katharinen-
    kirche
15 Ostapsis der
    Geburtskirche

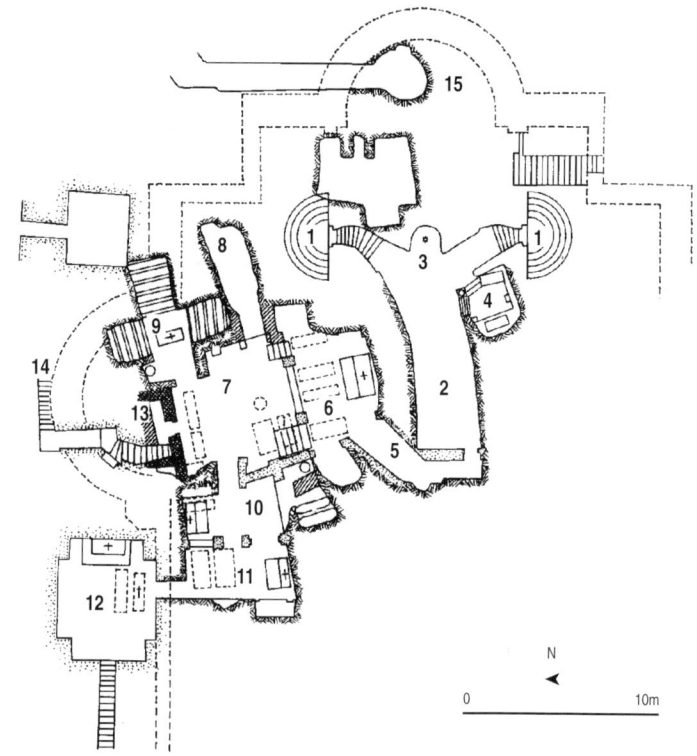

sowie die Porträts von Jakob, Mattan, Eleasar, Eliud, Achim, Zadok und Azor (Südwand). Die Konzilien sind alle nach dem gleichen Schema dargestellt: zwei Halbbogen verbinden drei Säulen, wodurch jeweils zwei Felder entstehen. In jedem Feld steht ein Lesepult, geschmückt mit kostbaren Verkleidungen an der Vorderseite, darauf das Evangelienbuch. Zu beiden Seiten des Pultes brennt je ein Leuchter oder hängt je ein Weihrauchfaß. Darüber sind die Felder mit griechischen Inschriften gefüllt, links mit historischen Angaben, rechts mit den vom Konzil beschlossenen Glaubenslehren. Den Raum zwischen den Darstellungen schmücken Pflanzenornamente. Durch Öffnungen im heutigen Steinplattenbelag erkennt man den 75 cm tiefer gelegenen Mosaikboden der konstantinischen Kirche.

Die Architekten Justinians verwendeten das Mauermaterial der konstantinischen Basilika für den Bau der zweiten Geburtskirche. Der Dachstuhl ist heute offen wie im konstantinischen Bau, da die prächtige Sternendecke schon vor langer Zeit herabstürzte. Der fünfschiffige Hauptraum mündet im Osten in eine Dreikonchenanlage (Chor und Querhaus mit halbrunden Abschlüssen), die Justinian an der Stelle des Oktogons über der Geburtsgrotte errichten ließ.

Zum Oktogon Konstantins führte eine breite Treppe hinauf, seine Seiten waren 7,80 m lang. Die Absiden Justinians schmückten Szenen aus dem Neuen Testament. Nur noch zwei Fragmente sind schwach zu erkennen: Die Ereignisse am Palmsonntag und die Szene, in der Jesus dem hl. Thomas erscheint. Im nördlichen Teil stehen die armenischen Altäre der Jungfrau Maria und der Heiligen Drei Könige. Der Altar der Beschneidung im Süden und der Hauptaltar hinter der mächtigen Ikonostase (1764) im Osten gehören den Griechisch-Orthodoxen. In der Mitte der Ikonostase gibt die prächtige ›Königstür‹ an hohen Festtagen den Blick zum Hauptaltar frei.

Zu beiden Seiten des Chors führt durch marmorne Spitzbogenportale mit Bronzetüren aus der Kreuzfahrerzeit je eine Treppe in die Geburtsgrotte hinab (12,30 m × ca. 4 m). Sie treffen sich vor dem Geburtsaltar am östlichen Ende der Grotte. Die Wand über dem Altar zeigt Spuren eines Mosaiks aus dem 12. Jh., das die Geburt Jesu darstellte. Unter dem Altar ist ein silberner Stern in den Marmorboden eingelassen; er trägt die Inschrift Hic de Virgine Maria Jesus Christus natus est. (›Hier wurde von der Jungfrau Maria Jesus Christus geboren‹). Es handelt sich dabei um eine 1852 von Sultan Abd ul-Medschid I. gestiftete Kopie (der Originalstern wurde 1847 gestohlen). Fußboden und Wände der von zahlreichen Ampeln ausgeleuchteten Grotte sind mit Marmor verkleidet, das Deckengewölbe ist gemauert, feuerhemmende Vorhänge sollen einen erneuten Brand, wie den von 1869, verhindern. Die Grotte erhielt erst im Laufe der Zeit ihre heutige rechteckige Form. Wie sie vor knapp 2000 Jahren aussah, wissen wir nicht. Auf jeden Fall war der Zugang einst ebenerdig. Drei Stufen führen von der Geburtsgrotte in die sich anschließende kleine Krippengrotte hinab, wo die Hirten das Kind anbeteten (Lk 2,8–20). Vor der Ostwand steht der Altar der Heiligen Drei Könige; ihm gegenüber ist die Krippe in den Felsen gehauen und heute mit Marmor ausgelegt. Um den Besitz der Heiligtümer führten die christlichen Gemeinschaften heftige Fehden. Seit 1757 gehört die Geburtsgrotte den Griechisch-Orthodoxen, die Armenier dürfen hier ihren Gottesdienst abhalten. Die Katholiken müssen sich dagegen mit der Krippengrotte begnügen.

Die Geburtsgrotte ist seit dem 12. Jh. an ihrem westlichen Ende durch einen Gang mit weiteren Höhlen verbunden, die teilweise schon im 7. Jh. v. Chr. oder sogar noch früher bewohnt waren bzw. als Begräbnisstätten dienten. Heute werden sie von den Franziskanern betreut. Der Durchgang ist oft gesperrt, nur vom rechten Seitenschiff der Katharinenkirche gelangt man über eine Treppe in diesen Bereich. Die Treppe, an deren unterem Ende Archäologen einen vorkonstantinischen Gewölbebogen und Fundamentsmauern des Oktogons freilegten, mündet in die Große Grotte, deren etwa 5 m langer und 2,40 m breiter Südteil seit 1621 die Kapelle des hl. Josef bildet. Ein Gemälde über dem Altar stellt dar, wie der schlafende Josef vom Engel zur Flucht nach Ägypten aufgefordert wurde. Der nackte Fels an der Decke zeigt ein Kreuz mit dem griechischen

Monogramm Christi. Die Große Grotte dürfte also schon in byzantinischer Zeit benutzt worden sein; sie hatte einen unmittelbaren Zugang von oben. Vor dem Altar entdeckte man vier Felsengräber und in der Ost- und Westwand Nischengräber. Im Osten schließt sich die Grotte der Unschuldigen Kinder an, die dem Gedächtnis des Kindesmordes von Betlehem geweiht ist. Herodes der Große soll nach Jesu Geburt die Tötung aller Knaben bis zu zwei Jahren in Betlehem und Umgebung befohlen haben, um den ›neugeborenen König‹ zu beseitigen. Westlich führt ein kurzer Gang zu den Hieronymus-Grotten. Hieronymus aus Dalmatien war von 382 bis 385 Ratgeber des Papstes Damasus. Bald nach dessen Tod ging er nach Betlehem, gründete 389 ein Kloster und vollendete hier seine lateinische Bibelübersetzung, die Vulgata, die noch heute als offizieller Bibeltext der katholischen Kirche dient. In der vorderen Grotte ruhten die Gebeine des Eusebius von Cremona, des Schülers und Nachfolgers von Hieronymus, und die der Römerinnen Paula und Eustochi um, die in Betlehem zwei Klöster und ein Pilgerhospiz gegründet hatten. Von der hinteren Grotte, die ein Kenotaph und einen Altar des hl. Hieronymus enthält, führt ein Gang nach Norden in die Zelle des Kirchenlehrers, einen in den Fels gehauenen Raum, wo er gelebt und gearbeitet haben soll. Sein letzter Wille, in der Nähe der Geburtsstätte Jesu zu ruhen, wurde nur bis zur Ankunft der Kreuzfahrer respektiert; im 13. Jh. kamen seine Gebeine nach Santa Maria Maggiore in Rom.

Andere Sehenswürdigkeiten in Betlehem

Nördlich an das ganze Areal schließt sich die Katharinenkirche der Franziskaner an – zwischen 1881 und 1888 über einem Kloster der Kreuzfahrerzeit errichtet, das wiederum auf den Fundamenten des Klosters der hl. Paula stand. 1950 legten die Franziskaner den benachbarten Kreuzgang aus fränkischer Zeit frei und stellten ihn weitgehend wieder her. 1975 modernisierten sie die Katharinenkirche. Alljährlich an Weihnachten wird hier die berühmte Mitternachtsmesse gelesen.

Südlich des Vorhofes erhebt sich der wuchtige Komplex des armenischen Klosters, der auch die südliche Säulenhalle des konstantinischen Atriums mit einschließt (zwei in die Mauer eingebaute Säulen sind vom Vorhof aus deutlich zu erkennen). Das Kloster soll seine heutige Gestalt schon vor den Kreuzzügen erhalten haben. Wesentliche Bauteile stammen aus byzantinischer, aber auch aus fränkischer Zeit. Hunderte von Graffiti an den Klosterinnenwänden zeugen vom Besuch unzähliger Pilger, deren Pferde und Maultiere einst in den Kellergewölben untergebracht wurden. Blaue Kacheln mit armenischen Ornamenten schmücken die Wände der Klosterkirche. Die drei Altäre mit Holzschnitzarbeiten armenischer Künstler stammen wahrscheinlich aus dem 13. Jh.

Der **Manger Square** (**5,** Kikar Manger, ›Krippenplatz‹) ist das belebte Zentrum Betlehems. Im Osten erheben sich die mächtigen Mauern der Geburtskirche mit den angrenzenden Klöstern, im Westen ragt das schlanke Minarett der modernen **Omar-Moschee** (**6**) empor, daneben steht das neue **Rathaus** (**7**) von Betlehem, im Süden ducken sich unter Arkaden Cafés und Andenkenläden. 150 m westlich vom Manger Square erreicht man den **Marktplatz** (**8**), auf dem Bauern aus der Umgebung frühmorgens und an Samstagen ihre Waren anbieten. In den kleinen Gassen ringsum verkaufen Händler und Handwerker geschnitzte Devotionalien aus Olivenholz, feingearbeiteten Perlmuttschmuck und hübsche Stickereien. 500 m nördlich des Marktplatzes steht oberhalb der Sderot Manger die **Davidsmauer** (**9**, Bivar Daud), bekannt auch als Davids Zisternen.

Milchgrotte

Vom Manger Square aus gelangt man über die Milk Grotto Street zur **Milchgrotte** (**10**), von den Arabern Mogharet es-Sitti Marjam genannt, über der die Franziskaner 1494 auf den Fundamenten einer Kirche aus dem 4. Jh. ein Kloster errichteten. Heute erhebt sich hier eine kleine Kapelle, die sie im Jahre 1872 mit Hilfe einheimischer Steinmetzen erbauten. Eine Treppe führt in die Tiefe, hier soll sich die Heilige Familie vor den Häschern des Herodes versteckt haben. Die Legende berichtet, daß beim Stillen des Kindes einige Milchtropfen auf das Gestein fielen. Seit vielen Jahrhunderten brechen christliche und moslemische Pilgerinnen Stückchen des weißen Kalks aus dem Boden, zerreiben sie und geben das Pulver in ihre Nahrung, da es nach dem Volksglauben stillenden Müttern zu mehr Milch verhelfen soll.

In Betlehem sind nahezu alle Richtungen der östlichen und westlichen Christenheit vertreten. Neben den bereits erwähnten Orthodoxen, Armeniern und Franziskanern unterhalten auch die ägyptischen Kopten, die Syrisch-Orthodoxen, die Salesianer, die Karmeliter, die Schwestern des hl. Josef sowie andere Gemeinschaften und Orden eigene religiöse Stätten.

Die Umgebung von Betlehem

Im Westen schließt sich die kleine christlich-arabische Stadt **Beit Jala** an, heute ein Ortsteil von Betlehem und eine beliebte Sommerfrische. Berühmt ist der Ort wegen seiner köstlichen Aprikosen, seiner Webwaren und seiner kraftvollen Steinmetzarbeiten. Für seine 8000 Einwohner hat Beit Jala vier Kirchen, darunter die griechisch-orthodoxe des hl. Nikolaus und eine lutherische. Seit 1853 befindet sich hier auch das Seminar des römisch-katholischen Patriarchats von Jerusalem. Die Straße nach Westen führt weiter zum 923 m hohen Har Gillo, auf dem möglicherweise das biblische Gilo lag. Man fand eine Siedlung aus der Zeit um 1200 v. Chr., die von Mitgliedern des Stammes Juda gegründet worden war, ferner Reste eines Turmes aus dem 8. bis 7. Jh. v. Chr.

Von der Spitze des Har Gillo bietet sich ein herrlicher Blick auf Jerusalem und Betlehem

Im Osten grenzt an Betlehem die kleine Stadt **Beit Sahur,** heute ein Vorort inmitten von Olivenhainen, bewohnt von etwa 8000 Menschen (vorwiegend christliche Araber). Beit Sahur war schon in prähistorischer Zeit bewohnt. Irgendwo jenseits der Olivenhaine sammelte einst die schöne junge Witwe Rut aus Moab auf dem Felde des reichen Bauern Boas Ähren. Boas verliebte sich in Rut und heiratete sie. Einer ihrer Urenkel war König David (Rut 2–4). Die römisch-katholische Kirche von Beit Sahur entstand im Jahre 1859 und wurde 1951/52 vollständig erneuert. In ihrer Nähe stehen die neue griechisch-katholische Kirche und eine große Schule unter Leitung der Salvatorianerschwestern.

Jenseits von Beit Sahur erstreckt sich nach christlicher Tradition das **Hirtenfeld,** auf dem der Engel den Hirten erschien, um ihnen die Geburt Christi zu verkünden (Lk 2,8). Die Griechisch-Orthodoxen und die Franziskaner ungefähr 500 m voneinander entfernt inmitten einer idyllischen Landschaft, die die Araber Sijar el-Ghanam (›Schafstall‹) nennen, je eine Stätte der Verehrung. Leider hat man hier in den letzten Jahren viel gebaut, so daß sich die weiten Weideflächen allmählich mit Wohnhäusern füllen. Die zeltförmige Engelskapelle der Franziskaner, 1953/54 von dem italienischen Architekten Antonio Barluzzi erbaut, erhebt sich auf einer kleinen Anhöhe. Über dem Eingang schwebt ein bronzener Engel. Fresken über den drei Nischenaltären zeigen die Verkündigung der Weihnachtsbotschaft, die Huldigung der Hirten an der Krippe und ihre Heimkehr

Das Kloster Mar Saba

aus Betlehem. Die geräumige Höhle hinter der Kapelle mag wohl schon vor 2000 Jahren den Schäfern als Unterschlupf gedient haben. In der Nähe legten Archäologen 1859 die Ruinen einer Kirche und eine große landwirtschaftliche Klosteranlage frei, beide im 4. Jh. erbaut. Nach der Zerstörung durch die Perser wurde das Kloster aufgegeben.

Die südlich der Engelskapelle gelegene griechisch-orthodoxe Kirche blickt auf eine mindestens ebenso alte Tradition zurück. Im 4. Jh. bauten die Byzantiner eine Felsenhöhle zu einer Krypta aus und bedeckten den Boden mit einem vielfarbigen Mosaik. Etwa 100 Jahre später erweiterten sie die Höhle und errichteten darüber eine Kapelle. Im 6. Jh. trat an ihre Stelle eine prächtige Basilika mit korinthischen Säulen aus weißem Marmor. Nach der Zerstörung durch die Perser im Jahre 614 entstand eine neue Basilika, die im 11. Jh. in Trümmer sank. Im 16. Jh. nahmen griechische Mönche das Ruinenfeld wieder in Besitz und restaurierten die Grotte. Vor wenigen Jahren entstand unweit der Hirtengrotte eine neue orthodoxe Kirche.

Mar Saba

Ein interessanter Abstecher führt von Betlehem über das Hirtenfeld zum Kloster des hl. Sabas inmitten der atemberaubenden judäischen Gebirgswüste. Die schmale Straße passiert das **Kloster des hl. Theodosius** (Deir Dosi), im Jahre 476 von dem aus Kappadokien (Kleinasien) stammenden Mönch gegründet. Die heutige Anlage erstellten griechisch-orthodoxe Mönche gegen Ende des 19. Jh. Die 1952 restaurierte Kirche steht über einer Grottenkrypta, in der die Gebeine des Heiligen und der bei verschiedenen Überfällen umgekommenen Mönche ruhen. Hier wird auch die Höhle gezeigt, in der nach der Tradition die Weisen aus dem Morgenland auf ihrem Rückweg von Betlehem übernachteten (Mt 2,12).

Im 5. Jh. ließ sich Sabas, ein berühmter Theologe, in einer der Höhlen der cañonartigen Kidronschlucht nieder. Da ihm viele Glaubensbrüder folgten, gründete er um das Jahr 483 ein Kloster. Auf einer Reise nach Byzanz bewegte er Kaiser Justinian I. zum Wiederaufbau der zerstörten Geburtskirche von Betlehem. Der hl. Sabas starb 532 im Alter von 93 Jahren; sein Grab im Kloster Mar Saba entwickelte sich zur Wallfahrtsstätte. (Im 12. Jh. brachten Kreuzfahrer die sterblichen Überreste des Heiligen nach Venedig; 1965 gab Papst Paul VI. sie als Geste der Versöhnung zwischen Lateinern und Griechen zurück.) Die Anlage wurde mehrmals zerstört, aber immer wieder aufgebaut. Gegen 710 zog sich Johannes von Damaskus, ebenfalls ein großer Theologe und Repräsentant der Christen am Hofe der Kalifen in das Kloster zurück. 1834 wurde der Bau durch ein Erdbeben schwer beschädigt. Seit 1840 förderte das russische Zarenhaus seine Erneuerung. Heute lebt hier nur noch ein rundes Dutzend Mönche.

Frauen dürfen das Kloster Mar Saba nicht betreten; vom Frauenturm haben Sie einen wunderschönen Blick auf den verschachtelten Gebäudekomplex und die 180 m tiefe Kidronschlucht.

Schon von weitem sieht man den wuchtigen Wachtturm des Klosters und den außerhalb der hohen Mauern gelegenen Frauenturm. In der Mitte des Hofes steht ein kleiner Kuppelbau, das alte Grabmal des hl. Sabas. Eine Höhle daneben ist dem hl. Nikolaus geweiht. In einer anderen Grotte bewahren die Mönche in Vitrinen die Schädel der im 7. Jh. umgebrachten Glaubensbrüder auf. Die Hauptkirche (Katholikon) wurde um 500 erbaut und im 17. Jh. erneuert. Im Kirchenraum, der reich mit Wandmalereien und Ikonen geschmückt ist, ruhen im gläsernen Sarg die Gebeine des hl. Sabas. Die Zelle des hl. Johannes von Damaskus und die Grotte, die der hl. Sabas bis zum Bau des Klosters bewohnte, sind weitere Stationen der Führung durch die verwirrende Anlage, die im 6. Jh. bis zu 5000 Mönche beherbergt haben soll.

Das Herodeion

Herodeion

Wie ein schlafender Vulkan erhebt sich 11 km südöstlich von Betlehem, mitten im judäischen Bergland, der 758 m hohe, weithin sichtbare Bergkegel des Herodeion. Herodes der Große ließ auf diesem Berg, den die Araber Djebel Furadis (›Berg des kleinen Paradieses‹) nennen, eine Burg errichten, die er später zu seinem Mausoleum bestimmte.

Herodes war 46 v. Chr. zum Präfekt der von Rom kontrollierten Provinz Galiläa ernannt worden. An den Grenzen seines Reiches schuf er ein Netz von neun Festungen, darunter auch das Herodeion. Jede dieser Trutzburgen konnte sich durch Feuer- und Rauchsignale mit mindestens einer Nachbarfestung verständigen. Als Herodes im Jahre 4 v. Chr. nach 34jähriger Herrschaft in Jericho sein Ende kommen fühlte, bestimmte er das Herodeion zu seiner Grabstätte. In einem »außerordentlich prachtvollen Trauerzug« wurde er – wie Josephus berichtet – im Herodeion beigesetzt.

Das Grab des Herodes hat man bis heute nicht gefunden; wahrscheinlich wurde es in den Wirren des ersten Jüdischen Krieges ausgeraubt und zerstört. Zwischen 66 und 70 diente das Herodeion als Stützpunkt der Zeloten. Im zweiten Jüdischen Krieg (132–135) hatte Bar Kochba hier sein letztes Hauptquartier. Im späten 5. Jh. richteten byzantinische Mönche in den Palastthermen ein Kloster ein. Im kreuzförmigen Innenhof bauten sie eine kleine Kirche.

Die Burg des Herodes hatte einen kreisförmigen Grundriß mit einem Durchmesser von etwa 62 m. Sie war von einer doppelten Mauer umschlossen, deren äußere ringsum in eine steil abfallende Böschung überging. Im Nordosten führte eine Treppe zum einzigen Tor empor, durch ein 4,50 m hohes und 3 m breites, gewölbtes Portal gelangte man in den 5 m × 5 m großen Torraum und von dort durch einen schmaleren Eingang in das Innere der Burg. Vier Türme verstärkten die Doppelmauer. Der mächtige, runde Ostturm erreicht heute noch eine Höhe von 15,70 m. Eine Zisterne und zwei Getreidesilos im Kellergeschoß ermöglichten es, eine längere Belagerungszeit durchzustehen. Im Süden, Westen und Norden erhob sich je ein halbrunder Turm. Der nördliche Halbturm ist bis zum dritten Stockwerk erhalten.

Der Gang zwischen der äußeren und inneren Ringmauer war 3,50 m breit. Die innere Mauer umschloß eine Fläche von rund 2000 m². Die östliche Hälfte dieses Areals nahm ein Garten ein, der an drei Seiten von Säulenhallen umgeben war; seine Ostseite begrenzte eine mit Halbsäulen geschmückte Mauer. Im Norden und Süden endete der Garten in zwei prächtigen Exedren. Die westliche Hälfte der Burgfläche war den eigentlichen Palastbauten vorbehalten. Ein kreuzförmiger Innenhof bildete das Zentrum. Nördlich davon lagen die Thermen. Das 5 m hohe Kuppeldach des Tepidariums hat als einzige Decke des Palastbezirks dem Druck der 10 m hohen Trümmerschicht standgehalten. Den Südteil des Palastes beherrschte das 10 m × 15 m große Triclinium mit den dazugehörigen Räumen; vier Säulen stützten die Holzdecke. Spätere Bewohner wandelten das Triclinium um, deren Ostseite das rituelle Bad (Mikwe) einnahm. Die Wohnräume lagen in den Obergeschossen. Alle Wände der Palastbauten waren innen verputzt und mit Fresken versehen, die Säulen mit Stuck und gefärbtem Mörtel überzogen. Leider konnte man aus den Trümmern nur Fragmente der Wandgemälde bergen.

Die Bauten am Fuße des Herodeion werden seit 1973 von den Franziskanern untersucht. Bisher entdeckten sie einen Gebäude-

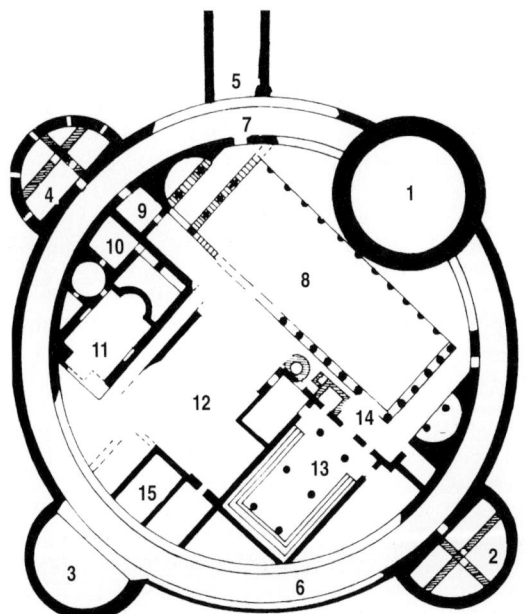

Herodeion
1 Ostturm
2 Südturm
3 Westturm
4 Nordturm
5 Treppenaufgang
6 Wehrumgang
7 Empfangssaal
8 Garten mit
  Peristyl
9 Exedra
10 Wachstube
11 Thermen
12 Kreuzförmiger
  Palasthof
13 Triclinium; später
  Synagoge
14 Mikwe (Ritualbad)
15 Byzantinische
  Kapelle

komplex von 170 m × 110 m mit einem 70 m langen, 45 m breiten
und 4 m tiefen Wasserbecken, in dessen Mitte sich ein Rundbau von
13 m Durchmesser erhob (das Wasser wurde aus den Quellen von
Artas südlich Betlehems herangeführt). Ferner legten sie eine große
Terrasse frei, an die ein unterirdischer Saal grenzte, der als Unterbau
für einen königlichen Palast gedient haben könnte. Unweit davon befand sich das Hippodrom.

Die Teiche Salomos

An der Straße nach Hebron weist 5 km hinter Betlehem das Rich-
tungsschild nach links zu den Teichen Salomos (Berekhot Shelomo),
die man nach wenigen hundert Metern erreicht. Drei große, von Palmen und Pinien umsäumte offene Zisternen speichern das Wasser
der umliegenden Quellen. Den Bau der Reservoire schreibt die Überlieferung König Salomo zu. Nach heutigem Wissen stammen die
Wasserreservoire jedoch nicht aus Salomos Zeit. Die beiden oberen
Teiche legte Herodes der Große an, um Jerusalem und die neue
Festung Herodeion mit Wasser zu versorgen. Im 12. oder 13. Jh. kam
das dritte Becken hinzu. Die drei Teiche sind hintereinander und in
unterschiedlicher Höhe angeordnet. Der obere bedeckt eine Fläche
von 116 m × 70 m, der mittlere ist 129 m lang und ebenfalls 70 m
breit, der untere mißt 1700 m × 64 m und hat ein Fassungsvermögen
von 170 000 m³ (!). Noch heute wird die Bevölkerung von Jerusalem
und Betlehem über ein Rohrsystem aus diesen häufig ausgebesserten
und umgebauten Reservoiren versorgt.

*Salomos Teiche
bei Betlehem*

Hebron

37 km südlich von Jerusalem liegt in fast 1000 m Höhe das biblische Hebron, von den Juden Hevron (von hebräisch *hever* ›Zusammenschluß‹), von den Arabern el-Khalil (arabisch für ›Freund‹ [Allahs]) genannt. Als Stadt der Patriarchen Abraham, Isaak und Jakob und als Ort, wo David zum König gesalbt wurde, ist Hebron für die Juden neben Jerusalem, Zefat und Tiberias eine der vier heiligen Städte. Die Moslems verehren hier die Gräber von Abraham, Isaak und Jakob und ihrer Frauen Sara, Rebekka und Lea. Die Höhle Machpela mit den Gräbern der Patriarchen schützte Herodes der Große durch eine mächtige Mauer, die heute als eines der großartigsten Beispiele seiner Baukunst gilt. Hebron, heute die größte und bedeutendste Stadt des Westjordanlandes, liegt an der alten Straße, die, von Syrien kommend, südlich des Sees Gennesaret den Jordan überquert, parallel zur Mittelmeerküste Jerusalem erreicht und über Be'er Sheva nach Ägypten führt. Die Stadt zählt 125 000 palästinensische Einwohner.

Hebron wurde sieben Jahre vor der Hyksoshauptstadt Auaris, dem biblischen Zoan, gegründet (Num 13,22), also um das Jahr 1727 v. Chr. Der Legende nach war es die Hauptstadt der Enakiter, jener vorgeschichtlichen Riesen, die die Urbevölkerung des Landes gebildet haben sollen. Als Abraham von Ägypten nach Kanaan zurückkehrte, ließ er sich mit seiner Sippe und seinen Herden in Mamre bei Hebron nieder, das damals Kirjat Arba (›Stadt der Vier‹) hieß und möglicherweise der Hauptort eines Vierstädtebundes war (auch der spätere Name Hevron deutet darauf hin). Abraham erwarb die Höhle Machpela, um darin seine verstorbene Frau Sara zu bestatten (Gen 23,17). Die Höhle diente fortan als Familiengruft.

Zu Beginn der Landnahme im 13. Jh. v. Chr. übernahmen die Kalebiter aus dem Negev die Stadt und ihre Umgebung. Sie gingen später im Stamm Juda auf, der Hebron zu seiner Hauptstadt machte. Nach dem Tode Sauls wurde David in Hebron zum König über das Haus Juda gesalbt und bald danach, um 1004 v. Chr., zum König über ganz Israel. David residierte hier mehr als sieben Jahre, bis er Jerusalem erobert hatte, das er zum Mittelpunkt aller Stämme machte. Hebron blieb Hauptstadt Judas. Rehabeam, etwa 930–910 König von Juda, baute Hebron zu einer starken Festung aus. 589 v. Chr. zerstörten neubabylonische Truppen die Stadt. 163 v. Chr. eroberte Judas Makkabäus Hebron und schleifte die Festungsanlagen (1 Makk 5,65). Herodes baute die Stadt großzügig aus. 67 n. Chr. wurde sie von den Römern fast völlig zerstört.

Im 6. Jh. errichtete Kaiser Justinian über der Höhle Machpela eine Basilika. Neben den Christen lebten damals auch viele Juden in dem Ort, den die Byzantiner Abromios nannten. Unmittelbar nach der Eroberung Palästinas in der ersten Hälfte des 7. Jh. wandelten die Moslems die Kirche in eine Moschee um, denn auch sie verehren die Patriarchen. Abraham (arabisch Ibrahim), genannt Khalil Allah

Hebron ☆
Besonders sehenswert
Haram el-Khalil
Mamre

(›Freund Gottes‹) oder Khalil er-Rahman (›Freund des Barmherzigen‹), war der Ahnherr Mohammeds, des letzten und vollkommensten der Propheten. Die Stadt nannten sie anfangs Hebrun, seit dem 10. Jh. dann Masjad Ibrahim el-Khalil, kurz el-Khalil. Im Jahre 1100 eroberten die Kreuzfahrer Hebron, machten aus der Moschee wieder eine Kirche und gaben der Stadt den Namen Castel St. Abraham. 1168 wurde die Stadt Bischofssitz. Nach der Schlacht bei den Hörnern von Hattin (1187) fiel Hebron wieder an die Moslems, auch wenn Richard Löwenherz es 1192 für kurze Zeit zurückgewinnen konnte. Die Mamelucken erneuerten die Moschee, die neben dem Felsendom in Jerusalem (Haram esh-Sharif) als einziges Heiligtum Palästinas die Haramswürde (Haram el-Khalil) erhielt (*haram*, arabisch für Schrein, Heiligtum). Sie bauten weitere Moscheen, außerdem Koranschulen, Volksküchen, Hospize, Mühlen usw. Hebron wurde eine blühende Stadt; moslemische Pilger strömten aus allen Teilen der islamischen Welt zu den Gräbern ihrer Propheten.

Im 16. Jh. kamen spanische Juden auf der Flucht vor Pogromen auch nach Hebron. Sie führten die Glasbläserei ein und erwarben das Recht, sich bis auf eine gewisse Entfernung (7. Stufe der Außentreppe) den heiligen Grabstätten nähern zu dürfen. Zusammenstöße mit den Moslems im 17. und 18. Jh. führten allerdings zur Abwanderung vieler Juden. Am Ende des 19. Jh. ließen sich größere Gruppen osteuropäischer Juden in Hebron nieder. 1929 kam es zu den bis dato schwersten Auseinandersetzungen, die mit der Evakuierung der jüdischen Bevölkerung durch britische Truppen endete.

Von 1948 an gehörte Hebron zum Königreich Jordanien. 1960 riß man die baufälligen Hütten rings um den Haram ab und öffneten die heilige Stätte auch für Nicht-Moslems. 1967 besetzten israelische Truppen das Westjordanland; Hebron wurde nicht verteidigt. Auf einem Hügelrücken am nordöstlichen Stadtrand wächst seit 1972 die neue jüdische Siedlung Qiryat Arba. 1993 ermordete ein jüdischer Extremist in der Jawuliya-Moschee 29 betende Moslems. 1996 waren die israelisch-palästinensischen Verhandlungen über den Autonomiestatus von Hebron noch nicht abgeschlossen.

Haram el-Khalil

Beherrschender Mittelpunkt des heutigen Hebron ist der wuchtige Bau über der Höhle Machpela. Sara und Abraham, Rebekka und Isaak, Lea und Jakob sollen hier beigesetzt sein. Nach dem Tode Saras kaufte Abraham das Grundstück mit der Höhle, das damals östlich der Stadt lag. Herodes errichtete um den heiligen Bezirk eine mächtige, 2,65 m dicke, unten glatte, oben mit Lisenen geschmückte Mauer, die eine Fläche von 53,8 m × 28,6 m umschließt und die noch heute hervorragend erhalten ist. Der zinnenbewehrte Mauerabschluß stammt aus mameluckischer Zeit (13./14. Jh.). Von den ursprünglich vier quadratischen, 12 m hohen Minaretten sind noch

Der wuchtige Bau über der Höhle Machpela mit dem Grab Abrahams

zwei vorhanden. Ein Treppenaufgang im Norden führt zum Eingang an der nordöstlichen Langseite, an die sich die mameluckische Jawuliya-Moschee (1318–1320) anschließt. Den Mittelteil des dreischiffigen Bauwerks krönt eine Kuppel.

Im Hof des Haram el-Khalil stehen vier Mausoleen mit den Kenotaphen von Abraham, Sara, Jakob und Lea. Die polygonalen Mausoleen Abrahams und Saras unter dem überdachten Teil des Hofes entstanden bereits in frühislamischer Zeit, die Kenotaphe wurden im 14. Jh. von mameluckischen Künstlern aus farbigem Marmor gearbeitet und in reich bestickte Decken gehüllt. Die Gräber der Patriarchen und ihrer Frauen sollen sich nach der Tradition genau unterhalb der Kenotaphe befinden. Im Jahre 1215 drangen Kreuzfahrer in die Höhle ein und öffneten die Gräber. Die sterblichen Überreste der Patriarchenfamilie waren angeblich gut erhalten. Die Kreuzfahrer mauerten den Eingang der Höhle zu, die seit Sultan Baibars' Verbot (1266), nicht einmal mehr von den Wächtern des Heiligtums betreten werden darf. Der Raum zwischen den Mausoleen Jakobs und Leas dient heute als Synagoge.

Vom Hof aus gelangt man in die Hauptmoschee, die Ibrahim-Moschee, die als Basilika unter Kaiser Justinian entstand und 638 von den Omajjaden übernommen wurde. Um 1115 gaben die Kreuzfahrer dem Bauwerk seine heutige Gestalt (Kreuzrippen der Seitenschiffe), im 14. Jh. wurde es von den Mamelucken restauriert. Der dreischiffige Innenraum ist 28 m breit und 24 m lang; vier Säulen tra-

Haram el-Khalil:
1 Eingang
2 Jawuliya-Moschee
3 Eingang zum
  Haram
4 Hof
5 Kenotaph Leas
6 Kenotaph Jakobs
7 Synagoge
8 Kenotaph Saras
9 Kenotaph
  Abrahams
10 Ibrahim-Moschee
   (einstige Kreuz-
   fahrerkirche)
11 Kenotaph
   Rebekkas
12 Kenotaph Isaaks
13 Mihrab und
   Mimbar
14 Öffnung zur Höhle
15 Frauenmoschee
16 Kenotaph Josefs

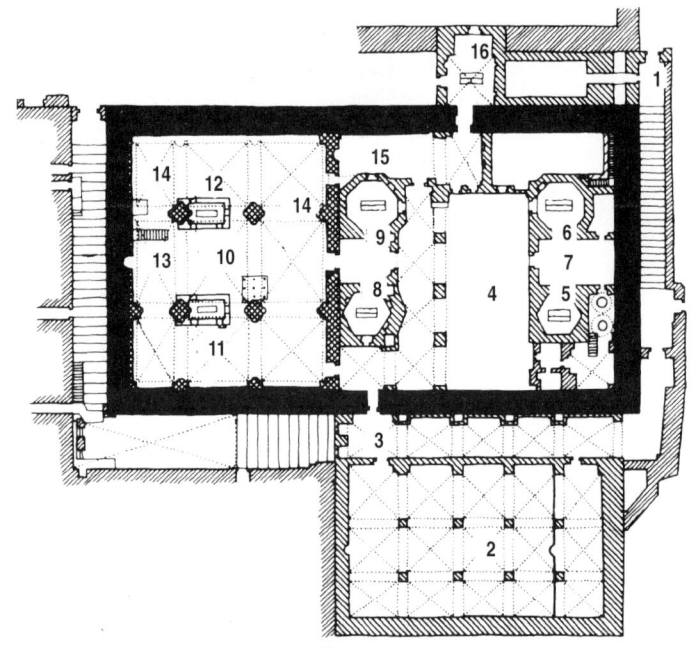

gen die Decke. In der Mitte der Südostseite befindet sich der Mihrab. Rechts daneben steht der wundervoll geschnitzte Mimbar (16. Jh.?). Zwei Kenotaphe aus dem Jahre 1331 erinnern an die Gräber Isaaks und Rebekkas.

Links vor dem Mittelausgang zum Hof gestattet eine vergitterte Öffnung im Fußboden einen Blick in die dunkle Machpelahöhle. Im Westen lehnt sich an das Hauptgebäude ein breiter Gang, der als Frauenmoschee dient. Unter den Teppichen soll auf dem Boden der Abdruck von Adams Fuß zu erkennen sein (nach altjüdischer Überlieferung hatten sich Adam und Eva nach ihrer Vertreibung aus dem Paradies in Hebron niedergelassen). Eine Tür öffnet sich vom Gang zu einem quadratischen Raum außerhalb der herodianischen Mauer. Der dort befindliche Sarkophag enthält nach islamischer Tradition die Gebeine Josefs – nach jüdischer Tradition wurde Josef in der Nähe von Sichem bestattet (s. S. 206).

An den Haram el-Khalil schließt sich der **Suq** an, das lärmende Marktviertel. Weiterhin empfiehlt sich ein Spaziergang zum Tel Rumeida (Djebel er-Rumede), der Stätte des alttestamentarischen Hebron, die archäologisch noch wenig erforscht ist. Inmitten uralter Olivenhaine bei der Quelle von En Judeida (Ain el-Djedide) findet man Reste der Hasmonäerstadt (um 130 v. Chr.) und Ruinen byzantinischer Bauten. Von hier oben bietet sich ein herrlicher Blick auf den Haram el-Khalil und das heutige Hebron.

Mamre

Abraham hatte nach der Rückkehr aus Ägypten sein Nomadenzelt »bei den Eichen von Mamre in Hebron« aufgeschlagen. Dort baute er dem Herrn einen Altar (Gen 13,18), und dort erschien ihm der Herr (Gen 18,1).

Dagegen glaubt der deutsche Archäologe F. Mader, die heilige Stätte etwa 4 km nördlich des Stadtkerns von Hebron bei Bet Ilanim (Ramat el-Khalil) gefunden zu haben. Das aus mächtigen Steinquadern bestehende Mauerwerk gehörte zu einer Umfassungsmauer aus herodianischer Zeit, die einen 65 m × 48,5 m großen Bezirk umschloß. Die Anlage wurde 70 n. Chr. zerstört. Kaiser Hadrian baute die Mauern nach Ende des zweiten Jüdischen Krieges (135) unter Verwendung des herodianischen Quadermauerwerks wieder auf und errichtete darin einen Tempel für Merkur. Im 4. Jh. baute Konstantin der Große in der östlichen Hälfte der Umfriedung eine dreischiffige Basilika in der Form eines Breithauses. Ein Narthex verband sie mit dem Atrium, das den Brunnen und die Eiche Abrahams umschloß. Im 7. Jh. wurde die Kirche von den Persern zerstört. Unter den Fundamenten des herodianischen Baus stieß Mader auf Bauteile und Fußbodenplatten, die weit in vorchristliche Jahrhunderte zurückreichen. In der Südwestecke des Heiligtums legte er einen (heute restaurierten) Brunnen mit zahlreichen Weihgaben aus den verschiedensten Epochen frei. Fehlende Platten im Bodenbelag und Überreste uralter Terebinthenwurzeln deuten möglicherweise auf die in der Bibel genannten ›Eichen‹ hin, bei denen es sich in richtiger Übersetzung um Pistazienbäume (Terebinthen) handelt. An diesem einst schattigen Brunnen sollen nach der Tradition auch Maria und Josef auf ihrer Flucht nach Ägypten gerastet haben.

Tel Maresha und Bet Guvrin

Abseits der üblichen Reiserouten erwarten uns zwei touristische Leckerbissen: der Tel Maresha (arabisch Tell Sandahannah) mit seinem in der Welt wohl einzigartigen Höhlensystem und die byzantinisch-fränkischen Relikte von Bet Guvrin. Beide Stätten liegen an der Straße von Hebron nach Ashqelon.

Tel Maresha und
Bet Guvrin ☆
Besonders sehenswert
Höhlen von Bet Guvrin
Kreuzfahrerburg
Bet Gibelin

Geschichte von Maresha

Der alte kanaanitische Ort Maresha wurde als Muhraschti schon in den Amarnabriefen (14. Jh. v. Chr.) erwähnt. Nach der Landnahme gehörte er zum Stammesgebiet der Judäer (Jos 15,44). Gegen 920 v. Chr. baute König Rehabeam von Juda neben 14 anderen Städten auch Maresha zu einer Festung aus (2 Chr 11,8). Sie beherrschte den Zugang von der philistäischen Küstenebene zum südlichen judäi-

*Die Ausgrabungen von
Bet Guvrin im Frühling*

schen Hochland. Asa, 907–867 König von Juda, verstärkte die Befestigungen und schlug vor den Toren der Stadt eine ägyptische Streitmacht. 587 v. Chr. wurde der Ort von den Babyloniern zerstört. Nachdem die Juden in das Babylonische Exil verschleppt worden waren, ließen sich Edomiter aus dem südlichen Ostjordanland in Maresha nieder, das auch in persischer Zeit eine edomitische (idumäische) Stadt blieb. Unter den Diadochen wurde Maresha hellenisiert, sein Name änderte sich in Marissa. Seit 312 v. Chr. wechselte die Stadt mehrfach ihren Besitzer; abwechselnd herrschten Seleukiden und Ptolemäer. Im 3. Jh. v. Chr. wurde Marissa zum Hauptort der Provinz Idumäa. Gegen 250 v. Chr. gründeten phönikische Kaufleute aus Sidon in der Stadt eine Handelskolonie.

Im Jahre 163 v. Chr. griff Judas Makkabäus Marissa vergeblich an (1 Makk 5,66; 2 Makk 12,35). Erst um 110 v. Chr. gelang es dem Hasmonäer Johannes Hyrkanos I., die Stadt zu erobern und ihren edomitischen Bewohnern den jüdischen Glauben aufzuzwingen (Jüd. Altert. XIII, 9,1). 63 v. Chr. stellte der Römer Pompejus die Unabhängigkeit Marissas wieder her (Jüd. Altert. XIV, 4,4). 40 v. Chr. wurde das inzwischen mächtige Marissa von den Parthern endgültig zerstört (Jüd. Altert. XIV, 13,9).

Stilleben mit steinernen Relikten in Bet Guvrin

Geschichte von Bet Guvrin

37 v. Chr. befestigte Herodes der Große das benachbarte Bet Guvrin, das seit rund 600 Jahren ein Vorort von Maresha/Marissa gewesen war und sich nun zu einer bedeutenden Stadt entwickelte. Anfangs hatte der Ort den Namen Baithogabra (althebräisch ›Haus der Riesen‹) getragen, wohl wegen der gewaltigen Höhlen, die man als Wohnstätte prähistorischer Riesen, der biblischen Anakim, ansah. In byzantinischer Zeit wurde Bet Guvrin Verwaltungshauptstadt des größten Bezirks von Palästina, der sich vom Toten Meer bis Gaza erstreckte. Im 4. Jh. hatte es einen eigenen Bischof, der am ersten ökumenischen Konzil in Nicaea (325) teilnahm. Eusebius (265–339) erwähnte in seinem ›Onomastikon‹ (antikes Namen- oder Wörterverzeichnis) das alte Maresha als verlassen, Bet Guvrin dagegen als Heimat christlicher Märtyrer, die unter Kaiser Diokletian (284–305) ihr Leben ließen. 639 wurde Bet Guvrin von den Arabern erobert. 1134 bauten die Kreuzfahrer hier die Burg Gibelin. 1135 wurde Gibelin dem Orden der Hospitaliter anvertraut, 1187 mußte es sich den Truppen Saladins ergeben. Bald danach kam die Burg wieder in fränkischen Besitz, ging aber 1244 an die Mamelucken verloren. Die Araber nannten den Ort Beit Jibrin – entweder in Anlehnung an Bet Guvrin oder auf den islamischen Heiligen Nebi Jibrin hindeutend, der hier sein Grab fand. 1949 gründeten israelische Siedler auf den Ruinen des verlassenen arabischen Dorfes den Kibbuz Bet Guvrin.

Sehenswertes

Führungen durch Bet Guvrin und Maresha veranstaltet der örtliche Kibbuz. Die Ausgrabungen auf dem Tel Maresha brachten die **hellenistische Stadt** mit Tempel und Agora zum Vorschein, die eine Fläche von etwa 2,4 ha bedeckte und die typische Stadtplanung des griechischen Baumeisters Hippodamos von Milet zeigt: rechtwinklig angelegte Straßen um ein öffentliches Zentrum. Rings um den Tell hat man bis heute 63 Kalksteinhöhlen entdeckt, die als Grabstätten, Wohnungen oder Steinbruch dienten. Der Westhang des Siedlungshügels von Maresha birgt eine Grabhöhle mit 1906 Nischen für Urnen, die aus dem 2. Jh. v. Chr. stammt. Weil sie wie ein Taubenschlag anmutet, nennt man sie Columbarium (lateinisch für ›Taubenschlag‹). In den beiden ersten nachchristlichen Jahrhunderten waren Columbarien eine typisch römische und frühchristliche Gemeinschaftsgrabanlage.

Im Tal östlich des Tel befinden sich zwei **Grabhöhlen,** die aus dem 3. oder 2. Jh. v. Chr. stammen. Die eine, bei den Arabern ›Khirbet ez-Zemmar‹ genannt, hat einen T-förmigen Grundriß und enthält 44 Grabnischen. Man betritt sie durch eine große Vorhalle, an deren linker Seite vermutlich ein Altar stand. Ein Tor wird von zwei roten Wandpfeilern flankiert, die mit großen, schwarzen Amphoren, langen Girlanden und Rosetten unter den Kapitellen bemalt sind. Gleich dahinter bewacht der dreiköpfige Kerberos, der Höllenhund, den Eingang zur Unterwelt. Wunderbare Wandmalereien, die z. B. Amphoren, Bäume, Vögel, eine Jagdszene darstellen, sind leider stark verwittert. Besonders eindrucksvoll wirkt eine **Gruppe von 44 Höhlen,** die durch ein Labyrinth von Gängen und Stollen miteinander verbunden sind. Diese Höhlen, die einen Durchmesser zwischen 6 und 30 m haben, wölben sich wie riesige Glocken zu einer Höhe von 9–12 m empor. Durch eine Öffnung an der Spitze dringt Tageslicht, oft sogar die Sonne, was ein einzigartiges Spiel von Licht und Schatten hervorruft. Die Phöniker benutzten sie als Steinbruch für den Ausbau ihres Hafens in Askalon. Da die obere Gesteinsschicht aus hartem, die untere aus weichem Kalkstein besteht und da man nur das leichter zu bearbeitende weiche Gestein abbaute, entstand die Glockenform der Höhlen. Graffiti weisen sowohl auf die Phöniker – der Name Baal – als auch auf spätere christliche Benutzer – Kreuze – hin.

Auf dem Weg von Tel Maresha nach Bet Guvrin kommt man an den Ruinen der **Kreuzfahrerkirche St. Anna** vorbei. Die Franken errichteten sie in der Mitte des 12. Jh. über dem Mittelschiff einer Basilika des 4. Jh., eben der Johanneskirche, wobei sie die beiden Seitenschiffe als Ruine beließen.

Westlich der Straße nach Ashquelon finden sich beim Kibbuz Bet Guvrin Reste der **Kreuzfahrerburg Bet Gibelin,** von den Arabern el-Qal'a (›die Burg‹) genannt. Die Kreuzfahrer setzten sie in die Nordwestecke der byzantinischen Stadt. Die Burgkapelle bestand aus einer langen Halle, die in einer Apsis endete. Säulen mit byzantinischen Kapitellen tragen das Kreuzrippengewölbe; die Säulen stammen offensichtlich aus Ruinen früherer Kirchen. Von der Halle aus erreicht man einen großen Raum mit Tonnengewölbe und ein noch begehbares Treppenhaus, das zum oberen Stockwerk führte. Am Ende der Halle gewährt ein großes Fenster den Blick auf den einstigen Burghof. Bis 1948 lebte in der Kapelle eine arabische Familie. In einem Nebengebäude steht noch ihre große Ölpresse. Von einer **byzantinischen Kirche** aus der Zeit um 500 blieb ein großartiges Fußbodenmosaik erhalten: Aus einer Amphore ranken sich Weinreben zu Kreisen, in denen sich zwei Hirsche und verschiedene Wildvögel tummeln. Karge Mauerreste stammen von einer **Synagoge** aus dem 3. Jh. Die interessantesten Funde werden im Rockefeller-Museum, Jerusalem, aufbewahrt.

Nicht nur Kirchen und Synagogen waren in byzantinischer Zeit mit Mosaiken geschmückt, sondern auch viele Wohnhäuser reicher Familien. Ein großartiges Beispiel hierfür bildet das **Haus der Mosaike** aus dem 4. Jh., ein feudales Landhaus auf der Spitze des Hügels von Bet Guvrin. Im Mittelfeld des 9,5 m × 5 m großen Bildes waren in achteckigen Tafeln jeweils ein gefährliches und ein harmloses Tier dargestellt, z. B. ein Leopard mit einer Antilope, eine Löwin mit einem Widder. In vier Medaillons erkennt man die Symbole der Jahreszeiten. Die Randleiste zeigt Jagdszenen. Nur kleine Teile des Mosaikbodens sind noch hier zu sehen – die schönsten Stücke kamen nach Jerusalem in das Israel-Museum und das Rockefeller-Museum.

Tel Lakhish

8 km südwestlich von Bet Guvrin erhebt sich inmitten ausgedehnter Pfirsichpflanzungen der Tel Lakhish (arabisch Tell ed-Duwer), die Stätte des mächtigen biblischen Lachisch. Lachisch wurde vor allem berühmt durch die erschütternden Nachrichten, die Lachisch-Briefe, die Vorposten in den letzten Tagen des Reiches Juda an den Stadtkommandanten richteten. Sehenswert sind die israelitische Doppelmauer mit Toranlage, der Palast der persischen Hyparchen und der sogenannte Sonnentempel. Man läßt den Wagen im nahen Moschaw Lakhish und ersteigt den Tell über die Rampe, die vor dem alten Stadttor endet.

Die frühesten Siedlungsspuren auf dem Tel Lakhish stammen aus dem 4. Jahrtausend v. Chr. Später (ca. 2700 v. Chr.) entstand hier eine städtische Siedlung, die die Hyksos um 1700 v. Chr. mit einer gewaltigen Umwallung und einem tiefen Verteidigungsgraben umgaben. Die Ägypter zerstörten die Stadt teilweise und übernahmen die Oberherrschaft. Damals errichteten die Kanaaniter auf einer Aufschüttung des alten Hyksosgrabens einen Tempel. Gegen 1300 v. Chr. wurde die aufsässige Stadt von den Truppen des Herrschers Sethos I. in Trümmer gelegt. Rund hundert Jahre später schloß sich König Jafia von Lachisch einem Bund der Amoriterkönige, einem kanaanitischen Volk an, um gemeinsam gegen die eindringenden Israeliten vorzugehen (Jos 10,3). Unter Josua besiegten diese jedoch die vereinigten Amoriter, und bald darauf brachte Josua Lachisch in seine Gewalt und tötete alle Bewohner (Jos 10,32).

Erst unter König David (um 1004–968) scheinen sich Israeliten vom Stamme Juda in dem Stadtgebiet niedergelassen zu haben. Auf

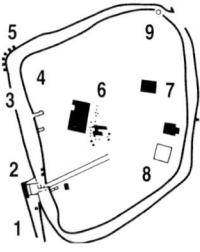

Tel Lakhish
1 Rampe
2 Toranlage
3 Außenmauer
4 Innenmauer
5 Stützpfeiler
6 Palast des persi-
* schen Hyparchen*
7 Sonnentempel
8 Zisterne
9 Kanaanitischer
* Brunnen*

den Fundamenten eines kanaanitischen Gebäudes bauten sie einen Palast. Rehabeam, um 930–910 König von Juda, umgab die Stadt mit einem doppelten Mauerring, um sie vor Angriffen der benachbarten Philister zu schützen (2 Chr 11,9). Lachisch war nun die stärkste Festung im Südwesten des Reiches und sogar größer als Jerusalem und Megiddo. 701 v. Chr. belagerten die Assyrer unter persönlicher Führung ihres Königs Sanherib die Stadt und eroberten sie (2 Kön 18,14). Von hier aus befehligte Sanherib die weiteren Operationen gegen die übrigen Städte Judas. In seinem Palast in Ninive am Tigris fand man ein Steinrelief, das die Belagerung beschreibt, und am Stadtrand von Lachisch stießen die Archäologen auf ein Massengrab aus dieser Zeit mit nahezu 2000 menschlichen Skeletten. Eine Epidemie während der Belagerung Jerusalems zwang Sanherib zum Rückzug nach Ninive.

Rekonstruktion der antiken Stadt

Im 7. Jh. v. Chr. war Lachisch wieder judäisch. 588 v. Chr. marschierten die Babylonier unter ihrem König Nebukadnezar II. in Juda ein und nahmen eine Stadt nach der anderen. Schließlich leisteten nur noch drei Städte erbitterten Widerstand: das kleine Aseka, das mächtige Lachisch und die Hauptstadt Jerusalem. Von dieser Situation berichten die berühmten Lachisch-Briefe, mit schwarzer Tusche beschriebene Tonscherben, die in einem Raum der gewaltigen Toranlage gefunden wurden. Außenposten, die hinter den feindlichen Verbänden die Nachrichtenverbindung zwischen den belagerten Städten aufrechterhielten, hatten die Meldungen an den Kommandanten von Lachisch gerichtet. Zunächst fiel Aseka, bald darauf (587 v. Chr.) ging Lachisch in Flammen auf, ein Jahr später wurde Jerusalem erobert. In der Perserzeit blühte die Stadt noch einmal auf; in dem wiederhergestellten Palast des judäischen Distriktgouverneurs residierte nun ein Perser. Aus dem Exil heimgekehrte Juden bauten sich ihre Häuser wieder auf (Neh 11,30), aber die neue Stadt bedeckte nur noch einen Bruchteil des alten Areals. Im 2. Jh. v. Chr. war Lachisch lediglich ein kleines Dorf im Schatten der benachbarten Bezirkshauptstadt Marissa (Maresha).

Auf dem Tel Lakhish sind ansehnliche Ruinen freigelegt worden: Da ist die rund 1500 m lange **Doppelmauer** Rehabeams, die ein Gebiet von etwa 7,5 ha Größe umschloß. Die äußere Stadtmauer hatte eine Stärke von 4 m, die innere von 6 m. An der Nordwestecke der Stadt ist noch einer der mächtigen viereckigen Stützpfeiler vorhanden, die auch auf dem Relief aus Sanheribs Palast dargestellt sind (das Relief befindet sich heute im British Museum, London). An einigen Stellen der Mauer erkennt man noch von assyrischen Sturmböcken geschlagene Durchbrüche. Besonders eindrucksvoll wirkt die gewaltige, 27 m breite **Toranlage,** deren mehrstöckige Außenmauer durchschnittlich 7 m stark ist. Über eine mehr als 100 m lange, von Süden ansteigende Rampe längs der Westmauer kam man zum Außentor, mußte dann scharf rechts einbiegen und die Wachstuben und Torbefestigungen passieren, bevor man das schmalere Innentor erreichte.

Der **Palast** des persischen Statthalters auf einer kleinen Anhöhe in der Mitte der Stadt gelegen, entstand um 400 v. Chr., vermutlich auf den Grundmauern älterer Bauten. Das mindestens zweistöckige Gebäude öffnete sich nach Norden auf einen großen, von zahlreichen Räumen (darunter einem Bad) umgebenen Hof. An dieser Stelle könnte schon König Jerobeam residiert haben, denn die unteren Schichten bargen einen großen Palast aus dem 10. Jh. v. Chr., der auf einer künstlichen Plattform errichtet worden war. Der sogenannte **Sonnentempel** ist ein hellenistischer Bau aus dem 2. Jh. v. Chr. Darunter fand man ein israelitisches Heiligtum. Ein schlichtes Tongefäß zur Aufnahme von Speiseopfern und eine dreizinkige Eisengabel sind der Zeit um 900 v. Chr. zuzuordnen.

Um 1500 v. Chr. errichteten die Kanaaniter auf einer Auffüllung des westlichen Wehrgrabens den sogenannten Grabentempel. Er entwickelte sich zwischen dem 15. und 13. Jh. v. Chr. von einer knickachsigen Herdhaus- zur Langhausanlage. Der Kultraum hatte eine Größe von 10 m × 5 m; der Altar befand sich im Süden, der Eingang mit Sichtblende im Norden. Der zweite Tempel (um 1400 v. Chr.) war doppelt so groß und erhielt Anbauten; seine Innenwände trugen eine Holzverkleidung und Elfenbeinschnitzereien. Gegen 1335 v. Chr. bestand er aus vier Räumen, deren südlichster und größter vielleicht das Sanktuarium darstellte. Ein Podium war vor die Südwand gesetzt, davor stand der steinerne Altar. Auf Wandbänken stellten die Kanaaniter ihre Opfergaben ab: Alabastergefäße, Elfenbeinarbeiten, Tonstatuetten, Rollsiegel, Skarabäen (Rockefeller-Museum). Der Tempel wurde um 1220 v. Chr. zerstört und nicht wiederaufgebaut. Im Grabentempel fand man einen Dolch aus dem 18. oder 17. Jh. mit vier Buchstaben des ältesten Alphabets, weiterhin kamen Gefäße mit Schriftzeichen des weiterentwickelten Alphabets zum Vorschein.

Das alte Samaria

Über Nablus zum See Gennesaret

Nablus

Nablus, mit 174 000 Einwohnern die zweitgrößte arabische Stadt im Westjordanland, ist die Nachfolgestadt des biblischen Sichem, das auf dem benachbarten Tell Balata ausgegraben wurde. Das alte Sichem wie das neue Nablus schmiegen sich in das Tal zwischen den Bergen Garizim und Ebal. Von der großen Vergangenheit zeugen eindrucksvolle Stadtmauern aus der Hyksoszeit, zwei kanaanitisch-israelitische Tore und der größte bisher bekannte Baaltempel. Am Stadtrand empfiehlt sich ein Besuch des Jakobsbrunnens und des Josefsgrabes. Wer etwas Zeit hat, sollte den Garizim besteigen, den heiligen Berg der Samariter.

Nablus
Besonders sehenswert
Tell Balata
Jakobsbrunnen
Josefsgrab
Berg Garizim

Geschichte

An der Kreuzung zweier Karawanenstraßen, die von Ägypten nach Syrien und von Mesopotamien zum Mittelmeer führten, entstand schon im 4. Jahrtausend v. Chr. eine Siedlung von Halbnomaden. Um 1850 v. Chr. brandschatzte Pharao Sesostris III. die strategisch wichtige Stadt. Mit den Hyksos dürfte im 18. Jh. v. Chr. auch Abraham in das Land gekommen sein. Sein Enkel Jakob ließ sich mit seinem Stamm vor Sichem nieder; er kaufte von den Söhnen des hiesigen Königs ein Stück Land, auf dem er seine Zelte aufschlug und einen Altar errichtete (Gen 33,19). Man nannte es später den Jakobsacker. Eines Tages verliebt sich einer der Söhne des Königs in Jakobs Tochter Dina, und bald war der Ehevertrag zwischen dem König und Jakob geschlossen. Die Sichemiter erkannten darin alle Bedingungen der Israeliten an, sie wollten ihren gesamten Besitz mit ihnen teilen und waren sogar bereit, sich beschneiden zu lassen. Am dritten Tag aber, als die Männer von Sichem wegen der Beschneidung an Wundfieber litten, überfielen Jakobs Söhne Simeon und Levi mit ihren Knechten die Stadt, töteten alle Männer, plünderten die Häuser und entführten die Frauen und Kinder (Gen 34). Jakob konnte wegen dieses Vorfalls nicht in Sichem bleiben und zog weiter nach Bet-El, um dort einen Altar zu errichten. Zuvor aber forderte er von seinen Leuten die Übergabe all jener Dinge, die ein Jude weder zum Leben noch für seinen Glauben benötigte, wie Schmuck, kostbare Kleidung usw. Er vergrub dies unter der Eiche (Terebinthe) bei Sichem (Gen 35,4).

Die Hyksosherrschaft (18. und 17. Jh. v. Chr.) brachte Sichem den Höhepunkt seiner Entwicklung. Zwar wurde es 1650 v. Chr. zerstört, aber sofort wieder aufgebaut und mit stärkeren Mauern umgeben, die man in den folgenden Jahrzehnten immer weiter ausbaute. Alle

Unter der Orakeleiche von Sichem erschien Abraham der Herr und sprach: »Deinen Nachkommen gebe ich dieses Land.«
Gen 12,6/7

◁ *Die Kolonnaden von Bet She'an*

Über Nablus zum
See Gennesaret

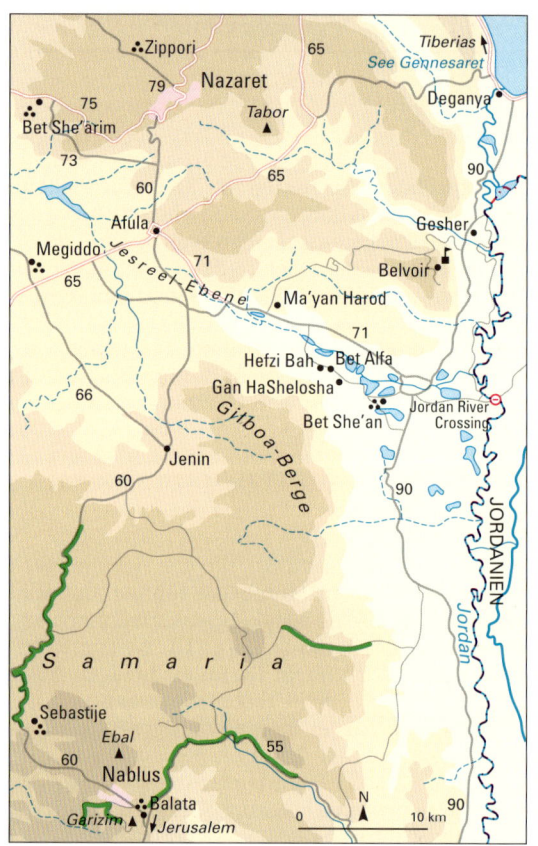

Verteidigungsanstrengungen der Städte Kanaans waren jedoch nutzlos, als Pharao Thutmosis III. um 1468 v. Chr. mit einer unvorstellbar großen Streitmacht und mit modernsten Belagerungsmaschinen das Land überrollte. Nachdem das mächtige Megiddo gefallen war, zerbrach das Städtebündnis, und so wurde auch Sichem eine leichte Beute der Ägypter. Nach der Zerstörung durch Thutmosis' Truppen erstand Sichem bald wieder, aber kleiner als zuvor. Als die Ägypter im 14. Jh. v. Chr. ihre Garnisonen aus Kanaan zurückzogen, versuchte Lab'aju, der kanaanitische König von Sichem, die umliegenden Stadtstaaten zu einem größeren, unabhängigen Gebilde zusammenzufassen.

Bei der Landnahme wurde das Königreich Sichem dem Stamm Manasse zugeteilt (Num 26,31), es unterwarf sich vermutlich freiwillig. Hier vollzog Josua den Zusammenschluß der Stämme (Jos 8,30; 24), und für lange Zeit blieb der Ort ihr Zentrum. Nach Josuas Tod begannen die Israeliten, ihren Gott zu verleugnen; sie errichteten in Sichem einen Tempel für Baal (Ri 2,11). Diesem Heiligtum entnahm Abimelech, der Sohn des Richters Gideon, das Geld zum Anwerben einer Bande, die seine 70 Brüder ermorden sollte. Da seine Mutter eine kanaanitische Sichemitin war, ließ er sich zum König von Sichem salben (Ri 9), womit er die erste israelitische Monarchie beründete. Seine Untertanen bereuten die Wahl jedoch bald und eroben sich gegen den König. Aber dieser tötete alle Einwohner, zerstörte die Stadt und steckte die Burg in Brand. Wohl mehr als ein Jahrhundert verging, bis die Stadt wieder besiedelt wurde.

Nach dem Tode Salomos um 930 v. Chr. trafen sich die Stammesältesten in Sichem, um einen neuen König zu wählen. Dabei vollzog sich die Teilung des Reiches (1 Kön 12). Jerobeam, der König des Nordreiches Israel, erhob Sichem zu seiner Hauptstadt (1 Kön 12,25), aber schon 926 v. Chr. fiel Pharao Scheschonk I. in das Land ein und zerstörte den Ort. Baësa, der 905 v. Chr. Jerobeams Sohn Nadab gestürzt hatte, machte Tirza zur Hauptstadt von Nordisrael, und Omri verlegte die königliche Residenz 881 v. Chr. nach Samaria. Sichem war fortan nur noch eine Kleinstadt, behielt aber die Bedeutung eines religiösen Zentrums.

722 v. Chr. eroberten die Assyrer das Nordreich Israel und verschleppten einen großen Teil der Bevölkerung nach Mesopotamien. Dafür siedelten sie eigene Landsleute an, und so entstand im Laufe der Zeit eine Bevölkerung, die nach der Hauptstadt des Nordreiches Samariter genannt wurde. Den Verfall des Assyrerreiches gegen Ende des 7. Jh. v. Chr. nutzte Joschija, König von Juda, um dessen Provinz Israel unter seine Herrschaft zu bringen. Er beseitigte den Jahwetempel auf dem Garizim (2 Kön 23,19), denn nur der Tempel von Jerusalem galt als rechtmäßiges Heiligtum der Juden. Sichem verlor nun auch seine Bedeutung als Kultzentrum. Als Kyros, der persische Großkönig, in allen unterworfenen Ländern Religionsfreiheit versprach, kehrten bald nach 539 v. Chr. viele Juden aus dem Babylonischen Exil zurück. In Jerusalem begannen sie mit dem Wiederaufbau des Tempels, aber ihnen fehlten tüchtige Handwerker. Da erboten sich die Samariter, den Jerusalemer Juden zu helfen, doch diese lehnten jegliche Beziehung zu ihnen ab – die Samariter entwickelten einen eigenen Kult in Anknüpfung an die alten jüdischen Traditionen. Sie pflegten den Glauben in seiner ursprünglichen Form; nur die fünf Bücher Mose und das Buch Josua ließen sie gelten. Ihr Zentralheiligtum auf dem Garizim lebte wieder auf. Der alte Streit zwischen Nord- und Südisrael führte 445 v. Chr. auf Betreiben des Judäers Nehemia zur Trennung zwischen Samarien und Juda. Damit waren die Samariter nicht nur glaubensmäßig, sondern auch politisch isoliert. Alexander der Große siedelte 332 v. Chr. die Bevölkerung der Hauptstadt Samaria nach Sichem, das bald wieder zu einer großen, blühenden Stadt wurde, um. Die Samariter erneuerten den Tempel auf dem Garizim. Diese Blütezeit währte bis ins 2. vorchristliche Jahrhundert. Unter dem Diadochen Antiochos IV. Epi-

phanes (175–164) begann das Kesseltreiben gegen die Samariter. Antiochos ließ das Heiligtum auf dem Garizim abreißen und an dessen Stelle einen Tempel für Zeus Xenios errichten (2 Makk 6,12). 128 v. Chr. zerstörte der orthodoxe Hasmonäerfürst und Hohepriester Johannes Hyrkanos I. die Stadt Sichem so gründlich, daß sie nie wieder besiedelt wurde.

Ausgrabungsplan
1 Osttor
2 Hyskosmauer
*   (17. Jh. v. Chr.)*
3 Hyskostor
4 Baal Berit-Tempel
*   (16. Jh. v. Chr.)*
5 Hyskospalast
6 Israelitische
*   Wohnhäuser*

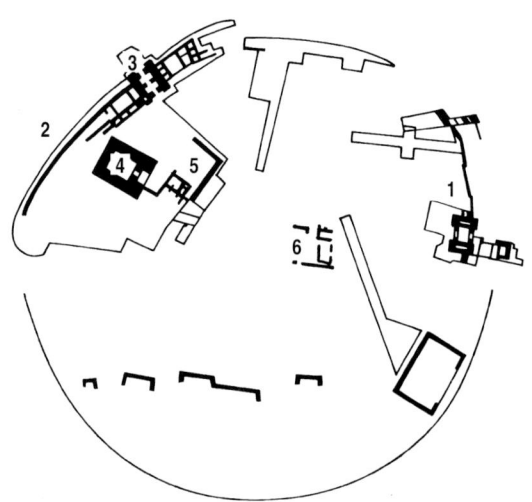

Während des ersten Jüdischen Krieges im Jahre 67 n. Chr., verschanzten sich die Samariter auf ihrem heiligen Berg. Die V. römische Legion stürmte die Stellungen und tötete alle 10 600 Verteidiger (Jüd. Krieg III, 7,32). 72 n. Chr. gründete Titus bei dem Dorf Mabarta auf der Paßhöhe zwischen dem Garizim und dem Ebal die Veteranensiedlung Flavia Neapolis, das heutige Nablus. Nach dem Bar Kochba-Aufstand baute Kaiser Hadrian auf dem Garizim einen Jupitertempel. 244 n. Chr. erhielt Flavia Neapolis den Rang einer Colonia.

Im 5. und 6. Jh. waren die Samariter ständigen Verfolgungen durch die Byzantiner ausgesetzt, was mehrere blutige Aufstände auslöste, die fast alle von Neapolis aus auf das ganze Land übergriffen. Dabei wurden zahllose Christen umgebracht und viele Kirchen zerstört. Erst 556 herrschte wieder Frieden im Lande.

636 kamen die islamischen Araber, die die Stadt Nablus nannten, im Jahre 1100 erschienen die Kreuzfahrer. Um 1150 befestigte Königin Melisende die Stadt gegen ihren Sohn Balduin III. Dieser zwang sie aber, sich von allen politischen Geschäften zurückzuziehen, und überließ ihr Nablus als persönliches Eigentum. Melisende stattete die Stadt mit mehreren großen Kirchen aus. 1187 fiel Nablus wieder in die Hände der Araber, die die Kirchen in Moscheen umwandelten. 1242 überfielen die Tempelritter die Stadt, 1260 brandschatzten

die Mongolen. Im 16. Jh. machten die Osmanen Nablus neben Jerusalem, Gaza und Zefat zu einer der vier Bezirkshauptstädte in Palästina. 1936 brach hier der große arabische Aufstand gegen die britische Mandatsregierung aus, 1948 kam die Stadt zu Jordanien, 1967 wurde sie von den Israelis besetzt. Seit Dezember 1995 ist Nablus unter Verwaltung der palästinensischen Autonomiebehörde.

Tell Balata

Unterhalb des heutigen Dorfes Balata liegt die Ausgrabungsstätte von Sichem. Das bronze- und das eisenzeitliche Sichem bedeckte eine Fläche von ungefähr 230 m × 150 m. Die gewaltige **Hyksosmauer** (17. Jh. v. Chr.) ist noch bis zu einer Höhe von 10–15 m erhalten. Sie wurde aus unbehauenen riesigen Blöcken gefügt und mit Erdreich abgeschrägt. Das dreifach gegliederte **Hyksostor** im Nordwesten der Stadt besaß vier Kammern und maß 18 m × 20 m. Das mächtige **Osttor,** gebildet von zwei hintereinanderliegenden Portalen und flankiert von zwei je 7 m × 15,50 m großen Türmen, ist ein besonders eindrucksvolles Beispiel kanaanitischen Festungsbaus. Von den Ägyptern zerstört, wurde Sichem unter König Jerobeam erheblich schwächer wiederaufgebaut. Auf der Akropolis im Nordwesten der Stadt entstand um 1600 v. Chr. ein 26 m × 21 m großer, festungsartiger **Tempel** mit über 5 m dicken Wänden, der vermutlich dem El-Berit oder Baal-Berit, dem kanaanitischen Stadtgott von Sichem, geweiht war. Seinen Eingang flankierten zwei Türme. Zweimal drei Säulen stützten das Dach. Jerobeam wandelte den Tempel in einen Kornspeicher um. Interesse verdienen weiter die Fundamente eines Hyksospalastes (17. Jh. v. Chr.), die Mauerreste israelitischer Wohnhäuser (9.–7. Jh. v. Chr.) und die Ruinen eines Samariterhauses (3. Jh. v. Chr.).

Der Jakobsbrunnen

Etwa 500 m südöstlich vom Tell Balata trifft man an der Straße zum Jordantal, in jenem Terrain, das Jakob einst von den Söhnen des Königs von Sichem erwarb, auf den Jakobsbrunnen (arabisch Bir Ja'qub), den er für seine Familie und seine Herden grub (Joh 4,12). Hier bat Jesus eine Samariterin um einen Schluck Wasser, woraufhin sie erwiderte: »Wie kannst du als Jude mich, eine Samariterin, um Wasser bitten?« (Joh 4,9). Hier zeigt sich deutlich der alte Gegensatz, die Feindschaft zwischen Juden und Samaritern, die Jesus zu überwinden suchte. Über die Identität des Jakobsbrunnens gibt es keinen Zweifel mehr, denn er ist hier der einzige Schöpfbrunnen.

Unter Kaiser Konstantin verbanden die Christen von Neapolis den Brunnen mit einem Baptisterium, und um 380 errichteten sie darüber eine kreuzförmige Kirche. 529 fiel der Bau dem großen

Samariteraufstand zum Opfer, Justinian I. erneuerte ihn. Um 1150 erbauten die Kreuzfahrer über dem Brunnen eine dreischiffige Kirche, die zu einer Benediktinerinnenabtei gehörte. Sie erhöhten den Boden, so daß der Brunnen nun von der Krypta unter dem Mittelschiff zu erreichen war.

Nach der islamischen Eroberung verfiel die Kirche, die Ruine diente als Steinbruch. Nur die Krypta mit dem Brunnen blieb erhalten und war nach wie vor das Ziel unzähliger Pilger. 1885 erwarben orthodoxe Griechen das Gelände, und 1903 begannen sie mit dem Neubau eines Gotteshauses, das im Grundriß genau dem Kreuzfahrerbau entspricht. Der Erste Weltkrieg verhinderte die Vollendung, die Kirche steht heute im Rohbau ohne Dach. Die 6,65 m lange und 2,90 m breite Krypta ist restauriert. Über eine Stufe betritt man den Brunnenraum, den ein Tonnengewölbe bedeckt. Der Brunnenabschluß mit der Schöpfanlage hat eine Öffnung von nur 47 cm, nach unten erweitert sich der Schacht aber bis zu einer Breite von 2,5 m. In etwa 19 m Tiefe trifft der Schöpfeimer auf eine Wasserader, die vom Berg Garizim zum Wadi Far'a verläuft. Der Schacht erreicht insgesamt jedoch eine Tiefe von 50 m.

Das Josefsgrab

Jakob hatte das bei Sichem erworbene Land seinem Lieblingssohn Josef hinterlassen, und dieser vergaß das Erbe nie, als er in Ägypten war. Bevor er starb, nahm er seinen Brüdern den Eid ab, ihn auf seinem Acker bei Sichem zu bestatten, und als deren Söhne nach vielen Jahren mit Josua in das verheißene Land zogen, begruben sie seine Gebeine auf jenem Grundstück (Jos 24,32). Die Tradition kannte schon in den ersten nachchristlichen Jahrhunderten die Lage des Josefsgrabes, das uns heute etwa 200 m östlich vom Tell Balata gezeigt wird. Zu Beginn des 5. Jh. errichteten die Byzantiner über dem Grab eine Kirche, die später verfiel. Heute gleicht das Josefsgrab einem moslemischen Wali, einem Heiligengrab. Innerhalb der Einfriedung steht seit 1868 ein kleiner, aus Bruchsteinen gemauerter Bau mit einem Kuppeldach. Die Mitte des weißgetünchten Raumes nimmt der mit einem dunkelblauen Tuch bedeckte Sarkophag Josefs ein. Die niedrigen, ebenfalls mit Tuch verkleideten Säulenstümpfe an den Enden sind nach samaritischer Tradition die Kenotaphe für Manasse und Efraim, die Stammväter jener Stämme, die die Samariter als ihre Vorfahren betrachten. Israelisches Militär bewacht die Stätte.

Der Berg Garizim

Südlich von Sichem/Nablus erhebt sich der 881 m hohe Garizim, den die Araber Djebel et-Tor nennen. Er bildet zusammen mit dem gegenüberliegenden Berg Ebal (Djebel Islamije), dem mit 940 m höchsten Berg Samariens, die Eingangspforte zum Tal von Sichem. Zwischen Garizim und Ebal versammelte Josua, der Anordnung Mose folgend, die zwölf Stämme, um das Volk zu segnen und den Fluch zu sprechen (Dtn 27,12; Jos 8,33). Der Garizim ist ein massiger Gebirgsstock, der von Westen her allmählich ansteigt und im Osten seine höchste Erhebung erreicht, um dann 400 m steil zur Ebene el-Machna hin abzufallen.

Die heilige Stätte des Garizim war seit alten Zeiten eine kleine Erhebung auf dem Nordhang des Berges, die die Araber Tell er-Ras nennen. Ausgrabungen brachten hier Fundamente – vermutlich eines Zeustempels hadrianischer Zeit – zum Vorschein. Das Heiligtum erhob sich über einer 22,5 m langen, 14 m breiten und 1,5 m hohen künstlichen Plattform. Die sorgfältig behauenen Steine stammen von einem Vorgängerbau, dem Tempel der Samariter, den diese unter Alexander dem Großen im Jahre 332 v. Chr. errichtet hatten und der von Johannes Hyrkanos, Hasmonäerfürst und Hoherpriester in Jerusalem, zerstört worden war. Die Samariter bauten ihn nie mehr auf, der Garizim blieb aber bis auf den heutigen Tag ihr heiliger Berg. Noch im 4. Jh. n. Chr. richteten die Samariter ihre Synagogen nicht nach Jerusalem aus, sondern zum Garizim. Den Zeustempel umgab ein 60 m × 40 m großer Hof mit 1,8 m dicken Mauern. Der Eingang lag im Norden, wo eine etwa 600 m lange Treppe von Neapolis heraufführte. Reste einiger in den Fels geschlagener Stufen sind noch zu erkennen. Hadrians Tempel wurde erst im 4. Jh. abgerissen. Im Jahre 484 ließ der byzantinische Kaiser Zenon auf dem Gipfel des Garizim eine Marienkirche errichten. Den oktogonalen Bau von 37 m Länge und 30 m Breite umgab Kaiser Justinian 529 mit einem rechteckigen Kastell, um ihn vor Angriffen der Samariter zu schützen.

Als um die Mitte des 10. Jhs. die Christengemeinde von Nablus zerfiel, verfiel auch die Kirche. Die Araber errichteten auf den Fundamenten des nordöstlichen Kastellturms ein Heiligengrab, den Wali des Scheich Abu Ghanem, eines Freundes von Saladin. Westlich des Wali begehen die Samariter zur Osterzeit noch heute ihr Pessahfest, genau nach den Vorschriften des Mose (Ex 12).

Die Stadt Nablus

Das heutige Nablus bietet keine besonderen Sehenswürdigkeiten. Bunte Häuser an engen Gassen bilden den Stadtkern, prächtige Villen bedecken die Hänge des Ebal und des Garizim. Auch die beiden großen Moscheen Kebir und Nasser lohnen keine Besichtigung. Dagegen birgt die Synagoge im samaritischen Stadtteil Haret es-Samira einen kostbaren Schatz: eine Thorarolle aus dem 2. Jh. n. Chr. Die Synagoge wurde nach dem schweren Erdbeben von 1927 in den 30er Jahren neu erbaut. Das Oberhaupt der samaritischen Gemeinde, die in Nablus nur noch etwa 250 Mitglieder zählt – rund 200 weitere Samariter leben in Holon bei Tel Aviv –, führt den Titel Hoherpriester.

Die Samariter begehen noch heute das Pessahfest nach alter Tradition: In weiße Gewänder gehüllt, ziehen sie auf den Gipfel und braten Lämmer über einem Holzkohlenfeuer. Nach dem Mitternachtsgebet wird das Fleisch verzehrt, und Reste des Opfermahls und alle unreinen Teile werden anschließend verbrannt. Obwohl es eine Tribüne für Zuschauer gibt, sollten Sie das Ritual mit angemessener Zurückhaltung verfolgen.

Sebastije ☆
Besonders sehenswert
Ausgrabungsstätte

Sebastije

Etwa 12 km nordwestlich von Nablus, 1 km östlich der Straße nach Nazaret, liegt inmitten von Hügeln eine sanfte Bergkuppe mit dem arabischen Dorf Sebastije. Hier fanden Archäologen das alte Samaria (hebräisch Shomron), die einstige Hauptstadt des Nordreiches Israel, die Residenz der Könige Omri und Ahab. Herodes baute Samaria zu einer großen und prunkvollen Stadt aus, der er den Namen Sebaste (Augusta) gab. Der Palast der israelitischen Könige, einige Bauwerke aus hellenistischer Zeit, vor allem aber die Reste der römischen Stadtanlage hinterlassen einen unauslöschlichen Eindruck. Hierher verlegte die Tradition das Grab Johannes des Täufers, das sich in einer Krypta der einstigen byzantinisch-fränkischen Johanneskirche befinden soll.

Geschichte

876 v. Chr. kaufte Omri, der König des Nordstaates Israel, den Berg Schemer und gründete darauf seine neue Hauptstadt, die er nach diesem Berg Shomron nannte (1 Kön 16,24). Sie ist also eine relativ junge Stadt und dazu die einzige größere, die von den Israeliten gegründet wurde. Archäologische Untersuchungen haben nur geringe Spuren einer älteren Besiedlung (seit etwa 1200 v. Chr.) ergeben. Omris Sohn Ahab (871–852) baute Samaria zu einer würdigen Residenz aus. Seine Frau Isebel, eine phönikische Prinzessin, brachte den Baalkult an den Hof.

Um 845 v. Chr. betrieb der Prophet Elischa den Sturz der baalgläubigen Omridendynastie. Er salbte den jahwetreuen Befehlshaber der Streitwagen, Jehu, zum König, der daraufhin den bisherigen Herrscher Joram und dessen Mutter Isebel tötete. Jehu ließ den Baaltempel in Samaria vernichten und dessen gesamte Priesterschaft ermorden. Samaria blieb Hauptstadt des Reiches Nordisrael. 841 v. Chr. erkaufte sich Jehu mit jährlichen Tributzahlungen an die Assyrer eine gewisse Selbständigkeit. Trotz der erheblichen Abgaben entwickelte sich Samaria zu einer reichen Stadt mit prunkvollen Bauten. Doch seine Bewohner entfernten sich wiederum vom wahren Glauben, weshalb die Propheten Amos (Am 3,9), Hosea (Hos 8), Micha (Mi 1,6) und Jesaja (Jes 28,1) göttliche Rache weissagten. Und diese kam 724 v. Chr. mit den Assyrern. Nach dreijähriger Belagerung öffnete Samaria die Tore, womit die Geschichte des Nordstaates endete.

57–55 v. Chr. baute der römische Konsul Aulus Gabinius die völlig zerstörte Stadt wieder auf. 38 v. Chr. hielt sich Herodes, damals Präfekt von Galiläa, in Samaria auf und heiratete hier Mariamme, die Enkelin des Königs Hyrkan II. und ›letzte Makkabäerin‹. 30 v. Chr. erhielt er die Stadt von Octavian, seit einem Jahr Alleinherrscher über das Imperium Romanum, geschenkt, und begann ihren großzügigen Ausbau. Als Octavian 27 v. Chr. zum Augustus (griechisch Sebastos) erhoben wurde, nannte Herodes die neue Stadt seinem Gönner zu Ehren Sebaste. Das herodianische Sebaste entwickelte sich zu einer großen und schönen Stadt; auf der Akropolis entstand ein Augustustempel. Hier wirkten der Diakon Philippus und die Apostel Petrus und Johannes.

Die beiden jüdischen Aufstände von 66–70 und 132–135 dezimierten die Bevölkerung von Sebaste so stark, daß die prächtige Stadt schnell zerfiel. Um 200 gab der Kaiser Septimius Severus ihr den Status einer Colonia mit dem offiziellen Namen Lucia Septimia Severa Sebaste, konnte aber damit den weiteren Niedergang nicht aufhalten. Das benachbarte, von Titus gegründete Neapolis (Nablus) übernahm die führende Rolle in Samarien. Zwar hatte Sebaste in byzantinischer Zeit einen eigenen Bischof, doch schon Eusebius († 339) fand nur noch ein verträumtes Städtchen vor. 362 ließ Kaiser Julian Apostata die Kirchen auf der Akropolis niederreißen und die christlichen Gräber verwüsten. Unter Theodosius I. (379–395) erstand über den Gräbern eine Basilika, die Johannesbasilika, in der als kostbarste Reliquie das Haupt des Täufers aufbewahrt wurde. 614 fiel die Kirche dem Persersturm zum Opfer. Die Kreuzfahrer bauten sie schöner und größer wieder auf, die Araber wandelten sie nach 1187 in eine Moschee um.

Die Ausgrabungsstätte

Ein geräumiger Parkplatz mit Restaurant und Andenkenverkauf erwartet Sie am römischen Forum oberhalb des Dorfes Sebastije. Sie befinden sich hier bereits inmitten der antiken Stadt, die in israelitischer Zeit bei einer Ausdehnung von rund 400 m × 200 m eine Fläche von 6 ha einnahm. In hellenistischer Zeit verdoppelte sich das Areal der Stadt auf etwa 12 ha, unter Herodes dem Großen schwoll es auf fast 80 ha an. Das 128 m × 72,5 m große **Forum,** Marktplatz

Samaria
1 *Römische Stadt-*
   mauer
2 *Westtor*
3 *Kolonnaden*
   straße
4 *Läden*
5 *Forum*
6 *Marktbasilika*
7 *Israelitisches*
   Stadttor
8 *Römisches*
   Theater
9 *Hellenistischer*
   Rundturm
10 *Akropolis*
11 *Augustustempel*
12 *Paläste der*
   Omriden
13 *Johanneskirche*
14 *Koretempel*
15 *Stadion*
16 *Johanneskirche*

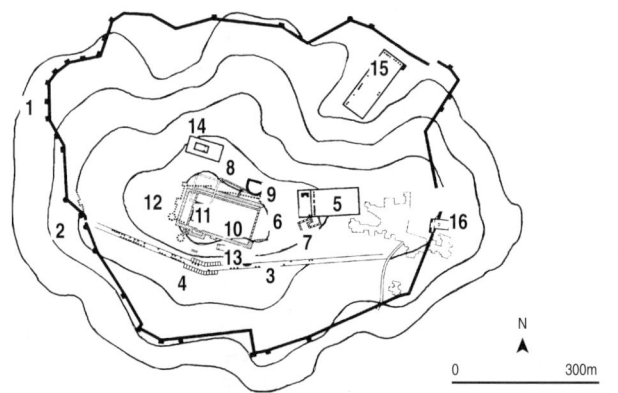

N
▲
0   300m

und Mittelpunkt des öffentlichen Lebens, entstand vermutlich unter Herodes und wurde im späten 2. Jh. n. Chr. erneuert. Säulenhallen umschlossen den weiten Platz, dessen Westseite die **Marktbasilika** aus der Zeit des Septimius Severus (um 200) einnahm. Zwei korinthische Säulenreihen teilten das 68 m × 32 m große Bauwerk in drei Schiffe. Steinplatten bedeckten den Boden des Mittelschiffs, den der beiden Seitenschiffe schmückten Mosaike. Von der Basilika stehen noch die Grundmauern, eine Exedra im Norden und mehrere Säulen. Das **israelitische Stadttor** südlich der Basilika stammt aus dem 9. Jh. v. Chr. und wurden vermutlich von König Ahab erbaut.

Auf dem Weg zur Akropolis kommt man an einem wuchtigen hellenistischen **Rundturm** vorbei. Das aus Binderreihen (senkrecht vermauerte Ziegel) errichtete Festungswerk, das etwa 12 m durchmißt, ist dem 4. oder 3. Jh. v. Chr. zuzuordnen. Das **römische Theater** gehört der späteren Kaiserzeit an. Sein Zuschauerraum mit 14 gut erhaltenen Sitzstufen schmiegt sich an den Nordhang der Akropolis. Vom Bühnenhaus sind nur noch geringe Mauerreste vorhanden. Aus einem etwa 70 m langen, trapezförmigen Vorhof führte eine 25 m breite Monumentaltreppe zum Augustustempel empor, einem 35 m × 24 m großen Bau auf einem 4 m hohen Podium, das mit Bauschutt der hellenistischen Stadtanlage gefüllt war. Die Treppe fügte wohl Septimius Severus anläßlich von Restaurierungsarbeiten hinzu. Vor ihr stand der große Altar, in dessen Nähe die Archäologen den 3 m hohen Torso einer Kolossalstatue des Kaisers fanden.

Unter dem Podium stieß man auf den **Palast des Königs Omri,** der im Stil der frühorientalischen Hausanlage gehalten war. Omris Sohn Ahab, der erfolgreichste und zugleich umstrittenste König Israels, erweiterte den Palast seines Vaters. Er schuf das berühmte Elfenbeinhaus (1 Kön 22,39) und lebte darin mit seiner phönikischen Gattin Isebel. Wundervoll gearbeitete **Elfenbeinschnitzereien** schmückten die Räume und die Möbel. Die Archäologen fanden viele hundert Bruchstücke flacher, geschnitzter Elfenbeinplatten; die einzigartigen Arbeiten lassen Elemente ägyptischer, syrischer, phönikischer und mesopotamischer Kunst erkennen. Die Pilaster in den Repräsentationsräumen trugen Kapitelle protoionischen Stils. In einem Gebäude des Palastes von Ahab fanden sich zahlreiche **Ostraka** aus der Zeit um 800 v. Chr., mit Tinte beschriebene Tonscherben, Quittungen über Öl- und Weinlieferungen der königlichen Güter. Im nördlichen Teil des Palasthofes stieß man auf ein gemauertes **Wasserbecken** von 10 m Länge, 5,20 m Breite und 90 cm Tiefe. Vielleicht handelte es sich dabei um den ›Teich von Samaria‹ (1 Kön 22,38). Der ganze Palastkomplex war von einer etwa 2,5 m breiten **Kasemattenmauer** umgeben, deren sorgfältig behauene Bossenquader in Läufer-Binder-Technik verlegt waren und ein hohes Niveau der Steinmetzkunst verraten. Auch hier wirkten wohl phönikische Baumeister.

Nördlich vom Augustustempel entstand unter Septimius Severus ein **Koretempel.** Kore (griechisch ›Mädchen‹) ist der Beiname der Persephone, der Göttin der Unterwelt, Tochter des Zeus und der Demeter. Ihre jährliche Rückkehr aus dem Hades zur Oberwelt versinnbildlichte das Wiedererwachen der Natur im Frühling. Der Tempel, von dem nur noch die Fundamente vorhanden sind, erhob sich in einem 95 m × 45 m großen, von Säulenhallen eingefaßten Temenos.

Südlich der Akropolis verlief zwischen West- und Osttor eine 1700 m lange, von rund 600 Säulen gesäumte **Kolonnadenstaße,** eine Geschäftsstraße aus der Zeit des Septimius Severus. Das Westtor am Ende der Kolonnadenstraße entstand in hellenistischer Zeit, wurde von Herodes dem Großen erneuert und erhielt seine letzte Gestalt um 200 n. Chr. Zwei mächtige Rundtürme, der nördliche davon auf hellenistischen Fundamenten, schützten den Zugang. An die Türme schloß sich die **Stadtmauer** an, die mit einer Länge von 3700 m das römische Sebaste umschloß. Nördlich vom Tor sind noch Teile der hellenistischen Umfriedung zu erkennen. Eine zweite Kolonnadenstraße verlief nördlich der Akropolis und endete am Forum.

In einer Mulde des nordöstlichen Stadtbereichs lag das **Stadion** mit überdachten Säulengängen. Die Laufstrecke entsprach genau dem klassischen Stadion (= 186 m). Heute ist die herrliche Anlage von Oliven-, Feigen- und Johannisbrotbäumen umgeben. Am Südhang der Akropolis steht die Ruine einer kleinen **byzantinischen Kirche,** die zwischen dem 5. und dem 7. Jh. erbaut wurde und der Auffindung des Hauptes Johannes des Täufers geweiht war. Sie wurde von den Kreuzfahrern erneuert, verfiel aber in den folgenden Jahrhunderten. Vorhanden sind noch Teile der Apsis und Bruchstücke von Pfeilern, die die Holzkuppel der Vierung trugen. Links vom Altar führen Stufen in eine gewölbte Krypta, an deren östlichem Ende man über einer Nische Reste eines römischen Freskos erkennen kann. Es stellt die Hinrichtung des Täufers und die Auffindung des Hauptes dar.

Im heutigen Dorf Sebastije steht außerhalb der römischen Stadtmauer die Ruine der **Johanneskirche.** Im 4. Jh. bauten die Byzantiner an dieser Stelle über römischen Gräbern ein Gotteshaus, von dem sich einige Steinschichten in den unteren Lagen der Nordmauer bewahrt haben. Es gehörte zu einem griechisch-orthodoxen Kloster, dessen Fundamente unter den Häusern von Sebastije ruhen. Zwischen 1150 und 1160 errichteten die Kreuzfahrer auf den Ruinen eine 48 m × 23 m große Basilika, die an Pracht und Schönheit nur von der Grabeskirche in Jerusalem übertroffen wurde. Pfeiler mit vorgesetzten Säulen grenzten die drei Schiffe der Basilika voneinander ab. Einige Pfeilerbündel und Gurtbogen sowie ein Teil der Westfassade blieben erhalten. Der alte Chor ist seit dem 14. Jh. mit einem Dach von acht Kuppeln überwölbt und dient noch heute als Moschee. Die moslemischen Araber nennen sie Nabi Jahia (›Prophet Johannes‹), denn auch sie verehren den Täufer. In der Mitte des offenen Kirchenschiffes steht ein Kuppelbau über einer Grabkrypta. 20 Stufen führen nach unten in ein gewöhnliches Römergrab (2. oder 3. Jh.). Sechs Nischen ordnet die christliche wie auch die islamische Tradition den Gräbern des Propheten Elischa (unten links), des Täufers Johannes (unten Mitte), des Propheten Obadja (unten rechts) sowie den Eltern des Täufers, Zacharias und Elisabet (oben), zu. Die mittlere obere Nische soll das Haupt des Täufers verwahrt haben.

Die Verehrung des Täufergrabes ist seit dem 4. Jh. bezeugt. Johannes wurde im Jahre 29 n. Chr. in der Festung Machärus (östlich des Toten Meeres) hingerichtet. Die Geschichte von Salomes Tanz vor ihrem Stiefvater Herodes Antipas und der Enthauptung des Täufers erzählt Markus (6,21).

Bet Alfa

Bet Alfa ☆
Besonders sehenswert
Synagogenmosaik

*Detail des Fußboden-
mosaiks von Bet Alfa*

7 km vor Afula, einer kleinen, modernen Einwandererstadt (24 000 Einwohner), biegt man in Richtung Bet She'an ab und erreicht nach etwa 13 km den Kibbuz Hefzi Bah mit den berühmten Mosaiken der Synagoge von Bet Alfa.

Die Synagoge, die im Gegensatz zu denen von Kafarnaum, Korazim und Bar'am der sogenannten späteren Bauart zugeordnet wird, entstand zu Beginn des 6. Jh., vermutlich unter Kaiser Justin I. (518–527). Sie gehörte zu einem wohlhabenden Dorf mit dem Namen Bet Alfa, der in islamischer Zeit als Beit Ilfa fortlebte. Schon wenige Jahre nach seiner Fertigstellung wurde das Bauwerk durch ein Erdbeben zerstört. Die Trümmerschicht bewahrte die Mosaike vor ihrer Vernichtung durch Bilderstürmer.

In der Nähe des verlassenen arabischen Dorfes Beit Ilfa gründeten jüdische Siedler 1921 den Kibbuz Bet Alfa. Beim Ausheben eines Bewässerungskanals stießen die Siedler von Hefzi Bah im Jahre 1928 auf die Mosaiken der alten Synagoge. Heute sind die kostbaren Fußböden von einem schützenden Museum umgeben.

statt; erst im 6. Jh., vermutlich unter Justinian I. (518–527), setzte man das Theater wieder instand und stattete es mit zeitgemäßer Technik aus. Eine Wasserleitung aus der nahen Quelle Ain el-Melab läßt vermuten, daß hier auch Wasserspiele zu sehen waren. Das Bühnenbild ist rund 90 m breit. Im weiten Halbrund der Cavea (Zuschauerraum) konnten etwa 6000 Besucher den Darbietungen folgen. Zwei Umgänge (Praecinctiones) teilten die Cavea in drei Ränge. Der untere Rang war mit 15 Sitzreihen in den Hang gegraben, die beiden oberen, heute nicht mehr vorhandenen Ränge ruhten auf Substruktionen. Von den neun Ausgängen, die von der unteren Praecinctio in einen inneren Umgang führten, zweigten kurze Gänge ab, die jeweils in einem kleinen Kuppelraum endeten. Diese architektonische Extravaganz, deren Bestimmung noch unbekannt ist, stellt eine einmalige Besonderheit im römischen Theaterbau dar. Ovale Vertiefungen in der Seitenwand der oberen Praecinctio sorgten für eine verbesserte Akustik. Die vorderste Sitzreihe, aus kleinasiatischem Marmor bestehend, war den Ehrengästen vorbehalten; sie konnte durch eine einsetzbare Balustrade von den darüberliegenden Sitzstufen abgeteilt werden.

Hinter dem Proszenium (Bühne) versteckte sich ein gewölbter Gang. In seinem östlichen Teil entdeckte man einen Altar der Göttin Tyche. Das dreitürige Bühnenhaus bestand aus zwei Stockwerken mit korinthischen Säulen. Polychrome Mosaike schmückten die Wandflächen. Von zwei flankierenden Türmen aus wurde die raffi-

Der besterhaltene antike Theaterbau Israels: Bet She'an

nierte Bühnenmaschinerie, die das Herabschweben und Verschwinden von Gottheiten und Heroen ermöglichte, bedient. Zwei Seitenhallen verbanden das Bühnenhaus, das zur Zeit rekonstruiert wird, mit dem Zuschauerraum.

Die **byzantinischen Thermen** nordwestlich vom Theater bedecken eine Fläche von rund 700 m² und stehen zum Teil auf den Fundamenten einer römischen Badeanlage des 2. Jh. Hypokausten versorgten die Heiß- und Warmbäder. Farbiger Stuck schmückte die Wände, Marmormosaike belebten die Fußböden der Räumlichkeiten. Säulenhallen mit Springbrunnen umgaben den Hauptbau nach Westen hin.

Hinter dem Theater öffnete sich eine 13 m hohe Vorhalle auf die **Palladiusstraße,** die wohl eleganteste Kolonnadenstraße der byzantinischen Stadt. Dieser mit Basaltsteinen im Fischgrätmuster gepflasterten Ladenstraße gaben die Archäologen den Namen des Provinzgouverneurs Palladius, auf den eine Inschrift (4. Jh.) hinweist. Inzwischen hat man viele Säulen wiederaufgerichtet. Auf halber Länge unterbricht ein halbkreisförmiger, ebenfalls von Säulen und Räumen eingefaßter Platz, eine Exedra, die Straße. In einem ihrer Räume kam bei den Ausgrabungen ein Mosaikmedaillon mit dem Kopf der Tyche, der griechischen Schicksalsgöttin und Schützerin der Stadt, zum Vorschein. Beim Bau der **Exedra** wurde das römische Odeum, eine kleine Sprech- und Musikbühne, fast vollständig zerstört. Nur ein Teil der äußeren Mauer, Fundamente der Sitzreihen und der

Palladiusstraße

Marmorboden der Orchestra blieben zwischen Thermen und Exedra erhalten.

Die Palladiusstraße mündet am Fuße des Tell auf einen Platz, den ein Dionysos-Tempel beherrschte. Auf dem runden Sockel vor dem Tempel stand eine Statue des Kaisers Marcus Aurelius Antoninus (161–180). Von hier führt eine Straße auf den Tell zur antiken Akropolis, wo zur Zeit ein prächtiges **Propylon** freigelegt wird.

An den römischen Tempel schließt sich ostwärts ein **Nymphäum,** ein prunkvoll ausgestatteter Brunnenbau, an. Er entstand im 2. Jh. und wurde im 4. Jh. erneuert. Auf diese Anlage folgt die **Basilika,** die als Markthalle, Börsenplatz und Gerichtssitz, als Treffpunkt und Verhandlungsort diente. In byzantinischer Zeit war die Basilika nur noch Markthalle. Nach dem Erdbeben von 749 entstand auf ihren Grundmauern eine kleine Moschee. Vor der Basilika zweigt eine 24 m breite ursprünglich römische Kolonnadenstraße zum Tal hin ab. Ein hohes Marmormonument markierte hier die Mitte der Stadt. Aus der römischen Stoa wurde eine byzantinische Ladenstraße.

Das **Amphitheater** stammt ebenfalls aus dem 2. Jh. Drei Meter hohe Mauern, hinter denen zehn bis zwölf Sitzreihen für etwa 6000 Zuschauer aufstiegen, umgaben die 102 m × 67 m große Arena.

Im 7. Jh. überzogen die Araber die antike Stadt mit einem dichten Geflecht von Wohnbauten, Werkstätten und Läden. Das schwere Erdbeben von 736 ließ das islamische Beisan samt den römisch-byzantinischen Bauten zusammenstürzen.

Tell el-Husn

Auf dem schroff ansteigenden, kahlen Tell el-Husn lag das biblische Bet She'an. Zu sehen sind heute nur noch spärliche Mauer- und Fundamentreste von vier kleinen ägyptischen Tempeln, die nacheinander an derselben Stelle erbaut wurden und wegen ihrer historischen Bedeutung und der Verschmelzung mit kanaanitischen Traditionen höchstes Interesse verdienen. Die Kultbauten kamen unter einem hellenistisch-römischen Dionysostempel zum Vorschein, der von einer byzantinischen Rundkirche und einer um 1400 entstandenen kleinen Moschee überbaut war.

Tell el-Husn
Kloster der Edelfrau
Maria

Der erste ägyptische Tempel von Bet She'an, der **Tempel Thutmosis'** III. wurde gegen 1450 v. Chr. erbaut. Er war dem kanaanitischen Gott Mekal, dem ›Herrn von Bet She'an‹, geweiht. Hervorragend erhalten hat sich sein großer Stufenaltar, wo noch immer die heilige Steinsäule steht, von der man annahm, daß ein Gott in ihr wohne. Die **Anlage Amenophis' III.** entstand in der ersten Hälfte des 14. Jh. v. Chr. Daneben stieß man auf ein repräsentatives Gebäude, das vermutlich als Residenz des ägyptischen Statthalters diente.

Das **Heiligtum Sethos' I.** (1300 v. Chr.) betrat man durch zwei Vorräume im Süden. In der Mitte der Halle stand der Altar, hinter dem sieben Stufen in das Allerheiligste emporführten. Diese Erhöhung weist auf kanaanitische Einflüsse hin, denn sie war in Ägypten

Auf dem Tell el-Husn lassen sich über 3000 Jahre Kultbauten der verschiedensten Glaubensrichtungen nachweisen.

nicht üblich. Der blau eingefärbte Fußboden zeigte die lebensgroße Darstellung eines Falken mit den Symbolen Ober- und Unterägyptens. Hier kam die Siegesstele Sethos' I. ans Tageslicht, eine 2,42 m hohe Basaltplatte, die zeigt, wie der Pharao dem falkenköpfigen Gott Re-Harachte eine Opfergabe überreicht (heute im Rockefeller-Museum).

Der **Kultbau Ramses' III.** stammt aus dem frühen 12. Jh. v. Chr. und war noch um 1000 v. Chr., also zur Zeit Davids, in Gebrauch. Es handelte sich dabei um einen Doppeltempel, dessen Teile durch einen Hof verbunden waren. Der südliche Bau erhob sich unmittelbar über dem Tempel Sethos' I. Seine 15 m × 9 m große Halle war von kleineren Nebenräumen flankiert; fünf Stufen führten zum Altar im Osten empor.

Das Kloster der Edelfrau Maria

Auf dem Tell el-Mastaba, dem nördlichen Nachbarhügel des Tell el-Husn, erbauten eine adlige Dame namens Maria und ihr Sohn Maximus im Jahre 567 ein Kloster, das wegen seiner großartigen Mosaike berühmt wurde. Heute ist der Bau eine Ruine, die Mosaikböden werden durch ein Schutzdach gesichert. Man erreicht das Kloster von der nördlichen Umgehungsstraße aus, indem man ein kleines Industriegebiet durchfährt und an dessen Ende links abbiegt. Der Eingang führt in einen großen, trapezförmigen Hof, dessen Boden ein etwa 16 m × 10 m großes Mosaik mit hellenistischen Motiven schmückt. Ein Medaillon in der Mitte zeigt Helios, den Sonnengott, und Selene, die Mondgöttin.

Gan HaShelosha

8 km westlich von Bet She'an liegt am Fuße des Berges Gilboa ein Nationalpark mit natürlichen Wasserfällen und Teichen, deren Wasser gleichbleibend 28 °C warm ist. Gan HaShelosha ›Garten der Drei‹ gedenkt dreier Männer, die 1938 bei einem arabischen Angriff auf die neuen jüdischen Siedlungen um Bet She'an ihr Leben ließen. Der arabische Name der Ortschaft lautet Sakhne (›warm‹).

Ma'yan Harod

Die Quelle Ma'yan Harod (arabisch Ein Jalud) am Fuße des Gilboaberges, 9 km südöstlich der Stadt Afula, ist der Mittelpunkt eines Nationalparks und Naturschutzgebietes mit Campingplatz und Schwimmbecken. Von hier breitet sich das fruchtbare Jesreel-Tal aus. Es war Schauplatz unzähliger Schlachten von der biblischen Debora (um 1100 v. Chr.) bis zum englischen General Allenby (1917), und nach der Offenbarung des Johannes (16, 16) soll es dereinst Schauplatz des letzten Kampfes der Menschheit sein, in dem das Gute über das Böse siegen wird. Im Jahre 1260 erfocht der Mameluckengeneral Baibars bei der Harodquelle seinen ersten Sieg über die eingedrungenen Mongolen, wonach er sich selbst zum Sultan von Ägypten und Syrien ernannte und eine bedeutende Dynastie begründete.

An der Quelle des Harod lagerte das Heer des Richters Gideon, bevor es die Midianiter besiegte (Ri 7,1). 1921 entstand der Kibbuz En Harod, und 1949 gründeten jüdische Siedler das Dorf Gidona (nach Gideon), das den Campingplatz und die Jugendherberge des Nationalparks betreut.

Belvoir

13 km nördlich von Bet She'an zweigt von der Route nach Tiberias eine schmale, asphaltierte Straße nach Westen zum 6 km entfernten Kokhav HaYarden ab, einem 530 m hohen Felsen an der Westseite der Jordansenke. Oben steht man vor den restaurierten Ruinen einer der größten Kreuzfahrerburgen des Nahen Ostens. Überwiegend aus schwarzem Basalt erbaut, muß die Burg, die niemals bezwungen werden konnte, einen drohenden Anblick geboten haben.

Zur Zeit des Zweiten Tempels (1. Jh. v. Chr.–1. Jh. n. Chr.) wurden hier die von Jerusalem ausgehenden Feuersignale weitergeleitet, die den Neumond und die hohen Feste ankündigten. Die Stadt hieß damals Gerofina, wahrscheinlich auch Agrippina, nach der Gemahlin des Kaisers Claudius. 1138–40 ließ König Foulques von Anjou auf dem strategisch wichtigen Felsplateau eine kleinere Burg errichten, 1168 kaufte der Johanniterorden das Plateau und baute die Anlage

Die mächtigen Mauern der Festung Belvoir

221

Kreuzfahrerburg
Belvoir
 1 Moderne
   Fußgängerbrücke
 2 Wehrgraben
 3 Westtor
 4 Ausfalltor
 5 Haupteingang zur
   Burg
 6 Ostturm
 7 Toranlage
 8 Gewölbebauten
   (Ställe, Magazine
   usw.)
 9 Zisterne
10 Badehaus
11 Haupttor des
   Donjon
12 Speisesaal
13 Küche
14 Innenhof des
   Donjon

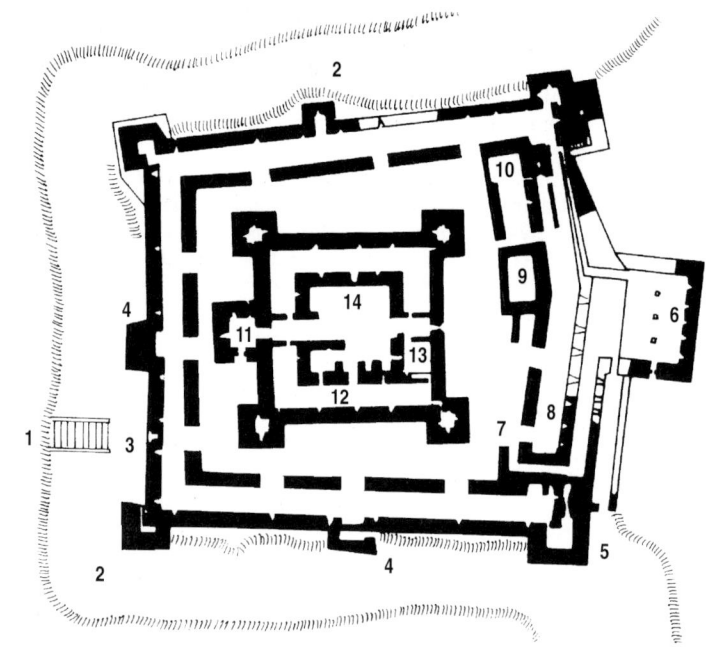

innerhalb von fünf Jahren zur mächtigsten Festung im Heiligen Land aus. Die Araber gaben ihr den Namen Kochab el-Hawa (›Stern des Windes‹), woraus sich das hebräische Kokhav HaYarden (›Stern des Jordan‹) entwickelte.

Nach der Schlacht von Hattin im Jahre 1187 eroberte Saladin alle Kreuzfahrerburgen in Palästina, nur das mächtige Belvoir hielt noch 18 Monate stand. 1219, als sich der fünfte Kreuzzug ankündigte, schleiften die Araber die wichtige Festung. Als die Christen im Jahre 1240 wieder im Besitz von Belvoir waren, verzichteten sie auf den Wiederaufbau. Belvoir wurde 1966/67 systematisch ausgegraben und bis heute weitgehend restauriert.

Die Kreuzfahrerburg Belvoir bedeckt eine Fläche von 140 m × 100 m; sie hatte die Form eines Fünfecks. Die beiden Seiten im Osten sicherte der Steilabfall zum Jordantal, die im Norden, Süden und Westen ein 20–25 m breiter Graben, der 12 m tief in den Felsgrund gehauen war. Sieben Türme verstärkten die 3 m dicke Burgmauer; der Eckturm im Nordosten war besonders mächtig und hoch. Für die Verteidigungsanlagen verwendeten die Kreuzfahrer auch älteres Baumaterial, darunter Steinquader mit hebräischen Steinmetzzeichen, die aus einer Synagoge (3. Jh.) des Städtchens Kochava stammen. Das Haupttor der Burg lag in der Südostecke. Es entsprach den neuesten Erkenntnissen der damaligen Festungsarchitektur. Eine gegenläufige Rampe führte am Rande des Steilabhangs im Osten zu ihm hinauf. Das Tor selbst war zusätzlich durch ein winkeliges System von leicht zu verteidigenden Durchgängen gesichert. Von einem Vorbau konnten die Ritter siedendes Öl auf die Angreifer gießen. Ein schmaler Gang führte unterhalb des Tores zum Graben. Drei Ausfallpforten und mehrere unterirdische Gänge, die erst weit hinter dem Belagerungsring endeten, ermöglichten eine offensive Verteidigung, was Saladin mehrmals schmerzlich zu spüren bekam.

An die Innenseite der Burgmauer hatten die Kreuzfahrer geräumige Gewölbe gesetzt, die als Ställe, Magazine, Arsenale, Truppenunterkünfte und Werkstätten dienten. Kern der Anlage war ein gewaltiger Donjon, eine quadratische Innenburg mit vier Ecktürmen und einem Torturm im Westen. Er bildete eine selbständige Festung, die noch monatelang verteidigt werden konnte, falls der Feind die äußere Anlage bezwungen haben sollte – wozu es allerdings nie kam. Im Erdgeschoß befanden sich Vorratsräume, Zisternen, Küche, Backstube und ein Speisesaal, im Obergeschoß wohnten die Ritter. Der Westtrakt enthielt eine Kapelle mit Glockenturm. In den Trümmern fand man drei Skulpturen, darunter einen Engel als Symbol des Evangelisten Matthäus. Sie stammen offensichtlich aus der Kapelle und zählen zu den eindrucksvollsten Kunstwerken der Kreuzfahrerzeit; heute sind sie im Israel-Museum in Jerusalem zu bewundern. Der Innenhof des Donjon war vermutlich überdacht. Im äußeren Hof finden sich eine 500 m³ fassende Zisterne und die Reste eines Badehauses.

Blick von der Kreuzfahrerruine in die Ebene

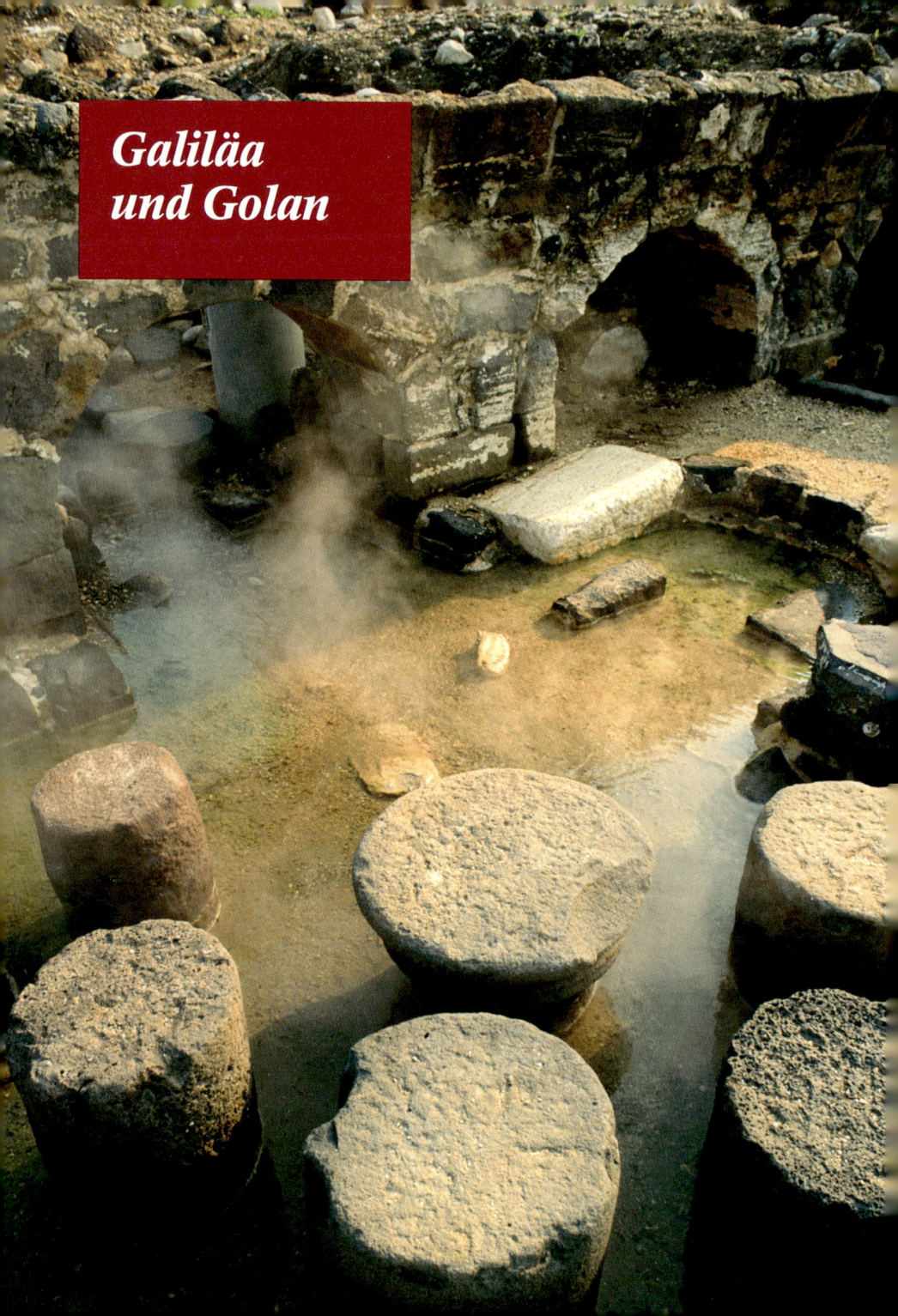

Galiläa
und Golan

Rund um den See Gennesaret

Der 21 km lange und bis zu 13 km breite See Gennesaret ist ein Teil des großen Grabenbruchs, der sich bis hinunter zum Roten Meer erstreckt. Heute heißt der See wie im hebräischen Alten Testament Yam Kinneret (›See von Kinneret‹), was sich auf die bedeutende kanaanitische Stadt Kinneret am Nordwestufer bezieht, die wiederum nach der kanaanitischen Gottheit *kn(r)t* benannt wurde. Die Bibel bezeichnet die kleine, fruchtbare Ebene zwischen Magdala (Migdal) und dem Tell el-Oreme als Ginnesar (von Kinneret), weshalb Flavius Josephus vom See Gennesar bzw. Gennesaret spricht (Jüd. Krieg II, 20,6; III, 10,7). Im Neuen Testament lesen wir den Namen See Gennesaret nur ein einziges Mal (Lk 5,1), denn die Evangelisten nannten ihn zumeist Galiläisches Meer oder Tiberiassee. Für die Araber gilt er als das ›Auge Allahs‹.

Der See liegt 209 m unter dem Niveau des Mittelmeeres und ist der tiefstgelegene Süßwassersee der Erde. Seine größte Tiefe beträgt 44 m. Während Nord- und Südufer flach auslaufen, wird er im Osten von den Golanhöhen und im Westen vom galiläischen Bergland begrenzt. Der See Gennesaret war schon im Altertum wegen seines Fischreichtums bekannt.

Die Vegetation am See ist subtropisch. Der Winter kennt keinen Frost, der Sommer bringt Temperaturen um 40 °C. Die 59 km lange Strecke um den See erlaubt eine Besichtigung der bekannten Orte und Pilgerstätten Tiberias, Tabgha, Kafernaum, Betsaida, Kursi, En Gev und Deganya mit Bet Yerah.

Tiberias

Tiberias (hebräisch Teverya), eine Gründung des Herodes Antipas, ist eine malerisch am Westufer des See Gennesaret gelegene Kleinstadt mit 33 000 Einwohnern, ein Ferienort für die kühlere Jahreszeit, berühmt wegen seiner warmen Heilquellen. Es gilt als eine der vier heiligen Städte der Juden. Sehenswert sind die Grabstätten berühmter Rabbis und das große Bodenmosaik der Synagoge von Tiberias-Hammat, das schönste und künstlerisch wertvollste der erhaltenen Synagogenmosaike.

Tiberias ☆☆
Besonders sehenswert
See Gennesaret
Grab des Maimonides
Tiberias-Hammat
Grab des Rabbi Meïr

Geschichte

An der Stelle des biblischen Hammar-Rakkat, einer Stadt des israelitischen Stammes Naftali (Jos 19,35), gründete Herodes Antipas, ein Sohn Herodes' des Großen, im Jahre 17 n. Chr. eine neue Stadt, die er zu Ehren seines Gönners, des römischen Kaisers Tiberius, Tiberi-

◁ *Die römischen Thermen von Tiberias*

as nannte. Er ließ sie im späthellenistischen Stil jener Zeit erbauen, mit Akropolis, Forum und Stadion. Kolonnaden schmückten die Straßen, und die ganze Stadt war von einer starken Mauer umgeben. Wohl um 27 n. Chr. verlegte Herodes Antipas die Residenz seiner Tetrarchie Galiläa und Peräa in die neue Stadt am See Gennesaret. Da bei den Bauarbeiten der Friedhof von Hammar (Hammat) eingeebnet worden war, galt Tiberias den gesetzestreuen Juden als unrein. Nur mit Mühe gelang es Antipas, seine prächtige Hauptstadt mit Einwohnern zu füllen.

Um 39 übernahm Antipas' Schwager Agrippa I. die Tetrarchie; als geschickter Taktiker konnte er bald auch Samarien und Judäa seinem Herrschaftsbereich eingliedern. Nach seinem Tode im Jahre 44 stellten die Römer das ganze Land unter Prokuratoren. Agrippas Sohn Agrippa II., König in Caesarea Philippi, erwarb das Vertrauen seiner Herren und erhielt die Stadt im Jahre 61 von Nero, der sie damit politisch von Galiläa trennte.

Bei Ausbruch des jüdischen Aufstandes gegen die Römer im Jahre 66 ließ Josef ben Mattatias (Flavius Josephus) die Stadt, die sich aber schon ein knappes Jahr darauf den Truppen des Vespasian ergab, befestigen. Agrippa II. blieb auf der Seite der Römer und verlegte die Hauptstadt Nordpalästinas im Jahre 70 nach Zippori. Um die Mitte des 2. Jh. kam der große Rabbi Simeon Bar Yochai aus Zefat nach Tiberias, um in den Thermen von Hammat sein Rheuma zu heilen. Nach seiner Genesung erklärte er die Stadt für ›gereinigt‹ und ermöglichte es damit den aus Jerusalem und Judäa vertriebenen Juden, sich hier ohne Gewissensbisse niederzulassen. Gegen Ende des 2. Jh. verlegte der Hohe Rat der Juden seinen Sitz von Zippori (Sepphoris) nach Tiberias, von Yavne über Bet Shary (Bet She'arim) kam die berühmte Gesetzesschule. Tiberias entwickelte sich damit zum religiösen Zentrum des Judentums. Man nannte die Stadt Teverya und leitete den Namen vom hebräischen *tabur* (›Nabel‹) ab, dem Nabel der Welt. Hier vollendete der große Rabbi Jehuda haNassi um 200 die Mischna, hier entstand im 3. und 4. Jh. die Gemara, ein Kommentar dazu, beide zusammen bilden den Jerusalemer Talmud. In dieser Zeit lebten in Tiberias fast 40 000 Juden, denen 15 Synagogen zur Verfügung standen.

Im 4. Jh., in konstantinischer Zeit, erbaute Josef von Tiberias, ein zum Christentum konvertierter Jude, in Tiberias und anderen Städten Galiläas zahlreiche Kirchen. Die Stadt wurde Bischofssitz, blieb aber trotz starker christlicher Einflüsse eine jüdische Gelehrtenstadt. 636 fiel Tiberias kampflos in die Hände der Araber. Die Rabbiner gingen nach Jerusalem, zum Teil sogar nach Babylon. Tiberias hatte aufgehört, der geistig-religiöse Mittelpunkt der Juden zu sein.

749 zerstörte ein schweres Erdbeben fast alle Wohnviertel, Synagogen und die römischen Bäder, aber Juden und Araber bauten die Stadt sofort wieder auf. Als Tubariya wurde sie das blühende Zentrum Galiläas, dessen Haupteinnahmequellen Fischerei und Landwirtschaft bildeten. Dazu kamen die nach wie vor berühmten Heilquellen, die die Emire mit herrlichen Badehäusern ausstatteten. 1033 wurde Tiberias wiederum von einem schweren Erdbeben heimgesucht. Die neue Stadt entstand weiter nördlich auf dem Gebiet der heutigen Altstadt. 1099 erschienen die Kreuzfahrer unter dem Normannenfürsten Tankred, die Moslems und Juden flohen aus Galiläa. Tankred befestigte die Stadt und machte sie zum Mittelpunkt seines Fürstentums Galiläa. 1187 fiel Tiberias an die Türken, 1247 eroberte ein ägyptisches Heer die Stadt.

Seit der Zeit Süleymans des Prächtigen (1520–66) ließen sich wieder Juden in der heiligen Stadt nieder. Die portugiesisch-jüdische Emigrantin Beatriz de Luna, Dona Gracia genannt, erwirkte vom Sultan die Erlaubnis, Juden aus Spanien und Portugal in Tiberias ansiedeln zu dürfen. 1561 erhielt ihr Neffe Don João Miguez, nach seiner Rückkehr zum Judentum Josef haNasi genannt, Tiberias und sieben umliegende Dörfer als Lehen. Der Ort sollte nach seinen Vorstellungen die Hauptstadt eines halbautonomen jüdischen Staates unter osmanischer Oberhoheit werden. Er befestigte die Stadt, pflanzte Maulbeerbäume, um Seidenraupen zu züchten und baute eine umfangreiche Textilindustrie auf. Unter Murad III. fiel Josef haNasi in Ungnade, und alle seine Pläne wurden zunichte. (Immerhin gilt seine Tätigkeit als frühestes Beispiel einer systematischen

Josephus schwärmte: »Die Üppigkeit des Bodens erlaubt jede Art von Bepflanzung, und die Einwohner bauen tatsächlich auch alles an, zumal das wohltemperierte Klima den verschiedensten Gewächssorten entgegenkommt. Nicht nur die verschiedensten Obstsorten gedeihen dort, so verschieden, daß sie kaum vereint vorstellbar sind, sondern der Boden schafft auch alle Voraussetzungen für eine langdauernde Erntezeit und für reife Früchte. Weintrauben und Feigen, die königlichsten Früchte, kann man zehn Monate lang ohne Unterbrechung ernten, die anderen Früchte sogar während des ganzen Jahres.«
Jüd. Krieg III, 10,8

Neuansiedlung von Juden im Heiligen Land.) Im Laufe der folgenden Jahrzehnte verließen immer mehr Juden Tiberias; die Stadt verfiel. Erst 1738 holte der Drusenemir Dahir el-Omar wieder Juden hierher. Dahir beherrschte von Akko aus ganz Galiläa. In Tiberias erneuerte er die Stadtmauern und die Festung nördlich der heutigen Altstadt. 1765 kamen zahlreiche jüdische Auswanderer aus Polen. Der nächste Förderer der Stadt war Ibrahim Pascha, 1829–40 Vizekönig von Ägypten, der Tiberias zum luxuriösesten Badeort des Orients machte. Selbst die schweren Schäden, die das Erdbeben von 1837 anrichtete, waren bald wieder behoben. Ende des 19. Jh. lebten rund 5000 Juden in der Stadt, also etwa ein Viertel aller Juden in Palästina. Sie kamen aus der Türkei, aus Polen und aus Litauen. 1940 zählte Tiberias 12 000 Einwohner, je zur Hälfte Juden und Araber. Am 19. April 1948, also kurze Zeit vor der Unabhängigkeitserklärung des Staates Israel, verließen die letzten Araber die Stadt.

Die Stadt Tiberias

Das moderne Tiberias zieht sich von der Altstadt aus die Hänge nach Westen und nach Norden hinauf. In der Altstadt findet man wegen der zahlreichen schweren Erdbeben nur noch wenige alte Gebäude, die am schwarzen Basalt, dem für Galiläa typischen Baumaterial, leicht zu erkennen sind. An der Uferstraße entdeckt man kleinere Abschnitte der **Stadtmauer,** die der Drusenemir Dahir el-Omer 1738 errichten ließ. Das **Städtische Museum,** in einer ehemaligen Moschee untergebracht, zeigt Funde verschiedener Epochen aus Tiberias und Umgebung. Das **Franziskanerkloster St. Peter** besitzt einen schönen Kreuzgang; die dreieckige Apsis der Kirche erinnert

*Das Franziskaner-
kloster St. Peter*

an den Bug des Fischerbootes Petri. Am Altstadtpier beginnen und enden Bootsfahrten nach En Gev am gegenüberliegenden Ufer des Sees und nach Kafarnaum.

Etwa 250 m nordwestlich vom Postamt liegen die Gräber der großen Rabbis, denen Tiberias den Ruf einer der vier heiligen Städte der Juden verdankt. Die eindrucksvollste Anlage ist das **Grab des Maimonides,** eines berühmten jüdischen Philosophen und Arztes (s. S. 65). Maimonides kannte Hammat und empfahl, das warme Quellwasser zu trinken. Bevor er 1204 in Kairo starb, verfügte er seine Bestattung in der heiligen Stadt Tiberias. Auch die Moslems verehren sein Grab. Seit neuestem beschirmt eine leuchtendrote Stahlkonstruktion das Grab des Maimonides.

Das Kenotaph des Jochanan ben Zakkai erinnert an den großen Rabbi, der nach der Zerstörung Jerusalems im Jahre 70 in Yavne eine theologische Schule gründete. Das weithin sichtbare weiße Mausoleum am westlichen Berghang ist das **Grab des Rabbi ben Akiba,** eines Anhängers des Bar Kochba, der nach der Niederwerfung des Aufstandes im Jahre 137 von den Römern in Caesarea eingerichtet wurde. Zum Grab fährt man auf der Straße in Richtung Nazaret bis zur Polizeistation von Tiberias und biegt dort nach links in das moderne Wohnviertel am Hang ab.

Auf der vorspringenden Bergnase Kasr el-Bint auf halbem Weg zwischen der Altstadt von Tiberias und Hammat liegt das **Grab des Abu Huria** († 677), eines Gefährten Mohammeds. Hier befand sich, 175 m über dem See, die Akropolis des Herodes Antipas mit dem reich geschmückten Palast des Tetrarchen, der allerdings bislang archäologisch kaum erforscht ist.

Die moderne Stahlkonstruktion über dem Grab des Maimonides

Tiberias-Hammat

Die **Thermen** von Tiberias galten als die ältesten der Welt; der Legende nach soll König Salomo sie geschaffen haben. Da die Quellen von Hammat (hebräisch *ham* ›warm‹) damals nur kaltes Wasser spendeten, befahl Salomo einer Schar Teufel, das Wasser mit Hilfe des Höllenfeuers zu erhitzen, damit es seine Heilkraft voll entfalte. Er wußte, daß die Teufel ihre Arbeit nach seinem Tode einstellen würden; deshalb machte er sie taub, damit sie nie etwas von seinem Ableben erführen. Und in der Tat heizen sie noch heute so kräftig wie zu Salomos Zeit. Die 18 radioaktiven, schwefelhaltigen Quellen fördern täglich rund 250 000 Liter 60 °C heißes Wasser, das sich hervorragend zur Behandlung von Rheumatismus, Gelenk- und Wirbelsäulenschäden sowie von Erkrankungen des Nervensystems und der Atemwege eignet. Die Thermen bestehen aus einer älteren, im Jahre 1833 von Ibrahim Pascha erneuerten und einer modernen, am Seeufer errichteten Anlage. Das Lehman Building, ein kleines Museum galiläischer Volks- und Sakralkunst, bildet den Eingang zum archäologischen Park. Mittelpunkt dieser Zone ist das großartige

*Schematische Darstel-
lung des Boden-
mosaiks und Detail:
Der Thoraschrein*

Bodenmosaik einer Synagoge (1962 freigelegt). Schon gegen Ende des 1. Jh. n. Chr. stand hier ein größeres öffentliches Gebäude, von dem ein Raum damals als Bet- und Versammlungsstätte gedient haben könnte; in der Mitte des 2. Jh. wurde es zerstört. Danach (3./4. Jh.) entstand über den Ruinen eine 15 m × 13 m große Synagoge in Breithausform. Drei Reihen zu je drei Säulen teilten die Gebetshalle in ein breites Mittelschiff und drei Nebenschiffe. Der ursprüngliche Haupteingang lag an der westlichen Schmalseite; später (4. Jh.) wurde er an die Nordseite verlegt. Der Fußboden erhielt ein Mosaik, der Thoraschrein stand in einem erhöhten Nebenraum, einer Verlängerung des Mittelschiffs.

Das Bodenmosaik ist noch fast vollständig erhalten. Während es in den Nebenschiffen geometrische Muster zeigt, wurde das Mittelschiff mit herrlichen figürlichen Darstellungen geschmückt. Zwei Löwen, Symbole des Stammes Juda, bewachen den Eingang. Das Hauptmosaik zeigt den Sonnengott Helios, umgeben von den zwölf Tierkreiszeichen (leider hat eine später eingefügte Mauer einen Teil des Bildes zerstört). Die vier Ecken füllen Frauenbüsten als Personifizierungen der Jahreszeiten. Im Südteil des Mosaikbodens ist der Thoraschrein mit zwei siebenarmigen Leuchtern, Widderhörnern, Palmzweigen, Weihrauchschaufeln und Zitrusfrüchten abgebildet. Die Thematik ist mit der in anderen Synagogen identisch; sie entspricht der späthellenistischen Tradition in Syrien-Palästina. Die Darstellung verbindet jedoch ›heidnische‹ Motive mit Gegenständen des jüdischen Kultes und zeigt im Gegensatz zum Mosaik von Bet Alfa eine besonders hohe künstlerische Qualität. Die Synagoge wurde im 5. Jh. vermutlich durch ein Erdbeben zerstört. Ein dreischiffiger Neubau mit Mittelapsis, den die Byzantiner um 630 niederrissen, trat an ihre Stelle. Eine letzte Synagoge entstand im 8. Jh.

Den Park beherrscht das mächtige **Kuppelgrab des Rabbi Meïr,** (2. Jh.), er galt als gefürchteter Rhetoriker und berühmter Kommentator des Gesetzes. Neben Jehuda haNasi war er einer der Verfasser der Mischna. In dem großen Mausoleum steht sein Marmorsarkophag. Eine Mauer trennt den Raum in einen sephardischen und einen aschkenasischen Teil, so daß jede der beiden Gemeinschaften eine Hälfte des Sarkophages besitzt. Ein Besuch der Grabstätte soll schon vielen Frauen geholfen haben, ihren Wunsch nach einem Kind zu erfüllen. Die gleiche Wirkung schreibt man übrigens einer Löwenstatue bei den älteren Thermen zu: Frauen, die sich auf diesen Löwen setzten, sollen bald darauf schwanger geworden sein. Schließlich soll das warme Quellwasser weibliche Sterilität beheben.

Nof Ginnosar

10 km nördlich von Tiberias erreicht der Reisende am Ufer des See Gennesaret den **Kibbuz Ginnosar,** eine 1937 gegründete überaus gepflegte Gemeinschaftssiedlung mit modernen Gästehäusern, Restaurant, Badestrand und Museum. Das Museum enthält neben zahlreichen antiken Fundstücken ein **2000jähriges Fischerboot.** 1986 hatte man es im See entdeckt, es wurde gehoben, in einem chemischen Bad präpariert und 1995 in einer speziellen Glaskammer ausgestellt. Führungen durch den Kibbuz, Ausflüge nach Tiberias und um den See, Kletterpartien im 181 m hohen **Har Arbel** und Kamelritte in das Wadi Hamam, einen höhlenreichen Cañon am Fuß des Arbelberges, gehören zum touristischen Angebot des rührigen Kibbuz. Auch ein Besuch der 3 km entfernten jüdischen Siedlung **Migdal,** wo vor 2000 Jahren die Stadt Migdal Nunaija (Magdala) lag, die Heimat von Maria Magdalena (Lk 8,1–3), ist empfehlenswert.

Pilgerreise per Segelboot: Mit dem Nachbau eines 2000 Jahre alten Fischerbootes kann man eine Rundfahrt auf dem See unternehmen!
✆ 06/72 14 95,
Fax 06/72 29 10

Tabgha

Am dicht besiedelten Nordwestufer des Sees, zwischen Magdala und Betsaida, wirkte Jesus. Hier fand er unter den Fischern seine ersten Jünger, hier heilte er Kranke, hier lauschte das Volk seinen Worten.

2 km hinter Nof Ginnosar, auf dem 81 m hohen **Tell el-Oreme** (hebräisch Tel Kinnorot), lag einst Kinneret, eine der bedeutendsten Städte der frühen Bronzezeit. Deutsche Archäologen erforschen seit 1939 die Stadt, die in der Liste des ägyptischen Königs Thutmo-

Tabgha ☆
Besonders sehenswert
Brotvermehrungskirche
Primatskapelle
Kirche der Seligpreisungen

sis III. (1490–1436 v. Chr.) erwähnt wurde und mit Unterbrechungen über 2500 Jahre bestand (zwischen 3150 und 30 v. Chr.) – die Grabungen werden wohl noch lange nicht abgeschlossen sein. Da die ältesten Siedlungsschichten durch Terrassierungsmaßnahmen im 10. Jh. v. Chr. fast vollständig zerstört wurden, blieben allein Gebäudereste der beiden eisenzeitlichen Städte erhalten, einer älteren, 2,7 ha großen und sehr stark befestigten Stadt aus der Zeit König Salomos (966–926 v. Chr.) und einer jüngeren, nur noch 1 ha bedeckenden Stadt aus dem 9. und 8. Jh. v. Chr. Zu sehen sind Relikte einer Toranlage, mehrere Pfeilerhäuser (Kasernen?) und zahlreiche Wohnhäuser.

Etwa 700 m östlich vom Tell el-Oreme bedecken hohe Eukalyptusbäume das Gelände. Auf einem 250 m langen Uferabschnitt am West- und Südfuß des Kalkhügels von Schech 'Ali, des Berges der Seligpreisungen, entspringen hier sieben Quellen, im Griechischen Heptapegon genannt, woraus sich der arabische Name Tabgha entwickelte. Hier geschah das Wunder der Brotvermehrung (Joh 6,1–15), und hier erschien Jesus den Jüngern zum dritten Mal nach seiner Auferstehung von den Toten (Joh 21). Die Brotvermehrungskirche mit den schönsten Bodenmosaiken des Heiligen Landes und die Kirche der Erscheinung des Auferstandenen (Primatskapelle) sind heute die sichtbaren Zeugnisse der alten Tradition.

Die Brotvermehrungskirche

Erinnern wir uns: Jesus fuhr zum *Ostufer* hinüber, in eine einsame Gegend, um mit seinen Jüngern allein zu sein. Aber das Volk eilte ihm mit Booten voraus, und als er am jenseitigen Ufer ankam, warteten schon 5000 Menschen auf ihn. Er lehrte sie bis zum Abend, dann baten die Jünger ihn, die Menschen wegzuschicken, damit sie sich etwas zu essen kaufen könnten. Doch Jesus nahm fünf Gerstenbrote und zwei gesalzene Fische, sprach ein Dankgebet und teilte Brote und Fische aus. »Und alle aßen und wurden satt« (Mk 6,42). Als es im 3. und 4. Jh. für die Pilger immer gefährlicher wurde, das einsame Ostufer zu bereisen, verlegte man das Wunder der Brotvermehrung kurzerhand auf das Westufer.

Die erste Brotvermehrungskirche wurde vermutlich um 350 im Auftrag Konstantins des Großen errichtet. Die einschiffige Kirche war 9,5 m breit und mit Apsis 18,1 m lang, ihre dicken Mauern ruhten auf gestampfter Erde. Vor der 2,6 m tiefen Apsis stand der Heilige Stein, auf den Jesus die Brote gelegt haben soll. Der 1 m lange und 57 cm breite, unbehauene Kalksteinfindling diente den frühen Christen als Altar. Diese erste Kirche fiel dem schweren Erdbeben des Jahres 419 zum Opfer. Um die Mitte des 5. Jh. entstand über den Trümmern ein 56 m langer und 24–33 m breiter, in der Richtung um 28° nach Norden verschobener Neubau, dessen Grundriß von den damals üblichen Basiliken völlig abwich. Der Kirche war ein Atrium

Die Pilgerin Aetheria (4. Jh.) berichtet: »Dort am Meere ist eine Ebene mit viel Gras und Palmen und daneben sieben Quellen, die reichlich Wasser liefern. In dieser Ebene hat der Herr mit fünf Broten und zwei Fischen das Volk gespeist. Der Stein, auf den der Herr das Brot legte, ist zu einem Altar gemacht.«

Die Brotvermehrungs-
kirche am See
Gennesaret

in der Form eines ungleichmäßigen Vierecks vorgelagert, in dessen Mitte ein Reinigungsbrunnen von etwa 5 m Durchmesser plätscherte. Über einen 3,3 m breiten Narthex betrat man das fast 13 m lange dreischiffige Langhaus, an das sich das 18,7 m breite Querschiff (Transept) mit einer nordsüdlich verlaufenden Pfeiler- und Säulenreihe anschloß. Auf den mächtigen Pfeilern – ein Pfeilerpostament ist noch vorhanden – ruhte die Westhochwand des Transeptes. Anfangs spannte sich ein kühner Bogen zwischen den beiden Mittelpfeilern; nach seinem Einsturz wurde der mittlere Teil der Hochwand durch zwei Marmorsäulen gestützt. Das 6 m × 9 m große Presbyterium und die Sakristeien waren von Chorschranken abgeteilt. In die Apsisrundung schmiegte sich eine Presbyteriumsbank. Vor der Apsis stand der Choraltar, der sich auf vier Altarsäulen über dem Heiligen Stein erhob (man hatte ihn aus den Trümmern der ersten Kirche geborgen und nach hier verlegt).

Die ganze Kirche war mit Mosaiken ausgelegt. Gleich vor dem Altarstein sieht man das berühmte **Brot und Fisch-Mosaik** (um 480). Der Boden des Mittelschiffs ist – fast wie ein Teppich wirkend – mit einem Rautennetz bedeckt, und die Seitenschiffe trugen einen Schmuck aus geometrischen Mosaikmustern. Die wohl schönsten Mosaike des Heiligen Landes aber finden wir im nördlichen und südlichen Querschiff (je 6,5 m × 5,5 m). In höchster Vollendung sind hier in späthellenistisch-römischem Stil Wasservögel in einer Sumpflandschaft wiedergegeben. Auf dem stark beschädigten Mosaik im südlichen Querschiff erkennen wir ein Nilometer, einen Wasserstandsmesser, wie er im Nildelta üblich war und wohl auch im See Gennesaret Verwendung fand. Dem fast vollständig erhaltenen Nordmosaik ist kaum anzusehen, daß jahrhundertelang ein Bach darüberfloß, bevor man es unter einer Schuttschicht entdeckte.

Das große Erdbeben von 551, das das Gebäude völlig einstürzen ließ, bewahrte die Böden vor dem Zugriff der Bilderstürmer. Heute schützt eine neue Kirche die wertvollen Mosaike.

Die Grotte der Seligpreisungen

Das berühmte Mosaik erinnert an das Wunder der Brotvermehrung

Nördlich der Straße nach Kafarnaum liegt am Hang die Grotte der Seligpreisungen. Über ihr erhob sich vom 4. Jh. an die kleine Kirche der Bergpredigt, die zu einem Kloster gehörte. Im 5. oder 6. Jh. erneuert, fiel sie im 7. Jh. dem Persereinfall zum Opfer und wurde nicht wieder aufgebaut. 1935 untersuchte der Franziskanerarchäologe B. Bagatti die Ruine. Die aus schwarzem Basalt erbaute Kapelle war 4,5 m × 7,2 m groß, die Länge des Atriums betrug 2,65 m. Reste ihres Mosaikbodens befinden sich heute im Garten von Kafarnaum. Die quadratische Sakristei an der Nordseite wurde aus dem ansteigenden Felsen herausgehauen.

Kirche der Erscheinung des Auferstandenen (Primatskapelle)

Kaum 100 m nördlich der Brotvermehrungskirche erhebt sich am Ufer des Sees auf einem kleinen Felsvorsprung die Kirche der Erscheinung des Auferstandenen, auch Primatskapelle, Mensa Petri oder Peterskirche genannt. Nach Jesu Kreuzigung waren die Jünger wieder nach Galiläa zurückgekehrt. Eines Abends fuhr Petrus mit ihnen hinaus auf den See zum Fischen. Sie warteten die ganze Nacht, aber kein Fisch ging ins Netz, und so kehrten sie im Morgengrauen mißmutig zurück. Bei Tabgha rief ihnen ein Unbekannter vom Ufer aus zu, sie sollten ihr Netz nochmals auswerfen. Sie taten dies und konnten es wegen der vielen Fische kaum wieder einholen. Da wußten sie, daß der Unbekannte der auferstandene Jesus war. Er hatte bereits ein Feuer entfacht, als die Jünger das Netz an Land zogen. Nachdem sie gegessen hatten, fragte Jesus seinen Jünger Petrus dreimal: »Simon, Sohn des Johannes, liebst du mich mehr als diese?« Und Petrus antwortete jedesmal »Ja, Herr.« Und dreimal erwiderte Jesus: »Weide meine Schafe« (Joh 21,1–17). Die dreimalige Wiederholung vor Zeugen entsprach dem orientalischen Brauch, ein Recht formell zu übertragen. Jesus hatte damit den Primat, seine Nachfolge in der geistlichen Führung der Christenheit, an Petrus übertragen.

Noch heute gehört die Bucht bei der Primatskapelle zum fischreichsten Platz am Westufer des Sees. Auf dem etwa 10 m × 15 m großen Plateau, auf dem Jesus die Jünger erwartete, wurden im Laufe der Jahrhunderte sechs Kirchen errichtet, die der Erscheinung des Auferstandenen und der Übertragung des Primats an Simon Petrus geweiht waren. Den Mittelpunkt dieser Kirchen bildete ein Felsen, die Mensa Domini (›Tisch des Herrn‹). Das erste Gotteshaus entstand im ausgehenden 4. Jh. Die Pilgerin Aetheria besuchte es zwischen 381 und 384 und beschrieb auch die heute noch teilweise vorhandenen Steinstufen, die zum See hinunterführen. Die zweite Kirche wurde im 5. Jh. errichtet und vermutlich beim Persersturm von 614 zerstört. Ihre 1,45 m starken Mauern bildeten das Fundament für alle nachfolgenden Gebäude. Der dritte Bau wurde um die Wende vom 7. zum 8. Jh. ausgeführt, den vierten, den der russische Abt Daniel um 1106 erwähnte, errichteten die Kreuzfahrer. Zu ihm sollen die ›Throne der Apostel‹ gehören, etwa 1,5 m hohe und 90 cm breite, herzförmig behauene Steine, die aus dem flachen Wasser ragen und wahrscheinlich Basen für Stützpfeiler waren. Diese Kirche stand nur wenige Jahre und wurde bald durch einen Neubau ersetzt, der im Jahre 1263 dem Mameluckensultan Baibars zum Opfer fiel. Erst 1934 errichteten die Franziskaner die sechste Kirche, den heutigen Bau aus schwarzem Basalt.

Berg der Seligpreisungen

Tabgha liegt am Fuß des Hügels von Schech 'Ali, der den See Gennesaret um rund 100 m überragt. Hierhin verlegt die Tradition die Bergpredigt Jesu, die große Rede über die wahre Gerechtigkeit, die von den Seligpreisungen eingeleitet wird. Der Berg, auf dem Jesus lehrte, entspricht dem Sinai des Alten Bundes. In den 30er Jahren erbaute der Italiener Antonio Barluzzi eine Kirche, die man mit dem Wagen von der Straßenabzweigung nach Rosh Pinna bei der Jugendherberge Kare Deshe erreicht (etwa 2 km; Hinweisschild ›Hospice of the Beatitudes‹). Die Kirche ist aus einheimischem schwarzen Basalt erbaut. Für die Bogen und den Kuppeltambour verwendete man wei-

Kirche auf dem Berg der Seligpreisungen

ßen Nazaret-Kalkstein, die Säulen bestehen aus römischem Travertin. Das von Kolonnaden umgebene Oktogon und das zugehörige Hospiz inmitten eines gepflegten Parks werden von Franziskanerinnen betreut. Auf die Wände des Oktogons sind in lateinischer Sprache die Seligpreisungen (nach Mt 5,3–10) geschrieben.

Kafarnaum

Kafarnaum ☆☆
Besonders sehenswert
Synagoge
Haus des Petrus

Am Nordufer des Sees Gennesaret liegt an landschaftlich reizvoller Stelle, umgeben von hohen, schattigen Eukalyptusbäumen, das Ausgrabungsgebiet des neutestamentarischen Kafarnaum, der wichtigsten Wirkungsstätte Jesu. Hier legten Archäologen die wohl schönste Synagoge Galiläas, eine byzantinische Basilika über dem Haus des Petrus und ein Wohnviertel aus der Zeit Jesu frei.

Kafarnaum hieß zur Zeitenwende Kefar Nahum (›Dorf des Nahum‹); Nahum war ein jüdischer Prophet, dessen Grab man in diesem Ort verehrte. Jesus predigte hier häufiger als in jeder anderen Stadt, hier gab es mehr Zeichen seiner Allmacht als anderswo. Am Seeufer von Kafarnaum gewann er seine ersten Jünger, die Fischer Simon (genannt Petrus), Andreas, Jakobus und Johannes (Mt 4,18), hier heilte er die fieberkranke Schwiegermutter des Petrus (Mk 1,29) und das sterbende Kind des Synagogenvorstehers Jaïrus (Mk 5,21), den Besessenen (Mk 1,23) und den Mann mit der verdorrten Hand (Lk 6,6). In der Synagoge von Kafarnaum hielt Jesus seine große Rede vom Brot des Lebens (Joh 6,35 und 47).

*»Ich bin das Brot des Lebens; wer zu mir kommt, wird nie mehr hungern, und wer an mich glaubt, wird nie mehr Durst haben, ...
Wer glaubt, hat das ewige Leben.«
Joh 6,35 und 47*

Kafarnaum war zur Zeit Jesu ein relativ großer Ort, der sich über einen Kilometer am Seeufer hinzog. Er besaß einen kleinen Fischerhafen, eine Zollstation und einen Militärposten. Der nur 4 km ent-

Kapitelle und andere Relikte der Synagoge

fernte Jordan bildete die Grenze zwischen dem Galiläa des Herodes
Antipas und der Gaulanitis (heutige Golan) des Philippus, der Fisch-
fang auf dem See und der Warenverkehr über die Grenze waren zoll-
pflichtig. Möglicherweise gab es schon damals eine Brücke über den
Jordan oder zumindest eine Furt, die es zu bewachen galt. Im 2. Jh.
wuchs der Ort durch den Zustrom von Juden, die Kaiser Hadrian aus
Jerusalem und anderen Städten vertrieben hatte. Man erneuerte die
Synagoge, die Judenchristen trafen sich im Hause des Petrus. Im
4. Jh. stand Kafarnaum so in Blüte, daß eine neue Synagoge aus weißem Kalkstein erbaut werden konnte; das Haus des Petrus erhielt
eine hohe Umfassungsmauer. Unter den Byzantinern nahm die Zahl
der Christen zu, und in der ersten Hälfte des 5. Jh. wurde über dem
Hause des Petrus eine achteckige Kapelle errichtet. Nach der islamischen Eroberung im 7. Jh. ging die Einwohnerzahl Kafarnaums immer mehr zurück. 1894 erwarben die Franziskaner das Gebiet des
einstigen Kafarnaum. Sie bauten westlich des Petrushauses ein kleines Kloster und widmeten sich fortan der Betreuung und Erforschung der wichtigsten Wirkungsstätte Jesu.

Neben dem Franziskanerkloster befindet sich ein schattiger Parkplatz. Die Ausgrabungsstätte ist nur wenige Meter vom See und dem
kleinen Hafen entfernt, in dem in der Hauptreisezeit Ausflugsboote
aus Tiberias anlegen.

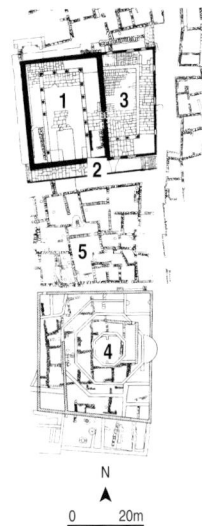

N

0   20m

Kafarnaum
1 Synagoge
2 Terrasse
3 Atrium
4 Haus des Petrus
5 Wohnhäuser
(2. Jh. v. Chr.–
4. Jh. n. Chr.)

Die Synagoge

Die Synagoge von Kafarnaum gilt neben der von Dura-Europos (sy-
risches Euphrattal) als ältester erhaltener und zugleich schönster jüdischer Sakralbau. Ab 1905 führten Franziskaner-Archäologen sy-
stematische Ausgrabungen durch. In den 20er Jahren dieses Jahr-

Rekonstruktion
der Synagoge von
Kafarnaum

hunderts wurde die Synagoge teilweise rekonstruiert. Die Untersuchungen zeigten, daß sie in der zweiten Hälfte des 4. Jh. errichtet
worden war und mindestens einen Vorgängerbau hatte.

Die Synagoge von Kafarnaum geht auf das antike Versammlungs-
haus zurück, auf die basilikale Halle. Eine 3,30 m breite Freitreppe
mit 13 Stufen führte zu einer 25 m langen Terrasse vor der Hauptfassade im Süden. Die Mauern des 24,40 m langen und 18,65 m breiten
Baus waren aus sorgfältig behauenen, blendend weißen Kalksteinblöcken gefügt. Eine umlaufende Abschlußleiste (Sima) gliederte ihn
deutlich in zwei Stockwerke. Schlichte Pilaster teilten die Wände
unterhalb der Sima in Felder. Eckpilaster und zwei Frontpilaster bildeten auf der Hauptfassade ein großes Mittelfeld, in dem das 1,77 m
breite Hauptportal saß, und zwei Seitenfelder mit je einer kleineren
Nebentür von 1,20 m Breite. Die Stürze der drei Portale waren reich
mit figürlichen Darstellungen sowie Pflanzen- und Bandornamenten
geschmückt. Da der jüdische Glaube figürliche Darstellungen verbietet, wurden Tierfiguren und Eroten im 7. Jh. als anstößig empfun-
den und weggemeißelt. Über das Hauptportal spannte sich ein 8 m
breites Halbbogenfenster mit einer Muschelrosette als Schlußstein.

Den Innenraum der Synagoge gliederten Säulenreihen in ein Mittelschiff von 8 m, zwei Seitenschiffe von je 3,60 m und einen nördlichen Umgang von 2,30 m Breite. Die 60 cm durchmessenden Säulen,
deren Schafthöhe 3,70 m betrug, standen auf einem 10 cm hohen
Stylobat und etwa 1 m hohen kubischen Sockeln; sie hatten attische
Basen und 70 cm hohe korinthische Kapitelle (die vier Säulen an der
Rückseite des Mittelschiffes sind wieder aufgerichtet worden). Sie
trugen an drei Seiten eine den Frauen zugedachte Empore, die nur
über eine Außentreppe im Nordwesten zu erreichen war. Der untere
Raum blieb den Männern vorbehalten. Auf den Säulen der Empore

ruhte der Dachstuhl. An den Wänden der Seitenschiffe liefen steinerne Sitzbänke entlang. Östlich lehnte sich an den Synagogenbau ein etwa 13 m × 24 m großes Atrium mit drei Säulenhallen an, das von Norden, Süden und von der Synagoge aus zugänglich war.

Im Garten sind mehrere Architekturteile der Synagoge aufgestellt, auf denen man das Pentagramm, das Hexagramm, die Menora, die Bundeslade auf einem vierrädrigen Wagen sowie aramäische und griechische Inschriften erkennt. Außerdem wurden hier zwei Mosaikböden aus Kana in die Ecke eingelassen.

Das Haus des Petrus

1921–26 grub man das Wohnviertel südlich der Synagoge aus und stieß dabei auf drei konzentrisch verlaufende, achteckige Grundmauern. Die bis zu einer Höhe von 1,60 m freigelegten Mauern gehörten zum Oktogon einer byzantinischen Basilika des 5. Jh. Dem ca. 16,50 m durchmessenden Zentralbau war an fünf Seiten ein Portikus vorgesetzt, dessen hohen Architrav acht schlanke ionische Säulen mit Volutenkapitellen trugen. An die drei östlichen Seiten des Oktogons lehnten sich zwei durch einen schmalen Gang miteinander verbundene Sakristeien. An die Stelle des Ganges trat später eine Apsis mit einem in den Boden eingelassenen Taufbecken. Der Zentralbau war massiv gemauert; acht etwa 4 m weite Rundbogen durchbrachen die Wände. Vermutlich bedeckte ihn eine Kuppel, die auf einem Tambour ruhte. Den Fußboden schmückt ein geometrisch gemustertes Mosaik; im inneren oktogonalen Ring entdeckte man das Mosaikbild eines radschlagenden Pfaus.

Unter dem Oktogon fand man ein Gebäude, das mit einer Fläche von 7 m × 6,50 m erheblich größer war als die benachbarten Wohnhäuser. Es könnte im 2. Jh. als die Gemeindekirche der Judenchristen von Kafarnaum gedient haben, denn in seiner Südwestecke fand man den in griechischer Schrift in den Putz geritzten Namen Petrus und die Darstellung eines Fischerbootes. Basaltplatten bildeten den Fußboden; darunter kamen acht weitere Schichten zum Vorschein, die bis in das 1. Jh. v. Chr. zurückreichen. Das Haus war also über lange Zeiten als Versammlungsstätte benutzt worden, und es gilt heute als sicher, daß sich hier einst Simon Petrus und Jesus aufhielten und daß schon bald nach der Kreuzigung eine Stätte der Verehrung des Apostels Petrus entstand. Heute bedeckt eine moderne Andachtsstätte das Haus des Petrus.

Korazim

Etwa 3 km nordwestlich von Kafarnaum liegen auf einer schattenlosen, mit Gebäudetrümmern übersäten Bergterrasse die Überreste der Stadt Korazim und ihrer kulturgeschichtlich interessanten Synago-

Korazim
Besonders sehenswert
Synagoge

»Stuhl des Mose«

ge. Das schwarze Vulkangestein vermittelt selbst bei strahlendem Sonnenschein ein Gefühl unendlicher Trostlosigkeit. Die Ausgrabungsstätte ist von der Hauptstraße Tiberias–Zefat aus zu erreichen. Man zweigt 6 km nördlich von Tabgha zum Moschaw Almagor ab und fährt noch etwa 2 km bis zum Parkplatz vor dem archäologischen Bereich. Schon von weitem sind die restaurierten Wohnhäuser und die Stadtmauer zu sehen.

Korazim war schon im Neolithikum bewohnt, worauf eine Nekropole mit Dolmengräbern und megalithische Wohnhäuser hinweisen. Eine Quelle und der fruchtbare Vulkanboden mögen wohl der Anlaß für die Siedlungsgründung gewesen sein. Um die Zeitenwende entwickelte sich das Dorf zu einer kleinen Stadt, die im Talmud und in den Evangelien des Matthäus und des Lukas erwähnt wird. Korazim war neben Betsaida und Kafarnaum eine der drei Städte, denen Jesus vorwarf, seine Lehre nicht annehmen zu wollen (Mt 11,20–24). Nach dem zweiten Jüdischen Krieg (132–135) ließen sich zahlreiche aus Jerusalem vertriebene Juden in Galiläa nieder und brachten auch Korazim einen gewissen Wohlstand. Um die Wende vom 2. zum 3. Jh. errichteten die Einwohner eine große Synagoge, die wie alle Häuser der Stadt aus Blöcken schwarzen Basalts bestand. Korazim und seine Synagoge wurden vermutlich um das Jahr 300 durch ein schweres Erdbeben zerstört. Erst viele Jahrhunderte später ließen sich neue Siedler nieder. Im 16. Jh. bestand hier eine jüdische Gemeinde, später war das Dorf nur noch von Moslems bewohnt. Sie verließen Korazim nach der Proklamation des Staates Israel im Jahre 1948.

Korazim bedeckte eine Fläche von etwa 6 ha und war in vier Stadtteile gegliedert. Auf dem höchsten Punkt am Westrand der Terrasse erhob sich die Synagoge über die umliegenden Wohnhäuser.

Von dem inzwischen weitgehend restaurierten Bau, der sich kaum von den anderen frühen Synagogen Galiläas unterscheidet, sind noch die etwa 23 m × 17 m messenden Fundamente, der Fußboden und zahlreiche Architekturteile erhalten. An seiner Südseite befanden sich die drei Eingänge, die über eine schmale Terrasse zu erreichen waren. Drei Säulenreihen trennten das Mittelschiff von den beiden Seitenschiffen und vom nördlichen Umgang. An den Seiten der Halle waren basaltene Sitzbänke aufgestellt, darunter der im Jahre 1926 gefundene ›Stuhl des Mose‹, wohl der Ehrensitz für den Schriftgelehrten (Mt 23,2). Die Synagoge von Korazim beeindruckt vor allem durch ihren Skulpturenschmuck, der bescheidener im Material, etwas naiver in der Ausführung, aber lebendiger ist als der der benachbarten Synagoge von Kafarnaum.

Betsaida

Bevor der Jordan in den See Gennesaret mündet, überqueren zwei Behelfsbrücken den Fluß. Knapp 2 km östlich davon biegt eine Straße zum Park HaYarden ab. Das Naturschutzgebiet umfaßt zum Teil auch den Siedlungshügel et-Tell, auf dem das Betsaida der Evangelisten vermutet wird, der Geburtsort der Apostel Petrus, Andreas und Philippus, wo Jakobus, Johannes und deren Vater als Fischer arbeiteten.

Betsaida
Besonders sehenswert
Park HaYarden

In byzantinischer Zeit war die Lage des biblischen Ortes noch bekannt, denn um 530 berichtete der Pilger Theodosius: »Von Kafarnaum sind es 6 Meilen bis Betsaida« (= ca. 9 km). Der Name Betsaida (›Haus des Fischers‹) weist darauf hin, daß der Ort am See lag, und tatsächlich bildete der See Gennesaret vor 2000 Jahren hier eine Bucht, die erst allmählich von den Ablagerungen des Jordan aufgefüllt wurde. Daß sich Betsaida zugleich am Jordan befand, wissen wir von Flavius Josephus (Jüd. Krieg III, 10,7) und aus dem Jerusalemer Talmud (Schekalim IV, 2).

Der 25 m hohe Tell bedeckt eine Fläche von 25 ha. Die archäologischen Untersuchungen haben bisher nur spärliche Ergebnisse gebracht. Man sieht lediglich ein Stück der alten Stadtmauer im Nordosten des Tell. 1981 stellten Benediktiner auf dem et-Tell, 20 m südlich der Straße, die zum Jordanpark führt, einen Memorialstein auf, der an die Heilung des Blinden durch Jesus erinnert (Mk 8,22–26). In den Stein sind verschiedene Zeichen eingemeißelt, darunter das sogenannte Regenbogenkreuz, das die drei Bünde versinnbildlicht, die Gott mit den Menschen geschlossen hat: Der Regenbogen steht für den Bund mit Noah, die zwölf Zacken des Kreuzes für den mit den Stämmen Israel, und das Kreuz selbst symbolisiert den neuen Bund durch Jesus. Links davon ist Isais Reis (›Sproß des Jesse‹), ein judenchristliches Symbol, zu erkennen. Ein müdes und ein strahlendes Auge erinnern an die Heilung des Blinden. Im Jordanpark sind zwei restaurierte arabische Wassermühlen (18. Jh.) zu besichtigen.

Kursi

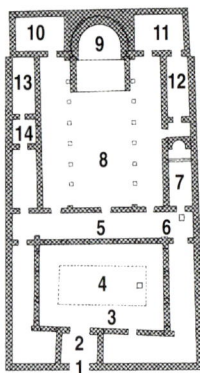

Kursi: Klosterkirche
1 *Eingang*
2 *Vorhof*
3 *Atrium*
4 *Zisterne*
5 *Narthex*
6 *Eingang zur Krypta*
7 *Kapelle*
8 *Kirchenraum*
9 *Chor*
10 *Prothesis*
11 *Baptisterium*
12 *Diakonikon*
13 *Wirtschaftsräume*
14 *Hof mit Ölpresse*

5 km nördlich von En Gev, an der Abzweigung nach Afiq, haben Archäologen eine byzantinische Klosterkirche ausgegraben, die vom 5.–8. Jh. an die Heilung eines Besessenen durch Jesus erinnerte (Mk 5,1). Seine Blütezeit erlebte das Kloster, das aus einem befestigten Hospiz für die vielen Pilger jener Zeit und einer großen Kirche bestand, Ende des 5. bis Mitte des 6. Jh. 1971 begannen Archäologen mit den Ausgrabungen.

Das Kloster war von einer 0,9 m starken und 2–3 m hohen Steinmauer umgeben, die ein Areal von etwa 145 m × 123 m begrenzte. Die Mitte der Anlage nahm die 45 m lange und 23,5 m breite **Kirche** ein, die in den vergangenen Jahren hervorragend restauriert wurde. Vom Haupteingang im Westen gelangt man durch einen kleinen Vorhof in das mit Basaltplatten ausgelegte Atrium, das an drei Seiten von Säulenhallen umgeben war und eine mächtige Zisterne bedeckte. Von der östlichen Säulenhalle, die den Narthex bildete, führten drei Portale in den Kirchenraum, den zwei Reihen von je sechs Säulen in drei Schiffe teilten. Das Hauptschiff endete in einer großen Apsis mit dem gemauerten Synthronos im Hintergrund. Der Altarraum war etwa 4 m in das Hauptschiff vorgezogen. Die Seitenschiffe endeten in rechteckigen Räumen, dem Prothesis im Norden und dem Diakonikon, das als Baptisterium diente, im Süden. An der Ostwand des Baptisteriums ist noch das kleine, aus Ziegeln gemauerte Taufbecken zu erkennen. Den Fußboden der Kirchenräume schmückten Mosaikfelder, von denen sich in den Seitenschiffen und im Baptisterium noch Teile erhalten haben, auch wenn zur Zeit der Bilderstürmer alle figürlichen Darstellungen herausgerissen wurden. Vom Narthex aus führt eine Treppe zur Krypta hinab. In den Grabkammern fanden die Archäologen noch unberührte Skelette.

Die Kirche von Kursi

Hammat Gader

9 km von der Südspitze des Sees Gennesaret entfernt liegt in den Schluchten des Yarmuk, eines Nebenflusses des Jordan, das reizvollste Thermalbad Israels. Die Straße nach Hammat Gader (arabisch el-Hama) zweigt bei Ma'agan am Südufer des See Gennesaret ab und führt kilometerweit durch die Bananenplantagen. Dann schlängelt sich die Straße in Serpentinen zur Yarmukschlucht hinab.

Schon vor 3500 Jahren, wahrscheinlich aber noch früher, suchten Menschen in den bis zu 52 °C heißen Mineralquellen von Hammat Gader Heilung von ihren Gebrechen. Hammat Gader bedeutet die ›heißen Quellen von Gadara‹, einer Stadt der hellenistischen Dekapolis, deren Ruinenstätte heute jenseits der Grenze in Jordanien liegt. Im 2. Jh. machten die Römer die Quellteiche zum Mittelpunkt eines exklusiven Badeortes, den der griechische Historiker Eunapios (etwa 345–420) als zweitgrößtes Heilbad des Imperiums Romanum nach Baiae (bei Neapel) nannte. Vom 9. Jh. an ließ das Interesse an den Heilquellen nach, und die Einrichtungen verfielen. 1977 begannen benachbarte Kibbuzim mit Erfolg die Wiederherstellung der alten Anlagen. Archäologische Untersuchungen sind seit 1979 im Gange.

Hammat Gader ist eine geschlossene Parkanlage (Eintritt) mit großem, schattigem Parkplatz, mehreren Restaurants, Badeteichen, Liegewiesen, Picknickplätzen und viel Sehenswertem. Den Mittelpunkt des weiträumigen und sehr gepflegten Parks bildet der große Badeteich mit dem angeschlossenen Badehaus (überdachtes Becken). Daneben spendet eine Quelle das mineralhaltige, leicht radioaktive, 42 °C heiße Wasser, das vor allem bei rheumatischen Beschwerden hilft. Hinweistafeln machen darauf aufmerksam, daß hier Kreislaufkranke nur nach ärztlicher Anweisung baden dürfen und die Badedauer für Gesunde 20 Minuten nicht überschreiten sollte. Ein beliebter Anziehungspunkt ist der kleine (warme) Wasserfall am unteren Ende des Badeteiches.

Stufen führen zu einem Hügel hinauf, der einen einzigartigen Ausblick auf die Yarmukschlucht und die Gileadberge gewährt. Die **Eisenbahnbrücke** rechter Hand gehörte zur Bahnlinie Haifa–Damaskus, die im Jahre 1905 von den Türken eröffnet, 1946 aber unterbrochen wurde. Der Hügel birgt die Reste einer **Synagoge** aus dem 5. Jh. Erhalten blieb der Mosaikboden mit geometrischen Mustern, Tier- und Pflanzendarstellungen.

Die **römischen Bäder** von Hammat Gader zählen zu den besterhaltenen Thermen der Welt. Das **Tepidarium** (Abkühlraum) hinter der Vorhalle stellte den prächtigsten Teil der Thermen dar. Das hohe Portal wurde aus den Originalbauteilen restauriert. Mächtige Pfeiler zu beiden Seiten des Bades trugen das 14 m hoch aufragende Dach; in den Mauernischen der Südwand standen erotische Skulpturen. Das ovale **Caldarium** (Warmwasserbad) besaß eine außergewöhnlich luxuriöse Ausstattung. Aus der benachbarten 52 °C heißen

Hammat Gader ☆
Besonders sehenswert
Badeanlagen
Römische Thermen
Alligatorpark

Der Pilger Antoninus von Piacenza (570 n. Chr.) berichtet: »Nachts wird heißes Wasser in das kleine, schmale Bad eingelassen, Kerzen werden angezündet, betäubende Düfte erfüllen den Raum. Dann werden die unglücklichen [Lepra-]Kranken, die kein anderer Badegast jemals zu Gesicht bekommt, hineingeführt und gebadet. Anschließend legen sie sich hier zur Ruhe und versinken in einen Heilschlaf.«

Das Wahrzeichen von Hammat Gader: Das weiße Minarett einer alten Moschee, die demnächst als Museum dienen soll

Quelle, der heißesten von Hammat Gader, wurde das mineralhaltige Wasser durch Tonröhren in das Becken geleitet. Sechs Marmorlöwen am Rand spendeten kaltes Wasser, so daß das Bad immer richtig temperiert war. Leider wurden die Löwen im 7. oder 8. Jh. von Bilderstürmern entstellt. Von dem riesigen Frigidarium (Kaltwasserbad) wurde erst ein Teil freigelegt und restauriert. Zwischen dem Frigidarium und dem Quellteich befindet sich noch ein kleines, ovales Caldarium. In der Ostecke der Anlage entspringt die 52 °C heiße Quelle Ma'ayan Hagehinom (›Höllenbad‹), von den Arabern Ain Makleh (›Röstquelle‹) genannt. Vier weitere Quellen im Bereich von Hammat Gader haben Temperaturen zwischen 28 ° und 42 °C.

Weithin sichtbares Wahrzeichen von Hammat Gader ist das weiße Minarett einer **Moschee,** in der heute nicht mehr gebetet wird. Man plant, diesen Bau in ein archäologisches Museum für die zahlreichen Funde aus römisch-byzantinischer Zeit umzuwandeln. Das kaum mehr erkennbare **römische Theater,** das sich an einen künstlichen Hügel anlehnte und 1500 Zuschauer aufnahm, ist heute ein Freigehege für Gazellen, Steinböcke, Wildschafe usw. Schließlich sei noch der **Alligator-Park** mit Hunderten von Florida-Echsen erwähnt, die man hier wegen ihrer begehrten Haut züchtet.

Deganya

Aus einem Landarbeiterlager am Ausfluß des Jordan aus dem See Gennesaret ging im Jahre 1910 der erste Kibbuz hervor. Deganya wird seitdem ›Mutter der Kibbuzim‹ genannt. Eine intensive Landwirtschaft hat aus der weiten Ebene zwischen Jordan und Yarmuk, auf der früher Schafe und Ziegen weideten, einen einzigen Garten mit Bananen- und Zitrusplantagen, Wein- und Gemüsepflanzungen geschaffen.

Tell Bet Yerah

Westlich der Jordanbrücke erhebt sich am Südufer des Sees Gennesaret der mächtige Tell Bet Yerah, der mit einer Fläche von etwa 20 ha zu den größten Siedlungshügeln Israels zählt.

Bet Yerah (arabisch Khirbet el-Kerak) wird weder in der Bibel noch in den Annalen der ägyptischen Pharaonen erwähnt, obwohl es sich um eine sehr bedeutende kanaanitische Stadt handelte. Der Name Bet Yerah (›Haus des Mondes‹) läßt auf einen entsprechenden Kult der frühen Bewohner schließen. Die vier ältesten der insgesamt 23 Siedlungsschichten reichen 5000 Jahre zurück. Während der Jordan bis dahin westlich von Bet Yerah floß, hoben die Bewohner im Osten ein zweites Flußbett aus, so daß die Stadt nun gut gesichert gleichsam auf einer Insel lag (das ursprüngliche Flußbett im Westen ist heute verlandet). In dieser Periode, aus der ein basaltenes Stadttor im Süden und ein gewaltiger Silo stammen, erlebte die Stadt ihre Blütezeit. Der Mittleren Bronzezeit I (2150–1900) gehören eine gepflasterte Straße und eine Töpferwerkstatt an. Danach blieb Bet Yerah viele Jahrhunderte unbewohnt, bis sich in persischer Zeit (538–332) einige Siedler auf dem Tell niederließen. Im 3. Jh. v. Chr. gründete Ptolemäus II. Philadelphos an der Stelle des alten Bet Yerah eine Stadt, die er nach seiner Schwester Philotereia nannte. Es entstand die 1,5 km lange Stadtmauer, die auf einem massiven Fundament von 5–6 m Breite und 4 m Höhe ruhte und durch sechseckige und runde Türme verstärkt wurde. Die Römer nannten die Stadt vermutlich Sennabris (Jüd. Krieg III, 9,7) und hinterließen hier ein kleines Kastell. Aus spätrömischer Zeit stammen eine Synagoge und Thermen. Die byzantinische Periode ist durch eine dreischiffige Kirche repräsentiert.

Das Ausgrabungsgelände liegt im Park von Oha'lo. Am Südrand des Tell sind noch Reste der frühbronzezeitlichen **Stadtmauer** und das Mauerwerk der hellenistisch-römischen Stadt zu erkennen. Das archäologisch interessanteste und zugleich umstrittenste Bauwerk ist jedoch der sogenannte Silo im Norden des Tell, eine etwa 30 m × 40 m große Anlage aus dem 3. Jahrtausend v. Chr. Erhalten hat sich lediglich ein Basaltpflaster mit kreisrunden, weiten Vertiefungen, die durch Trennwände in je vier Abteilungen unterteilt waren. Welchen Zwecken dieses Bauwerk diente, ist noch nicht geklärt. In besonders gutem Erhaltungszustand befinden sich die Thermen aus dem 4.–5. Jh.

Nördlich des kanaanitischen Silos legten die Ausgräber ein römisches **Kastell** aus dem 3. Jh. mit vier Ecktürmen frei. Zwei weitere Türme flankieren das Tor an der Südseite. Im Hof errichtete die jüdische Gemeinde im 5. oder 6. Jh. eine 20 m × 33 m große basilikale **Synagoge,** die nach Jerusalem ausgerichtet war. Die Überreste des Bodenmosaiks lassen Pflanzen, Löwen und Vögel erkennen, auch einen Menschen und ein Pferd. Das Relief einer Säulenbasis zeigt verschiedene Kultgegenstände. Im Nordteil des Siedlungshügels kam eine **byzantinische Kirche** zum Vorschein. Der 12 m × 13 m große, dreiapsidiale Bau entstand im 5. Jh. und war mit Atrium, Narthex und separatem Baptisterium versehen. Im Jahre 529 erhielt die Kirche unter Justinian I. ihre letzte Gestalt, bei der arabischen Invasion wurde sie zerstört.

Nördlich der Jordanbrücke zweigt eine Nebenstraße nach Bitanya zum Pilgrim Baptismal Site Yardenit ab, zur **Taufstelle im Jordan.** Der Name Bitanya erinnert an das Betanien am Rande des Wadi el-Charrar jenseits des Jordan, wo Johannes taufte. Da die traditionelle Taufstelle Johannes' des Täufers nur an bestimmten Festtagen zugänglich ist, hat das israelitische Touristikministerium 1981 einige hundert Meter südlich des Sees Gennesaret kurzerhand eine neue Taufstelle mit allen Annehmlichkeiten (Parkplatz, bequemer Zugang, Geländer im Fluß, Souvenirshop, WC usw.) eingerichtet. Viele Pilger lassen sich hier taufen.

Galiläa

Von Tiberias nach Nazaret

Die Hörner von Hattin

Rund 4 km westlich von Tiberias, oberhalb der heutigen Straße nach Nazaret, erheben sich im untergaliläischen Bergland die Hörner von Hattin (hebräisch Qarne Hittim, ›Weizenhörner‹), die beiden ochsenhornförmigen Gipfel eines 326 m hohen Vulkans. Am Nordwestfuß des Gipfels haben die Drusen ihr großes Heiligtum, ein Wali mit dem Sarkophag des Nabi Shu'eib und seiner Tochter Zippora. Nabi Shu'eib nennen die Drusen ihren ersten und größten Propheten Jitro, den Schwiegervater des Mose. Alljährlich treffen sich hier vom 26. bis 28. April Tausende von Drusen, um ihren wichtigsten Feiertag zu begehen.

1186 hatte Rainald von Châtillon, Herr des Ostjordanlandes, eine riesige arabische Karawane, die mit kostbaren Waren durch sein Gebiet zog, überfallen und damit das Waffenstillstandsabkommen zwischen Christen und Moslems verletzt. Sultan Saladin forderte Schadenersatz und sofortige Freilassung der Gefangenen; Rainald lehnte ab, König Guido konnte sich gegenüber seinem Lehnsmann nicht durchsetzen.

Diesen Vorfall nahm Saladin zum Anlaß, am 1. Juli 1187 mit dem größten Heer, das er bis dahin befehligt hatte, südlich des Sees Gennesaret den Jordan zu überschreiten. Er besetzte Tiberias, mit Ausnahme der Burg, und schlug sein Lager in den wasserreichen Auen am Ostfuß der Hörner von Hattin auf. Die Kreuzfahrer zogen mit 1200 Rittern, 2000 einheimischen Reitern und 10 000 Mann Fußvolk von Sepphoris (heute Zippori) dem moslemischen Heer entgegen und ließen sich am Abend des 3. Juli, von Hitze, Durst und pausenlosen Überfällen erschöpft, auf dem Plateau zwischen den beiden Kratergipfeln von Hattin, hoch über Saladins Lager, nieder. Noch in der Nacht schloß Saladin den Ring um das königliche Heer, am nächsten Morgen griff er an. Der arabische Chronist Ibn el-Athir berichtet:

»Am Samstagmorgen ritten die Moslems in Schlachtordnung aus ihrem Lager. Auch die Franken rückten vor, aber schon geschwächt durch den Durst, der sie quälte. Von der einen wie der anderen Seite begann der Kampf mit Wut. Die moslemische Linie schoß eine Wolke von Pfeilen, ähnlich einer Wolke von Heuschrecken. Die Pfeile richteten große Verwüstung unter den christlichen Reitern an. Das christliche Fußvolk hatte sich in Vormarsch gesetzt, um an den See zu kommen und dort Wasser zu schöpfen. ...

Das christliche Heer war in einer furchtbaren Lage. Da der Boden, auf dem es kämpfte, mit Heidekraut und trockenem Gras bedeckt war, legten die Moslems Feuer darauf und entfachten einen gewaltigen Brand. So vereinigte sich alles gegen die Christen, der Rauch, die

◁ *Landschaft am Berg Tabor*

247

Hitze des Feuers, die des Tages und die des Kampfes. Als sie schließlich sahen, daß es keine Rettung gab, stürzten sie sich mit solchem
Ungestüm auf die Moslems, daß man ihnen ohne die Hilfe Allahs
nicht hätte widerstehen können. Bei jedem Angriff jedoch verloren
sie Leute und schwächten sich; endlich wurden sie von allen Seiten
eingekreist und auf einen benachbarten Hügel zurückgedrängt. ...

*Saladin läßt nach der
Schlacht bei den
Hörnern von Hattin die
gefangenen Kreuzfah-
rer in Ketten legen*

Der König hatte auf dem Hügel bald nur mehr hundertfünfzig der
tapfersten Reiter um sich. Die Tapferen, die um ihn waren, warfen
sich auf uns und trieben die Moslems bis zum Fuß des Hügels zurück. ›Macht, daß der Teufel lügt!‹ schrie Saladin den Soldaten zu
und faßte in seinen Bart. Bei diesen Worten stürzte sich unser Heer
auf den Feind und trieb ihn wieder auf den oberen Teil des Hügels.
So ging das mehrmals hinab und hinauf. Plötzlich sank die Standar-
te des Königs. Sogleich stieg Saladin vom Pferd, warf sich vor Allah
nieder und dankte ihm unter Freudentränen.

Alle Christen, die sich noch auf dem Hügel befanden, wurden gefangengenommen. ... Wer die Zahl der Toten sah, glaubte nicht, daß
es Gefangene gab, und wer die Gefangenen sah, glaubte nicht, daß es
Tote gab. Niemals seit ihrem Einfall in Palästina hatten die Franken
eine solche Niederlage erlitten.«

Saladin schlug Rainald von Châtillon eigenhändig den Kopf ab,
weil dieser die Vereinbarung mit dem Sultan nicht eingehalten hatte.
Der König und die Barone wurden nach Damaskus gebracht und
später gegen hohe Lösegelder freigekauft, das Fußvolk kam auf den
Sklavenmarkt.

In den folgenden Monaten eroberte Sultan Saladin alle Burgen
und Städte Palästinas; am 2. Oktober 1187 fiel auch Jerusalem in
seine Hand.

Kafr Kana

An der Straße von Tiberias nach Nazaret liegt inmitten von Oliven-
und Granatapfelhainen die kleine Stadt Kafr Kana, die heute etwa
2500 christliche und 5500 moslemische Einwohner zählt. Auf der
Hochzeit zu Kana wirkte Jesus sein erstes Wunder, indem er Wasser
in Wein verwandelte (Joh 2,1–11). Zwei Kirchen erinnern daran:
eine römisch-katholische und eine griechisch-orthodoxe.

Viele Gründe sprechen zwar dafür, daß das Kana des Evangelisten
9 km nordwestlich lag, in der Ruinenstätte Khirbet Kana, aber im 17.
Jh. lokalisierten die Franziskaner das Wunder in dem an der Pilgerstraße zum See Gennesaret gelegenen Ort, der eigentlich Kafr Kenna
(›Dorf der Schwiegertochter‹) hieß. Beide waren bereits in römischer
Zeit besiedelt, Khirbet Kana sogar schon um 1200 v. Chr. Zur Zeit
Jesu war dieses sogar bedeutender als Nazaret. 1641 erwarben die
Franziskaner in Kafr Kana ein Grundstück neben der Moschee.
1879 gelang es ihnen endlich, die inzwischen verfallene Moschee, an
deren Stelle sie das Hochzeitshaus vermuteten, zu kaufen. Beim Bau
der heutigen Kirche entdeckten die Franziskaner vorbyzantinische
Säulen, Kapitelle, Friese und unter dem Fußboden der Moschee eine
aramäische Mosaikinschrift. Alle diese Relikte stammen vermutlich
aus einer judenchristlichen Kirche des 3. Jh.; danach geriet die
christliche Tradition wohl in Vergessenheit, denn Reste byzantinischer oder fränkischer Kirchen fanden sich nicht.

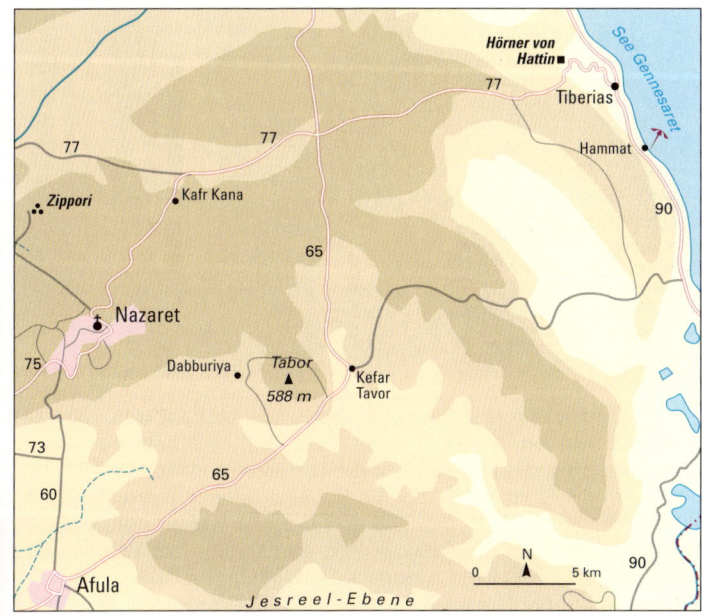

*Von Tiberias
nach Nazaret*

Die Franziskanerkir-che mit ihrer weithin sichtbaren Kuppel

Die **Franziskanerkirche** in der Mitte des Ortes wurde 1883 ge-weiht. Den Innenraum beherrscht die 5,2 m × 4,9 m große Krypta, über der sich eine hohe, rote, weithin sichtbare Kuppel wölbt. Vor dem Altar der Krypta steht die Replik eines antiken jüdischen Stein-kruges, die an die Umwandlung von Wein in Wasser erinnern soll. Das Altarbild zeigt die Anwesenheit Marias bei dem Wunder. Die Wandgemälde des Kirchenraumes behandeln das Sakrament der Ehe: Jesus auf der Hochzeit zu Kana (Mitte), Einsetzung der Ehe im

konnten aber nicht die starken Befestigungen der Benediktiner durchbrechen. Erst nach der Schlacht von Hattin (1187) mußten die Mönche weichen. Im Jahre 1211 baute Malik el-Khamil, Sultan von Damaskus, den Gipfel zu einer mächtigen Festung aus, die als eine so ernste Bedrohung des verbliebenen Kreuzfahrerstaates angesehen wurde, daß sie einen der Anlässe für den fünften Kreuzzug bildete. Durch den 1229 zwischen Kaiser Friedrich II. und dem Sultan geschlossenen Friedensvertrag kam auch der Berg Tabor wieder unter die Herrschaft der Christen. 1263 zerstörte der Mameluckensultan Baibars alle christlichen Gebäude auf dem Berg. 1631 gelang es den Franziskanern, mit Genehmigung des Drusenemirs Fakhr ed-Din ein neues Kloster zu gründen. Wenig später ließen sich auch die Griechen hier nieder; eine Mauer trennte fortan die griechische Hälfte des Plateaus im Norden von der lateinischen im Süden. Heute repräsentieren zwei Kirchen die beiden christlichen Glaubensrichtungen: eine griechisch-orthodoxe aus dem Jahre 1911 und eine römisch-katholische aus dem Jahre 1924.

12 km hinter Afula biegt man von der Straße zum See Gennesaret nach Norden ab, fährt durch das arabische Dorf **Dabburiya** und dann auf enger, kurvenreicher Straße nach oben (der Höhenunterschied zum Tal beträgt etwa 450 m). Kurz vor dem **Tor der Winde** (arabisch Bab el-Hawa) zweigt eine Nebenstraße zum griechischen Kloster mit der Eliaskirche ab. Hinter dem Tor der Winde befindet man sich bereits auf lateinischem Gebiet. Die Straße endet auf einem Parkplatz vor dem Franziskanerkloster. Am östlichen Ende des Plateaus steht auf den Fundamenten der Kreuzfahrerkirche und byzantinischer Bauten die neue **Verklärungsbasilika,** die der italienische Architekt Antonio Barluzzi in den Jahren 1921–24 nach dem Vorbild syrischer Kirchen des 5. Jh. schuf. Links und rechts des Portals treten zwei quadratische Fassadentürme hervor, deren Fenster mit volutenförmigen Umrahmungen geschmückt sind. Zwei Säulen stützen den giebelgekrönten Portalbogen, der die Vorderfront der beiden Türme verbindet. Weitgespannte Bogen trennen die beiden Seitenschiffe vom Hauptschiff, wo eine Treppe in eine offene Krypta hinabführt. Altar und Apsis stammen aus byzantinischer Zeit.

Die beiden Fassadentürme stehen auf Kapellen byzantinischen Ursprungs. Die nördliche ist Mose, die südliche Elias geweiht. Mit der Krypta für Jesus sind das die »drei Hütten«, die Petrus bauen wollte (Lk 9,33). Von der arabischen Eckbastion hinter der Kirche hat man einen einzigartigen Rundblick, manchmal bis zum schneebedeckten Hermon im Hintergrund.

Die griechisch-orthodoxe **Eliaskirche** wurde 1911 auf den Fundamenten einer Kreuzfahrerkirche erbaut, die sich wiederum über einem byzantinischen Gotteshaus, vielleicht dem ältesten auf dem Tabor, erhob. Zwei Apsiden und der Mosaikboden stammen aus fränkischer Zeit. Im Westen lehnt sich die **Höhle des Melchisedek** (›König der Gerechtigkeit‹) an; dieser war nach Genesis 14,18 zur Zeit Abrahams Priesterkönig von Jerusalem.

»Jesus stieg mit Petrus, Johannes und Jakobus auf einen Berg, um zu beten. Und während er betete, veränderte sich das Aussehen seines Gesichtes, und sein Gewand wurde leuchtend weiß. Und plötzlich redeten zwei Männer mit ihm. Es waren Mose und Elija; sie erschienen in strahlendem Licht und sprachen von seinem Ende, das sich in Jerusalem erfüllen sollte«
Lk 9,28–31

Nazaret ☆☆
Besonders sehenswert
Verkündigungskirche
Josefskirche
Gabrielskirche

Nazaret

Am Nordrand der Jesreel-Ebene, in einem Seitental der Berge Galiläas versteckt, liegt das malerische Nazaret, in dem der Engel Gabriel Maria die Geburt eines Sohnes verkündigte und in dem Jesus seine Kindheit und Jugend verbrachte. Der Name Nazaret, arabisch En-Nasra, kommt vom hebräischen *nasar,* ›wachen‹.

Nazaret ist heute mit etwa 54 000 Einwohnern die größte arabische Stadt innerhalb der Staatsgrenzen Israels. Die Mehrheit der Araber sind Christen fast aller Konfessionen. Zu den besonderen Sehenswürdigkeiten zählen die Verkündigungskirche über dem Haus der Maria, die Josefskirche über dem Wohnhaus der Heiligen Familie, die Synagogenkirchen, die Mensa Christi, die Gabrielskirche und der Marienbrunnen.

Geschichte

Der Stadtkern um die Verkündigungskirche war schon im 3. Jahrtausend v. Chr. bewohnt. Aus ungefähr dieser Zeit stammen 60 Höhlenwohnungen, die zum Teil drei Stockwerke tief und durch Gänge miteinander verbunden waren. Zwei Felsgräber gehören der Mittleren Bronzezeit (18.–17. Jh. v. Chr.) an; in ihnen fand man als Grabbeigabe einen ägyptischen Skarabäus. Die in den Fels gehauenen Getreidesilos wurden von etwa 900 v. Chr. bis 600 n. Chr. benutzt. Felsgräber verraten uns auch, daß in Nazaret seit etwa 200 v. Chr. eine jüdische Gemeinde existierte: Von den 23 Gräbern sind 18 sogenannte Kokim (Schiebestollengräber).

Zur Zeit Herodes' des Großen (37–4 v. Chr.) lebte in Nazaret eine junge Frau mit Namen Maria, die mit dem Zimmermann Josef verlobt war. Eines Tages verkündete ihr der Engel des Herrn die Geburt eines Sohnes, den sie Jesus nennen sollte (Lk 1,31). In Betlehem gebar sie das Kind. Vor den Verfolgungen des Herodes mußte die Heilige Familie fliehen, nach seinem Tod kehrte sie nach Nazaret zurück. »Das Kind wuchs heran und wurde kräftig; Gott erfüllte es mit Weisheit, und seine Gnade ruhte auf ihm« (Lk 2,40). Nachdem Jesus im Jahre 28 von Johannes dem Täufer im Jordan getauft worden war, zog er durch Galiläa, um in den Synagogen zu lehren (Lk 4,15). Überall fand er Anerkennung, nur in Nazaret waren die Leute empört und jagten ihn fort (Lk 4,28).

Nach der Zerstörung Jerusalems durch den römischen Feldherrn Titus im Jahre 70 kamen viele Juden nach Galiläa und auch nach Nazaret. Der Zustrom verstärkte sich nach dem Bar Kochba-Aufstand (132–135), als Kaiser Hadrian den Juden die Anwesenheit in Jerusalem und Judäa unter Todesstrafe verbot. Nazaret wurde ein fast rein jüdischer Ort und eine Priesterstadt. Die erste byzantinische Basilika, die Verkündigungskirche, entstand erst zu Beginn des 5. Jh. (mit Sicherheit vor dem Jahre 427). Spätestens um 460 war Nazaret be-

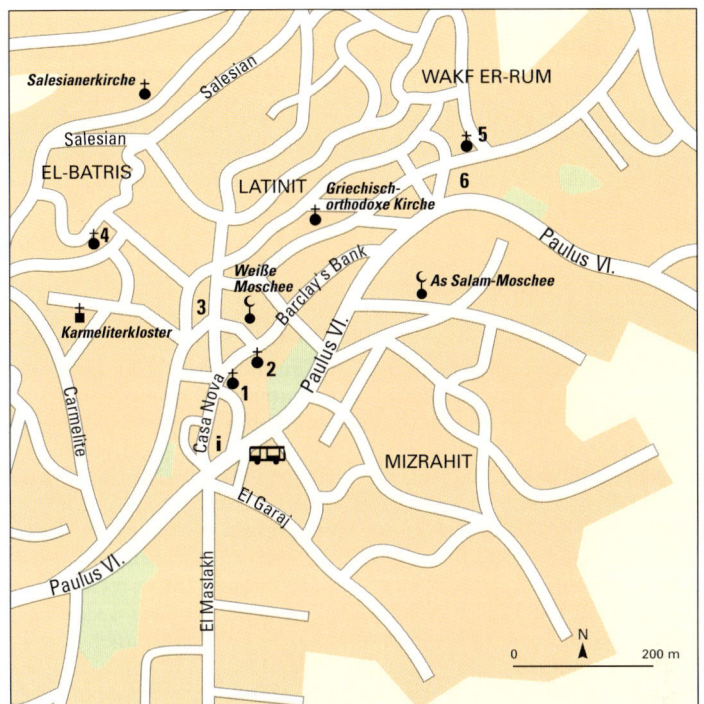

reits eine Bischofsstadt. Die Kreuzfahrer fanden 1099 nur noch die Ruine der byzantinischen Basilika vor und errichteten an ihrer Stelle eine neue Kirche von außergewöhnlicher Pracht. Nur die Verkündigungsgrotte hatte alle Zerstörungen fast unversehrt überstanden. Sie war den Kreuzfahrern heilig und wurde mit besonderer Liebe ausgestattet. Um 1125 avancierte Nazaret zum Sitz eines Erzbistums.

1187 besetzte Saladin Nazaret, schonte die christlichen Stätten, wies aber alle Priester aus der Stadt. 1212–41 und 1244–49 stand die Stadt unter islamischer Herrschaft, 1251 kehrte der Erzbischof nach Nazaret zurück. 1254 feierte König Ludwig IX. der Heilige in Nazaret das Fest der Verkündigung. 1263 zerstörte dann der Mameluckensultan Baibars die Verkündigungkirche und alle christlichen Einrichtungen. Um 1295 entstand die Legende, daß Engel das Wohnhaus der Heiligen Familie von Nazaret nach Loreto getragen hätten, und noch heute ist das ›Heilige Haus‹ im italienischen Wallfahrtsort Ziel unzähliger Pilger.

1620 erlaubte Fakhr ed-Din, Emir der Drusen und Freund der Medici, die Rückkehr der Christen; 1730 genehmigten die Türken den Franziskanern den Neubau einer Kirche. Da die Bauzeit sechs Monate nicht überschreiten durfte, stellte der Orden in großer Eile einen kleinen Bau quer über die Grotte, die man zu einer Krypta umgestaltete. 1954 wurde er abgerissen, um einem würdigen Neubau Platz zu machen. Diese einmalige Gelegenheit nutzten franziskanische Archäologen, um das ganze Gelände um die Verkündigungsgrotte eingehend zu untersuchen. Die heutige Kirche wurde 1969 geweiht.

1957 gründeten Juden auf einem Berg östlich der Altstadt von Nazaret eine Siedlung, der sie 1962 den Namen Nazerat Illit (›Obernazaret‹) gaben. Heute zählt der Ort, den mit Leverkusen eine Partnerschaft verbindet, bereits 30 000 Einwohner.

Die Verkündigungskirche

Da sagte der Engel zu ihr:»Fürchte dich nicht, Maria; denn du hast bei Gott Gnade gefunden. Du wirst ein Kind empfangen, einen Sohn wirst du gebären: dem sollst du den Namen Jesus geben.«
Lk 1,30 und 31

Die heutige **Verkündigungskirche (1)** mit der Archäologen, Baumeister und Geistlichkeit eine großartige Verbindung zwischen Historie und Glauben geschaffen haben, dokumentiert 1800 Jahre Kirchenarchitektur so anschaulich und beeindruckend wie wohl kein anderes Bauwerk.

Den Bau führte der italienische Architekt Giovanni Muzio 1960–69 aus. Die blockartige Anlage wurde aus Kalksteinquadern errichtet, die eine auflockernde Struktur aus waagerecht verlaufenden Lagen rötlichen Sandsteins erhielten. Die giebelförmige Westfassade zeigt Reliefs der Verkündigung: links oben den Engel Gabriel, rechts oben Maria, darunter die vier Evangelisten Matthäus, Markus, Lukas und Johannes mit ihren Symbolen Engel, Löwe, Stier und Adler. Die lateinische Inschrift lautet:»Der Engel des Herrn hat Maria verkündet, daß das Wort Fleisch geworden ist und in uns gewohnt hat« (Joh 1,14). Je ein turmartiger Abschluß zu beiden Seiten und die schießschartenartigen Fenster geben der Fassade das Aussehen einer mittelalterlichen Festung. Die drei Westportale sind ein Werk des Münchener Bildhauers Roland Friedrichsen. Auf dem 4,5 m hohen und 3 m breiten Mittelportal sieht man Darstellungen von Christi Geburt, die Flucht nach Ägypten, den jugendlichen Jesus, die Taufe im Jordan, die Bergpredigt und die Kreuzigung; das linke Portal hat den Sündenfall, das rechte die Erlösungsprophetie zum Thema. Auf der Südfassade steht das Gebet ›Salve regina‹. Die Bronzetüren des amerikanischen Bildhauers Frederic Shrady, zeigen am Südportal Szenen aus dem Leben der Maria. Der Architekt gliederte das Bauwerk in eine Unter- und eine Oberkirche. Vom Westportal aus gelangt man durch eine Vorhalle zunächst nach unten zu den Relikten der Vorgängerbauten und der Verkündigungsgrotte; der obere Teil ist modern gestaltet.

Die frühesten Spuren am Ort der Verkündigungskirche – zahlreiche Grotten, Silos, Zisternen, Ölpressen und Weinkeltern, die nördlich der Kirchenmauer zu sehen sind – stammen aus herodianischer Zeit. Die Verkündigungsgrotte war damals eine übliche Vorratshöhle, die mit Sicherheit zu einem kleinen Wohnhaus gehörte. Hier könnte Maria gelebt haben, denn schon im 2. Jh. unterhielten die Judenchristen an dieser Stelle eine Kultstätte. Das 2 m × 2 m

große, in den Felsboden geschlagene Becken, zu dem sieben Stufen hinunterführen, diente ursprünglich als Weinkelter. Im 2. Jh. verband man es mit einer Zisterne und verwendete es als Taufbecken, dessen Wände wasserdicht verputzt und mit zahlreichen Sgraffiti (Kreuze, Schiffe, Pflanzen) geschmückt sind.

Der ›Schutt‹, der das Becken bedeckte, bestand aus Teilen einer **Synagogenkirche** des 3. Jh. Die Basen, Kapitelle und Fenstergesimse erinnern an die frühen Synagogen Galiläas, nur war dieses Bauwerk eben dem Marienkult geweiht. Auf einer Säulenbasis entdeckten die Archäologen die griechische Inschrift XE MAPIA (Chaire [Ave] Maria, ›Sei gegrüßt, Maria‹), die älteste bekannte inschriftliche Erwähnung ihres Namens. Zwei kurze Treppen führen zum Vorraum der Verkündigungsgrotte hinab. Eine kleine Nebengrotte wurde von den Judenchristen als Märtyrerkapelle benutzt. An der linken Felswand steht die Mensa Martyrum, ein steinerner Tisch, der der Feier der Eucharistie und der Agape diente. Die rechte Felswand schmückte eine symbolische Darstellung des Paradieses.

Über der Synagogenkirche, von der noch eine doppelte Steinreihe der Südmauer erhalten blieb, entstand zu Beginn des 5. Jh. eine **byzantinische Basilika** mit einem etwa 20,5 m × 16 m großen, vorgelagerten Atrium. Die Südmauer der Synagogenkirche bildete das Fundament für den südlichen Stylobat des Hauptschiffes, das 19,5 m lang und 8 m breit war und im Osten mit einer Apsis abschloß. An das südliche, 15,35 m lange und 2,85 m breite Seitenschiff lehnte sich ein Kloster an; der rechteckige Raum östlich des Schiffes war die Sakristei. Das nördliche Seitenschiff, von dem kaum etwas gefunden wurde, endete vor den beiden Grotten, die außerhalb der Basilika lagen. Das Hauptschiff war mit einem Mosaikboden ausgelegt, der das alte Taufbecken der Judenchristen verbarg. Ein Fragment des Bodens zeigt das Christusmonogramm in seiner Urform. Es entstand aus dem judenchristlichen Symbol des Sterns, der sich im Laufe der Zeit zu einem griechischen Chi (X) wandelte, und dem griechischen Rho (P) als Geheimzeichen für Jesus. Chi und Rho bilden die Anfangsbuchstaben des griechischen Wortes Christos (›der Gesalbte‹). Das Christusmonogramm war auf das Martyrion ausgerichtet. Für den Vorraum zur Grotte stiftete der Jerusalemer Diakon Konon einen 3,6 m × 3,4 m großen geometrisch gemusterten Mosaikboden **(Kononmosaik),** an den im Osten die 2,7 m × 7,7 m große Engelskapelle angrenzt.

Die **Verkündigungsgrotte,** ungefähr 7 m lang, 6 m breit und 3 m hoch, wird heute von einem Kupferbaldachin bedeckt. Das umlaufende Kupferband zeigt eine Verkündigungszene und die Worte »Ave Maria, gnadenvolle - Er ist Mensch geworden durch den Heiligen Geist - Aus der Jungfrau Maria«. Als die Franziskaner 1620 das Areal erwarben, schufen sie als erstes eine unterirdische Verbindung zwischen ihrem Kloster und der Verkündigungsgrotte, um von den Moslems ungesehen die heilige Stätte betreten zu können. Zeitweise steht der enge Treppengang auch Besuchern zur Verfügung. Man betritt dann die Grotte in der Josefskapelle, wo sich der Altar der Flucht nach Ägypten befindet. Ein schmaler Durchlaß öffnet sich zur Verkündigungskapelle mit dem Altar. Die beiden Säulen rechts vom Durchgang zur Engelskapelle, vermutlich byzantinischen Ursprungs, fügten fränkische Baumeister ein, um die Tragfähigkeit der dünnen Felsdecke zu verstärken, da unmittelbar darüber einer der mächtigen Pfeiler der Kreuzfahrerkirche aufsetzte. Die nördliche Säule wird Mariensäule genannt, die südliche Gabrielssäule. Nach der Tradition

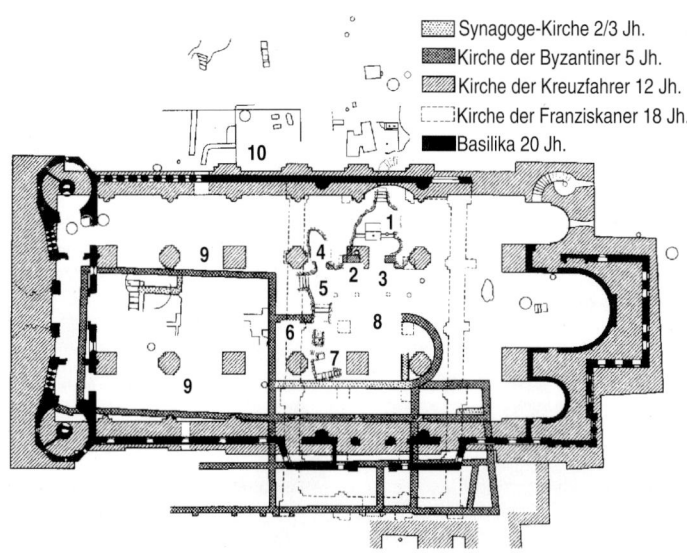

Synagoge-Kirche 2/3 Jh.
Kirche der Byzantiner 5 Jh.
Kirche der Kreuzfahrer 12 Jh.
Kirche der Franziskaner 18 Jh.
Basilika 20 Jh.

Verkündigungskirche
1 *Verkündigungs-*
  grotte
2 *Säule Mariens*
3 *Säule des Erz-*
  engels Gabriel
4 *Martyrion*
5 *Kononmosaik*
6 *Christus-*
  monogramm
7 *Taufbecken*
8 *Engelskapelle*
9 *Pfeiler der Kreuz-*
  fahrerkirche
10 *Höhlen und*
   Getreidesilos des
   alten Nazaret

zeigen sie den Standort der Jungfrau und des Erzengels bei der Verkündigung an. In der Engelskapelle steht im Westen der Gabriels-
und im Osten der an Marias Vater erinnernde Jojakimaltar.

Die etwa 70 m lange und 30 m breite **Kreuzfahrerkirche,** im Jahre
1106 fertiggestellt, umschloß mit ihren drei Schiffen die gesamte byzantinische Basilika nebst Atrium und Verkündigungsgrotte. Sechs
Pfeiler hatten einen quadratischen, sechs einen sechzehneckigen
Grundriß. Den östlichen Abschluß bildeten drei Apsiden, in denen
jeweils ein Altar stand. Von der nördlichen Seitenapsis aus führte
eine Treppe in dem mächtigen Mauerwerk zu den oberen Räumen.
Die Nordwand der heutigen Unterkirche und die drei Apsiden stammen noch von dem Kreuzfahrerbau. In der Nordapsis hängen zwei
Reliefs in Betonguß: Anna mit Maria und Jesus auf den Armen und
Jojakim mit seinen Schafen. Im Museum der Verkündigungskirche
stehen einige schöne, zum Teil noch unvollendete Kapitelle des
12. Jh., herrliche Beispiele burgundischer Kunst, die beim Heranna-
hen Saladins vergraben wurden. Der im Jahre 1730 von den Franziskanern errichtete **Notbau** erhob sich quer über den Ruinen der
Kreuzfahrerkirche. Er war 22 m lang und 17 m breit und hatte allein
die Verkündigungsgrotte zu beschirmen.

Die 1969 nach fast zehnjähriger Bauzeit fertiggestellte fünfte **Verkündigungskirche,** der größte christliche Bau des Nahen Ostens,
mißt etwa 68 m × 29 m. Er ruht auf den Fundamenten der Kreuzfahrerkirche, seine Mauern aber sind wesentlich schmaler als die
mächtigen Wände des mittelalterlichen Bauwerks. Die Unterkirche
befindet sich auf dem Niveau der byzantinischen Anlage. Sieben
Stufen führen zu einem achteckigen Platz hinunter, der die ältesten

Stadtansicht von Nazaret mit der Verkündigungskirche im Vordergrund

Stätten des Marienkultes umfaßt und der Verkündigungsgrotte sowie dem Martyrion vorgelagert ist. Zwei große Wendeltreppen in den beiden Türmen der Westfassade verbinden die Unter- mit der Oberkirche. Das Treppengeländer der Südtreppe schmückt ein Holzrelief des Pilgers von Piacenza, der 570 nach Nazaret kam. Neben ihm stehen – ebenfalls aus Holz – der Ritter Tankred, der Erbauer der Kreuzfahrerkirche, und Franz von Assisi. Eine große, achteckige Öffnung gibt den Blick auf die Unterkirche und auf die heilige Stätte der Verkündigung frei. Über der Öffnung wölbt sich bis zu einer Höhe von 57 m, 40 m über der Oberkirche, die 18 m breite Kuppel, die einer nach unten geöffneten Lilie gleicht. Die Lilienblüte, Sinnbild der Reinheit und altes Mariensymbol, hat 16 Blütenblätter, von denen jedes aus zwei abgewinkelten Flächen besteht, so daß sich insgesamt 32 Flächen ergeben. In der jüdischen Zahlenmystik wird die 32 als Summe aus den 22 Buchstaben des hebräischen Alphabets und den zehn Befehlen Gottes bei der Schöpfung der Welt (Gen 1) erklärt. Das Ebenbild Gottes ist der Mensch, das Spiegelbild von 32 die 23. Und genau 23mal erscheint auf jeder Blattfläche das M für Maria.

Den Turmkegel tragen acht Betonpfeiler, an denen 14 Keramikarbeiten eines modernen italienischen Meisters die Stationen des Kreuzweges wiedergeben. Der Fußboden der Oberkirche besteht aus Marmorintarsien. Das 150 m² große Wandmosaik des Chorraumes, ein Werk des Sizilianers Salvatore Fiume, zeigt Christus im roten Gewand des Hohenpriesters, wie er mit ausgebreiteten Armen die

Menschen einlädt, zu ihm zu kommen. Neben ihm steht der zwei-felnde Petrus, im Hintergrund thront Maria. Vorn rechts erkennt man die fünf Päpste Benedikt XV., Pius XI., Pius XII., Johannes XXI-II. und Paul VI. Zu beiden Seiten des allsehenden Auges und der Taube steht das seit dem Konzil von Konstantinopel (381) gültige Glaubensbekenntnis. Der Hochaltar aus rötlichem Marmor hat die Form einer Barke und trägt einen von C. Cobruyt gestalteten Taber-nakel.

Die Franziskuskapelle links vom Chor zeigt Graffiti des Italieners Baruzzi: an der Decke die Vision des hl. Franziskus, den Hinter-grund beherrscht das Jerusalemkreuz, das Symbol der Kreuzfahrer und Franziskaner, links pflegt der hl. Franziskus einen Aussätzigen, rechts sieht man zwei Pilger, die Nazaret besuchten: König Ludwig IX. den Heiligen (1252) und Papst Paul VI. (1964). Die Sakraments-kapelle rechts vom Chor ist mit Fresken ausgestaltet; Kirchenlehrer und Märtyrer der West- und Ostkirche sowie die historische Umar-mung von Papst Paul VI. und dem griechisch-orthodoxen Patriar-chen Athenagoras auf dem Ölberg (1964) sind abgebildet. Die bis zur umlaufenden Galerie 7 m hohen Wände der Oberkirche sind mit modernen Mariendarstellungen aus aller Welt geschmückt.

Die Haupteingänge zur Oberkirche liegen an der Nordseite. Die trapezförmige Terrasse davor schützt die Siedlungsreste des alten Nazaret. Das moderne, fast oktogonale Baptisterium ist eine Schöp-fung des deutschen Künstlerpaares Bernhard Hartmann (Bronze-arbeiten) und Irma Rochelle (Keramik), das große Glasfenster ar-beitete Max Ingrand.

Die Josefskirche

100 m nördlich der Verkündigungskirche steht die im Jahre 1914 geweihte **Josefskirche (2),** der Tradition nach an der Stelle, an der Josef sein Wohnhaus und seine Werkstatt hatte. Im 17. Jh. bauten die Franziskaner eine kleine Kapelle, nachdem hier schon ein Kreuz-fahrerbau und möglicherweise auch ein byzantinisches Gotteshaus gestanden hatten. Der gallische Bischof Arkulf erwähnte nämlich um 670 zwei große Kirche in Nazaret: Die Verkündigungskirche und die Kirche der Ernährung (auch Haus der Heiligen Familie genannt), die auf Gewölben über Josefs Haus gebaut worden war. Zahlreiche Öl- und Weinpressen, Silos, Zisternen und Vorratsgrotten aus der Zeit Jesu bezeugen eine intensive landwirtschaftliche Nutzung des fruchtbaren Ackerlandes dieser Gegend.

Die 29 m × 16,2 m messende Kreuzfahrerkirche des 12. Jh., von deren Säulen bzw. Pfeilern nichts mehr vorhanden ist, besaß wohl nur ein einziges Portal im Westen und vermutlich zweimal fünf Pfei-ler; drei Apsiden schlossen sie nach Osten hin ab. Im Mittelschiff entdeckte man ein Taufbecken, in das sieben Stufen hinabführten. Es ist mit Mosaikfeldern ausgelegt und mit Marmorplatten verkleidet. Der schwarze Basalt im Boden symbolisiert den Felsen Christus (1 Kor 10,4).

Südlich vom Taufbecken führt eine schmale Treppe in eine 9–10 m lange, 4–5 m breite und über 2 m hohe Felsgrotte hinab, die Licht und Luft durch zwei Öffnungen in der Felsdecke erhielt. Ursprünglich diente sie als Vorratsraum, der Mosaikboden und Graffiti an den Wänden beweisen jedoch, daß hier in den ersten nachchristlichen Jahrhunderten eine Kultstätte der Judenchristen bestand. Beim Betrachten der Grundrißzeichnung fällt auf, daß das Taufbecken, die schmale Treppe, eine quadratische Vertiefung im Nordosten und eine Pfeilerbasis genau parallel zueinander verlaufen, aber etwa 25° von der Kreuzfahrerkirche abweichen. Daraus könnte man schließen, daß die byzantinische Kirche bzw. die judenchristliche Kultstätte anders ausgerichtet war als der Kreuzfahrerbau.

Weitere Sehenswürdigkeiten

Etwa 200 m nördlich der Verkündigungskirche steht inmitten des Basarviertels die **Synagogenkirche (3)**, eine Gebetsstätte der griechisch-katholischen Melchiten. Im Inneren zeigt man die Reste jener Synagoge, in der der junge Jesus Lesen gelernt und als Erwachsener gepredigt haben soll (den Zugang bildet eine besondere Tür links vom Kirchenportal). Die bescheidenen Überbleibsel dieses Baus – etwa 80 Steine und einige Säulenbasen – dürften allerdings erst aus dem 6. Jh. stammen. Die These, daß an dieser Stelle zur Zeit Jesu tatsächlich die Synagoge von Nazaret stand, ist jedoch noch nicht bewiesen.

Die 1861 erbaute Franziskanerkirche **Mensa Christi (4)** soll an der Stelle stehen, an der der auferstandene Christus zum letzten Mal mit seinen Jüngern beim Abendmahl zusammensaß. Ein hervorspringender, behauener Felsblock bildet den Tisch.

Nazarets einzige Quelle entspringt westlich der griechisch-orthodoxen **Gabrielskirche (5)** in einer 10 m unter der Erdoberfläche gelegenen Höhle, von wo aus ein 17 m langer Aquädukt das Wasser an die Oberfläche leitete. Noch heute finden wir die alte Brunnenöffnung in einer Krypta unterhalb des Altars der Gabrielskirche, erreichbar über sechs Stufen. Am Rand des marmornen Brunnendeckels stehen die stark verwitterten Worte: »Gegrüßt seist du, Maria, der Herr ist mit dir.« Nach dem Protevangelium des Jakobus, daß der griechisch-orthodoxen Tradition zugrunde liegt, fand nämlich die Begegnung der Maria mit dem Erzengel Gabriel nicht in ihrem Haus statt, sondern an diesem Brunnen.

Eine Kirche an der Quelle erwähnte erstmals der russische Abt Daniel im Winter 1106/07. Es handelte sich dabei um einen vermutlich nach 630 errichteten Rundbau, der um die Mitte des 8. Jh. zerstört und später von den Kreuzfahrern erneuert wurde. 1335 berichtete der Pilger Jakob von Verona, daß die Kirche des Erzengels Ga-

briel eine Ruine sei. Die Griechen bauten im Jahre 1767 die heutige
Gabrielskirche – *ihren* Verkündigungsort. Die großartige Ikonostase
stammt noch aus dem Gründungsjahr. Der ursprüngliche Zugang
zum Brunnen lag im östlichen Hofraum der Kirche; 18 Stufen sind
noch vorhanden.

Als das Wasser bei der Gabrielskirche zu versickern drohte, baute
man im Jahre 1862 eine 150 m lange Leitung von der Quelle zur Straße nach Tiberias. Es ist noch nicht lange her, daß sich am **Marienbrunnen (6)** nach Sonnenuntergang Frauen und Mädchen trafen,
um Wasser zu schöpfen.

Heute steht der Brunnen fast unbeachtet am Rande der verkehrsreichen Straße, das kostbare Quellwasser (15 000 Liter täglich) wird
in modernen Zisternen aufgefangen und in das Wasserleitungsnetz
eingespeist.

Nordgaliläa

Zwischen Kreuzfahrerburgen und Naturschutzgebieten

Zefat

Zefat, nordwestlich vom See Gennesaret am Westhang des Har Kanaan gelegen, ist der Hauptort Obergaliläas. Im 16. Jh. galt die vierte der Heiligen Städte des Talmud (neben Jerusalem, Hebron und Tiberias) als Stadt der Mystiker und Kabbalisten, als geistiges und religiöses Zentrum der Juden. Heute ist Zefat (Safed) wegen seiner Höhenlage (800–1000 m) ein beliebter Sommerkurort und wegen seiner malerischen Altstadt ein vielbesuchtes Touristenziel. Die Stadt zählt 19 000 ausschließlich jüdische Einwohner. Sehenswert sind vor allem die alten Synagogen und das Künstlerviertel, das berühmte ›Malerviertel von Galiläa‹.

Der ägyptische Pharao Thutmosis III. (1490–1436) erwähnte in seiner Liste der eroberten Städte Kanaans auch Saft, das möglicherweise mit Zefat identisch war, Flavius Josephus nannte Sepph in seinem Werk ›Der Jüdische Krieg‹ (II,20,6). Der Ort war auch zur Zeit des Bar Kochba-Aufstandes (132–135) jüdisch. Hier wurde der große Rabbi Simeon Bar Yochai († 170), ein Anhänger Bar Kochbas, begraben. Ihm wird das Buch »Zohar« (›Glanz, Helligkeit‹), das Grundwerk der Kabbala, zugeschrieben, das allerdings erst 1270, also über tausend Jahre später, Moses de Leon († 1305) in Spanien niederschrieb. Im 3.–5. Jh. war Zefat (*tsafo*, hebräisch für ›Ausguck‹) einer der Orte, die vor großen Festtagen die von Jerusalem ausgehenden Feuersignale weitergaben.

Um 1100 gehörte Zefat, von den Kreuzfahrern Safed genannt, mit Galiläa zum Herrschaftsbereich des Normannenfürsten Tankred. 1102/03 errichtete Hugo von St. Omer auf dem Hügel HaMetzuda eine kleine Burg, die König Foulques von Anjou um 1140 vergrößerte. 1157 konnte sich König Balduin nach seiner Niederlage gegen Nur ed-Din, den Sultan von Damaskus, mit knapper Not hierher retten. 1167 gab König Amalrich I. die Burg den Tempelrittern. Nach der Schlacht von Hattin (1187) konnte sich die Festung noch fast ein ganzes Jahr halten; erst nach zweimonatiger schwerer Beschießung ergaben sich die Tempelherren schließlich am 6. Dezember 1188 den Truppen Saladins. Als Kaiser Friedrich II. einen Kreuzzug ins Heilige Land vorbereitete, schleiften die Moslems im Jahre 1219 die Gebäude bis auf den Grund, um einen etwaigen Wiederaufbau zu erschweren. 1240 vermittelten die Tempelritter ein Bündnis zwischen den Franken und Ismail von Damaskus gegen Sultan Ajjub von Ägypten, wofür sie als Dank die Stadt Safed erhielten. Den Neubau einer modernen Festung lehnte der Großmeister der Templer wegen der hohen Kosten zunächst ab, erst Benoit d'Alignan, Bischof von Marseille, der als Pilger ins Heilige Land gekommen war, konnte ihn

Zefat ☆☆
Besonders sehenswert
Altstadt
Künstlerviertel
Synagogen

Szene aus der Altstadt von Zefat

◁ *Die Kreuzfahrer burg Montfort*

267

Abouav-Synagoge

durchsetzen. Nach zweieinhalb Jahren hatte man die gewaltige Wehranlage, die vor allem Schutz vor Angriffen aus Damaskus bieten sollte, fertiggestellt. Sie bedeckte eine Fläche von über 4 ha, konnte also eine größere Streitmacht aufnehmen, war aber auch für die Verteidigung durch eine kleine Besatzung geeignet.

1266 griff der Mameluckensultan Baibars die Festung, die als uneinnehmbar galt, an. 2000 Flüchtlinge, Christen und auch Juden, hatten hinter den Mauern Schutz gesucht. Als die Vorräte nach drei Wochen aufgebraucht waren, boten die Templer die Übergabe an. Baibars sagte ihnen freien Abzug zu, ließ jedoch später alle, die sich weigerten, zum Islam überzutreten, enthaupten, darunter auch die Nonnen des St. Jakobsklosters. Als Baibars 1267 die Abgesandten der Franken, die einen Waffenstillstand erbitten wollten, empfing, waren die Festungsmauern mit über 1000 Schädeln bestückt. Der Mameluck, erneuerte die Verteidigungsanlagen und machte Safed zur Hauptstadt des Bezirks Galiläa; der Ort wurde dann wegen seiner Gewürze, Früchte und des feinen Olivenöls berühmt.

Im 14. und 15. Jh. entwickelte sich hier eine ansehnliche jüdische Gemeinde. Das Grab des Rabbi Simeon Bar Yochai, inzwischen zu einer heiligen Stätte geworden, zog viele Gläubige von nah und fern an. Als Spanien durch das Edikt vom 31. März 1492 seine jüdischen Bürger vertrieb, kamen zahlreiche dieser Sephardim nach Palästina, wo sie sich in Jerusalem und Hebron, vor allem aber in Galiläa niederließen. Zefat, das in jener Zeit eine größere Anziehungskraft ausübte als das damals unbedeutende Jerusalem, gedieh im 16. Jh. unter den Osmanen zu einer der reichsten Städte Palästinas. Sultan Süleyman II. der Prächtige (1520–66) macht es neben Jerusalem, Nablus und Gaza zur Hauptstadt eines autonomen türkischen Verwaltungsbezirks. Die Osmanen förderten die jüdischen Gemeinden, die im-

Wenn Jerusalem im Kreise der vier Urelemente das Feuer, Hebron die Erde, Tiberias das Wasser symbolisierten, war Zefat die Luft.

mer mehr Zustrom aus Spanien, Nordafrika und Italien erhielten. Gegen 1550 wohnten in Zefat bereits 12 700 Juden und in den umliegenden Dörfern nochmals rund 10 000. Mit den Sephardim kamen auch zahlreiche aus Spanien vertriebene Moslems ins Land.

Zefat erlebte aber nicht nur eine wirtschaftliche Blütezeit, sondern entwickelte sich durch den Zuzug zahlreicher schon in Spanien berühmter Rabbiner zu einem geistigen und religiösen Mittelpunkt. Rabbi Josef Caro schuf um 1560 den »Shulhan Arukh«, ›Der gedeckte Tisch‹, das Gesetzbuch der orthodoxen Juden, das Rabbi Isserles aus Krakau später durch sein Werk »Mappa«, ›Tischtuch‹ ergänzte. Rabbi Ya'akov Beirav versuchte gegen den Widerstand der Jerusalemer Rabbiner, den Sanhedrin hierher zu holen. Er gründete eine theologische Hochschule, an der so berühmte Rabbis wie der aus Jerusalem stammende Izhak Luria (1534–72) jüdische Mystik lehrten und die Kabbala interpretierten. Die Kabbala (›Überlieferung‹) entstand zu Beginn des 13. Jh., als sich provenzalische Juden gegen den nüchternen Talmudismus zu wehren begannen. Diese neue religionsphilosophische Bewegung erfaßte bald auch die Juden Italiens und Spaniens. Die Lehre der Kabbala beschäftigt sich mit dem mystischen Sinn des Alten Testaments und der talmudischen Religionsgesetze.

1563 begann in Zefat die erste Buchdruckerpresse des Nahen Ostens zu arbeiten. 1578 wurde das erste Buch in hebräischer Sprache fertiggestellt. Im 17. Jh. verschlechterte sich die Lage in Galiläa. Zefat geriet unter die Herrschaft des Paschas von Damaskus, der die jüdischen Gemeinden mit hohen Abgaben belegte und dadurch viele Menschen zur Auswanderung zwang. 1738 und 1769 wurde Zefat von schweren Erdbeben heimgesucht, 1742 raffte eine Pestepidemie einen großen Teil der Bevölkerung dahin. 1799 besetzte Napoleon die Stadt, 1830 schlug Ibrahim Pascha von Ägypten hier sein Haupt-

»In Zefat atmet man die reinste Luft des Heiligen Landes, und es gibt keinen besseren Ort, um die Tiefen und Geheimnisse der Thora zu verstehen.«
Rabbi Josef Caro

Nordgaliläa

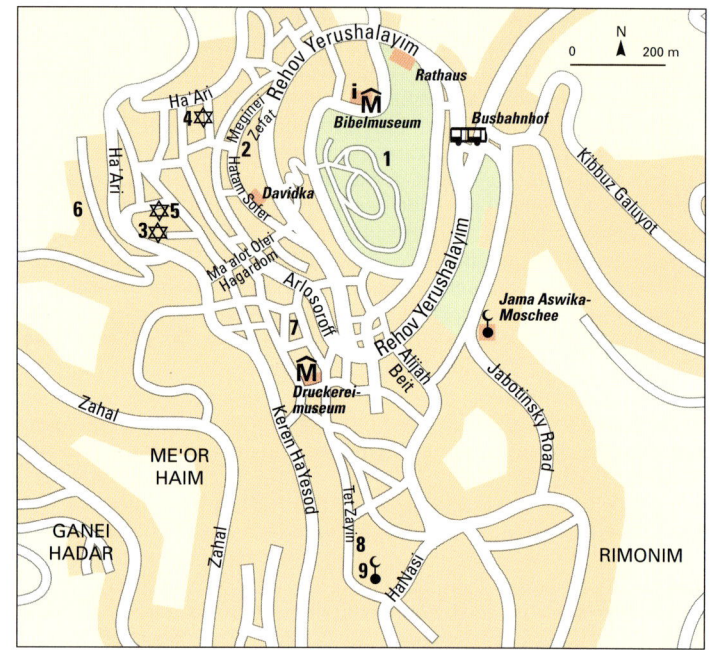

quartier auf. 1833 erhoben sich die Drusen gegen ihn und plünderten Zefat. 1837 fielen ganze Stadtviertel einem schweren Erdbeben zum Opfer, 4000 Menschen wurden unter den Trümmern begraben. Drei Jahre darauf brachte ein neues Erdbeben weitere Häuserzeilen zum Einsturz; das wirtschaftliche und geistige Leben der Stadt erlosch.

Gegen Ende des 19. Jh. zählte Zefat nur noch 12 000 Einwohner, davon weniger als die Hälfte Juden. 1948 wurden alle Araber ausgewiesen. Das moderne Zefat gibt sich nach wie vor traditionsbewußt.

Inmitten der Stadt erhebt sich der 834 m hohe Hügel **HaMetzuda (1**, ›Zitadelle‹) mit spärlichen Resten der gewaltigen Kreuzfahrerfestung, deren Mauern 850 m lang und von mindestens sieben Türmen verstärkt waren. Hier stand auch das Bollwerk, das Josephus Flavius 66 n. Chr. während des Aufstandes gegen die Römer errichtete. Heute bedeckt ein Park die einstigen Wehranlagen. Den Hügel umgürtet die Hauptstraße von Zefat, die Rehov Yerushalaim. Auf einer Terrasse steht die Davidka, eine kleine, selbstgebaute Kanone, die am 14. Mai 1948 durch ihren gewaltigen Donnerschlag die Unabhängigkeit Israels ankündigte. Der **Kikar HaMeguinim (2)** ist der kleine Markt von Zefat.

Die jüdische Altstadt westlich des HaMetzuda besitzt mehrere interessante Synagogen aus dem 16. Jh. Ihre Fassaden sind vorwiegend schmucklos, und auch die Gebetshallen beeindrucken durch ihre

Schlichtheit. Dagegen wurden die Thoraschreine oft verschwenderisch und kunstvoll ausgestaltet. Die pastellfarbenen Innenwände der Hallen sind vielfach mit naiven Fresken bedeckt. Schmale, gepolsterte Sitzbänke laden zum Beten, Meditieren und zum Studium der kostbaren Bücher, die in Wandregalen bereitstehen, ein.

Das älteste und zugleich schönste der jüdischen Bethäuser ist die **sephardische HaAri-Synagoge (3),** erbaut wohl im 16. Jh. neben einer Grotte, in der die Rabbis zu meditieren pflegten. Man betritt das Gebäude über einen kleinen, von hohen Mauern umgebenen Hof, in dem Orangen- und Zitronenbäume blühen. Eine geschmückte Portalwand öffnet sich zu einem Vorraum, der in die nach Süden ausgerichtete und von zwei Gewölbedecken überdachte Haupthalle führt. Die drei Fenster der Halle bieten einen herrlichen Blick auf die umgebenden Hügel. Die reiche Einrichtung aus geschmiedetem Eisen und geschnitztem Holz stammt aus späterer Zeit. Die Synagoge wurde mehrmals verändert, behielt aber den ursprünglichen Bauplan bei. Vor einigen Jahren erlebte sie eine gründliche Restaurierung. Die **aschkenasische HaAri-Synagoge (4)** entstand einige Jahre nach dem Tod des Rabbi Izhak Luria (Ari) und wurde nach dem großen Erdbeben von 1837 wiederaufgebaut. Der Haupteingang ist von reich geschmückten Fenstern gekrönt. Den Thoraschrein an der Südwand der Gebetshalle schuf ein ukrainischer Bildhauer gegen Ende des 19. Jh. Weitere besuchenswerte Gebetshäuser sind die **Caro,** die **HaAlsheh-,** die **Bena'a-** und vor allem die **Abouav-Synagoge (5),** deren Name auf den großen Rabbi Isaak Abouav zurückgeht. Das Gebäude, das nach dem Erdbeben von 1837 mit Ausnahme der Südmauer neu errichtet wurde, steht in einem kleinen Hof mit schattenspendenden Pinien. Die Mittelkuppel ist in lichten Farben mit jüdischen Symbolen, Palmen, Feigenbäumen und Inschriften reich geschmückt.

Innenansicht der sephardischen HaAri-Synagoge

271

*Im Künstlerviertel
von Zefat*

An das Synagogenviertel schließt sich im Westen der alte **jüdische Friedhof (6)** an. Die reine Luft von Zefat lasse die Seele jedes hier Verstorbenen sogleich in den Garten Eden fliegen. Wir finden hier die Gräber von Izhak Luria (Ari; † 1572) und seines Lehrers Moshe Cordovero (Ramak; † 1570), von Ya'akov Beirav († 1546), Josef Caro († 1575), Shelomo Alkavets († 1584), Moshe Alsheich († 1600) und anderen.

Südlich des Hügels HaMetzuda erstreckt sich das **Künstlerviertel (7,** Qiryat HaZaiarim) mit seinen verwinkelten malerischen Gassen und Treppenwegen. In den schönen arabischen Häusern leben und schaffen heute jüdische Maler und Bildhauer aus Polen, Litauen, Deutschland und den USA. In einer ehemaligen Moschee stellen sie gemeinsam ihre Werke aus. Noch weiter südlich trifft man auf **Benat Hamid (8),** das Grab des Emirs Muzaffar ed-Din Musa aus dem Jahre 1372, und wenige Meter weiter auf die **Djame el-Ahmar (9)**, die Rote Moschee, die 1275 von Baibars errichtet wurde.

Tel Hazor

23 km nördlich von Tiberias, westlich der Straße nach Qiryat She-mona, erhebt sich das mächtige Plateau des Tel Hazor (arabisch Tell Waqqas oder Tell el-Qedah), die Ruinenstätte der einstigen Haupt-stadt aller kanaanitischen Königreiche, die im 14. und 13. Jh. v. Chr. zu den größten Städten des Orients gehörte und unter den Israeliten eine bedeutende Festung war.

Hazor (hebräisch für Gehöft) entstand vor ca. 4500 Jahren an der alten Handels- und Militärstraße zwischen Ägypten und Mesopota-mien. Um 1850 v. Chr. wurde Hazor erstmals in den ägyptischen Ächtungstexten erwähnt; später (1650 v. Chr.) war es eine der stärk-sten Festungen Kanaans. Aus den Amarnabriefen (14. Jh. v. Chr.) er-fahren wir, daß der König von Hazor, ebenfalls ein Vasall der Ägyp-ter, fast ganz Nordkanaan beherrschte. Und wir hören die Klagen über zunehmende Überfälle durch die Habiru, bei denen es sich ver-mutlich um Israeliten handelte. Ihre höchste Blüte erlebte die Stadt im 14. und 13. Jh. v. Chr. Gegen 1230 v. Chr. kam es an den Wassern von Merom, dem heute trockengelegten Hulesee nördlich von Ha-zor, zum Zusammenstoß zwischen den Stämmen Israels unter Josua und den vereinigten kanaanitischen Heeren unter Jabin, dem König von Hazor. Die Kanaaniter wurden vernichtend geschlagen, Hazor ging in Flammen auf. Die 40 000 Einwohner wurden getötet oder in die Sklaverei geführt (Jos 11,1–14).

In den folgenden Jahrhunderten blieb Hazor eine Trümmerstätte; lediglich in der einstigen Oberstadt ließen sich israelitische Halbno-maden in bescheidenen Behausungen nieder. Erst König Salomo (etwa 968–930) erbaute auf dem höher gelegenen Teil des Haupthü-gels wieder eine befestigte Stadt, die Omri (881–871) und Ahab (871–852), Könige des Nordstaates Israel, über den ganzen Haupt-hügel erweiterten. 733 v. Chr. eroberten die Assyrer Hazor und zer-störten es; die Bewohner verschleppten sie nach Assur. Gegen Ende des 8. oder zu Beginn des 7. Jh. v. Chr. kamen einige israelitische Siedler in die Oberstadt zurück. Zu Beginn des 6. Jh. v. Chr. erbau-ten die Neubabylonier, die inzwischen die Assyrer abgelöst hatten, eine Zitadelle. In der Folgezeit war Hazor Sitz der babylonischen, persischen und hellenistischen Gouverneure von Galiläa.

Die Oberstadt

Hazor bestand aus der flaschenförmigen, 600 m langen und bis zu 200 m breiten Oberstadt und der nördlich und östlich davon gelege-nen Unterstadt, die eine Ausdehnung von etwa 1000 m × 700 m hat-te. Die markantesten Ruinen finden wir in der Mitte der Oberstadt (Ausgrabungsabschnitt A), im etwa 20 m × 30 m messenden **Pfeiler-gebäude** aus der Zeit des Königs Ahab. Zwei Reihen monolithischer Pfeiler, viereckig, roh behauen und durchschnittlich 2 m hoch, trugen das Obergeschoß des Vorratshauses. Nach Norden schließt sich ein weiterer Bau an, der aus zwei Hallen bestand. Auf dem gepflasterten Fußboden lagerten die Getreidevorräte für Ahabs Garnison. Unter dem Pflaster entdeckte man zahlreiche ältere Räume, die als Kaserne gedient haben könnten.

Südwestlich des Vorratshauses sieht man die Grundmauern zweier **Wohnhäuser,** die durch das gewaltige Erdbeben des Jahres 763 v. Chr. zerstört wurden. Säulen und Wände stehen noch immer schief. Die herabgestürzte Decke hatte die Wohnungseinrichtung, darunter kunstvolle Elfenbein- und Knochenschnitzereien, unter sich begraben. Unmittelbar östlich des Pfeilergebäudes stieß der israelische Archäologe Yigael Yadin in den 60er Jahren auf die **Kasemattenmauer** und das Haupttor der Stadt Salomos. Die Kasemattenmauer bestand aus 8–10 m langen und 2,50 m breiten Räumen; die Mauern waren bis zu 1,50 m dick. Der **Torbau** mit seiner 4,20 m breiten, gepflasterten Durchfahrt besaß sechs Kammern, die als Wachstuben dienten, und zu beiden Seiten des Eingangs je einen vorgesetzten Turm. Unter dem Torbau und dem südlich anschließenden Teil der Kasemattenmauer kam der **Palast des Königs Jabin** zum Vorschein. Deutlich ist diese Treppe zu erkennen, die zu ihm führte.

Die Westecke der Oberstadt nimmt die **Zitadelle Ahabs** ein (Ausgrabungsabschnitt B). Da der Hügel hier am steilsten abfällt, brauchte man keine Mauer. Von dem Bauwerk, das eine Fläche von 25 m × 21 m bedeckte und bis zu 2 m dicke Mauern hatte, sehen wir heute nur noch das Kellergeschoß. Vor der Nordwestecke des Gebäudes führte eine Treppe zum oberen Stockwerk. Im Laufe der Jahrhunderte folgten der Zitadelle Ahabs noch weitere acht Festungsanlagen bzw. Gouverneurspaläste. Nördlich der Zitadelle ersetzten zwei etwa 13 m × 13 m große Verwaltungs- bzw. Wohngebäude die Mauer, südlich

Die Ausgrabungen von Tel Hazor

lehnte sich ein weiterer Verwaltungsbau an. An der Ostseite der Anlage begann die Stadtmauer. Zu Beginn des 8. Jh. v. Chr. verstärkte sich die drohende Gefahr aus Assyrien. Der Gouverneur von Hazor erkannte, daß die Zitadelle einem Ansturm nicht standhalten würden, und errichtete deshalb rings um die Zitadelle eine massive Mauer. Vor deren strategisch wichtige Nordwestecke setzte er einen separaten Turm, der aus zwei Kammern bestand. Die Nordostecke der Oberstadt (Ausgrabungsabschnitt G) war mit einer vorgeschobenen **Bastion** versehen, die den Zugang zur Oberstadt bewachte. Eine 1 m dicke Ascheschicht, vermischt mit verkohlten Balken und rußgeschwärzten Steinen, war alles, was nach dem Angriff zurückblieb.

Nahe der Südmauer der salomonischen Stadt stießen die Archäologen auf ein gewaltiges **Wasserversorgungssystem** (Ausgrabungsabschnitt L). Hier waren die Baumeister Ahabs 40 m tief durch Felsgestein bis zum Grundwasserspiegel vorgestoßen. Eine breite, gegenläufige Rampe im Eingangsbau endet vor einem 19 m × 15 m weiten Schacht. 3 m breite, an den Schachtwänden entlanglaufende Stufen führen 30 m hinab und gehen dann in einen 25 m langen, 4,50 m hohen und 4 m breiten Tunnel über, der über Stufen nochmals 10 m abfällt und in einem etwas 5 m breiten Wasserbecken endet. Die Breite der Treppen läßt darauf schließen, daß das Wasser mit Eseln emporgeholt wurde. Die eindrucksvolle Anlage vermittelt eine Vorstellung von den technischen Fähigkeiten und den geologischen Kenntnissen der israelitischen Baumeister des 9. vorchristlichen Jahrhunderts.

Die Unterstadt

Die Unterstadt auf dem ausgedehnten Plateau nördlich des Tell war im Osten von einem Steilhang gesichert, im Norden und vor allem im Westen bedurfte sie eines künstlichen Schutzes. Dafür hob man im 16. Jh. v. Chr. einen gewaltigen Graben aus und häufte den Boden zu einem **Wall**. Im Ausgrabungsabschnitt K wurde in einer Senke das **Tor der Unterstadt** freigelegt. Die älteste Toranlage entstand wie der Wall im 16. Jh. v. Chr., bis zur Eroberung durch die Israeliten folgten noch vier weitere. Die späteren Anlagen bestanden aus einem Torhaus mit drei Pilasterpaaren, die die Durchfahrt auf 3 m begrenzten, und einem großen Turm mit Doppelräumen. Das mehrstöckige Torhaus war aus luftgetrockneten Ziegeln gebaut und ruhte auf einem Steinfundament. Eine zusätzliche Sicherheitsmaßnahme bildeten die beiden steilen, von Mauerwerk gestützten Rampen, die von Norden und Süden hinaufführten, wo die Wagen scharf rechts bzw. links in die Einfahrt abbiegen mußten.

Im Ausgrabungsabschnitt C entdeckte Yigael Yadin neben Wohnhäusern aus dem 18. bis 13. Jh. v. Chr. ein **kanaanitisches Heiligtum** des 14. Jh. v. Chr. mit mehreren 22 bis 55 cm hohen Stelen und einer sitzenden Basaltstatue. Eine der Stelen zeigt als Flachrelief zum Gebet erhobene Hände und darüber Abbildungen des Mondes. Im Ausgrabungsabschnitt F stieß Yadin auf ein weiteres **Heiligtum** aus dem 14. und 13. Jh. v. Chr. Ein etwa 5 Tonnen schwerer Altarstein war offenbar zum Darbringen von Trankopfern bestimmt. Auch hier umschlossen zahlreiche Wohnhäuser den Tempel. Darunter fand man mehrere Grabhöhlen mit einer Fülle von Beigaben ägyptischer, mykenischer, zyprischer und kanaanitischer Herkunft. Unter einem quadratförmigen Kultbau (15. Jh. v. Chr.) kam ein großer **Doppel-tempel** zum Vorschein, der 46 m × 23 m maß und bis zu 3 m starke Mauern hatte. Eine ähnliche Anlage in Assur, der ersten Hauptstadt Assyriens, war dem Sonnengott Schamasch und der Mondgöttin Sin geweiht; möglicherweise verehrte man im Hazor des 16. vorchristlichen Jahrhunderts dieselben Gottheiten. Unter den Fundamenten erstreckt sich im Fels ein ausgedehntes **Tunnelsystem,** von dem man nicht sagen kann, ob es zur Entwässerung des Stadtbezirks diente oder Teil einer riesigen Nekropole war.

Der Ausgrabungsabschnitt H zeigt die Fundamente eines **Tempels** aus der Zeit kurz vor der Eroberung durch die Israeliten. Die Orthostatenumrandung (hochkant stehende Quader) des Allerheiligsten und ein basaltener Räucheraltar mit dem Symbol des hethitischen Wettergottes weisen auf enge Beziehungen zum Hethiterreich im Norden hin. Die Anlage des Heiligtums – Vorhalle, Haupthalle und Allerheiligstes – entspricht genau dem Tempel Salomos in Jerusalem. Wir wissen aus der Bibel, daß Salomo phönikische Architekten mit dem Bau beauftragte. Der Tempel von Hazor hatte drei Vorgänger, die bis in das 16. Jh. v. Chr. zurückreichen. Die Funde aus Hazor sind im Israel-Museum in Jerusalem und im Hazor-Museum des benachbarten Kibbuz Ayyelet HaSahar ausgestellt.

Das Hule-Naturreservat

15 km nördlich von Rosh Pinna zweigt nach Osten eine Nebenstraße zum ersten und bedeutendsten der rund 200 Naturschutzgebiete Israels – vielleicht eines der schönsten der Welt – ab.

Vor etwa 20 000 Jahren blockierten von den Golanhöhen herabströmende Lavamassen im südlichen Huletal den Jordan, so daß ein großer See mit weiten Sümpfen entstand, in denen sich im Lauf der Zeit eine artenreiche Fauna und Flora entwickelte. Bis zum Mittelalter identifizierte man mit diesem Hulesee die ›Wasser von Merom‹, wo Josua bei der Landnahme eine Koalition der Kanaaniter besiegte (Jos 11,5). In der Mischna- und Talmud-Zeit (1.–5. Jh.) hieß der See Mei Meron. Der Wasserabfluß war reguliert, die fruchtbaren Landflächen wurden intensiv bebaut. Nach der arabischen Invasion versumpfte das Land wieder. Um 1833 ließ Ibrahim Pascha einen Abfluß sprengen, um den Wasserablauf zu beschleunigen. Im Huletal siedelte er ägyptische Bauern an, die Papyrus pflanzten und Wasserbüffel züchteten. Nachdem sich Ibrahim 1840 wieder aus Palästina zurückgezogen hatte, breiteten sich die Sümpfe erneut aus.

1883 gründeten jüdische Einwanderer aus Polen im südlichen Hu-letal den Moschaw Yesud HaMa'ala. Sie kämpften verzweifelt gegen Versumpfung und Malaria, aber alle Bemühungen blieben erfolglos, auch die des Barons Rothschild, der 1890 einen Wald von wasserzie-henden Eukalyptusbäumen anpflanzen ließ. 1934 erwarb der Jewish National Fund das Huletal und begann mit der Trockenlegung von 6000 ha Sumpfland, aber erst 1951–58 gelang die Rekultivierung des gesamten Tals. Das Flußbett des Jordan wurde begradigt, vergrößert und mit zwei Entwässerungskanälen verbunden, ein Teil des Wassers wurde abgepumpt. Der See verschwand, das Tal bot nun bestes Ackerland und viele ergiebige Fischteiche. Nur ein Gebiet von 315 ha bei Yesud HaMa'ala an der Südwestecke der früheren Sümpfe wurde in seinem ursprünglichen Zustand belassen und 1964 zum Natur-schutzgebiet erklärt.

Vor dem Eingang zum Naturpark (Eintritt) dehnt sich der Horshat HaMeyasdim aus, der Eukalyptuswald Rothschilds. Es empfiehlt sich, ein Fernglas und vor allem Zeit mitzubringen, um die einzigar-tige Tier- und Pflanzenwelt zu beobachten. Am Eingang stehen schattige Park- und Picknickplätze zur Verfügung. Das ganze Areal kann von einem Beobachtungsturm aus überblickt werden; Besu-cher werden gebeten, nur die markierten Pfade zu benutzen. In zwei ausgedehnten Teichen mit unzähligen Seerosen tummeln sich Was-servögel aller Art. Durch die Papyrusdickichte und Feuchtwiesen streifen Biber, Wildkatzen, Wildschweine und zahllose Sumpfvögel,

Das Huletal mit dem Wassersystem des Jordan

277

in den großen Schilfgebieten leben ganze Herden von Wasserbüffeln. Kaltes Jordanwasser und warmes Wasser aus den nahen Einanquellen lassen eine einzigartige Vielfalt an Wasser- und Sumpfpflanzen gedeihen.

Tel Dan

Tel Dan ☆
Besonders sehenswert
Naturpark
Tell el-Qadi

9 km östlich von Qiryat Shemona hat die israelische Nature Reserve Authority den Siedlungshügel der biblischen Stadt Dan (Lais) und das urwaldähnliche Quellgebiet des Flusses Dan am Fuß des schneebedeckten Hermon in einem einzigartigen Park zusammengefaßt.

Schon in den ägyptischen Ächtungstexten (19. Jh. v. Chr.) wurde die Stadt Lais erwähnt, später erschien sie auch in der Liste der von Thutmosis III. (1490–1436) eroberten Städte Palästinas. Zu Beginn des 1. Jt. v. Chr. vertrieben die Philister den israelitischen Stamm Dan aus seinem Siedlungsgebiet westlich von Jerusalem. Die Daniter zogen daraufhin nach Norden und ließen sich in der überaus fruchtbaren Landschaft zwischen Hermon und Hulesee nieder. Sie bauten das von ihnen zerstörte Lais wieder auf und machten es unter dem Namen Dan zum Hauptort ihres Territoriums (Ri 18,27–29). Dan war die nördlichste Stadt Israels, denn »von Dan bis Beerscheba« erstreckte sich nunmehr das Einflußgebiet der Israeliten (Ri 20,1; 1 Sam 3,20). Nach der Teilung des Reiches Israel wurde Jerobeam I. (um 930–908) König des Nordstaates. Um auch die religiöse Trennung von den Südstämmen zu vollziehen, ließ er zwei goldene Stiere gießen, von denen er je einen als Gottessymbol in den alten Heiligtümern von Bet El und Dan aufstellte. Das Volk zog nun »bis nach Dan, vor das eine Kalb« (1 Kön 12,26–30). Als Kalb verhöhnten die Propheten diese Bildnisse, die ihrer Vorstellung vom unsichtbaren Jahwe widersprachen (Hos 13,2). Die Grenzstadt Dan hatte im 9. Jh. v. Chr. unter den ständigen Kriegen zwischen Israel und Aram sehr zu leiden (1 Kön 15,20). 732 v. Chr. endete mit dem Einmarsch der Assyrer die Geschichte der Stadt.

Tel Dan zählt zu den reizvollsten Naturreservaten Israels (Eintritt). Beim Erfrischungspavillon am Parkplatz beginnen Rundwege über 30 bis 90 Minuten. Man sollte unbedingt den längeren Weg durch einen ursprünglichen Wald am rauschenden Dan, dem größten der drei Quellflüsse des Jordan, wählen. Der abenteuerliche Pfad führt auf Bohlen oder Steinplatten über unzählige Bäche und Rinnsale, auf schmalen Stegen über Teiche bis zum paradiesischen Quellsee am Fuße des alten Siedlungshügels. Jährlich strömen aus dieser größten Karstquelle des Nahen Ostens 220 Millionen m³ Wasser. Von seinem Quellfluß Dan hat der Jordan seinen Namen, er bedeutet nichts anderes als ›kommt vom Dan‹. Über 15 m hohe syrische Eschen, Taboreichen, Lorbeerbäume, Pistazienbäume und riesige Myrtenbüsche hüllen das Reservat in ein märchenhaftes Dämmerlicht.

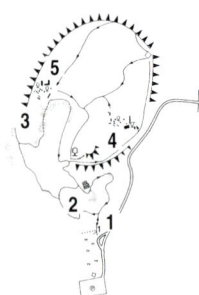

Tel Dan
1 Eingang
2 Byzantinischer Kanal
3 Dan-Quellen
4 Israelitisches Stadttor
5 Heiligtum

Auf dem 25 ha großen und etwa 20 m hohen Siedlungshügel von Dan, den die Araber **Tell el-Qadi** (›Richterhügel‹) nennen, graben seit 1965 israelische Archäologen. Freigelegt wurden Mauerwerk aus dem 3. und 2. Jahrtausend v. Chr. und, im Süden des Hügels, die Überreste eines mächtigen israelitischen Stadttores aus dem späten 10. Jh. v. Chr. Von dem Tor führt eine gepflasterte Straße zur Oberstadt hinauf. Sie endet vor einem Heiligtum, in dem das Goldene Kalb des Königs Jerobeam gestanden haben könnte (1 Kön 12,26 ff.).

Banyas/Caesarea Philippi

13 km östlich von Qiryat Shemona entspringt am Fuß einer mächtigen Grotte der Banyas, hebräisch Nahal Hermon, der zweitgrößte Quellfluß des Jordan.

Seine Quelle war schon in kanaanitischer Zeit, vielleicht auch noch früher, mit dem Heiligtum einer Naturgottheit verbunden, an deren Stelle in hellenistischer Zeit der griechische Gott Pan trat. Die Stadt und auch der Fluß wurden nach diesem Gott Paneas genannt. Hier siegte im Jahre 198 v. Chr. Antiochos III. über die Ptolemäer, wodurch er Palästina und Phönikien für das Seleukidenreich gewann. Kaiser Augustus schenkte das Gebiet südlich des Hermonberges Herodes dem Großen, der dem Imperator aus Dankbarkeit neben der Quellgrotte »einen weißen Marmortempel errichtete« (Jüd. Krieg I, 21, 3). Herodes' Sohn Philippos (4 v. Chr. – 34 n. Chr.) erhob Paneas zur Hauptstadt seiner Tetrarchie Nordtransjordanien und gab ihr den Namen Caesarea Philippi.

Agrippa II. (53–94) baute die Stadt glanzvoll aus und nannte sie Kaiser Nero zu Ehren Neronias. Seit dem 4. Jh. war Caesarea Philip-

Hier sprach Jesus zu Simon Petrus, was zum Fundament für Kirche und Papsttum werden sollte: »Du bist Petrus (griechisch für ›Stein, Fels‹), und auf diesen Felsen werde ich meine Kirche bauen.«
Mt 16,18

Die Pangrotte

»Hier steigt ein Berg
in eine schwindelnde
Höhe auf, und neben
der unten am Berg be-
findlichen Schlucht
öffnet sich eine düste-
re Grotte …
Will man mit dem
Senkblei die Tiefe
ausloten, so reicht
keine noch so lange
Schnur aus. An den
äußeren Rändern der
Grotte, ganz unten,
entspringen die Quel-
len; einige sind der
Ansicht, es handle
sich um die Jordan-
quellen.«
Jüd. Krieg I, 21,3

pi, jetzt wieder als Paneas bekannt, Bischofssitz. Die Moslems nannten die Stadt später Banias. Von 1129–32 und von 1139–57 gehörte
der Ort unter dem Namen Belinas zum fränkischen Königreich Jerusalem.

Das gesamte Gebiet wurde bislang archäologisch kaum erforscht.
Dagegen lohnt ein Besuch der Banyasquelle, die ein beliebtes Aus-
flugs- und Wallfahrtsziel der Drusen ist. Früher einmal entsprang der
Fluß in der großen **Pangrotte** oberhalb der Quellteiche. Ein Erdbeben blockierte aber die Quelle, so daß das Wasser nun unterhalb der
Grotte aus den Felsen tritt und sich in mehrstufigen Teichen sammelt.

Rechts der Pangrotte wurden in hellenistisch-römischer Zeit mehrere **Nischen** kunstvoll in die hohe, graurote Felswand gehauen.
Darin standen Statuen des bocksfüßigen Pan und anderer Natur-
und Quellgottheiten. Über einigen Nischen sind griechische Inschriften zu erkennen. Links der Grotte führt ein steiler Pfad zu einem Wali empor, in dem die Drusen ihren Propheten el-Khadr verehren. In der Kreuzfahrerzeit stand hier eine Kapelle, die dem hl.
Georg geweiht war. El-Khadr und der hl. Georg sind ein und dieselbe Person.

Qal'at Nimrud/Subeibe

Hinter der Banyasquelle schlängelt sich die kurvenreiche Straße in
das Drusengebiet der Golanhöhen empor. Nach etwa 1 km zweigt
eine schmale Nebenstraße zum Moschaw **Newe Ativ** (8 km) ab, dem
einzigen Wintersportplatz des Heiligen Landes (Skilifte und Skischule). 2 km oberhalb der Abzweigung sieht man linker Hand auf

Qal'at Nimrud

einem schmalen Felsrücken die Ruinen von Qal'at Nimrud (›Burg des Nimrod‹), der mächtigen Kreuzfahrerburg Subeibe, deren Aufgabe es war, die besonders gefährdete Nordostgrenze des Königreiches Jerusalem zu sichern. Die Burg ist heute ein Nationalpark (Eintritt).

Unzählige Sagen ranken sich um den biblischen Städtegründer und großen Jäger Nimrod, einen Urenkel Noahs, der über Babylonien herrschte. So erzählen die Drusen, Nimrod habe auf dem hoch über Banyas gelegenen Plateau eine riesige Burg erbaut, von der aus er seine Pfeile in den Himmel schoß, um Gott seine Macht zu beweisen. Der Allmächtige aber sandte eine Fliege, die durch Nimrods Nase in dessen Gehirn kroch und dort so lange fraß, bis der eitle König unter furchtbaren Schmerzen starb. Daraufhin übernahm die Fliege (hebräisch *zebub*) die Herrschaft über die Burg, die fortan Zubeiba hieß. Qal'at Subeibe bedeutet also ›Fliegenburg‹.

Im Jahre 1126 hatten die Assassinen (arabisch für ›Haschischraucher‹) hier einen festen Stützpunkt. Sie waren eine islamische Bruderschaft, ein Geheimbund, dessen Mitglieder aus Persien stammten und aus den schiitischen Ismaeliten hervorgegangen waren. Ihre außergewöhnliche Grausamkeit – sie verübten zahlreiche religiös bzw. politisch motivierte Morde – veranlaßte die Herrscher von Damaskus, gegen sie vorzugehen, woraufhin die Assassinen die Burg 1129 den Christen übergaben, damit sie nicht in die Hände ihrer Verfolger gerate. König Balduin II. übertrug Qal'at Subeibe einschließlich der zugehörigen Stadt Banyas als Lehen dem fränkischen Grafen Renier de Brus, der die Burg vergrößerte und verstärkte. Aber schon 1132 wurde sie von Tadsch el-Mulk Bursi, dem Atabeg von Damaskus, erobert. 1139 kam sie wieder in den Besitz der Franken. 1157 belagerte Sultan Nur ed-Din die Burg Subeibe vergeblich, doch 1164 mußte sie nach nochmaliger Belagerung kapitulieren. 1219 ließ el-Muazzam, Emir von Damaskus, die Anlage schleifen, damit sie den vordringenden Truppen des fünften Kreuzzuges nicht als Basis für einen Angriff auf Damaskus dienen konnte. 1228/29 bauten die Moslems Qal'at Subeibe wieder auf, 1239/40 verstärkten sie die Wehranlagen, und 1260 ließ Sultan Baibars die strategisch wichtige Burg von Grund auf erneuern. Danach verlor Qal'at Subeibe jede Bedeutung und verfiel.

Die christlich-islamische Burg war 430 m lang und bis zu 150 m breit. Ihre stärksten Verteidigungswerke lagen im Nordosten, in Richtung Damaskus, und im Südwesten, wo sich der heutige Zugang befindet. Neben einer großen Zisterne führt eine überwölbte Rampe zum obersten Wehrstockwerk des wuchtigen, weit vorspringenden **Südturmes.** Darunter liegen noch zwei weitere Etagen mit Schießscharten.

Der Eingang zur Unterburg im rechteckigen Turm östlich des Südturms ist kaum mehr zu erkennen. Der Zugang war durch eine Mauer mit schießschartenbestückten Nischen und durch einen stark vorspringenden Rundturm gesichert. Eine Doppeltreppe führt zur oberen Plattform, von der nur noch einige Kragsteine zeugen. Die 4 m dicken Mauern zwischen den Türmen sind sorgfältig aus mittelgro-

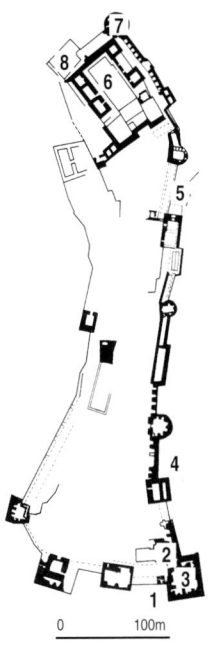

0   100m

Qal'at Nimrud
1 *Heutiger Zugang*
2 *Zisterne*
3 *Südturm*
4 *Tor zur Unterburg*
5 *Haupttor*
6 *Donjon*
7 *Nordturm*
8 *Saal*

ßem Buckelquaderwerk ausgeführt. Auch vom **Haupttor,** durch das man unmittelbar zur Oberburg gelangte, ist leider nur noch wenig zu sehen. Die Nordostecke der Burg nahm der wuchtige **Donjon** ein, eine Festung für sich, von schweren Türmen umgeben. Die äußerste Spitze der Burg bildete ein Rundturm, der, auf einer Felsnase stehend, fast völlig aus dem Mauerwerk heraustrat. An der steil abfallenden Westseite der Burg genügte eine schwächere, fast turmlose Mauer. Stärker war wieder die flachere Südwestseite gesichert, mit rechteckigen Türmen und einem breiten Graben. Hier begann ein **unterirdischer Gang**, der in Treppen zum Wadi hinabführte.

Bar'am

Bar'am
Besonders sehenswert
Synagoge
Maronitenkirche

23 km nordwestlich von Zefat erhebt sich oberhalb des Kibbuz Bar'am auf einer kleinen, aber markanten Bergkuppe nahe der libanesischen Grenze in einer idyllischen Landschaft die weitgehend restaurierte Ruine der Synagoge von Bar'am. Sie gilt als die am besten erhaltene des frühen Typs (2. oder 3. Jh. n. Chr.) und als wohl älteste Galiläas.

Die jüdische Tradition verlegte die Gräber des Propheten Obadja und der Königin Ester, die im 5. Jh. v. Chr. lebten, nach Bar'am; hier könnte also schon in persischer Zeit eine Ortschaft bestanden haben. Obadja ist als vierter der kleinen Propheten des Alten Testaments kaum bekannt; seine »Vision« umfaßt nur 21 Verse. Dagegen hat Esters Geschichte schon manchen Dichter und Komponisten angeregt (Dramen von Racine und Grillparzer, Oratorium von Händel). Eigentlich hieß sie HaDassa (›Myrte‹), ihr Vetter und Vormund Mordechai, der am Hof des persischen Großkönigs Artaxerxes I. (464–424) in Susa diente, nannte sie aber ›Stern‹ – Ester. Artaxerxes hatte seine Frau Waschti verstoßen und Ester aus einer großen Anzahl junger Frauen als neue Gemahlin erkoren. Er wußte allerdings nicht, daß sie eine Jüdin war. Mordechai stand bei Artaxerxes in großer Gunst, weil er vor Jahren eine Verschwörung gegen den König aufgedeckt hatte. Haman, der Wesir des Königs, haßte ihn deswegen, sann auf Rache und erwirkte schließlich einen königlichen Erlaß zur Ausrottung aller Juden im persischen Reich, die durch das Los (hebräisch *pur*) auf den 14. Adar festgesetzt wurde. Ester enthüllte dem entsetzten Artaxerxes nun ihre jüdische Herkunft. Da ein Königserlaß unwiderruflich war, ließ der Herrscher ein zweites Dekret folgen, das den Juden erlaubte, sich ihrer Feinde zu erwehren. Haman wurde daraufhin gehenkt und Mordechai zu seinem Nachfolger als Wesir ernannt. Seither feiern die Juden in aller Welt am 14. Adar (Februar/März) das Purimfest, ein weltliches, oft geradezu karnevalistisches Freudenfest.

Historischer Hintergrund der biblischen Erzählung des Buches Ester ist der wachsende Einfluß der Lehren Zarathustras im Persien des 5. Jh. v. Chr. Die Priester des Zoroastrismus forderten die Abschaffung aller fremden Religionen, insbesondere des Judentums. Es kam zu Gewalt gegen die Juden, die nach dem Untergang des neubabylonischen Reiches nach Susa, in die Wirtschaftsmetropole des Achämenidenreiches, gezogen und dort zu großem Wohlstand und Einfluß gelangt waren. Die Pogrome wurden unter Artaxerxes zwar eingestellt, dennoch kehrten in dieser Zeit zahlreiche Juden nach Palästina zurück.

Nach dem Bar Kochba-Aufstand (132–135) kamen viele Juden aus Jerusalem und Juda nach Galiläa und errichteten dort zahlreiche Synagogen, darunter eine besonders große und schöne in Bar'am. Simeon ben Yochai soll ihr Stifter gewesen sein. Bar'am gehört zu den wenigen Orten, die in alten Schriften nicht erwähnt sind; bekannt wurde die hiesige jüdische Gemeinde erst, nachdem Rabbi ben Simeon 1210 Bar'am besucht und über die große Synagoge berichtet hatte. 1762 wurde die Stadt zerstört. Im 19. Jh. ließen sich christliche Araber (Maroniten) in dem fortan Kafr Bir'im genannten Ort nieder. Im Krieg 1948 mußten sie die Siedlung aufgeben. 1949 wurde neben dem verlassenen Maronitendorf der Kibbuz Bar'am gegründet.

Von der **Bar'am-Synagoge** blieben der untere Teil der Fassade mit den drei Portalen und die Säulenreihe der Eingangshalle sehr gut erhalten bzw. wurden in den letzten Jahren restauriert. Die Synagoge maß 20 m × 15,20 m (innen 18 m × 13,20 m) und war aus sorgfältig behauenen Quadern gefügt (der harte, gelbe Kalkstein stammt aus dieser Gegend). Ihre Front war nach Süden, nach Jerusalem, ausgerichtet. Eine 5,60 m breite Säulenhalle beschattete die Eingangsterrasse, von der aus drei Portale im römischen Stil in die Gebetshalle führten. Der Sturz über dem Hauptportal zeigt zwei Genien, vielleicht auch Siegesgöttinnen, die einen Kranz tragen. Sie wurden von Bilderstürmern beschädigt und sind nur noch in Konturen zu erkennen. Darüber spannt sich ein Weinrebenfries mit üppigen Trauben. Ein prachtvolles Halbbogenfenster schloß das Hauptportal nach oben ab. Die rechteckigen Fenster über den Seitenportalen waren von kleinen Schmuckgiebeln mit Rankenwerk gekrönt. Die Sima, auf der das Gebälk der Vorhalle ruht, setzte sich nach innen fort und entsprach in der Höhe den Innensäulen, so daß man vermuten kann, daß der Bau einen oberen Umgang besaß.

Der Innenraum der Synagoge war durch Säulenreihen in ein 6,20 m breites Mittelschiff, zwei Seitenschiffe von je 2,85 m und einen nördlichen Umgang von 2,15 m Breite gegliedert. An den beiden Längswänden, die auf einem vorspringenden Toichobat (Standfläche für die Seitenmauern) standen, zogen sich steinerne Sitzbänke entlang. Zu erwähnen sind weiter ein Löwenkopf, der vermutlich den Aufgang zur Eingangsterrasse schmückte, und Fragmente eines Frieses, der innerhalb von drei Mäanderbändern die zwölf Tierkreiszeichen, Muscheln und Rosetten zeigt. Die Fragmente fand man in alten Hausmauern; heute befinden sie sich im Rockefeller-Museum in Jerusalem.

Kaum 100 m von der Synagoge entfernt, steht am Rande des völlig zerstörten Dorfes die kleine, reizvolle **Maronitenkirche** aus dem 19. Jh. Sie wird von der Gemeinde Haifa betreut, die hier an jedem Sonntag Gottesdienst abhält.

Montfort

Montfort
Besonders sehenswert
Kreuzfahrerburg

23 km östlich von Nahariyya erheben sich inmitten einsamer Berge auf einem Vorsprung über dem Tal des Nahal Keziv (arabisch Wadi Qurein) die Ruinen der Kreuzfahrerburg Montfort, die die Araber Qal'at Qurein nennen. Man erreicht sie am besten von der Straße aus, die nahe der libanesischen Grenze verläuft und 10 km nördlich von Nahariyya die Küste erreicht (s. auch Karte S. 288). Man biegt in den **Goren Natural Forest** ein und kann das Auto an der Montfort Picnic Area parken. Von hier bietet sich ein prächtiger Blick auf die Burg und die reizvolle Umgebung der alten Anlage (s. Abb. S. 266). Etwa zwei Stunden sind für den steilen Abstieg zum Tal, den Aufstieg zur Ruine und den Rückweg einzukalkulieren. Der Weg ist gut gekennzeichnet.

Im 12. Jh. errichtete der französische Kreuzritter Graf Joscelin de Courtenay die kleine Burg Castellum Novum Regis, bald Mons fortis oder Montfort genannt, als Mittelpunkt seiner ertragreichen Güter. Später gelangten Burg und Ländereien in die Hand eines gewissen Jacques de Armigdale, Seigneur de Mandelée. 1187 eroberte Sultan Saladin die Burg, gab sie aber schon fünf Jahre darauf dem französischen Ritter zurück. 1229 kaufte der im Jahre 1198 in Akko gegründete Deutschritterorden den Besitz und baute ihn großzügig aus. Hauptaufgabe von Montfort war es, die Versorgung der nahen Kreuzfahrerstadt Akko mit Lebensmitteln sicherzustellen. Rund 50 Ortschaften verwaltete die Burg Starkenberg, wie Montfort nun hieß.

1266 – kaum 35 Jahre nach Fertigstellung der Burg – belagerte Sultan Baibars das mächtige Montfort. Er konnte es zwar nicht erobern, verwüstete aber die Felder und Dörfer des Ordens. 1270 mußten die Deutschritter von den Hospitalitern Land pachten, um ihr Herbstgetreide auszusäen. 1271 kam Baibars mit Belagerungsmaschinen und ließ Stollen unter die Mauern treiben, um sie zum Einsturz zu bringen. Als die Ritter nach siebentägiger Belagerung keine Möglichkeit mehr sahen, die Burg zu halten, nahmen sie Verhandlungen auf und erwirkten den unbehelligten Abzug mit dem Ordensschatz und dem Archiv.

Montfort wurde seither nie wieder bewohnt. Die Jahrhunderte ließen die Mauern einstürzen und die Gebäude verfallen. 1926 legte das Metropolitan Museum of Art, New York, die Burganlage frei. Dabei kamen zahlreiche Waffen und Rüstungen des Deutschritterordens zum Vorschein. Wegen der einsamen Lage der Ruine, die ihre

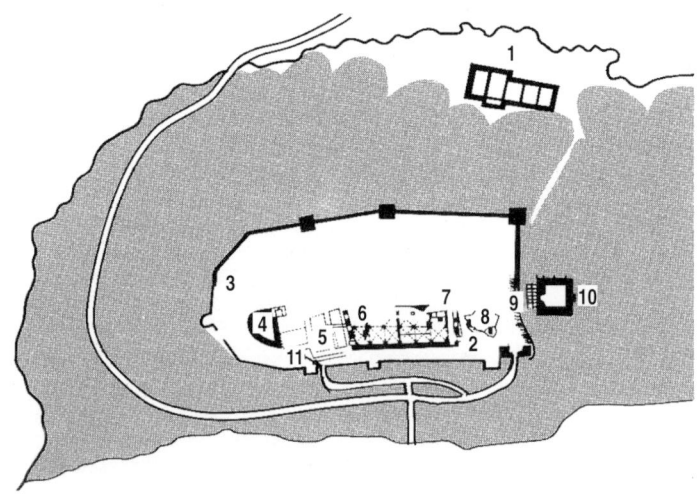

Verwendung als Steinbruch verhinderte, ist noch das gesamte Baumaterial vorhanden, so daß es möglich wäre, die Kreuzritterburg Montfort eines Tages vollständig zu rekonstruieren.

Die Burganlage von Montfort hat eine Ausdehnung von 160 m × 70 m. Von den großartigen frühgotischen Bauten ist ein Teil noch relativ gut erhalten. Am hintersten Ende des Bergsporns schlugen die Ritter einen tiefen Graben in den schwarzen Felsen und errichteten jenseits davon einen schweren **Turm** (Donjon) auf einem schräg abfallenden Fundament. Er war mit der Burg durch eine Zugbrücke verbunden. Unter dem Turm ist noch einer der Stollen zu sehen, den die Mamelucken während der Belagerung unter das Mauerwerk getrieben hatten. Die Burg war von einer Quadersteinmauer mit viereckigen und runden Türmen umgeben. Der Haupteingang lag in der Südostecke nahe dem Graben. Im Westen schob sich eine mächtige, halbrunde **Bastion** in den Abhang vor. An sie lehnte sich ein 18 m hoher Turm, der noch seine ursprüngliche Höhe hat und eine herrliche Aussicht auf die umliegenden Berge und das Wadi bietet. Im Burginnern sehen wir einen Bergfried, die Quartiere der Ritter und Gefolgsleute, Werkstätten und mehrere Zisternen. Etwas tiefer liegt die 23 m × 8 m große **Ordenskapelle** mit frühgotischen Spitzbogen und achteckigen Strebepfeilern. Daran schließt sich nach Westen der quadratische Kapitelsaal an, dessen gewölbte Decke ein einziger oktogonaler Pfeiler stützte. Im Kellergeschoß befinden sich die Pferdeställe, Magazine und Arsenale. Im Wadi unterhalb der Burg steht noch immer eine **Wassermühle** (?) mit spitzbogigen Fenstern, die ebenfalls auf die Deutschritter zurückgeht.

Ein dicht bevölkerter Landstrich

Rosh HaNiqra

Rosh HaNiqra (›Höhlenkopf‹) ist ein weithin leuchtender, weißer Kreideberg, der steil zum Meer abfällt; er bildet die Grenze zum Libanon. Jede Handelskarawane und jede Armee, die den Küstenweg zwischen Syrien und Palästina wählte, mußte diese natürliche Sperre überwinden. Alexander der Große ließ auf seinem Marsch nach Ägypten Treppen in den Felsen schlagen, der seitdem auch die ›Leiter von Tyros‹ (lateinisch Scala Tyriorum, hebräisch Sulam Tsur) genannt wird. Über diese Treppen marschierten die Truppen der Seleukiden, die Legionen Roms und auch die Kreuzfahrer.

Erst 1918 bauten die Truppen der Engländer eine Straße über den Berg. 1942 konnten sie durch den Bau eines Tunnels eine Eisenbahnverbindung zwischen Haifa und Beirut herstellen, die aber bereits 1947 von israelischen Widerstandskämpfern unterbrochen wurde, um das Eindringen arabischer Einheiten aus dem Libanon zu verhindern.

Eine Aussichtsterrasse (mit Restaurant) am Steilabbruch des Kreideberges bietet einen großartigen Blick auf die zerklüftete Küste. Seit 1968 führt eine Seilbahn von hier 102 m zum Meer hinab. Unten kann ein 200 m langes System von Grotten, die das Meer im Laufe von vielen Jahrtausenden aus den weicheren Kreideschichten gewaschen hat, besichtigt werden. Je nach Sonnenstand und Wellen glitzert und leuchtet das Meer in den halboffenen Grotten in vielen Farben, das Schwarzviolett, Rosa und Grün der algenüberzogenen Felsen bildet einen schönen Kontrast.

Tel Akhziv

3 km südlich von Rosh HaNiqra, kaum 6 km von Nahariyya entfernt, markieren auf einer Anhöhe an der Mündung des Flusses Keziv die beachtlichen Reste der Kreuzfahrerburg Casal Imbert (Lambert) eine Siedlung der Kanaaniter. Auf den vorgelagerten Inseln gewannen Phönizier Purpur. Bei der Landnahme durch die Israeliten im ausgehenden 2. Jahrtausend v. Chr. konnte der Stamm Ascher die kanaanitische Bevölkerung von Akhziv nicht vertreiben und lebte unter ihr (Ri 1, 31 und 32). Vom Ende des Kreuzfahrerreiches (1291) bis 1948 wohnten arabische Fischer in dem Ort, den sie A-Zib nannten und den Israel zum Nationalpark bestimmte.

Eli Avivi

◁ *Im Nationalpark in Caesarea*

Heute bevölkern den herrlichen Strand mit dem Club Méditerranée, einem Campingplatz und mehreren Hotels Gäste aus aller Welt. Sie leisten sich das Vergnügen, nördlich des Parks ein auffallendes Haus zu betreten, das sein Pächter Eli Avivi 1952 zur Autono-

*Nördliche
Mittelmeerküste*

N
0   15 km

LIBANON

Mittelmeer

Casal Imbert
Rosh HaNiqra
Tel Akhziv
Keziv   Montfort
4   70   89
Nahariyya
Ga'aton
Yehi'am

Lohame HaGeta'ot
El Bahji   *Korazim*
Akko   85

70

Tiberias
79   77
Haifa
SHIQMONA   4
Zippori

Karmel Bet Oren
Isfiya   Qiryat Tiv'on   **Nazaret**
Daliyat el-Karmil   Bet She'arim   60   *Tavor*
4   Muhraqa   75
66   65
Afula
Megiddo   71

Zikhron Ya'aqov   *Bet She'an*
Caesarea   65   60
66
Jenin

Hadera
60

Netanya   57

4   Tulkarm
2   4   57   Sebastije
60   55
Nablus
Herzliyya   *Garizim*

40   55
Petah Tiqwa
4   44
Tel Aviv-Yafo
Bir Zeit   60
44
Ashqelon *Jerusalem*

men Republik Ahzivland ausgerufen hat, zum kleinsten Staat der Welt. Man läßt sich gern die Ein- und Ausreisestempel in den Paß drücken – gegen ein maßvolles Honorar, das auch zum Besuch des kleinen Museums, das mehr einem Kuriositätenkabinett ähnelt, berechtigt. Das Museum ist gleichzeitig Wohnhaus des Ehepaares - überall finden sich archäologische Relikte, Alltagsgegenstände vergangener Zeiten und Zeugnisse der Seefahrer vom nahen Mittelmeer.

Nahariyya

10 km nördlich von Akko gründeten aus Deutschland eingewanderte intellektuelle Juden im Jahre 1934 die landwirtschaftliche Siedlung Nahariyya, die sich seither zu einem der schönsten und beliebtesten Seebäder Israels entwickelte und heute 38 000 Einwohner zählt.

Von der Durchgangsstraße zweigt am Bahnhof die breite Hauptpromenade Sderot HaGa'aton zum Meer hin ab. In der Mitte der von Eukalyptusbäumen bestandenen Allee mit ihren gemütlichen Restaurants und Cafés sowie attraktiven Geschäften fließt gemächlich der Nahar Ga'aton, der dem Badeort den Namen gab (*nahar* bedeutet Fluß). Unter Schellengeläut fahren Pferdedroschken die Badegäste durch den freundlichen Ort, der noch immer als die ›deutscheste‹ Stadt Israels gilt. Die reizvolle Promenade Rehov HaMa'apilim zieht sich am breiten, feinsandigen Strand entlang. Ein großes Meerwasserschwimmbad ergänzt den durch Wellenbrecher geschützten kilometerlangen Badestrand.

Unweit des Schwimmbades entdeckten Bauarbeiter im Jahre 1947 einen **kanaanitischen Tempel** aus dem 15. Jh. v. Chr., der vermutlich der Fruchtbarkeitsgöttin Astarte geweiht war. In dem 6 m × 11 m großen, dreiteiligen Heiligtum, dem eine Werkstatt für Votivgaben angeschlossen war, fand man Hunderte von einzigartigen Kultgeräten und Weihgeschenken, die heute im Israel-Museum in Jerusalem zu bewundern sind. Dazu gehören ein Krug, dessen Hals die Form eines sitzenden Affen hat, ein Behältnis aus sieben Tassen, die wahrscheinlich Duftstoffe enthielten, und eine 22 cm lange und 7 cm breite Steinform, mit der die Bronzefiguren der Gottheit gegossen wurde; sie war nackt und trug eine hohe, kegelförmige und gehörnte Kopfbedeckung.

Yehi'am

18 km östlich von Nahariyya erreicht der Reisende den Kibbuz Yehi'am mit einem Nationalpark, in dessen Mittelpunkt die Kreuzfahrerburg Castellum Judin – die Israelis nennen sie Mezudat Gadin – steht. Der Kibbuz wurde Ende 1946 gegründet, sein Name

erinnert an den Haganah-Führer Yehi'am Weiz, der im Kampf gegen die britische Besatzungsmacht fiel. Damals zerstörte die jüdische Organisation Haganah aus Protest gegen die britische Mandatspolitik die elf strategisch wichtigsten Brücken Palästinas.

Das Castellum Judin erbaute der Templerorden im Jahre 1192 als sichernden Vorposten für Akko, das kurz zuvor Hauptstadt des Restkönigreiches der Kreuzfahrer geworden war. 1265 eroberte Sultan Baibars die Burg, die er weitgehend zerstörte. Im 18. Jh. baute sie Fürst Dahir el-Omar als Stützpunkt in seinem Kampf gegen die Türken wieder auf. Im arabischen Aufstand von 1936 gegen die britische Mandatsregierung diente die Burg den Arabern als Gerichtssitz und Gefängnis. Im Unabhängigkeitskrieg 1948/49 war sie schützender Unterschlupf für die Kibbuzniks von Yehi'am.

Lohame HaGeta'ot

Die Straße nach Akko begleitet ein mächtiger **Aquädukt,** der schon in römischer Zeit Trinkwasser von Kabri nach Akko (Ptolemaïs) lei-

Modell der Mordstätte Treblinka im Kibbuz Lohame HaGeta'ot

tete und um 1780 von Pascha Ahmed el-Jezzar erneuert wurde. 3 km nördlich von Akko hat der Kibbuz Lohame HaGeta'ot (›Kämpfer der Gettos‹) ein bemerkenswertes **Dokumentationszentrum** eingerichtet. Der Kibbuz wurde am 6. Jahrestag des Aufstandes im Warschauer Getto, also am 19. April 1949, von 200 Überlebenden aus 89 Vernichtungslagern gegründet. Das mehrstöckige Zentrum enthält die wohl größte Sammlung von Dokumenten über die nationalsozialistischen Konzentrationslager und den jüdischen Widerstand in Polen und Litauen.

Akko

23 km nördlich von Haifa liegt die alte Hafenstadt Akko, das hellenistisch-römische Ptolemaïs, das berühmte St. Jean d'Acre der Kreuzfahrer, das Akka der Araber und Türken. Heute ist es ein Fischerhafen und Seebad mit einer betriebsamen Altstadt und einer modernen Neustadt. Von den 46000 Einwohnern sind 11 000 Araber, die vorwiegend im historischen Kern der Stadt leben. Mächtige Verteidigungsanlagen, ein pittoresker, kleiner Hafen, zahlreiche Bauwerke des türkischen Rokoko und die von Menschen wimmelnden Gassen machen die Reize des heutigen Akko aus. Sehenswert sind vor allem die restaurierten Land- und Seemauern, die Ahmed Jezzar-Moschee, die türkischen Karawansereien und die ›unterirdische‹ Kreuzfahrerstadt mit dem Refektorium der Johanniter. Auch sollte man einen Bummel durch den Suq el-Abijad nicht versäumen und am Hafen eine Tasse türkischen Mokka schlürfen.

Akko ☆☆
Besonders sehenswert
Altstadtmauern
Kreuzfahrerstadt
Ahmed Jezzar-Moschee
Khan el-Umdan

Geschichte

Die kanaanitische Hafenstadt Akko wurde schon in den ägyptischen Ächtungstexten des 19. Jh. v. Chr. und in den Listen der von Thutmosis III. (1490–1436) eroberten Städte erwähnt. Im 14. Jh. v. Chr. teilte der König von Akko dem ägyptischen Pharao Echnaton mit, daß er dem König von Jerusalem mit 50 Streitwagen ausgeholfen habe. Auf seinem Feldzug gegen die Hethiter besetzte Pharao Sethos I. (1305–1290) die Stadt. Ein Relief zeigt die Eroberung durch Ramses II. (1290–1223). Zur Zeit der Landnahme wurde Akko dem Stammesgebiet Ascher zugeteilt, aber nie von den Ascheritern erobert (Jos 19,30; Ri 1,31). König Salomo (um 968–930) trat die Stadt mit ihrem Hinterland an das phönikische Tyros ab. 640 v. Chr. verschleppte der Assyrerkönig einen Teil der Bevölkerung, was die weitere Entwicklung Akkos aber nicht beeinträchtigte. 532 v. Chr. eroberte Kambyses, Statthalter von Babylon und späterer Großkönig von Persien, auf seinem Ägyptenfeldzug die Stadt und baute sie zu einem Flottenstützpunkt gegen Ägypten aus. 332 v. Chr. besetzte Alexander der Große Akko, das nach der Zerstörung von Tyros zur bedeutendsten Stadt an der palästinensisch-syrischen Küste aufstieg. Es erhielt sogar das Recht, eigene Münzen zu prägen. 312 v. Chr. machte der Diadoche Ptolemaios I. Soter die Stadt dem Erdboden gleich, sein Sohn Ptolemaios II. Philadelphos (285–246) baute sie prachtvoll wieder auf und gab ihr im Jahre 261 den Namen Ptolemaïs. 219 v. Chr. kam sie unter die Herrschaft der Seleukiden, bis der Verfall dieses Reiches nach 162 v. Chr. dann die Unabhängigkeit brachte.

65 v. Chr. brachte Pompejus den Ort als Freie Stadt unter römischen Einfluß; 48 v. Chr. landete hier Julius Caesar mit seinen Legionen. Schon 60 n. Chr. bestand in Ptolemaïs eine Christengemeinde, die Paulus auf seiner Reise von Tyros nach Caesarea besuchte (Apg

Der Uhrturm in Akko

21,7). 67 n. Chr. verlieh Kaiser Nero der Stadt den Status einer römischen Colonia (Colonia Claudia Ptolemaïs), und noch im selben Jahr zogen Vespasians Legionen von hier aus durch Galiläa, um den jüdischen Aufstand niederzuschlagen. 190 wurde Ptolemaïs als Bischofssitz erwähnt, und auch in byzantinischer Zeit war es eine blühende Hafenstadt.

636 kam die Stadt als Akka unter islamische Herrschaft und wurde Haupthafen der Omajjadenresidenz Damaskus. Im Jahre 1099 zog das Kreuzfahrerheer an der Hafenstadt vorbei, nachdem der Emir von Akka seine Unterwerfung zugesichert hatte, wenn Jerusalem fallen sollte. Da er jedoch sein Wort nicht hielt, begann König Balduin im Frühjahr 1103 die Belagerung. Eine Flotte der Fatimiden brachte daraufhin Truppen und technisches Gerät, was den König zum Abzug zwang. Erst 1104 gelang es den Christen, mit Unterstützung von 70 genuesischen Galeeren die Stadt zur Übergabe zu zwingen. Akkon wurde Hauptthafen des fränkischen Königreiches und trat damit an die Stelle des ungeschützten Hafens von Jaffa. Nach wie vor trafen hier auch die Karawanen aus Damaskus ein, deren Waren für den Westen bestimmt waren, und viele arabische Kaufleute blieben ansässig. Der erste westliche Stadtstaat, der in Akkon eine Niederlassung gründete und Handelsvorrechte erhielt, war Genua, danach bemühten sich weitere italienische Städte (Venedig, Pisa, Amalfi, Ancona, Florenz u. a.) um eigene Handelskontore. Im Jahre 1110 versuchten die Fatimiden, die Stadt zurückzuerobern, wurden aber mit Hilfe einer normannischen Flotte zurückgeschlagen. Akkon entwickelte sich nun zur reichsten Stadt des Königreiches und zum Lieblingsaufenthalt der fränkischen Könige; auch immer mehr Juden ließen sich hier nieder. 1167 bestand die jüdische Gemeinde bereits aus 200 Familien.

1187 fiel Akkon dem Sultan Saladin kampflos in die Hände und dieser baute dann die Befestigungsanlagen aus. Trotzdem wagte König Guido 1189 mit seinen verbliebenen Truppen die Belagerung. Aber erst als der englische König Richard Löwenherz, der französische König Philipp II. August und der österreichische Herzog Leopold V. 1191 mit frischen Truppen und schweren Wurfgeschützen eintrafen (Dritter Kreuzzug), änderte sich die Lage. Am 12. Juli bot die Stadt die Übergabe an. Akkon wurde Hauptstadt des nun kleineren Königreiches der Kreuzfahrer. 1198 gründeten deutsche Ritter und Kaufleute in Akko einen geistlichen Orden, der sich zum mächtigen Deutschen Orden entwickelte.

1219 gründete Franz von Assisi in Akkon ein Kloster der Klarissinnen, das erste Franziskanerkloster im Heiligen Land. 1228 traf Kaiser Friedrich II. im Hafen ein, und nach zähen Verhandlungen mit Sultan el-Malik el-Kamil erreichte er am 18. Februar 1229 die Rückgabe der christlichen Stätten und Überlassung entsprechender Korridore zum Meer. Die fränkischen Barone und die lateinische Kirche, die das ganze Heilige Land in ihrer Hand wissen wollten, waren jedoch über den Vertrag empört, und als sich Friedrich in Je-

rusalem die Krone des Kreuzfahrerreiches selbst aufs Haupt setzte,
quoll der Zorn über. Am 1. Mai 1229 mußte der Kaiser mit seinen
engsten Begleitern Akko verlassen, um nach Italien zurückzukeh-
ren, wo Papst Gregor IX. Friedrichs Sizilien bedrohte. Im Jahre
1250, nach seinem erfolglosen Kreuzzug nach Ägypten, ging der
französische König Ludwig IX. der Heilige in Akkon an Land; während seines vierjährigen Aufenthaltes in der Stadt ließ er die Befestigungen ausbauen und die im Norden neu entstandene Vorstadt
von einer Mauer umschließen. Akkon hatte inzwischen 50 000 Einwohner.

1263 und 1266 griff der Mameluckensultan Baibars Akko erfolglos an. 1290 ermordete neu eingetroffene Kreuzzugssoldateska zahlreiche moslemische Bürger der Stadt. Dies veranlaßte den Mameluk-
kensultan el-Ashraf Khalil 1291 zum Angriff, am 18. Mai 1291 nahm
er die Stadt. Die Ritterorden hielten ihre Festungen bis zum Schluß,
nur wenigen Rittern gelang die Flucht nach Zypern. Der
Sultan ließ die Stadt systematisch zerstören.

Im 16. Jh. entwickelte sich Akka unter den Osmanen zu einem bescheidenen Seehafen. Der Drusenemir Fakhr ed-Din baute den
Stadtkern auf der Halbinsel wieder auf und machte Akka zur Residenz seines Emirats. Um den Aufbau zu beschleunigen, holte der
Freund der Medici europäische Kaufleute und Franziskaner hierher.

1749–75 residierte der türkische Pascha Dahir el-Omer in Akka
und umschloß den Ort, dessen Fläche kaum ein Drittel der Kreuzfahrerstadt einnahm, mit einer neuen Mauer. Sein Mörder und
Nachfolger el-Jezzar (›der Schlächter‹) beherrschte 1775-1805 von
Akka aus ganz Palästina und große Teile Syriens. Ahmed Jezzar be-
reicherte die Stadt durch zahlreiche Bauten, darunter die große,
nach ihm benannte Moschee, die Zitadelle und mehrere Karawanse-

reien. 1799 drang Napoleon auf seinem Ägyptenfeldzug bis Akka vor, das sich mit Hilfe der englischen Flotte trotz fast dreimonatiger Belagerung halten konnte. Anschließend setzte Ahmed die Verteidigungsanlagen wieder instand und verstärkte sie. 1833 verdrängte Ibrahim Pascha, Vizekönig von Ägypten, die Türken aus Palästina. 1840 beschoß die vereinigte englische, österreichische und türkische Flotte Akka und zwang Ibrahim dadurch zum Rückzug. Im späten 19. Jh. verlor die Stadt ihre Bedeutung als Haupthafen an Beirut und Haifa, weil das Hafenbecken versandete und für die großen Dampfschiffe nicht tief genug war. 1918 zählte Akka nur noch 8000 fast ausschließlich arabische Einwohner.

Am 17. Mai 1948 nahmen israelische Truppen Akka, das seitdem wieder seinen alten Namen Akko trägt. Im Norden und Westen der Stadt entstanden moderne jüdische Wohnviertel. Die Altstadt hat nach wie vor eine vorwiegend arabische Bevölkerung.

Die Stadt

Das biblische Akko entdeckten die Archäologen auf dem Tel Akko (arabisch Tell es-Fukhar, ›Hügel der Tonscherben‹) am Stadion, etwa 1,5 km östlich der Altstadt. Der Siedlungshügel wird seit 1973 erforscht. Oberflächenfunde lassen schon heute darauf schließen, daß der Ort zwischen 2000 und 900 v. Chr. besiedelt war. Das hellenistische und römische Ptolemaïs lag an der Stelle der heutigen Altstadt. In byzantinischer und arabischer Zeit, während der Kreuzzüge, vor allem aber seit dem 17. Jh., wurde es restlos überbaut, so daß kaum noch damit zu rechnen ist, auf antike Funde zu stoßen. Die Geschichte der Stadt läßt sich aber an den Prägungen der örtlichen Münzanstalt, die von etwa 330 v. Chr. bis 268 n. Chr. in Betrieb war, sehr genau verfolgen.

Die heutige Altstadt von Akko geht bis auf wenige Ausnahmen auf Pascha Ahmed Jezzar zurück (18. Jh.). Die einst mächtige **Stadtmauer (1)**, die sogar Napoleons Angriffen widerstand, ist heute von einer gepflegten Parkanlage umgeben. Die Nordostecke der Mauer beherrscht die mächtige Bastion **Burj el-Kummander (2)**. Der Westen und Süden der Stadt waren durch das Meer und durch die gewaltige, noch heute beeindruckende **Seemauer (3)** geschützt, die auf fränkischen Fundamenten ruht. Ihre Nordecke bildet der **Burj Kuraijim (4)**. ihre Südspitze der **Burj es-Sanjak (5)**, neben dem sich ein **Leuchtturm (6)** aus dem 18. Jh. erhebt. Die Seemauer setzt sich auf der Südostecke über das sogenannte Seetor bis zum Landtor fort. Der klotzige **Burj es-Sultan (7)** vor dem Khan es-Shawarda ist das einzige fast vollständig erhaltene Festungsrelikt der Kreuzfahrer. Die frühere Hafenmole verlief bis zum **Fliegenturm (8)**, einer kleinen Seefeste mit Leuchtfeuer, deren Ruine heute einsam aus dem Wasser ragt. Der malerische kleine Hafen, in dem nur noch Fischerboote und gelegentlich ein paar Segeljachten vor Anker gehen, läßt nicht vermuten, daß im Mittelalter von hier aus ganze Handelsflotten in See stachen. Von den zahlreichen Cafés und Restaurants am Kai aus kann man den Fischern zusehen.

Unter der Zitadelle (s. u.) befindet sich die sogenannte **Kreuzfahrerstadt (9),** das einstige Hauptquartier des Johanniterordens. Der Rundgang durch die Hallen und Säle, die heute etliche Meter unter dem Straßenniveau liegen, führt zunächst durch zwei Hallen mit fränkischen Fundamenten und arabischen Aufbauten. In einem Teil der Säle, die einst 500 m² groß und 8 m hoch waren, finden heute Konzerte statt. Die sogenannte Krypta des hl. Johannes war im 12. und 13. Jh. das Refektorium des Ordens, vielleicht auch der Zeremoniensaal. Drei schwere Rundpfeiler von etwa 3 m Durchmesser tragen das frühgotische Spitzbogengewölbe. An der Südseite des einst 12 m hohen Saals führten drei Türen ins Freie. In der Ostwand sieht man drei Kamine. Zwei Lilienreliefs in der Nordost- und Südostecke erinnern an den Aufenthalt des französischen Königs Ludwig VII. im Jahre 1148. (Die Lilie war ursprünglich das Emblem Saladins. Ludwig soll das Symbol nach Frankreich gebracht haben, wo es die Bourbonen – damals noch ein Herzogsgeschlecht – 30 Jahre später in ihr Wappen aufnahmen.) Zwischen dem westlichen und dem mittleren Stützpfeiler beginnt ein unterirdischer Gang, der zum Teil ge-

Altstadt von Akko
1 Stadtmauer
2 Burj el-
   Kummander
3 Seemauer
4 Burj Kuraijim
5 Burj es-Sanjak
6 Leuchtturm
7 Burj es-Sultan
8 Fliegenturm
9 Kreuzfahrerstadt
10 Zitadelle
11 Städtisches
   Museum
12 Ahmed Jezzar-
   Moschee
13 Khan el-Afrandschi
14 Khan el-Umdan
15 Suq el-Abijad
16 Georgskirche
17 Andreaskirche
18 Johanneskirche
19 Franziskaner-
   kloster
20 Hof Argaman

mauert und zum Teil in den Felsen gehauen war. Er führte bis zur äußeren Stadtmauer im Norden und – schon seit persischer Zeit – bis zum Hafen im Süden. Heute geht der Besucher nur bis zur 65 m entfernten Bosta, einer ursprünglich fatimidischen Karawanserei (11. Jh.), die die Johanniter in ein Spital und eine Meldestelle für Pilger umwandelten.

1785 errichtete Ahmed Jezzar über dem Johanniterzentrum eine 40 m hohe **Zitadelle (10)**. Da die türkischen Architekten den Kreuzfahrergewölben eine solche Last nicht zumuten wollten, füllten sie die Hallen und Säle mit Sandsäcken und Bauschutt. In der britischen Mandatszeit diente die Zitadelle als politisches Gefängnis, in dem zahlreiche jüdische Untergrundkämpfer gefangengehalten und einige auch hingerichtet wurden. Heute befindet sich hier das Israelische Heldenmuseum. Von der Terrasse der Zitadelle bietet sich ein schöner Rundblick über die Altstadt. Das **Städtische Museum (11)** wurde im Hammam el-Basha eingerichtet, einem bis 1947 in Betrieb befindlichen öffentlichen Bad, das Ahmed Jezzar 1780 nach türkischem Vorbild erbauen ließ. Das Museum zeigt in den ehemaligen, kleinen Badekabinen interessante Sammlungen arabischer, persischer und drusischer Volkskunst, alte Waffen und archäologische Funde.

Die **Ahmed Jezzar-Moschee (12)** neben der Zitadelle, die größte der vier Moscheen von Akko, ließ der Pascha 1781/82 an der Stelle der Kreuzfahrerkathedrale zum hl. Kreuz errichten. Sie gilt als besonders schönes Beispiel des türkischen Rokoko; als einzige Moschee in Israel besitzt sie eines jener hohen, schlanken Minarette, die für diesen Architekturstil typisch sind. Rechts vom Treppenaufgang zum Hof steht ein winziger Rokoko-Kiosk. Der große Hof wird von kuppelbedeckten Arkadenhallen umschlossen, wo einst in kleinen Zellen islamische Theologiestudenten wohnten und arbeiteten. Vor der Moschee befindet sich ein eleganter Reinigungsbrunnen mit grazilen Säulen, die das kupferne Kuppeldach tragen. Die Wände des Portikus schmücken kunstvoll bemalte Fliesen. Die aus italienischen Steinbrüchen stammenden Marmorsäulen ließ der Pascha aus den Ruinen von Caesarea herbeischaffen. Ein kleines Mausoleum rechts vom Eingangsportikus enthält die Sarkophage von Ahmed Jezzar Pascha († 1804) und seinem Adoptivsohn und Nachfolger Suleiman Pascha († 1819) sowie drei Barthaare des Propheten Mohammed als verehrungswürdige Reliquie.

Am Hafen liegen mehrere alte Karawansereien mit Unterkünften für die Kaufleute und deren Begleiter und mit Ställen für die Lasttiere im Untergeschoß. **Der Khan el-Afrandschi (13, ›Frankenkarawanserei‹)**, um 1600 von Fakhr ed-Din für europäische Kaufleute erbaut, ist die älteste Anlage dieser Art in Akko. Den hervorragend restaurierten **Khan el-Umdan (14, ›Säulenkarawanserei‹)** ließ Ahmed Jezzar über einem mittelalterlichen Dominikanerkloster errichten, das in einem zugeschütteten Hafenbecken erbaut worden war. Die Granit- und Porphyrsäulen des Arkadenhofes stammen aus

byzantinischen Hausruinen Caesareas. Das Nordtor des Khan krönt
ein Uhrenturm, der 1906 anläßlich des Thronjubiläums von Sultan
Abdul Hamid II. (1876–1918) geschaffen wurde und der einen herrlichen Blick auf Stadt und Bucht gewährt.

Der malerische **Suq el-Abijad (15,** ›Weißer Markt‹), ein 100 m
langer, kuppelbedeckter Markt, wurde 1750 von Dahir el-Omer gegründet und 1818 von Suleiman Pascha erneuert. Zu beiden Seiten
der breiten Mittelstraße ziehen sich Arkaden hin. Die griechisch-orthodoxe **Georgskirche (16)** inmitten der Altstadt steht auf Fundamenten des 13. Jh., die griechisch-katholische **Andreaskirche (17)**
wurde über dem mittelalterlichen Gotteshaus der hl. Anna, einem
Templerbau, errichtet. Die **Johanneskirche (18)** am Südende der

Altstadt erbauten die Franziskaner im Jahre 1737, vermutlich ebenfalls auf den Mauern des 13. Jh. Das kleine **Franziskanerkloster (19)** nördlich des Khan el-Afrandschi erhebt sich an der Stelle des Klarissinnenklosters, das Franz von Assisi 1219 gegründet hatte.

Östlich der Altstadt erstreckt sich längs der Bucht von Akko ein kilometerlanger Sandstrand, der **Hof Argaman (20,** ›Purpurküste‹), mit modernen Hotels. Etwa 3 km nördlich liegen rechts der Straße nach Nahariyya hinter kunstvoll geschmiedeten Eisentoren die Persischen Gärten von Bahji (s. Karte S. 288). In einem Schrein ruht hier seit 1892 Baha-Ullah der Gründer der Bahai-Religion.

Haifa

Haifa ☆☆
Besonders sehenswert
M. Stekelis-Museum
Bahai-Schrein
Haifa-Museum
Dagon-Silo
Karmeliterkloster
Museum der illegalen
Einwanderung

Haifa (hebräisch Hefa), die europäischste und mit 248 000 Einwohnern drittgrößte Stadt des Landes, zieht sich in eleganten Windungen von der Meeresküste die Hänge des Karmel hinauf. Die Partnerschaft von Bremen hat den größten Hafen Israels und eine beachtliche Industrie, eine Universität und die bedeutendste Technische Hochschule des Landes. Unvergeßlich bleibt für jeden Besucher der

Haifa, die Partnerstadt von Bremen, hat den größten Hafen Israels

Blick von der Panoramastraße auf den Bahai-Schrein und über das Häusermeer der Unterstadt bis zum riesigen Dagon-Silo am Hafen. Und nicht weniger faszinierend ist der Blick vom Schiff auf das funkelnde Lichtermeer des abendlichen Haifa.

Geschichte

Im heutigen Stadtgebiet von Haifa bestanden im Altertum zwei Siedlungen: Shiqmona (von hebräisch *shiqma*, ›Sykomore‹, ein Maulbeerfeigenbaum) im Westen und Zalmona im Osten. Shiqmona hatte seit dem 11. Jh. v. Chr. den schmalen Durchgang zwischen Kap Karmel und dem Meer zu bewachen. In hellenistischer Zeit hieß es Sykamion, woraus sich in byzantinischer Zeit der Name Sykaminos entwickelte. Zalmona, an der Mündung des Qishon auf dem Tell Abu Hawam gelegen, war im 14. Jh. v. Chr. vermutlich der Hafen der mächtigen Kanaaniterstadt Megiddo. Die Römer verlegten Hafen und Siedlung an die windgeschützte Westseite der Bucht (heute ist der Hügel abgetragen und mit Industrieanlagen überbaut). Den Namen Haifa lesen wir erstmals im Talmud (3. Jh. n. Chr.). Möglicherweise ist er aus *hof yafe*, ›schöne Küste‹, entstanden. Im 4. Jh. waren Shiqmona und Haifa bereits miteinander verschmolzen. Im 7. Jh. brannten die Araber die Glasbläser- und Fischerstadt nieder.

Erst im frühen 11. Jh. tauchte Haifa in den Berichten persischer Reisender wieder als Hafenstadt mit rühriger Schiffbauindustrie auf. 1084 bestand hier eine berühmte Talmudschule. Als im Jahre 1099 das Kreuzfahrerheer nach Jerusalem zog, blieb die inzwischen stark befestigte Stadt zunächst unbehelligt. Ihre Einwohner waren hauptsächlich Juden, die Garnison bestand aus Ägyptern. Erst im Juli des Jahres 1100 erstürmten die Christen unter Dagobert und Tankred nach kurzer, heftiger Belagerung die Stadt. Bis zur Eroberung Akkos im Jahre 1104 war Haifa nach Jaffa der wichtigste Hafen des Königreiches Jerusalem. 1155 gründete der Mönch Berthold von Kalabrien in Haifa den Karmeliterorden. 1187 fiel die Stadt an Saladin, 1191 konnten die Kreuzfahrer unter Richard Löwenherz kampflos einmarschieren, nachdem Saladin die Mauern der Stadt hatte schleifen lassen.

1252 erneuerte Ludwig IX. der Heilige die Befestigungen. Inzwischen bestand jedoch das christliche Königreich nur noch aus einem schmalen Küstenstreifen zwischen Jaffa und Akko. 1265 eroberte der Mameluckensultan Baibars Haifa, und nachdem Akko, der letzte große Stützpunkt der Christen im Heiligen Land, im Jahre 1291 gefallen war, vernichtete Baibars alles, was an die Kreuzfahrer erinnerte; die Karmelitermönche flohen nach Europa. Von da an war Haifa nur noch ein unbedeutender Fischerort, zu dessen heiligen Stätten, der Höhle des Elija und dem Grab des Elischa, Juden wie Moslems pilgerten. Unter Pascha Dahir el-Omar, der den Weizenexport stark förderte, nahm die Hafenstadt im 17. Jh. wieder einen

Aufschwung. Im 18. Jh. kehrten die Karmeliter zurück und erhielten die Genehmigung, über der Grotte des Elija eine Kirche und ein Kloster zu errichten. 1799 pflegten sie Napoleons Verwundete. Nach dem Abzug Bonapartes ließ Jezzar das Kloster zerstören, aber schon 1827 errichteten die Karmeliter neue Gebäude.

Mit dem Aufkommen der Dampfschiffahrt wuchs Haifas Bedeutung als Hafenstadt. 1869 gründete die deutsche Tempelgesellschaft, eine religiöse Reformbewegung, hier eine eigene Ansiedlung. Wegen des deutsch-türkischen Bündnisses genoß sie die Unterstützung des Deutschen wie des Osmanischen Reiches. 1898 kam Kaiser Wilhelm II. nach Haifa, um von hier aus eine Rundreise durch das Heilige Land zu unternehmen. 1904 wurde die Eisenbahnlinie Haifa–Damaskus eröffnet, was einen gewaltigen Aufschwung zur Folge hatte: Geschäfts- und Wohnviertel wuchsen die Hänge des Karmel empor; 1912 wurde die Technische Hochschule gegründet. 1918 rückten englische Truppen in Haifa ein. Schon ein Jahr später wurde die Stadt an die Bahnlinie Kairo–Gaza–Lod angeschlossen. 1931 war die Einwohnerzahl auf 50 000 gestiegen, darunter 20 000 Moslems, 16 000 Juden und 14 000 Christen.

1933 erhielt Haifa einen modernen Überseehafen, 1934 den Anschluß an eine irakische Öl-Pipeline. Bei Gründung des Staates Israel im Jahre 1948 lebten hier bereits über 100 000 Juden, und in der Folgezeit kamen immer neue Einwanderer durch das ›Tor Israels‹. Die alten Stadtviertel wurden abgerissen, eine neue Stadt mit Gärten und breiten Boulevards entstand. Sie ist eine ›Stadt der Zukunft‹, wie sie Theodor Herzl schon im Jahre 1902 nannte.

Die Stadt

Mittelpunkt von Haifa ist der unscheinbare **Kikar Paris (1)**. Hier beginnt die 1,8 km lange Carmelit Subway, eine unterirdische Standseilbahn, die mit einer Steigung von 12 % über vier Zwischenstationen zum 280 m hoch gelegenen **Gan Ha'em (2)** führt, einem hübschen Park mit einem kleinen Zoo. Beachtung verdient auch das **M. Stekelis-Museum für Vorgeschichte (3)** in der Hatishbi Street 124 mit archäologischen Funden aus den Grotten des Karmel und Galiläas sowie einer biologischen Abteilung mit Dioramen der Flora und Fauna Israels. Das **Tikotin-Museum (4,** Hanassi Avenue 89) beherbergt eine umfangreiche Sammlung japanischer Kunst. Die nahe Panoramastraße Yefe Nof bietet großartige Blicke auf Stadt, Hafen und Meer. Das **Mané Katz-Museum (5)** in der Yefe Nof Street 89 zeigt Werke jüdischer Maler und Bildhauer der Gegenwart. Am westlichen Ende des Yefe Nof, der den vornehmen Stadtteil Ramat Hatishbi durchquert, erreicht man den Sderot HaZiyyonut mit dem **Garten der Skulpturen (6)**. Dort stehen inmitten einer kleinen Parkanlage ausdrucksstarke Plastiken der Bildhauerin Ursula Malbin, die Kinder darstellen.

N

0   500 m

Mittelmeer

Bat Galim Promenade

BAT GALIM

Bat Galim

HaAliyya HaSheniyya

Busbahnhof (Egged)

Hel Hajam

Sderot HaHaganah

13 **M**14

M15

Derekk Yafo

Jo´av

Derekh Yafo

Hafen

12

Sahal

Tel Aviv

Derekh Allenby

Saul

Derekh Stella Maris

Sderot Rothschild

QIRYAT
ELIEZER

QIRYAT
ELIAHU

Sderot HaMeginim

RAMAT
SHA´UL

Lohame HaGeta´ot

GERMAN
COLONY

M11

Ha´Atzmaut St.

Sderot Ben Gurion

Tchernichovsky St.

HaGefen

WADI
NISNAS

FRENCH CARMEL

6

Abbas

HaPartisanim

1
ALTSTADT

Yefe Nof St.

Sderot HaZiyyonut

7

M9 **M**10

Shabbetai

HaNevim

Seilbahn

Kikar
Feisal

Istiqal
Moschee

WESTERN
CARMEL

8

Bahai Park

Yefe Nof St.

*Bahai
Gericht*

Herzlia

Levy St.

HADAR

Herzl St.

Flughafen

Nordai Mall

M4 5**M**

Arlosoroff

Balfour

M3

CARMEL
CENTER

Arlosoroff

2

Seilbahn

Arlosoroff

KABABIR

Bikurim

RAMAT HADAR

CARMELIA

Bikurim

Leon Blum

Sderot Moria

SHAMBUR

WARDIYA

Derekh Ruppin

Der Bahai-Schrein ist das Wahrzeichen Haifas

Dem Sderot HaZiyyonut weiter abwärts folgend, kommt man zum **Bahai-Schrein (7),** dem Wahrzeichen Haifas. Inmitten eines herrlichen persischen Gartens erhebt sich das strahlendweiße, von einer vergoldeten Kuppel gekrönte Mausoleum des Mirza Ali Mohammed el-Bab, des Märtyrers der Bahai-Religion. Der heutige Bau (1948–53) vereinigt europäische und orientalische Stilelemente. Im Inneren mit prächtigem Grabschmuck ist der Bab in einem abgeteilten Raum beigesetzt. Den märchenhaften Garten zieren bronzene Pfauen-, Adler-

und Blumenskulpturen (tgl. 9–12 Uhr, Fotografierverbot). Jenseits des Sderot HaZiyyonut wurde 1957 das im Stil griechischer Tempel errichtete **Bahai-Archiv (8)** vollendet. In dem Garten stehen vier kleine Kenotaphe aus weißem Carraramarmor für die engsten Familienangehörigen des Baha-Ullah (s. S. 22).

Folgt man dem Sderot HaZiyyonut abwärts, so gelangt man am **Chagall-Haus (9,** wechselnde Ausstellungen) vorbei zum **Haifa-Museum (10,** Shabbetai Levy Street 26). Im ersten Geschoß ist eine eindrucksvolle Sammlung jüdischer und islamischer Volks- und Sakralkunst untergebracht, ferner eine Sammlung alter Musikinstrumente aus aller Welt, eine umfangreiche Fachbibliothek und Aufnahmen von Liedern in jiddischer Sprache. Der zweite Stock zeigt Bilder des 18.–20. Jh., die dritte Etage Funde aus kanaanitischer bis römischer Zeit, vor allem aus Caesarea und Shiqmona. Am Hafen neben dem Plumer Square erhebt sich das größte Bauwerk Haifas, der **Dagon-Silo (11).** Der 69 m hohe Speicher (1955) faßt 100 000 Tonnen Getreide und gehört damit zu den größten Silos der Welt. Im Erdgeschoß ist ein Museum eingerichtet, das die Lagerung und Verarbeitung des Getreides im Laufe der Jahrtausende zeigt.

Neben dem Leuchtturm Stella Maris – das erste Leuchtfeuer brannte hier im Jahre 1821 – liegt am Hang des Kap Karmel die ausgedehnte Anlage des **Karmeliterklosters (12,** 1827–67); ein byzantinisches Kloster gab es hier wohl schon um 570. Es ist den Propheten Elija und Elischa geweiht (Elija soll in der Grotte unter dem Chor gelebt haben). Den Hauptaltar der Kirche schmückt die Madonna vom Karmel (1836).

Am Fuß des Kap Karmel befindet sich die **Elija-Höhle (13),** auch Schule des Propheten genannt, weil der Prophet hier im 9. Jh. v. Chr. seine Schüler unterrichtete. Sie wird von Juden, Christen und auch Moslems als heilige Stätte verehrt. In der Nacht vom 19. auf den 20. Juli treffen sich Christen und Moslems vor der Höhle beim Mar Elias-Fest.

Das **Museum der illegalen Einwanderung und der Flotte (14)** in unmittelbarer Nähe (Allenby Road 204) ist der Geschichte der illegalen Einwanderung während der britischen Mandatszeit und der Entwicklungsgeschichte der israelischen Flotte gewidmet. Das Motorschiff »Af 'Al Pi«, Wahrzeichen dieses Museums, durchbrach im Jahre 1940 mit jüdischen Flüchtlingen aus Europa die britische Blockade. Nicht weit davon zeigt das **Schiffahrtsmuseum (15)** in der Allenby Road 198 zahlreiche Schiffsmodelle, Karten, nautische Instrumente und archäologische Funde aus der Geschichte der mediterranen Seefahrt.

An der engsten Stelle zwischen Karmel und Meer schlägt die Brandung gegen den Tel Shiqmona. Den kleinen Hügel hat man bisher nur bis zur Siedlungsschicht der hellenistischen Periode untersucht. Aus byzantinischer Zeit stammen wundervolle Mosaikböden, die zu einer großen Synagoge gehörten und deren schönste Teile jetzt im Haifa-Museum untergebracht sind.

Das moderne Haifa dehnt sich immer weiter über den Karmel aus. Hier entstand in den 50er Jahren das neue Technion, die größte Technische Hochschule Israels. Die zahlreichen Institute, Studentenwohnheime und Sportplätze sind in einen großen Park eingebettet. 1970 wurde noch weiter im Süden, an der Straße nach Isfiya, die Universität von Haifa eröffnet. Die Bauten auf dem 500 m hohen Kamm des Karmel, überragt von einem hohen Turm, schuf der brasilianische Architekt Oscar Niemeyer (* 1907).

Der Karmel

Der Karmel ☆
Besonders sehenswert
Prähistorische Höhlen
En Hod
Daliyat el-Karmil
Muhraqa

Der Karmel (hebräisch *kerem el*, ›Garten Gottes‹) ist ein etwa 35 km langer, 8 bis 10 km breiter und über 500 m hoher Bergrücken aus Kreidekalk, der von Südosten nach Nordwesten allmählich ansteigt, um im Stadtgebiet von Haifa unvermittelt zum Meer hin abzufallen. Er trennt die Jesreel-Ebene von der Sharon-Ebene. »Dein Haupt gleicht dem Karmel ... wie schön bist du«, hauchte die junge Frau in König Salomos ›Lied der Lieder‹ ihrem Geliebten ins Ohr (Hld 7,6/7). Und schön ist der immergrüne Berg noch an vielen Stellen, sogar dort, wo der Mensch ihn mit modernen Stadtteilen verändert hat. Die herrlichen Kiefernwälder um den 598 m hohen Gipfel, den Rom Karmel, und um die Orte Bet Oren und Isfiya sind als Nationalpark geschützt.

Schon im mittleren Paläolithikum zogen die Höhlen des wald- und wildreichen Karmel den Menschen an. Die interessantesten **prähistorischen Höhlen** entdeckte man 1931 am Nahal Meʼarot unweit der Küstenstraße nach Tel Aviv. In drei Höhlen (Tannur, Gamal und Gedi) fanden sich Relikte einer Zivilisation, die über 150 000 Jahre zurückreicht: Skelette von dem Neandertaler vergleichbaren Menschen, Sichelklingen und Fischspeere aus Feuerstein, Angelhaken aus Knochen, Steinschalen, Muschelhalsbänder usw. In der Tannur- oder Tabun-Höhle lag ein Skelett aus dem Natufien (etwa 10 000 v. Chr.), die sogenannte ›Frau von Tabun‹, geschmückt mit einem Stirnband aus Steinperlen. Das Höhlengebiet von Me'arot Karmel ist heute ein Naturpark; die Funde werden im Rockefeller-Museum und im Haifa-Museum gezeigt.

Der Karmel war zu allen Zeiten ein heiliger Berg, den Naturgöttern, später den westsemitischen Gottheiten Baal und Aschera und in hellenistisch-römischer Zeit dem Zeus bzw. Jupiter geweiht. Hier lebten die biblischen Propheten Elija und Elischa, hier konzipierte der Grieche Pythagoras einige seiner Lehrsätze, hier befragte der römische Feldherr und spätere Kaiser Vespasian das Orakel des unsichtbaren Gottes vom Karmel. In byzantinischer Zeit ließen sich in den Höhlen viele Eremiten nieder, und als das christliche Königreich Jerusalem im 13. Jh. nur noch einen schmalen Streifen der palästinensisch-syrischen Küste umfaßte, konzentrierte sich der Zustrom der Mönche auf den Karmel, wo zahlreiche Klöster entstanden.

Hier wurde im Jahre 1155 der Karmeliterorden gegründet.

3 km nördlich der Höhlen von Me'arot Karmel zweigt von der Küstenstraße eine Nebenstraße nach **En Hod** ab, einem verlassenen arabischen Dorf, in dem jüdische Maler, Bildhauer und Literaten eine reizvolle Künstlerkolonie geschaffen haben. Das sehenswerte Museum der Agudat Shitufi (Dorfkooperative) ist dem Dadaismus gewidmet, jener literarisch-künstlerischen Bewegung, die 1916–22 die bürgerliche Kultur Europas der Lächerlichkeit preiszugeben versuchte. In einem kleinen Amphitheater finden an Sommerabenden Konzerte und Theateraufführungen statt. Die Straße längs des Karmelkammes führt von Haifa nach Isfiya und Daliyat el-Karmil, zwei großen Drusensiedlungen, deren prachtvoll bunte Wohnhäuser von einem gewissen Wohlstand zeugen. Isfiya, in dem auch christliche Araber leben, entstand an der Stelle des alten jüdischen Ortes Huseifa, der im 7. Jh. zerstört wurde. Im Ortszentrum von **Daliyat el-Karmil** reihen sich Läden mit orientalischen Waren aneinander. Da gibt es lange, hauchdünne Gewänder, Perlenvorhänge, gewebte Teppiche und Läufer, geometrisch gemusterte Eseltaschen, geschnitzte Holztischchen, Kupfer- und Messingarbeiten, jemenitische Gläser, Teeservice und vieles andere. Die Frauen tragen vielfach ein Tülltuch um den Kopf, die schnurrbärtigen Männer bedecken den Kopf mit der weißroten Keffije, einer Art Fes.

Etwa 2 km hinter Daliyat zweigt links eine 2 km lange, schmale Straße nach **Muhraqa** (arabisch für ›Ort des Verbrennens‹) ab. Hier soll der Prophet Elija die Priester des Baal zu einem Gottesurteil herausgefordert haben (1 Kön 18,16–46). Elija gewann und ließ die ›450 Propheten des Baal‹ am Ufer des nahen Qishon töten. Dieser Bege-

Drusenmarkt bei Daliyat el-Karmil

benheit ist das kleine Karmeliterkloster auf einer 482 m hohen, weithin sichtbaren Bergspitze geweiht. Es wurde im Jahre 1886 über den Trümmern einer älteren Kirche errichtet. Von der Klosterterrasse hat man eine herrliche Aussicht auf die Jesreel-Ebene bis zum Berg Tabor.

Megiddo

Megiddo ☆☆
Besonders sehenswert
Kanaanitische Stadt-
mauer und Tempel
Pferdeställe des
Königs Ahab
Israelitisches Wasser-
versorgungssystem

Am Ende des Hauptpasses von der südlichen Küstenebene in die Jesreel-Ebene (Emeq Yizreel) erhebt sich einer der größten und bedeutendsten Siedlungshügel des Heiligen Landes, der Tel Megiddo (arabisch Tell el-Mutesellim). Über 3000 Jahre, vom Neolithikum bis in die persische Zeit, beherrschte Megiddo, zeitweise die mächtigste Festungsstadt Kanaans, die wichtigste Handels- und Heeresstraße zwischen Ägypten und dem Zweistromland, die hier durch das Wadi Ara führt. Megiddo war auch das mythologische Harmagedon der Offenbarung des Johannes (16,16). Berühmt ist die heutige Ausgrabungsstätte vor allem wegen der Pferdeställe Ahabs, des eindrucksvollen Wasserversorgungssystems aus kanaanitisch-israelitischer Zeit und wegen anderer einzigartiger Funde.

Geschichte

Erste Siedlungsspuren reichen bis in das ausgehende Neolithikum (vor 4000 v. Chr.) zurück. Nach seiner Zerstörung wurde Megiddo an der Schwelle zum 2 Jt. v. Chr. erneut besiedelt, vermutlich von Kanaanitern. Noch im 18. Jh. v. Chr. umgaben die Hyksos die Stadt mit einem gewaltigen Erdwall und verbreiterten das Stadttor, um mit ihren schnellen, pferdebespannten Streitwagen hindurchfahren zu können. Ihr Palast unterschied sich von den Wohnhäusern der Kanaaniter nur durch seine Größe und durch sorgfältigere Ausführung.

In der Späten Bronzezeit wurde der Palast wesentlich vergrößert und mit einem Bad versehen. Um 1468 v. Chr. eroberte Pharao Thutmosis III. Megiddo, um die Macht der Hyksos in Kanaan zu brechen und den Landweg nach Syrien zu öffnen. Seinen entscheidenden Sieg in der Schlacht bei Megiddo ließ er in einer Inschrift im Amontempel von Karnak, die erstmals den Namen Megiddo erwähnt, verewigen. Unter den Amarnabriefen des 14. Jh. v. Chr. fand man auch solche, in denen Biridja, der Vasallenkönig von Megiddo, seinen Oberherrn, den Pharao Echnaton, um militärische Unterstützung gegen die Habiru (Israeliten?) bat, die das Land zunehmend verunsicherten. Im heiligen Bezirk entstand damals ein neuer, 10 m × 12 m großer Tempel. Hier fand man Gegenstände aus Gold und Lapislazuli, vor allem aber 200 großartige Elfenbeinschnitzereien (um 1140 v. Chr.). Bis etwa 1130 v. Chr. blieb die Stadt unter ägyptischem Einfluß und erreichte im 13. und 12. Jh. v. Chr. ihre höchste Blüte.

Josua eroberte inzwischen das verheißene Land. An den ›Wassern von Merom‹ siegte gegen 1230 v. Chr. der israelitische Bund über die Koalition der Kanaaniterkönige (Ri 5,19), alles Land wurde an die Stämme Israels aufgeteilt. Das Gebiet von Megiddo erhielt zunächst Ascher, dann Manasse (Jos 17,11; Ri 1,27), die Stadt selbst blieb aber wie die meisten anderen großen Orte im Besitz der Kanaaniter. Erst den Philistern gelang es, zur Jesreel-Ebene vorzustoßen und auch das mächtige Megiddo ihrer Herrschaft zu unterwerfen. Wahrscheinlich geschah das um 1130 v. Chr. Unter König David, der um das Jahr 1004 v. Chr. die Philister besiegte, wurde Megiddo dem Reich Israel einverleibt. Salomo vereinigte Megiddo mit weiteren Städten der Jesreel-Ebene zu seinem fünften nordisraelitischen Besitztum (1 Kön 4,12) und ließ es als dessen Hauptstadt ausbauen und befestigen (1 Kön 9,15).

Im 9. Jh. v. Chr. bauten die Könige Nordisraels, Omri und vor allem sein Sohn Ahab, Megiddo zu einer gewaltigen Festung mit noch stärkeren Mauern, mit Vorratshäusern, Pferdeställen und einem großartigen Wasserversorgungssystem aus. Inzwischen stießen aber die Assyrer bis an das Mittelmeer vor und bedrohten nun auch Israel. 845 v. Chr. rief der Prophet Elischa den Offizier Jehu zum neuen König von Israel aus, um die Omridendynastie, die den Baalkult förderte, zu stürzen. 841 v. Chr. sah König Jehu keine Möglichkeit mehr, sich der massiven Bedrohungen Assurs zu erwehren und verpflichtete sich zu hohen Tributzahlungen.

Unter Jerobeam II. (787–747) erblühte Megiddo zum letzten Mal. Unter König Pekach (736–732) erhob er sich gegen die Assyrer. Die Tributzahlungen wurden eingestellt. Aber Tiglatpileser III. schlug sofort zu und besetzte fast ganz Israel. 732 v. Chr. ging Megiddo in Flammen auf. Nach dem Abzug der Assyrer wurde die Stadt in alter

Die Ausgrabungen von Megiddo

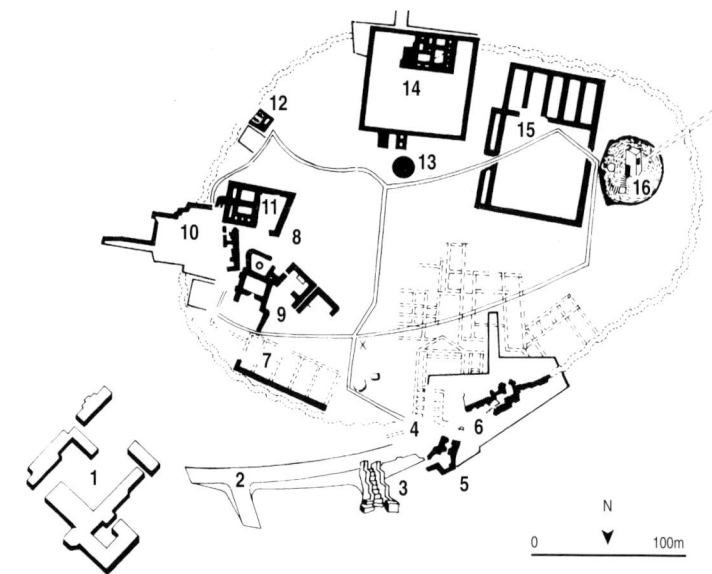

Megiddo
1 Museum
2 Rampe
3 Treppenaufgang
4 Stadttor Salomos
5 Kanaanitisches
  Stadttor
  (15. Jh. v. Chr.)
6 Kanaanitisches
  Stadttor
  (18. Jh. v. Chr.)
7 Pferdeställe; dar-
  unter Zeremonien-
  palast Salomos
8 Schumacher-
  Graben
9 Kanaanitischer
  Tempel
10 Chalkolithischer
   Tempel
11 Haus des ›Befehls-
   haber der Wagen‹
   (10. Jh. v. Chr.)
12 Gebäude
   (10. Jh. v. Chr.)
13 Getreidesilo
14 Palast des Stadt-
   oberhauptes
15 Pferdeställe
16 Wasserversor-
   gungssystem

Pracht wiederaufgebaut. Als Tiglatpileser 727 v. Chr. starb, versuchte Hosea, der letzte König des Nordstaates Israel, das Joch der Assyrer abzuschütteln, aber deren Herrscher Šalmanassar V. löschte den Staat Israel 723 v. Chr. endgültig aus, und Megiddo sank in Trümmer.

Mit dem Niedergang des Assyrerreiches annektierte Joschija, König von Juda, kurzentschlossen dessen ehemalige Provinzen Samaria und Megiddo. Im Jahre 609 v. Chr. eilte ein großes Heer des Pharao Necho durch Palästina, um noch vor den Neubabyloniern, die dem Assyrerreich gerade den Todesstoß versetzten, Syrien und Palästina zu besetzen. Bei Megiddo lockten sie Joschija in einen Hinterhalt und töteten ihn (2 Kön 23,29).

Die Ausgrabungsstätte

Der riesige Tell von Megiddo birgt 21 Siedlungsschichten. Es empfiehlt sich, vor Beginn des Rundganges durch die Ausgrabungsstätte das Museum neben dem Parkplatz zu besuchen. Es bietet wertvolle Informationen, darunter ein anschauliches Modell der Ausgrabungsstätte, und zeigt Funde der letzten Zeit. Eine etwa 130 m lange Rampe führt zum **Nordtor** der Stadt, das Salomo auf den Fundamenten einer kanaanitischen Anlage aus dem 15. Jh. v. Chr. errichten ließ. Aus sechs Kammern und zwei Türmen bestehend, glich es in seiner Konzeption fast völlig den salomonischen Stadttoren von Hazor und Gezer. Ein im rechten Winkel angeordneter Vorbau mit zwei Kammern diente der zusätzlichen Sicherheit. Die ganze Durchfahrt war gepflastert. Westlich davon stieß man auf je ein Tor aus dem 15. und dem 18. Jh. v. Chr. Die 8 m breite **kanaanitische Stadtmauer,** die das 300 m × 225 m große Areal umgürtete, ist noch in einer Höhe von 4 m erhalten. Die Stadt Salomos umgab eine **Kasemattenmauer.** Auf ihre Fundamente setzte König Ahab im 9. Jh. v. Chr. eine massive Mauer mit regelmäßigen Vor- und Rücksprüngen.

Der heilige Bezirk der Kanaaniter lag im Osten, im ältesten Bereich der Stadt. Im Schumacher-Graben (benannt nach dem deutschen Archäologen, der 1903 mit den Ausgrabungen begann) erhebt sich auf einer elliptischen Plattform von etwa 10 m Länge der freistehende, aus kleineren Bruchsteinen konisch gefügte **Rundaltar,** der 1,25 m hoch ist und etwa 7 m durchmißt. Er gehört der ausgehenden Frühen Bronzezeit (um 2200 v. Chr.) an. An seiner Ostseite führen Stufen hinauf. Neben dem Rundaltar entstanden in der Mittleren Bronzezeit drei schlichte **Tempel.** Zwei von ihnen sind eng benachbart und von gleichem Grundriß; der dritte gliederte sich in drei Teile und ähnelt dem Tempel Salomos in Jerusalem.

Berühmt ist die Ausgrabungsstätte von Megiddo vor allem durch die **Pferdeställe,** die man ursprünglich König Salomo zuschrieb, die aber wohl unter König Ahab entstanden. In Megiddo waren allein 450 Pferde in riesigen Ställen untergebracht. Es handelte sich dabei um lange Hallen, die durch monolithische Kalksteinpfeiler in drei Schiffe geteilt wurden. Im 2,50 m breiten Mittelgang parkten die Streitwagen, in den Seitenschiffen befanden sich die Pferdeboxen. Die Tiere standen mit dem Kopf zum Mittelgang, angebunden an den Pfeilern, vor sich steinerne Futtertröge. Östlich davon kam ein 22 m × 22 m großes Bauwerk zum Vorschein, das möglicherweise der **Palast** des Stadtoberhauptes war. Unter den Nordställen legte man den 600 m² großen **Zeremonienpalast** frei; sein Stil verrät phönikisch-hethitischen Einfluß. In der Mitte der Stadt wurde zu der Zeit des Königs Jerobeam II. ein riesiger **Getreidesilo** in den Boden gegraben. Er ist 7 m tief und durchmißt oben 11 m, unten 7 m. Zwei Treppen liefen an der gemauerten Wand hinab.

Das gewaltige **Wasserversorgungssystem** von Megiddo ist wohl das eindrucksvollste Relikt aus israelitischer Zeit. Südwestlich des Tell entsprang in einer Höhle eine reichlich fließende Quelle, zu der die Kanaaniter einen schmalen Gang mit Stufen getrieben hatten. Allerdings lag sie außerhalb der Stadtmauer und war bei Belagerungen für die Verteidiger nicht erreichbar. Salomo ließ deshalb den Abhang hinab die sogenannte Galerie bauen, einen gut getarnten Gang; von außen kaum zu erkennen, stellte sie die einzige Verbindung zur Quelle her. Vermutlich entdeckten die Ägypter des Pharaos Scheschonk die Anlage dennoch, was die Verteidiger zur Aufgabe zwang. Ahabs Ingenieure trieben daher einen mächtigen Schacht fast 45 m in die Tiefe und von dessen Grund einen 70 m langen, waagerechten Tunnel bis zur Quellhöhle. Zur Sicherheit verschlossen sie die Öffnung der Quellhöhle nach außen. Schacht und Tunnel sind über Treppen und Stege für Besucher zugänglich.

Bet She'arim

Bet She'arim ☆☆
Besonders sehenswert
Jüdische Katakomben

An die südöstlichen Abhänge des Karmel schmiegt sich die antike Stadt Bet She'arim, einst über viele Jahrzehnte das geistig-religiöse Zentrum der Juden, mit der bedeutendsten jüdischen Nekropole des 2. bis 4. Jh. Nirgendwo sonst läßt sich die jüdische Gräberkunst besser kennenlernen als in den hiesigen Katakomben. Man erreicht Bet She'arim auf der Straße von Haifa nach Nazaret über eine Abzweigung bei Qiryat Tiv'on.

Geschichte

Die jüdische Siedlung Bet She'arim entstand vermutlich schon im 1. oder gar im 2. Jh. v. Chr.; sie hieß damals Bet Shary. Nach dem Bar Kochba-Aufstand (132–135) ließen sich hier zahlreiche wohlhabende Juden nieder, die Kaiser Hadrian aus Jerusalem vertrieben hatte.

Nekropole von Bet She'arim

Yavne, Sitz des Sanhedrin und geistige Quelle des Aufstandes, war von den Römern zerstört worden. Seine führenden Rabbiner kamen nach Bet Shary, das sich nun zum religiösen Zentrum entwickelte und schließlich zum Sitz des Sanhedrin avancierte. Um 170 wurde der große Rabbi Juda haNasi Oberhaupt des Sanhedrin. Hier schrieb er die Mischna, eine Sammlung der bis dahin nicht kodifizierten religiösen Gesetze, nieder. Bet Shary wurde eine bedeutende Stadt, die bald den ganzen Hügel mit einer Fläche von rund 10 ha bedeckte. Die verstorbenen Gelehrten wurden in Katakomben unterhalb der Stadt beigesetzt. Nun wollten sich immer mehr Juden aus allen Teilen Palästinas und den umliegenden Ländern in der Nähe der großen

Rabbis bestatten lassen, und so entstand bis zum 4. Jh. eine riesige Nekropole mit ausgedehnten Katakomben. Da jede Grabanlage durch ein steinernes Tor gesichert war, entwickelte sich aus Bet Shary der Name Bet She'arim (>Haus der Tore<). 352 schlug Flavius Claudius Constantius Gallus, seit einem Jahr Caesar für den östlichen Reichsteil, einen jüdischen Aufstand in Galiläa nieder und zerstörte Bet She'arim.

Die Ausgrabungsstätte

Den Wagen läßt man am besten auf dem großen Parkplatz unterhalb der Anlage in der Talsohle stehen. Die **Nekropole** von Bet She'arim besteht aus mindestens 26 Katakomben, in denen jeweils zwischen 40 und 400 Tote bestattet waren. Alle Katakomben besitzen Vorhöfe oder in die Felsen eingeschnittene Korridore; Steintüren verschlossen sie. Die Verstorbenen wurden in Sarkophagen aus Holz,

Die Darstellungen auf den Sarkophagen waren oft naiv gestaltet

Stein, Terrakotta oder Blei beigesetzt. Auch wurden Familiensärge mehrfach benutzt, indem man die Gebeine der früheren Toten in ein kleines Ossuarium (Knochenurne) umbettete (Zweitbestattung). Die Särge standen meist in kleineren oder größeren Seitenhöhlen oder in Nischen. Gelegentlich setzte man die Toten auch unter dem Boden der Höhlen und Gänge bei. Sämtliche Sarkophage waren schon vor ihrer Entdeckung beraubt und auch beschädigt worden; die Archäologen fanden weder Gebeine noch irgendwelche Grabbeigaben.

Die Särge, aber auch die Kammerwände waren reich mit Reliefs und Zeichnungen geschmückt. Die Arbeiten der Steinmetze sind volkstümlich und naiv. Nur wenige Särge, offenbar Importstücke aus den phönikischen Küstenstädten, verraten die Hand erfahrener Meister. Diese Särge bestehen zumeist aus Marmor oder Blei, während das einheimische Material örtlicher Kalkstein war. Bei den Motiven herrschen jüdische Symbole wie z. B. siebenarmige Leuchter, Feststräuße, Widderhörner und Thoraschreine vor, aber man sieht auch römische Legionäre, einen schwertschwingenden Reiter, einen Frauenkopf, Amazonen, sogar Leda mit dem Schwan (Rockefeller-Museum). Diese – eigentlich nicht erlaubten – Menschendarstellungen lassen auf eine gewisse Liberalität jener Zeit schließen.

Die **Katakombe 20,** nahe am Parkplatz, ist die größte der bisher freigelegten Grabanlagen. Hinter dem 17 m × 12 m großen Vorhof erhebt sich eine aus großen, glattbehauenen Quadersteinen gefügte arkadenförmige Fassade mit drei Portalen. Die Kalksteintür des niedrigen linken Portals aus Monolithen ist so raffiniert bearbeitet, daß man eine eisenbeschlagene Holztür zu sehen glaubt. Wir betreten die Katakombe durch das Mittelportal und befinden uns in einer vielfach verästelten Grabanlage aus 26 Räumen. Vollständig aus dem weichen Kalkstein herausgehauen, bergen sie rund 130 Kalksteinsärge. Von einer unbekannten Anzahl von Marmorsärgen blieben nur Bruchstücke erhalten; die schönsten Fragmente befinden sich im Rockefeller-Museum und im örtlichen Museum. Die Sarkophage tragen Inschriften in griechischer, aramäischer, hebräischer und palmyrenischer Sprache. Diese verweisen auf die Herkunft der Verstorbenen, deren einbalsamierte Leichname aus Südarabien, Babylonien, Ägypten und Kleinasien hierher gebracht wurden.

Die benachbarte **Katakombe 14** besitzt ebenfalls eine mächtige, dreitorige Arkadenfassade, die inzwischen weitgehend restauriert wurde. Hier waren u. a. die Rabbis Simeon und Gamaliel, Söhne des berühmten Rabbi Juda haNasi, beigesetzt. Deren Särge waren anhand von Inschriften zu identifizieren, hingegen blieb der Sarg des berühmten Vaters bislang unauffindbar. Ein besonders reizvoller, in den Felsen eingeschnittener winziger Hof bildet den Eingang zur **Katakombe 13.** Eine Treppe verbindet ihre zwölf in drei verschiedenen Ebenen angeordneten Grabkammern. Alles ist hier aus Stein: herausgemeißelt, eingeschnitten, gebohrt und gesägt – sogar die Türen und deren Angeln! Oberhalb dienten Höfe mit Steinbänken und auch ein Mausoleum (über Katakombe 11) den Zeremonien zum Gedächtnis der Verstorbenen. In der runden, unterirdischen Zisterne etwa 50 m nördlich der Katakombe 20 ist ein **Museum** mit Skulpturen, Architekturteilen und Sargfragmenten aus dem alten Bet She'arim untergebracht. Hier fand man einen gewaltigen Glasrohling, etwa 3,30 m × 2 m × 0,45 m groß und 9 Tonnen schwer. Er diente vermutlich als Rohstoff für die Glasindustrie am Ort.

An der Straße oberhalb der Nekropole sieht man die Fundamente der **Synagoge** von Bet She'arim. Sie wurde in der Mitte des 3. Jh. aus Quadersteinen erbaut und ähnelt im Grundriß der Synagoge von Kafarnaum. Ein großer, offener Vorhof führte zum Eingang, der aus drei monumentalen, nach Jerusalem ausgerichteten, Torbogen bestand. Den Chor am Nordende des Hauptschiffes hatte man erhöht. In der ersten Hälfte des 4. Jh. wurden die Wände des dreischiffigen Bauwerks farbig verputzt und mit Marmorplatten verkleidet.

Zikhron Ya'aqov

Zikhron Ya'aqov, eine kleine Stadt an der Küstenstraße, etwa 33 km südlich von Haifa, ist besuchenswert wegen Rothschilds Grab inmitten der herrlichen Parkanlage von Ramat Hanadiv. Auch ist ein Besuch der Karmel-Weinkellereien (mit Weinprobe) sehr zu empfehlen.

1882 kauften rumänische Juden das sumpfige Gebiet, um Weizen anzubauen, aber es gelang ihnen nicht, das Land zu entwässern. 1884 kam ihnen Baron Edmond de Rothschild zu Hilfe. Durch Drainagen wurde die Erde bebaubar, und die Siedler konnten Weinreben und Mandelbäume pflanzen und 1893 sogar den ersten israelischen Wein nach Europa exportieren. Rothschilds Vater Jakob zu Ehren nannten sie ihre Siedlung Zikhron Ya'aqov, ›Jakobs Denkmal‹. Die Straße zum **Grabe Rothschilds** zweigt am südlichen Ortseingang nach Westen ab (2 km).

Caesarea

Der öde, mit Ruinen und Trümmern übersäte Küstenstrich etwa auf halbem Weg zwischen Tel Aviv und Haifa läßt kaum noch ahnen, daß hier einst die schönste und prächtigste Stadt lag, die Herodes der Große erbauen ließ: Caesarea Maritima. Caesarea war Residenz der römischen Prokuratoren von Judäa und Samaria und zeitweise der

Caesarea ☆☆
Besonders sehenswert
Mauern der
Kreuzfahrerstadt
Römisches Theater
Byzantinische
Geschäftsstraße
Aquädukte

Gesamtansicht der Ausgrabungsstätte von Caesarea

wichtigste Hafen Palästinas. Eine letzte Blüte erlebte die Stadt unter den Kreuzfahrern. Besonders sehenswert sind die mächtige und hervorragend erhaltene Stadtbefestigung (Ludwig IX.), der Kreuzfahrerhafen mit seinen verfallenen Molen, die riesigen Gewölbe der herodianischen ›Akropolis‹ mit den drei Apsiden der Pauluskathedrale, das Theater des Herodes, eine byzantinische Geschäftsstraße und die Aquädukte im Norden der Stadt.

Geschichte

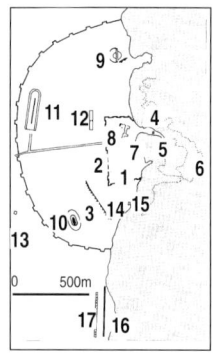

Caesarea
1 *Mauern der Kreuz-*
   fahrerstadt
2 *Haupttor*
3 *Herodianische*
   Stadtmauer
4 *Zitadelle*
5 *Kreuzfahrerhafen*
6 *Hafen des*
   Herodes
7 *Künstliche*
   Akropolis
8 *Kathedrale*
   St. Paulus
9 *Theater*
10 *Amphitheater*
11 *Hippodrom*
12 *Byzantinische*
   Geschäftsstraße
13 *Kirche Extra*
   Muros ˙
14 *Stratonturm*
15 *Synagoge*
16 *Hoher Aquädukt*
17 *Tiefer Aquädukt*

Im 4. Jh. v. Chr. gründeten phönikische Kaufleute aus Sidon den befestigten Hafenplatz Migdal Sharshan. Der Römer Octavian, der spätere Augustus, schenkte das Gebiet im Jahre 31 v. Chr. seinem ergebenen Vasallen Herodes, der die einzige Hafenstadt seines Reiches zwischen 22 und 10 v. Chr. großzügig ausbaute und ihr den größten Hafen des östlichen Mittelmeers gab. Augustus zu Ehren nannte er die schönste und prächtigste Stadt der syrisch-palästinensischen Küste Caesarea Maritima.

6 n. Chr. wurde Caesarea Hauptstadt der römischen Provinz Judäa und damit Residenz des Prokurators. 26–36 amtierte Pontius Pilatus als Prokurator; er residierte in dem von Herodes erbauten Palast. In Caesarea lebten meist syrische Griechen und Römer, aber auch Juden. Der Diakon Philippus besaß hier ein Haus und gründete eine christliche Gemeinde, die schon bald 120 Mitglieder zählte. Petrus kam um 35 nach Caesarea und taufte den ersten ›Heiden‹, Cornelius, Hauptmann der Italischen Kohorte (Apg 10,1). Unter dem Prokurator Felix (52–60) wurde Paulus zwei Jahre in Caesarea gefangengehalten, bevor man ihn zur Aburteilung nach Rom brachte (Agp 27,1); er war wegen Beleidigung der Priesterschaft in Jerusalem verhaftet worden, unterstand als römischer Bürger aber nicht der jüdischen Gerichtsbarkeit.

Der ständige Streit zwischen Griechen und Juden über ihren Anteil an der Verwaltung der Stadt führte im Jahre 63 zu einem Bürgerkrieg, in dem nach Josephus 20 000 Juden umgekommen sein sollen (Jüd. Krieg II, 18,1). Die römische Garnison unterstützte die Griechen. Der Pogrom von Caesarea war einer der Anlässe, die 66 zum ersten Aufstand der Juden gegen Rom führten. Vespasian, Neros Feldherr in Syrien, richtete in Caesarea sein Hauptquartier ein, von dem aus er die aufständischen Städte Galiläas besetzte. Nach Neros Selbstmord riefen die syrischen Legionen am 1. Juli 69 Vespasian in Caesarea zum Kaiser aus. Aus Dankbarkeit verlieh er der Stadt den Status einer Colonia (›Colonia Prima Flavia Augusta Caesarea‹) und machte sie zur Hauptstadt der ›Provincia Judaea‹. Caesarea unterstand fortan einem römischen Senator.

Nach 135 wurde Caesarea Mittelpunkt der christlichen Gemeinden Palästinas; der hiesige Bischof führte in der palästinensischen Hierarchie den Vorsitz. Auf der Synode von 195 wurde unter Bischof

Theophilos die Feier des Osterfestes auf den Sonntag festgelegt. Im 3. Jh. erlangte Caesarea den Rang einer Metropolis. Im Jahre 231 gründete der Grieche Origines hier eine Theologenschule. Von 314 bis 339 war Eusebius, der Vater der Kirchengeschichte Bischof von Caesarea. Um das Jahr 500 zählte Caesarea etwa 50 000 meist christliche Einwohner und war mit einer Fläche von über 100 ha die größte Stadt des byzantinischen Palästina.

613 kamen die Perser, aber schon 639 nahmen die Araber die Stadt ein. Sie wiesen dem nunmehr Qaisariya genannten Ort nur noch die Aufgaben einer unbedeutenden Bezirkshauptstadt zu. 1101 erstürmten die Kreuzfahrer nach kurzer Belagerung die Stadt, in der sie den Heiligen Gral, einen kostbaren Pokal, aus dem Jesus beim letzten Abendmahl getrunken haben soll, entdeckt zu haben glaubten.

1187 besetzte Saladin die Stadt und zerstörte die alten Befestigungen, 1191 zog Richard Löwenherz in das verlassene Césarée ein und baute es wieder auf. 1218 erneuerten Gautier d'Avesnes und Jean de Brienne die Zitadelle, aber schon zwei Jahre darauf ging die Stadt an den Emir von Damaskus verloren. Unter Kaiser Friedrich II. kam Césarée 1229 durch Vertrag wieder unter christliche Herrschaft. Ludwig IX. ließ jene gewaltigen Mauern errichten (1252–54), die uns noch heute beeindrucken. 1265 eroberte der Mameluckensultan Baibars das Caesarea der Kreuzfahrer; die Stadt fiel bereits am ersten Tag der Belagerung – die Zitadelle hielt sich allerdings noch sieben

Kreuzfahrerstraße

Vor 2000 Jahren war der Hafen von Caesarea größer als der von Athen und damit der größte im östlichen Mittelmeer.

Tage, und man gewährte den Christen freien Abzug. 1291 zerstörte Sultan el-Ashraf Khalil Stadt und Hafenanlagen, um den Christen jegliche Möglichkeit einer erneuten Landung zu nehmen. Caesarea war fortan eine verlassene Trümmerstätte, die allmählich in Sand und Sümpfen versank.

Ende des 18. Jh. verwendete der türkische Pascha Ahmed Jezzar die schönsten Säulen Caesareas für seine Bauten in Akko. 1884 siedelten die Türken moslemische Flüchtlinge aus Bosnien auf dem Gebiet der ehemaligen Kreuzfahrerstadt an; sie bauten am Hafen eine kleine Moschee. 1940 gründeten israelische Siedler südlich der Ruinenstätte den Kibbuz Sedot Yam.

Ausgrabungsstätte

Die eindrucksvollsten Überreste des alten Caesarea sind die **Mauern der Kreuzfahrerstadt.** Die Mauern umschlossen ein trapezförmiges Terrain an der Hafenbucht, das etwa ein Achtel des römisch-byzantinischen Stadtgebietes einnahm. An die äußere Mauer von 4–6 m Höhe schloß sich ein (am Grund) 7 m breiter Graben an, aus dem mit einer Neigung von etwa 60° ein 8 m hoher, gemauerter Talus aufstieg, den wiederum eine ungefähr 10 m hohe Mauer krönte, die den Vor- und Rücksprüngen der Bastionen folgt. 16 Türme verstärkten sie, drei im Norden, neun im Osten und vier im Süden. Die Stadt hatte drei Tore. Das Haupttor befand sich im Osten. Die den Wehrgraben überspannende Brücke ruhte auf steinernen Bogen; die äußere Brückenhälfte bestand aus schweren Holzbohlen, die man im Verteidigungsfall leicht entfernen konnte. Das Haupttor selbst war ein hohes Gebäude mit Kreuzrippengewölben, das durch Vorkammern, einen winkelförmigen Gang und einen starken Turm zusätzlich gesichert wurde. Im Norden führte eine kleine Zugbrücke mit einer einzigen Säule als Stütze über den Graben, und auch das Südtor besaß eine derartige Sicherung. In der Südostecke und beim Haupttor kann man die Mauern besteigen und von oben aus die Stadt überblicken.

Gegenüber der Hafeneinfahrt stand auf einer Anhöhe ein besonders großer und schöner Tempel des Caesars, und darin befand sich seine Kolossalstatue, die hinter ihrem Vorbild, dem olympischen Zeus, nicht zurückblieb, ebenso eine Statue der Göttin Roma, der Hera von Argos nachgebildet. Die übrigen Bauwerke, das Amphitheater, das Theater und die Marktplätze, gestaltete er alle so, daß sie dem Namen (der Stadt) entsprachen.«
Jüd. Krieg I, 21,8

Die **herodianische Stadtmauer** umgab ein Gebiet, das etwa halb so groß war wie die spätere römisch-byzantinische Stadt. Im Norden konnten die Archäologen ein Teilstück dieser Mauer und zwei runde Tortürme von 10 m Durchmesser freilegen. Die **Zitadelle** der Kreuzfahrer am Hafen wurde inzwischen mit einem Restaurant überbaut; der 19 m × 19 m große Donjon ist völlig zusammengefallen. Das heute sichtbare Hafenbecken war einst der **Kreuzfahrerhafen.** Der **Hafen des Herodes** lag etwa 250 m weiter im Westen und ist heute völlig vom Meer überspült.

In Ermangelung einer natürlichen Anhöhe für Tempel und Palast errichtete Herodes der Große nahe dem Hafen aus gigantischen Gewölbesubstruktionen eine über 15 m hohe **Terrasse,** ein etwa 300 m^2 großer Abschnitt davon ist noch erhalten. Darüber ließ er einen Tempel für Augustus und Roma sowie den königlichen Palast erbauen. Marmorreste der zerstörten Anlage fanden sich in den Befestigungswerken der Kreuzfahrer. In byzantinischer Zeit stand auf der Terrasse ein mächtiges Bauwerk mit Marmorbogen und kreuzgeschmückten Marmorkapitellen. Um einen zentralen Hof gruppierten sich zahlreiche größere und kleinere Räume. Im Westen lag eine große polygonale Apsis. Da Kirchenapsiden stets nach Osten ausgerichtet sind, ist ganz sicher, daß die Anlage kein christliches Bauwerk gewesen sein kann.

Ein ähnliches Gebäude erhob sich südlich der späteren Kreuzfahrermauer. An einen Säulenportikus im Osten schlossen sich kleinere Vorräume an, die sich zu einer großen Halle mit polychromen Bodenmosaiken öffneten. Auch hier war eine Apsis nach Westen orientiert; ihre Wände und die Kuppel schmückten Mosaike aus Glasfluß mit christlichen Motiven. Hier entdeckten die Archäologen eine stark verwitterte Statue des Guten Hirten. Dieser Bau könnte die kirchliche Akademie oder gar die berühmte Bibliothek von Caesarea gewesen sein, die Origenes im 3. Jh. gegründet hatte.

An der Südkante des erhöhten Geländes stehen noch Teile der **Kathedrale St. Paulus.** Die Kreuzfahrer errichteten sie auf den Fundamenten der großen Moschee, die sich ihrerseits vermutlich über einer byzantinischen Kirche erhob. Die Kathedrale mit ihrem mehr als 20 m langen Hauptschiff blieb unvollendet; ihr Gewicht war so gewaltig, daß ein Teil der Terrassengewölbe zusammenstürzte. Heute stehen noch die drei mächtigen Apsiden im Osten und vier Strebepfeiler der Westfassade.

Im Süden der Stadt erbaute Herodes ein freistehendes Theater. Die Cavea bestand im unteren Teil aus 13, im oberen aus fünf Sitzreihen, auf denen 5000 Zuschauer Platz fanden. Treppenaufgänge

Amphitheater

Mit diesem Aquädukt wurde Wasser aus über 12 km Entfernung in die antike Stadt geleitet

teilten den Zuschauerraum in gleichgroße Teile. Der Ehrenplatz des Königs, später des Prokurators, lag in der Mitte. Die 30 m breite Orchestra hatte einen mit vielfarbigen geometrischen Ornamenten bemalten Estrich. Das Bühnenhaus, dessen Fassade eine halbrunde Exedra und quadratische Nischen gliederten, wurde im 4. Jh. abgerissen. Gleichzeitig erweiterte man die Orchestra durch ein großes Halbrund nach hinten, um Platz für Tierhatzen und Gladiatorenkämpfe zu erhalten, und baute das Theater für Wasserspiele um, worauf ein großes Reservoir hinweist. Das Bauwerk hatte jetzt eine Breite von 62 m und eine Länge von 95 m. Bei einer Ausbesserung der Treppen verwendeten die Architekten alte Steinquader. Einer davon schmückte einst das Gebäude, das der Prokurator Pontius Pilatus zu Ehren des Kaisers Tiberius (14–37) errichtet hatte; er trägt die einzige bekannte Namensinschrift jenes Mannes, der Jesus zum Tod am Kreuz verurteilte. Am Eingang des Theaters steht eine Kopie des Steines; das Original befindet sich im Israel-Museum, Jerusalem. Im Jahre 404 verbot Kaiser Honorius die Gladiatorenkämpfe, bald danach wurde das Theater zu einer Zitadelle umgebaut. Das römische Theater ist heute weitgehend restauriert; im Sommer finden hier Konzerte im Rahmen des israelischen Musikfestivals statt.

Nordöstlich der Stadt baute Herodes der Große ein kaum noch erhaltenes **Amphitheater,** dessen Arena mit einer Länge von 95 m und einer Breite von 62 m selbst die des Kolosseums (86 m × 54 m) in Rom übertraf.

Das 320 m × 80 m große **Hippodrom** faßte rund 20 000 Zuschauer, die auf hohen, von Steinmauern gestützten Erdwällen im Osten, Süden und Westen saßen. Die 220 m lange und 4,20 m breite Spina bildete die Mittellinie des Rundkurses. An ihrem nördlichen Ende liegen drei mächtige, zugespitzte Säulen aus rotem Granit, die vermutlich das Ziel markierten. Ein 10 m hoher, zerbrochener Obelisk war wohl der Wendestein im Süden der Bahn, der große, quadratische Granitblock von 2,2 m Seitenlänge und 1,2 m Höhe inmitten der östlichen Bahn vielleicht der gefürchtete Taraxippos, der, in der Sonne spiegelnd, die Pferde zum Scheuen bringen sollte.

Hinter dem Parkplatz am Haupttor der Kreuzfahrerstadt trifft man auf eine 130 m lange **byzantinische Geschäftsstraße,** die zur einen Hälfte mit Marmorplatten aus römischen Gebäuden belegt war und zur anderen ein weißes Mosaikpflaster trug. Ein dreifaches Tor mit Stufen verband die verschieden gepflasterten und unterschiedlich hohen Straßenabschnitte, die von Läden und Werkstätten gesäumt waren. Zwei sitzende Statuen von Überlebensgröße flankierten das Tor. Da sie keine Köpfe mehr haben und keine Inschriften tragen, ist eine Identifizierung erschwert.

Nordöstlich der byzantinischen Stadt finden sich auf einer kleinen Erhebung die Reste eines Gotteshauses aus dem 5. oder 6. Jh., die **Kirche Extra Muros** (lateinisch für ›außerhalb der Mauern‹). Ein Mosaik mit reizvollen Vogeldarstellungen, Obstbäumen und allerlei Getier (heute im Israel-Museum) schmückte den Kirchenraum. Nördlich der Kreuzfahrerstadt lag seit alter Zeit das Judenviertel Caesareas. Seine **Synagoge** stammt aus dem 3. Jh.; sie wurde in der zweiten Hälfte des 4. Jh. zerstört. Man fand noch den Mosaikboden und zwei Kapitele mit der Abbildung einer Menora.

1 km nördlich der Kreuzfahrermauern ragen 28 Bogen des **Hohen Aquäduktes,** mit dem Herodes Trinkwasser aus Quellen der südlichen Karmelausläufer über eine Entfernung von 12 km heranführte, aus den Sanddünen. Der Aquädukt überquerte auf niedrigen Bogen die sumpfige Küstenebene, durchbrach als Tunnel eine Hügelkette und wandte sich auf hohen Bogen zur Stadt. Die Spannweite der auf mächtigen Pfeilern ruhenden Halbbogen beträgt 4,25 m.

Als Caesarea 6 n. Chr. Hauptstadt der römischen Provinz Judäa wurde, trat an der Seeseite eine zweite Rinne mit entsprechendem Unterbau hinzu. Der bis zu 6 m hohe Doppelaquädukt war 5 m breit. Zur Zeit Hadrians bauten die Stadtväter eine zweite Wasserleitung, den sogenannten **Tiefen Aquädukt.** Dazu stauten sie den Nahal Tanninim (›Krokodilfluß‹, weil hier noch im 19. Jh. Krokodile lebten) mit zwei Dämmen, um dem Wasser über eine Strecke von 10 km das nötige Gefälle zu geben. Der Aquädukt war am Anfang offen, wurde dann 1,9 m breit in den Felsen geschlagen und lief schließlich, um das Wasser vor Flugsand zu schützen, in einem geschlossenen gemauerten Kanal zur Stadt, wo sein Wasser hauptsächlich zur Bewässerung der ausgedehnten Gärten und Felder diente.

Netanya

32 km nördlich von Tel Aviv liegt an einem 11 km langen, breiten Sandstrand Netanya, das größte Seebad Israels mit heute etwa 145 000 Einwohnern. 1928 legten hier junge Siedler aus Petah Tiqwa

Netanya ist das größte Seebad Israels

erste Zitrusplantagen an. In den 30er Jahren kamen belgische und niederländische Diamantenschleifer nach Palästina und gründeten in Netanya eine rührige Schmuckindustrie.

Die von der Autobahn abbiegende Hauptstraße Rehov Herzl führt zum Meer und mündet in den Kikar HaAtzmaut, den touristischen Mittelpunkt der Stadt. Nördlich von diesem Platz bietet das zum Meer hin geöffnete moderne **Amphitheater** den Sommer über Schauspiele und Konzerte. Die **Diamantenschleifereien** im Süden der Stadt, in Rehov Yahalom, können besichtigt werden.

Herzliyya

Herzliyya
Besonders sehenswert
Moschee des Sidna Ali

Die Stadt Herzliyya, 10 km nördlich von Tel Aviv, entwickelte sich in den 70er Jahren zu einem der modernsten Seebäder des Landes und zum Hollywood Israels. 1924 wurde der Ort als landwirtschaftliche Siedlung gegründet und nach Theodor Herzl (1860–1904) benannt. Nach 1948 entstand in der östlichen Kernstadt eine rege Industrie, am kilometerlangen, breiten Sandstrand schossen luxuriöse Villen, Pensionen und Hotels in die Höhe. Im Stadtteil Pituah entstanden Film- und Fernsehstudios. Heute zählt Herzliyya 85 000 Einwohner.

Im Norden erhebt sich im Stadtteil Reshef über den Küstenfelsen die **Moschee von Sidna Ali,** eines islamischen Heiligen, der in Saladins Heer gegen die Kreuzfahrer kämpfte. 500 m weiter nördlich (Zufahrt neben dem Rundfunk- und Fernsehsender Tel Aviv) findet man am Rande der Steilküste die Ruinen von **Tel Arshaf,** einer Kanaaniterstadt, deren Name sich von Reshef, dem semitischen Gott des Feuers und des Lichtes, ableitet. Wegen Einsturzgefahr ist das Betreten der Ruinen verboten. Als die Assyrer 701 v. Chr. bis zur Mittelmeerküste vorstießen, hieß die Stadt Rishpona. Die Griechen setzten Reshef ihrem Apollon gleich und nannten die Stadt im 4. Jh. v. Chr. Apollonia. Sowohl in hellenistischer als auch in römischer Zeit hatte sie eine erhebliche Bedeutung als Hafen. Im 7. Jh. erinnerten sich die Araber des ersten Namens und tauften das byzantinische Sozusa (›Erlöser‹) in Arsuf um. Nachdem die Kreuzfahrer im Jahre 1099 Jerusalem erobert hatten, wandten sie sich den noch immer islamischen Küstenstädten zu. Arsuf schickte, um den Frieden zu erhalten, Geiseln und ließ den Ritter Gerhard von Avesnes, einen Freund des Königs Gottfried, in seine Mauern. Als der König dennoch angriff, stellten die Moslems den Ritter auf die Zinnen. Gottfried aber brach den Ansturm nicht ab, und Gerhard wurde von zwölf Pfeilen seiner Landsleute durchbohrt. Die Stadt war jedoch nicht zu bezwingen, und die Christen beschränkten sich nun darauf, Arsuf und die anderen Häfen auszuhungern. Als erste Stadt bot Arsuf im März 1100 die Kapitulation an. Als Zeichen ihres guten Willens schickten sie Gerhard von Avesnes, inzwischen von arabischen Ärzten geheilt, zu den Christen zurück. Der König war überrascht, seinen totgeglaubten Freund wiederzusehen, und gab sich mit Tributzahlungen zufrieden.

Arsuf blieb also islamisch und nahm bald darauf Verbindung zum fatimidischen Ägypten auf. Als die Stadt nicht mehr zahlte und die Verkehrswege bedrohte, erschien im Frühjahr 1101 ein christliches Heer vor den Mauern. Mit Unterstützung einer genuesischen Flotte gelang diesmal die Eroberung der Stadt. Die Einwohner mußten Arsuf räumen und erhielten freies Geleit in das islamische Gebiet von Askalon. Aus Arsuf wurde Arsur. 1191 errang Richard Löwenherz bei Arsur in der ersten großen offenen Feldschlacht seit Hattin einen Sieg gegen Saladin. 1251 schuf Ludwig IX. der Heilige jene mächtigen Befestigungen, deren Kraft die gewaltigen, übereinandergetürmten Steinblöcke noch erahnen lassen. 1265 stand Baibars vor den Toren, die von 270 Hospitalitern verteidigt wurden. Die Mauern hielten den Belagerungsmaschinen des Sultans nicht stand; die Ritter ergaben sich nach Zusicherung freien Abzugs. Baibars brach sein Wort und führte sie in die Gefangenschaft.

1950 brachten umfangreiche Ausgrabungen Ruinen aus römischer und fränkischer Zeit (eine Burg Ludwig IX. des Heiligen) zum Vorschein, darunter ein Amphitheater und Festungsanlagen der Kreuzfahrer. Im Meer ist noch die alte Mole des mittelalterlichen Hafens zu sehen.

Südliche Mittelmeerküste

Von der Metropole Tel Aviv nach Süden

Tel Aviv – Yafo

Tel Aviv – Yafo ist die wirtschaftliche und kulturelle Metropole des heutigen Israel; alle großen Unternehmen, Banken und Versicherungsgesellschaften haben hier ihre Zentrale. Auch die meisten Botschaften sind in Tel Aviv, das nach wie vor als die inoffizielle Hauptstadt Israels gilt, geblieben. Die Doppelstadt, die aus dem alten, zum Teil noch malerischen Yafo und dem modernen Tel Aviv besteht, stellt wegen ihrer zahlreichen Sehenswürdigkeiten, dem vielseitigen Unterhaltungsangebot und den feinsandigen Stränden ein wichtiges touristisches Ziel dar. Während Yafo (Jaffa) über viele Jahrtausende gewachsen ist, wurde Tel Aviv in knapp 100 Jahren als erste rein jüdische Stadt des Landes in die Sanddünen gebaut. Es präsentiert sich heute als ein Konglomerat von Geschäfts- und Wohnhäusern, die unter dem Druck der Einwandererströme möglichst schnell und billig erstellt werden mußten. Erst in den letzten Jahren versucht die Stadtverwaltung, das bauliche Chaos der Innenstadt zu entwirren. Schöne Boulevards, großzügige Plätze und gepflegte Parks entstanden, architektonisch interessante Großbauten lockerten das Stadtbild auf. Tel Aviv – Yafo zählt heute 357 000 Einwohner, mit seinen Vorstädten Bene Beraq, Ramat Gan, Giv'atayim, Holon, Bat Yam u. a. sogar rund 1,7 Millionen, also fast ein Drittel der israelischen Bevölkerung. Köln ist Partnerstadt von Tel Aviv.

Tel Aviv – Yafo ☆☆
Besonders sehenswert
Migdal Shalom
Hauptsynagoge
Allenby Road
Haganah-Museum
Helena Rubinstein-Museum
Tel Aviv-Museum
Küstenpromenade
HaAretz-Museum
Tel Qasile
Diaspora-Museum
Alter Hafen von Jaffa
Künstlerviertel in Jaffa
Archäologische Zone
Gan HaPisga
Archäologisches Museum Jaffa
Große Moschee

Geschichte

Yafo (arabisch Jaffa) rühmt sich, die älteste Hafenstadt der Erde zu sein, denn nach der jüdischen Überlieferung wurde es von Jafet, dem dritten Sohn Noahs, gegründet, von dem auch der Name stammen soll. Plinius d. Ä. (23–79) nennt sogar das Entstehungsjahr: 40 Jahre nach der Sintflut. Auf dem Tell von Jaffa haben Archäologen Stadtbefestigungen der Hyksos entdeckt (Mittlere Bronzezeit, 1750–1550), im Gebiet der modernen Schwesterstadt Tel Aviv fanden sie sogar Siedlungsspuren aus dem 5. Jahrtausend v. Chr. Nach der Karnakliste zählte Jaffa zu den 113 Städten, die Thutmosis III. im Jahre 1468 v. Chr. eroberte. Jaffa wurde auch in den Amarnabriefen (14. Jh. v. Chr.) erwähnt, Ramses II. hinterließ im Jahre 1270 v. Chr. auf einem Bronzetor seinen Namen. Anschließend kam die Stadt unter die Herrschaft der Philister. Bei der Landnahme wurde sie dem Stamm Dan zugeteilt (Jos 19,46), aber vermutlich nie von den Israeliten besetzt.

   Im 10. Jh. v. Chr. war Jaffa unter dem Namen Yapu ein phönikischer Hafen. Über ihn erhielt König Salomo das Bauholz aus dem

◁ *Tel Aviv*

Libanon für seinen Jerusalemer Tempel (2 Chr 2,15). In Jaffa ging der Prophet Jona an Bord eines phönikischen Schiffes, um vor dem Auftrag Gottes, in Ninive, der Hauptstadt des Assyrerreiches, zu predigen, nach Südspanien zu fliehen. Das Buch Jona (1 und 2) erzählt die Geschichte der vergeblichen Flucht, das Abenteuer Jonas mit dem großen Fisch. In der zweiten Hälfte des 8. Jh. v. Chr. befand sich die Stadt wieder in den Händen der Ägypter. Die Krone trug damals der äthiopische Pharao Pianchi (751–716), und auch der Statthalter von Jaffa war ein Äthiopier, der griechischen Sage nach ein König namens Kepheus. Seiner Frau Kassiopeia zuliebe nannte er die Stadt Iopeia, woraus in hellenistischer Zeit Joppe wurde. Im Jahre 702 v. Chr. eroberten die Assyrer die Stadt. Vom 6. bis 4. Jh. v. Chr. gehörte sie erneut den Phönikern, und wieder wurde hier Zedernholz aus dem Libanon für den Neubau des Jerusalemer Tempels umgeschlagen (Esra 3,7).

Seit Alexander dem Großen (332 v. Chr.) stand die Stadt unter hellenistischem Einfluß; die Ptolemäer verluden hier Weizen für Alexandria. In der ersten Hälfte des 2. Jh. v. Chr. kam es in Joppe zu einem Pogrom: Die griechischen Einwohner luden die 200 Mitglieder der jüdischen Gemeinde zu einer Bootsfahrt auf dem Meer ein und versenkten die Schiffe. Um den Mord zu rächen, überfiel Judas Makkabäus den Hafen und verbrannte alle griechischen Schiffe; die Stadt selbst konnte er aber nicht erstürmen (2 Makk 12,3–7). Erst seinem Bruder Jonatan gelang einige Jahrzehnte später die Eroberung (1 Makk 10,76). 142 v. Chr. siedelte Simeon, Bruder und Nachfolger Jonatans, in Joppe Juden an und ließ die Stadt befestigen (1 Makk 14,34).

63 v. Chr. brachte Pompejus Joppe unter römische Herrschaft. Julius Caesar gab die Stadt den Juden zurück und unterstellte sie unmittelbar dem Hohenpriester (Jüd. Altert. XIV, 10,6). Mit dem Ausbau von Caesarea als Haupthafen von Judäa durch Herodes den Großen verlor Joppe an Bedeutung. 66 n. Chr., gleich zu Beginn des jüdischen Aufstandes, zerstörte der römische Legat Cestius Gallus die Stadt, die Einwohner kehrten jedoch zurück und führten von Joppe aus einen erfolgreichen Kaperkrieg gegen Rom. 68 n. Chr. erschien Cestius' Nachfolger Vespasian vor der kaum befestigten Stadt. Die Bewohner entwichen mit ihren Schiffen auf das Meer, wo ein gewaltiger Sturm die Flotte vernichtete.

Vespasian errichtete auf dem Stadthügel eine Zitadelle (Jüd. Krieg III, 9,2–4). Schon bald wurde Joppe wieder aufgebaut und hatte auch eine jüdische Gemeinde, die sogar den Bar Kochba-Aufstand (132–135) überdauerte. Im 4. Jh. ließen sich babylonische Juden in Jafo nieder, zur gleichen Zeit residierte hier ein Bischof. Im Jahre 636 kam die Stadt unter die Herrschaft der Araber, die ihr den Namen Jaffa gaben. Mit der Gründung von Ramla als Hauptstadt des islamischen Palästina stieg auch wieder die Bedeutung des Hafens.

Am 17. Juni 1099 liefen sechs christliche Schiffe in Jaffa ein, das von nun an für lange Zeit der wichtigste Nachschub- und Pilgerha-

fen der Kreuzfahrer bleiben sollte. 1187 fiel ganz Palästina an Saladin, doch schon 1191 nahm Richard Löwenherz beim erneuten Vordringen der Christen Jaffa kampflos ein und baute die Befestigungswerke wieder auf. 1192 stand Saladin abermals vor den Mauern der
Stadt, aber Richard Löwenherz nahm den Kampf wieder auf, Saladin
befahl den Rückzug. 1198 tauschten die Kreuzfahrer Jaffa gegen Beirut ein, aber bereits sechs Jahre später war Jaffa wieder christlich.
1228 erneuerte Kaiser Friedrich II. die Befestigungen der Stadt, aber
40 Jahre später ging Jaffa den Christen nach nur 12stündiger Belagerung durch Baibars endgültig verloren.

Jaffa, das sich wegen seiner ungeschützten Reede nicht besonders
gut als Hafen eignete, blieb in der weiteren Zeit ein kleiner, unbedeutender Fischerort, in dem nur gelegentlich ein Pilgerschiff festmach-

Südliche Mittelmeerküste

te. 1650 errichteten die Franziskaner ein Hospiz für die Reisenden, um das sich eine allmählich wachsende Siedlung entwickelte. Am 3. März 1799 zerstörte Napoleon die Mauern der wiedererstandenen Stadt. 1807 etablierte Aga Mahmud, Gouverneur des Bezirkes Gaza, seine Residenz in Jaffa. 1818 hatte Jaffa bereits 6000 Einwohner und war der Haupthafen des Landes, über den vor allem Baumwolle und Orangen verschifft wurden.

1852 gründeten amerikanische Siedler am Westufer des Ayyalon im heutigen Stadtteil Shekhunat Montefiore eine Farm, von der sie schon nach wenigen Jahren von den Beduinen wieder vertrieben wurden (der Nobelpreisträger John Steinbeck war ein Nachkomme dieser Siedler). 1890 entstanden nördlich von Jaffa die jüdischen Siedlungen Newe Zedek und Newe Shalom, die allmählich zu Städten heranwuchsen und 1910 unter dem Namen Tel Aviv (›Hügel des Frühlings‹) zusammengefaßt wurden. Dieser soll an Tell Abib, einen Ort des babylonischen Exils, und zugleich an die Vision des Propheten Ezechiel von der Auferweckung Israels erinnern (Ez 3,15; 37,1–12). Nach dem Ersten Weltkrieg bildeten sich neue Wohnviertel; immer schneller folgten die Einwanderungswellen aufeinander, und immer größer wurden sie. Als Reaktion darauf sperrten die Araber den Hafen und vertrieben alle Juden aus Jaffa. 1948 zählte Tel Aviv bereits 230 000 Einwohner, Jaffa nur 100 000. Am 14. Mai 1948 proklamierte David Ben Gurion in Tel Aviv die Unabhängigkeit Israels (in den Tagen davor waren fast alle arabischen Bewohner aus Jaffa geflohen). Tel Aviv wurde provisorische Hauptstadt. 1950 erfolgte der Zusammenschluß zum heutigen Tel Aviv-Yafo.

Stadtbummel in Tel Aviv

Als Ausgangspunkt für eine Besichtigung Tel Avivs eignet sich der 140 m hohe, 37stöckige **Migdal Shalom (1)**, ›Friedensturm‹, derzeit das höchste Gebäude Israels und des ganzen Nahen Ostens. Ein großes Warenhaus, ein Hotel und unzählige Büros sind hier untergebracht. Von der Aussichtsplattform kann man an klaren Tagen bis zum Karmel und nach Jerusalem blicken (So–Do 10–17, Fr 10–15, Sa von Sonnenuntergang–22 Uhr). In unmittelbarer Nähe an der Allenby Road/Ecke Rehov Ahad Ha'am steht die **Hauptsynagoge (2)** von Tel Aviv, 1923–26 erbaut und 1970 renoviert. Die Allenby Road, benannt nach Lord Allenby, der als Befehlshaber der britischen Streitkräfte in den Jahren 1917/18 den Türken Palästina entriß, ist die Hauptgeschäftsstraße von Tel Aviv.

Das **Haganah-Museum (3)** auf dem Sderot Rothschild 23 erläutert die Geschichte und Bedeutung der Haganah (›Selbstschutz‹), die nach dem Ersten Weltkrieg als militärische Organisation zum Schutz der jüdischen Siedlungen in Palästina gegründet wurde und 1948 den Kern der jungen israelischen Armee bildete. Bet Dizengoff im Sderot Rothschild 16 war das Wohnhaus des Bürgermeisters Dizengoff, in dem David Ben Gurion am 15. Mai 1948 den Staat Israel proklamierte. Heute ist hier ein **Bibelmuseum** (**4**, Bet Tanach) untergebracht. Folgen Sie nun der Allenby Road nach Norden bis zum Kikar Magen David (King David Square). Westlich davon erstreckt sich das Gassenviertel des **Karmelmarktes** (**5**, Suq HaKarmel), eines orientalischen Marktes, auf dem vorwiegend Obst, Gemüse und Textilien angeboten werden. Das **Historische Museum (6)** von Tel Aviv in der Rehov Bialik 27 enthält zahlreiche Dokumente, die die Geschichte der Stadt erläutern.

Das Nationaltheater Habimah

Auf dem Sderot Tarsat befindet sich das Kulturzentrum von Tel Aviv mit dem israelischen **Nationaltheater Habimah** (**7**, ›die Bühne‹), das 1917 in Moskau als hebräisches Theater gegründet worden war und 1929 nach Israel kam, mit dem **Frederick Mann-Auditorium (8)** für Konzertveranstaltungen, erbaut von den Architekten Karmi und Meltzer, und dem **Helena Rubinstein-Museum (9)**, einer Abteilung des Tel Aviv-Museums, das wechselnde Ausstellungen zeitgenössischer Kunst zeigt. Der nahe Sderot Dizengoff gilt als eine der schönsten Geschäftsstraßen Tel Avivs; er führt in weitem Bogen zum Meer hin, um schließlich parallel zur Küste zu verlaufen. Unterbrochen wird der Boulevard vom Kikar Dizengoff, dem Mittelpunkt der City, mit schönen Brunnen und hohen Palmen.

Das **Tel Aviv-Museum (10)** auf dem Sderot Shaul Hamelekh 27 ist der bildenden Kunst der Moderne und der vergangenen vier Jahrhunderte gewidmet. Es enthält u. a. Werke von Pissarro, Degas, Rodin, Leger, Picasso, Kokoschka, Archipenko, Chagall, Ernst und Moore. Das Gebäude, 1971 nach Plänen von J. Yashar und D. Eytan erbaut, wird flankiert von der Zentralbibliothek (Sha'ar Zion) und dem Gerichtshof von Tel Aviv. Einen großartigen Rundblick über das moderne Tel Aviv bietet die Aussichtsterrasse des zwölfstöckigen

Rathauses (11). Der frühere Kikar Malkhe Yisra'el – heute heißt er Yitzhak Rabin-Platz – zu Füßen der City Hall ist an den Festtagen Purim und Yom Kippur Treffpunkt Tausender fröhlicher Israelis.

Auf keinen Fall sollten Sie es versäumen, die prachtvolle Küstenpromenade HaYarqon mit ihren Hotels, Botschaften, dem Jachthafen und den breiten Badestränden entlangzuschlendern. Die Hotelgiganten Dan und Hilton sowie das Gebäude der israelischen Fluggesellschaft EL AL bestimmen die Silhouette der Millionenstadt.

Das Tel Aviv-Museum

Im nördlichen Stadtteil Ramat Aviv liegt jenseits des Nahal Yarqon das **HaAretz-Museum (12)**, ein weiträumiger Komplex mit verschiedenen Sammlungen: Das Museum für Ethnographie und Volkskunst ist der religiösen und weltlichen jüdischen Kunst gewidmet; das Glasmuseum veranschaulicht die Geschichte der Glasverarbeitung, im Keramikmuseum ist u. a. eine rekonstruierte Wohnung aus der Zeit der Könige Israels zu sehen; das Kadman Numismatic Museum illustriert die Entwicklung des Münzwesens; das Museum der Wissenschaft und Technik enthält eine reichhaltige Sammlung aus den Bereichen Mathematik, Flugwesen, Energie und Transportwesen; der Nechushtan-Pavillon zeigt archäologische Funde aus den frühgeschichtlichen Kupferbergwerken von Timna; ein weiterer Pavillon ist der Verwendung von Werkzeugen und dem Einsatz von Energie durch den Menschen seit vorgeschichtlichen Zeiten gewidmet. Schließlich gehört noch das interessante Lasky-Planetarium zum Komplex des HaAretz-Museums.

An den Museumsbereich grenzt die Ausgrabungsstätte **Tel Qasile (13)** am Nordufer des Yarqon. Hier war im 12. und 11. Jh. v. Chr. eine blühende Philistersiedlung. In den zwölf Siedlungsschichten, die eine fast ununterbrochene Besiedlung des Hügels vom 12. Jh. v.

Chr. bis in das 15. Jh. n. Chr. dokumentieren, kamen auch Relikte aus der Ära König Salomos (10. Jh. v. Chr.) zum Vorschein. Ergänzend sei noch der Tel Gerisa (Tell el-Jerish) erwähnt, der 2 km flußaufwärts am Südufer des Yarqon liegt. Er war schon um 2500 v. Chr. bewohnt und wurde gegen Ende des 10. Jh. v. Chr. aufgegeben.

Vom HaAretz-Museum führt die HaUniversita in weitem Bogen zur **Universität (14)** von Tel Aviv mit ihren modernen Bauten. Wer sich über die Geschichte der jüdischen Gemeinden in aller Welt seit der Zerstörung des Zweiten Tempels (70 n. Chr.) informieren möchte, erhält im hiesigen **Nahum Goldmann-Museum der jüdischen Diaspora** (**15**, Bet HaTefutsot) jede gewünschte Auskunft; moderne Museumspädagogik mit Computern, Videos und Graphiken macht den Besuch sehr informativ und kurzweilig.

Sehenswertes in Yafo

Der Stadtteil Yafo hat trotz vieler Neubauten und Sanierungsmaßnahmen noch immer arabische Atmosphäre bewahrt. Heute leben hier neben 70 000 Juden rund 10 000 Moslems und Christen. Seit dem Mittelalter war Jaffa für die tiefgehenden Hochseeschiffe nicht mehr besonders geeignet, denn sie mußten weit vor den Klippen ankern und ihre Güter auf kleine Schiffe umladen. Am Ende der Mole ragt der bizarre **Andromeda-Felsen (16)** aus dem Meer. An diesen Felsen hatte König Kepheus der Legende nach seine Tochter Andromeda anketten lassen, um sie einem Meeresungeheuer zu opfern. Ihre Mutter Kassiopeia hatte nämlich behauptet, sie sei schöner als die Nereiden. Die anmutigen Meernymphen beklagten sich daraufhin bei Poseidon, der in seinem Zorn ein Ungeheuer entsandte, um das Land des Königs zu verwüsten. Als sich das Untier auf die Prinzessin stürzen wollte, erschien Perseus, ein Sohn des Zeus und König von Mykene und Tiryns, befreite sie und nahm sie als seine Frau mit nach Griechenland. Die arme Kassiopeia aber zieht seitdem als Sternbild über den nächtlichen Himmel, zumeist mit den Füßen nach oben, als immerwährende Strafe.

Die einstige Hafengegend hat sich unter Gestaltung israelischer Architekten in ein malerisches Künstlerviertel verwandelt, mit zahlreichen Ateliers und Galerien, die zur Besichtigung und zum Kauf der ausgestellten Werke einladen. Das **St. Peterskloster (17)** der Franziskaner wurde im 17. Jh. auf den Mauern einer Kreuzfahrerfestung erbaut und 1894 erneuert. Vom Hof aus erreicht man über eine Treppe zwei guterhaltene Säle der mittelalterlichen Zitadelle. In der kleinen, gewundenen Gasse, die von hier zum alten Leuchtturm am Hafen führt, steht eine im Jahre 1730 entstandene Moschee. Unter ihr soll sich das Haus des Gerbers Simon befunden haben, in dem der Apostel Petrus längere Zeit lebte, nachdem er die Jüngerin Tabita wieder zum Leben erweckt hatte (Apg 9,36–43).

Die archäologische Zone Gan HaPisga auf einer Anhöhe beim Hafen ist der Kern des alten Jafo/Joppe/Jaffa. Hier entdeckte man ein Teilstück der 6 m dicken Hyksosmauer aus dem 18. vorchristlichen Jahrhundert, Überreste einer jüdischen Siedlung aus dem 5. Jh. v. Chr., Mauerwerk der Hasmonäer und römische Relikte. Die archäologische Zone ist heute eine gepflegte Parkanlage, von deren Höhe man vor allem am späten Nachmittag einen herrlichen Blick auf die Silhouette von Tel Aviv hat. Das einsame Minarett am Rande des Parks gehört zur Ahmediya-Moschee, die inzwischen abgerissen wurde. Das **Archäologische Museum (18)** im ehemaligen Regierungspalast des osmanischen Gouverneurs Abu Nabut unterge-

Die Altstadt

331

bracht, beherbergt eine sehenswerte Sammlung örtlicher Funde. Von besonderem Interesse sind die Venus von Jafo, eine Fruchtbarkeitsgöttin aus dem 5. Jahrtausend v. Chr., und eine Öllampe aus der Zeit der Kanaaniter (Anfang 3. Jahrtausend v. Chr.). Ebenfalls aus der Zeit des Abu Nabut stammt die **Große Moschee (19)**, auch Mahmudiya genannt. Einige ihrer Säulen ließ der Gouverneur aus den Ruinen von Caesarea und Ashqelon herbeischaffen; sie wurden bewußt verkehrt aufgestellt, so daß die alten Kapitelle als Säulenbasen fungieren. Beachtung verdient außerdem ein schöner Wandbrunnen im Stil des türkischen Rokoko. Der **Uhrturm (20)** wurde 1906 zum 30jährigen Thronjubiläum des Sultans Abdul Hamid II. erbaut. Südlich der Großen Moschee beginnt der Trödelmarkt (Shuq HaPishpeshim), ein einzigartiger Flohmarkt, der täglich bis zum Sonnenuntergang geöffnet ist. In den engen, dunklen Gäßchen dieses Viertels mit seinen zahllosen kleinen Läden und Verkaufsnischen ist noch ein wenig orientalischer Zauber zu verspüren.

Petah Tiqwa

Petah Tiqwa gilt als eine der schönsten Satellitenstädte von Tel Aviv. Die ›Haupstadt der Orangen‹ inmitten riesiger Plantagen zählt heute 136 000 Einwohner, verfügt aber über keine nennenswerten Sehenswürdigkeiten, wenn man vom Gan HaMeyasdim, dem Gründergarten mit der benachbarten ersten Synagoge der Stadt absieht. 1878 begannen jüdische Siedler, Einwanderer aus Ungarn, die malariaverseuchten Sümpfe am Yarqonfluß trockenzulegen und das Land zu bestellen, das sie Petah Tiqwa, ›Tor der Hoffnung‹, nannten. Nach 1904, als die zweite Alijah (Einwanderungswelle) einsetzte, kamen viele Juden in die Ansiedlung, die zum Geburtsort der zionistischen Arbeiterbewegung wurde. In den 20er Jahren entwickelte sich Petah Tiqwa zu einem Zentrum für den Anbau von Südfrüchten. Apfelsinen waren es vor allem, die als »Jaffaorangen« in alle Welt gingen. Aber auch Industrie siedelte sich am Yarqon an. 1937 wurde Petah Tiqwa Stadt die zweite jüdische Stadt nach Tel Aviv.

Tel Afeq

5 km östlich von Petah Tiqwa erhebt sich der Tel Afeq mit den Ruinen einer **Kreuzfahrerburg** und den Resten einer Siedlung aus vorchristlicher Zeit. Von der Höhe der Burg hat man einen großartigen Ausblick bis zum Mittelmeer, bis Ramla und Lod und über die Orangenplantagen von Petah Tiqwa. Aus mehreren Quellen entsteht hier der nur 30 km lange Yarqon. Der Siedlungshügel wie die Quellen inmitten einer gepflegten Grünanlage sind heute **Nationalpark.**
Von Afeq aus griffen die Philister um das Jahr 1050 v. Chr. die vereinigten Israeliten an, die bei Eben-Ezer eine vernichtende Niederla-

ge erlitten und die Bundeslade einbüßten (1 Sam 4,1–11). Gegen 333
v. Chr. segnete der Hohepriester in Afeq Alexander den Großen. 35
v. Chr. ließ Herodes die Stadt erneuern und nannte sie nach seinem
Vater Antipatris. Wohl um das Jahr 57 n. Chr. übernachtete Paulus in
Afeq auf seinem Weg nach Caesarea als Gefangener der Römer (Apg
23, 31). Die Kreuzfahrer errichteten am strategisch wichtigen Antipatris die Burg Surdi Fontes, ›Festung der Quellen‹. Heute befindet
sich hier eine Pumpstation der 104 km langen Wasserleitung vom
See Gennesaret in den Negev.

Das Mausoleum von Mazor

An der Straße von der modernen Stadt Rosh Ha'Ayin nach Lod sieht
man linker Hand das römische Mausoleum von Mazor. Der zweistöckige Bau wurde im 2. Jh. n Chr. in der Form eines Antentempels
für einen unbekannten Römer errichtet. Zwei korinthische Säulen
stützen den Architrav. Die Treppe zum oberen Stockwerk ist noch
vorhanden, ebenso das Postament für den Sarkophag. Bei dem Mausoleum handelt es sich um das einzige römische Gebäude in Israel,
dessen Dach noch erhalten blieb. Die Araber wandelten den Grab-
bau in eine Moschee um, die sie nach Nabi Yehia (›Prophet Johannes‹) benannten. Der Mihrab in der Südwand ist noch deutlich zu
erkennen. Das Mausoleum liegt am Rande einer makkabäischen Nekropole, von der zahlreiche Schachtgräber zeugen.

*Das Mausoleum
von Mazor*

Lod

Lod, eine Stadt mit langer Geschichte, 22 km südöstlich von Tel Aviv gelegen, ist heute vor allem durch den internationalen Flughafen Ben Gurion bekannt. Die interessantesten Sehenswürdigkeiten sind die Grabstätte des hl. Georg, die von Christen wie von Moslems gleicherweise verehrt wird, und die Baibarsbrücke. Die Stadt zählt heute etwa 52 000 Einwohner, darunter 11 000 Araber.

Lod gehörte zu den zahlreichen kanaanitischen Städten, die Pharao Thutmosis III. (1490–1436) eroberte. Nach der Landnahme erneuerte der Israelit Schemed vom Stamme Benjamin die Siedlung (1 Chr 8,12). Im 8. Jh. v. Chr. wurde Lod von den Assyrern zerstört und im 5. Jh., nach dem Babylonischen Exil, neu besiedelt (Esra 2,33; Neh 7,37; 11,35). 157 v. Chr., während des Makkabäeraufstands, mußte der Seleukidenherrscher Demetrios I. Soter die von den Griechen Lydda genannte Stadt an den Makkabäer Jonatan abtreten (1 Makk 11,34). 43 v. Chr. unterwarf der Römer Cassius den Ort, weil dieser seine maßlosen Geldforderungen zurückwies (Jüd. Altert. XIV. 11,2). Der Apostel Petrus besuchte die christliche Gemeinde von Lydda und heilte den gelähmten Aeneas (Apg 9,32–35). Nach Plinius (Naturgeschichte 5, 14, 70) und Josephus (Jüd. Krieg III, 3,5) war Lydda Hauptort einer Toparchie der Provinz Judäa. Im ersten Jüdischen Krieg gegen Rom wurde es von Cestius Gallus niedergebrannt und an Vespasian übergeben (Jüd. Krieg II, 19,1; IV, 8,1). In

Die Georgskirche

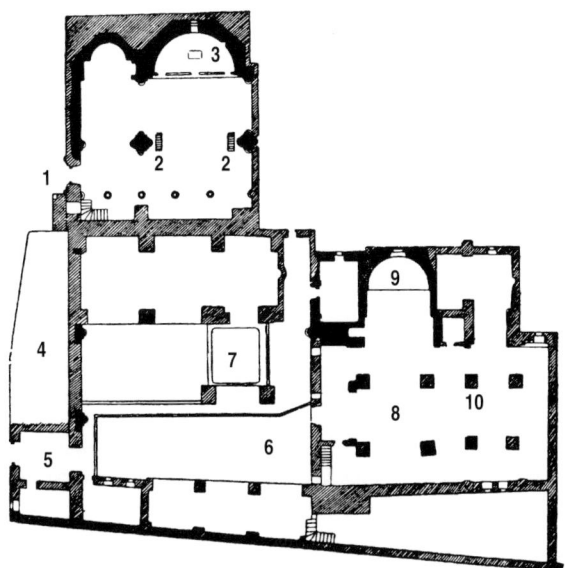

*Lod: Georgskirche und
El Khadr-Moschee*
1 *Eingang zur
    Georgskirche*
2 *Treppen zur Krypta*
3 *Altar*
4 *Läden*
5 *Eingang zum Be-
    reich der Moschee*
6 *Hof der Moschee*
7 *Reinigungs-
    brunnen*
8 *El Khadr-Moschee*
9 *Byzantinische
    Apsis*
10 *Säule mit griechi-
    scher Inschrift*

Lydda wirkten so berühmte Rabbis wie Elieser ben Hyrkanus und
Akiba. Unter Kaiser Septimius Severus (193–211) wurde die Stadt
römische Kolonie mit dem offiziellen Namen Colonia Lucia Septimia Diospolis; sie entwickelte sich zu einer blühenden Handelsme-
tropole, die im 4. Jh. sogar einen eigenen Bischof besaß. Im 7. Jh.
kam Lydda unter islamische Herrschaft und hieß fortan El-Ludd.
Die Briten machten El-Ludd zur Hauptstadt eines Distrikts, dem die
rivalisierenden Städte Jaffa und Tel Aviv angehörten. Seit 1948 trägt
die lebendige Einwandererstadt wieder den biblischen Namen Lod.

Georgskirche und El Khadr-Moschee

Mittelpunkt von Lod ist die Grabstätte des hl. Georg. Georg trat als
junger Mann in die römische Armee ein, wurde in Kleinasien zum
Christentum bekehrt und starb im Jahre 303 den Märtyrertod. Sein
Leichnam wurde in seinem Geburtsort Lydda beigesetzt. Schon früh
machte ihn die Legende zum Drachentöter. Im 4. oder 5. Jh. errichteten die Byzantiner über dem Grab des hl. Georg eine Kirche, die
nach verschiedenen Zerstörungen immer wieder aufgebaut wurde.
Zwischen 1150 und 1170 schufen die Kreuzfahrer eine neue Georgskirche, eine 30 m lange, dreischiffige Basilika mit zwei Reihen zu je
fünf kreuzförmigen Pfeilern. Nachdem die Kirche im Jahre 1191 unter Saladin schwer beschädigt worden war, ließ Richard Löwenherz
sie in neuem Glanz erstehen. Der hl. Georg wurde zum Schutzpa-
tron des Kreuzfahrerheeres.

Im 13. Jh. errichteten die Mamelucken über den Trümmern der unter Baibars zerstörten Basilika die El Khadr-Moschee und eine Karawanserei. Unter dem Namen El Khadr (›der Grüne‹) verehren auch die Moslems den hl. Georg, von dem sie erwarten, daß er am Jüngsten Tag bei Lod den Dämon Dadjal töten werde. Im 19. Jh. erwarben die Griechisch-Orthodoxen die Karawanserei, die im östlichen Teil des noch vorhandenen Nord- und Hauptschiffes des Kreuzfahrerbaus eingerichtet war, und erweiterten sie zur heutigen Georgskirche. Mehrere Architekturteile der mittelalterlichen wie auch der byzantinischen Basilika sind im Vorhof der Moschee und neben der Georgskirche zu sehen. Eine Säule in der Moschee trägt eine griechische Inschrift aus dem 5. Jh.

Beide Gotteshäuser liegen einträchtig beieinander, haben aber getrennte Eingänge. Über dem Portal der Georgskirche zeigt ein Relief den drachentötenden Ritter Georg. Im Mittelteil des Hauptschiffes führen zwei Treppen zur Krypta hinab, in der der leere Sarkophag des Heiligen steht. An der Ostwand der Kirche hängen die Ketten des hl. Georg, an die früher Geisteskranke gekettet wurden, damit St. Georg sie heile. Die El Khadr-Moschee wurde 1983 restauriert; das schlanke, weiße Minarett, weithin sichtbares Wahrzeichen von Lod, stammt aus dem Jahre 1928 (der alte Turm war kurz zuvor bei einem Erdbeben eingestürzt). Die Altstadt von Lod rings um das Doppelheiligtum hat man inzwischen weitgehend abgerissen; sie wird durch Neubauten und Parkanlagen ersetzt.

Die Baibarsbrücke

Nördlich der Altstadt von Lod überquert die Straße den schmalen Fluß Ayyalon auf der Baibarsbrücke, die im Jahre 1273 von den Mamelucken auf römischen Fundamenten erbaut wurde. Sie ist die älteste noch benutzbare Brücke Israels. Als Baumaterial verwendeten die moslemischen Architekten Steinblöcke einer Kreuzfahrerkirche. Über dem Spitzbogen sind auf beiden Brückenseiten Steintafeln mit einer arabischen Widmungsinschrift angebracht, die Sultan el-Malik ed-Dahar Rukh ed-Din Baibars als Erbauer nennt (an keinem anderen Bauwerk finden wir den vollen Namen von Baibars). Die Tafeln werden von je zwei Löwen, seinen Wappentieren, flankiert. Der seit Josua berühmte Ayyalon (Ajalon; Jos 10,12) ist hier leider nur noch ein kümmerliches Rinnsal.

Ramla

Ramla ☆
Besonders sehenswert
Weißer Turm
Weiße Moschee
Große Moschee

Im Südwesten von Lod schließt sich das etwa gleichgroße Ramla an, die einzige rein islamische Stadtgründung in Israel. Der Weiße Turm der Mamelucken, die Große Moschee, hervorgegangen aus einer Kreuzfahrerkirche, und die einzigartige Zisterne aus der Zeit Harun al-Raschids lohnen den Besuch.

Zwischen 715 und 717 gründete der Omajjadenkalif Suleiman, Bruder und Nachfolger des großen Walid, auf Sanddünen die Stadt Ramla (*ramle*, arabisch für ›Sand‹), die bereits damals ihre heutige Ausdehnung erreichte. Moslems, Juden, Samariter und Christen strömten aus allen Teilen des Landes in die neue Hauptstadt, um hier Färbereien, Keramikmanufakturen und andere Handwerke zu betreiben. Rund 300 Jahre blieb Ramla die Hauptstadt Palästinas, eine blühende Metropole an der großen Karawanenstraße von Ägypten nach Syrien und an der Pilgerstraße von Jaffa nach Jerusalem. Als das islamische Großreich zerfiel, begann jedoch der wirtschaftliche Abstieg. Die Kreuzfahrer fanden 1099 nur noch Ruinen vor. Sie bauten Ramla kleiner und bescheidener wieder auf und errichteten die Johannesbasilika, die heutige Große Moschee. 1187 marschierten Saladins Truppen in Ramla ein, 1192 unterschrieb hier Richard Löwenherz den Vertrag, der dem Kreuzfahrerreich wenigstens noch den Küstenstreifen sicherte. 1267 erschienen die Mamelucken und bauten eine Moschee. Ramla gelangte wieder zu einem gewissen Wohlstand.

Gemäuer bei der
Weißen Moschee

Unter den Türken im 17. Jh. verlor Ramla jede Bedeutung; erst Ende des 19. Jh. begann es sich wieder zu erholen. Während der arabischen Unruhen von 1936 verließen die Juden die Stadt, seit 1948 ließen sich hier wieder zahlreiche jüdische Einwanderer nieder. Heute zählt Ramla 51 000 Einwohner, darunter 10 000 Araber, viele davon Christen.

Das schönste Bauwerk von Ramla ist der **Weiße Turm,** erbaut um 1268 von Baibars und fertiggestellt im Jahre 1318 unter el-Nasir. Der

27 m hohe und fast quadratische Turm mit seinen sechs Stockwerken, deren Bogenfenster starke Einflüsse der Kreuzfahrerarchitektur verraten, heißt auch Turm der Vierzig, weil zu seinen Füßen nach islamischer Tradition 40 Gefährten Mohammeds, nach christlicher Überlieferung 40 Märtyrer beigesetzt sind. Von dem Turm, der als Wachtturm und zugleich als Minarett diente, bietet sich ein herrlicher Rundblick über Ramla und die üppigen Plantagen der Umgebung. 1799 erklomm ihn Napoleon, und 1917 hatte der britische General Allenby hier einen Beobachtungsposten. Unterhalb des Turms erstreckt sich der 93 m × 84 m große Komplex der **Weißen Moschee** (Djami el-Abiad). Der weiträumige Hof war im Westen, Norden und Osten von Arkaden eingefaßt und im Süden von dem langgestreckten Gebetssaal begrenzt. Dieser maß in der Grundfläche 90 m × 12 m und hatte an seiner Nordseite 13 Eingänge. Unter dem Hof verstekken sich drei riesige Zisternen, die seit Suleimans Zeit über eine Wasserleitung von den Quellen bei Gezer gespeist wurden. Über schmale, ausgetretene Treppen kann man hinabsteigen. Schöpföffnungen in den Gewölbedecken sorgen für ein geheimnisvolles Dämmerlicht. Im 17. Jh. dienten die inzwischen ausgetrockneten Reservoire als Irrenanstalt, im 19. Jh. lebte hier eine Gruppe Derwische. In der Nordwestecke des Hofes liegt das Grab des Nabi Saleh, eines islamischen Heiligen, das am Freitag nach Ostern das Ziel Tausender moslemischer Pilger ist.

Die **Große Moschee** (Djami el-Kebir) am betriebsamen Markt war früher die Kreuzfahrerkirche St. Johannes, die sich in der Obhut von Zisterziensermönchen befand. Die 48 m × 24 m große dreischiffige Basilika des 12. Jh. blieb bis heute im großen und ganzen unverändert, nur hat die einst herrliche Fassade ihren Schmuck verloren, und an die Stelle des quadratischen Glockenturms links vom marmornen Hauptportal ist ein hohes, rundes Minarett getreten.

Durch eine Gasse, die östlich der Polizeistation von der Rehov Herzl abzweigt, führt der Weg zu den unterirdischen **Teichen der Helena** (Brekhat Hakeshatot), einer gewaltigen Zisterne aus der Herrschaftszeit des großen Kalifen Harun al-Raschid (786–809). 15 im Wasser stehende Säulen tragen die sechs Kreuzgewölbe, von denen jedes in vier Zellen unterteilt ist. Jede der 24 Gewölbezellen hat an ihrem Scheitelpunkt eine Schöpföffnung. In diesem Bauwerk sehen wir die ältesten Spitzbogen, die erst Jahrhunderte später in die gotische Architektur Europas eingingen. Eine Treppe führt in die 9 m tiefe, 24 m × 20,5 m große Zisterne hinab, in der man noch vor wenigen Jahren mit einem Boot umherfahren konnte und sich in die Märchenwelt aus Tausendundeiner Nacht versetzt glaubte.

Schließlich sei noch die **Josefskirche** erwähnt, die Josef von Arimatäa geweiht ist, jenem jüdischen Ratsherren, der den Leichnam Jesu in seiner eigenen soeben vollendeten Grabstätte in Jerusalem beisetzen ließ (Mt 27,57). Die Kirche wurde von den Franziskanern, denen auch das benachbarte Kloster des hl. Nikodemus mit dem viereckigen Uhrturm anvertraut ist, wiederaufgebaut.

Ashqelon

Ashqelon
Besonders sehenswert
Kreuzfahrermauern
Buleuterium

56 km südlich von Tel Aviv erstreckt sich zwischen der Fernstraße nach Gaza und dem Meer, inmitten von Zitrusplantagen und Parkanlagen, das weiträumige Ashqelon, einst eine bedeutende Stadt der Kanaaniter und der Philister, das Askalon der Griechen, Römer und Byzantiner, das Escalon der Kreuzfahrer, das Asqalan der Araber, gelegen an der alten Handels- und Heeresstraße zwischen Ägypten und Syrien. Heute ist Ashqelon eine moderne, aufstrebende Industriestadt und vor allem ein beliebtes, sonnensicheres Seebad mit kilometerlangem Sandstrand.

Ausgrabungen auf dem Tell el-Khadra haben bewiesen, daß Ashqelon schon zwischen 7500 und 4000 v. Chr. besiedelt war. Im 19. Jh. v. Chr. erwähnen die ägyptischen Ächtungstexte die kanaanitische Stadt, die trotz mehrerer Befreiungsversuche immer wieder die Oberhoheit der Pharaonen anerkennen mußte. Aus der Amarnazeit (14. Jh. v. Chr.) kennen wir einen Briefwechsel des Vasallenkönigs von Ashqelon mit dem ägyptischen Herrscher. Ein Flachrelief im Palast Ramses' II. in Karnak zeigt die Eroberung der aufständischen Stadt durch die Ägypter im Jahre 1280 v. Chr., und auch auf der Siegesstele des Pharao Merenptah (1224–1204) ist sie aufgeführt. Ab dem 12. Jh. v. Chr. gehörte Ashqelon (neben Ashdod, Ekron, Gat und Gaza) dem Fünfstädtebund der Philister an, vielleicht war es zeitweise sogar dessen Hauptstadt.

Die Könige von Ashqelon verstanden es meisterhaft, sich fremden Eroberern anzupassen, und so überstand die Stadt ohne größeren Schaden die assyrischen Vorstöße der Jahre 734 und 701 v. Chr., den Überfall der Skythen um 626 v. Chr., die nach der Plünderung des berühmten Ischtartempels wieder abzogen (Herodot I, 105), und auch die Besetzung durch Alexander den Großen im Jahre 332 v. Chr. Unter den Ptolemäern und den Seleukiden entwickelte sich das hellenistische Ashqelon durch den Zuzug griechischer Gelehrter zu einem geistigen Zentrum des Ostens. Die Stadt erlangte erstmals für lange Zeit ihre Unabhängigkeit und sogar das Recht, eigene Münzen zu prägen. Im 2. Jh. v. Chr. stellte sie sich unter den Schutz der Römer, um der Zerstörungswut der Makkabäer zu entgehen. Im 4. Jh. war Ashqelon Bischofssitz. 638 wurde es von den Arabern besetzt und zu einer stark befestigten Hafenstadt ausgebaut.

Nach Gründung des Königreiches Jerusalem durch die Kreuzfahrer im Jahre 1099 war Ashqelon über ein halbes Jahrhundert der wichtigste Stützpunkt der Fatimiden in Palästina. Erst im Jahre 1153 gelang es König Balduin III., die mächtige Stadt nach siebenmonatiger Belagerung zu nehmen. 1187 fiel Ashqelon kampflos an Saladin, von 1192 bis 1247 war es noch einmal christlich. Unter den Mamelucken übernahm Gaza die Rolle Ashqelons, das allmählich verfiel. Als im Jahre 1517 die Türken ins Land kamen, war die Stadt bereits vergessen.

Herodes der Große stiftete seinem Geburtsort Ashqelon »großartige Bäder und Brunnen, ferner außerordentlich kunstreich ausgestattete, gewaltige Kolonnaden.«
Jüd. Krieg I, 21,11

1951 gründeten jüdische Einwanderer aus Südafrika bei Migdal, einer bis 1948 arabischen Kleinstadt, die Siedlung Afridar. Bald darauf wurden beide unter dem alten Namen Ashqelon zusammengefaßt. Heute leben rund 81 000 Menschen in Ashqelon, dessen Stadtgebiet zu 80 % aus Grünflächen besteht.

Im Süden Ashqelons liegt unmittelbar an der Küste das Antikengebiet, das von den Mauern der 55 ha großen, halbkreisförmigen **Kreuzfahrerstadt** umschlossen wird. Die Mauern ließ König Balduin III. auf byzantinischen und arabischen Fundamenten errichten, unter Richard Löwenherz wurden sie 1192 restauriert, Sultan Baibars ließ sie 1270 weitgehend niederreißen. Größere Abschnitte krönen noch die Dünen; ein besonders schönes Teilstück steht am Meer; kleine, grob behauene Steine sind durch Hartmörtel miteinander verbunden; römische Säulen, die wie Kanonenrohre aus der Mauer ragen und auf das Meer gerichtet sind, verstärken die Anlage. Die Kreuzfahrerstadt hatte vier Tore; der alte Hafen lag am Südende. Vom Meer umspülte Säulen weisen auf die einstige Hafenmole hin. Hier ragt auch noch die Ruine des mächtigen Hospitaliterturmes hoch empor. Ebenfalls am Steilabfall des Küstensaumes entdeckte man die Fundamente der mittelalterlichen **Marienkirche.** Sie erhob sich auf dem 6 ha großen **Tell el-Khadra,** dem Standort des biblischen Ashqelon.

Mittelpunkt des Antikengebietes ist das 110 m lange **Buleuterion.** Ob dieser Bau wirklich ein Rathaus war, ist umstritten. Mehrere Säulen wurden inzwischen wiederaufgerichtet. In der ›Apsis‹ am Südende des Buleuterions sind einige großartige Reliefs aufgestellt, die im 2. oder 3. Jh. die Rückwände der Säulenhallen schmückten. Da sehen wir die ägyptische Göttin Isis mit der Pharaonenkrone; über ihre Schulter blickt der Götterknabe Horus. Die griechische Siegesgöttin Nike hält einen Palmwedel in der Rechten. Das dritte Relief zeigt Nike auf der Weltkugel stehend, die der kniende Atlas auf seinen Schultern trägt.

Im Zentrum des Stadtteiles **Afridar,** gegenüber dem modernen Uhrturm am Kikar Zefanja, wurde hinter einer Arkadenstraße ein kleines Freilichtmuseum eingerichtet. Hier stehen zwei schöne **römische Sarkophage,** die man 1972 beim Bau eines Wohnhauses fand. Das Seitenrelief des einen stellt den Kampf der Griechen mit den keltischen Galatern dar, ein seit dem 2. vorchristlichen Jahrhundert beliebtes Thema der hellenistischen Bildhauerei, der andere zeigt die Entführung der Persephone durch Hades.

1936 entdeckte man am Strand von Afridar ein leeres **römisches Grab** aus dem 3. Jh. mit bemerkenswert gut erhaltenen Wandmalereien. Auf beiden Seiten des Eingangs sind bewaffnete Wächter zu erkennen, die gegenüberliegende Wand zeigt zwei Nymphen, die aus Krügen Wasser in einen Bach mit Fischen gießen, den Syrinx spielenden Pan, die Erdgöttin Demeter und das Schlangenhaupt einer Gorgo.

Das Tote Meer

Antike Stätten in einer unwirtlichen Landschaft

Das Tote Meer (hebräisch Yam HaMelah, ›Salzmeer‹, arabisch Bahr Lut, ›Meer des Lot‹), dessen Spiegel im Durchschnitt 396 m unter dem des Mittelmeeres liegt, ist der tiefstgelegene Binnensee der Erde. Der bis zu 80 km lange und 18 km breite große See mit seinem überaus salzhaltigen Wasser läßt weder irgendein Tier noch Pflanzen gedeihen.

Die vom jordanischen Ufer – die heutige Grenze läuft mitten durch den See – vorspringende Halbinsel Lashon teilt das Tote Meer in ein größeres Nordbecken (max. 400 m tief), das vor rund 23 000 Jahren entstand, und ein kleineres Südbecken, das sich vor etwa 4000 Jahren bildete (max. 10 m tief). Der Jordan ist der einzige größere Fluß, der den 940 km² großen abflußlosen See speist. Die starke Verdunstung und der schwindende Zufluß von Jordanwasser lassen den Wasserspiegel von Jahr zu Jahr sinken. Der Salzgehalt des Toten Meeres beträgt 32,6 % (Mittelmeer 3,5 %). Die Umgebung des Toten Meeres ist das sauerstoffreichste Gebiet der Erde. Die durchschnittlichen Temperaturen sinken im Winter selten unter 10 °C und erreichen im Sommer 45 °C und mehr.

Josephus berichtet über das Tote Meer, den ›Asphaltsee‹ (Jüd. Krieg IV, 8.4): »Er enthält zwar bitteres Wasser, dem keine lebenfördernde Kraft innewohnt, aber, da es leichttragend ist, läßt es auch die schwersten Dinge, die man hineinwirft, wieder nach oben gelangen; man kann selbst dann kaum untertauchen, wenn man sich alle Mühe gibt. ...

Dazu kommt, daß auch der Wechsel der Farbe wundersam ist; dreimal am Tag ändert nämlich das Wasser seine Farbe und reflektiert die Sonnenstrahlen jedesmal in anderer Weise. Hinsichtlich des Asphalts ist zu berichten, daß der See mehrfach schwarze Brocken nach oben kommen läßt, die dann an der Oberfläche schwimmen. Die Arbeiter am See fahren auf ihren Nachen heran, ergreifen die kompakte Masse und bringen sie in die Boote. ...

Man kann ihn nicht nur zum Abdichten von Wasserfahrzeugen, sondern auch gegen körperliche Leiden verwenden, weshalb er zahlreichen Arzneien beigegeben wird.«

In der Tat kann man im Wasser des Toten Meeres auf dem Rücken liegend Zeitung lesen. Schwimmbewegungen sind allerdings fast unmöglich, so daß das Baden wegen gefährlicher Strömungen an vielen Stellen verboten ist. Das Wasser fühlt sich unangenehm ölig an (Kalziumchlorid) und schmeckt stark bitter (Magnesiumchlorid). Der penetrante Geruch nach Schwefelwasserstoff weist auf Thermalquellen hin, die schon im Altertum genutzt wurden und um die sich heute moderne Badeanlagen gruppieren, z. B. in Newe Zohar, En Boqeq und En Gedi.

Ein Liter Wasser enthält 212 g Clor, 41 g Magnesium, 39 g Natrium, 17 g Kalzium, 7,3 g Kalium, 5,1 g Brom.

◁ *1963–65 erforschte der Archäologe, General und Politiker Yigael Yadin mit Tausenden von Jugendlichen aus aller Welt die historische Stätte Masada, die heute als Symbol israelischer Freiheit gilt.*

343

Sedom

Jede Karte von Israel verzeichnet den Ort Sedom oder Sodom, und auch Wegweiser an den Straßen im Gebiet des Toten Meeres nennen den Namen dieser biblischen Stadt. Aber Sedom, mit 394 m unter dem Meeresspiegel die tiefstgelegene Siedlung der Erde, ist heute eine Industrieanlage (Dead Sea Works).

Weil es nicht einmal zehn Gerechte in Sodom und Gomorra gab, ließ Gott die beiden Städte durch Schwefel und Feuer vernichten (Gen 18 und 19). Das geschah zu der Zeit, als Abraham durch Kanaan zog, also wohl um 1800 v. Chr. Und in der Tat verursachte ein Erdbeben in der Mittleren Bronzezeit das Einsinken der Erdkruste und damit die Entstehung des südlichen, flachen, von einer Landzunge begrenzten Teiles des Toten Meeres. Die tektonische Bewegung wird wohl brennbare Gase, Erdöl und Asphalt freigesetzt haben, so daß die kanaanitischen Städte dieses Bereiches in »Schwefel und Feuer« untergingen. Heiße, schwefelhaltige Quellen am Südwestrand des Toten Meeres unterstreichen diese Theorie. Sodom und Gomorra konnten, wie auch die Nachbarstädte Adma, Zebojim und Bela (Gen 14,2), bis heute nicht lokalisiert werden.

Ein neues Sedom entstand 1934 am Fuß des Har Sedom für Arbeiter, die Salz aus den Felsen brachen und mit Schiffen in eine Düngemittelfabrik im Norden des Meeres brachten. Die Dead Sea Works gewinnen aus dem mineralreichen Wasser des Toten Meeres vor allem Brom, Tafelsalz und Magnesiumoxid. Das Wasser wird vom tieferen nördlichen Teil des Meeres über einen Kanal in riesige Verdunstungsbecken geleitet. Die Beschäftigten wohnen in den klimatisch angenehmeren, modernen Städten Dimona und Arad. Westlich er-

Gott wollte Abrahams Neffen Lot und dessen Familie retten. Die Engel warnten die Familie, weder stehenzubleiben noch sich umzuschauen. »Als Lots Frau zurückblickte, wurde sie zu einer Salzsäule.«
Gen 19,26

Typische Landschaft am Toten Meer

hebt sich der 10 km lange und bis zu 3 km breite Har Sedom, dessen Gipfel das Tote Meer um 239 m überragt. In einer der vielen bizarren Salzsäulen dieses Berges glaubt man Lots Frau zu erkennen. Der Har Sedom besteht zu 98 % aus Salz, das hier seit alters her abgebaut wurde. In der Nähe der Jugendherberge von Newe Zohar beginnt ein Weg durch das Gebiet, das einer fremden Welt anzugehören scheint. Man kommt an Salzgalerien vorbei, die bis zu 300 m tief hinabreichen. Der Pfad endet in Lots Höhle, einer etwa 20 m hohen Salzhalle mit einem Kamin in der Decke.

Das Tote Meer

Newe Zohar

Newe Zohar ist ein aufstrebender Badeort am Toten Meer mit Hotels, Campingplatz und modernen Schwefelthermen. Das besuchenswerte Museum Bet Hayozer informiert über biologische Probleme und wirtschaftliche Nutzung des Toten Meeres. 3 km entfernt erheben sich inmitten der Schlucht des Wadi Zohar die Ruinen von **Mezad Zohar,** einer nabatäischen Burg, die die alte Karawanenstraße nach Mamshit und Be'er Sheva bewachte und noch in byzantinischer Zeit einige Bedeutung hatte. Die Beduinen nennen die Ruinen Qasr Zuwiera (›Burg des Ruhmes‹). Wem der Weg durch die Schlucht zu anstrengend ist, kann vom zweiten, oberen Aussichtspunkt (Parkplatz) an der Straße nach Arad einen Blick auf die Burg in der Tiefe werfen.

Tel Arad

Abseits der großen Touristenwege erhebt sich nördlich der Straße von Newe Zohar nach Be'er Sheva inmitten der ockergrauen Felswüste der gewaltige Ruinenhügel der mächtigen kanaanitischen Königsstadt Arad. Auf der Akropolis des israelitischen Arad erhob sich ein Jahwetempel, der uns ein ziemlich genaues Bild des salomonischen Tempels in Jerusalem vermittelt. 10 km westlich der Stadt Arad zweigt die Straße zum 3 km entfernten Tel Arad ab.

Der Hügel von Arad war schon im späten 4. Jahrtausend v. Chr. bewohnt. Ihre Blütezeit erlebte die Stadt unter den Kanaanitern zwischen 1900 und 1750 v. Chr. Aus dieser Periode stammen Paläste, Tempel und ausgedehnte Wohnviertel sowie die Stadtmauer mit halbrunden Türmen. Arad war damals ein bedeutender Handelsplatz an der Karawanenstraße von Ägypten nach Syrien; Asphalt vom Toten Meer wurde hier offenbar gegen ägyptisches Getreide getauscht.

926 v. Chr. wurde die Festung Arad von Pharao Scheschonk I. zerstört. 587 v. Chr. ließ der Babylonier Nebukadnezar II. die Wehranlagen endgültig schleifen. Aus dieser Zeit stammt eine Keramikschale, auf der in aramäischer Schrift siebenmal der Name ›Arad‹ er-

scheint – bisher der einzige Anhaltspunkt dafür, daß die entdeckte Stadt das biblische Arad ist.

Das Gebiet des alten Arad besteht, soweit bisher erforscht, aus der kanaanitischen Stadt und der israelitischen Akropolis. Im Nordwesten sieht man die kargen Reste des Königspalastes und mehrerer Tempel, den Südwesten nimmt die ausgedehnte Wohnstadt ein. Eine 2,50 m dicke Kasemattenmauer mit halbrunden Türmen zieht sich bis zur **Akropolis** hinauf. Hier oben finden wir israelitische Bauten, die auf das 10. bis 7. Jh. v. Chr. zurückgehen. Auch sie sind von Kasemattenmauern umschlossen. In der Nordwestecke der Akropolis stieß man auf einen **Jahwetempel** aus der Mitte des 10. Jh. v. Chr., der dem dreiteiligen Schema des salomonischen Tempels in Jerusalem – wenn auch mit Abweichungen – entspricht. Auch dieses Heiligtum besaß einen offenen Vorraum, der aber von kleinen Räumen flankiert war; rechts steht noch immer der aus Bruchsteinen und Lehm zusammengesetzte Brandopferaltar. Vor dem Eingang zur Haupthalle fand man die Basen für zwei Kultsäulen. Zwei steinerne Räucheraltäre flankierten den Eingang zum Allerheiligsten (Hekal), das man über vier Stufen erreichte. Auf einer gepflasterten Plattform erhoben sich zwei etwa 70 und 110 cm hohe, rot bemalte Steinsäulen (Masseben). (Die Räucheraltäre und Masseben sind Repliken; der Eingang ist im Israel-Museum originalgetreu wiederaufgebaut worden.) Im Tempel fanden die Ausgräber über 200 beschriebene Tonscherben aus der Zeit vom 10. bis zum 7. Jh. v. Chr.

Da der Tempel Salomos in Jerusalem nur von zeitgenössischen Beschreibungen und von Münzbildern her bekannt ist, kommt der Entdeckung dieses Gebäudes in Arad besondere Bedeutung zu.

En Boqeq

6 km nördlich von Newe Zohar entsteht seit einigen Jahren am West-ufer des Toten Meeres der hochmoderne Bade- und Kurort En Boqeq, dessen Name auf eine heilkräftige Thermalquelle zurückgeht. Im Norden des Ortes erinnern die Ruinen von Mezad Boqeq an eine Burg, die das Reich Juda vor Angriffen der Moabiter schützen sollte.

Masada

20 km nördlich von Newe Zohar erhebt sich das wuchtige Felsmas-siv von Masada (hebräisch Mezada), auf dem Herodes eine fast un-einnehmbare Festung errichten ließ, die einer Zelotengruppe im er-sten jüdischen Aufstand gegen Rom als letzter Zufluchtsort diente. Sie gilt heute als Symbol der Freiheit Israels. Das 440 m hohe Massiv unterscheidet sich kaum von den benachbarten Wüstenbergen, die alle schroff zum Toten Meer hin abfallen. Nur an den drei stufenför-migen Etagen des Nordpalastes ist Masada zu erkennen.

Die nahezu unerreichbaren Höhlen des Felsmassivs waren schon vor 6000 Jahren bewohnt, und zwischen 1000 und 700 v. Chr. lebten auch auf dem 600 m langen und bis zu 230 m breiten Gipfelplateau Menschen. Der Makkabäer und Hohepriester Jonatan (161–143) baute auf dem Plateau eine Burg (aramäisch *m'sada*), die der Has-monäer Johannes Hyrkanos (135–104) verstärkte. 40 v. Chr. brachte

Masada
1 Schlangenpfadtor
2 Kasemattenmauer
3 Gebäude VIII
4 Gebäude IX
5 Lagerhäuser
6 Verwaltungsge-
*   bäude, später*
*   Ritualbad*
7 Thermen des
*   Herodes*
8 Nordpalast
9 Wassertor
10 Synagoge
11 Westtor
12 Byzantinische
*   Kapelle*
13 Westpalast
14 Schwimmbad
15 Südvilla
16 Zitadelle
17 Zisterne
18 Ritualbad
19 Kolumbarium
20 Gebäude XII

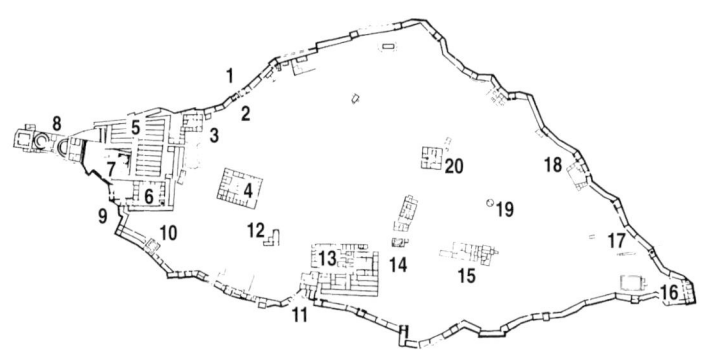

Von April bis Oktober erweckt zweimal wöchentlich die ›Masada Sound and Light Show‹ mit modernsten Klang- und Lichteffekten die Geschichte des Felsens zum Leben. Nähere Informationen: ☎ 03/5 62 60 34

Herodes auf der Flucht vor Parthern und Juden seine Familie nach Masada, bevor er nach Rom ging, um Antonius und Octavian durch reiche Geschenke davon zu überzeugen, daß er der rechtmäßige König von Judäa sei. Nachdem Herodes in den folgenden Jahren ganz Judäa und auch Galiläa befriedet hatte, baute er zwischen 36 und 30 v. Chr. Masada mit Hilfe Tausender Sklaven zur stärksten Festung des Landes aus, denn als Sohn einer Nabatäerin fürchtete er die Juden. Außerdem mußte er sich vor der ägyptischen Königin Kleopatra in acht nehmen, die von Antonius immer wieder seine Absetzung forderte. Nach Herodes' Tod wurde die Bergfeste römische Garnison. 66 n. Chr., gleich zu Beginn des jüdischen Aufstandes gegen Rom, brachte eine Gruppe von Zeloten Masada in ihre Gewalt. Sie behaupteten den Felsen auch nach dem Zusammenbruch des Aufstandes im Jahre 70 als letzte jüdische Bastion. Im Herbst 72 erschien Flavius Silva, der römische Provinzstatthalter von Judäa, mit der X. Legion vor dem Felsmassiv und ließ sofort eine Rampe bis zum Plateau aufschütten, weil ein Aushungern der Verteidiger wegen ihrer unermeßlichen Vorräte nicht möglich war. Mit Belagerungsmaschinen schlugen die Römer Anfang 73 eine Bresche in die Mauer und brannten eine eilends dahinter errichtete Holzbarriere nieder. Als sie am folgenden Morgen die Festung stürmten, hatten die Eingeschlossenen – 960 Männer, Frauen und Kinder – unter ihrem Anführer Eleazar ben Yair bereits Selbstmord begangen. Nur zwei Frauen und fünf Kinder hatten sich in einer Zisterne versteckt und somit das furchtbare Blutbad überlebt (Jüd. Krieg VII, 8).

Ausgangspunkt für die Besichtigung sind Parkplatz und Restaurant am Ostfuß des Felsens, von wo aus eine **Drahtseilbahn** zum Plateau hinaufführt. Reizvoller ist der Aufstieg über den steilen Schlangenpfad (von Osten) oder längs der Römerrampe (von Westen). Der **Schlangenpfad** überwindet auf einer Strecke von etwa 3 km einen Höhenunterschied von fast 400 m (45–60 Minuten veranschlagen!). Auf dem Plateau sorgen schattige Ruheplätze und Wasserspender für eine Erfrischung der Besucher.

Schlangenpfad und Seilbahn enden vor dem **Schlangenpfadtor,** das gewissenhaft restauriert wurde. An das Tor schließt sich eine **Kasemattenmauer** an, die mit einer Länge von 1300 m das gesamte Plateau umzieht. Die Zeloten bauten sie zu Wohnungen aus.

Das Gebäude VIII ist ein luxuriöses Wohnhaus herodianischer Zeit. Der Mittelhof ging nach Süden in eine geräumige Halle über; die beiden Gebäudeteile waren durch je zwei schwarze Säulen und rote Pilaster voneinander getrennt. Fresken schmückten die Wände. In dem Gebäude IX waren Offiziersfamilien untergebracht. Jede der neun Wohnungen bestand aus einem Hof und zwei Räumen. Zwei große Empfangshallen nahmen die Westecken des Gebäudes ein. Die Lagerhäuser von Masada hatte Herodes mit Lebensmittelvorräten für viele Jahre, mit Waffen aller Art, mit Roheisen, Kupfer und Blei gefüllt. Als die Zeloten ein Jahrhundert später die Festung im Handstreich nahmen, fanden sie die Lager wohlversorgt vor. Selbst die Lebensmittel waren »noch völlig unverdorben« (Jüd. Krieg). Im Westen schließt sich an die Lagerhäuser ein Verwaltungsgebäude an, in dessen Hof die Zeloten ein Ritualbad einrichteten.

Die **Thermen** des Herodes, ein typisch römisches Badehaus, besaßen eine luxuriöse Ausstattung. Schwarze, weiße und rote Mosaiken bedeckten den großen, an drei Seiten von Säulen umgebenen Vorhof. Das Bad wurde, wie damals üblich, durch Hypokausten beheizt. Die Fußböden der Baderäume waren mit farbigen Fliesen ausgelegt, die Wände mit Fresken geschmückt.

An der nördlichen Spitze des Felsmassivs klebte wie ein Adlernest der dreistöckige **Nordpalast,** die Privatresidenz des Herodes. An die obere Terrasse lehnten sich die Wohnräume des Königs. Von dem halbkreisförmigen Balkon geht der Blick an klaren Wintertagen bis zur Oase von Jericho. Eine Treppe führt zur 21 m tiefer gelegenen mittleren Terrasse, die im wesentlichen aus einem Rundbau mit Säulenumgang bestand. Hier sieht man noch die ursprünglichen Treppen, die – von außen nicht einsehbar – in den Fels gehauen waren. Wiederum 13 m tiefer besteht ein quadratischer Säulenhof, dessen Wände marmorimitierende Fresken bedecken. Die Säulen sind korinthisch. Auf der Oberseite der Terrasse führen einige Stufen zu dem kleinen, aber kostbar ausgestatteten Privatbad des Herrschers.

Vom **Wassertor** lief ein schmaler Pfad, durch Mauern gut gesichert, zu zwölf riesigen Zisternen, die 80 bzw. 115 m unter dem Plateau aus dem Felsen des Westhanges gebrochen waren. Die **Synagoge,** unter Herodes erbaut und von den Zeloten umgestaltet, ist die älteste bisher entdeckte und die einzige aus der Zeit des letzten Tempels. Man hatte sie in die Kasemattenmauer integriert und nach Jerusalem ausgerichtet. Unter dem Fußboden des kleinen Nebenraumes stieß man auf Schriftfragmente des Deuteronomiums (5. Buch Mose) und des Buches Ezechiel. Das heutige **Westtor** ist byzantinischen Ursprungs; das Tor der herodianischen Festung lag wenige Meter weiter nördlich. Nördlich davon durchbrachen die Römer 73 n. Chr. die Mauer. Die **byzantinische Kapelle** stammt aus dem 5. Jh. Von einem Vorraum mit weißem Mosaikboden betrat man den einschiffigen Kirchenraum mit einer Apsis im Osten. Bemerkenswert ist ein kleiner Nebenraum im Norden der Halle: Seine Wände waren mit einem Putz versehen, in den die Erbauer Scherben und Steinchen in einfachen geometrischen Mustern eingelassen hatten; der Mosaikfußboden zeigt sechzehn Medaillons mit schlichten Darstellungen von Pflanzen und Früchten.

Der **Westpalast** war die offizielle Residenz Herodes' des Großen, eine repräsentative Anlage auf einer Fläche von fast 4000 m². Der Haupteingang lag im Norden. Von hier aus betrat man einen großen, langen Hof. Der königliche Trakt im Süden gruppierte sich um einen quadratischen Hof mit Kopfsteinpflaster. Östlich des Hofes lag ein eleganter Empfangsraum mit dem ältesten Mosaikboden, der bisher in Israel gefunden wurde. An der Südseite des Hofes führte ein prächtiger, von roten Säulen und schwarzen Pfeilern gesäumter Eingang in eine Halle, von der aus der Besucher den Thronsaal betrat. Neben dem Westpalast hatte sich Herodes ein großes **Schwimmbad** anlegen lassen, mit breiten Stufen und kostbaren Fliesen.

Die Südspitze Masadas beherrschte eine Zitadelle, die den weniger steilen Südwesthang des Felsmassivs zu sichern hatte. Die große, in den Felsen getriebene Zisterne am Südende des Plateaus ist ein eindrucksvolles Beispiel für das umfangreiche Wasserversorgungssystem der Festung. Die wenigen, aber starken Regenfälle reichten aus, um diese und zahlreiche andere Wasserreservoire innerhalb und außerhalb der Mauern zu füllen. Das Ritualbad (Mikwe) der Zeloten zählt zu den ältesten seiner Art, die bisher gefunden wurden. Es bestand, den Vorschriften des Talmud entsprechend, aus drei Becken: dem Sammelbecken für Regenwasser, das den orthodoxen Juden allein als rein galt, dem Becken für die Hand- und Fußwaschung vor der Zeremonie und dem eigentlichen rituellen Tauchbecken. Das Ritualbad im Hof des Verwaltungsgebäudes zeigt dieselbe Aufteilung. Das Kolumbarium, ein Rundbau mit zahlreichen Nischen, diente zur Beisetzung der Asche nichtjüdischer Bediensteter des Herodes. Das Gebäude XII ist eine typisch römische Villa.

Rings um die Felsenfestung Masada wurden acht Römerlager und der 3500 m lange Erdwall freigelegt. Die beiden großen Unterkünfte B (135 m × 170 m) und F (125 m × 150 m) errichteten die Römer im Osten und Westen der Festung jenseits der Umwallung; sie ähnelten den üblichen Legionslagern. Nach dem Fall der Festung blieb eine römische Kohorte in Masada und richtete sich das verkleinerte Lager F 2 ein. Deutlich sind die beiden Lagerstraßen Via praetoria (Ost-West-Achse) und Via principalis (Nord-Süd-Achse) zu erkennen, die bei den vier Toren endeten.

En Gedi

En Gedi ☆
Besonders sehenswert
Naturpark
Botanischer Garten
Tel En Gedi
Nahal Hever

Die größte und schönste Oase am Toten Meer ist das 38 km nördlich von Newe Zohar gelegene En Gedi (›Quelle des Zickleins‹), ein wasserreiches Gebiet, in dem seit mehr als 6000 Jahren Menschen siedeln. Thermalquellen und ein Naturpark von einzigartiger Schönheit mit Relikten vergangener Epochen lohnen den Besuch.

Ein chalkolithisches Heiligtum weist auf eine seßhafte Bevölkerung im 4. Jahrtausend v. Chr. hin. Am Ma'ale Mishmar, etwa 12 km südwestlich von En Gedi, fanden Archäologen in einer schwer zugänglichen Höhle 429 Kupfergegenstände, die offensichtlich aus diesem Heiligtum stammen: Zahlreiche Keulenköpfe, 80 kunstvoll gravierte Stäbe, zehn Kronen und ein von Gazellenköpfen gekröntes Zepter. Bei der Landnahme der Israeliten fiel En Gedi an den Stamm Juda (Jos 15.62). In den nahen Wüstenbergen versteckte sich David, nachdem er bei König Saul in den Verdacht geraten war, ihn vom Thron stürzen zu wollen. Saul kam mit 3000 Kriegern, um David gefangenzunehmen. Als der König in einer Höhle seine Notdurft verrichtete, ahnte er nicht, daß David mit seinen Männern darin weilte. David hätte Saul töten können, aber er schnitt ihm nur heimlich ein Stück seines Mantels ab. Nachdem der König die Höhle wieder verlassen hatte, eilte David ihm nach, warf sich ihm zu Füßen und wies auf den abgeschnittenen Zipfel. Da wußte Saul, daß David ihm nicht nach dem Leben trachtete, und söhnte sich mit ihm aus (1 Sam 24).

Auf dem Tel En Gedi nördlich des Kibbuz kamen fünf Siedlungsschichten vom 7. Jh. v. Chr. bis zum 5. Jh. n. Chr. zum Vorschein. Die erste Siedlung wurde 582 v. Chr. von den Truppen Nebukadnezars II. zerstört, die zweite erlebte ihre Blüte unter persischer Herrschaft, die dritte, hellenistische, endete mit dem Parthereinfall des Jahres 40 v. Chr. Herodes baute die vierte Stadt, Engaddai, die die Römer zum Hauptort einer der elf Toparchien Judäas erhoben. Sie wurde 68 n. Chr. von Aufständischen geplündert (Jüd. Krieg IV, 7,2). Die letzte Siedlung bestand vom 2. bis zum 5. Jh.

1949 richteten die Israelis in En Gedi, das damals nur knapp 4 km südlich der jordanischen Grenze lag, ein Militärlager ein, aus dem 1953 ein landwirtschaftlicher Kibbuz hervorging. Heute bilden Fremdenverkehr und Kurbetrieb (heiße Schwefelquellen) die Haupteinnahmequellen des Kibbuz, dem ein Institut für die Erforschung der Tier- und Pflanzenwelt in der Judäischen Wüste und im Bereich des Toten Meeres angeschlossen ist. Im Kibbuz entstand in den letzten Jahren ein einzigartiger botanischer Garten.

Wer im Kibbuz übernachtet, kann die heißen Schwefelquellen von Hamme Mazor gratis benutzen.

Die Straße zum 2 km entfernten **Naturpark** von En Gedi zweigt nördlich der Tankstelle ab. Ein beschilderter Pfad führt am Nahal Dawid entlang durch subtropische Wildnis zu einem 185 m hohen Wasserfall, der in einem natürlichen Becken endet (Baden erlaubt!). Früher wuchsen hier Balsam- und Kampferbäume sowie Hennasträucher, die den begehrten orangeroten Farbstoff liefern. Nach

Strand bei En Gedi

*Die Höhlen
von Qumran*

*»Eine Hennablüte ist
mein Geliebter mir,
aus den Weinbergen
von En Gedi.«
Hld 1,14*

etwa 30minütigem steilem Aufstieg erreicht man Davids Quelle (En Dawid). Südlich davon entspringt unter dichtem Schilf die **Shula-mit-Quelle.** Shulamit (›Mädchen aus Sunem‹) war die schöne Dienerin des greisen David und Geliebte Salomos. Wendet man sich etwa 150 m nach Norden, so stößt man auf ein **chalkolithisches Heiligtum** aus dem 4. Jt. v. Chr. Vielleicht wurde hier später die byzantinisch-westsemitische Göttin Šulmanita (auf die man den Namen Shulamit ebenfalls zurückführen kann) verehrt. Ein Torweg mit Warteraum führte zum Temenos, der das 2 m × 5 m große Sanktuar umschloß. Dem Eingang gegenüber stand der hufeisenförmige Altar. Für den Besuch des Naturparks (Eintrittsgebühr) sollte man mindestens drei Stunden einplanen.

Auf dem **Tel En Gedi** (Tell Goren) zwischen den beiden kleinen Flüssen Arugot und Dawid lag das En Gedi der vor- und nachchristlichen Jahrhunderte. 1961/62 und 1964/65 stießen die Archäologen hier auf zahlreiche Bottiche, in denen Balsam für kosmetische und medizinische Zwecke hergestellt wurde. Bei den Ausgrabungen der Jahre 1970–72 kamen am nordöstlichen Fuß des Tell zwei **Synagogen** zum Vorschein. Die jüngere, basilikale, die eine Grundfläche von 12,5 m × 13,5 m hatte, stammt aus dem 5. oder 6. Jh., die ältere darunter aus dem späten 2. Jh. Hervorragend erhalten ist der Mosaikboden der Haupthalle. Ein geometrisches Kreismuster wird von Zickzacklinien eingerahmt. Das quadratische Mittelfeld zeigt eine Windrose, in deren Ecken acht Pfauen Weintrauben picken. Im Mittelkreis scheinen zwei Vogelpaare miteinander zu kämpfen. Im westlichen Seitenschiff entdeckten die Ausgräber fünf Mosaikinschriften auf Aramäisch und Hebräisch.

Etwa 6 km südwestlich von En Gedi befinden sich an den schwer zugänglichen Felswänden des **Nahal Hever** zahlreiche Höhlen. In einer davon, der 150 m tiefen Briefhöhle an der Nordwand des Wadi, fand der israelische Archäologe Yigael Yadin im Jahre 1960 15 Briefe des Bar Kochba (heute im Schrein des Buches in Jerusalem).

Qumran

Auf einem 60 m hohen Plateau am Westufer des Toten Meeres, 33 km nördlich von En Gedi bzw. 20 km südlich von Jericho, haben Archäologen eine klosterähnliche Anlage der Essener Gemeinschaft ausgegraben, die als Ursprungsort der berühmten Schriftrollen von Qumran gilt, der bisher ältesten bekannten Bibelhandschriften. Man fand sie in mehreren umliegenden Höhlen. Verschiedentlich wird die Ansicht vertreten, daß das frühe Christentum seine Wurzeln im Gedankengut der Essener gehabt habe, da einige Schriften der Qumrangemeinde textlich mit Teilen des Neuen Testaments übereinstimmen. Auch soll Johannes der Täufer bis zu seinem öffentlichen Auftreten im Jahre 28 n. Chr. in Qumran gelebt haben. Allerdings waren die Essener in einer Zeit großer politischer und religiöser Umwälzungen nur eine von vielen Gruppen, denen das Christentum seine geistigen Grundlagen verdankte.

Qumran ☆
Besonders sehenswert
Anlage der Essener

Qumran war bereits im 8. und 7. Jh. v. Chr. eine bedeutende Siedlung. Als 586 v. Chr. die Neubabylonier unter Nebukadnezar II. Juda eroberten, wurde der Ort aufgegeben. Im 2. Jh. v. Chr. ließen sich hier die Anhänger einer strenggläubigen jüdischen Gemeinschaft nieder, die sich in Opposition zum Jerusalemer Priestertum gestellt hatte und Armut, Heiligung und levitische Reinheit erstrebte. Zu Beginn des 1. Jh. v. Chr. dürfte sie etwa 4000 Anhänger gezählt haben. Im Jahre 31 v. Chr. wurde Qumran Opfer eines schweren Erdbebens. Nachdem Herodes der Große, der im nahen Jericho residierte, 4 v. Chr. gestorben war, kehrten die Essener zurück und blieben bis zu der Zerstörung der Siedlung durch die Römer. Ihre kostbaren Handschriften hatten sie rechtzeitig in den nahen Höhlen versteckt.

Die Auffindung dieser Handschriften ist so abenteuerlich, daß wir sie kurz erwähnen wollen: Im Sommer 1947 fand ein junger Beduinenhirt in einer Höhle etwa 1,5 km nördlich von Qumran einen verschlossenen Krug mit alten Bibelhandschriften. Die Beduinen boten diese einem Antiquitätenhändler in Betlehem an, der sie an das syrische Markuskloster in Jerusalem verwies. Der syrisch-orthodoxe Erzbischof Mar Athanasios kaufte die Manuskripte, ließ sich die Fundstätte zeigen und entdeckte unter Bergen von Scherben und Geröll weitere Tonkrüge mit Handschriften. Als sein Kloster im arabisch-israelischen Krieg von 1948 zerstört wurde, ging Athanasios in die USA und verkaufte die Schriften für 250 000 US$ an den israelischen General und Archäologen Yigael Yadin. Seit 1965 werden die Schriftrollen zusammen mit allen danach gefundenen Texten im Schrein des Buches (Israel-Museum) aufbewahrt. Die Entdeckung war eine Sensation, da die Schriften aus dem 1. vorchristlichen Jahrhundert datierten, während alle bis dahin bekannten Bibeltexte rund 1000 Jahre später geschrieben worden waren. Die wichtigste der in Qumran entdeckten Handschriften ist die 7,35 m lange Jesaja-Rolle von St. Markus, die älteste aller gefundenen Schriftrollen und zugleich das früheste vollständige Manuskript eines Buches der Bibel.

1951 begann man die Ruinenstätte Khirbet Qumran, die man bislang für ein verfallenes Römerkastell gehalten hatte, auszugraben. 1953–56 fand man die Räume der Essener und auch die Schreibstuben, in denen die Texte geschrieben worden waren. Nachdem Beduinen eine zweite Höhle mit Handschriften entdeckt hatten, wurde die nähere Umgebung von Qumran untersucht. In der Höhle 3 stießen die Wissenschaftler auf zwei Kupferrollen, die sich heute im Nationalmuseum von Amman befinden. Diese Rollen enthielten ein Verzeichnis der geheimen Orte, an denen der Jerusalemer Tempelschatz zu Beginn des ersten jüdischen Aufstandes gegen Rom versteckt worden war. Bis heute konnte allerdings keines der Verstecke, in denen vielleicht mehr als 200 Tonnen Gold und Silber lagern, identifiziert werden. In der Höhle 4, nahe der Essenersiedlung, kamen mehr als 20 000 Fragmente von rund 400 verschiedenen Handschriften zum Vorschein. Insgesamt fanden Beduinen und Wissenschaftler elf Höhlen mit mehr oder weniger vollständigen Texten.

Die klosterähnliche Anlage der Essener Gemeinschaft liegt 50 m über dem Toten Meer auf einem Mergelplateau in Ufernähe (Parkplatz und Restaurant). Die von einer hohen Mauer umgebene Anlage bestand im wesentlichen aus dem 30 m × 37 m großen Hauptgebäude im Osten und einem Nebenbau im Westen. In der Nordwestecke des ursprünglich zweistöckigen Hauptgebäudes erhob sich ein wuchtiger, dreigeschossiger Turm, der den Klostereingang zu sichern hatte. Dieser Turm war nur vom Obergeschoß des Hauptgebäudes aus zu erreichen. Mehrere Feuerstellen in dem Raum östlich des Turmes lassen vermuten, daß sich hier die Küche der Gemeinschaft befand. Über dem Raum 5 lag das Scriptorium, wo man in den herabgestürzten Trümmern Schreibtische aus Lehmziegeln, Tintenfässer,

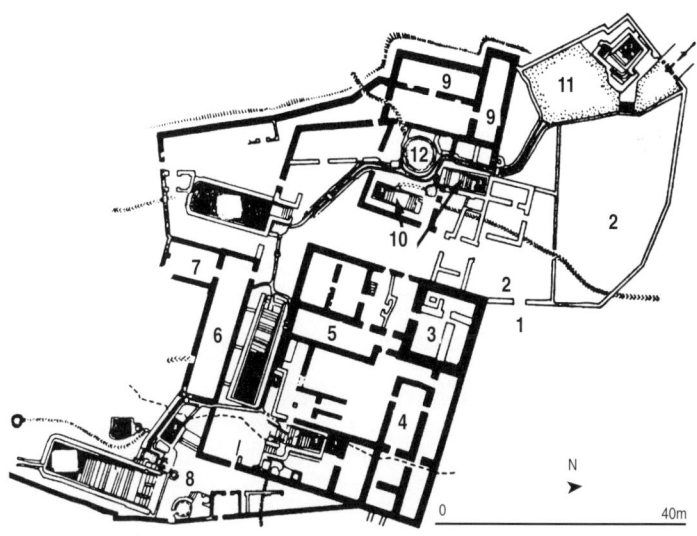

Khirbet Qumran
 1 *Eingang*
 2 *Hof*
 3 *Turm*
 4 *Küche*
 5 *Scriptorium*
 6 *Versammlungs-*
   raum
   (Refektorium)
 7 *Geschirraum*
 8 *Töpferei*
 9 *Vorratsräume*
10 *Badebecken*
11 *Klärbecken*
12 *Zisternen*

N

0   40m

Tonscherben mit Schreibübungen und einen Deckelkrug für die Aufbewahrung von Schriftrollen fand.

Der 22 m × 4,5 m große Saal südlich des Hauptgebäudes war der **Versammlungsraum** (Kapitelsaal, Refektorium) der Gemeinschaft. Im anschließenden Raum 7 standen wohlgeordnet rund 1700 Tongefäße. Zwischen Saal und Hauptgebäude erstreckte sich ein 17 m langes, 3,6 m breites und 4,35 m tiefes **Badebecken.** In der Südostecke des Areals war eine Töpferei mit Lehmschwemme und Brennöfen eingerichtet. Um die rituellen Reinheitsgesetze erfüllen zu können, legte man besonderen Wert auf eine zuverlässige **Wasserversorgung.** Über einen 700 m langen Aquädukt wurde der winterliche Regen aus einem Seitental des Wadi Qumran in ein Netz von Klärbecken, Zisternen und Badebecken geleitet. Ein großes Reservoir im Wadi sorgte für eine gleichmäßige Zufuhr über das ganze Jahr. Die Schäden des Erdbebens von 31 v. Chr. sind an vielen Stellen erkennbar. So hat sich die östliche Hälfte der Stufen zum Wasserbecken B6 um 40–50 cm gesenkt. Nach der Wiederbesiedlung behoben die Essener nur einen Teil der Schäden. Östlich der Mauer lag der Friedhof der Essener, in dem über 1100 Gräber gefunden wurden. Von der Terrasse südlich der Anlage hat man eine großartige Aussicht auf die Höhlen jenseits des tiefen Bergeinschnitts.

3 km südlich von Qumran entspringt die Quelle **Ain Feshkha,** die diesen Uferabschnitt damals in eine Oase verwandelt hat. Nördlich davon legte man 1958 einen Gutshof frei, der mit großer Sicherheit der Qumrangemeinde unterstand. Neben Feld- und Gartenbau wurde auch Viehzucht betrieben, und es war eine Gerberei angeschlossen, in der man das Pergament für die Handschriften herstellte.

Der Negev

Ruinenstädte der Nabatäer und Erholung am Roten Meer

Be'er Sheva

Der **Negev** – das hebräische Wort bedeutet ›trocken‹ – ist eine Wüstenlandschaft, die mit 12 000 km² mehr als die Hälfte des israelischen Staatsgebietes umfaßt. Von Be'er Sheva im Norden erstreckt sich der hügelreiche Negev bis nach Elat am Roten Meer. Seine höchste Erhebung ist der Ramon (1053 m), der längste Fluß ist der Nahal Zin (320 km), der bei 'Avedat (En 'Avedat) entspringt, ostwärts zur Aravasenke fließ und ins Rote Meer mündet.

Die kürzeste Strecke von Tel Aviv nach Elat am Roten Meer führt über Be'er Sheva, die Hauptstadt des Negev. Aus der 6000jährigen Geschichte der Stadt sind außer einigen interessanten Museumsstücken keine sehenswerten Relikte mehr vorhanden. Heute ist Be'er Sheva eine moderne Großstadt an der Grenze zwischen Kultur- und Weideland und zählt etwa 148 000 Einwohner.

Die bisher älteste Siedlung fanden Archäologen am nördlichen Ufer des Nahal Be'er Sheva. Hier lebten im 4. Jt. v. Chr. Halbnomaden, die in der sommerlichen Trockenzeit mit ihren Herden nordwärts zogen. Die israelitische Siedlung lag auf dem Tel Be'er Sheva (arabisch Tell es-Sab'a, ›Hügel der Sieben‹) etwa 6 km nordöstlich der heutigen Stadt. Hier schloß Abraham mit dem kanaanitischen König Abimelech von Gerar jenen berühmten Vertrag, der Abrahams Stamm die alleinige Nutzung eines Brunnens zusicherte (Gen 21,22–32). Abraham nannte den Ort Be'er Sheva (›Brunnen der Sieben‹), jetzt auch in der Bedeutung ›Brunnen des Eides‹. Isaak wiederholte später den Vertrag mit Abimelech (Gen 26,28–31). Bei der Landnahme wurde Be'er Sheva dem Stamm der Simeoniter zugeteilt (Jos 19,2) und bildete die Südgrenze des israelitischen Siedlungsraumes (Ri 20,1). Der Ort entwickelte sich im 11. Jh. v. Chr. zu einer Stadt, in der Joël und Abija, die Söhne Samuels, Richter waren. Nach der Rückkehr aus dem Babylonischen Exil ließen sich zahlreiche Juden in Be'er Sheva nieder (Neh 11,27).

Im Jahre 1900 gründeten die Türken hier die kleine arabische Stadt Bir Seb'a, die sich allmählich zum beliebten Handelsplatz der Beduinen entwickelte. 1907 konzipierte ein deutscher Architekt eine rechtwinklige Stadtanlage, die heutige Altstadt. Byzantinische Ruinen lieferten das Baumaterial für die öffentlichen Gebäude (Bahnhof, Krankenhaus, Kaserne, Moschee). Zu dieser Zeit entstand auch eine kleine jüdische Gemeinde, die sich bei den Unruhen des Jahres 1929 zwar auflöste, nach 1948 aber ständig wuchs. Be'er Sheva wurde zum Handels- und Kulturzentrum des Negev. 1957 gründete der Staat Israel das Institut zur Erforschung der Wüste, das Arid Zone Research Centre, 1968 folgte die Ben Gurion-Universität.

Be'er Sheva ☆
Besonders sehenswert
Beduinenmarkt
Abrahamsbrunnen
Städtisches Museum
Rehov Smilansky

◁ *Landschaft bei En 'Avedat*

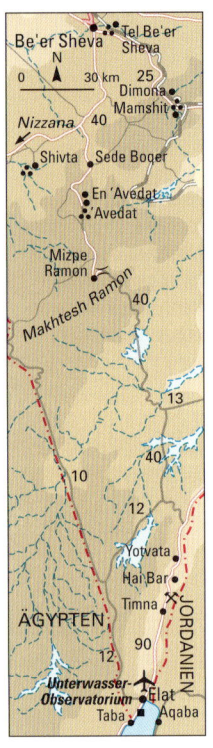

Mamshit ☆
Besonders sehenswert
Nabatäische Ruinen
Wasserauffanganlage

So imponierend die modernen Bauten am Rande des Sderot Ha-nessi'im, des aus Richtung Tel Aviv die Neustadt durchziehenden Boulevards, auch sind – z. B. die Universität, der Campus des Medizinischen Zentrums Soroka, das Rubin-Konservatorium, das neue Rathaus –, der Reisende wird doch der Altstadt am nördlichen Ufer des Nahal Be'er Sheva zustreben. An jedem Donnerstag ab 7 Uhr morgens treffen sich Nomaden auf dem **Beduinenmarkt** an der Ecke Derekh Hevron/Derekh Elat, um geschmackvoll gearbeiteten Schmuck, handgetriebene Kupferwaren, bestickte Kameltaschen und handgewebte Teppiche feilzubieten. Der **Abrahamsbrunnen** an der westlichen Flußbrücke stammt aus türkischer Zeit. In der ehemaligen Moschee aus dem Jahre 1915 am Sderot HaAtzmaut ist das **Städtische Museum** eingerichtet. Die ausgestellten Gegenstände repräsentieren den Zeitraum vom Chalkolithikum bis zur Gegenwart. Vom Minarett aus (nicht immer geöffnet) hat man einen schönen Blick über die Stadt und den angrenzenden Negev. In der Rehov Smilansky drängen sich Galerien, Cafés und Souvenirläden, die bis Mitternacht geöffnet sind.

Der **Tel Be'er Sheva,** etwa 6 km östlich der heutigen Stadt am Nordufer des Nahal Be'er Sheva als Nationalpark geschützt, birgt in zahlreichen Siedlungsschichten seit 6000 Jahren den biblischen Ort. Die Ausgrabungen begannen in den 50er Jahren und dauern noch an. Inzwischen wurden mehrere Bauwerke weitgehend restauriert. In der Mitte des Geländes bietet ein stählerner Aussichtsturm einen eindrucksvollen Rundblick über den Tel und den Negev.

Mamshit

Mamshit (arabisch Kurnub), das alte Mampsis, war die nördlichste und zugleich östlichste der Nabatäerstädte im Negev. Die besonders sehenswerte Ruinenstadt liegt weithin sichtbar auf einer hohen Terrasse zwischen einem Hügel und dem Wadi Kurnub. Einen Besuch lohnen wie in 'Avedat und Shivta die frühchristlichen Kirchen, vor allem aber nabatäische Häuser und Pferdeställe aus dem 2. und 3. Jh. sowie die eindrucksvolle Wasserauffanganlage im Wadi.

Mampsis wurde wohl schon zu Beginn des 3. Jh. v. Chr. von den Nabatäern als Karawanserei an der Straße gegründet, die die östlicheren Länder mit dem Mittelmeer verband. Im späten 1. Jh. n. Chr. verließen die Nabatäer die Stadt aus unbekannten Gründen. Der Wiederaufbau erfolgte erst nach dem Einzug der Römer im Jahre 106. Sie stationierten in Mampsis eine Einheit der Legio III Cyrenaica. Zwei große Ställe lassen vermuten, daß sich der Wohlstand von Mampsis, der sich in großzügigen Hausanlagen widerspiegelt, auf die Zucht von arabischen Rennpferden gründete, die in den Hippodromen des Imperiums Romanum sehr gefragt waren. Die Römer bereicherten die Stadt mit Thermen; die Byzantiner bauten im 4. Jh. zwei Kirchen. In dieser Zeit zählte die Stadt etwa 2000 Einwohner.

Bei der Eroberung von Mampsis durch die Araber im Jahre 634 müssen heftige Kämpfe stattgefunden haben, denn ein Teil der Stadt ging damals in Flammen auf. Die Araber wandelten die beiden Kirchen in Moscheen um, wie einige in die Wände geritzte Koranverse bezeugen. In den folgenden Jahrhunderten verfiel der nunmehr Kurnub genannte Ort.

Die **nabatäischen** Häuser, mindestens zwei Stockwerke hoch, bestanden meist aus einem kleinen Innenhof, um den sich die Wohn-, Geschäfts- und Wirtschaftsräume gruppierten. Ein schmaler Zugang, dicke Außenmauern und hochgelegene, schlitzartige Fenster machten jedes Haus zu einer kleinen Burg, in der bis 300 n. Chr. unbefestigten Stadt wohl eine Notwendigkeit zur Abwehr der häufigen Beduinenüberfälle. Der große nabatäische Wohnsitz im Osten der Stadt entstand im frühen 2. Jh.; ab dem 4. Jh. residierte hier der Bischof von Mampsis. Die Wände des Innenhofes und der anschließenden Räume waren mit großartigen Fresken geschmückt, die leider stark verwittert sind. Nur in dem kleinen Vorraum zum Treppenhaus erkennt man die Wandmalereien zum Teil noch gut, z. B. Amor und Psyche auf einem Ruhebett. Auch die Bogen, die das Obergeschoß trugen, waren bemalt. Die Fresken werden dem frühen 3. Jh. zugeordnet. In dem Gebäudetrakt fand man ein Bronzegefäß mit 10 500 römischen Silbermünzen aus der Zeit um 300 n. Chr. Westlich schloß sich an den Wohnsitz eine nabatäische **Markthalle** an, die in byzantinischer Zeit in ein Kloster umgewandelt wurde.

Die beiden frühchristlichen Gotteshäuser von Mampsis, die Ostkirche (Martyrion) und die Westkirche (Kirche des Neilos) entsprachen dem basilikalen Typus. Zwei Säulenreihen teilten sie in drei

Die Ruinenstadt Mamshit

Schiffe; das Hauptschiff endete in einer Apsis, die beiden Seitenschiffe waren mit Prothesis und Diakonikon versehen. Die monoapsidiale Bauweise entsprach der Frühphase der christlichen Kirchenbaukunst (etwa 350–450); nach einer Übergangsphase wurde im Nahen
Osten nur noch dreiapsidial gebaut (etwa 550–636). Das hervorragend gearbeitete Quadermauerwerk beweist noch heute das hohe
Niveau nabatäischer Steinmetzkunst.

Die **Ostkirche** (4. Jh.) war die Bischofskirche der Stadt. Zwischen
alten nabatäischen Bauwerken und der Stadtmauer am Steilhang
zum Wadi – ein Teil von ihr mußte beim Bau der Kirche abgebrochen
werden – hat hier der Architekt ein großartiges Beispiel frühchristli-
cher Kirchenbaukunst gegeben. Eine breite Freitreppe führte zum
Atrium empor, das an drei Seiten von einer Säulenhalle umgeben
war und unter dem sich eine 80 m³ fassende Zisterne befand. Das Zi-
sternendach bildete zugleich den Boden des Atriums. Drei Portale
öffneten sich zu den drei Schiffen der Basilika, die mit 14,70 m ×
27 m zu den größten Kirchenbauten im Negev zählt. 18 Säulen stützten ihr Dach; sie stehen auf hohen Plinthen. Das den Frauen vorbe-
haltene Südschiff besaß eine lange, steinerne Sitzbank. Beide Seitenschiffe endeten in rechteckigen Räumen, die zwei Stufen höher lagen
und durch einen Rundbogen zu betreten waren. Auch den Altarraum
vor der Apsis hatte man um zwei Stufen erhöht; eine Chorschranke
umschloß ihn. Die Basis des Bischofsthrons und der dreistufige Synthronos sind in der Apsis gut zu erkennen. Der Fußboden der Seiten-

schiffe war mit Steinplatten belegt, das Mittelschiff schmückte ein Mosaik aus Rhomben mit Rosetten darin. An das Südschiff schlossen sich zwei Kapellen an, von denen eine als Baptisterium diente.

Die Ostkirche war Teil eines geschlossenen Komplexes, der fast ein Fünftel der bebauten Stadtfläche einnahm und ein Kloster, die Bischofsresidenz und vermutlich noch weitere bisher nicht freigelegte Gebäude in der Nähe der Ostmauer umfaßte. An der Westseite des Komplexes befand sich eine Toranlage, im Süden flankiert von einem hohen Turm.

Die **Westkirche,** nach ihrem Erbauer auch ›Kirche des Neilos‹ genannt, entstand zur gleichen Zeit, vermutlich sogar nach den Plänen desselben Baumeisters; sie ist gewissermaßen eine verkleinerte Nachbildung. 634 ging sie in Flammen auf. Das Atrium war von vier Säulenhallen umgeben; in seiner Mitte befand sich eine kleine Zisterne. Eine Treppe an der Westwand, der Stadtmauer, führte zu einer Plattform empor, über der ein schwerer Holzbalken die Glocken trug. Drei schön gerahmte Portale öffneten sich zur 10,75 m × 15,75 m großen Basilika, die durch zwei Reihen zu je vier Säulen und zwei Pfeilern in drei Schiffe geteilt wurde. Kalksteinplatten bedeckten den Fußboden der Seitenschiffe; das Hauptschiff schmückte ein noch gut zu erkennendes Mosaik mit Tier- und Pflanzendarstellungen und einem Spruchmedaillon. An das südliche Seitenschiff lehnten sich eine kleine Kapelle und ein kreuzförmiges Baptisterium. Schlanke Säulen an den vier Ecken der Einfriedung trugen einen Baldachin.

Im südlichen Teil des großen Gebäudes, in das die Westkirche hineinragte, befindet sich ein hervorragend erhaltener **nabatäischer Pferdestall,** ein zweiter nimmt die Ostecke des Wohnsitzes neben der Markthalle ein. Nördlich der Klosteranlage stießen die Archäologen auf **römische Thermen** mit einer gewaltigen Zisterne unter den Badeanlagen.

Im Wadi sollte man sich unbedingt die gut erhaltene und zum Teil wieder restaurierte **Wasserauffanganlage** ansehen, die von den Nabatäern geschaffen und auch in byzantinischer Zeit genutzt wurde. Im Negev regnet es nur an wenigen Tagen im Jahr, meist zwischen Dezember und Februar, und durchweg sehr kräftig. Die ausgetrockneten Wadis werden dann für einige Stunden zu reißenden Flüssen. Es galt also, die Wassermassen des Winters zu sammeln. Dazu sperrten sie das Wadi durch mehrere (heute vollständig restaurierte) Dämme und erhielten so verschiedene Speicherbecken, die in Mamshit rund 10 000 m³ Wasser faßten. Einer der drei Staudämme im Westen ist 24 m lang, oben 7 m breit und bis zu 11 m (!) hoch. In Tonkrügen brachte man das kostbare Naß zu den Hauszisternen und den großen öffentlichen Wasserreservoiren, deren Volumen dem Jahresverbrauch entsprach. Jedes Haus besaß mindestens eine Zisterne, die sich im Keller oder unter der Straße befand.

In der Umgebung von Mamshit fand man drei Friedhöfe, einen nabatäischen etwa 1 km nördlich der Stadt, einen römischen Militärfriedhof im Nordosten und eine byzantinische Gräberstätte im Westen. Der nabatäische Friedhof barg reiche Funde (goldene Ohr- und Nasenringe, Münzen, Tonsiegel), die einen guten Einblick in die damalige Kultur erlauben. Zu sehen sind nur Reste bescheidener Grabmonumente.

Shivta

Shivta ☆
Besonders sehenswert
Nabatäische Ruinen

Abseits der großen Karawanenstraßen des Altertums liegt 53 km südwestlich von Be'er Sheva die Ruinenstadt Shivta. Das nabatäische Shivta, von den Byzantinern Sobata, von den Arabern Subeita genannt, war einst die größte Stadt des Negev und ein bedeutendes Landwirtschaftszentrum. Drei kulturgeschichtlich interessante byzantinische Kirchen, zwei davon mit gut erhaltenen Baptisterien, und zahlreiche restaurierte nabatäische Wohnhäuser bilden die eindrucksvollsten Relikte.

Von Be'er Sheva führen zwei Straßen nach Elat, die eine über Dimona, die andere über Sede Boqer. Wir fahren durch eine wüstenartige Landschaft Richtung Sede Boqer und folgen an einer Gabelung nach etwa 34 km der verkehrsarmen Route in Richtung Nizzana. Beim Hinweisschild Horvot Shivta biegt man links ab und durchquert auf schmaler, aber asphaltierter Straße (8 km) ein Truppenübungsgelände bis zur Ausgrabungsstätte von Shivta.

Die Stadt Shivta (von nabatäisch *shevet*, ›Stamm‹) wurde gegen Ende des 1. Jh. v. Chr. während der zweiten Welle nabatäischer Kolonisation wohl von König Obodas III. (30–9 v. Chr.) gegründet (s. S. 365). Sie entwickelte sich zum landwirtschaftlichen Zentrum des Negev. Die Wasserversorgung der Bevölkerung und der umliegenden Güter basierte auf einem riesigen Doppelreservoir, um das sich zu beiden Seiten des Wadi die verschiedenen Stadtviertel bildeten. Shivta war eine unbefestigte Stadt. Da sie keine strategische Bedeutung hatte, blieb sie unzerstört, als Trajan im Jahre 106 n. Chr. das nabatäische Reich besetzte und zur Provinz Arabia Petraea machte.

Zu Beginn des 4. Jh. begann mit der Christianisierung der nabatäischen Bevölkerung die Blütezeit der Stadt, die nun Sobata hieß. Sie diente als Rastplatz für die Pilgerzüge zum Sinai. Um 350 entstand die erste, südlich gelegene Kirche, bald darauf gründeten griechisch-orthodoxe Mönche im Norden der Stadt ein Kloster und bauten die große Nordkirche. Im Laufe des folgenden Jahrhunderts bildeten sich zwischen beiden Gotteshäusern neue Quartiere. Die scheinbar ungeordneten Straßen folgten dem Lauf der Kanäle, die das seltene Regenwasser von den sanften Hängen in das Reservoir leiteten; alles war auf das lebenswichtige Wasserversorgungssystem hin angelegt. Im 6. Jh. wurde die Zentralkirche gebaut. In seiner Blütezeit zählte Sobota 6000 bis 7000 Einwohner, also doppelt so viele wie das nahe 'Avedat/Oboda. Die Araber ließen Sobata, nun Subeita genannt, bei ihrem Einzug im Jahre 634 unbehelligt und errichteten neben der

1914 besichtigte der Engländer Thomas Edward Lawrence die Ruinen von Shivta. Er war zu Beginn des Ersten Weltkrieges von Großbritannien in den Nahen Osten entsandt worden, um einen Araberaufstand gegen die Türken zu organisieren und damit die Nahostfront aufzubrechen. Zwar kam es 1916–18 zu dem Aufstand, doch Lawrence identifizierte sich mit den Arabern und kämpfte nun für deren Unabhängigkeit. In seinem Buch »Die sieben Säulen der Weisheit« beschrieb der als Lawrence of Arabia zu Weltruhm gelangte Sprachforscher den arabischen Freiheitskampf.

Südkirche eine Moschee. Aber die Bedeutung der Stadt ließ nach, weil die nahen Handelsstädte nach Verlegung der Karawanenstraßen allmählich aufgegeben wurden und die Pilger ausblieben. Niemand war mehr an den landwirtschaftlichen Erzeugnissen der Stadt interessiert, und so verfiel auch das Wasserversorgungssystem. Seit dem 10. Jh. ist Subeita eine verlassene Stadt.

Das alte Shivta/Sobata hatte eine Ausdehnung von etwa 330 m × 450 m. Sein Mittelpunkt war das große **Doppelreservoir.**

Um 350 n. Chr. errichteten die Nabatäer auf dem alten Marktplatz der Stadt, unmittelbar neben dem Doppelreservoir, die sogenannte **Südkirche.** Dem Bau fehlte jegliche Symmetrie, weil die beiden Bekken im Westen sowie ältere Gebäude im Süden und Osten eine elegantere Planung nicht zuließen. Das Atrium vor der Kirche war sehr schmal und nur über einen Eingangsraum zu betreten. Zwei Portale öffneten sich zur Basilika, deren drei Schiffe in Apsiden endeten. Die kleinen Seitenapsiden kamen erst bei einem Umbau der Kirche im späten 5. Jh. hinzu. Das Dach der Basilika wurde von zehn Säulen und vier Pfeilern getragen (die Säulen stehen zum Teil noch). Der Altarraum war weit vorgezogen, die Chorschranke umschloß auch die beiden Seitenapsiden. Die Standfläche für die rechteckige Kanzel befand sich an der üblichen Stelle nördlich vor der Schranke. Im Hintergrund der Mittelapsis sehen wir Reste des Bischofsthrons, auch Spuren der Presbyteriumsbänke sind noch zu erkennen. Die Wände waren verputzt und bemalt. Bei dem Gebäudekomplex, der sich im Norden an die Südkirche anschloß, handelte es sich wohl um die Residenz des Bischofs von Sobata. Hier erhob sich auch ein (Glocken?)Turm. Im westlichen Teil dieses Komplexes lag das **Baptisterium,** das vom Eingangsraum aus zu betreten war. Stufen führen in das kreuzförmige Taufbecken hinab, denn die Täuflinge – meist Erwachsene – wurden im 4. und 5. Jh. untergetaucht. An das Baptisterium bauten die Araber im 9. Jh. eine kleine **Moschee** an. Das scheint die Annahme zu bestätigen, daß den vorwiegend christlichen Einwohnern von Subeita die Kirche noch immer zur Verfügung stand. Den Mihrab setzten die islamischen Baumeister in die starke Nordwand des Baptisteriums.

Die **Nordkirche** oder Georgskirche wurde ebenfalls im 4. Jh. als monoapsidiale Basilika erbaut. 506, bei Ausbesserungsarbeiten nach einem schweren Erdbeben, erhielt sie zwei Seitenapsiden und ringsum starke Stützmauern. Davor lag ein ungewöhnlich großes Atrium. Es begrenzte im Norden und Westen ein zweistöckiges Gebäude, das in zahlreiche Zellen aufgeteilt war. Ein Treppenhaus im Süden führte zum oberen Stockwerk hinauf. Kolonnaden umfaßten das Atrium an drei Seiten; die Mauern zwischen den Säulen wurden nach dem Erdbeben aus statischen Gründen eingefügt. Vom Atrium aus führen drei Portale in die 12 m × 17 m große Basilika. Am Haupteingang liegt ein Gebälkstück mit dem Christusmonogramm XP und den Buchstaben Alpha und Omega. Zwei Reihen von je sechs Säulen und zwei Pfeilern teilten die Basilika in drei Schiffe. Der Altarraum war weit in das Mittelschiff vorgezogen; auch hier umgab die Chorschranke die Seitenapsiden, die im 6. Jh. aus ursprünglich rechteckigen Räumen hervorgegangen waren. Platten aus grauem Marmor bedeckten Boden und Wände. Im Norden lehnten sich zwei Kapellen mit je einer Apsis an die Basilika an. Die äußere diente im Ostteil als Baptisterium, im Westteil als Totenkapelle. Das kreuzförmige Taufbecken war aus einem einzigen Steinblock gemeißelt. Die innere Kapelle ist mit einem geometrisch gemusterten Mosaik ausgelegt. An die Kirche schloß sich ein großer Gebäudekomplex mit klösterlichen Werkstätten an.

Die zwischen zwei Hauptstraßen gedrängte **Zentralkirche** entstand im 6. Jh. als dreiapsidialer Bau. Die Gläubigen betraten das 22 m × 12 m große Gotteshaus durch ein schmales, zur Straße hin offenes Atrium. Zwei Reihen von je fünf Säulen trugen das Dach. Die Zisterne lag im Mittelschiff nahe dem Hauptportal. Von der Zentralkirche stehen nur noch die Südapsis und einige Mauern.

Einige der zum Teil zwei- bis dreistöckigen **Wohnhäuser** an den gepflasterten Straßen wurden inzwischen restauriert. Mehrere große **Kelteranlagen,** darunter die doppelte Presse am Westrand der Stadt, bezeugen einen umfangreichen Weinanbau in byzantinischer Zeit. Etwa 500 m im Nordosten der Stadt kann noch ein rekonstruierter **byzantinischer Bauernhof** besichtigt werden.

Sede Boqer

*Sede Boqer
Besonders sehenswert
Haus und Grab von
David Ben Gurion*

51 km südlich von Be'er Sheva erreicht man die inmitten des Negev gelegene Midreshet Sede Boqer, die **Negev-Hochschule,** die Naturwissenschaften, Geschichte, Soziologie und Archäologie lehrt. Die

*Ben Gurions Haus
in Sede Boqer*

Hochschule wird in wirtschaftlicher Hinsicht von dem nahen Kibbuz Sede Boqer (›Feld der Hirten‹) betreut, dessen berühmtestes Mitglied David Ben Gurion, der erste Ministerpräsident Israels, war. Sein kleines Wohnhaus mit originaler Einrichtung ist zu besichtigen.

Vor der Bibliothek der Midreshet Sede Boqer hat er zusammen mit seiner Frau die letzte Ruhestätte gefunden. Von der Terrasse bietet sich ein atemberaubender Blick auf die cañonartigen Schluchten des Wadi Zin.

En 'Avedat

Vor dem Parkplatz beim Grabe Ben Gurions zweigt eine schmale Straße ab, die in steilen Serpentinen zum Wadi Zin hinabführt. Nach 3 km endet sie. Von hier aus geht es zu Fuß das Wadi aufwärts. Die Schlucht wird immer enger, die Vegetation üppiger. Nach etwa 15 Minuten steht man vor einem tiefen Teich, in den das – ungenießbare – Wasser der Quelle En 'Avedat von hohen Felsen hinabstürzt. Baden ist im Quellteich verboten, aber kaum jemand kümmert sich bei 45° C im Schatten darum!

'Avedat

Von der Midreshet Sede Boqer sind es 12 km nach Horvot 'Avedat, den Ruinen der nabatäisch-byzantinischen Stadt Oboda auf einem zerklüfteten Bergplateau inmitten des Negev. 'Avedat (arabisch Abda) war ein bedeutender Umschlagplatz an der Karawanenstraße von Petra und Elat nach Gaza, in byzantinischer Zeit Festung und Verwaltungszentrum. Eindrucksvolle Relikte sind ein nabatäischer Tempel und zwei frühchristliche Kirchen.

'Avedat ☆
Besonders sehenswert
Nabatäische Ruinen

Im 5. und 4. vorchristlichen Jahrhundert kamen die Nabatäer unter dem Druck anderer Völker aus Arabien in das Ostjordanland und ließen sich an der Grenze des Kulturlandes nieder. Die Nabatäer leiteten ihre Herkunft von Nabat ab, einem Enkel Abrahams. Im ausgehenden 4. Jh. v. Chr. schlugen sie Angriffe des Diadochen Antigonos Monophthalmos erfolgreich zurück, drangen in den Negev ein und errichteten am Rande der Handelsstraßen Karawansereien, aus denen sich im 3. Jh. v. Chr. die sechs Städte 'Avedat (Oboda), Shivta (Sobata), Nizzana (Nessana), Mamshit (Mampsis), Haluza (Elusa) und Rehovot (Ruheiba) entwickelten. Die Nabatäer wurden wohlhabende Kaufleute, die bald den Handel mit Gold, Edelsteinen und Gewürzen beherrschten. Dem steigenden Bedarf an Lebensmitteln begegneten sie in dem regenarmen Negev mit raffinierten Bewässerungssystemen und einzigartigen Anbaumethoden. Unweit der Akropolis baute man in den 50er Jahren einen nabatäischen Gutshof wieder auf, setzte die alten Bewässerungsanlagen instand und kultivierte hier mit Erfolg Nutzpflanzen, die schon die Nabatäer anbau-

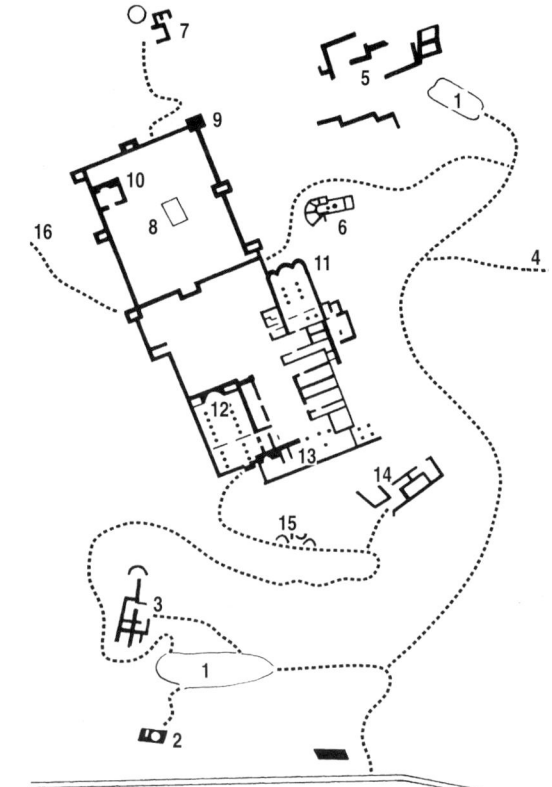

ten. Das über 2000jährige System war so sinnvoll angelegt, daß es mit einem Minimum an Regenwasser auskam.

Die Nabatäer lebten mit den Judäern in Frieden und beteiligten sich im 2. Jh. v. Chr. an den Kämpfen der Makkabäer gegen die Seleukiden. Im 2. und besonders im 1. Jh. v. Chr. erreichte das nabatäische Königreich, das nun das nördliche Arabien, ganz Edom, das südliche Moab, den Negev und den Sinai umfaßte, seine größte Machtentfaltung, von der heute noch die prachtvollen Ruinen der Hauptstadt Petra (Jordanien) zeugen. Nach der siegreichen Schlacht bei Moto (Syrien) im Jahre 85 v. Chr. konnten die Nabatäer unter ihrem König Aretas III. den Seleukiden sogar Damaskus entreißen, das bis 69 v. Chr. in ihrem Besitz blieb. Den vordringenden Römern waren sie allerdings nicht gewachsen. Nachdem Pompejus 65 v. Chr. das morsche Seleukidenreich zermalmt und ganz Syrien und Palästina besetzt hatte, machte er die Nabatäer zu Vasallen, beließ ihnen aber weitgehende Selbständigkeit. Sie erfreuten sich sogar der Unterstützung durch die Römer, die in ihnen ein Bollwerk gegen die übrigen Araber sahen. Eine lange Periode des Friedens und des Wohlstandes begann.

Im Jahre 9. v. Chr. bestatteten die Nabatäer ihren vergöttlichten König Obodas III. in 'Avedat. Sein Grab wurde zur Wallfahrtsstätte; die Stadt erhielt den Namen Oboda. Unter Obodas III. (30–9 v. Chr.) und seinem Nachfolger Aretas IV. (9 v.–40 n. Chr.) erreichte 'Avedat seine größte Blüte; es dürfte damals etwa 3000 Einwohner gezählt haben. Thronwirren nach dem Tode des Königs Rabilos (75–105) führten 106 n. Chr. zum Einmarsch römischer Truppen. Das Nabatäerreich wurde zur römischen Provinz Arabia. 'Avedat verlor damit seine Bedeutung. Im späten 3. Jh. richteten die Römer im Norden der Stadt ein Militärlager ein und setzten an die Stelle des Tempels, der Zeus, Aphrodite und dem Gottkönig Obodas geweiht war, ein Jupiterheiligtum. Allmählich erholte sich 'Avedat wieder. Unter Kaiser Theodosius I. (379–395) wurden die Nabatäer christianisiert; die Nordkirche entstand. Um die Mitte des 5. Jh. kam die Südkirche hinzu. Unter Justinian (527–564) gründeten Mönche auf der Akropolis ein Kloster und widmeten sich den umliegenden Feldern und Weinbergen. 636 eroberten islamische Araber die Stadt; sie verfiel und wurde im 10. Jh. endgültig aufgegeben.

Vom unteren Parkplatz aus führt ein Pfad zu den byzantinischen **Thermen** nahe der Hauptstraße. Die einzelnen Räume sind eindeutig zu bestimmen; sie waren noch in arabischer Zeit in Betrieb. In unmittelbarer Nähe der Thermen entspringt eine Quelle. Nördlich vom Parkplatz erreicht man ein großes **byzantinisches Wohnhaus.** An dieses schließt sich ein Höhlensystem an, das die Bewohner aus dem weichen Kalkstein gebrochen hatten und das vor allem der Lagerung von landwirtschaftlichen Erzeugnissen diente. An der Straße zum oberen Parkplatz trifft man auf eine **nabatäische Grabanlage.** Hinter dem aus Kalksteinquadern errichteten Vorraum liegt die Grabkammer. Ihren Türsturz ziert ein Relief, auf dem ein Hörneraltar abgebildet ist, flankiert von einer Mondsichel mit Stern und einer Sonnenscheibe sowie von zwei Säulen. In der 10 m × 8 m großen Kammer sind zahlreiche Nischen in das Gestein getrieben.

Am Südfuß der Akropolis steht ein großes **Kelterhaus** aus byzantinischer Zeit; ein besonders gut erhaltenes Beispiel für viele gleiche oder ähnliche Anlagen. Die Akropolis wird von einer mächtigen **byzantinischen Zitadelle** beherrscht, die eine Fläche von 61 m × 41 m bedeckt. Vom Turm in der Ostecke hat man einen guten Überblick über die ganze archäologische Stätte. An die Nordmauer lehnt sich eine spätbyzantinische Kapelle, in der Mitte des Hofes befindet sich eine große Zisterne. Die Zitadelle entstand unter Konstantin dem Großen (306–337), vielleicht auch schon unter Diokletian (284–305) an der Stelle eines nabatäischen Militärlagers.

Westlich der Zitadelle erstreckte sich der geistliche Bezirk mit zwei Kirchen und einem Baptisterium. Die **Nordkirche,** das früheste christliche Gotteshaus in 'Avedat, wurde im 4. Jh., möglicherweise schon zur Zeit Konstantins, in der Nordwestecke der Akropolis er-

Säulen in 'Avedat

richtet. Hier stand seit 267 der nabatäische Tempel für Zeus, Aphrodite und Obodas, der sich wiederum auf den Fundamenten eines älteren Heiligtums erhob.

18 Stufen führten vor der Nordkirche zur Terrasse empor. Durch
ein Portal betrat man das von Kolonnaden flankierte Atrium, in dessen Mitte eine kleine Zisterne lag. Drei Türen öffneten sich zur 13 m
× 18 m großen Basilika, die durch zwei Reihen zu je fünf Säulen aus
weichem Kalkstein in drei Schiffe geteilt wurde. Leider fanden die
Archäologen keine Säule in situ. Die jeweils fünfte Säule gehörte
zum Bema, dem Allerheiligsten, das man hier um zwei Stufen erhöht
hatte. Es ragte teilweise in die Seitenschiffe und besaß somit einen T-
förmigen Grundriß; es war von einer marmornen Chorschranke umgeben. Hinter dem Altar führten innerhalb der 4,50 m breiten Apsis
fünf Stufen zum Bischofsthron empor. An der Apsiswand fanden die
Archäologen Überreste eines hölzernen Synthronos. Die Wände und
auch das Bodenpflaster übernahmen die Baumeister vermutlich vom
Tempel. Um den wunderbaren, aber vorchristlichen Steinschmuck
der Tempelarchitektur zu verbergen, brachten sie die Platten mit der
Schauseite nach hinten bzw. unten an. Trommeln der dicken Tem-
pelsäulen aus besonders hartem Kalkstein fügten sie in das Mauerwerk ein. Die Halle südlich der Basilika diente möglicherweise als
Kapelle. Ihr Dach wurde von zwei Säulen gestützt. Den nördlichen
Teil des alten **Tempelportikus,** dessen Säulen man inzwischen wieder weitgehend aufgerichtet hat, nahm das **Baptisterium** ein. In den
Boden einer kleinen Apsis ist das kreuzförmige Taufbecken eingelassen. Südlich des Portikus lag die nabatäische Eingangshalle mit einem Treppenturm.

Die rund 100 Jahre jüngere **Südkirche** war dem Martyrium des hl.
Theodoros gewidmet. Sie entstand um 450 und gilt als das am besten

geplante frühchristliche Bauwerk im Negev. Das Atrium ist auf drei Seiten von Säulenhallen umgeben, an die sich Klostergebäude anschließen; die Säulen und auch das Hauptportal stammen aus älteren nabatäischen Gebäuden. In der Westecke des Atriums erhebt sich ein (Glocken-?)Turm. Das Pflaster des Atriums bedeckt eine große, vollständig erhaltene Zisterne, deren verputzte Innenwand ein Kreuz aus Kieselsteinmosaik schmückt. Die dreischiffige Basilika mißt 12,75 m × 18 m. Jede der beiden Säulenreihen bestand aus fünf Säulen und zwei Halbsäulen an den Enden. Die Chorschranke, die weitgehend in situ erhalten ist, umschloß auch die beiden Räume links und rechts der Apsis. Vor der Chorschranke erkennt man im Mittelschiff die runde Basis des Lesepults. Kalksteinplatten bedeckten den Boden, die Wände waren verputzt und bemalt. An der Wand des nördlichen Seitenraumes sind noch Freskospuren zu sehen.

Nördlich der Akropolis entstand im ausgehenden 3. Jh. unter Kaiser Diokletian ein 90 m × 90 m großes **Römerlager.** Östlich der Akropolis kann man eine **antike Töpferei** besichtigen (nabatäische Keramik war hochberühmt).

Makhtesh Ramon

22 km südlich von 'Avedat erreicht man bei der Bergarbeitersiedlung Mizpe Ramon (›Aussicht auf Ramon‹) die steile Nordwestkante des Makhtesh Ramon (›Krater von Ramon‹, arabisch Wadi Ruman), eines 35 km langen und 10 km breiten Einbruchsbeckens. Von hier aus führt der Ma'ale HaAtzmaut (›Paß der Unabhängigkeit‹) über 300 m tief in den größten Krater des Negev hinab. Ein modernes Museum vermittelt einen eindrucksvollen Überblick über Geologie,

Krater des Ramon

Fauna und Flora des Makhtesh Ramon. Von seinem Dach hat man eine atemberaubende Aussicht auf diese faszinierende Steinwüste.

Der Makhtesh Ramon ist kein Vulkankrater. Er entstand vor 70 Millionen Jahren durch Erdsenkungen über gewaltigen Hohlräumen. Man fand hier Fossilien von Lebewesen, die vor 190 Millionen Jahren (im Trias) gelebt haben.

Hai Bar

Die Ferienhäuser des Kibbuz sind ein idealer Ausgangspunkt für Tagestouren in den Negev.

52 km nördlich von Elat richtete der Kibbuz Yotvata das Wildreservat Hai-Bar ein. 1977 wurde das Biblical Wild Life Reserve für Besucher geöffnet. Eine 10 km lange, gut befahrbare Piste führt durch eine großartige Savannenlandschaft. Die Kulissen bilden die mächtigen Bergwände des Sinai im Westen und die jordanischen Felsmassive im Osten. Schirm- und Kegelakazien, unter deren schattigen Laubdächern Oryx- und Addax-Antilopen lagern, prägen diese Gegend. Ganze Herden von Somali-Wildeseln tummeln sich auf weiten, steinigen Flächen, Strauße rennen über die Piste.

Der **Kibbuz Yotvata** wurde 1951 als Armeesiedlung gegründet. Mehrere reichlich strömende Quellen bewässern nicht nur einen Palmenhain, sondern versorgen auch Elat mit Trinkwasser. Es erfrischte schon Mose, der »nach Jotbata« zogen, »einer Gegend, wo es Bäche gab, die immer Wasser führten« (Dtn 10,7).

Timna

Timna ☆
Besonders sehenswert
Antike Kupferminen
Säulen Salomos

Die Felsformationen in Timna sind im Laufe langer Zeit durch Erosion entstanden

Das 30 km nördlich von Elat gelegene Biqeat Timna ist eine Landschaft von großartiger, herber Schönheit mit phantastischen, oft skurrilen Felsformationen, die im Laufe von Jahrmillionen durch Erosion entstanden sind. Hier befanden sich die größten Kupferminen des Altertums. Alle wichtigen Sehenswürdigkeiten, darunter die berühmten Säulen Salomos, sind auf einem 35 km langen, gut beschilderten Rundweg mit dem Auto zu erreichen.

Vor ungefähr 6000 Jahren zogen erstmals Nomaden durch die Täler rings um den Har Timna, um die vom Wind freigelegten Kupfererzklumpen einzusammeln und das Metall herauszuschmelzen. Bald begannen sie, nach dem Erz zu graben. In der Frühen Bronzezeit (3100–2850 v. Chr.) trieben bereits erfahrene Bergleute erste Galerien und Schächte in den weißen Sandstein. In 50 cm tiefen und 40 cm weiten Gruben schmolzen sie das zerstampfte Erz mit Holzkohle, pulverisierten Muschelschalen und Eisenoxiden, denn sie hatten herausgefunden, daß Kalk und bestimmte Oxide die Nebenbestandteile des Erzes binden und das Kupfer freisetzen. Blasebälge mit tönernen Rohren brachten das Gemisch auf Temperaturen zwischen 1180 und 1350° C (Kupfer schmilzt bei 1083° C). Diese Öfen von Timna sind die ältesten bisher entdeckten.

Die Pharaonen des Neuen Reiches (14.–12. Jh. v. Chr.) entsandten Expeditionen nach Timna, um das begehrte Metall zu gewinnen. In den Fels gemeißelte Königskartuschen markieren den Weg, den ihre Karawanen quer durch den Sinai nahmen. Schon früh überließen die Ägypter die Kupfergewinnung den Midianitern, die aus dem Hedschas (Region um Mekka und Medina) in die Arava gekommen waren und mit denen sie sich arrangiert hatten.

Landschaft in Timna

1974 und 1976 entdeckten Bochumer Bergwerksexperten auf einer Fläche von 4 km² rund 3000 kaminartige Einstiegsschächte der ägyptisch-midianitischen Ära, mit Trittstufen an den Wänden. Von den 5–36 m tiefen Schächten zweigen seitlich Schürfstollen ab, in denen man Kupferpickel zum Herausbrechen des Erzes und Unmengen von Dattelkernen fand.

Seit dem 10. Jh. v. Chr. widmeten sich die israelitischen Könige, allen voran Salomo, dem hiesigen Kupferabbau. 1955 nahm der israelische Staat den 6000 Jahre alten Kupferbergbau erneut auf, mußte ihn jedoch wegen fallender Weltmarktpreise im Jahre 1976 wieder einstellen.

Das Timna-Tal (arabisch Wadi Mene'ije) ist eine riesige Erosionsmulde von etwa 70 km² Ausdehnung. Vier Wadis öffnen sie zur Aravasenke hin, im Norden, Westen und Süden bilden 500–700 m hohe Dolomit- und Kalkfelsen die Begrenzung. In der Mitte des Tales erhebt sich der 453 m hohe Har Timna, dessen vielfarbiges Granitgestein sich reizvoll von der ockergelben Umgebung abhebt.

Etwa 3,5 km hinter dem Haupteingang (Eintrittsgebühr) biegt man rechts ab und fährt zu den **ägyptischen Kupferminen** in der Nordwestecke des Tales. Vom Parkplatz am Ende der Straße sind es 200 m bis zu einem großen, natürlichen Sandsteinbogen. Ein markierter Pfad führt 500 m steil hinauf zu den alten Schächten und Galerien. Eine Seitenstraße durch das breite Wadi Timna endet vor den nördlichen Klippen. In einem Felsspalt, 50 m vom Parkplatz entfernt, sind **ägyptische Steinzeichnungen** aus dem 13./12. Jh. v. Chr. zu erkennen: Eine Prozession pferdebespannter Streitwagen mit je zwei ägyptischen Soldaten zieht vorüber, rechts davon ist eine Jagdszene mit Bogenschützen, Hunden, Steinböcken, Antilopen und Straußen dargestellt. Die kleinen Abbildungen in der linken oberen Ecke stammen von Beduinen, die die ägyptischen Originale in späterer Zeit nachzuahmen versuchten.

Eine markante Felsbildung ist der 6 m hohe, rote Pilz in der Nähe des Hauptweges. Nahebei finden sich alte Schmelzöfen, Werkstätten und Vorratsgruben aus dem 14.–13. Jh. v. Chr. Auch ein kleiner kanaanitischer Schrein mit Altar, Opferbank und Priesterzelle wurde hier freigelegt.

Höhepunkt der Fahrt durch das Timna-Tal sind die **Säulen Salomos,** purpurfarbene Felssäulen, die über 50 m steil emporragen. Eine Treppe führt zu einem Relief, das in etwa 30 m Höhe in eine glatte Wand gemeißelt wurde: Pharao Ramses III. (1184–1153) bringt der Göttin Hathor, die auch Schutzpatronin der Bergleute war, ein Opfer dar. Hinter den Säulen führt die Treppe wieder hinab, um neben einem 9 m × 7 m großen **Hathortempel** aus dem 13. und 12. Jh. v. Chr. zu enden. Nach 1150 v. Chr. wandelten midianitische Bergleute den Tempel in ein Zeltheiligtum um, das an die Stiftshütte der Israeliten erinnerte. Jitro, Schwiegervater des Mose, war midianitischer Priester (Ex 3,1). Auf die Midianiter gehen die Stelenreihe, eine Opferbank und der Priesterraum zurück, und auch die Kupferschlange mit vergoldetem Kopf, die man in dem Heiligtum fand, war midianitischen Ursprungs. Die Untersuchung der frühesten Schichten ergab, daß der Platz unter dem Felsvorsprung schon vor 6000 Jahren ein Heiligtum war.

Elat

An dem 13 km langen Küstenstreifen zwischen Ägypten und Jordanien entwickelte sich seit 1949 Israels einziger Überseehafen am Roten Meer, zugleich die südlichste Stadt und das größte und sonnenreichste Seebad des Landes (nur 8–10 Regentage im Jahr). Wie ein gewaltiges Amphitheater umschließen die modernen Stadtviertel die äußerste Nordwestspitze des Golfes von Elat (Golf von Aqaba), den im Westen die farbigen Berge des Sinai und im Norden die weite Aravasenke begrenzen. Abends funkelt auf der anderen Seite des Golfs das Lichtermeer der 6 km entfernten, ebenfalls erst in den letzten Jahrzehnten aufgeblühten jordanischen Hafenstadt Aqaba, die mit Elat durch eine gemeinsame Geschichte und seit Herbst 1994 auch durch einen Grenzübergang verbunden ist, was interessante Ausflüge dorthin und auch in die berühmte Felsenstadt Petra ermöglicht.

Auf seinem Zug von Ägypten in das verheißene Land kam Mose mit den Israeliten auch nach Elat (Dtn 2,8); hier legten seit dem 14. Jh. v. Chr. ägyptische Schiffe an, um das begehrte Kupfer aus den Minen von Timna zu laden. König Salomo (etwa 968–930) gründete in der Nachbarschaft die neue Stadt Ezjon-Geber mit einem Verhüttungswerk, das als die fortschrittlichste Anlage ihrer Art im Altertum gilt. Und hier ließ er eine Flotte bauen, die aus Ofir – das vermutlich in Südarabien oder an der gegenüberliegenden afrikanischen Küste lag – Gold herbeischaffte (1 Kön 9,26; 2 Chr 8,18). König Hiram von Tyros stellte ihm für dieses Vorhaben seine erfahrenen phönikischen Schiffbauer und Seeleute zur Verfügung. In Ezjon-Geber ging wohl auch die legendäre Königin von Saba an Land, um sich in Jerusalem von Salomos Weisheit zu überzeugen (1 Kön 10,1–13). Auch König Joschafat von Juda (868–847) baute in Ezjon-Geber eine Flotte, die in Ofir Kupferbarren gegen Gold eintauschen sollte. Sie zerschellte aber schon bei der Abfahrt in einem Sturm (1 Kön 22,49). Unter seinem Nachfolger Joram (847–845) fiel der Hafen in die Hände der Edomiter (2 Kön 8,22); König Ussia (Asarja; 786–736) konnte ihn zwar zurückerobern (2 Kön 14,22), König Ahas (736–726) verlor ihn aber wieder an Edom (2 Kön 16,6).

Im 5. Jh. v. Chr. übernahm das benachbarte Elat wieder die Rolle der führenden Hafenstadt am Roten Meer. Die Ptolemäer gaben ihm den Namen Berenike. Im 3. Jh. v. Chr. kam die Stadt unter die Herrschaft der Nabatäer, die sie Aila nannten. Für die Römer hatte Aila große strategische Bedeutung; sie stationierten hier die Legio X Fretensis, der auch die Bewachung der nahen Kupferminen von Timna oblag. In byzantinischer Zeit nahmen die Bischöfe von Aila an den

Elat ☆
Besonders sehenswert
Unterwasser-
Observatorium
Koralleninsel

ersten Konzilien teil. Im Jahre 634 begann in Aila, das fortan Aqaba hieß, die arabische Eroberung Palästinas. 1116 baute Balduin I., König von Jerusalem, in der jetzt Elyn genannten Stadt eine Zitadelle. Von hier aus plünderte Rainald von Châtillon, Herr über das östliche Jordanland, mit fünf Schiffen, die er zerlegt durch den Negev herangeschafft hatte, die Häfen der arabischen Küsten, führte einen erfolgreichen Kaperkrieg im Roten Meer und bedrohte sogar Mekka und Medina. Nach dem Zusammenbruch des Kreuzfahrerreiches im Jahre 1187 hieß der Hafen wieder Aqaba. Er gehört heute zu Jordanien.

Das heutige Elat ging 1949 aus der britischen Polizeistation Umm-Rashrash hervor. 1964 erhielt die Stadt einen Überseehafen, der durch eine Pipeline mit Ashqelon verbunden wurde. Nach der Wiedereröffnung des Suezkanals im Jahre 1975 verlor der Tiefseehafen seine Bedeutung. Elat hat heute 36 000 Einwohner, die überwiegend vom Fremdenverkehr leben.

7 km südlich von Elat entstand im Jahre 1976 am Korallenstrand (Hof HaAlmog) das inzwischen berühmte **Unterwasser-Observatorium.** Ein 100 m langer Steg führt zu einer Art Taucherglocke, in der man in 6 m Tiefe die farbenprächtige und formenreiche Fauna und Flora des Roten Meeres beobachten kann. Riesige Aquarien, darunter eine abgedunkelte Abteilung mit phosphoreszierenden Tiefseefischen, ergänzen das Observatorium. Die faszinierende Unterwasserwelt der Korallenbänke läßt sich von einem speziellen Unterseeboot aus oder – preisgünstiger – auch auf Schiffen mit Glasböden erleben oder natürlich als Taucher. Elat ist ein geeigneter Ort, diesen Sport zu erlernen und zu betreiben.

Koralleninsel

15 km südlich von Elat ragen 275 m vor der Küste auf Granitfelsen die mittelalterlichen Ruinen der Koralleninsel in den tiefblauen Himmel. Die 320 m lange und 150 m breite Koralleninsel (I HaAlmogim, auf arabisch Jezirat Fara'un, ›Pharaoneninsel‹) genannt, wurde 1982 wieder an Ägypten zurückgegeben; man kann sie jedoch über die Küstenstraße (Checkpoint Taba) oder auf Schiffsausflügen besuchen (das erforderliche Besuchervisum erhalten Sie im Tourist Information Office von Elat und in den Reisebüros). Ruderboote fahren vom Festland hinüber.

Die Insel, von der aus stets die Seewege im nördlichen Golf von Aqaba kontrolliert werden konnten, wurde im 12. Jh. v. Chr. – wohl unter Pharao Ramses III. – von einer mächtigen, 4 m dicken **Kasemattenmauer** umgeben. Sieben quadratische Türme, die in das Meer vorsprangen, verstärkten die Befestigung, zwei weitere flankierten die schmale Hafeneinfahrt. Reste des Mauerwerks sind noch an mehreren Stellen zu erkennen.

Der kleine **Hafen** an der dem Festland zugewandten windgeschützten Seite der Insel entstand durch Ausbau einer natürlichen

*Blick auf die
Koralleninsel*

Meeresbucht. Heute ist er wieder eine flache Lagune, in der man Tausende von Seesternen und Seeigeln sieht. Archäologen haben vor der Hafeneinfahrt steinerne Dalben entdeckt, an denen die Schiffe festmachten, bevor sie zum Entladen in den Hafen gezogen wurden. Die nördliche Granitkuppe der Insel trägt die Ruinen der mamelukkischen **Zitadelle** aus dem 15. Jh.

Das Katharinenkloster auf dem Sinai

Inmitten der wildzerklüfteten Zentralgruppe des ägyptischen Sinaigebirges liegt am Nordostfluß des Djebel Musa (›Mosesberg‹) in einer Höhe von 1528 m das Katharinenkloster, das größte und berühmteste Kloster des Nahen Ostens. Hier offenbarte sich nach dem Glauben der Juden, Christen und Moslems Gott den Menschen. In der Abgeschiedenheit der Wüste Sinai hüten griechisch-orthodoxe Mönche eine der bedeutendsten Handschriftensammlungen und die ältesten Ikonen der Welt.

Die byzantinische Kirche hier ist das einzige christliche Gotteshaus, in dem seit anderthalb Jahrtausenden ununterbrochen Messen zelebriert werden.

Reisegesellschaften und Verkehrsbüros vermitteln halbtägige Flug- und zweitägige Busreisen von Tel Aviv, Jerusalem und Elat aus (sie besorgen auch das ägyptische Visum). Der kleine, etwa 15 km vom Kloster entfernte Flugplatz besteht seit 1967; Beduinen befördern die Touristen mit Bussen auf einer neuen Asphaltstraße zum Kloster. Mit dem Pkw ist das Katharinenkloster von Elat aus über eine 220 km lange, zum Teil neu asphaltierte Straße zu erreichen, die wenige Kilometer hinter Nuweiba abbiegt. Die Zeit für die Besichtigung der Klosteranlagen ist im allgemeinen auf 9 bis 12 Uhr begrenzt. Das Gästehaus bietet rund 250 Personen eine bescheidene

375

Übernachtungsmöglichkeit; in der Nähe des Klosters gibt es außerdem eine gepflegte Ferienanlage (Camp Santa Katharina).

Im Djebel Musa sah die christliche Tradition schon sehr früh den Berg Horeb, wo Mose die Schafe und Ziegen seines Schwiegervaters Jitro, eines Midianiterpriesters, weidete und wo Gott ihm in einem brennenden Dornbusch erschien (Ex 3,1 ff.). Auf diesem Berg schloß Gott später mit den Menschen seinen Bund und gab ihnen durch Mose das Gesetz (Ex 19 und 20). Seit dem frühen 2. Jh. hausten in den Felshöhlen rings um den Mosesberg Eremiten. Um ihnen ein eigenes Gotteshaus zu geben und sie vor Überfällen räuberischer Beduinen zu schützen, soll ihnen die Kaiserinmutter Helena um 324 eine Kirche und einen Wehrturm gestiftet haben. Zwischen 548 und 565 beauftragte Kaiser Justinian I. den Architekten Stephanos aus Aila, die heutige Kirche zu bauen. Er weihte sie der Gottesmutter, fügte ein ansehnliches Kloster hinzu und umgab alles mit einer mächtigen Mauer. Zugleich stationierte er hier eine 200 Mann starke Garnison, die als Vorposten des Imperiums auf dem Sinai die alte Karawanenstraße von Ägypten nach Aqaba zu sichern hatte. Unter der Seldschukenherrschaft versiegte im späten 11. Jh. der Pilgerstrom, das Kloster geriet durch den Ausfall der Spenden in arge Bedrängnis. Dennoch harrten die Mönche aus und arrangierten sich mit den Moslems, für die sie innerhalb der Klostermauern sogar eine Moschee einrichteten.

Im 14. Jh. wurde die Kirche der hl. Katharina von Alexandria geweiht. Katharina – als historische Person ist sie nicht faßbar – war eine hochgebildete alexandrinische Aristokratin, die bedeutende Gelehrte und Mitglieder des römischen Herrscherhauses zum Christentum bekehrte und deshalb im Jahre 310 unter Kaiser Maxentius den Märtyrertod erleiden mußte.

In byzantinischer Zeit, aber auch im 14. Jh., lebten bis zu 400 Mönche am Berg Horeb. Heute leben hier nur noch wenige, ausschließlich aus Griechenland stammende Mönche, die die heilige Stätte hüten und gemeinsam mit den Beduinen die baulichen Anlagen instand halten und den von Jahr zu Jahr anwachsenden Pilger- und Touristenstrom betreuen. Zu keiner Zeit wurde das Kloster geplündert, entweiht oder gar zerstört. Den klugen Äbten gelang es stets, sich immer rechtzeitig unter den Schutz der jeweils Herrschenden zu stellen. So können die Mönche über 100 Schutzbriefe und Firmane aus dem 12.–19. Jh. zeigen, darunter auch ein Schreiben Napoleons.

Seit dem 6. Jh. genießt das Katharinenkloster völlige Unabhängigkeit von Staat und Kirche. Der von der Bruderschaft des Sinaitischen Ordens gewählte Klosterabt hat den Rang eines Erzbischofs; er residiert in Kairo und bildet zusammen mit vier Archimandriten den Rat der Väter. Die Mönche arbeiten in Bibliothek und Werkstatt. Kleinere Besitzungen auf Zypern, Kreta und anderen griechischen Inseln sichern die wirtschaftliche Unabhängigkeit des Klosters, das heute unter dem Schutz der UNESCO steht.

◁ *Landschaft am Katharinenkloster*

377

Das Kloster

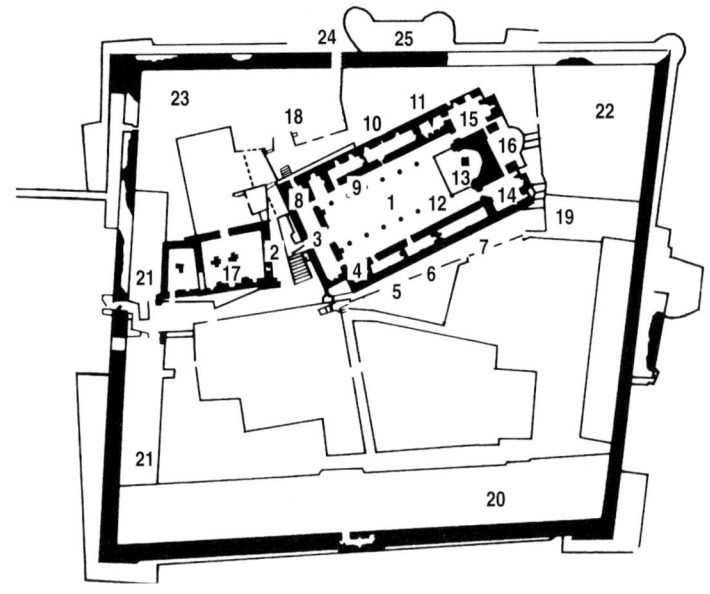

Das Katharinenkloster bedeckt eine Fläche von 84 m × 74 m. Die Mauer aus mächtigen Granitblöcken (außen) und Bruchsteinen (innen) geht zu einem großen Teil (Südwestmauer) auf das 6. Jh. zurück. Die tiefste Stelle des Areals nimmt die **Verklärungsbasilika** ein. Etliche Stufen führen zum zweiflügeligen Portal aus der Fatimidenzeit (12. Jh.), das mit Szenen aus dem Alten und Neuen Testament bedeckt ist, hinab. Den Narthex schmücken kostbare Ikonen, meist Arbeiten kretischer Mönche. Die Doppeltüren zum Kirchenraum stammen aus der Zeit Justinians; das Mittelportal ist 3,63 m hoch und 2,40 m breit. Die kunstvoll geschnitzten Zedernholztüren zeigen üppige Tier- und Pflanzenornamente.

Zweimal sechs Säulen gliedern den Raum in ein breites, hohes Mittelschiff und zwei schmale, niedrigere Seitenschiffe. Die Monolithe aus rosafarbenem Sinaigranit werden von korbförmigen und tiergestaltigen Kapitellen gekrönt. Die Säulen symbolisieren die zwölf Apostel und entsprechen den zwölf Monaten des Sonnenjahres; Tafeln mit Abbildungen der Tagesheiligen hängen unterhalb der Kapitelle. Die reich geschnitzten und mit Farbe ausgelegten Deckenbalken gehen ebenfalls auf die Basilika Justinians zurück; die Holzdecke mit naiv-heiteren Astronomiedarstellungen wurde erst im 18. Jh. eingezogen. Der farbig gemusterte Fußboden mit Marmor- und Porphyr-Intarsien stammt aus dem Jahre 1714.

378

Vor der vergoldeten und mit Heiligenbildern behängten Ikonostase, einer kretischen Arbeit aus dem Jahre 1612, stehen zwei große Leuchter, die 1799 der Nürnberger Matthäus Bleyel stiftete. Hinter der Ikonenwand (meist kein Zutritt) bewahrt ein Schrein die Reliquien der hl. Katharina von Alexandria, die einmal jährlich, am 8. Dezember, in prunkvoller Zeremonie den Gläubigen gezeigt werden. Der byzantinische Marmoraltar ist seit 1675 mit perlmuttbelegtem Holz verkleidet, der Baldachin darüber ebenfalls mit Perlmutt besetzt. Zwei russische Silberschreine (1691 und 1890) enthalten Geschenke für die Heilige. Die Apsis mit dem typisch byzantinischen Synthronos wird von einem großartigen Mosaik beherrscht, das im 6. Jh. geschaffen wurde und die Verklärung Jesu auf dem Berg Tabor zeigt. Jesus ist von Elija und Mose sowie seinen Jüngern Johannes, Petrus und Jakobus umgeben. Eine Gloriole aus 31 Medaillons mit den Porträts von Propheten und Aposteln umrahmt die Szene. Neben dem Doppelfenster sind die beiden Ereignisse am Berg Horeb wiedergegeben: Mose geht auf den brennenden Dornbusch zu, und Mose empfängt das Gesetz. Zwei Medaillons zeigen Kaiser Justinian und seine Gemahlin Theodora. Hinter der Apsis entstand, vermutlich an der Stelle der ersten, von Helena gestifteten Kapelle, im 13. Jh. die kleine **Kapelle des Brennenden Dornbusches,** das größte Heiligtum des Sinai. Die Wände sind mit blaugrünen Iznik-Fayencen verkleidet und mit unzähligen Ikonen behängt, den Boden bedecken alte Teppiche. Reliefierte Silberplatten unter dem Altartisch zeigen die Stelle, an der der Heilige Dornbusch stand. An der Außenwand der Kapelle rankt sich ein dorniger Syrischer Blasenstrauch *(Colutea istria)* empor. Er soll ein Sproß des biblischen Dornbusches sein.

Der dem Barock nachempfundene **Glockenturm** der Verklärungsbasilika und die acht Glocken, die den Tag einläuten, sind Geschenke des Zaren Alexander II. (1871). Ein hölzerner Gong ruft zu den Messen (4.30–7.30 Uhr, 14.30–16.00 Uhr). Die **Moschee** neben der Kirche ging im 10. Jh. aus einem Gästehaus für moslemische Besucher hervor. Das Katharinenkloster ist das einzige christliche Kloster, in dem Kreuz und Halbmond einträchtig beieinander existieren (diese noch heute geübte Toleranz ermöglichte der Bruderschaft ein ungestörtes Wirken durch die Jahrhunderte). Beachtenswert sind der Mimbar und der Koranständer aus dem 12. Jh. Das **Refektorium,** ein 17 m langer frühgotischer Saal, zeigt an der Stirnwand ein Fresko aus dem Jahre 1573, das das Jüngste Gericht darstellt. Auf Türrahmen und Blendarkaden haben sich europäische Pilger des 12.–16. Jh. durch Wappen und Inschriften verewigt.

Das **Museum** enthält die größte und bedeutendste Ikonensammlung der Welt. Unter den rund 2000 Tafelbildern befinden sich einige besonders kostbare, im antiken Enkaustik-Verfahren hergestellte Ikonen (5./6. Jh.). Dabei werden in Wachs gebundene Pigmente auf Holz, Stein usw. heiß aufgetragen; auch ägyptische Mumienporträts sind nach diesem Verfahren hergestellt. Einzigartig ist auch die

Sammlung liturgischer Geräte und Kleidung. Die im allgemeinen nicht zugängliche **Bibliothek des Klosters** umfaßt über 3400 Handschriften. Zu den wertvollsten zählen das Buch Hiob (11. Jh.), die (»Leiter zum Paradies«, 12. Jh.) und die 16 Homilien des Gregor von Nazianz (12. Jh.). Von dem berühmtesten »Codex Sinaiticus«, einer griechischen Bibelhandschrift des 4. Jh., ist nur eine Faksimileausgabe vorhanden (der überwiegende Teil des Originals befindet sich heute im British Museum, London, 43 Blätter sind als »Codex Friderico-Augustanus« im Besitz der Universitätsbibliothek Leipzig).

Im schattigen Klostergarten außerhalb der Mauern steht inmitten von Ölbäumen und hohen Zypressen die Kapelle des hl. Tryphon, deren zwei Krypten als **Beinhaus** dienen. Seit vielen Jahrhunderten werden hier die Schädel und Knochen der verstorbenen Mönche aufbewahrt. Die sterblichen Überreste der Äbte haben ihren Platz in kleinen, vergitterten Wandnischen.

Aufstieg zum Djebel Musa

Vom Kloster führen zwei Wege zum Gipfel des 2285 m hohen Djebel Musa empor. Für den Auf- und Abstieg muß man je etwa 2–3 Stunden rechnen, denn der Höhenunterschied beträgt mehr als 750 m. Besonders beeindruckend ist es, auf dem Gipfel den Sonnenaufgang zu erleben. Den großen Treppenweg mit seinen 3000 oft bis zu 40 cm hohen Stufen wählt man am besten für den Abstieg. Hinauf geht es über den zwar längeren, aber weniger beschwerlichen Serpentinenpfad, den Siqqet Saidna Musa, ›Pfad unseres Herrn Mose‹. Vor dem Gipfel trifft der Pfad auf den Treppenweg, dessen letzte 734 Stufen, die sogenannte Bußtreppe, jeder ersteigen muß, der an der Stätte stehen möchte, wo Mose von Gott die Zehn Gebote empfing. Den Gipfel, von dem man eine atemberaubende Aussicht auf die wilde, öde Bergwüste hat, krönt eine bescheidene Kapelle, die 1934 unter Verwendung alter Bauteile errichtet wurde. Eine winzige Andachtsstätte stand hier schon im Jahre 363; sie wurde um 530 durch eine Basilika ersetzt, die den ganzen Gipfel einnahm. Da die Moslems Mose als einen ihrer Propheten verehren, befindet sich gleich neben der Kapelle auch eine kleine Moschee.

Der Treppenweg führt durch zwei Steintore, das Tor des Glaubens und das Stephanstor, vor dem nach christlicher Überlieferung im 6. Jh. der Abt Stephanos saß, der den Pilgern erst nach Beichte und Absolution den Weg zum Gipfel freigab (daher auch Beichtpforte genannt). Heute bewacht das Skelett des Stephanos, mit Mantel und Mönchskappe bekleidet, das Beinhaus des Klosters.

6 km südlich des Klosters erhebt sich der **Katharinenberg** (Djebel Katrina), der Mons Sinai, mit 2642 m die höchste Erhebung des Sinai. Auf seinem Gipfel sollen Mönche zwischen dem 7. und 9. Jh. die Gebeine der hl. Katharina von Alexandria, die von Engeln hierher gebracht worden waren, gefunden haben.

Ein Hinweis, falls Sie die Nacht hier oben verbringen: Nach islamischer Tradition sind auf dem Djebel Musa gezeugte Kinder mit Weisheit gesegnet.

Kunst- und religionsgeschichtliches Glossar

Agape: Liebesmahl der Urchristen, von wohlhabenden Gemeindemitgliedern für Arme gestiftete gemeinsame Mahlzeit als Ausdruck brüderlicher Liebe

Akanthus: distelartige Pflanze, deren Blätter als Vorlage für ein weit verbreitetes Architekturornament dienen

Alijah: jüdische Einwanderungswelle

Almemor: Vorlesepult in der Synagoge

Ambo: Podest zum Vorlesen des Evangeliums, Vorläufer der Kanzel

Amphiktyonie: Verband von Stämmen zum Schutz und zur Pflege eines gemeinsamen Heiligtums

Antependium: den Altarunterbau schmückende Verkleidung aus Stoff oder Metall

Apodyterium: Umkleideraum der römischen Thermen

Apsis: halbrunder, auch mehreckiger mit einer Halbkuppel überwölbter Raumteil

Architrav: den Oberbau tragende Steinbalkenlage

Arkosolgrab: Grab in bogenförmig überwölbter Nische

Aschkenasim: aus Mittel- und Osteuropa stammende Juden → Sephardim

Astarte: kanaanitische Fruchtbarkeits- und Kriegsgöttin

Atrium: von Säulenhallen umgebener Vorhof einer Kirche

Baptisterium: christliche Taufstätte als selbständiges Bauwerk oder Anbau einer Kirche

Basilika: große, rechteckige Hallenkirche, die durch Säulenreihen in ein erhöhtes Mittelschiff und zwei (gelegentlich auch vier) Seitenschiffe eingeteilt ist

Bema: erhöhter Altarraum der Ostkirchen

Bossenquader: geränderte Steinquader, deren Außenfläche nur roh behauen ist

Buleuterium: Gebäude für die Ratsversammlung

Caldarium: Warmwasserbad, zentraler Teil der römischen Thermen

Cardo maximus: in Nord-Süd-Richtung verlaufende zweite Hauptstraße des Römerlagers und der römischen Stadt → Decumanus maximus

Cavea: Zuschauerraum des römischen Theaters, bestehend aus terrassenartig aufsteigenden Sitzreihen (Sitzstufen)

Cella: Hauptraum des antiken Tempels, in dem die Gottheit wohnte bzw. ihr Abbild stand

Chor: den Geistlichen vorbehaltener Teil des Kirchenraumes mit Altar und Chorgestühl, meist um einige Stufen erhöht und durch Chorschranken abgegrenzt

Ciborium: → Ziborium

Columbarium: römische und frühchristliche Gemeinschaftsgrabanlage, die im Aussehen einem Taubenschlag ähnelt

Decumanus maximus: in Ost-West-Richtung verlaufende Hauptstraße des Römerlagers und der römischen Stadt → Cardo maximus

Diakonikon: Sakristeiraum der byzantinischen Kirchen

Dolmen: vorgeschichtliche Grabkammer aus ein oder zwei

mächtigen Decksteinen auf senkrechten Tragsteinen
Donjon: innerer Hauptturm der Kreuzfahrerburg
Dreikonchenbau: Bauwerk mit kleeblattförmigem Grundriß
Drusen: islamische Glaubensgemeinschaft
Epitaph: Erinnerungsmal für einen Verstorbenen oder Grabinschrift
Etrog: Zitrusfrucht, die beim Laubhüttenfest eine Rolle spielt
Eucharistie: Abendmahl; Leib und Blut Christi in der Gestalt von Brot und Wein
Exedra: große, halbrunde oder mehreckige Nische
Forum: Marktplatz römischer Städte, zugleich Mittelpunkt des öffentlichen Lebens
Fries: waagerecht verlaufender Bauteil, der zur Raumgliederung und als Schmuck dient
Frigidarium: Kaltwasserbad der römischen Thermen
Gemara: Auslegung der → Mischna (3.–5. Jh.)
Gesims: über das Gebälk vorspringendes bzw. aus der Mauer hervorstehendes Bauglied, meist aus Steinplatten gefügt
Glacis: aus Steinquadern gebildete Böschung zur Verstärkung einer Mauer
Hexagramm: Sechszackstern, Davidstern
Holocaust: eigentlich Brandopfer, verwendet insbesondere für die Vernichtung des jüdischen Volkes
Hypokausten: Fußbodenheizung mit Heißluftkanal-System
Ikonostase: Bilderwand zwischen Gemeinde- und Altarraum
Judenchristen: Christen jüdischer Herkunft zur Zeit der

Urkirche
Kabbala: mystisch geprägte Auslegung des Alten Testaments und des → Talmud (13.–16. Jh.)
Kantharos: Trinkgefäß mit zwei senkrechten Henkeln, meist auf hohem Fuß
Kapitell: der oberste Teil einer Säule, eines Pfeilers oder eines Pilasters, Bindeglied zwischen Stütze und Gebälk
Kenotaph: Erinnerungsmal für einen Toten, der an anderer Stelle begraben wurde
Khan: Karawanserei; Herberge für Kaufleute und ihre Transporttiere
Kibbuz: selbstverwaltete Siedlung in Gemeinschaftsbesitz → Moschaw
Kibla: die Mekka zugewandte Mauer im Gebetssaal der Moschee, mit → Mihrab und → Mimbar versehen
Kippa: kappenartige Kopfbedeckung der Juden
Kokim: Schiebestollengräber
Konche: muschelartig gestalteter Abschluß der → Apsis
Koran: heiliges Buch des Islam, dem Propheten Mohammed verkündete göttliche Offenbarung
Krypta: Grabkammer unter dem Altar
Kurtine: Teil eines Walles, der zwei Bastionen verbindet
Lisene: senkrechter Mauerstreifen zur Gliederung einer Wand
Lilav: Feststrauß, der beim Laubhüttenfest getragen wird
Mahta: zu rituellen Zwecken benutzte Räucherschaufel
Masseben: prähistorische kultische Steinpfeiler, Phallussymbole
Mesusa: Kapsel am rechten

Türpfosten jüdischer Häuser mit Text Dtn 6,4–9 und 11,13–21

Mazzebot → Stele

Medrese: theologisch-juristische Hochschule im Islam, Koranschule

Menora: (meist) siebenarmiger Leuchter

Mihrab: Gebetsnische der Moschee → Kibla

Mimbar: Kanzel der Moschee → Kibla

Minarett: Turm der Moschee

Mikwe: rituelles Bad

Mischna: Aufzeichnung der jüdischen Religionsgesetze aus dem 1.–2. Jh., bestehend aus Seraim (Grund und Boden), Moëd (Feste), Naschim (Ehe), Nesikin (Zivil- und Strafrecht), Kodaschim (Tempelkult und Speisevorschriften), Toharot (levitische Unreinheit)

Monolith: aus einem einzigen Block gemeißeltes Bauglied

Moschaw: Genossenschaftssiedlung von Kleinbauern mit Privatbesitz → Kibbuz

Naos: griechische Bezeichnung für → Cella

Narthex: Vorhalle der Kirche

Nekropole: große Begräbnisanlage des Altertums

Obergaden: Fensterzone der überhöhten Mittelschiffswand in der Basilika

Oktogon: Bauwerk über achteckigem Grundriß

Onomastikon: antikes oder mittelalterliches Namen- oder Wörterverzeichnis

Opus reticulatum: römisches Mauerwerk mit netzartig diagonal vermauerten Steinen

Orthostaten: hochkant stehende Steinquader oder -platten, oft mit Reliefs versehen

Ossuarium: Gefäß zur Aufbewahrung der Gebeine Verstorbener (Zweitbestattung)

Ostraka: Keramikscherben, die im Altertum als billiges Schreibmaterial anstelle des teuren Papyrus verwendet wurden

Peies: lange Schläfenlocken orthodoxer Juden

Pentagramm: fünfeckiger Stern, magisches Zeichen

Pentateuch → Thora

Peristyl: Säulenumgang, von Säulenhallen umgebener Hof

Pfeiler: frei stehende senkrechte Stütze mit meist eckigem Querschnitt

Pilaster: Wandpfeiler zur Versteifung und zum Schmuck der Wände sowie zur Rahmung von Fenstern und Türen

Plinthe: quadratische oder rechteckige Sockelplatte unter der Basis von Säulen, Pfeilern und Statuen

Portikus: Säulenhalle mit geschlossener Rückwand

Prothesis: Tisch oder kleiner Altar zur Bereitung der Gaben und zur Ablage des Opferbrotes (byzantinische Liturgie)

protoionisch: Architekturstil (besonders bezüglich der Kapitelle), Vorläufer der ionischen Ordnung

Quadriportikus: vierseitige Säulenhalle

Rabbi: Ehrenname bedeutender Gelehrter

Rabbiner: religiöser Lehrer, zu dessen Aufgaben bestimmte Handlungen im Gottesdienst, Trauungen usw. gehören

Risalit: aus der Fluchtlinie einer Gebäudefront leicht vorspringender Gebäudeteil

Sanhedrin: Hoher Rat, jüdische Verwaltungs- und Gerichtsbehörde im Jerusalem der

383

hellenistisch-römischen Zeit

Sanktuar: Heiligtum, das Allerheiligste des Tempels

Säule: walzenförmige senkrechte Stütze

Schoah: hebräisch für ›Verderben‹ → Holocaust

Schofar: Widderhorn, jüdisches Kultinstrument

Sebil: öffentlicher Brunnen

Sephardim: aus Spanien und Portugal stammende Juden → Aschkenasim

Sgraffito: Kratzputz

Sima: oberster Teil des Gebälks, Regenrinne

Soreg: Chorschranke, meist aus Marmorplatten zwischen kleinen, viereckigen Säulen

Stele: Steinsäule oder aufrecht stehende Steintafel, mit Relief versehen, häufig beschriftet

Stoa: langgestreckte Säulenhalle

Streimel: Pelzmütze der chassidischen Juden

Sturz: waagerechter oberer Abschluß einer Tür- oder Fensteröffnung

Stylobat: Standfläche für Säulen

Synagoge: Versammlungs- und Bethaus der Juden

Synthronos: Bank für die Kirchenältesten (Presbyter)

Tabernakel: Baldachin über Hochaltar, Statuen usw.

Tallit: großes, helles Gebetstuch mit dunklen Randstreifen und Fransen

Talmud: Zusammenfassung der Lehren, Vorschriften und Überlieferungen des nachbabylonischen Judentums (1.–5. Jh.). Der Text des Talmud besteht aus → Mischna und → Gemara

Talus: schräg abfallendes Fundament

Tambour: zylindrischer oder polygonaler Unterbau einer Kuppel, meist mit Fenstern versehen

Tefillin: Gebetsriemen aus Leder mit einer Kapsel, die Thoratexte enthält

Tell (hebräisch Tel): Siedlungshügel, künstliche Erhebung, die durch übereinanderliegende Siedlungsschichten entstanden ist

Temenos: heiliger Bezirk, meist von einer Mauer umgeben

Tepidarium: Abkühlraum der römischen Thermen

Tetrastylos: viersäuliger Bau

Tholos: Rundbau mit Säulenumgang

Thora: die fünf Bücher Mose (Pentateuch), wichtigste Grundlage der jüdischen Religion → Talmud

Thronos: Bischofssitz in frühchristlichen Kirchen

Toichobat: Standfläche für die Seitenmauern der frühen Synagogen und Kirchen

Triglyphen: Steinplatten zur Verkleidung der Stirnseiten der Deckenbalken, meist mit drei senkrechten Rillen geschmückt

Vierung: Raumteil der Kirchenbauten, in dem sich Längs- und Querschiff vereinigen

Volute: Ornament in Form einer Spirale, eines Schneckenhauses (Volutenkapitell)

Wadi: Trockental; Flußlauf, der nur nach Regenfällen mit Wasser gefüllt ist

Wali: Grab eines islamischen Heiligen

Yeshiva (Plural Yeshivot): Talmudlehrstätte

Ziborium: Hostiengefäß; Baldachin über einem Altar oder Taufbecken

Praktische Reiseinformationen

Reisevorbereitung

Informationen für unterwegs

Reiseinformationen von A bis Z

Reisevorbereitung

Auskünfte

Umfassende Information ertei-
len die Staatlichen Fremdenver-
kehrsbüros von Israel.

... in Deutschland
Bettinastr. 62
60325 Frankfurt/Main
✆ 0 69/7 56 19 20
Fax 0 69/75 61 92 22

Kurfürstendamm 202
10719 Berlin
✆ 0 30/2 03 99 70
Fax 0 30/20 39 97 30

Stollbergstr. 6
80539 München
✆ 0 89/2 12 38 60
Fax 0 89/21 23 86 30

... in Österreich
Offizielles Israelisches
Verkehrsbüro
Rossauer Lände 41/12
1090 Wien
✆ 00 43/1/3 10 81 74
Fax 00 43/1/3 10 39 17

... in der Schweiz
Offizielles Israelisches
Verkehrsbüro
Lintheschergasse 12
8021 Zürich
✆ 00 41/1/2 11 23 44/5
Fax 00 41/1/2 12 20 36

Anreise

Pauschalreisen nach Israel bieten über 160 Veranstalter an. In-
dividualreisen sind mit dem
Flugzeug, dem Schiff und dem
Wagen möglich. Sehr beliebt ist
die Flug-Mietwagen-Kombina-
tion (Fly & Drive), besonders
reizvoll in Verbindung mit Kib-
buz-Übernachtungen. Mit dem
eigenen Wagen kommt man nur
per Schiff nach Israel oder über
Ägypten bzw. Jordanien. Die
Landverbindung über die Türkei und Syrien ist z. Zt. unterbrochen.

... auf dem Luftweg: Die
schnellste und bequemste An-
reisemöglichkeit bietet das Flugzeug. 24 internationale Flugge-
sellschaften stehen dem Reisenden fast täglich zur Verfügung.
Ziel-Flughafen ist der Ben Gurion International Airport bei
Lod (18 km von Tel Aviv) bzw.
der Airport Elat. Der Flug von
Frankfurt nach Tel Aviv dauert
ungefähr $3^1/_2$ Stunden.

... auf dem Seeweg: Schiffsver-
bindungen bestehen von mehreren Mittelmeerhäfen aus, u. a.
von Venedig, Brindisi und Piräus. Alle Fährschiffe nehmen
auch Kraftfahrzeuge jeder Art
mit. Für die Strecke von Piräus
über Heraklion (Kreta) und Li-
massol (Zypern) nach Haifa
muß man $2^1/_2$ Tage rechnen.
Hier zwei wichtige Fähren:
Poseidon Lines ab Piräus Mo 19
Uhr, Do 19 Uhr, ab Haifa Do 20
Uhr, So 20 Uhr
Salamis Lines ab Piräus Do 19
Uhr, ab Haifa So 20 Uhr
Generalagent für beide Linien:

VIAMARE Seetouristik
Apostelnstr. 9
D–50667 Köln
✆ 02 21/2 57 37 81
Fax 02 21/2 57 36 82

Wer das Auto mitnimmt, sollte eine zusätzliche Seetransportversicherung abschließen, da die Reedereien nur mit sehr geringen Summen und für das Gepäck im Auto überhaupt nicht haften.

Israel ist auch ein Ziel vieler Mittelmeer-Kreuzfahrten. Hierbei braucht sich der Reisende meist um keinerlei Formalitäten zu kümmern.

Wer Israel mit seiner Yacht besuchen möchte, muß zuerst einen Grenzhafen zur Abwicklung aller Formalitäten anlaufen. Als Grenzhafen fungieren Haifa, Ashdod und Elat sowie der Yachthafen Atarim von Tel Aviv. Danach stehen vier besondere Yachthäfen zum Festmachen bereit:

Atarim	✆ 03/5 27/25 96
	Fax 03 /5 27–24 66
Jaffa	✆ 03/2 07 72
	Fax 03/45 91 69
Akko	✆ 04/91 92 87
	Fax 04/91 38 89
Elat	✆ 07/35 71 86
	Fax 07/37 00 82

Es empfiehlt sich, den gewünschten Liegeplatz schon mehrere Wochen vor dem Eintreffen unter Angabe aller Schiffsdaten reservieren zu lassen. Die Hafenzollämter sind Tag und Nacht geöffnet.

... auf dem Landweg von Ägypten: Mit dem in Europa zugelassenen Kraftfahrzeug kann man von Ägypten aus bei Taba (südlich von Elat) und bei Rafiah-Sadot (Gaza) nach Israel einreisen. Die beiden Grenzübergänge sind täglich rund um die Uhr geöffnet. Ausreisen (auch vorübergehend) darf man nicht mit einem Mietwagen oder einem Allradfahrzeug. Für Ägypten sind ein Visum und ein Carnet de Passages erforderlich. Wer mit einem Mietwagen nur den Sinai besuchen möchte, erhält am Grenzübergang Taba gegen Gebühr eine Einreiseerlaubnis für einen Aufenthalt bis zu 7 Tagen; ein Visum ist dabei nicht vonnöten.

... von Jordanien: Jordanien hat drei Grenzübergänge nach Israel: Arava (Aqaba-Elat), Allenby Bridge (bei Jericho) und Jordan River Crossing (bei Bet She'an). Die Übergänge Arava und Jordan River Crossing dürfen nur mit Kfz benutzt werden, die weder in Israel noch in Jordanien zugelassen sind; sie sind So–Do 6.30–20 Uhr und Fr, Sa 8–18 Uhr geöffnet. An Yom Kippur und an Ida al-adhà sind die beiden Grenzübergänge geschlossen. Der Übergang Allenby Bridge ist nur für Reisende ohne eigenes Kfz zugelassen.

Einreisebestimmungen

Für den Besuch Israels ist der Reisepaß erforderlich. Deutsche Staatsbürger, die vor dem 1. 1. 1928 geboren sind, müssen bei der israelischen Vertretung in Deutschland ein Visum beantragen; dazu ist eine Entnazifizierungserklärung erforderlich, die man bei der zuständigen Stadtverwaltung erhält. Für Kinder unter 16 Jahren wird der Kinderausweis, für Kinder unter zehn Jahren auch der Eintrag im Paß eines Elternteils anerkannt.

Der Reisepaß bzw. der Kinderausweis muß noch mindestens sechs Monate gültig sein. Alleinreisende Jugendliche unter 18 Jahren benötigen eine Einverständniserklärung ihrer Erziehungsberechtigten.

Besondere Einreisebestimmungen für die palästinensischen Autonomiegebiete (Gaza und Teile der Westbank) gibt es nicht.

Der persönliche Reisebedarf kann vorübergehend zollfrei eingeführt werden. Dazu gehören auch ein Fotoapparat und eine Filmkamera mit jeweils zehn Filmen, ein Fernglas sowie Sport- und Campingausrüstung. Eine Video-Kamera mit Zubehör ist deklarationspflichtig, für sie kann eine Kaution bis zu 1000 US$ gefordert werden. Auch andere wertvollere Gegenstände, wie eine Taucherausrüstung, sind zu deklarieren und ggf. kautionspflichtig. Die Höhe der Kaution bestimmt die Zollbehörde. Die Kaution ist in bar, mit Reisescheck oder per Kreditkarte zu hinterlegen; sie wird bei der Ausreise erstattet.

Zollfrei bleiben 250 Zigaretten oder 250 g Tabak, 2 Liter Wein und 1 Liter Spirituosen (für Einreisende ab 17 Jahre); ferner 0,25 Liter Eau de Cologne oder Parfüm. Geschenke und Lebensmittel dürfen insgesamt nicht schwerer als 3 kg sein (je Sorte nicht mehr als 1 kg) und den Gesamtwert von 150 US$ nicht überschreiten. Frisches Fleisch und frische Früchte, Narkotika und in arabischen Ländern erschienene Druckschriften (ausgenommen Publikationen über Sehenswürdigkeiten, z. B. Katharinenkloster, Petra) stehen unter Einfuhrverbot. Stichwaffen (z. B. Dolche) und Klappmesser mit mehr als 10 cm langer Klinge sind von der Einfuhr ausgeschlossen.

Informationen für unterwegs

Fremdenverkehrsbüros im Heiligen Land

Akko, El Jezzar Street, gegenüber der Moschee, ✆ 04/91 17 64
Allenby Bridge, ✆ 02/94 10 38
Arad, 28 Eliezer Ben-Yair Street, gegenüber dem Gemeindezentrum, ✆ 0 57/95 44 09

Ahshdod, 4 Haim Moshe Shapira Street, ✆ 08/8 55 06 72
Ashqelon, Afridar Handelszentrum, ✆ 07/6 73 24 12
Bat Yam, 43 Ben Gurion Boulevard, ✆ 03/5 07 27 77
Be'er Sheva, 6A Ben-Zvi Street, ✆ 0 57/23 60 01/3
Betlehem, Manger Square, ✆ 02/6 74 15 81-3
Elat, Khan Zentrum, gegenüber

dem Hotel Caesar, ℡ 07/
33 43 53
Haifa, 18 Herzl Street, ℡ 04/
8 66 65 21/2 und 8 64 56 92
Haifa Hafen, ℡ 04/8 66 39 88
Jerusalem, 24 King George
Street, ℡ 02/6 75 48 88
Jaffator, ℡ 02/6 28 22 95/6
17 Jaffa Street, ℡ 02/6 25 88 44
Lod, Ben Gurion Flughafen,
℡ 03/9 71 14 85
Nahariyya, Municipal Square,
Ga'aton Boulevard, ℡ 04/
87 98 00
Nazaret, Casa Nova Street,
℡ 06/6 57 30 33, 6 57 05 55
Netanya, Ha'Atzmaut Square,
℡ 0 53/82 72 86
Tel Aviv, 5 Shalom Aleichem
Street, ℡ 03/66 02 59/60/61
Tiberias, 23 Habanim Street,
℡ 06/6 72 09 92, 6 72 20 89
Zefat, 50 Jerusalem Street,
℡ 06/6 92 09 61, 6 92 06 33

Reisen im Land

Die israelische Eisenbahn verbindet Tel Aviv mit Herzliyya,
Netanya, Hadera, Haifa, Akko
und Nahariyya sowie – einmal
täglich – mit Jerusalem. Doch
die Eisenbahn fährt langsam,
die Fahrpläne sind mager. So
bevorzugt heute jedermann das
gut ausgebaute israelische Straßennetz mit seinen schnellen
Egged-Bussen und Sammeltaxis
(Sherut). Alle **Überlandlinien**
beginnen und enden im Busbahnhof der jeweiligen Städte.
Die in die Westbank fahrenden
Busse und Sherut starten in Jerusalem überwiegend am Busbahnhof Nablus Road, nahe
dem Gartengrab. Wer es sehr eilig hat, benutzt das Flugzeug.

Die Arkia Israel Airlines Ltd.
betreibt den **Inlandsflugver-
kehr**: Von Jerusalem nach Elat,
Haifa, Rosh Pinna und Tel Aviv.
Von Tel Aviv nach Elat, Haifa,
Masada und Rosh Pinna, außerdem Haifa – Elat.

Flugpläne und Preise sind bei
Arkia zu erfragen: ℡ 03/6 90-
22 22. Arkia erteilt auch Auskünfte über Sonderflüge von
Jerusalem und Elat zum Katharinenkloster auf dem Sinai.
Arkia Flugdienst GmbH
Kaiserstr. 15
60311 Frankfurt/Main
℡ 0 69/1 31 06 39
Fax 0 69/1 31 06 42

Den öffentlichen Nahverkehr
bewältigen Busse und Taxis.
Fast alle Buslinien (Überland
und Stadtverkehr) betreibt die
Egged-Genossenschaft. Nur der
Großraum Tel Aviv wird durch
die Dan-Genossenschaft bedient, und in Be'er Sheva sowie
in Nazaret sind unabhängige
Busunternehmen tätig. Die
Fahrpreise sind angemessen. In
Jerusalem kostet jede Fahrt
z. Zt. 3,30 NIS; wer umsteigt,
löst beim Fahrer einen neuen
Fahrschein. Mehrfahrtenkarten
gibt es nicht, dagegen Monats-
karten sowie Zeitkarten für 7,
14, 21 und 30 Tage, die auf allen
Egged-Buslinien gültig sind.
Auskünfte erteilt die Egged-
Zentrale von jedem Ort in Israel
aus unter der gebührenfreien
℡ 1 77-0 22–55 55.

Sammeltaxis – Sherut – ergänzen den Überland- und Stadtverkehr der Busse. Solche Sherut (Kleinbusse, oft auch norma-
le Busse) fahren auf bestimmten

Strecken zu festen, niedrigen Preisen: z. B. 2 NIS je Strecke im Großraum Jerusalem. Die normalen Taxis – Spezial – sind durchweg mit Taxameter ausgestattet. Für Überlandfahrten gilt eine amtliche Preisliste. Nachtfahrten (21–5.30 Uhr) werden mit 25 % Aufschlag berechnet.

Am Sabbat und an den jüdischen Feiertagen ist mit Einschränkungen zu rechnen. Von Sonnenuntergang am Vortag bis zum Einbruch der Dunkelheit am Feiertag ruht der Busverkehr; Taxis sind jedoch immer zu bekommen.

Das israelische Straßennetz ist sehr dicht und in gutem Zustand. Alle wichtigeren Wegweiser sind dreisprachig beschriftet (hebräisch, arabisch und englisch): Die Verkehrsbestimmungen entsprechen den europäischen. Abweichung: Höchstgeschwindigkeit auf Landstraßen ist 80, auf Autobahnen 100, Motorräder dürfen höchstens 70, Pkw mit Anhänger bis 60 km fahren. Alkohol am Steuer ist verboten. Tankstellen sind ausreichend vorhanden; geöffnet sind sie im allgemeinen So–Do bis 18 Uhr, Fr bis 13 Uhr. Bleifreies Benzin ist überall erhältlich. Die Oktanzahlen betragen 91 bis 98. Die Preise für Benzin bewegen sich zwischen 2,83 und 2,95 NIS, Dieselkraftstoff kostet z. Zt. 1,14 NIS.

Unterkunft

In Israel stehen dem Reisenden mehr als 300 Hotels und Kibbuz-Gästehäuser zur Verfügung, ferner sind mehr als 30 Jugendherbergen über das Land verstreut. Hospize der verschiedenen christlichen Konfessionen bieten Pilgern eine angenehme und preiswerte Unterkunft. An den schönsten Plätzen des Landes unterhalten zahlreiche Kibbuzim und Moschawim ganzjährig geöffnete Campingplätze (mit Bungalows, die vorbestellt werden sollten). Die Hotels werden in Israel nicht nach dem Sterne-System eingestuft. Um jedoch Vergleiche zu ermöglichen, weisen die Veranstalter selbst den von ihnen angebotenen Hotels eine bestimmte Anzahl Sterne zu:

Economy	**
Tourist Class	***
First Class	****
Superior	*****
De luxe	******

Eine Auswahl von Hotels in Jerusalem
King David ******
Holiday Inn Crowne Plaza *****

Moriah Plaza *****
American Colony ****
Kings ****
Sonesta ****
Holyland ***
Jerusalem Tower ***

... in Tel Aviv
Dan ******
Holiday Inn Crowne Plaza ******

Dan Panorama *****
Moriah Plaza *****
Ramada Continental *****
Basel ****
Metropolitan ****
Sun (Bat Yam) ****
City ***
Tal ***

Center **
Moss **
Top **

... in Haifa
Dan Carmel ******
Dan Panorama *****
Nof *****
Haifa Tower **

... in Tiberias
Moriah Plaza ******
Caesar *****
Holiday Inn ****
Jordan River ****
Tiberias ***

... in Herzliyya
Dan Accadia ******
Daniel ******
Sharon *****
Tadmor ***

... in Netanya
Seasons ******
Blue Bay ****
Carmel ****
King Solomon ****
Parkhotel ****
The Arches ***
Orly ***
Residence ***
Palace **

... in Elat
Dan ******
Moriah Plaza ******
Royal Beach *****
Holiday Inn ****
Lagoona ****
Paradise ****
Sport ****
Reef ***
Americana **

Wer außerhalb oder am Rande der großen Städte wohnen möchte, bevorzugt die **Kibbuz-**

Gästehäuser. Sie werden in die zwei Klassen Economy und Superior eingeteilt und bieten die Möglichkeit, das Leben in einer israelischen Gemeinschaftssiedlung kennenzulernen und herrliche Ausflüge in die Umgebung zu unternehmen. Kibbuz-Gästehäuser befinden sich an allen landschaftlich schönen und kulturell interessanten Stellen des Landes. Besonders eignet sich die Kombination mit einem Mietwagen: ›Kibbuz Fly & Drive‹, wobei man entweder die genaue Route vorher festlegen muß oder ein Gutscheinheft *(open voucher)* bevorzugt, bei dem man von jedem Gästehaus aus ein Zimmer im nächsten bucht. Seit einigen Jahren haben auch mehrere Moschawim Gästehäuser eingerichtet. Außerdem vermitteln etliche Kibbuzim und Moschawim Privatunterkünfte zu günstigen Preisen.
Kibbuz Hotels
90 Ben Yehuda Street
POB 3193
61031 Tel Aviv
☎ 03/5 24–61 61
Fax 03/5 23 05 27

Nicht nur Jugendliche, auch Erwachsene und ganze Familien bevorzugen das preiswerte Wohnen in **Jugendherbergen.** Der israelische Jugendherbergsverband IYHA betreibt rund 30 Häuser. Angeboten wird ein Tourenpaket »Israel auf dem Jugendherbergs-Pfad« für die Dauer von 14, 21 oder 28 Tagen.
Israel Youth Hostels Ass.
3 Dorot Rishonim Street
91009 Jerusalem
☎ 02/25 27 06
Fax 02/25 06 76

Die israelische Naturschutzge-
sellschaft **SPNI** betreibt ein
Netz von 26 **Field Schools,** in
denen man wohnen und essen
kann und die interessante, lehr-
reiche und schöne Wüsten- und
Gebirgstouren durchführen.
SPNI Tourist Service
4 Hashefela Street
66183 Tel Aviv
✆ 03/5 37–44 25
Fax 03/38 39 40

Über das ganze Land sind **Campingplätze** vertreut, mit guten
sanitären Einrichtungen, elek-
trischem Strom, Mini-Markt
und Restaurants, Post und Tele-
fon, Erste-Hilfe-Station, Bade-
gelegenheit und Sicherheit bei
Tag und Nacht. Auf vielen Plätzen kann man auch Bungalows
oder Wohnwagen mit Klimaan-
lage mieten. Alle Campingplätze
sind mit Linienbus zu erreichen.
Israel Camping Organisation
22100 Nahariyya
✆ 04/92 53 92

In den Orten mit christlichen
Stätten findet der Reisende zahlreiche **Hospize** der verschiedenen Bekenntnisse. Allein Jerusalem zählt 27 christliche Gästehäuser; weitere Häuser befinden
sich in Betlehem, Nazaret, Tiberias, Haifa und bei Tel Aviv.
Christian Information Centre
Jaffa Gate
POB 14308
91140 Jerusalem
✆ 02/27 26 92
Fax 02/28 64 17

Hier einige Jerusalemer Gästehäuser:
Austrian Hospice
37 Via dolorosa

POB 19600
91194 Jerusalem
✆ 02/27 46 36 und 27 14 66
Fax 02/27 77 30

Custodia di Terra Santa, Casa
Nova
10 Casa Nova Road
POB 1321
91013 Jerusalem
✆ 02/27 14 41 und 28 27 91
Fax 02/89 43 70

Franciscaines de Marie
9 Nablus Road
POB 19049
91190 Jerusalem
✆ 02/27 68 76 und 27 26 09
Fax 02/27 48 28

Lutheran Hospice
7 St. Mark's Road
POB 14051
91140 Jerusalem
✆ 02/28 51 05 und 28 21 20
Fax 02/28 51 07

Notre Dame of Jerusalem
Center
Paratroopers Street
POB 20531
91204 Jerusalem
✆ 02/27 19 11
Fax 02/27 19 95

St. Georgs Cathedral G. H.
20 Nablus Road
POB 19018
91190 Jerusalem
✆ 02/28 26 27 und 28 33 02
Fax 02/28 22 53

YMCA
26 King David Street
POB 294
91204 Jerusalem
✆ 02/25 71 11 und 25 34 33
Fax 02/25 34 38

Essen und Trinken

Die verschiedenen Religionen und die unterschiedliche Herkunft der Bewohner haben auch die einheimische Küche geprägt, die sehr abwechslungsreich und schmackhaft ist. An erster Stelle steht die **jüdische Küche**, die überwiegend koscher ist. Das Wort bedeutet rituell rein, entsprechend den religiösen Vorschriften (Dtn 14,3–21a). Als koscher gelten Gemüse, Obst, Nüsse und Getreide, Kaffee und Tee; Schweinefleisch ist nicht koscher, weil Schweine keine Wiederkäuer sind. Auch Kamele und Hasen gelten als unrein, weil sie keine gespaltenen Klauen haben. Koscher sind Rind, Schaf, Ziege, wenn sie vorschriftsmäßig durch einen Fachmann, den Schochet, geschlachtet wurden. Blut ist *trefli*, d. h. nicht koscher. Fische sind nur koscher, wenn sie Flossen und Schuppen besitzen; der Aal ist also für strenggläubige Juden verboten. Auch Austern, Krabben, Hummer, Langusten und Muscheln haben auf einem jüdischen Tisch keinen Platz. Huhn und Gans, Truthahn und Ente fehlen dagegen selten auf dem Eßtisch.

Ein wichtiger Grundsatz ist ferner, daß Fleisch niemals mit Milch oder Milchprodukten in Berührung kommen darf. So wird eine Bratensauce niemals mit Sahne verfeinert, und auch eine Käseplatte wäre nach würzigen Lammkoteletts undenkbar. Nach einem Fleischgericht ist nicht einmal Kaffee mit Sahne zulässig! Wer Fleisch oder Wurst gegessen hat, muß fünf Stunden warten, bis er Milch oder ein Milchprodukt zu sich nehmen darf, im umgekehrten Falle kann man sich schon nach einer halben Stunde an ein Fleischgericht wagen. Dieses Verbot verlangt eine größere Küchenausstattung, praktisch zwei Küchen, eine für Fleisch- und eine für Milchspeisen.

Nicht alle jüdischen Restaurants kochen koscher. Manche legen »liberalere« Speisekarten aus und kennzeichnen die koscheren Speisen mit einem »K«. Doch kein strenggläubiger Jude würde hier dinieren, müßte er doch befürchten, daß ein Teller, auf dem ein Steak serviert wurde, zusammen mit einem Milchglas in derselben Spülmaschine abgewaschen wurde. Konserven mit koscheren Fertiggerichten tragen den Prüfvermerk des zuständigen Rabbinats. Gefillte Fisch, Falsche Leber (aus Eiern, Auberginen und Zwiebeln), Scholet (aus weißen Bohnen oder Graupen und Gänsebrust), Matschanka (Gänsesülze), Glingl (Kalbslunge mit Kartoffeln), Tzibel (hartgekochte Eier mit Gänseleber püriert), Tschol Memula (gefüllte Rindermilz), Cherimsel (Klöße mit Apfel-Mandel-Füllung) oder Lekach (Honigkuchen) sollten Sie einmal probieren! Die Namen vieler Gerichte verraten noch ihre Herkunft aus Osteuropa.

Überaus schmackhaft ist auch die **arabische Küche**. In den versteckten Luxusrestaurants von Jaffa und Jerusalem erhält man Leckerbissen aus Tausendundeiner Nacht, wie z. B. Lammköpfe Sidi Baraya, Chickschouka, ein raffiniert gewürztes Hammelhack mit Auberginen in Teighülle, Camberi Jambalaya, große Krebsschwänze mit würzigen Dips, und andere Köstlichkeiten. In den Suqs der großen Städte kommt der Reisende an unzähligen Buden vorbei, wo es die leckeren Falafel gibt, meist in Pita gefüllt. Es sind kleine, in Öl gebackene Bällchen aus Kichererbsenbrei mit pikantem Gemüse und einer scharfen Sauce. Wer möchte, läßt sich vor oder zum eigentlichen Essen drei, vier kleine Teller mit diversen Vorspeisen servieren, wie das bekannte Humus, Kichererbsenpüree, gebunden mit Olivenöl und gewürzt mit Zitrone und Paprika, oder das nicht weniger beliebte Tehina aus zerdrückten Sesamkörnern mit Petersilie. Hammelfleischstückchen, mit Tomaten und Paprikaschoten auf Spieße gesteckt und über Holzkohlenglut gegrillt, heißen Shishlik, würzige Hackfleischklößchen Kabab. Und Shawarna, am senkrechten Drehspieß geröstetes Lammfleisch, in hauchdünnen Scheibchen vom Spieß geschnitten, schmecken noch besser als heimische Döner.

Getränke: Je heißer es ist, desto mehr sollte man trinken, um den Flüssigkeitsverlust auszugleichen. Mineralwasser, Softdrinks und Obstsäfte gibt es an jedem Kiosk. Besonders köstlich sind frisch gepreßte Orangen, Grapefruits und Granatäpfel. Auch frischer Möhrensaft schmeckt delikat, löscht den Durst, ist gesund und zudem preiswert. Wasser darf man fast überall in Israel gefahrlos trinken, zumindest aus den öffentlichen Trinkwasserspendern. Warme Getränke sind allerdings bekömmlicher! Daher löschen vor allem die Araber ihren Durst mit einem Glas Tee, häufig mit Minzblättern aromatisiert.

Versuchen Sie auch israelisches Bier: Ein köstliches Maccabee oder Goldstar. Zum Essen sind die wunderbaren Rotweine Israels zu empfehlen, die überwiegend unter der Obhut französischer Kellermeister (Carmel) oder von erfahrenen Mönchen des französischen Trappistenordens (Latrun) zur Reife gelangen. Erwähnen muß man auch die heimischen Brandys und den in Ramallah dreifach gebrannten Arak, einen arabischen Anisschnaps, der als vorzüglicher Digestif pur oder mit Wasser verdünnt, gute Dienste leistet!

Museen, Ausgrabungen und religiöse Stätten

In Jerusalem

Altstadtmauer: tgl. 9–17 Uhr

Archäologischer Garten am Tempelberg: So–Do 9–17 Uhr, Fr und vor Feiertagen 9–13 Uhr

Armenisches Museum für Kunst und Geschichte, Armenian Orthodoxe Patriarchate Rd.: Mo–Sa 9.30–17 Uhr

Betesda: s. St. Anna-Kirche

Bibelland-Museum, Granot, nahe dem Israel-Museum: So, Mo, Di, Do 9.30–17.30 Uhr, Mi

9.30–21.30 (Nov.–März 13.30–21.30 Uhr), Fr und vor Feiertagen 9.30–14 Uhr, Sa und an Feiertagen 11–15 Uhr

Dominus Flevit, Ölberg: tgl. 8–11.45 Uhr, 14.30–17 Uhr

Erlöserkirche, Muristan Rd.; Kirche und Turm: Mo–Sa 9–13 Uhr, 13.30–17 Uhr

Gartengrab, Nablus Rd.: Mo–Sa 8.30–12 Uhr, 14–17.30 Uhr

Geißelungs- und Verurteilungskapelle, Via dolorosa: tgl. 8–11.45 Uhr, 14–18 Uhr (April–Sept.), tgl. 8–11.45 Uhr, 13–17 Uhr (Okt.–März)

Getsemanigrotte, Ölberg: tgl. 8.30–12 Uhr, 14.30–17 Uhr

Getsemanikirche: s. Kirche der Nationen

Grabeskirche: 5–20 Uhr

Herodianisches Viertel/Archäologisches Museum Wohl, HaKaraïm Rd.: So–Do 9–17 Uhr, Fr und vor Feiertagen 9–13 Uhr

Herzl-Berg: So–Do 8–18.45 Uhr, Fr und vor Feiertagen 8–14 Uhr

Herzl-Museum auf dem Herzl-Berg: So–Do 9–18.30 Uhr, Fr und vor Feiertagen 9–13 Uhr

Himmelfahrtskirche, Auguste-Victoria-Hospital: Mo–Sa 9–17.30 Uhr (April–Okt.), 9–17 Uhr (Nov.–März)

Himmelfahrtskirche, Ölberg: Di und Do 9–12 Uhr

Holocaust Memorial Hall bei der Klagemauer: So–Do 11–18 Uhr

Israel-Museum, Boulevard Rupin: So, Mo, Mi, Do 10–17 Uhr, Di 16–22 Uhr

Jakobuskirche, Armenian Orthodoxe Patriarchate Rd.: Mo–Fr 15 Uhr, Sa und So 14.30 Uhr Gottesdienst

Johanneskirche, En Kerem: Mo–Sa 8–12 Uhr, 14.30–18 Uhr (Okt.–März 14.30–17 Uhr), So 9–12 Uhr, 14.30–17 Uhr

Johanneskirche, Muristan: Mo 9–13 Uhr, Di–Sa 9–13 Uhr und 14–17 Uhr

Kirche der Nationen (Getsemanikirche), Ölberg: tgl. 8–12 Uhr, 14.30–18 Uhr (April–Okt.), tgl. 8–12 Uhr, 14.30–17 Uhr (Nov.–März)

Knesset, Führungen: So und Do 8.30–14.30 Uhr; öffentliche Galerie: Mo 16 Uhr, Di 15 Uhr, Mi 11 Uhr (Reisepaß)

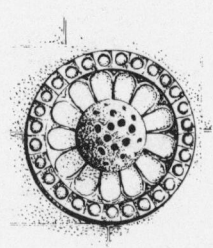

Königsgräber, Salah ed-Din St.: Mo–Sa 8–12 Uhr, 14–17 Uhr

Lithostrotos, Via dolorosa: Mo–Sa 8.30–12.30, 14–17 Uhr

Maria Magdalenen-Kirche, Ölberg: Di und Do 10–11.30 Uhr

Modell des antiken Jerusalem, Holyland Hotel: tgl. 8–22 Uhr

Museum des griechisch-orthodoxen Patriarchats von Jerusalem, Greek Orthodoxe Patriar-

Steinrosetten aus der Jerusalemer Altstadt

chate Rd.: Di–Fr 9–13 Uhr, 15–17 Uhr, Sa und vor Feiertagen 9–13 Uhr

Ophel Archäologischer Garten: So–Do 9–17 Uhr, Fr und vor Feiertagen 9–13 Uhr

Rockefeller-Museum, Harun el-Rashid St.: So–Do 10–17, Fr, Sa und vor Feiertagen 10–14 Uhr

Sanhedrin-Gräber, Shmuel Ha-Navi St.: tgl. 8 Uhr bis Sonnenuntergang

Sephardisches Synagogenzentrum in der Altstadt: So, Mo, Mi und Do 9.30–16 Uhr, Di, Fr und vor Feiertagen 9.30–12.30 Uhr

St. Anna-Kirche und Betesda-Teiche, Al-Mujahideen Rd., beim Löwentor: Mo–Sa 8–11.45 Uhr, 14–17 Uhr (Sommer 14–18 Uhr)

St. Peter in Gallicantu, Berg Zion: Mo–Sa 8.30–12 Uhr, 14–17 Uhr

Tempelberg mit Felsendom, Al Aqsa-Moschee und Islamischem Museum: tgl. 8–12 Uhr, 13.30–15 Uhr

Via dolorosa: Fr 16 Uhr (Winter 15 Uhr) Pilgerzug von der Omariye-Schule zur Grabeskirche

Windmühle von Montefiore, Ramban St.,So–Do 9–16 Uhr, Fr und vor Feiertagen 9–13 Uhr

Yad VaShem: So–Do 9–17 Uhr, Fr und vor Feiertagen 9–14 Uhr

Zitadelle, Museum für Stadtgeschichte, Jaffator: So–Do 9–17 Uhr, Fr, Sa und vor Feiertagen 9–14 Uhr (April–Okt.), So–Do 10–16 Uhr, Fr, Sa und vor Feiertagen 10–14 Uhr (Nov.–März)

Sehenswürdigkeiten in anderen Orten im Heiligen Land
(in alphabetischer Reihenfolge):

Abu Ghosh: Kreuzfahrerkirche: Mo–Mi, Fr und Sa 8.30–11 Uhr, 14.30–17 Uhr, Do, So geschl.
Akko: Ahmed Jezzar-Moschee, Rehov el-Jezzar: tgl. 8–12.30, 13.15–15.30 Uhr, 16–19.30 Uhr Kreuzfahrerstadt Sa–Do 9-16.30 Uhr, Fr 9-12.30 Uhr
Arad: Arad-Museum, Rehov Ben Yair: So–Do 8–12 Uhr, Mo und Mi 17–19 Uhr, Sa 9–14 Uhr und 17–19 Uhr
Tel Arad: tgl. 8–17 Uhr (Okt.–März 8–16 Uhr)
'Avdat: Ausgrabungsstätte: So–Do 8–17 Uhr, Fr und vor Feiertagen 8–15 Uhr
Be'er Sheva: Kibbuz Lahav bei Be'er Sheva, Joe Alon Centre, Kultur der Beduinen: So–Do 9–16 Uhr, Fr und vor Feiertagen 9–14 Uhr
Ma'ayan Museum für Jüdische Kunst, Rehov Ha'avot: So–Do 9–13 Uhr
Negev-Museum, Rehov HaAtzmaut: So, Di, Mi 8.30–14 Uhr, Mo und Do 8.30–16 Uhr
Betlehem: Engelskapelle im Hirtenfeld: tgl. 8–11.30 Uhr, 14–17 Uhr
Geburtskirche: tgl. 6–18 Uhr
Milchgrotte: tgl. 8–11.30 Uhr, 14–17 Uhr
Bet She'an: Ausgrabungsstätte: Sa–Do 8–17 Uhr, Fr und vor Feiertagen 8–16 Uhr
Elat: Unterwasser-Observatori-

um: So–Do 8.30–16.30, Fr 8.30–15 Uhr, Sa 8.30–16 Uhr

Georgskloster: Wüstenkloster im Wadi el-Kelt (Kozibakloster): So–Fr 8–12 Uhr, 15–17 Uhr, Sa 8–12 Uhr

Ginnosar: Kibbuz am See Gennesaret, Yigael Allon-Museum: Sa–Do 9–15 Uhr, Fr und vor Feiertagen 9–13 Uhr

Haifa: Bahai-Schrein, Sderot HaZiyyonut: tgl. 9–12 Uhr, Park tgl. 8–17 Uhr

Dagon-Silo, Kikar Plumer: Führungen So–Fr 10.30 Uhr

Elija-Höhle, Derekh Allenby: So–Do 8–17 Uhr, Fr und vor Feiertagen 8–13 Uhr

Haifa-Museum, Shabbetai Levy St.: So–Do 10–16 Uhr, Fr und vor Feiertagen 10–13 Uhr

Karmeliterkloster: tgl. 6–13.30 Uhr und 15–18 Uhr

Mané Katz-Museum, Yefe Nof St.: So, Mo, Mi, Do 10–16 Uhr, Di 14–18 Uhr, Fr und vor Feiertagen 10–13 Uhr

Museum der illegalen Einwanderung und der Flotte, Derekh Allenby: So–Do 9–16 Uhr, Fr und vor Feiertagen 8–13 Uhr

Schiffahrtsmuseum, Derekh Allenby: So–Do 10–16 Uhr, Fr und vor Feiertagen 10–13 Uhr

M. Stekelis-Museum für Vorgeschichte, Hatishbi St.: So–Do 10–16 Uhr, Fr und vor Feiertagen 10–13 Uhr

Tikotin-Museum für japanische Kunst, Sderot HaNasi: So–Do 10–17 Uhr, Fr und vor Feiertagen 10–14 Uhr

Hazor: Hazor-Museum, Kibbuz Ayyelet HaShahar: So–Do 8–16, Fr und vor Feiertagen 8–15 Uhr

Hebron: Haram el-Khalil: So–Do 7.30–11.30 Uhr, 13–14.30 Uhr, 15.30–17 Uhr, Sa 13–14.30 Uhr, 15.30–17 Uhr

Jericho: Khirbet el-Mafjir (Hischampalast): tgl. 8–17 Uhr (Winter 8–16 Uhr)

Tell es-Sultan (Tel Yeriho): tgl. 8–18 Uhr (Winter 8–17 Uhr)

Kafarnaum: Synagoge und Haus des Petrus: tgl. 8.30–16.30 Uhr

Korazim: Ausgrabungsstätte: tgl. 8.30–16.30 Uhr

Ma'ale Adummim: Martyriuskloster: So–Do 8–16 Uhr, Fr und vor Feiertagen 8–13 Uhr

Makhtesh Ramon: Besucherzentrum: So–Do 9–16.30 Uhr, Fr und vor Feiertagen 9–14.30 Uhr

Mamshit: Ausgrabungsstätte: So–Do 8–16 Uhr, Fr und vor Feiertagen 8–15 Uhr, Sa 8–17 Uhr

Masada: Ausgrabungsstätte: tgl. 7–17 Uhr, Seilbahn 8–16 Uhr

Nazaret: Verkündigungskirche, Rehov Paul VI.: tgl. 8.30–12 Uhr, 14–17.30 Uhr (Winter bis 16.30 Uhr)

Qal'at Nimrud: tgl. 8–17 Uhr

Shivta: Ausgrabungsstätte: tgl. 8–17 Uhr (Okt.–März 8–16 Uhr)

Tabgha: Brotvermehrungskirche: tgl. 8–12 Uhr, 14.30–17 Uhr

Primatskapelle: tgl. 8–12 Uhr, 14.30–17 Uhr

Seligpreisungskirche: tgl. 8–12 Uhr, 14.30–17 Uhr

Tabor: Kefar Tavor, Historisches Museum: So–Do 9–18 Uhr, Fr und vor Feiertagen 9-12 Uhr

Verklärungsbasilika auf dem Berg Tabor: tgl. 8-12 Uhr, 14.30–17 Uhr

Tel Aviv-Jaffa: Archäologisches Museum, Jaffa: So, Di, Do 9–14 Uhr, Mi 9–19 Uhr, Fr und vor Feiertagen 10–14 Uhr

Diaspora-Museum (Bet HaTefutsot), Ramat Aviv: So, Mo, Di,

Trinkbrunnen auf dem Tempelberg (15. Jh.)

Do 10–17 Uhr, Mi 10–19 Uhr, Fr und vor Feiertagen 10–14 Uhr
HaAretz-Museum, HaUniversita: Mo, Mi, Do, So 9–14 Uhr, Di 9–17 Uhr, Fr und vor Feiertagen 10–14 Uhr
Haganah-Museum, Rothschild Bd.: So–Do 9–15 Uhr, Fr und vor Feiertagen 9–12.30 Uhr
Helena Rubinstein-Museum,. Sderot Tarsat: So–Mi 10–17 Uhr, Do 10–22 Uhr, Fr und vor Feiertagen 10–15 Uhr
Historisches Museum, Rehov Bialik: So–Do 9–14 Uhr
Migdal Shalom (Shalom Mayer Tower): So–Do 10–17, Fr und vor Feiertagen 10–15, Sa von Sonnenuntergang bis 22 Uhr
St. Peterskirche, Jaffa: tgl. 8–11.45 Uhr, 15–17 Uhr
Tel Aviv Museum, Sderot Shaul HaMelekh: So–Mi 10–17 Uhr, Do 10–22 Uhr, Fr und vor Feiertagen 10–15 Uhr
Tiberias: Archäologischer Park: So–Do 8–16 Uhr, Fr und vor Feiertagen 9–13 Uhr
Zefat: Bet HaMeiri Museum: So–Fr 9–14 Uhr

Nationalparks

Israel besitzt zur Zeit 43 Nationalparks. Im Gegensatz zu unserem eingeschränkten Verständnis des Wortes bedeutet es in Israel, daß Landschaft *und* antike Stätten gezeigt werden. 1963 rief die Knesset die Nationalparkbehörde ins Leben und heute besuchen jährlich mehr als 7 Millionen Menschen – Israelis und ausländische Touristen – die Nationalparks.

Von April bis September 8–17 Uhr, von Oktober bis März 8–16 Uhr sind sie täglich geöffnet.

Freitags und am Vorabend der Feiertage schließt man eine Stunde früher, an Vorabenden von Rosh HaShanah, Yom Kippur und Pessah zwei Stunden früher. Am Yom Kippur sind alle Parks geschlossen.

Mit einer *Green Card* können innerhalb von zwei Wochen sämtliche Nationalparks besucht werden. Diese Eintrittskarte erhält man an den Kassenhäuschen der Nationalparks.
Makleff Street 4
Haqiryah
61070 Tel Aviv
✆ 03/6 95 22 81
Fax 03/6 96 76 43.

Im folgenden Nationalparks von Norden nach Süden:

Qal'at Nimrud (Subeibe, Nimrodsburg). Archäologische Ausgrabungen an den Abhängen des Hermon, Straße 989. Die mächtige Burganlage aus der Kreuzfahrer- und Mameluckenzeit kontrollierte das nördliche Huletal und den Weg nach Damaskus. Nach 1291 verlor die Burg ihre Bedeutung.
Hurschattal. Reizvoller Erholungsplatz im nördlichen Huletal, Straße 99. Der Dan-Fluß, der hier in üppiger Landschaft über kleine Kaskaden zahlreiche Teiche füllt, lädt zum Baden und Angeln ein. Campingplatz.
Bar'am. Archäologische Stätte in Obergaliläa, Straße 899, mit den eindrucksvollen Resten einer Synagoge aus dem 2./3. Jh.
Tel Hazor. Archäologische Stätte im Huletal, Straße 90. Hazor war eine der bedeutendsten Städte der kanaanitischen und israelitischen Zeit.

Tel Akhziv. Erholungspark mit den Resten einer Siedlung aus kanaanitischer und israelitischer Zeit sowie der Kreuzfahrerburg Casal Imbert.

Yehi'am. Archäologische Ausgrabungen in Westgaliläa, Straße 8833. Die Kreuzfahrerburg aus dem 12. Jh. diente im 18. Jh. dem Fürsten Dahir el-Omer als Stützpunkt und im Unabhängigkeitskrieg 1948/49 den Angehörigen des Kibbuz Yehi'am als Schutz.

Korazim. Ruinenstadt aus dem 4./5. Jh. im östlichen Galiläa unweit des Sees Gennesaret

Kursi (Gergesa). Klosterruine am Ostufer des Sees Gennesaret aus dem 5.–7. Jh.

Hammat Tiberias, die heißen Quellen von Tiberias am See Gennesaret, Straße 90. Berühmt ist der Mosaikboden einer Synagoge aus dem 4. Jh.

Belvoir. Mächtige Kreuzfahrerburg oberhalb des Jordantals, Straße 90.

Bet She'an. Alte Stadt (4. Jahrtausend v. Chr. bis heute), zwischen den Straßen 71 und 90 mit dem besterhaltenen römischen Theater Israels.

Gan HaShelosha. Erholungspark am Fuße des Gilboagebirges, Straße 669.

Synagoge von Bet Alfa. Reste einer Synagoge des 6. Jh. mit eindrucksvollem Mosaikboden.

Ma'yan Harod. Erholungsort am Fuße des Gilboagebirges, Straße 71.

Tel Megiddo. Eine der wichtigsten archäologischen Stätten, am Rande der Jesreel-Ebene, Straße 66, mit Palästen, Tempeln und Mauern aus der Zeit von 4000 v. Chr. bis 400 n. Chr.

Bet She'arim. Umfangreiche jüdische Nekropole (Katakomben) in den Hügeln bei Qiryat Tiv'on, Straßen 75 und 722.

Karmel Park. 200 ha großes, waldreiches Territorium auf dem Karmel mit Siedlungen und Ausgrabungsstätten, an den Straßen 672 und 721.

Caesarea. Antike Stadt am Mittelmeer mit römischem Theater, byzantinischer Straße und Kreuzfahrerbefestigungen.

Samaria. Ausgrabungsstätte auf dem Berg Samaria, 12 km westlich von Nablus, Straßen 57 und 60.

Afeq. Erholungsort mit archäologischer Stätte bei Petah Tiqwa, Straße 444.

En Hemed. Erholungsort an einer Quellengruppe westlich von Jerusalem an der Straße 1 nach Tel Aviv.

Altstadtmauer Jerusalems. Ein Grüngürtel von ca. 250 ha Fläche zieht sich um die Mauern der Hauptstadt.

Herodeion. Bergfestung Herodes' des Großen am Rande der Judäischen Wüste, Straße 356.

Tel Jericho. Archäologische Stätte in der Ebene von Jericho, Straße 90. Relikte der ältesten Stadt der Menschheit (8. Jahrtausend v. Chr.).

Synagoge in Jericho. Mosaikboden einer Synagoge aus dem 6. Jh., Straße 90.

Khirbet el-Mafjir. Reste eines Winterpalastes der Omajjadendynastie (8. Jh.), 3 km nördlich von Jericho, Straße 90.

Qumran. Archäologische Ausgrabung einer Siedlung der jüdischen Gemeinschaft der Essener (150 v. Chr.–70 n. Chr.) am Toten Meer, Straße 90. In den umliegenden Höhlen fand man Schriftrollen mit Bibeltexten.

Masada. Archäologische Ausgrabung einer jüdischen Festung oberhalb des Toten Meeres, Straße 90. Symbol des Freiheitskampfes der Juden.

Bet Guvrin. Erholungsort und archäologischer Park in der Judäischen Ebene, Straße 35.

Ashqelon. Archäologischer Park mit den Relikten einer der ältesten Städte in Israel.

Eschkol. Erholungspark im nordwestlichen Negev, Straße 241, mit Quellen und Ruinen aus kanaanitischer bis byzantinischer Zeit.

Tel Arad. Archäologische Ausgrabung einer 5000 Jahre alten Stadt im nordöstlichen Negev, nahe der modernen Wüstenstadt Arad, Straße 31.

Mamshit. Ruinen einer Nabatäerstadt im östlichen Negev, 7 km von Dimona, Straße 25.

Shivta. Ruinen einer Nabatäerstadt im westlichen Negev, Straße 211.

Grabstätte Ben Gurions in Sede Boqer. Nationaldenkmal im zentralen Negev, Straße 40, 51 km südlich von Be'er Sheva.

En 'Avedat. Schlucht des Wadi Zin zwischen 'Avedat und Sede Boqer im zentralen Negev, Straße 40.

'Avedat. Ruinen einer Nabatäerstadt im Negev, Straße 40.

Nahal Alexander. Erholungspark und Badestrand an der Mündung des Alexanderflusses, etwa 8 km nördlich von Netanya, Straße 2.

Tel Be'er Sheva. Reste einer städtischen Siedlung aus dem 4. Jahrtausend v. Chr., 8 km östlich von Be'er Sheva.

Zippori. Archäologische Stätte aus römisch-byzantinischer Zeit im unteren Galiläa, nahe der Straße 79.

Yarqon-Quellen. Bei Petah Tiqwa, Straße 444.

Naturschutzparks

Israels Wildnis in einen Garten zu verwandeln, sahen die Israelis nach ihrer Staatsgründung im Jahre 1948 als nationale Aufgabe an. Inzwischen erkannten sie jedoch die ökologische Bedeutung unberührter Landschaften und stoppten die rasante Entwicklung der Landwirtschaft. 1963 verabschiedete die Knesset ein Gesetz, nach dem inzwischen über 3000 km² Landfläche als Naturschutzgebiet ausgewiesen wurden. Die Naturschutzparks (NSP) sind gleichzeitig Erholungsgebiete für die Bevölkerung und verfügen über Picknickanlagen, Kioske, Toiletten und beschilderte Wanderwege unterschiedlicher Länge (Eintrittsgebühr). Hier einige der schönsten Naturschutzparks:

Nahal Ayoun (Ha'tanur-NSP) östlich von Metulla, mit mehreren bis zu 30 m hohen Wasserfällen, ☎ 06/6 95 15 19

Nahal Hermon (Banyas NSP), ☎ 06/6 95 14 10

Tel Dan beim Kibbuz Dan, ☎ 06/6 95 15 79

Hule-Park, ☎ 06/6 93 70 69

Gamla im Golan nordöstlich vom See Gennesaret, mit einem bronzezeitlichen Dolmenfeld und Resten einer jüdischen Stadt aus dem 1. Jh.

En Afeq mit Nahal Naaman-Quelle und einer mittelalter-

lichen Wassermühle, ✆ 06/
6 70 49 92
Nahal Mearot im Karmelgebir-
ge mit Höhlen, ✆ 04/84 17 50
Soreq-Höhle (Mearot Haneti-
fim), Tropfsteinhöhle 2 km östlich von Bet Shemesh, ✆ 02/
91 11 17
En Gedi an der Küste des Toten
Meeres mit den Flüssen Nahal
David und Nahal Arugot,
✆ 0 57/8 42 85
Arad mit Besucherzentrum,
✆ 0 57/95 44 09
Makhtesh Ramon bei Mizpe
Ramon, der größte Einbruchs-
krater der Welt, mit Besucherzentrum, ✆ 0 57/8 86 91
Hai Bar (Neot Kedumim), Wildreservat in der Aravasenke
nördlich von Elat beim Kibbuz
Yotvata, ✆ 0 59/7 60 18
Korallenriff-Park, Unterwas-
serschutzgebiet südlich von
Elat, ✆ 0 59/7 68 29

Urlaubsaktivitäten

Angeln: Freunde des Sportan-
gelns kommen in Israel an jedem öffentlichen Gewässer auf
ihre Kosten. Voraussetzung ist,
daß sie mit Rute angeln; eine
Angelgenehmigung ist nicht erforderlich.

Bootsfahren: Auf dem oberen
Jordan, z. B. im Park HaYarden,
kann man sich in Kajak, Paddel-
boot oder auf prallen Auto-
schläuchen durch mehr oder
weniger gischtendes Wasser bis
zum See Gennesaret hinabtra-
gen lassen. Ein ideales Revier
für Kajak-Fahrten ist der Banyas, einer der drei Quellflüsse
des Jordan. Immer beliebter
wird auch das Riverrafting, das

Bezwingen von Wildwasser-
strecken im Schlauchboot. Tou-
ren veranstaltet der Kibbuz Kefar Blum, ✆ 06/94 87 55, 7 km
südöstlich Qiryat Shemona.

**Drachenfliegen und Fall-
schirmspringen:** In Israel gibt es
auch Paragliding, Parasailing,
Hanggliding, Skydiving usw.
Agur School
130 Balfour Street
59561 Bat Yam
✆ 03/5 22 27 99

Israel Hang Gliding Club
3 Ha'avoda
59582 Bat Yam
✆ 03/5 51 49 40

Aero Club of Israel
67 HaYarqon Street
67903 Tel Aviv
✆ 03/5 17 50 38
Fax 03/5 17 72 80

The Israeli Skydiving Centre
Habonim Beach
POB 48268
Tel Aviv
✆ 66/39 10 68/9

Golf: Der einzige, aber schöne
Platz des Nahen Ostens, ein 18-
Loch-Golfplatz, liegt nördlich
des antiken Caesarea.
Caesarea Golf and Country
Club
POB 1010
30660 Caesarea
✆ 06/36 11 74
Fax 06/36 11 73

Klettern: Kletterkurse und -tou-
ren jeden Schwierigkeitsgrades
werden am Toten Meer, z. B. im
Kibbuz Metzoke Dragot, etwa
22 km südlich von Qumran, an-

geboten. Die bizarren Felsen und cañonartigen Schluchten des Negev bieten ein ideales Gelände für diesen Sport.
The Israel Alpine Club
POB 53
Ramat HaSharon
Tel Aviv

Radfahren kann man in Israel fast überall. So startet manche Gruppe hoch oben bei den Banyasquellen und folgt dem Jordan hinab bis zum Toten Meer. Der Höhenunterschied beträgt über 1000 m. Auch organisierte Rad-Ferien sind möglich. Von Jerusalem aus werden Ein- oder Zwei-Wochen-Touren durchgeführt.
Jerusalem Cyclist's Club
POB 7281
Jerusalem
✆ 02/81 65 22 und 22 82 38

Israel Cyclist's Club
Kefar Sava (bei Tel Aviv)
✆ 09/2 37 16

Reiten: In jedem größeren Ort Israels und in zahlreichen Kibuzim gibt es Reitställe, die Ausflüge hoch zu Roß veranstalten, in Galiläa durch sattgrüne Täler und Wälder, im Negev durch einsame Wadis und bizarre Schluchten.
National Association of Horseback Riding
8 Haarba Street
64739 Tel Aviv

Schwimmen ist an allen Küsten Israels, im See Gennesaret, in den Badeteichen der Nationalparks und auch im Toten Meer möglich. Doch das Wasser ist oft unberechenbar, deshalb sollte man außerhalb der Pools nur an den genehmigten Badestränden schwimmen, an denen Lebensrettungswachen stationiert sind und bei denen die Schwimmsicherheit durch Flaggen angezeigt wird (weiß = sicher, rot = gefährlich, schwarz = verboten). Besonders gefahrvoll ist das Baden im Toten Meer, weil man sich nur schwer bewegen kann und daher an bestimmten Küstenbereichen leicht abgetrieben wird.

Segeln: Der See Gennesaret, das Rote Meer und das Mittelmeer sind Hochburgen für die Segler. Segelboote aller Klassen werden in vielen Küstenorten angeboten.
Yachting Centre
Solot Yam
M. P. Sharon
✆ 03/5 61 28 53-8

Skilaufen: Im Gebiet des Hermonberges (2224 m), der auf israelischer Seite eine Höhe von 2100 m erreicht, kann man Skilaufen. Die Saison beginnt im Dezember und dauert bis März/April. Zentrum des Skigebietes ist der Moschaw Newe Ativ 9 km nördlich der Stadt Banyas. Er betreibt ein Feriendorf mit Skischule, Skiverleih und einem 1,5 km langen Sessellift. In der schneefreien Jahreszeit ist Newe Ativ eine beliebte Sommerfrische, ein Höhen-Luftkurort.
Mt. Hermon
Newe Ativ
✆ 06/98 13 37 und 98 16 86

Surf-Paradiese sind das ganze Jahr über Elat am Roten Meer und die Kibbuzim HaOn und En Gev am Ostufer des Sees Gennesaret. An der Mittelmeerküste wird fleißig bei Caesarea und Nahariyya gesurft.

Tauchen: Die Flora und Fauna des kristallklaren Roten Meeres sind einzigartig. Wer neugierig ist und sich fit fühlt, sollte unbedingt an einem Tauchlehrgang teilnehmen. Mit entsprechender Vorbildung kann man überall in Elat eine Ausrüstung leihen.
Federation for Underwater Activities in Israel
POB 6110
61060 Tel Aviv Port
✆ 03/45 74 32

Tennis: Alle größeren Hotels und fast sämtliche Kibbuz-Gästehäuser haben eigene Plätze.
The Israel National Tennis Association
POB 20073
61200 Tel Aviv
✆ 03/5 60 39 11

Wandern kann man in Israel überall, am schönsten in Obergaliläa, im Umland von Jerusalem, im Judäischen Bergland und im Negev. Jährlicher Höhepunkt für alle Wanderer ist der Jerusalem Marsch, an dem Tausende von Israelis und Besucher aus dem Ausland teilnehmen.
Sports for all Association
5 Warburg Street
64289 Tel Aviv
✆ 03/5 28 19 68
Fax 03/5 17 50 38

Wasserski kann man überall an den Küsten des Roten Meeres und des Mittelmeers sowie des Sees Gennesaret betreiben.

Reiseinformationen von A bis Z

Baumpflanzen
Um unergiebige landwirtschaftliche Flächen zu nutzen, forstet der Jüdische Nationalfonds ausgewählte Gebiete mit Hilfe in- und ausländischer Spenden auf.
Keren Kayemeth Leisrael
Jewish National Fund
1 Keren Kayemeth Street
Jerusalem
✆ 02/6 24 17 81 und 6 70 74 33
... in Tel Aviv
96 HaYarqon Street
✆ 03/5 23 44 49
... in Elat
City Center ✆ 07/37 42 76

Täglich, außer Samstag und an den jüdischen Feiertagen, 8–14 Uhr, Freitag und vor Feiertagen 8–12.30 Uhr kann man für eine Spende von 10 US$ an den zugewiesenen Stellen Bäume pflanzen. Der Spender erhält eine entsprechende Urkunde.

Botschaften und Konsulate
... in Israel
Deutsche Botschaft
3 Daniel Frisch Street, 19. Stock
64731 Tel Aviv
✆ 03/6 93 13 13 und 5 42 13 13
Fax 03/26 92 17

Deutsches Honorargeneral-
konsulat
105 Ha'Tishbi Street
31061 Haifa
✆ 04/8 38 14 08

Deutsches Honorarkonsulat
Desert House, Flat 14
Los Angeles Street
88100 Elat
✆ 07/33 42 77

Botschaft der
Republik Österreich
11 Rehov Hermann Cohen
Tel Aviv
✆ 03/5 24 61 86

Österreichisches Konsulat
8 Rehov Hovevei Zion
Jerusalem
✆ 02/5 63 12 91

Österreichisches Konsulat
Allenby Road
Haifa
✆ 04/8 52 24 98

Botschaft der Schweizerischen
Eidgenossenschaft
228 Rehov HaYarqon
Tel Aviv
✆ 03/5 46 44 55

... Israels in Deutschland, Österreich und der Schweiz

Botschaft des Staates Israel
Simrockallee 2
53173 Bonn
✆ 02 28/9 34 65 00
Fax 02 28/35 60 93

Generalkonsulat des Staates
Israel
Schinkelstr. 10
14193 Berlin
✆ 0 30/8 93 22 03–06
Fax 0 30/8 92 89 08

Botschaft des Staates Israel
Anton-Frank-Gasse 20
1180 Wien
✆ 00 43/1/4 70 47 41 und
31 15 00
Fax 00 43/1/4 70 47 46

Botschaft des Staates Israel
Alpenstr. 32
3006 Bern
✆ 00 41/31/3 51 10 42–44
Fax 00 41/31/3 52 79 16

Generalkonsulat des Staates
Israel
Dufourstr. 101
8008 Zürich
✆ 00 41/1/34 27 00

Einkaufen

In Israel kann man in Läden
und Shopping-Centers westlichen Stils oder in Basarstraßen
und Märkten orientalischer Prä-
gung einkaufen. Handeln ist fast
überall möglich.

Auf alle Waren und Dienstleistungen wird eine Mehrwertsteuer (VAT) erhoben (z. Zt.
17 %), die im jeweiligen Preis
enthalten ist. Touristen sind von
der VAT (value added tax) befreit, wenn sie folgende Dienstleistungen in ausländischer
Währung bezahlen: Unterkunft
(incl. Mahlzeiten), organisierte
Fahrten, Autovermietung usw.
Beim Kauf von Waren wird die
Mehrwertsteuer unter bestimmten Bedingungen unmittelbar
vor der Ausreise erstattet (s. S.
411).

Als Mitbringsel eignen sich
Kupfer- und Silberarbeiten, Ke-
ramikwaren, Malachitarbeiten,
gestickte Decken, Kelims, typische jüdische und arabische
Kleidungsstücke, Batiken, Mo-

deschmuck, Schnitzereien aus Olivenholz und Perlmutt, Glaswaren aus Hebron usw. Für die Ausfuhr von Antiquitäten braucht man eine schriftliche Genehmigung, die allerdings keine Gewähr für die Echtheit gibt:
The Antiquities Authority
Rockefeller Museum
POB 586
91004 Jerusalem
✆ 02/6 29 26 27 und 6 29 26 07
Fax 02/6 29 26 28

Qualitätvolle Souvenirs erhält man in Jerusalem z. B. im näheren Umkreis des King David Hotels, im Cardo (Altstadt) und in der Arts & Crafts Lane, Yemin Moshe.

Ein beliebtes Mitbringsel sind auch Kosmetik-Produkte vom Toten Meer.

Elektrizität

Die elektrische Spannung in Israel beträgt 220 Volt Wechselstrom. Es empfiehlt sich, einen Adapter mitzunehmen.

Feiertage

Jüdische Feste: Am 1. und 2. Tishrei wird an zwei Tagen **Rosh HaShanah**, das Neujahrsfest, begangen, am 10. Tishrei **Yom Kippur**, der Versöhnungstag. **Sukkot**, das Laubhüttenfest, ist eines der drei Erntefeste. Es findet vom 15. bis 21. Tishrei statt, dauert also sieben Tage, wobei am ersten und siebenten Tag Geschäfts- und Verkehrsruhe herrschen. **Simchat Thora**, das Fest der Gesetzesfreude, fällt auf den 23. Tishrei.

Chanukka, das Lichterfest, erinnert an die Wiedereinweihung des geschändeten Tempels durch Judas Makkabäus; es wird vom 25. Kislev bis zum 2. Tevet, also an acht Tagen, mit festlicher Beleuchtung der öffentlichen Gebäude gefeiert. An jedem Tag wird an dem achtarmigen Chanukka-Leuchter eine neue Kerze entzündet. Die Geschäfte sind geöffnet, die Kinder haben schulfrei. Purim gedenkt der Errettung der Juden im persischen Weltreich durch Ester. Es ist ein karnevalähnliches Kostüm- und Freudenfest am 14. Adar.

Pessah, das zweite Erntefest und zugleich größte Fest der Juden, erinnert an den Auszug der Israeliten aus Ägypten. Es dauert sieben Tage (ab 14./15. Nisan), wobei am ersten und am letzten Tag Geschäfts- und Verkehrsruhe herrschen. Zu Pessah darf kein Sauerteigbrot gegessen werden, dafür reicht man die knusprigen Matzen (Mazzot).

Yom HaAtzma'ut, der Unabhängigkeitstag, ist ein nationaler Feiertag, der an die Proklamation des Staates Israel durch David Ben Gurion (14. Mai 1948) erinnert. Die Geschäfte sind geschlossen, der öffentliche Verkehr wird aber voll aufrechterhalten.

Shavu'ot ist das dritte Erntefest, das man auch Hag HaBikurim (»Fest der ersten Früchte«) nennt. Es findet am 6. Sivan statt und erinnert an die Gesetzgebung auf dem Berg Horeb. Die Geschäfte sind geschlossen, der Verkehr ruht. Zu Tish'a BeAv am 9. Av versammeln sich fromme Juden vor der Klagemauer und gedenken der Zerstörung des Tempels im Jahre 70 n. Chr. durch die Römer.

Jüdische Feste	1997	1998	1999	2000
Rosh HaShanah	2. 10.	21. 9.	11. 9.	30. 9.
Yom Kippur	11. 10.	30. 9.	20. 9.	9. 10.
Sukkot (1. Tag)	16. 10.	5. 10.	25. 9.	14. 10.
Simchat Thora	24. 10.	13. 10.	3. 10.	22. 10.
Chanukka (1. Tag)	24. 12.	14. 12.	4. 12.	22. 12.
Purim	23. 3.	12. 3.	2. 3.	21. 3.
Pessah (1. Tag)	22. 4.	11. 4.	1. 4.	20. 4.
Shavu'ot (1. Tag)	11. 6.	31. 5.	21. 5.	9. 6.
Christliche Feste				
Palmsonntag	23. 3.	5. 4.	28. 3.	16. 4.
Ostersonntag	30. 3.	12. 4.	4. 4.	23. 4.
Christi Himmelfahrt	8. 5.	21. 5.	13. 5.	1. 6.
Pfingstsonntag	18. 5.	31. 5.	23. 5.	11. 6.
Fronleichnam	29. 5.	11. 6.	3. 6.	22. 6.
Islamische Feste				
Geburtstag des Propheten	18. 7.	7. 7.	26. 6.	15. 6.
Ramadan (1. Tag)	10. 1. 31. 12.	20. 12.	9. 12.	27. 11.
Ida al-Adha	18. 4.	8. 4.	28. 3.	16. 3.

Weitere christliche Feste:
7. 5., Kreuzauffindung, Pontifikalamt in der Grabeskirche (Grotte der Kreuzauffindung)
31. 5., Mariä Heimsuchung, Hochamt in der Kirche Mariä Heimsuchung in En Kerem
29. 6., Peter und Paul, Pontifikalamt in St. Peter in Jaffa
15. 8., Mariä Himmelfahrt, Hochamt in der Getsemani-Kirche
8. 9., Mariä Geburt, Hochamt in St. Anna in Jerusalem
14. 9., Kreuzerhöhung, Hochamt in der Grabeskirche (Grotte der Kreuzauffindung)

Festivals und andere Veranstaltungen (Auswahl)
März/April in Nazaret: International Music Concert. ✆ 02/ 6 25 81 52

März/April in Tiberias: Kinneret Annual Popular Walk. ✆ 02/ 5 61 33 22
April (Pessah) in En Gev am See Gennesaret: En Gev Classical Festival. ✆ 06/6 39 90 01
Mai/Juni in Jerusalem: Israel Festival. Größtes Kulturereignis in Israel. ✆ 02/5 61 14 38 und 5 66 31 98
Juni in Haifa: Blues Festival. ✆ 03/5 24 51 51
Juli in Jerusalem: International Film Festival. ✆ 02/6 72 41 31
Juli in Arad: Hebrew Song Festival. ✆ 07/9 95 79 11
Juli in Tel Aviv: Mediterranean Festival. ✆ 03/5 46 44 14
August in Ashqelon: Reggae Festival. ✆ 03/5 28 05 05
men). ✆ 06/6 75 76 30
Oktober in Tabgha: Music in

Tabgha. Kammerkonzert am See Gennesaret. ✆ 03/6 96 97 76
Oktober (Sukkot) in Bet Guvrin: Music Festival »Land of 1000 Caves«. ✆ 07/6 87 42 22
Oktober (Sukkot) in Akko: Israel Alternative Theatre Festival. ✆ 03/5 66 33 23
Oktober (Sukkot) im Negev: Bedouin Festival. ✆ 07/6 43 11 13
Oktober (Sukkot) in Rishon LeZiyyon: Weinfest mit israelischen Künstlern.
✆ 03/9 65 00 63
Dezember/Januar in Jerusalem: Liturgica. Choralmusik.
✆ 02/5 66 02 11

Fotografieren und Filmen

Grundsätzlich kann man bis auf militärische Anlagen alles fotografieren. In Synagogen, Kirchen und Moscheen ist Fotografieren und Filmen im allgemeinen erlaubt, doch das Gebet eines Gläubigen sollte ungestört bleiben. In Museen darf man – sofern überhaupt – nur ohne Stativ und Blitzlicht fotografieren. Für Aufnahmen innerhalb des Felsendoms und der Aqsa-Moschee ist eine Sondergenehmigung der zuständigen islamischen Behörde erforderlich, die aber nur selten erteilt wird.

Daß man Menschen nur mit deren Erlaubnis fotografiert, versteht sich von selbst. Besonders rücksichtsvoll sollte man in Mea Shearim und in den arabischen Ortschaften sein.

Filmmaterial ist in Israel überall zu bekommen, nur kostet es hier wesentlich mehr als daheim.

Hinweis: Für die Zollkontrolle sollte die Kamera keinen Film enthalten.

Geld

Die israelische Währung ist der Schekel (Mehrzahl: Schekelim), offiziell Neuer Israelischer Schekel (NIS). Er setzt sich aus 100 Agorot (Einzahl: Agora) zusammen. Der Wechselkurs 1996 (in Israel) betrug: 1 DM = 2,14 NIS; 1 öS = 0,30 NIS; 1 sFr = 2,60 NIS.

Im Umlauf sind Münzen zu 1 Agora, 5 Agorot, 10 Agorot, $^1/_2$ Schekel, 1 Schekel, neuerdings auch zu 5 Schekel (mit eckigem Rand) und 10 Schekel aus Bimetall sowie Scheine zu 10, 20, 50, 100, 200, 500 und 1000 Schekel.

Einkäufe und Dienstleistungen können oft auch in ausländischer Währung gezahlt werden. Schekel oder US$ sollte man immer bei sich haben.

Fast alle Geschäfte akzeptieren Kreditkarten. Inhaber von Visa oder MasterCard/Eurocard können an Bankschaltern und an Automaten israelisches Bargeld abheben, doch sind die Gebühren nicht unerheblich. Reiseschecks von Visa und American Express sind die beste Möglichkeit, zu Bargeld zu gelangen, vor allem bei denjenigen Stellen, die keine Provision verlangen, z. B. bei den Postämtern. Die meisten Banken und offiziellen Wechselstuben haben So–Do jeweils 8.30–12.30 Uhr, So, Di und Do auch 16–18 Uhr, Fr und vor Feiertagen 8.30–12 Uhr geöffnet. Auf dem Ben Gurion Flughafen sind die Banken durchgehend offen. In den Hotels kann man nahezu rund um die Uhr Geld wechseln, allerdings sind hier die Wechselkurse ungünstiger.

Geographisches Vokabular

Hebräisch

En	Quelle		
Bayit (Beit)	Haus		
Be'er	Brunnen		
Bereikha(t)	Teich		
Bik'a(t)	Tal		
Derekh	Weg, Straße		
'Emeq	Tal		
Gan	Garten		
Gay	Schlucht		
Giv'a(t)	Hügel, Berg		
Har	Berg, Gebirge		
Hof	Küste		
Horva(t)	Ruine		
'Ir	Stadt		
Kefar	Dorf		
Kikar	Platz		
Ma'ale	Paßstraße		
Migdal	Turm		
Nahal	Bach		
Nahar	Fluß		
Qiryat	Stadt, Stadtteil		
Rama(t)	Hochfläche		
Rehov	Straße		
Sderot	Boulevard		
Sha'ar	Tor, Tür		
(Plural:			
She'arim)			
Tel	Siedlungshügel		
Ya'ar	Wald		
Yam	Meer		

Arabisch

Abu	Vater
Ain	Quelle
Bab	Tor, Tür
Bahr	Meer
Balad	Stadt, Dorf
Bet	Haus
Bir	Brunnen
Birket	Teich
Burj	Turm
Dahr	Paßhöhe
Deir	Kloster
Djami	Moschee
Djebel	Berg
Kafr	Dorf
Khan	Karawanserei
Khirbe(t)	Ruine
Mar	Heiliger
Mughara	Höhle
Nahr	Fluß
Nabi	Prophet
Qala'at	Festung
Qasr	Burg
Qubba	Kuppelbau
Ras	Kap, Gipfel
Sheik	Scheich
Suq	Markt
Tell	Siedlungshügel
Wadi	Trockental
Wali	islamisches Heiligengrab

Gesundheit

Das Gesundheitswesen Israels zeichnet sich durch ein sehr hohes Niveau aus. Jede Stadt hat eine oder mehrere Stationen der Magen David Adom, des Roten Davidsterns, der dem christlichen Roten Kreuz bzw. dem islamischen Roten Halbmond entspricht. Auch am Sabbat und an den jüdischen Feiertagen ist die ärztliche Versorgung sichergestellt. Zu erreichen ist die Notfallhilfe über ✆ 1 01. Die meisten Ärzte sprechen englisch und weitere Fremdsprachen. Die englischsprachige Tagespresse veröffentlicht täglich die Öffnungszeiten der Apotheken.

Vor Reiseantritt sollte man sich mit seiner Krankenversicherung in Verbindung setzen und eine zusätzliche Auslandskrankenversicherung für die Dauer der Reise abschließen, zumal die Arzthonorare in Israel nicht gerade niedrig sind.

Heilbäder

Israel verfügt über Heilbäder, die sich am Toten Meer, am See Gennesaret und am Mittelmeer konzentrieren. Die besonderen Höhenlagen, das sonnige und außerordentlich trockene Klima und heilkräftige Thermalquellen bieten einzigartige therapeutische Möglichkeiten.

Am Toten Meer (392 m unter NN) helfen die heißen Quellen von Zohar in Newe Zohar bei Muskel- und Gelenkbeschwerden, traumatischen Störungen, Allergien und Hautkrankheiten. Die heißen Quellen von Yesha südlich des Kibbuz En Gedi nützen bei Muskel- und Gelenkbeschwerden. En Boqeq ist ein weltberühmtes Zentrum zur Behandlung der Schuppenflechte.

In der Wüstenstadt Arad (620 m über NN), eine halbe Fahrstunde vom Toten Meer entfernt, heilt die trockene, pollenfreie Luft Asthma und andere Atemwegserkrankungen.

Am See Gennesaret werden die heißen Quellen von Tiberias für die Behandlung von Muskel- und Gelenkbeschwerden, traumatischen Störungen und Nebenhöhlenentzündungen erfolgreich eingesetzt.

Die schon von den Römern geschätzten heißen Quellen von Hammat Gader sind noch wenig erschlossen.

Das einzige Heilbad in der judäischen Ebene, Hame Yo'av, wurde erst vor wenigen Jahren eröffnet. Das Thermalbad gehört zum 1956 gegründeten Kibbuz Sede Yo'av und liegt 13 km östlich von Ashqelon und ebensoweit vom Mittelmeer entfernt. Das mineralreiche Quellwasser fließt durch eine Reihe von flachen Becken, die bequemes Baden bei unterschiedlichen Temperaturen ermöglichen.

Hamme Mazor, En Gedi
86910 Dead Sea
℡ 0 57/8 48 13

En Boqeq Psoriasis
Behandlungszentrum
86930 Dead Sea
℡ 0 57/84 41 10

The Moriah Dead Sea Spa
86930 Dead Sea
℡ 0 57/8 42 21

Kupat Holim
Behandlungszentrum
86930 Dead Sea
℡ 0 57/8 41 61

Hamme Zohar Strand
86930 Dead Sea
℡ 0 57/8 42 01

Kibbuz En Gedi
86980 Dead Sea
℡ 07/6 59 47 60
Fax 07/6 58 41 37

Hobby-Archäologie

Wer nach interessanten Dingen aus vergangener Zeit graben möchte, kann das in Israel nach Herzenslust tun, aber nur an bestimmten Stellen und unter sachkundiger Anleitung. Bet She'an, Caesarea, Jericho, Masada, Shivta und Zippori sind z. Zt. die bedeutendsten Ausgrabungsstätten des Landes. Wer

mitmachen möchte, muß mindestens 18 Jahre alt sein und ein paar Brocken Englisch sprechen. Er muß die Anreise bezahlen und auch einen Teil der Übernachtungs- und Verpflegungskosten (Kibbuz oder Moschaw) tragen, sofern nicht ein Sponsor zur Verfügung steht. Wer die Sache nicht übertreiben möchte, wählt »Dig for a day«!
Harriet Menahem
Israel Antiquities Authority
POB 586
91004 Jerusalem
✆ 02/6 29 26 07
Fax 02/6 29 26 28

Meet the Israeli at his home

Die Begegnung mit Israelis in ihrer Wohnung ist die beste Gelegenheit, die Menschen im Heiligen Land und ihre Probleme kennenzulernen. Nähere Einzelheiten über solche Treffen, die unter dem Motto stehen »Als Fremde kommen, als Freunde gehen«, erfährt man in bestimmten Staatlichen Verkehrsbüros oder an den Volunteer Desks der größeren Hotels. Um von vornherein eine gewisse Harmonie herzustellen, sollte der Gast seine beruflichen und kulturellen Interessen angeben. Näheres und Anmeldungen:
Ashqelon, Afridar Commercial Center, ✆ 0 51/3 24 12
Elat, Bet Hagesher, Hamarina, ✆ 07/33 43 53, Fax 07/33 51 20
Haifa, 20 Herzl Street, ✆ 04/8 66 65 21-2 und 8 46 56 92, Fax 04/8 62 20 75
Jerusalem, 24 King George Street, ✆ 02/6 75 48 88, Fax 02/6 25 34 07
Nazaret, Casa Nova Street, ✆ 06/6 57 05 55,

Fax 06/6 57 30 33
Netanya, Ha'Atzmaut Square, ✆ 09/8 82 72 86
Tel Aviv, 5 Shalom Aleichem Street, ✆ 03/66 02 59-61, Fax 03/5 10 14 53
Tiberias, Rehov Habanim, The Archaeological Park,
✆ 06/6 72 09 92 und 6 72 20 89, Fax 06/6 72 50 62

Notruf

Polizei	1 00
Unfallrettung	1 01
Feuerwehr	1 02
Notarzt	9 11

Medizinische Beratung für Touristen: ✆ 1 77-0 22-91 10
Beratung bei Schlangenbissen und anderen Vergiftungen (rund um die Uhr): National Poison Control Centre, Haifa, ✆ 04/8 52 92 95

Öffnungszeiten

Die meisten Geschäfte sind So–Do 9–19 Uhr geöffnet. Manche Geschäfte, wie Souvenirläden z. B., schließen erst gegen 22 Uhr oder später. Viele Geschäfte legen zwischen 13 Uhr und 16 Uhr eine Mittagspause ein. Jüdische Geschäfte haben an Samstagen und an den hohen Feiertagen ganz, an den jeweiligen Vortagen ab Mittag oder Nachmittag geschlossen. Muslimische Geschäfte sind freitags, christliche sonntags geschlossen. Öffnungszeiten der **Banken:** So–Do 8.30–12.30 Uhr, So, Di und Do 16–18 Uhr, Fr und vor Feiertagen 8.30–12 Uhr, Sa geschlossen.

Post

Ein springender Hirsch auf blauem Grund ist das Logo für

die israelische Post. Geöffnet sind die größeren Ämter So–Di (außer Mi) 8–18.30 Uhr, Mi 8–13.30 Uhr, Fr und vor Feiertagen 8–12 Uhr; die kleineren Ämter So–Fr 8–12 Uhr. Sa und an den jüdischen Feiertagen sind die Postämter geschlossen.

Briefmarken bekommt man außer bei den Postämtern in allen Geschäften und an allen Kiosken, die Postkarten verkaufen.

Reisezeit
Israel liegt im Übergangsbereich vom Mittelmeerklima zum Wüstenklima. In den Küstenebenen herrschen warme, trockene Sommer und milde, niederschlagsreiche Winter, im Bergland heiße, niederschlagsfreie Sommer und kühle, regnerische Winter mit gelegentlichem Schneefall; das untere Jordantal hat subtropisches Klima. Große Hitze kennzeichnet den Sommer im Negev, auch im Winter kühlt es kaum ab; hier regnet es nur zwei- oder dreimal im Februar/März. Die höchsten Temperaturen werden in Sedom an der Südspitze des Toten Meeres, die niedrigsten in Obergaliläa gemessen. Zwischen März und Oktober kann der gefürchtete Sharav (arabisch: Hamsin), ein Wüstensturm, in weiten Teilen Israels die Temperaturen für vier bis fünf Tage auf über 40° C treiben. Die Luftfeuchtigkeit liegt wegen der angrenzenden ausgedehnten Trockengebiete sehr niedrig, das Klima ist daher auch im Sommer im allgemeinen gut verträglich.

Reisezeit ist das ganze Jahr über. Nur im Juli und August wird es im Süden des Landes unangenehm heiß. Und zwischen November und Februar kann es im ganzen Land stundenweise regnen. Die Badesaison am Mittelmeer und am See Gennesaret reicht von Anfang März bis Ende Oktober, am Golf von Elat von Anfang September bis Ende April.

Rückreise
Der Rückflug vom Ben Gurion Flughafen bei Tel Aviv bzw. von Elat muß mindestens 72 Stunden vor dem Abflug bei der jeweiligen Fluggesellschaft **rückbestätigt** werden. Letzte Informationen über Startzeiten erhält man unter ✆ 03/9 71-24 84.

Mit dem **Check-in** sollte man mindestens zwei Stunden vor dem Abflug beginnen. Das Langwierigste ist der Sicherheits-Check, bei dem man einer eingehenden Befragung (in der gewünschten Sprache) unterzogen wird: Wo waren Sie in Israel? Was haben Sie dort getan? Wo haben Sie gewohnt? Haben Sie jemanden kennengelernt? Hat man Ihnen etwas mitgegeben? War Ihr Gepäck gestern und heute unbeaufsichtigt? Alle Fragen sollten ruhig und bestimmt beantwortet werden, wer ungeduldig wird, verzögert nur das Verfahren; auf Abflugzeiten nehmen die Sicherheitsbeamten allerdings nicht immer Rücksicht. Das Gepäck wird vor dem Rückflug nur stichprobenweise durch Öffnen der Gepäckstücke kontrolliert.

Wer in bestimmten Geschäften, die ein entsprechendes Emblem führen, Waren im Wert von mehr als 50 US$ (mit ausländischer Währung, bar oder mit Kreditkarte) kauft, erhält mindestens 5 % Rabatt und eine Quittung, die den entrichteten **Mehrwertsteuer**-Betrag (VAT) ausweist. Die zugehörige Ware ist in einem transparenten Beutel einzuschließen und ggf. zu versiegeln. Auf dem Ben Gurion Flughafen bzw. im Hafen Haifa wird vor der Ausreise der MwSt. Betrag zurückgezahlt. Dazu wendet man sich *nach* der Sicherheits- und Paßkontrolle an den Schalter der Leumi-Bank und erhält bei Vorlage der Einkaufsbelege den MwSt.-Betrag abzüglich einer Provision bar in US$ erstattet. Die Beutel mit der gekauften Ware sollte man bereithalten, meistens kümmert sich der Schalterbeamte aber nicht darum. In Elat sind alle von Touristen erworbenen Waren von der MwSt. ausgenommen. Übrigens: Für Dienstleistungen (Unterkunft, Mietwagen, Ausflüge), die in ausländischer Währung bezahlt werden, braucht man keine MwSt. zu entrichten. Währungsnachlässe und MwSt.-Erstattungen sind nicht möglich beim Kauf von Tabakwaren, elektrischen Geräten, Kameras, Filmen u. ä.

Für Antiquitäten ist eine schriftliche Ausfuhrgenehmigung der Antiquitätenbehörde in Jerusalem erforderlich. Die Ausfuhr von archäologischen Fundstücken ist verboten und wird schwer bestraft.

Telefonieren
Fern- und Auslandsgespräche führt man am besten vom Postamt oder vom Hotel aus, wobei das Hotel aber berechtigt ist,

eine höhere Gebühr zu verlangen. Mit Telefonkarte, die in den Postämtern erhältlich ist, kann man Auslandsgespräche auch problemlos in den besonders gekennzeichneten internationalen Telefonzellen führen. Die Vorwahlnummern für die Durchwahl ins Ausland lauten:

Deutschland	00 49
Österreich	00 43
Schweiz	00 41

Danach wählt man die Ortskennzahl ohne Anfangsnull und schließlich die Rufnummer.

Vom Ausland her sind Anschlüsse mit der Vorwahlnummer 0 09 72 zu erreichen.

Die Fernsprechdienste der israelischen Post haben folgende Rufnummern:

Inlandsauskunft	14
Auslandsauskunft	18
Telegramme	1 71
Weckdienst	1 74

Ortsgespräche kann man von jedem öffentlichen Fernsprecher aus – auch in Cafés, Bars und Restaurants – führen. In den Telefonzellen braucht man Telefonmünzen (Assimonim), die bei der Post und an den meisten Kiosken erhältlich sind.

Telegramme gibt man am besten im Postamt auf. Aber auch vom Hotel aus kann man Telegramm, Telefax und Telex über eines der zentralen Telegrafenämter auf den Weg bringen: Tel Aviv (7 Mikve Israel Street), geöffnet täglich 24 Stunden, auch am Sabbat und an den Feiertagen; Jerusalem (23 Jaffa Road), Haifa (19 Palyam Road), Be'er Sheva (9 Hanesiim Boulevard), geöffnet täglich 7.30–19 Uhr, außer am Sabbat und an den Feiertagen.

Trinkgeld

Wie in den meisten Ländern, ist auch in Israel für guten Service ein angemessenes Trinkgeld üblich. In Restaurants, im Café, in der Bar gibt man etwa 10 %. Gepäckträger im Hotel oder auf dem Flugplatz erwarten 2 NIS für jedes Gepäckstück. Zimmermädchen bekommen 3 NIS bzw. 1US $ pro Tag. 1 NIS zahlt man im allgemeinen für die Benutzung öffentlicher Toiletten.

Sherut-Fahrer bekommen kein Trinkgeld. Taxifahrer jedoch schon.

Zeitungen

Deutschsprachige Tageszeitungen und Illustrierte sind nur in den großen Buchhandlungen und in größeren Hotels erhältlich. Aber die englischsprachige »Jerusalem Post« gibt es fast an jedem Kiosk.

Zeitunterschied

Die Uhrzeit in Israel unterscheidet sich von unserer Mitteleuropäischen Zeit (MEZ) um plus 1 Stunde. Die Sommerzeit dauert von etwa Mitte März bis etwa Mitte September.

Gebräuchliche Abkürzungen aus der Bibel

Am	Buch Amos	Kor	Brief an die Korinther
Apg	Apostelgeschichte	Lev	Buch Levitikus
Chr	Buch der Chronik		(3. Buch Mose)
Dtn	Buch Deuteronomium	Lk	Ev. nach Lukas
	(5. Buch Mose)	Makk	Buch der Makkabäer
Esra	Buch Esra	Mi	Buch Micha
Est	Buch Ester	Mk	Ev. nach Markus
Ex	Buch Exodus	Mt	Ev. nach Matthäus
	(2. Buch Mose)	Neh	Buch Nehemia
Ez	Buch Ezechiel	Num	Buch Numeri
Gen	Buch Genesis		(4. Buch Mose)
	(1. Buch Mose)	Offb	Offbg. des Johannes
Hld	Das Hohelied	Ps	Psalmen
Hos	Buch Hosea	Ri	Buch der Richter
Jer	Buch Jeremia	Röm	Brief an die Römer
Jes	Buch Jesaja	Rut	Buch Rut
Joh	Ev. nach Johannes	Sam	Buch Samuel
Jos	Buch Josua	Sir	Buch Jesus Sirach
Koh	Buch Kohelet	Tob	Buch Tobit
Kön	Buch der Könige	Zef	Buch Zefanja

Literaturauswahl

Hanan Ashrawi: Ich bin in Palästina geboren. Berlin 1995

Dan Bahat: The illustrated Atlas of Jerusalem. Jerusalem 1996

Michael Baigent/Richard Leigh: Verschlußsache Jesus. Die Qumran-Rollen und die Wahrheit über das frühe Christentum. München 1991

Franz J. Bautz (Hrsg.): Geschichte der Juden. Von der biblischen Zeit bis zur Gegenwart. München ³1989

Ulrike Bechmann/Mitri Raheb (Hrsg.): Verwurzelt im Heiligen Land. Einführung in das palästinensische Christentum. Frankfurt/Main 1995

Noa Ben-Artzi-Pelossof: Trauer und Hoffnung. Die Enkelin Jitzhak Rabins über ihr Leben und ihre Generation. Berlin 1996

Meir Ben-Dov: Jerusalem. Man and Stone. Tel Aviv 1990

Haim Hillel Ben-Sasson (Hrsg.): Geschichte des jüdischen Volkes (3 Bde.). München ²1981, 1979, 1980

Roswitha von Benda: Dieses Land pack ich nicht. Junge Deutsche in Israel und der Westbank. München 1991

Inge Bruland: Das Heilige Land. Eine Reise durch das Land der Bibel. 130 Fotographien. Stuttgart 1995

Hendrik Budde/Andreas Nachama (Hrsg.): Die Reise nach Jerusalem. Eine kulturhistorische Exkursion in die Stadt der Städte. 3000 Jahre Davidsstadt. Ausstellungskatalog. Berlin 1995

Walter Bühlmann: Wie Jesus lebte. Vor 2000 Jahren in Palästina Wohnen, Essen, Arbeiten, Reisen. Luzern/Stuttgart ³1994

Marc Chagall: Die Glasfenster von Jerusalem. Freiburg i. Br./Basel/Wien ⁴1983

Manfred Clauss: Geschichte Israels. Von der Frühzeit bis zur Zerstörung Jerusalems (587 v. Chr.). München 1986

Peter Connolly: Living in the time of Jesus of Nazareth. Bnei Brak 1993

Emmanuel Dehan: Und die Mauern stürzten ein ... Tel Aviv 1990

Yona Fischer: Meisterwerke im Israel Museum. Florenz 1989

Iris Fishof/Noam Bar'am-Ben Yossef: Souvenirs aus dem Heiligen Land für Pilger im 19. und 20. Jahrhundert. Jerusalem 1996

Karl-Heinz Fleckenstein: Wanderer, kommst du nach Jerusalem. Anekdoten und Geschichten aus der Heiligen Stadt. Freiburg i. Br. 1990

Volkmar Fritz: Die Stadt im alten Israel. München 1990

Avi Ganor: Israel kulinarisch. o. O. 1991

Avi Ganor/Ron Maiberg: Taste of Israel. A mediterranean Feast. Bnei Brak 1990

Nachum Tim Gidal: Das Heilige Land. Photographien aus Palästina von 1850 bis 1948. München/Luzern 1985

Nachum Tim Gidal: Jerusalem. In 3000 Jahren. Köln 1995

Martin Gilbert: Jerusalem. Illustrated History Atlas. Bnei Brak [3]1994

Eva und Zeev Goldmann/Hed Wimmer: Israel. Seine Legende und seine Geschichte. München/Luzern 1974

David Goldstein: Das Judentum und seine Legenden. Klagenfurt 1990

Rivka Gonen: Jerusalem gestern und heute. Zeichnungen und Stiche aus der Sammlung des Israel-Museums und Photographien von heute. Jerusalem 1993

Erhard Gorys/Udo Haafke: Israel. München 1991

Andrew Gowers/Tony Walker: Arafat. Hinter dem Mythos. München 1994

Peter Gradenwitz (Hrsg.): Das Heilige Land in Augenzeugenberichten. Aus Reiseberichten deutscher Pilger, Kaufleute und Abenteurer vom 10. bis zum 19. Jahrhundert. München 1984

Ferdinand Gregorovius: Eine Reise nach Palästina im Jahre 1882. München 1995

Monika Grübel: Judentum. Köln 1996

Mireille Hadas-Lebel: Massada. Der Untergang des jüdischen Königreichs oder Die andere Geschichte von Herodes. Mit dem Bericht des Flavius Josephus. Berlin 1995

Roberta L. Harris: Exploring the World of the Bible Lands. London 1995

Kurt Hennig (Hrsg.): Jerusalemer Bibel-Lexikon. Neuhausen–Stuttgart [3]1995

Zorica Herbst-Krausz: Traditionelle jüdische Speisen. Budapest 1991

Heda Jason (Hrsg.): Märchen aus Israel. Reinbek 1995

Terry Jones/Alan Ereira: Die Kreuzzüge. München 1995

Werner Keller: Und die Bibel hat doch recht. Forscher beweisen die Wahrheit des Alten Testaments. Düsseldorf/Wien/New York 1989

Laurence King: The Israel Museum. Jerusalem 1995

Elijahu Kitov: Das jüdische Jahr. Gesetz und Brauch. Basel [2]1991

Teddy Kollek: Jerusalem und ich. Memoiren. Frankfurt/Main 1995

Gerhard Kroll: Auf den Spuren Jesu. Stuttgart [11]1990

David Kroyanker: Die Architektur Jerusalems. München 1996

Hannelore Künzl: Jüdische Kunst von der biblischen Zeit bis in die Gegenwart. München 1992

Salcia Landmann: Die jüdische Küche. Rezepte und Geschichte. München 1995

Emanuel Lévinas: Schwierige Freiheit. Versuch über das Judentum. Frankfurt/Main. o.J.

Helmut Mejcher (Hrsg.): Die Palästina-Frage 1917–1948. Paderborn [2]1993

Peter Milger: Die Kreuzzüge. Krieg im Namen Gottes. München 1988

Alan Millard: Schätze aus biblischer Zeit. Ihre Entstehungsgeschichte – ihre Bedeutung. Gießen [2]1994

Alan Millard: Die Zeit der ersten Christen. Ausgrabungen, Funde, Entdeckungen. Gießen [2]1994

Heinz Mode (Hrsg.): Erzählungen aus dem alten Israel. Frankfurt am Main/Leipzig 1991

Kenneth Nebenzahl: Atlas zum Heiligen Land. Karten der Terra Sancta durch zwei Jahrtausende. Stuttgart 1995

Avraham Negev (Hrsg.): Archäologisches Bibel-Lexikon. Neuhausen–Stuttgart 1991

Kazuyoshi Nomachi: Sinai, Land der Verheißung. Erlangen 1987

Connor Cruise O'Brien: Belagerungszustand. Die Geschichte des Staates Israel und des Zionismus. Wien 1988

Athanasios Paliuras: Das Katharinen-Kloster auf der Sinai-Halbinsel. Katharinenkloster 1985

Régine Pernoud (Hrsg.): Die Kreuzzüge in Augenzeugenberichten. München 1971

Jakob J. Petuchowski/Clemens Thoma: Lexikon der jüdisch-christlichen Begegnung. Hintergründe – Klärungen – Perspektiven. Freiburg i. Br. 1994

Leo Prijs: Die Welt des Judentums. Religion, Geschichte, Lebensweise. München [3]1992

Rudolf Radke/Helmut Krackenberger: Jerusalem. Die Heilige Stadt. Freiburg i. Br./Basel/Wien 1994

Jos Rosenthal/Ferdinand Dexinger: Als die Heiden Christen wurden. Zur Geschichte des frühen Christentums. Wien 1992

Kronprinz Rudolf von Österreich: Eine Orientreise im Jahre 1881. Salzburg/Wien 1994

Steven Runciman: Geschichte der Kreuzzüge. München 1989

Irit Salmon: Ticho House. Jerusalem 1994

Amos Schliack: Die Juden von Mea Shearim. Hamburg 1986

Julius H. Schoeps: Theodor Herzl. 1860–1904. Wenn Ihr wollt, ist es kein Märchen. Wien 1995

Hershel Shanks: Jerusalem, an archaeological Biography. New York [3]1995

Gerhard E. Sollbach: In Gottes Namen fahren wir ... Die Pilgerfahrt des Felix Faber ins Heilige Land und zum St.-Katharina-Grab auf dem Sinai A. D. 1483. Kettwig 1990

Wolfgang Sotill/Shimon Lev: Das Land der Bibel – verheißen und umkämpft. Köln/Graz/Wien 1995

Hans-Peter Stähli: Antike Synagogenkunst. Stuttgart 1988

Günter Stemberger: Jüdische Religion. München 1995

Günter Stemberger: Der Talmud. Einführung, Texte, Erläuterungen. München [2]1987

Carsten Peter Thiede/Matthew d'Ancona: Der Jesus-Papyrus. München 1996

Vassilios Tzaferis: Museum of the Greek-orthodox Patriarchate in Jerusalem. Jerusalem 1985

Yigael Yadin: Hazor. Die Wiederentdeckung der Zitadelle König Salomos. Hamburg 1976

Yigael Yadin: Masada. Der letzte Kampf um die Festung des Herodes. Hamburg [6]1975

Yosef Hayim Yerushalmi: Zachor: Erinnere Dich! Jüdische Geschichte und jüdisches Gedächtnis. Berlin 1996

Walter Zöllner: Geschichte der Kreuzzüge. Berlin 1990

Der Babylonische Talmud. München 1963

Die Bibel. Einheitsübersetzung. Stuttgart 1980

Der Koran. Stuttgart 1966

Abbildungsnachweis

Farbige Abbildungen

action press (Hamburg) S. 62 u.,
65, 67 u., 68 o., 68 u., 69

Archiv für Kunst und Geschichte (Berlin) S. 26, 27, 28, 29,
41, 43, 44, 49, 56, 62 o., 63,
66, 230, 240, Rückseite unten

Badische Landesbibliothek
(Karlsruhe) S. 76

Gilbert, Elisabeth (Jerusalem)
hintere Innenklappe

Gorys, Andrea (Krefeld) S. 61,
184

Gorys, Christel (Krefeld)
S. 13 o. 21 o., 22, 93, 101, 113,
121, 122, 132, 133 o., 134,
138, 144, 153, 156, 160, 168,
183, 188, 212, 213, 234, 236,
242, 244, 250, 253, 272, 279,
280, 286, 307, 310, 311, 333,
334, 337, 364, 370, 375, 376

Greune, Jan (LOOK, München)
S. 131

Krause, Axel (*laif*, Köln)
S. 87 o., 118, 123, 161, 164,
173, 174, 186, 217, 221, 229,
233, 262, 266, 271, 287, 291,
298, 302, 313, 315, 322, 330,
331, 338, 342, 346, 352, 360,
367, 368, 369, 371, Titelbild,
Rückseite oben

Mendrea, Dinu (Jerusalem)
S. 14, 21 u., 77, 83, 86, 87 u.,
88, 103, 119, 125, 133 u., 137,
141, 142, 228, 290, 304, 328,
329

Mendrea, Radu (München)
S. 356

Mendrea, Sandu (Jerusalem)
S. 1, 10, 16, 17, 42, 53, 67 o.,
72, 84, 91, 92, 97, 110, 116,
128, 146, 147, 148, 194, 195,
200, 218, 223, 224, 235, 238,
246, 254, 259, 267, 268, 274,
277, 305, 317, 318, 320, 344,
351, vordere Innenklappe

Regel, Angelika (Berlin)
S. 13 u., 108, 191, 293, 297

Schwarzweißabbildungen

Grabar, Oleg: Die Entstehung
der Islamischen Kunst. Köln
1977 S. 115, Rückseite

Keller, Werner: Und dieBibel hat
doch recht. Wien/Düsseldorf
1963 S. 105,

Kroll, Gerhard: Auf den Spuren
Jesu. Leipzig 1979 S. 78, 130,
154, 169, 179, 180, 192,
237 o., 253, 261

Pörtner, Rudolf: Operation Heiliges Grab. Wien/Düsseldorf
1977 S. 172

Reicke, Bo / Rost Leonhard
(Hrsg.): Biblisch-Historisches
Handwörterbuch. 3 Bde.
Göttingen 1962-66 S. 37, 198,
237 u.

Teifer, Hermann: Israel mit
dem Westjordanland. Zürich/
München 1981 S. 106

Alle übrigen Abbildungen stammen aus dem Archiv von
Autor und Verlag.

Kartographie: Berndtson &
Berndtson, Fürstenfeldbruck,
© DuMont Buchverlag

417

Danksagung

Allen, die meine Arbeit mit Rat und Tat unterstützten, sei an dieser Stelle gedankt. Nennen möchte ich vor allem die Botschaft des Staates Israel in Bonn, das Staatliche Israelische Verkehrsbüro in Frankfurt/Main, die Ministerien für Erziehung und Kultur und für Touristik in Jerusalem, das Kommissariat des Heiligen Landes in Köln, das Presseamt des Erzbistums Köln, das Mohammedanische Zentrum in München und die vielen Franziskanerpatres an den heiligen Stätten, die mir manche Tür öffneten und mich auf interessante Details aufmerksam machten. Auch den Geistlichen anderer christlicher Konfessionen sei herzlich gedankt. Dank Herrn Landesrabbiner Abraham Hochwald, Düsseldorf – Antwerpen, für die freundliche Berechnung der jüdischen Feiertage. Danken möchte ich ferner den Lesern und den israelischen wie deutschen Reisebegleitern, die mich auf Neuerungen hinwiesen und mir ergänzende Informationen besorgten. Danken möchte ich schließlich meiner Tochter Andrea, die mich als Archäologin mit Sachverstand und gutem Rat begleitete, und nicht zuletzt meiner Frau Christel, die alle Unternehmungen und Arbeiten sachkundig mitgestaltete und die Reisen fotografisch dokumentierte.

Fremde Kulturen kennenlernen und gastfreundlichen Menschen begegnen – wie sehr genießen wir das auf Reisen. Zu Hause bei uns jedoch wird mancher Ausländer von einer kleinen Minderheit beschimpft und sogar mißhandelt. Alle, die in fremden Ländern Gastrecht genossen haben, tragen hier besondere Verantwortung. Deshalb: Lassen Sie uns gemeinsam für die Würde des Menschen einstehen.

Verlagsleitung, Mitarbeiterinnen
und Mitarbeiter des DuMont Buchverlages

Register

Personen- und Sachregister

Ortsregister

'Avedat 357 f., **365 ff.**
Abu Ghosh 172 f.
Afeq 24, 27
Ägypten 10, 29, 55, 373
Ahzivland 287
Akko 22, 24, 35, 38, 41, 47, 50, 52 ff., 60, 228, 252, 284, **291 ff.**, 316
Amwas/Emmaus 168 ff.
Aqaba 373
Aqua Bella s. En Hemed
Arad 24
Ashdod 27, 340
Ashqelon 24, 27, 48, 50, 52, **340 ff.**
Assur 275 f.
Ayyalon 327

Babylon 38
Badgdad 45
Banyas 38, 40, 279
Bar'am 212, 282
Be'er Sheva **189 ff.**
Beit Jala 183
Beit Sahur 184
Belvoir 52, **221 ff.**
Berg der Seligpreisungen 235 f.
Berg der Versuchung 162
Bet Alfa 212 ff.
Bet Guvrin 195 f.
Bet She'an 24, **214 ff.**
Bet She'arim 227, **310 ff.**
Bet Yerah 24, 244 f.
Betanien/'Eizariya 149 f.
Betlehem 157, **175 ff.**
- Geburtskirche 178
Betsaida 241

Caesarea 38, 42, **313 ff.**, 324

Daliyat el-Karmil 305
Damaskus 44
Dan 24, 278
Deganya 244
Djebel Musa 380
Djebel Qarantal 162

Ebal 10
Ekron 27, 340
El Maghtas 160
Elat 373 ff.
En 'Avedat 365
En Boqeq 343, 347
En Gedi 343, **350 ff.**
En Hemed 173
En Hod 304
En Kerem 144 ff.

Gan HaShelosha 220
Garizim 10, 201, 203, **206 f.**
Gat 27
Gaza 16, 27, 53, 205, 340
Gazara 36
Georgskloster 152 f.
Gezer 24, 29, 172
Golan 16, 276

Hai Bar 370
Haifa 22, **298 ff.**
- Bahai-Schrein 302
- Chagall-Haus 303
- Dagon-Silo 303
- Haifa-Museum 303
- Karmeliterkloster 303
- Mané Katz-Museum 300
- Skulpturengarten 300
- Stekelis-Museum für Vorgeschichte 300
- Tikotin-Museum 300
Hammat Gader 243
Har Gillo 183
Haram el-Khalil (Hebron) 190
Hazor 24, 26, 29, 171
Hebron 38, **189 ff.**
Hermon 10, 279
Herodeion 186 ff.
Herzliyya 320
Hirtenfeld (Betlehem) 184
Hörner von Hattin 50, **247 f.**
Hule-Naturreservat 276

Jaffa s. Yafo
Jericho 23 f., 26, 36, **154 ff.**

- Muristan 88
- Museum des griechisch-orthodoxen Patriarchats 87
- Museum für armenische Kunst und Geschichte 87

- Neue Hebräische Universität 144
- Neuer Biblischer Zoo 147
- Neues Tor 82
- Neustadt 134 ff.

- Ofel 73, 124
- Ölberg 127x ff., 134
- Omariye-Schule 93
- Orienthaus 137
- Österreichisches Pilgerhospiz 94

- Pater Noster-Kirche 132
- Prophetengräber 132

- Ramban-Synagoge 84
- Rockefeller-Museum 135

- Salvatorkloster 87
- Sephardisches Synagogenzentrum 85
- Sidna Omar-Moschee 85
- Siloahteich 127
- Silwan 124
- Skopus 134
- St. Anna 82, 90, 134
- St. Peter in Gallicantu 122
- Steinbrüche Salomos (Zedekias Höhle) 82
- Stephanskirche (griechisch-orthodox) 129
- Stephanskirche (Nablus Road) 135
- Stephanstor s. Löwentor

- Teich des Hezekiah 88
- Tempelberg 104 ff.

- Verurteilungskapelle 93
- Via dolorosa **89 ff.**, 93
- Viri Galilaei 132

- Wilsonbogen 111

- Yad Vashem 145
- Yemin Moshe 137, **139**
- Yishuv-Museum 85
- YMCA 140

- Zionstor 80
- Zitadelle 78

Jesreel-Ebene 214, 220, 256, 306
Jib 165 f.
Jordan **11**, 160, 189, 244, 276, 278, 343
Jordanien 10, 55, 373
Judäa 38, 42

Kafarnaum 212, **236 ff.**
Kafr Kana 249 ff.
Kanaan 24 f., 58
Karmel 10, **304 ff.**
Katharinenkloster (Sinai) 375 ff.
Khirbet el-Mafjir 160
Kidrontal 112, **122 ff.**
Koralleninsel (Elat) 374 f.
Korazim 212, **239 ff.**
Kursi 242

Lais s. Tel Dan
Lakhish 24, **197 ff.**
Latrun 167 f.
Libanon 10, 55
Lod 332, **334 ff.**
Lohame HaGeta'ot 290

Ma'ale Adummim 150 f.
Ma'yan Harod 220
Makhtesh Ramon 357, **369 f.**
Mamre 193
Mamshit 358 ff.
Mar Saba 185 f.
Masada 38, 41, **347 ff.**
Mazor, Mausoleum 333
Megiddo 24 f., 29, 58, 171, 202, 216, 299, 306 f.
Meron 10
Mesopotamien 31

DUMONT

DUMONT

DUMONT

DUMONT

RICHTIG WANDERN

»›Richtig Wandern‹ mit DUMONT, den ungemein brauchbaren, vielseitig informierenden, praktisch orientierenden besonderen Wanderführern. Die Bände machen einfach Lust, das Ränzel zu schnüren und den vorgeschlagenen Routen zu folgen. Wobei die Wanderungen nicht mit Scheuklappen unternommen werden, sondern sehr viel an Kultur und Geschichte mitgenommen wird.«

Oberösterreichische Nachrichten

»Jede Wanderung wird anhand einer Übersichtskarte und eines Kurztextes beschrieben. Länge, Dauer, Höhenunterschiede, Markierungen, Einkehrmöglichkeiten und Anfahrt sind in Stichpunkten übersichtlich dargestellt. Außerdem bieten die Bände noch zusätzliche interessante Hintergrundinformationen über Geschichte und Kultur.«

Aschaffenburger Zeitung

Weitere Informationen über die Titel der Reihe DUMONT Richtig Wandern erhalten Sie bei Ihrem Buchhändler oder beim DUMONT Buchverlag • Postfach 10 10 45 • 50450 Köln.

DUMONT

REISE-TASCHENBÜCHER

»Was den DUMONT-Leuten gelungen ist: Trotz der Kürze steckt in diesen Büchern genügend Würze. Immer wieder sind unerwartete Informationen zu finden, nicht trocken eingestreut, sondern lebhaft geschrieben... Diese Mischung aus journalistisch aufgearbeiteten Hintergrundinformationen, Erzählung und die ungewöhnlichen Blickwinkel, die nicht nur bei den Farb- und Schwarzweißfotos gewählt wurden – diese Mischung macht's. Eine sympathische Reiseführer-Reihe.«

Südwestfunk

»Zur Konzeption der DUMONT Reise-Taschenbücher gehören zahlreiche, lebendig beschriebene Exkurse im allgemeinen landeskundlichen Teil wie im praktischen Reiseteil. Diese Exkurse vertiefen zentrale Themen der Geschichte, Kunst und des sozialen Lebens und sollen so zu einem abgerundeten Verständnis des Reiselandes führen.« *Main Echo*

Weitere Informationen über die Titel der Reihe DUMONT Reise-Taschenbücher erhalten Sie bei Ihrem Buchhändler oder beim DUMONT Buchverlag • Postfach 10 10 45 • 50450 Köln.

Umschlagvorderseite: Blick auf Jerusalem mit dem Felsendom
Vordere Umschlaginnenklappe: Kirche der Nationen, Jerusalem
Vignette: Ein Kapitell der Synagoge in Kafarnaum
Hintere Umschlaginnenklappe: Geburtskirche in Betlehem
Umschlagrückseite: Mensa Christi-Kirche am See Gennesaret
Rekonstruktion des Khirbet el-Mafjir (Hischampalast) bei Jericho
Aufbruch König Ludwigs IX. zum Kreuzzug ins Heilige Land
(Buchmalerei des 14. Jh.)

Über den Autor: Erhard Gorys, geboren 1926 in Breslau, studierte
Kunstgeschichte und Rechtswissenschaften in Göttingen und Cam-
bridge. Zahlreiche Studienreisen führten ihn nach Nordafrika, Vor-
derasien und Osteuropa. Im DuMont Buchverlag erschienen von
ihm die Kunst-Reiseführer »Moskau und St. Petersburg« und
»Tschechische Republik«.

Die Deutsche Bibliothek – CIP-Einheitsaufnahme

Gorys, Erhard:
Das Heilige Land / Erhard Gorys. – Köln: DuMont, 1996
        (Kunst-Reiseführer)
        ISBN 3-7701-3860-0

© 1996 DuMont Buchverlag, Köln
1. Auflage 1996
Alle Rechte vorbehalten
Satz und Druck: Rasch, Bramsche
Buchbinderische Verarbeitung: Bramscher Buchbinder Betriebe
ISBN 3-7701-3860-0